CONTEÚDO DIGITAL PARA ALUNOS

Cadastre-se e transforme seus estudos em uma experiência única de aprendizado:

1 Escaneie o QR Code para acessar a página de cadastro.

2 Complete-a com seus dados pessoais e as informações de sua escola.

3 Adicione ao cadastro o código do aluno, que garante a exclusividade de acesso.

4341906A1597441

CB040653

Agora, acesse:

www.editoradobrasil.com.br/leb

e aprenda de forma inovadora e diferente! :D

Lembre-se de que esse código, pessoal e intransferível, é válido por um ano. Guarde-o com cuidado, pois é a única maneira de você utilizar os conteúdos da plataforma.

Editora do Brasil

LUIZ ROBERTO
DANTE

PASSAPORTE
ENEM
MATEMÁTICA

1ª EDIÇÃO, 2019

Editora
do Brasil

Dados Internacionais de Catalogação na Publicação (CIP)
(Câmara Brasileira do Livro, SP, Brasil)

Dante, Luiz Roberto
    Passaporte ENEM matemática / Luiz Roberto Dante. – 1. ed. – São
Paulo: Editora do Brasil, 2019.

    ISBN 978-85-10-07799-6 (aluno)
    ISBN 978-85-10-07800-9 (professor)

    1. Atividades e exercícios (Ensino fundamental) 2. ENEM – Exame
Nacional do Ensino Médio 3. Matemática (Ensino fundamental)
4. Matemática – Exames, questões etc. I. Título.

19-29324   CDD-372.7

Índices para catálogo sistemático:
1. Matemática : Ensino fundamental 372.7
Iolanda Rodrigues Biode - Bibliotecária - CRB-8/10014

Rua Conselheiro Nébias, 887
São Paulo, SP – CEP 01203-001
Fone: +55 11 3226-0211
www.editoradobrasil.com.br

Respeite o direito autoral

© Editora do Brasil S.A., 2019
Todos os direitos reservados

Direção-geral: Vicente Tortamano Avanso

Direção editorial: Felipe Ramos Poletti
Gerência editorial: Erika Caldin
Supervisão de arte e editoração: Cida Alves
Supervisão de revisão: Dora Helena Feres
Supervisão de iconografia: Léo Burgos
Supervisão de digital: Ethel Shuña Queiroz
Supervisão de controle de processos editoriais: Roseli Said
Supervisão de direitos autorais: Marilisa Bertolone Mendes

Supervisão editorial: Rodrigo Pessota
Consultoria técnica: Fernando Viana e Luiz Augusto Paiva da Mata
Edição: Adriana Soares Netto
Assistência editorial: Cristina Perfetti e Erica Aparecida Capasio Rosa
Copidesque: Gisélia Costa, Ricardo Liberal e Sylmara Beletti
Revisão: Alexandra Resende, Andréia Andrade, Elis Beletti, Flávia Gonçalves,
Fernanda Prado, Gabriel Ornelas, Marina Moura, Martin Gonçalves, Mônica Reis,
Rita Cino e Rosani Andreani
Pesquisa iconográfica: Daniel Andrade
Assistência de arte: Letícia Santos
Design gráfico: Renné Ramos
Capa e imagem de capa: Renné Ramos
Edição de arte: Patrícia Lino e Soraia Scarpa
Ilustrações: Reinaldo Vignati e Tarcísio Garbellini
Produção cartográfica: DAE (Departamento de Arte e Editoração)
Coordenação de editoração eletrônica: Abdonildo José de Lima Santos
Editoração eletrônica: Setup
Produção fonográfica: Jennifer Xavier e Cinthya Utiyama
Controle de processos editoriais: Bruna Alves, Carlos Nunes e Stephanie Paparella

1ª edição / 1ª impressão, 2019
Impresso na Meltingcolor Gráfica e Editora Ltda.

NOTA DO AUTOR

Este livro paradidático se atém a conteúdos programáticos cobrados nas provas do Exame Nacional do Ensino Médio (Enem), presentes na Base Nacional Comum Curricular (BNCC) para o Ensino Fundamental e que estejam ao alcance de alunos concluintes ou que concluíram esta etapa de escolaridade.

Acreditamos que esta publicação será útil a professores e estudantes, pois mostra que os conhecimentos já adquiridos possibilitam resolver com segurança grande percentual de questões da prova de Matemática do Enem.

Em cada capítulo apresentamos:

a) **resumo teórico** no início dos capítulos. Pressupondo que cada assunto já tenha sido motivo de estudo em sala de aula e, sem estender a teoria ou apresentar um rigor formal mais apurado, usamos os resumos teóricos como ferramentas para a resolução dos exercícios propostos no livro;

b) **exercícios** abordam assuntos básicos, a maioria selecionada entre os de concursos e vestibulares, com o intuito de exercitar as competências e habilidades avaliadas nas provas do Enem;

c) **questões do Enem** selecionadas de acordo com o conteúdo do capítulo e organizadas, na maioria das vezes, em ordem crescente de dificuldade;

d) **resoluções passo a passo** — no início das sessões **Exercícios** e **Questões do Enem**, apresentamos de forma detalhada a metodologia usada na resolução de algumas questões, com o intuito de proporcionar aos estudantes uma visão variada de procedimentos e estratégias que podem ser usados para resolver problemas — não só os de Matemática;

e) **resoluções e comentários** de todas as atividades propostas, que possibilitam ao aluno conferir e tirar possíveis dúvidas referentes às soluções.

É bom ressaltar que esta obra é um importante auxiliar na preparação para provas do Enem e não substitui os livros didáticos adotados. Em tal preparação, cada pequeno detalhe pode fazer grande diferença. Estamos ao inteiro dispor de nossos colegas, professores e alunos para críticas e sugestões, que serão sempre bem-vindas.

O autor

'CONHEÇA SEU LIVRO'

RESUMO TEÓRICO

O objetivo desta parte é auxiliar na retomada dos conhecimentos. Os textos funcionam como resumos que ajudarão você a lembrar-se de conceitos importantes.

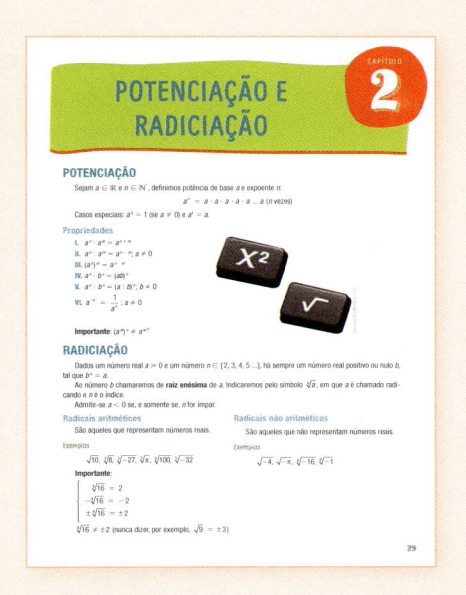

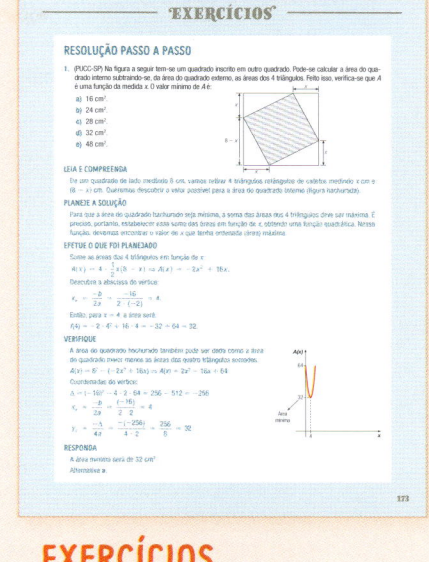

EXERCÍCIOS

Apresenta questões básicas de concursos e outros vestibulares, algumas resolvidas passo a passo e outras para você praticar. São questões que contemplam as competências do Enem e as habilidades essenciais do currículo de Matemática.

QUESTÕES DO ENEM

Esta seção traz testes retirados de provas anteriores do Enem. Além dos itens resolvidos passo a passo — para facilitar o aprendizado —, há questões para você praticar e se preparar ainda mais para o exame.

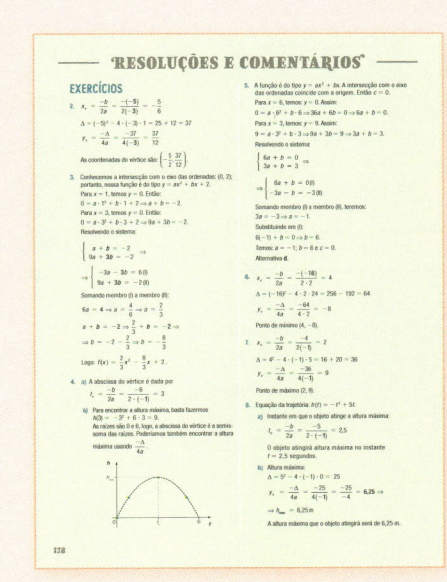

RESOLUÇÕES E COMENTÁRIOS

São apresentadas resoluções com alguns comentários dos **Exercícios** e das **Questões do Enem**, para que, após resolvê-los, você possa checar a resposta e o processo de resolução.

SUMÁRIO

NÚMEROS E OPERAÇÕES

CONJUNTOS NUMÉRICOS

Números naturais

$\mathbb{N} = \{0, 1, 2, 3, 4, 5, 6, ...\}$

$\mathbb{N}^* = \{1, 2, 3, 4, 5, 6, ...\}$

Lembre-se de que o asterisco (*) indica a eliminação do zero no conjunto.

Exemplo

Sendo $A = \{0, 2, 5, 10\}$, então $A^* = \{2, 5, 10\}$.

Números inteiros

$\mathbb{Z} = \{..., -3, -2, -1, 0, 1, 2, 3, ...\}$

Números racionais

$$\mathbb{Q} = \left\{ \frac{a}{b} \, / \, a \in \mathbb{Z} \ e \ b \in \mathbb{Z}^* \right\}$$

São racionais todos os números que podem ser escritos na forma de fração: os números inteiros, os decimais exatos e os decimais periódicos.

Exemplos

| 2 | −10 | −4 | 0 | 65 | 0,5 | 0,122 | 0,31313131... | 1,0244444... |

Números irracionais

São números que não podem ser escritos em forma de fração. Representamos o conjunto dos números irracionais por $\mathbb{R} - \mathbb{Q}$.

Exemplos

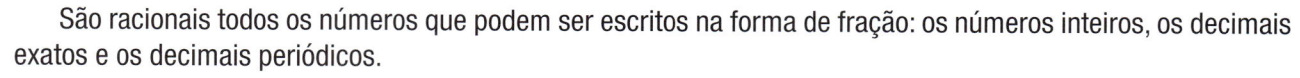

$$\sqrt{2} = 1,4142135... \qquad \sqrt[3]{5} = 1,709976... \qquad \pi = 3,14159...$$

São os números decimais não exatos e não periódicos.

Números reais

O conjunto dos números racionais e o conjunto dos números irracionais, juntos, formam o conjunto dos números reais.

Representamos assim: $\mathbb{R} = \mathbb{Q} \cup (\mathbb{R} - \mathbb{Q})$

Jezper/Shutterstock.com

Diagrama de Venn-Euller dos conjuntos numéricos

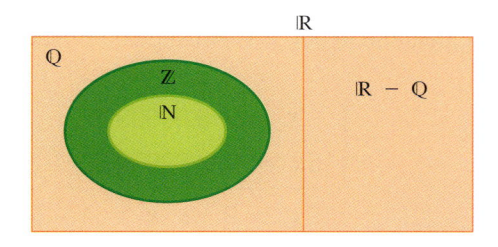

Números periódicos

Os números periódicos são também chamados de dízimas periódicas.

Exemplos

1. 0,252525252... representa-se: $0,\overline{25}$.
2. 2,231313131... representa-se $2,2\overline{31}$.

Os algarismos que se repetem, na ordem em que aparecem, constituem o **período da dízima**. Os algarismos que estão entre a vírgula e o período formam o **antiperíodo**. Quando a dízima tem antiperíodo é chamada de **dízima periódica composta**. Se não tiver antiperíodo é uma **dízima periódica simples**.

Fração geratriz da dízima é aquela em que a divisão do numerador pelo denominador resulta no número periódico.

Cálculo da geratriz de uma dízima periódica simples

Seja o número 0,13131313... uma dízima periódica simples.

Vamos chamar de $x = 0,13131313...$ (I).

Multiplicamos a igualdade (I) por -1 e, em seguida, multiplicamos a mesma igualdade (I) por 100, e somamos os resultados obtidos. Observe:

$$
\begin{cases}
-x = -0,131313... \\
100x = 13,131313...
\end{cases}
$$
$$
99x = 13 \Rightarrow x = \frac{13}{99}
$$

Logo, a geratriz da dízima periódica 0,131313... é a fração $x = \frac{13}{99}$.

Regra prática: transformamos a parte decimal da dízima em uma fração na qual o numerador é formado pelo período e o denominador é formado por um 9 para cada algarismo do período.

Exemplos

1. Determine a geratriz das dízimas periódicas.

   a) 1,2222...

   Solução:

   $$1,2222... = 1 + 0,222222... = 1 + \frac{2}{9} = \frac{11}{9}$$

   b) 2,02020202...

   Solução:

   $$2,02020202... = 2 + 0,02020202... = 2 + \frac{2}{99} = \frac{200}{99}$$

Importante

Seja o número $x = 0,99999...$ (I).

Multiplicamos os dois lados da igualdade (I) por -1, em seguida multiplicamos a mesma igualdade (I) por 10, e somamos os resultados obtidos.

$$\begin{cases} -x = -0,9999999... \\ 10x = 9,99999999... \end{cases}$$
$$9x = 9 \Rightarrow x = 1$$

Dados dois números reais a e b, tais que $a < b$ é sempre possível encontrar um número real c, tal que $a < c < b$. Se isso não ocorrer é porque $a = b$. Como não é possível encontrar nenhum número entre $0,999999.....$ e 1, isto mostra que $0,99999... = 1$.

Exemplos

1. $2,499999... = 2,5$ 2. $0,8999999... = 0,9$

Cálculo da geratriz de uma dízima periódica composta

Seja o número $0,2343434...$ uma dízima periódica composta.

$$0,2343434... = 0,2\overline{34} = 0,2 + 0,0\overline{34} = 0,2 + \frac{0,\overline{34}}{10} = 0,2 + \frac{\frac{34}{99}}{10} = \frac{2}{10} + \frac{34}{990} = \frac{232}{990} = \frac{116}{495}$$

Regra prática: a parte decimal da dízima é igual a uma fração em que o numerador é igual ao antiperíodo, seguido do período e subtraído do antiperíodo. O denominador é formado por um 9 para cada algarismo do período, seguido de tantos zeros quantos forem os algarismos do antiperíodo.

Exemplos

1. $0,234343434... = 0,2\overline{34} = \dfrac{234 - 2}{990} = \dfrac{232}{990} = \dfrac{116}{495}$

2. $1,34222222... = 1,34\overline{2} = 1 + \dfrac{342 - 34}{990} = 1 + \dfrac{308}{900} = \dfrac{1208}{900} = \dfrac{302}{225}$

SISTEMA DE NUMERAÇÃO DECIMAL

Nosso sistema de numeração é chamado de **sistema decimal** ou **sistema de base 10**. É um sistema posicional composto por 10 algarismos ou dígitos (0, 1, 2, 3, 4, 5, 6, 7, 8 e 9).

A posição de um algarismo em um número define seu **valor posicional**.

Todo algarismo tem valor posicional dez vezes maior do que a posição imediatamente à sua direita.

No sistema decimal, separamos os algarismos de um número da direita para a esquerda em grupos de três. Cada grupo constitui uma **classe**.

A posição de um algarismo em uma classe é chamada de **ordem**.

Observe o quadro a seguir.

Ordem →	Classe dos milhões			Classe dos milhares			Classe das unidades		
	C	D	U	C	D	U	C	D	U
			2	3	4	5	6	7	8
		5	4	3	2	1	9	6	1
	5	0	3	2	1	4	3	2	7

Temos:

- 2 345 678 (2 milhões, 345 mil e 678): 2 unidades de milhão, 3 centenas de milhar, 4 dezenas de milhar, 5 unidades de milhar, 6 centenas, 7 dezenas e 8 unidades.
- 54 321 961 (54 milhões, 321 mil e 961): 5 dezenas de milhão, 4 unidades de milhão, 3 centenas de milhar, 2 dezenas de milhar, 1 unidade de milhar, 9 centenas, 6 dezenas e 1 unidade.
- 503 214 327 (503 milhões, 214 mil e 327): 5 centenas de milhão, 0 dezena de milhão, 3 unidades de milhão, 2 centenas de milhar, 1 dezena de milhar, 4 unidades de milhar, 3 centenas, 2 dezenas e 7 unidades.

Importante: o valor posicional de um algarismo é sempre dado pelo produto do valor não posicional desse algarismo por uma potência de 10.

Exemplo

$$3\,456\,732 = 3 \cdot 10^6 + 4 \cdot 10^5 + 5 \cdot 10^4 + 6 \cdot 10^3 + 7 \cdot 10^2 + 3 \cdot 10^1 + 2 \cdot 10^0$$

DIVISÃO EUCLIDIANA EM $\mathbb{N}$

Se $a \in \mathbb{N}$ e $b \in \mathbb{N}^*$, então existe um único par de números naturais q (quociente) e r (resto), tais que: $a = b \cdot q + r$, com $r < b$.

Dispositivo prático

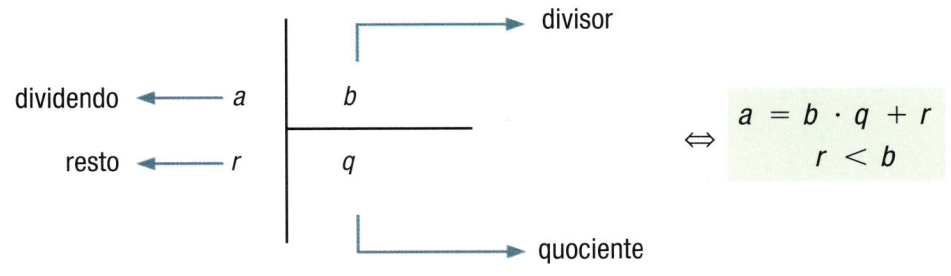

Critérios de divisibilidade

- **Divisibilidade por 2**: um número é divisível por 2 se, e somente se, o algarismo das unidades for 0, 2, 4, 6 ou 8.
- **Divisibilidade por 3**: um número é divisível por 3 se, e somente se, a soma de seus algarismos é divisível por 3.
- **Divisibilidade por 4**: um número é divisível por 4 se, e somente se, os algarismos das dezenas e das unidades formarem um número divisível por 4.
- **Divisibilidade por 5**: um número é divisível por 5 se, e somente se, o algarismo das unidades for 0 ou 5.
- **Divisibilidade por 6**: um número é divisível por 6 se, e somente se, for divisível por 2 e por 3.
- **Divisibilidade por 8**: um número é divisível por 8 se, e somente se, os algarismos das centenas, dezenas e unidades formarem um número divisível por 8.
- **Divisibilidade por 9**: um número é divisível por 9 se, e somente se, a soma de seus algarismos formar um número divisível por 9.
- **Divisibilidade por 10**: um número é divisível por 10 se, e somente se, o algarismo das unidades for igual 0.

MÚLTIPLOS E DIVISORES EM $\mathbb{Z}$

Sejam três números a, b e c não nulos, tais que $a \cdot b = c$. Dizemos que c é múltiplo de a e de b e que a e b são divisores de c.

O zero como múltiplo ou divisor

O zero é múltiplo de todo número inteiro porque $a \cdot 0 = 0$; logo, 0 é múltiplo de a (qualquer que seja a inteiro) e de 0: $M(0) = \mathbb{Z}$. Por outro lado, o zero não é divisor de nenhum outro número inteiro, além do próprio zero: $D(0) = \{0\}$.

Divisores de um número inteiro

Exemplo

Indicamos os divisores de 12 por: $D(12) = \{-12, -6, -4, -3, -2, -1, 1, 2, 3, 4, 6, 12\}$.

O conjunto dos divisores naturais de 12 é indicado por: $D_+(12) = \{1, 2, 3, 4, 6, 12\}$.

Múltiplos de um número inteiro

Exemplo

Indicamos os múltiplos de 6 por: $M(6) = \{... -24, -18, -12, -6, 0, 6, 12, 18, 24, ...\}$.

O conjunto dos múltiplos naturais de 6 é indicado por: $M_+(6) = \{0, 6, 12, 18, 24, ...\}$.

Número composto

Um número natural é composto quando tem mais de dois divisores naturais distintos e pode ser decomposto em um produto de dois ou mais fatores.

Exemplo

27 é composto, pois $D(27) = \{1, 3, 9, 27\}$:

$$27 = 1 \cdot 27$$
$$27 = 3 \cdot 9$$
$$27 = 3 \cdot 3 \cdot 3$$
$$27 = 3^2 \cdot 3$$

Número par

$a \in \mathbb{Z}$ é **par** $\Leftrightarrow a = 2k$, com $k \in \mathbb{Z}$

Número ímpar

$a \in \mathbb{Z}$ é **ímpar** $\Leftrightarrow a = 2k + 1$ com $k \in \mathbb{Z}$

Número primo

Um número natural é primo quando tem apenas dois divisores naturais diferentes: 1 e ele mesmo.

Exemplo

7 é primo, pois $D_+(7) = \{1, 7\}$

Conjunto dos números primos: $P_+ = \{2, 3, 5, 7, 11, 13, 17, 19, 23, 29, 31, 37, ...\}$.

Importante: no conjunto dos números inteiros, 1 e -1 não são considerados nem primos nem compostos.

Números primos entre si

$a \in \mathbb{Z}$ e $b \in \mathbb{Z}$ são **primos entre si** $\Leftrightarrow D(a) \cap D(b) = \{-1, 1\}$

Divisores comuns

Sejam os conjuntos $D(12)$ e $D(18)$; os divisores comuns de 12 e 18 são todos os elementos da intersecção $D(12)$ e $D(18)$.

Temos:

$D(12) = \{-12, -6, -4, -3, -2, -1, 1, 2, 3, 4, 6, 12\}$

$D(18) = \{-18, -9, -6, -3, -2, -1, 1, 2, 3, 6, 9, 18\}$

$D(12) \cap D(18) = \{-6, -3, -2, -1, 1, 2, 3, 6\}$

Dos divisores comuns de 12 e 18, o maior é 6.

Logo, 6 é o **máximo divisor comum** de 12 e 18, o que indicamos por mdc (12, 18) = 6.

Múltiplos comuns

Sejam os conjuntos $M(4)$ e $M(6)$; os múltiplos comuns de 4 e 6 são os elementos da intersecção $M(4) \cap M(6)$. Temos:

$M(4) = \{..., -36, -32, -28, -24, -20, -16, -12, -8, -4, 0, 4, 8, 12, 16, 20, 24, 28, 32, 36, ... \}$

$M(6) = \{..., -36, -30, -24, -18, -12, -6, 0, 6, 12, 18, 24, 30, 36, ... \}$

$M(4) \cap M(6) = \{..., -36, -24, -12, 0, 12, 24, 36, ... \}$

Se considerarmos os múltiplos naturais e não nulos, teremos:

$M_+^*(4) = \{4, 8, 12, 16, 20, 24, 28, 32, 36, ...\}$

$M_+^*(6) = \{6, 12, 18, 24, 30, 36, ...\}$

Fazendo a intersecção desses dois conjuntos:

$$M_+^*(4) \cap M_+^*(6) = \{12, 24, 36, ...\}$$

O menor dos múltiplos naturais comuns e não nulos de 4 e 6 é chamado de **mínimo múltiplo comum** de 4 e 6 e indicamos por mmc (4, 6) = 12.

Teorema fundamental da Aritmética

Todo número natural maior que 1 **ou** é primo **ou** pode ser escrito como produto de números primos.

1. $2 = 2 \cdot 1$
2. $10 = 2 \cdot 5$
3. $180 = 2 \cdot 2 \cdot 3 \cdot 3 \cdot 5 = 2^2 \cdot 3^2 \cdot 5$

Cálculo do mdc de dois ou mais números

1º modo – Decomposição dos números em fatores primos.

O mdc será o produto dos fatores primos comuns com menores expoentes.

Calcule o mdc (180, 200, 260).

Solução:

180	2		200	2		260	2
90	2		100	2		130	2
45	3		50	2		65	5
15	3		25	5		13	13
5	5		5	5		1	
1			1				

Temos: $180 = 2^2 \cdot 3^2 \cdot 5$

$200 = 2^3 \cdot 5^2$

$260 = 2^2 \cdot 5 \cdot 13$

Logo, mdc (180, 200, 260) = $2^2 \cdot 5 = 20$.

2º modo – Divisões sucessivas.

Usando o mesmo exemplo anterior, vamos calcular inicialmente o mdc de 260 e 200.

Solução:

- Dividindo 260 por 200, obtemos quociente 1 e resto 60.
- Dividindo 200 por 60, obtemos quociente 3 e resto 20.
- Dividindo 60 por 20, obtemos quociente 3 e **resto zero**.

Portanto, mdc (260, 60) = 20.

O último divisor será sempre o próximo dividendo e o último resto será o próximo divisor. Repetimos esse procedimento até obtermos resto igual a zero. Assim, o último divisor será o mdc.

Podemos também utilizar o algoritmo de Euclides para determinar o mdc.

Observe:

		1	3		
	260	200	60	**20**	
	60	20	0		

→ quocientes das divisões

→ O último divisor será o próximo dividendo.
O último resto será o próximo divisor.

→ restos

Portanto, mdc (180, 20) = 20.

Importante:
- Se a e b são primos entre si, mdc $(a, b) = 1$.
- Se a é múltiplo de b, mdc $(a, b) = b$.

Cálculo do mmc de dois ou mais números

1º modo – Decomposição dos números em fatores primos

O mmc será o produto dos fatores primos comuns e não comuns com maiores expoentes.

Exemplo

Calcule o mmc (15, 18, 20).

Solução:

$15 = 3 \cdot 5$
$18 = 2 \cdot 3^2$
$20 = 2^2 \cdot 5$

Logo, o mmc $(15, 18, 20) = 2^2 \cdot 3^2 \cdot 5 = 4 \cdot 9 \cdot 5 = 180$.

Logo, o mmc $(15, 18, 20) = 2^2 \cdot 3^2 \cdot 5 = 4 \cdot 9 \cdot 5 = 180$.

2º modo – Decomposição simultânea

Usando o mesmo exemplo anterior, vamos fazer a decomposição simultânea de 15, 18 e 20.

Solução:

15,	18,	20	2
15,	9,	10	2
15,	9,	5	3
5,	3,	5	3
5,	1,	5	5
1,	1,	1	180

Importante:
- mmc $(a, b) \cdot$ mdc $(a, b) = a \cdot b$.
- Os divisores comuns de a e b são os divisores do mdc (a, b).
- Os múltiplos comuns de a e b são os múltiplos do mmc (a, b).

Regra prática para definir os divisores de um número natural

Vamos calcular como exemplo os divisores do número 90.

1º passo: decompomos o número em fatores primos.

2º passo: traçamos uma linha e escrevemos o 1 no alto, porque ele é divisor de qualquer número.

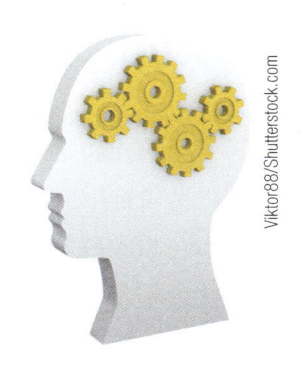

Divisores

		1
90	2	
45	3	
15	3	
5	5	
1		

3º passo: Multiplicamos sucessivamente cada fator primo pelos divisores já obtidos e escrevemos esses produtos ao lado de cada fator primo.

Divisores

		1
90	2	2
45	3	3, 6
15	3	
5	5	
1		

4º passo: Os divisores já obtidos não devem ser repetidos.

Divisores

		1
90	2	2
45	3	3, 6
15	3	9, 18
5	5	5, 10, 15, 30, 45, 90
1		

Os divisores naturais de 90 são: 1, 2, 3, 5, 6, 9, 10, 15, 18, 30, 45, 90.

Então: $D(90) = \{-90, -45, -30, -18, -15, -10, -9, -6, -5, -3, -2, -1, 1, 2, 3, 5, 6, 9, 10, 15, 18, 30, 45, 90\}$.

Observe que o número 90 tem 24 divisores inteiros ou 12 divisores naturais (ou positivos).

Número de divisores de um número natural

Para descobrir quantos divisores um número natural tem, decompomos esse número em fatores primos e multiplicamos os expoentes desses fatores acrescidos de uma unidade.

Exemplos

1. $90 = 2^1 \cdot 3^2 \cdot 5^1$, fazendo $(1 + 1) \cdot (2 + 1) \cdot (1 + 1) = 2 \cdot 3 \cdot 2 = 12$
   Então:
   $n[D_+(90)] = 12$ ou $n[D(90)] = 24$

2. $63 = 3^2 \cdot 7$, fazendo $(1 + 1) \cdot (2 + 1) + 2 \cdot 3 = 6$
   Então:
   $n[D_+(63)] = 6$ ou $n[D(63)] = 12$

EXERCÍCIOS

RESOLUÇÕES PASSO A PASSO

1. Sejam os dígitos a, b e c, tais que $a > c$ e os números de três algarismos por eles formados sejam: abc e cba. Então, $abc - cba$ é múltiplo de:

a) 2 e 7.   **b)** 4 e 13.   **c)** 9 e 11.   **d)** 6 e 5.   **e)** 8 e 17.

LEIA E COMPREENDA

Temos dois números compostos por três algarismos formados pelos mesmos três dígitos, mas em ordem invertida. Devemos subtrair o menor número do maior. Em seguida, procurar de quais números inteiros esse resultado obtido é múltiplo.

PLANEJE A SOLUÇÃO

Vamos escrever os dois números multiplicando cada um de seus algarismos por uma potência de 10, segundo seu valor posicional. Em seguida, efetuamos a subtração, fatoramos o resultado e colocamos os fatores comuns em evidência. Verificamos, então, de que número esse resultado é múltiplo.

EFETUE O QUE FOI PLANEJADO

$abc - cba = (100a + 10b + c) - (100c + 10b + a)$

$= 100a + 10b + c - 100c - 10b - a = 99a - 99c = 99(a - c)$

$= 9 \cdot 11 \cdot (a - c)$

VERIFIQUE

Tomemos como exemplo dois números de três algarismos distintos com a ordem de seus algarismos invertida e a restrição imposta: 953 e 359. Façamos a subtração entre o maior e o menor: $953 - 359 = 594 = 9 \cdot 11 \cdot 6$. Esse exemplo comprova a demonstração.

RESPONDA

Temos que $9 \cdot 11 \cdot (a - c)$ é um número inteiro que é múltiplo de 9 e de 11.

Alternativa **c.**

AMPLIAÇÃO DO PROBLEMA

Dados dois números de dois algarismos distintos, prove que, subtraindo o menor do maior, sempre teremos como resultado um múltiplo de 9.

Vamos supor que, dados dois dígitos a e b, temos $a > b$.

$ab - ba = (10a + b) - (10b - a) = 9a - 9b = = 9(a - b)$

2. (PUCC–modificado) Dois livros, um dos quais tem 256 páginas e outro, 160 páginas, são formados por fascículos com o mesmo número de páginas (superior a 10 e inferior a 50). Cada fascículo:

a) pode ter 32 páginas.

b) pode ter 24 páginas.

c) tem 16 páginas.

d) tem 18 páginas.

e) tem 20 páginas.

LEIA E COMPREENDA

Se os fascículos têm o mesmo número de páginas, esse número deve ser um divisor comum de 256 e 160.

PLANEJE A SOLUÇÃO

Devemos encontrar o mdc (256, 160) e, em seguida, encontrar os divisores do mdc, pois eles são os divisores comuns. Dentre eles, deve haver algum que esteja entre as alternativas do problema proposto.

EFETUE O QUE FOI PLANEJADO

$256 = 2^7$

$160 = 2^5 \cdot 5$; então, mdc (256; 160) $= 2^5 = 32$

$D_+(32) = \{1, 2, 4, 8, 16, 32\}$

Note que cada fascículo **pode** ter 1, 2, 4, 8, 16 ou 32 páginas. "Pode" não quer dizer que "tem", obrigatoriamente, essas quantidades.

VERIFIQUE

Com o primeiro livro, podemos fazer 8 fascículos de 32 páginas e, com o segundo livro, 5 fascículos de 32 páginas.

RESPONDA

Cada fascículo **pode** ter 32 páginas.

Alternativa **a**.

AMPLIAÇÃO DO PROBLEMA

Um alarme acende uma luz azul de 4 em 4 minutos e uma luz vermelha de 6 em 6 minutos.

Suponha que, à 0 hora de determinado dia, ambas as luzes foram acesas. Elas acenderão juntas às:

a) 0 h 15 min.   c) 0 h 40 min.   e) 1 h 12 min.

b) 0 h 30 min.   d) 1 h 06 min.

mmc (4,6) $= 12$.

Os múltiplos de 12 serão os múltiplos comuns de 4 e 6.

$M_+(12) = \{0, 12, 24, 36, 48, 72...\}$. As luzes acenderão juntas depois de 12, 24, 36, 48, 60, 72 etc. minutos. A alternativa correta é a que mostra que a coincidência se dará depois de 72 minutos, isto é, 1 hora e 12 minutos.

Alternativa **e**.

---

3. Qual é a diferença entre o maior número composto por 4 algarismos diferentes e o menor número também composto por 4 algarismos diferentes?

4. A quantidade de algarismos na escrita do número **dois milhões e três** é:

a) 5.   b) 6.   c) 7.   d) 8.   e) 9.

5. No sistema de numeração decimal, um número com 3 classes e 7 ordens tem:

a) 3 algarismos.   d) 9 algarismos.

b) 7 algarismos.   e) 11 algarismos.

c) 8 algarismos.

6. Para numerar as páginas de um trabalho escolar a partir da página 1, um aluno utilizou 270 algarismos. Quantas páginas tem esse trabalho?

a) 270   d) 148

b) 90   e) 126

c) 212

7. (Unicamp-SP) Minha calculadora tem lugar para 8 algarismos. Eu digitei nela o maior número possível do qual subtraí o número de habitantes do estado de São Paulo, obtendo como resultado 68 807 181. Qual é a população do estado de São Paulo?

8. Um suco concentrado de uva é vendido a R$ 5,00 o litro. O vendedor quer reduzir o preço do litro para R$ 4,00, vendendo o suco diluído em água, mas sem diminuir sua receita. Como no estoque há 320 litros de suco concentrado, quantos litros de água ele deve adicionar?

a) 60

b) 70

c) 80

d) 90

e) 98

9. (Unicamp-SP) Alguns jornais calculam o número de pessoas presentes em atos públicos considerando que cada metro quadrado é ocupado por 4 pessoas. Qual é a estimativa do número de pessoas presentes numa praça de 4 000 metros quadrados que tenha ficado lotada em um comício, segundo essa avaliação?

10. (Unirio) Três dúzias de ovos valem 4 dúzias de maçãs; 5 dúzias de maçãs valem 3 dúzias de peras. Sabendo que uma dúzia de peras vale R$ 6,00, podemos dizer que uma dúzia de ovos custará:

a) R$ 4,60.

b) R$ 4,80.

c) R$ 5,00.

d) R$ 5,20.

11. Pretende-se distribuir 60 laranjas, 72 maçãs, 48 peras e 36 mangas entre várias sacolas. Cada sacola deve receber o mesmo número, que é o maior possível, de uma mesma espécie de fruta. Quantas sacolas serão necessárias?

12. Para construir um prédio em um terreno retangular cujos lados medem 216 m e 414 m, um engenheiro planeja cercar esse terreno e inicialmente colocar uma estaca em cada canto e outras estacas em volta do terreno, mantendo sempre a mesma distância entre duas estacas consecutivas. Qual é a quantidade mínima de estacas que ele deve utilizar?

13. (Epcar-MG) Uma abelha-rainha dividiu as abelhas de sua colmeia nos seguintes grupos para exploração ambiental: um composto de 288 batedoras e outro de 360 engenheiras. Sendo você a abelha-rainha e sabendo que cada grupo deve ser dividido em equipes constituídas de um mesmo e maior número de abelhas possível, então você redistribuiria suas abelhas em:

a) 8 grupos de 81 abelhas.

b) 9 grupos de 72 abelhas.

c) 24 grupos de 27 abelhas.

d) 2 grupos de 324 abelhas.

14. Dois atletas treinam correndo em torno de uma pista circular. O primeiro dá uma volta em 12 minutos e segundo, em 18 minutos. Em um dia, eles iniciarão o treino juntos às 8 horas. Em que instante se encontrarão pela primeira vez no ponto de partida?

15. (Unesp) Uma concessionária vendeu no mês de outubro n carros do tipo A e m carros do tipo B, totalizando 216 carros. Sabendo que o número de carros vendidos de cada tipo foi maior do que 20, que foram vendidos menos carros do tipo A do que do tipo B, isto é, $n < m$, e que mdc $(m, n) = 18$, os valores de n e m são, respectivamente:

a) 18 e 198.

b) 36 e 180.

c) 90 e 126.

d) 126 e 90.

e) 162 e 54.

16. (Fuvest) No alto de uma torre de uma emissora de televisão, duas luzes piscam com frequência diferente. A primeira pisca 15 vezes por minuto e a segunda pisca 10 vezes por minuto. Se num certo instante as luzes piscam ao mesmo tempo, após quantos segundos elas voltarão a piscar simultaneamente?

a) 12

b) 10

c) 20

d) 15

e) 30

17. (Epcar-MG) Um relógio bate a cada 45 minutos, outro a cada 25 minutos e um terceiro a cada 40 minutos. O menor intervalo de tempo decorrido entre duas batidas simultâneas dos três relógios é:

a) 1 hora.

b) 10 horas.

c) 20 horas.

d) 30 horas.

18. (Colégio Naval-RJ) O mínimo múltiplo comum entre dois números naturais a e b é 360 e $a \cdot b = 3\,600$. Qual é o menor valor que $a + b$ pode assumir?

19. O número a dividido pelo número b dá quociente 2 e resto 3. O número $a + 2$ dividido pelo número b dá quociente 3 e a divisão é exata. Determine $a \cdot b$.

20. (FGV-modificado) A soma de dois números é 224. Dividindo-se o maior por 18, encontra-se o mesmo quociente que o da divisão do menor por 14. Sabendo que as duas divisões são exatas, a soma do maior com a metade do menor é:

a) 165.

b) 215.

c) 180.

d) 175.

e) 200.

QUESTÕES DO ENEM

RESOLUÇÕES PASSO A PASSO

1. (Enem) Na aferição de um novo semáforo, os tempos são ajustados de modo que, em cada ciclo completo (verde-amarelo-vermelho), a luz amarela permaneça acesa por 5 segundos, e o tempo em que a luz verde permaneça acesa seja igual a $\frac{2}{3}$ do tempo em que a luz vermelha fique acesa. A luz verde fica acesa, em cada ciclo, durante x segundos e cada ciclo dura y segundos.

Qual é a expressão que representa a relação entre x e y?

a) $5x - 3y + 15 = 0$

b) $5x - 2y + 10 = 0$

c) $3x - 3y + 15 = 0$

d) $3x - 2y + 15 = 0$

e) $3x - 2y + 10 = 0$

LEIA E COMPREENDA

O problema relaciona os tempos em que as luzes de um semáforo ficam acesas. O enunciado fornece o tempo em que a luz amarela fica acesa e uma relação entre o tempo da luz verde com a vermelha. Supondo que cada ciclo dure y segundos e que, em cada um desses ciclos, a luz verde fique acesa x segundos, o problema pede uma relação entre x e y.

PLANEJE A SOLUÇÃO

Devemos considerar que a luz vermelha fica acesa durante w segundos a cada ciclo. Devemos relacionar as grandezas x e y em função de w para encontrar, em seguida, uma relação entre x e y.

EFETUE O QUE FOI PLANEJADO

$$x = \frac{2}{3}w \Rightarrow w = \frac{3}{2}x$$

Como y é o tempo total do ciclo (verde-amarelo-vermelho), temos:

$$y = 5 + x + \frac{3}{2}x \Rightarrow 2y = 10 + 2x + 3x \Rightarrow 5x - 2y + 10 = 0$$

VERIFIQUE

Temos que:

$$2y = 10 + 5x \Rightarrow y = 5 + \frac{5x}{2} \Rightarrow y = 5 + \frac{2x}{2} + \frac{3}{2}x \Rightarrow y = 5 + x + w$$

O que mostra que o ciclo y é dado exatamente pela soma dos tempos 5 (lâmpada amarela), x (lâmpada verde) e w (lâmpada vermelha).

RESPONDA

A solução é a relação $5x - 2y + 10 = 0$. Alternativa **b**.

AMPLIAÇÃO DO PROBLEMA

Exatamente à 0 hora de um dia, três luzes (vermelha, amarela e verde) se apagam. A partir desse instante, a luz vermelha será acesa a cada 4 minutos, a luz amarela a cada 5 minutos e a luz verde a cada 6 minutos.

Qual será o último instante, antes de se completar 24 horas, em que essas três lâmpadas se acenderão ao mesmo tempo?

mmc (4, 5, 6) = 60

Logo, as lâmpadas se acenderão juntas a cada 1 hora. O último instante antes de completar 24 horas em que elas acenderão juntas será às 23 horas.

2. (Enem) Um arquiteto está reformando uma casa. De modo a contribuir com o meio ambiente, decide reaproveitar tábuas de madeira retiradas da casa. Ele dispõe de 40 tábuas de 540 cm, 30 de 810 cm e 10 de 1 080 cm, todas de mesma largura e espessura. Ele pediu a um carpinteiro que cortasse as tábuas em peças de mesmo comprimento, sem deixar sobras, e de modo que as novas peças ficassem com o maior tamanho possível, mas de comprimento menor que 2 m.

Atendendo ao pedido do arquiteto, o carpinteiro deverá produzir:

a) 105 peças.

c) 210 peças.

e) 420 peças.

b) 120 peças.

d) 243 peças.

LEIA E COMPREENDA

Se as tábuas devem ter a mesma medida, essa medida deve ser um divisor comum dos comprimentos das tábuas retiradas da casa. Dividimos as tábuas em partes e temos de descobrir quantas "partes" (peças) serão obtidas.

PLANEJE A SOLUÇÃO

A medida de cada peça deve ser um divisor comum das medidas das tábuas retiradas da casa. Uma vez obtido o comprimento ideal de cada peça, verificamos em quantas partes cada tábua será dividida e descobrimos, assim, quantas peças poderão ser obtidas.

EFETUE O QUE FOI PLANEJADO

Temos que $540 = 2^2 \cdot 3^3 \cdot 5$; $810 = 2 \cdot 3^4 \cdot 5$; $1\,080 = 2^3 \cdot 3^3 \cdot 5$;

logo, o mdc $(540, 810, 1\,080) = 2 \cdot 3^2 \cdot 5 = 270$.

A medida deve ser um divisor de 270 e, como deve ser a maior possível e menor que 2 m (200 cm), só pode ser 135 cm. Dividimos a medida de cada tipo de tábua por 135 e multiplicamos os resultados pela quantidade de tábuas que ele possuía.

$540 : 135 = 4 \Rightarrow 4 \cdot 40 = 160$ peças; $810 : 135 = 6 \Rightarrow 6 \cdot 30 = 180$ peças; $1\,080 : 135 = 8 \Rightarrow 8 \cdot 10 =$ = 80 peças; ou seja, um total de 420 peças

VERIFIQUE

Todas as peças são menores do que 200 cm.

40 tábuas de 540 cm = 160 peças de 135 cm; 30 tábuas de 810 cm = 180 peças de 135 cm; 10 peças de 1 080 cm = 80 peças de 135 cm

RESPONDA

O carpinteiro deverá produzir, ao todo, 420 peças.

Alternativa **e**.

AMPLIAÇÃO DO PROBLEMA

Quantas peças seriam obtidas se cada uma delas tivesse mais de 50 cm e menos de 60 cm?

O único divisor de 270 maior que 50 e menor que 60 é 54. Assim, cada peça deveria medir 54 cm.

$540 : 54 = 10 \Rightarrow 10 \cdot 40 = 400$ peças; $810 : 54 = 15 \Rightarrow 15 \cdot 30 = 450$ peças; $1\,080 : 54 = 20 \Rightarrow$ $\Rightarrow 20 \cdot 10 = 200$ peças

Seriam obtidas 1 050 peças.

3. (Enem) A classificação de um país no quadro de medalhas nos Jogos Olímpicos depende do número de medalhas de ouro que obteve na competição, tendo como critérios de desempate o número de medalhas de prata seguido do número de medalhas de bronze conquistados. Na Olimpíada de 2004, o Brasil foi o décimo sexto colocado no quadro de medalhas, tendo obtido 5 medalhas de ouro, 2 de prata e 3 de bronze. Parte desse quadro de medalhas é reproduzida a seguir.

Classificação	País	Medalhas de ouro	Medalhas de prata	Medalhas de bronze	Total de medalhas
8º	Itália	10	11	11	32
9º	Coreia do Sul	9	12	9	30
10º	Grã-Bretanha	9	9	12	30
11º	Cuba	9	7	11	27
12º	Ucrânia	9	5	9	23
13º	Hungria	8	6	3	17

Disponível em: http://www.quadroademedalhas.com.br. Acesso em: 5 abr. 2010 (adaptado).

Se o Brasil tivesse obtido mais 4 medalhas de ouro, 4 de prata e 10 de bronze, sem alteração no número de medalhas dos demais países mostrados no quadro, qual teria sido a classificação brasileira no quadro de medalhas da Olimpíada de 2004?

a) 13º   **b)** 12º   **c)** 11º   **d)** 10º   **e)** 9º

4. (Enem) O salto triplo é uma modalidade do atletismo em que o atleta dá um salto em um só pé, uma passada e um salto, nessa ordem. Sendo que o salto com impulsão em um só pé será feito de modo que o atleta caia primeiro sobre o mesmo pé que deu a impulsão; na passada, ele cairá com o outro pé, do qual o salto é realizado.

Disponível em: www.cbat.org.br (adaptado).

Um atleta da modalidade salto triplo, depois de estudar seus movimentos, percebeu que, do segundo para o primeiro salto, o alcance diminuía em 1,2 m, e, do terceiro para o segundo salto, o alcance diminuía 1,5 m. Querendo atingir a meta de 17,4 m nessa prova e considerando os seus estudos, a distância alcançada no primeiro salto teria de estar entre:

a) 4,0 m e 5,0 m.   **b)** 5,0 m e 6,0 m.   **c)** 6,0 m e 7,0 m.   **d)** 7,0 m e 8,0 m.   **e)** 8,0 m e 9,0 m.

5. (Enem) O medidor de energia elétrica de uma residência, conhecido por "relógio de luz", é constituído de quatro pequenos relógios, cujos sentidos de rotação estão indicados conforme a figura:

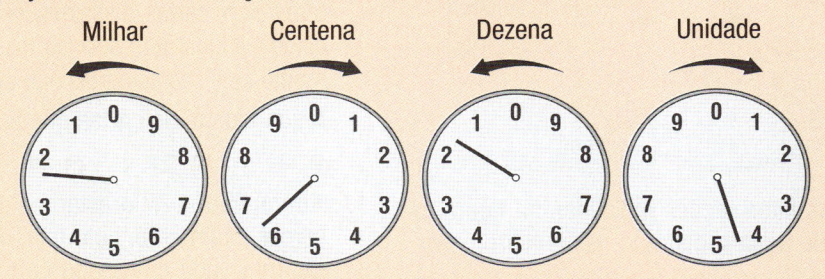

Disponível em: http://www.enersul.com.br. Acesso em: 26 abr. 2010.

A medida é expressa em kWh. O número obtido na leitura é composto de 4 algarismos. Cada posição do número é formada pelo último algarismo ultrapassado pelo ponteiro.

O número obtido pela leitura em kWh, na imagem, é:

a) 2614.   **b)** 3624.   **c)** 2715.   **d)** 3725.   **e)** 4182.

6. (Enem) Você pode adaptar as atividades do seu dia a dia de uma forma que possa queimar mais calorias do que as gastas normalmente, conforme a relação seguinte:

– Enquanto você fala ao telefone, faça agachamentos: 100 calorias gastas em 20 minutos.

– Meia hora de supermercado: 100 calorias.

– Cuidar do jardim por 30 minutos: 200 calorias.

– Passear com o cachorro: 200 calorias em 30 minutos.

– Tirar o pó dos móveis: 150 calorias em 30 minutos.

– Lavar roupas por 30 minutos: 200 calorias.

Disponível em: http://cyberdiet.terra.com.br. Acesso em: 27 abr. 2010 (adaptado).

Uma pessoa deseja executar essas atividades, porém, ajustando o tempo para que, em cada uma, gaste igualmente 200 calorias. A partir dos ajustes, quanto tempo a mais será necessário para realizar todas as atividades?

a) 50 minutos

b) 60 minutos

c) 80 minutos

d) 120 minutos

e) 170 minutos

7. (Enem) Os hidrômetros são marcadores de consumo de água em residências e estabelecimentos comerciais. Existem vários modelos de mostradores de hidrômetros, sendo que alguns deles possuem uma combinação de um mostrador e dois relógios de ponteiro. O número formado pelos quatro primeiros algarismos do mostrador fornece o consumo em m³, e os dois últimos algarismos representam, respectivamente, as centenas e dezenas de litros de água consumidos. Um dos relógios de ponteiro indica a quantidade em litros, e o outro, em décimos de litros, conforme ilustrados na figura a seguir.

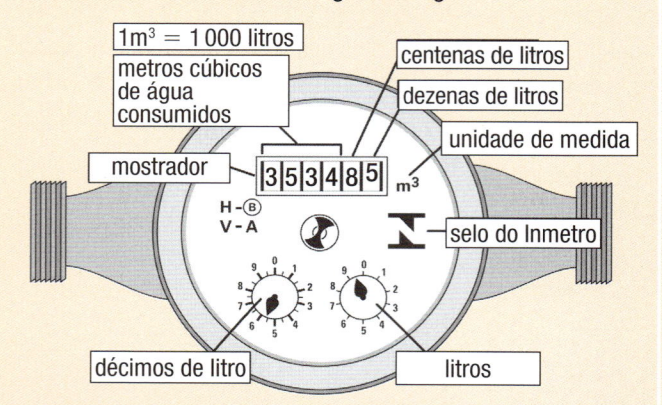

Considerando as informações indicadas na figura, o consumo total de água registrado nesse hidrômetro, em litros, é igual a:

a) 3 544,85.

b) 3 544,20.

c) 3 534 850,00.

d) 3 534 859,35.

e) 3 534 890,39.

8. (Enem) Cinco empresas de gêneros alimentícios encontram-se à venda. Um empresário, almejando ampliar os seus investimentos, deseja comprar uma dessas empresas. Para escolher qual delas irá comprar, analisa o lucro (em milhões de reais) de cada uma delas, em função de seu tempo (em anos) de existência, decidindo comprar a empresa que apresente o maior lucro médio anual.

O quadro apresenta o lucro (em milhões de reais) acumulado ao longo do tempo (em anos) de existência de cada empresa.

Empresa	Lucro (em milhões de reais)	Tempo (em anos)
F	24	3,0
G	24	2,0
H	25	2,5
M	15	1,5
P	9	1,5

O empresário decidiu comprar a empresa:

a) F.   b) G.   c) H.   d) M.   e) P.

9. (Enem) Há, em virtude da demanda crescente de economia de água, equipamentos e utensílios como, por exemplo, as bacias sanitárias ecológicas, que utilizam 6 litros de água por descarga em vez dos 15 litros utilizados por bacias sanitárias não ecológicas, conforme dados da Associação Brasileira de Normas Técnicas (ABNT).

Qual será a economia diária de água obtida por meio da substituição de uma bacia sanitária não ecológica, que gasta cerca de 60 litros por dia com a descarga, por uma bacia sanitária ecológica?

a) 24

b) 36

c) 40

d) 42

e) 50

10. (Enem) Jogar baralho é uma atividade que estimula o raciocínio. Um jogo tradicional é a Paciência, que utiliza 52 cartas. Inicialmente são formadas sete colunas com as cartas. A primeira coluna tem uma carta, a segunda tem duas cartas, a terceira tem três cartas, a quarta tem quatro cartas, e assim sucessivamente até a sétima coluna, a qual tem sete cartas, e o que sobra forma o monte, que são as cartas não utilizadas nas colunas.

A quantidade de cartas que forma o monte é:

a) 21.   b) 24.   c) 26.   d) 28.   e) 31.

11. (Enem) Para o reflorestamento de uma área, deve-se cercar totalmente, com tela, os lados de um terreno, exceto o lado margeado pelo rio, conforme a figura. Cada rolo de tela que será comprado para confecção da cerca contém 48 metros de comprimento.

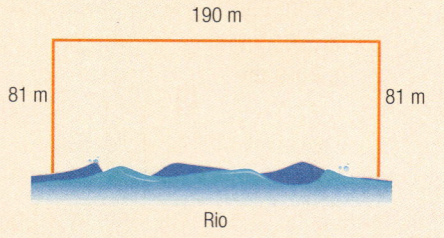

A quantidade mínima de rolos que deve ser comprada para cercar esse terreno é:

a) 6.   b) 7.   c) 8.   d) 11.   e) 12.

12. (Enem) Um *show* teve 45 000 ingressos vendidos. Esse evento ocorrerá em um estádio que disponibilizará 5 portões de entrada com 4 catracas eletrônicas por portão. Em cada uma dessas catracas passará uma única pessoa a cada 2 segundos. O público foi igualmente dividido pela quantidade de portões e catracas, indicados no ingresso para o *show*, para a efetiva entrada no estádio. Suponha que todos aqueles que compraram ingressos irão ao *show* e que todos passarão pelos portões e catracas eletrônicas indicados. Qual é o tempo mínimo para que todos passem pelas catracas?

a) 1 hora
b) 1 hora e 15 minutos
c) 3 horas
d) 6 horas
e) 6 horas e 15 minutos

13. (Enem) Durante a Segunda Guerra Mundial, para decifrarem mensagens secretas, foi utilizada uma técnica de decomposição em fatores primos. Um número n é dado pela expressão $2x \cdot 5y \cdot 7z$, na qual x, y e z são números inteiros e não negativos. Sabe-se que n é múltiplo de 10, mas não é múltiplo de 7. O número de divisores de n, diferentes de n, é:

a) $x \cdot y \cdot z$.
b) $(x + 1) \cdot (y + 1)$.
c) $x \cdot y \cdot z - 1$.
d) $(x + 1)(y + 1) \cdot z$.
e) $(x + 1)(y + 1)(z + 1) - 1$.

14. (Enem) Um executivo sempre viaja entre as cidades A e B, que estão localizadas em fusos horários distintos. O tempo de duração da viagem de avião entre as duas cidades é de 6 horas. Ele sempre pega um voo que sai de A às 15 h e chega à cidade B às 18 h (respectivos horários locais). Certo dia, ao chegar à cidade B, soube que precisava estar de volta à cidade A no máximo até as 13 h do dia seguinte (horário local de A). Para que o executivo chegue à cidade A no horário correto, e admitindo que não haja atrasos, ele deve pegar um voo saindo da cidade B, em horário local de B, no máximo à(s):

a) 16 h.
b) 10 h.
c) 7 h.
d) 4 h.
e) 1 h.

15. (Enem) Durante uma epidemia de uma gripe viral, o secretário de saúde de um município comprou 16 galões de álcool em gel, com 4 litros de capacidade cada um, para distribuir igualmente em recipientes para 10 escolas públicas do município. O fornecedor dispõe à venda diversos tipos de recipientes, com suas respectivas capacidades listadas.

Recipiente I: 0,125 litro.
Recipiente II: 0,250 litro.
Recipiente III: 0,320 litro.
Recipiente IV: 0,500 litro.
Recipiente V: 0,800 litro.

O secretário de Saúde comprará recipientes de um mesmo tipo, de modo a instalar 20 deles em cada escola, abastecidos com álcool em gel na sua capacidade máxima, de forma a utilizar todo o gel dos galões de uma só vez.

Que tipo de recipiente o secretário de saúde deve comprar?

a) I
b) II
c) III
d) IV
e) V

16. (Enem) Os incas desenvolveram uma maneira de registrar quantidades e representar números utilizando um sistema de numeração decimal posicional: um conjunto de cordas com nós denominado *quipus*. O *quipus* era feito de uma corda matriz, ou principal (mais grossa que as demais), na qual eram penduradas outras cordas, mais finas, de diferentes tamanhos e cores (cordas pendentes). De acordo com a sua posição, os nós significavam unidades, dezenas, centenas e milhares. Na Figura 1, o *quipus* representa o número decimal 2 453. Para representar o "zero" em qualquer posição, não se coloca nenhum nó.

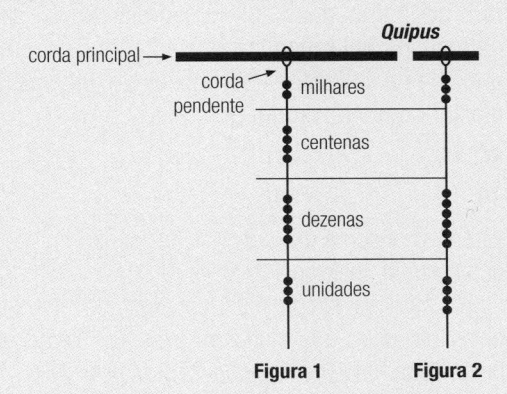

Figura 1 · Figura 2

Disponível em: www.culturaperuana.com.br. Acesso em: 13 dez. 2012.

O número da representação do *quipus* da Figura 2, em base decimal, é:

a) 364.
b) 463.
c) 3 064.
d) 2 640.
e) 4 603.

17. (Enem) O gerente de um cinema fornece anualmente ingressos gratuitos para escolas. Este ano serão distribuídos 400 ingressos para uma sessão vespertina e 320 para uma sessão noturna de um mesmo filme. Várias escolas podem ser escolhidas para receberem ingressos. Há critérios para distribuição de ingressos:

1) cada escola deverá receber ingressos para uma única sessão;
2) todas as escolas contempladas deverão receber o mesmo número de ingressos;
3) não haverá sobra de ingressos (ou seja, todos os ingressos serão distribuídos).

O número mínimo de escolas que podem ser escolhidas para obter ingressos, segundo os critérios estabelecidos, é:

a) 2.

c) 9.

e) 80.

b) 4.

d) 40.

18. (Enem) A insulina é utilizada no tratamento de pacientes com diabetes para o controle glicêmico. Para facilitar sua aplicação, foi desenvolvida uma "caneta" na qual pode ser inserido um refil contendo 3 ml de insulina, como mostra a imagem.

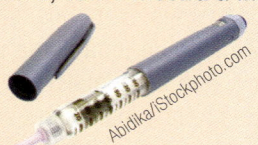

Para controle das aplicações, definiu-se a unidade de insulina como 0,01 mL. Antes de cada aplicação, é necessário descartar 2 unidades de insulina, de forma a retirar possíveis bolhas de ar. A um paciente, foram prescritas duas aplicações diárias: 10 unidades de insulina pela manhã e 10 à noite. Qual o número máximo de aplicações por refil que o paciente poderá utilizar com a dosagem prescrita?

a) 25

c) 13

e) 8

b) 15

d) 12

19. (Enem) O ábaco é um antigo instrumento de cálculo que usa notação posicional de base dez para representar números naturais. Ele pode ser apresentado em vários modelos; um deles é formado por hastes apoiadas em uma base. Cada haste corresponde a uma posição no sistema decimal e nelas são colocadas argolas; a quantidade de argolas na haste representa o algarismo daquela posição. Em geral, colocam-se adesivos abaixo das hastes com os símbolos U, D, C, M, DM e CM que correspondem, respectivamente, a unidades, dezenas, centenas, unidades de milhar, dezenas de milhar e centenas de milhar, sempre começando com a unidade na haste da direita e as demais ordens do número no sistema decimal nas hastes subsequentes (da direita para esquerda), até a haste que se encontra mais à esquerda. Entretanto, no ábaco da figura, os adesivos não seguiram a disposição usual.

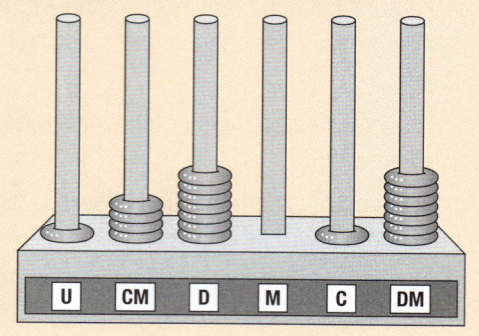

Nessa disposição, o número que está representado na figura é:

a) 46 171.

d) 460 171.

b) 147 016.

e) 610 741.

c) 171 064.

20. (Enem) Para comemorar o aniversário de uma cidade, a prefeitura organiza quatro dias consecutivos de atrações culturais. A experiência de anos anteriores mostra que, de um dia para o outro, o número de visitantes no evento é triplicado. É esperada a presença de 345 visitantes para o primeiro dia do evento. Uma representação possível do número esperado de participantes para o último dia é:

a) $3 \cdot 345$.

d) $3 \cdot 4 \cdot 345$.

b) $(3 + 3 + 3) \cdot 345$.

e) $3^4 \cdot 345$.

c) $3^3 \cdot 345$.

21. (Enem) Neste modelo de termômetro, os filetes na cor preta registram as temperaturas mínima e máxima do dia anterior e os filetes na cor cinza registram a temperatura ambiente atual, ou seja, no momento da leitura do termômetro.

Por isso, ele tem duas colunas. Na da esquerda, os números estão em ordem crescente, de cima para baixo, de −30 °C até 50 °C.

A leitura é feita da seguinte maneira:

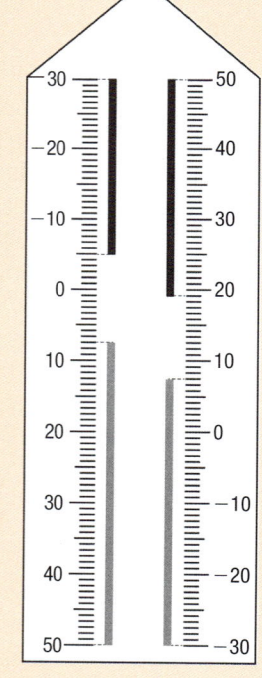

- a temperatura mínima é indicada pelo nível inferior do filete preto na coluna da esquerda;

- a temperatura máxima é indicada pelo nível inferior do filete preto na coluna da direita;

- a temperatura atual é indicada pelo nível superior dos filetes cinza nas duas colunas.

Qual é a temperatura máxima mais aproximada registrada nesse termômetro?

a) 5 °C

b) 7 °C

c) 13 °C

d) 15 °C

e) 19 °C

RESOLUÇÕES E COMENTÁRIOS

EXERCÍCIOS

3. O maior número composto por 4 algarismos distintos é 9876 e o menor, 1 023. A diferença é $9876 - 1023 = 8853$.

4. Dois milhões e três é escrito assim: 2 000 003. Ou seja, usamos 7 algarismos. Alternativa **c**.

5. Como em cada classe há 3 ordens (unidade, dezena e centena), preenchemos 3 ordens na 1ª classe, 3 ordens na 2ª classe e 1 ordem na 3ª classe. O número deve ter 7 algarismos. Alternativa **b**.

6. Vejamos os algarismos gastos nas respectivas páginas:
- de 1 a 9: 9 algarismos;
- de 10 a 99: $2 \cdot 90 = 180$;
- de 100 a 120: $3 \cdot 21 = 63$;
- de 121 a 126: $3 \cdot 6 = 18$.

Total: $9 + 180 + 63 + 18 = 270$.

Para numerar até a página 126, serão utilizados 270 algarismos.

Alternativa **e**.

7. O maior número que pode ser digitado na calculadora é 99 999 999.

Representamos por x o número de habitantes do estado de São Paulo.

$99\,999\,999 - x = 68\,807\,181$

$x = 99\,999\,999 - 68\,807\,181$

$x = 31\,192\,818$

8. Com 320 litros vendidos a R$ 5,00, ele deve arrecadar $5,00 \cdot 320 = 1.600,00 \Rightarrow$ R$ 1.600,00. Se vender a R$ 4,00 o litro, para não ter prejuízo, ele deve ter um número de litros que, multiplicado por R$ 4,00, resulte também R$ 1.600,00 ou seja, 400 litros.

A diferença de água que ele deve adicionar é:
$400 - 320 = 80$ litros.

Alternativa **c**.

9. $4\,000 \cdot 4 = 16\,000$. Na praça, estariam presentes 16 000 pessoas.

10. Dúzia de ovos: x; dúzia de maçãs: y; dúzia de peras: z.

$3x = 4y \Rightarrow x = \dfrac{4y}{3}$

$5y = 3z \Rightarrow 5y = 3 \cdot 6 \Rightarrow y = \dfrac{18}{5}$

$x = \dfrac{4}{3}y \Rightarrow x = \dfrac{4}{3} \cdot \dfrac{18}{5} \Rightarrow x = \dfrac{72}{15} \Rightarrow x = 4,8$

Alternativa **b**.

11. Vamos calcular o mdc (60, 72, 48, 36).

$60 = 2^2 \cdot 3 \cdot 5$

$72 = 2^3 \cdot 3^2$

$48 = 2^4 \cdot 3$

$36 = 2^2 \cdot 3^2$; então, mdc (60, 72, 48, 36) $= 2^2 \cdot 3 = 12$

Cada sacola receberá 12 laranjas, 12 maçãs, 12 peras e 12 mangas.

Para 60 laranjas, são necessárias $60 : 12 = 5$ sacolas.

Para 72 maçãs, são necessárias $72 : 12 = 6$ sacolas.

Para 48 peras, são necessárias $48 : 12 = 4$ sacolas.

Para 36 mangas, são necessárias $36 : 12 = 3$ sacolas.

O total é $5 + 6 + 4 + 3 = 18$. Assim, serão necessárias 18 sacolas.

12. Como o número de estacas deve ser o menor possível, a distância entre elas deve ser a máxima. Vamos então encontrar o máximo divisor comum entre 216 e 414.

$216 = 2^3 \cdot 3^3$

$414 = 2 \cdot 3^2 \cdot 23$; logo, mdc (216, 414) $= 2 \cdot 3^2 = 18$

Nos lados que medem 216 m, temos $216 : 18 = 12$. Como são 2 lados: $12 \cdot 2 = 24$.

Nos lados que medem 414 m, temos $414 : 18 = 23$. Como são 2 lados: $23 \cdot 2 = 46$.

Observe que já estamos incluindo as estacas colocadas nos cantos do terreno.

Teremos, então, $24 + 46 = 70$ estacas.

13. Calculando o mdc (288, 360), temos:

	1	4
360	288	72
72	0	

mdc (360; 288) $= 72$

Dentre as batedoras, teremos $288 : 72 = 4$ grupos.

Dentre as engenheiras, teremos $360 : 72 = 5$ grupos.

Total de $4 + 5 = 9$ grupos.

Alternativa **b**.

14. Calculando o mmc (12, 18), temos:

$12 = 2^2 \cdot 3$

$18 = 2 \cdot 3^2$; logo, mmc (12, 18) $= 2^2 \cdot 3^2 = 36$

Então, eles irão se encontrar novamente às 8 h 36 min.

15. mdc $(n, m) = 18 \Rightarrow n = 18 \cdot a$ e $m = 18 \cdot b$ (com a e b, naturais)

Veremos que a e b devem ser primos entre si, isto é, o mdc $(a, b) = 1$ e ainda que $b > a > 1$.

Como $n + m = 216$, teremos:

$18a + 18b = 218 \Rightarrow a + b = 12$

$\begin{cases} a + b = 12 \\ b > a > 1 \\ mdc\,(a, b) = 1 \end{cases} \Rightarrow \begin{cases} a = 5 \\ b = 7 \end{cases} \Rightarrow \begin{cases} n = 18 \cdot 5 = 90 \\ m = 18 \cdot 7 = 126 \end{cases}$

Alternativa **c**.

16. A primeira luz pisca 15 vezes por minuto, ou 15 vezes em 60 segundos, ou seja, ela pisca de 4 em 4 segundos.

A segunda luz pisca 10 vezes por minuto, ou seja, ela pisca de 6 em 6 segundos.

mmc (4, 6) = 12 s

Alternativa **a**.

17. Calculando o mmc (45, 25, 40), temos:

$45 = 3^2 \cdot 5$

$25 = 5^2$

$40 = 2^3 \cdot 5$; o mmc $(45, 25, 40) = 2^3 \cdot 3^2 \cdot 5^2 = 1\,800$

$1\,800$ minutos $= 30$ horas

Alternativa **d**.

18. mmc $(a, b) \cdot$ mdc $(a, b) = a \cdot b \Rightarrow 360 \cdot$ mdc $(a, b) = 3\,600 \Rightarrow$ $\Rightarrow$ mdc $(a, b) = 10$

Logo, $a = 10x$ e $b = 10y$ (a e b devem ser múltiplos de 10; além disso, x e y devem ser primos entre si).

Assim: $a \cdot b = 3\,600 \Rightarrow 10x \cdot 10y = 3\,600 \Rightarrow xy = 36$.

O produto de dois números primos entre si será igual a 36 se eles forem 9 e 4. Podemos ter: $x = 4$ e $y = 9$.

$a = 10x = 10 \cdot 4 = 40$

$b = 10y = 10 \cdot 9 = 90$

Logo, a menor soma possível será $a + b = 40 + 90 = 130$.

19. $a = 2b + 3$ (I) e $3a + 2 = 3b \Rightarrow a = 3b - 2$ (II) e $b > 0$; logo, deveremos ter $b > 3$.

Das igualdades (I) e (II), temos: $3b - 2 = 2b + 3 \Rightarrow b = 5 \Rightarrow$ $\Rightarrow a = 13$.

Então, $a \cdot b = 13 \cdot 5 = 65$.

20. Façamos o maior número $= x$ e o menor número $= y$.

Teremos:

$x + y = 224$.

$$\frac{x \quad | \quad 18}{0 \quad | \quad a} \Rightarrow x = 18a$$

$$\frac{y \quad | \quad 14}{0 \quad | \quad a} \Rightarrow y = 14a$$

$x + y = 224 \Rightarrow 18a + 14a = 224 \Rightarrow 32a = 224 \Rightarrow a = 7$

Logo: $x = 18 \cdot 7 = 126$ e $y = 14 \cdot 7 = 98$.

A soma do maior com a metade do menor:

$126 + \dfrac{98}{2} = 126 + 49 = 175$.

Alternativa **d**.

QUESTÕES DO ENEM

3. Com o acréscimo de 4 medalhas de ouro, 4 medalhas de prata e 10 medalhas de bronze, o Brasil acumularia um total de 9 medalhas de ouro, 6 de prata e 13 de bronze, passando da 16ª posição para a 12ª posição do quadro de medalhas da Olimpíada de 2014.

Alternativa **b**.

4. Fazendo x a medida do primeiro salto, teremos $x - 1,2$ como a medida do segundo salto e $x - 2,7$ a medida do terceiro. Então, para que o atleta alcance a meta de 17,4 m no salto triplo, teremos:

$x + (x - 1,2) + (x - 2,7) = 17,4 \Rightarrow 3x = 17,4 + 3,9 \Rightarrow$ $\Rightarrow 3x = 21,3 \Rightarrow x = 7,1$.

Alternativa **d**.

5. O "relógio de luz" funciona como um relógio comum independentemente do sentido de rotação. Segundo as instruções e observando o sentido que o ponteiro percorre (horário ou anti-horário), teríamos:

unidade de milhar: 2;

centena: 6;

dezena: 1;

unidade: 4.

Logo, o conjunto de relógios registra: $2\,614$ kWh.

Alternativa **a**.

6. Elaboramos uma tabela com as respectivas atividades e seus tempos para 200 calorias:

Atividade	Tempo (min.)
agachamentos	40
supermercado	60
jardim	30
cachorro	30
pó (50 cal/10 min)	40
lavagem de roupa	30
TOTAL	230

Para fazer as tarefas mencionadas, são gastos:
$20 + 30 + 30 + 30 + 30 + 30 = 170$ minutos.

Então, subtraindo $230 - 170 = 60$ minutos; esse é o tempo a mais que é necessário.

Alternativa **b**.

7. Pelo mostrador, pode-se observar que foram consumidos: $(3\,534$ m$^3 = 3\,534\,000$ litros$) + (8$ centenas de litros$) +$ $+(5$ dezenas de litros$) = 3\,534\,850$ litros. Pelos relógios de ponteiro, verifica-se que foram gastos: 9 litros $+ 3,5$ décimos de litro de água $(0,35$ litro$) = 9,35$ litros. Somando as indicações do marcador e dos ponteiros, tem-se $3\,534\,850 + 9,35 =$ $= 3\,534\,859,35$ litros de água.

Alternativa **d**.

8. Precisamos encontrar o lucro médio de cada empresa, que é a divisão do lucro pelo tempo. Depois, escolhemos a divisão com maior quociente.

A empresa F tem lucro médio anual de $24 : 3 = 8$; a empresa G, $24 : 2 = 12$; a empresa H, $25 : 2,5 = 10$; a empresa M, $15 : 1,5 = 10$; a empresa P, $9 : 1,5 = 6$. Todos os valores foram calculados em milhões de reais. O maior lucro médio foi o da empresa G.

Alternativa **b**.

9. Pelo enunciado, a economia de água é de 9 litros $(15 - 6)$ por descarga ao usar a bacia sanitária ecológica.

Temos de calcular o número de descargas diárias para encontrar a economia diária.

São $\dfrac{60 \text{ litros}}{\text{dia}}$ e $\dfrac{15 \text{ litros}}{\text{descarga}}$, logo: $\dfrac{4 \text{ descargas}}{\text{dia}}$. Portanto, a economia diária será de $4 \cdot 9 = 36$ litros.

Alternativa **b**.

10. A soma $1 + 2 + 3 + 4 + 5 + 6 + 7 = 28$.

Do total de 52 cartas, retirando-se 28, temos: $52 - 28 = 24$.

Alternativa **b**.

11. O lado onde está a margem do rio não será cercado; portanto, serão necessários $81 + 190 + 81 = 352$ metros de tela. O rolo tem 48 metros de comprimento; logo, serão necessários $352 : 48 = 7,33$ rolos. Como só é possível comprar rolos inteiros de tela, deverão ser comprados 8 rolos para que possa ser cercado todo o terreno.

Alternativa **c**.

12. Número de catracas: $5 \cdot 4 = 20$.

Número de pessoas que passam em cada catraca: $45\,000 : 20 = 2\,250$. O tempo mínimo para que todas as pessoas passem pelos portões é:

$2\,250 \cdot 2$ segundos $= 4\,500$ segundos $= 75$ minutos $= 1$ hora e 15 minutos.

Alternativa **b**.

13. Como $n = 2^x \cdot 5^y \cdot 7^z$, o número de divisores positivos é: $(x + 1)(y + 1)(z + 1)$ e, assim, o número de divisores de n diferentes de n é dado pela expressão: $(x + 1)(y + 1)(z + 1) - 1$

Importante:

- o exercício pede os divisores positivos de n;
- como n é múltiplo de 10, mas não é de 7, tem-se que: $x \neq 0$, $y \neq 0$ e $z = 0$.

Alternativa **e**.

14. Vamos verificar qual é a diferença de horários entre as cidades A e B. O problema nos informa que o executivo sai de A às 15 h e, 6 horas depois, chega à B às 18 h. Como se passaram 6 horas, quando ele chega ao seu destino são $15 + 6 = 21$ h em A e, como já informado, 18 h em B. Logo, temos uma diferença de 3 horas, pois A tem o fuso horário 3 horas mais "adiantado" em relação à cidade B.

Assim, quando em A for 13 h, em B será 10 h da manhã. Para chegar nesse horário, considerando as 6 horas de voo, ele deverá decolar de B às 4 h. Alternativa **d**.

15. Temos no total $16 \cdot 4 = 64$ litros. Dividindo essa quantidade para cada escola $64 : 10 = 6,4$ litros por escola. Cada escola receberá 20 recipientes; logo, cada recipiente deverá ter $6,4 : 20 = 0,320$ litro.

Alternativa **c**.

16. O *quipus* nos indica as seguintes representações de classe:

unidade de milhar: $3 \Rightarrow 3\,000$;

centena: $0 \Rightarrow 0$;

dezena: $6 \Rightarrow 60$;

unidade: $4 \Rightarrow 4$; logo, o número representado na figura é $3\,064$.

Alternativa **c**.

17. Temos que mdc $(400, 320) = 24 \cdot 5 = 80$.

Então, cada escola receberá 80 ingressos e, como são $400 + 320 = 720$ ingressos, o número mínimo de escolas que podem ser escolhidas é $720 : 80 = 9$.

Alternativa **c**.

18. Antes de cada aplicação, deve-se descartar 0,02 ml (2 unidades); então, a cada aplicação, serão gastos 0,12 ml. Logo, o número máximo de aplicações será: $3 : 0,12 = 25$.

Alternativa **a**.

19. Como a disposição desse ábaco não está diferente do usual, deve-se observar os adesivos que indicam as ordens de cada algarismo. O número representado é $1 + 70 + 100 + 0 + 60\,000 + 400\,000 = 460\,171$.

Alternativa **d**.

20. Número de visitantes:

1º dia: 345;

2º dia: $3 \cdot 345$;

3º dia: $3 \cdot (3 \cdot 345)$;

4º dia: $3 \cdot (3 \cdot 3 \cdot 345) = 3^3 \cdot 345$.

Alternativa **c**.

21. Devemos procurar a maior temperatura registrada pelo termômetro. Analisando as características do instrumento, a maior temperatura registrada na figura pode ser observada no filete preto localizado no lado direito. Nota-se que ele marca uma unidade abaixo da linha de 20 °C, ou seja, 19 °C.

Alternativa **e**.

COMPETÊNCIAS E HABILIDADES

ENEM

COMPETÊNCIAS DE ÁREA — MATEMÁTICA E SUAS TECNOLOGIAS

Habilidades

H01 Reconhecer, no contexto social, diferentes significados e representações dos números e operações – naturais, inteiros, racionais ou reais.

H03 Resolver situação-problema envolvendo conhecimentos numéricos.

H04 Avaliar a razoabilidade de um resultado numérico na construção de argumentos sobre afirmações quantitativas.

H05 Avaliar propostas de intervenção na realidade utilizando conhecimentos numéricos.

BNCC

Habilidades

EF06MA01 Comparar, ordenar, ler e escrever números naturais e números racionais cuja representação decimal é finita, fazendo uso da reta numérica.

EF06MA02 Reconhecer o sistema de numeração decimal, como o que prevaleceu no mundo ocidental, e destacar semelhanças e diferenças com outros sistemas, de modo a sistematizar suas principais características (base, valor posicional e função do zero), utilizando, inclusive, a composição e decomposição de números naturais e números racionais em sua representação decimal.

EF06MA03 Resolver e elaborar problemas que envolvam cálculos (mentais ou escritos, exatos ou aproximados) com números naturais, por meio de estratégias variadas, com compreensão dos processos neles envolvidos com e sem uso de calculadora.

EF06MA05 Classificar números naturais em primos e compostos, estabelecer relações entre números, expressas pelos termos "é múltiplo de", "é divisor de", "é fator de", e estabelecer, por meio de investigações, critérios de divisibilidade por 2, 3, 4, 5, 6, 8, 9, 10, 100 e 1000.

EF06MA06 Resolver e elaborar problemas que envolvam as ideias de múltiplo e de divisor.

EF07MA01 Resolver e elaborar problemas com números naturais, envolvendo as noções de divisor e de múltiplo, podendo incluir máximo divisor comum ou mínimo múltiplo comum, por meio de estratégias diversas, sem a aplicação de algoritmos.

EF07MA11 Compreender e utilizar a multiplicação e a divisão de números racionais, a relação entre elas e suas propriedades operatórias.

EF07MA12 Resolver e elaborar problemas que envolvam as operações com números racionais.

EF07MA13 Compreender a ideia de variável, representada por letra ou símbolo, para expressar relação entre duas grandezas, diferenciando-a da ideia de incógnita.

EF08MA05 Reconhecer e utilizar procedimentos para a obtenção de uma fração geratriz para uma dízima periódica.

EF09MA02 Reconhecer um número irracional como um número real cuja representação decimal é infinita e não periódica, e estimar a localização de alguns deles na reta numérica.

EF09MA04 Resolver e elaborar problemas com números reais, inclusive em notação científica, envolvendo diferentes operações.

POTENCIAÇÃO E RADICIAÇÃO

POTENCIAÇÃO

Sejam $a \in \mathbb{R}$ e $n \in \mathbb{N}^*$, definimos potência de base a e expoente n:

$$a^n = a \cdot a \cdot a \cdot a \cdot a \dots a \ (n \text{ vezes})$$

Casos especiais: $a^0 = 1$ (se $a \neq 0$) e $a^1 = a$.

Propriedades

I. $a^n \cdot a^m = a^{n+m}$

II. $a^n : a^m = a^{n-m}; \ a \neq 0$

III. $(a^n)^m = a^{n \cdot m}$

IV. $a^n \cdot b^n = (ab)^n$

V. $a^n : b^n = (a : b)^n; \ b \neq 0$

VI. $a^{-n} = \dfrac{1}{a^n}; \ a \neq 0$

Importante: $(a^m)^n \neq a^{m^n}$

RADICIAÇÃO

Dados um número real $a \geqslant 0$ e um número $n \in \{2, 3, 4, 5 \dots\}$, há sempre um número real positivo ou nulo b, tal que $b^n = a$.

Ao número b chamaremos de **raiz enésima** de a. Indicaremos pelo símbolo $\sqrt[n]{a}$, em que a é chamado radicando e n é o índice.

Admite-se $a < 0$ se, e somente se, n for ímpar.

Radicais aritméticos

São aqueles que representam números reais.

Exemplos

$$\sqrt{10}, \ \sqrt[3]{8}, \ \sqrt[3]{-27}, \ \sqrt[3]{\pi}, \ \sqrt[5]{100}, \ \sqrt[5]{-32}$$

Importante:

$$\begin{cases} \sqrt[4]{16} = 2 \\ -\sqrt[4]{16} = -2 \\ \pm\sqrt[4]{16} = \pm 2 \end{cases}$$

$\sqrt[4]{16} \neq \pm 2$ (nunca dizer, por exemplo, $\sqrt{9} = \pm 3$)

Radicais não aritméticos

São aqueles que não representam números reais.

Exemplos

$$\sqrt{-4}, \ \sqrt{-\pi}, \ \sqrt[4]{-16}, \ \sqrt[8]{-1}$$

Propriedades

Importante: as propriedades que envolvem radicais são válidas apenas para radicais aritméticos.

$\{n,m,p\} \subset \{2, 3, 4, 5, 6, ...\}$; a e b são reais, desde que satisfaçam a condição de que os radicais sejam aritméticos.

I. $\sqrt[n]{a} \cdot \sqrt[n]{b} = \sqrt[n]{a \cdot b}$

IV. $\sqrt[m]{\sqrt[n]{a}} = {}^{m \cdot n}\sqrt{a}$

II. $\sqrt[n]{a} : \sqrt[n]{b} = \sqrt[n]{a : b}$; $b \neq 0$

V. $\sqrt[n]{a} = {}^{n \cdot p}\sqrt{a^p}$

III. $\left(\sqrt[n]{a}\right)^m = \sqrt[n]{a^m}$

Expoente racional

Sejam $a \in \mathbb{R}_+^*$ e $\dfrac{m}{n} \in \mathbb{Q}$, tem-se que $a^{\frac{m}{n}} = \sqrt[n]{a^m}$.

$$a^{\frac{m}{n}} = \sqrt[n]{a^m}$$

Radical duplo

$$\sqrt{a \pm \sqrt{b}} = \sqrt{\frac{a + c}{2}} \pm \sqrt{\frac{a - c}{2}}, \text{ em que } c = \sqrt{a^2 - b}.$$

Raiz de potências

Para x, um número real qualquer:

$$\sqrt{x^2} = |x|; \quad \sqrt[4]{x^4} = |x|; \quad \sqrt[3]{x^3} = x$$

O módulo surge quando a raiz tem **índice par**.

Racionalização de denominadores

Racionalizar o denominador de uma fração significa eliminar o radical de seu denominador. Como as frações podem apresentar radicais no denominador de formas diferentes é impossível estabelecer uma regra geral. Assim, vamos exemplificar com os casos mais comuns. É importante lembrar que sempre multiplicamos o numerador e o denominador da fração por um **fator racionalizante**.

Exemplos

1. $\dfrac{1}{\sqrt{2}} = \dfrac{1}{\sqrt{2}} \cdot \dfrac{\sqrt{2}}{\sqrt{2}} = \dfrac{\sqrt{2}}{2}$

$\downarrow$

fator racionalizante

2. $\dfrac{2}{\sqrt[5]{2}} = \dfrac{2}{\sqrt[5]{2}} \cdot \dfrac{\sqrt[5]{2^4}}{\sqrt[5]{2^4}} = \dfrac{2 \cdot \sqrt[5]{16}}{\sqrt[5]{2^5}} = \sqrt[5]{16}$

> Em alguns casos, para determinar o fator racionalizante temos que lembrar dos seguintes produtos notáveis:
> - $(a - b)(a + b) = a^2 - b^2$
> - $(a - b)(a^2 + ab + b^2) = a^3 - b^3$
> - $(a + b)(a^2 - ab + b^2) = a^3 + b^3$

3. $\dfrac{1}{\sqrt{5} - \sqrt{2}} = \dfrac{1}{\left(\sqrt{5} - \sqrt{2}\right)} \cdot \dfrac{\left(\sqrt{5} + \sqrt{2}\right)}{\left(\sqrt{5} + \sqrt{2}\right)} = \dfrac{\sqrt{5} + \sqrt{2}}{5 - 2} = \dfrac{\sqrt{5} + \sqrt{2}}{3}$

4. $\dfrac{2}{\sqrt{3} + \sqrt{2} - 1} = \dfrac{2}{\left[\left(\sqrt{3} + \sqrt{2}\right) - 1\right]} \cdot \dfrac{\left[\left(\sqrt{3} + \sqrt{2}\right) + 1\right]}{\left[\left(\sqrt{3} + \sqrt{2}\right) + 1\right]} = \dfrac{2\left(\sqrt{3} + \sqrt{2} + 1\right)}{\left(\sqrt{3} + \sqrt{2}\right)^2 - 1} =$

$= \dfrac{2\left(\sqrt{3} + \sqrt{2} + 1\right)}{3 + \sqrt{6} + \sqrt{6} + 2 - 1} = \dfrac{2\left(\sqrt{3} + \sqrt{2} + 1\right)}{4 + 2\sqrt{6}} = \dfrac{\left(\sqrt{3} + \sqrt{2} + 1\right)}{2 + \sqrt{6}} =$

$= \dfrac{\left(\sqrt{3} + \sqrt{2} + 1\right)}{\left(2 + \sqrt{6}\right)} \cdot \dfrac{\left(2 - \sqrt{6}\right)}{\left(2 - \sqrt{6}\right)} = \dfrac{\left(\sqrt{3} + \sqrt{2} + 1\right)\left(2 - \sqrt{6}\right)}{4 - 6} = -\dfrac{\left(\sqrt{3} + \sqrt{2} + 1\right)\left(2 - \sqrt{6}\right)}{2}$

5. $\dfrac{2}{\sqrt[3]{5} - \sqrt[3]{3}} = \dfrac{2}{\left(\sqrt[3]{5} - \sqrt[3]{3}\right)} \cdot \dfrac{\left(\sqrt[3]{5^2} + \sqrt[3]{5} \cdot \sqrt[3]{3} + \sqrt[3]{3^2}\right)}{\left(\sqrt[3]{5^2} + \sqrt[3]{5} \cdot \sqrt[3]{3} + \sqrt[3]{3^2}\right)} = \dfrac{2\left(\sqrt[3]{5^2} + \sqrt[3]{5} \cdot \sqrt[3]{3} + \sqrt[3]{3^2}\right)}{\sqrt[3]{5^3} - \sqrt[3]{3^3}} =$

$= \dfrac{2\left(\sqrt[3]{25} + \sqrt[3]{15} + \sqrt[3]{9}\right)}{5 - 3} = \sqrt[3]{25} + \sqrt[3]{15} + \sqrt[3]{9}$

NOTAÇÃO CIENTÍFICA

Notação científica é uma forma simplificada de representar números reais muito grandes ou muito pequenos utilizando uma potência de base 10. Qualquer número representado em notação científica deve estar escrito na forma: $a \cdot 10^n$.

O número a é chamado de mantissa e deve ser tal que $1 \leqslant a < 10$.

Exemplos

Notação comum	Notação científica
231	$2{,}31 \cdot 10^2$
0,000023	$2{,}3 \cdot 10^{-5}$
654 750 000	$6{,}55 \cdot 10^8$
10 000	$1{,}00 \cdot 10^4$

ORDEM DE GRANDEZA

É conveniente estabelecer uma regra que se aplique a qualquer número. Para calcular a ordem de grandeza de um número, deve-se escrever o número em notação científica, isto é, na forma $a \cdot 10^n$. Em seguida, observamos:

- se o valor de a for menor do que $\sqrt{10} = 3{,}16$, então, a ordem de grandeza do número será 10^n;
- se o valor de a for maior do que $3{,}16$, então, a ordem de grandeza do número será 10^{n+1}.

Exemplos

1. $3{,}4 \cdot 10^{14}$; como $3{,}4 > \sqrt{10}$, a ordem de grandeza é $10^{14+1} = 10^{15}$
2. $1{,}8 \cdot 10^5$; como $1{,}8 < \sqrt{10}$, a ordem de grandeza é 10^5.

EXERCÍCIOS

RESOLUÇÕES PASSO A PASSO

1. (Fuvest-SP) Se $4^{16} \cdot 5^{25} = \alpha \cdot 10^n$, com $1 \leq \alpha < 10$, então n é igual a:

a) 24.

b) 25.

c) 26.

d) 27.

e) 28.

LEIA E COMPREENDA

A questão mostra uma igualdade cujo primeiro membro é o produto de duas potências e o segundo membro, um parâmetro α e uma potência de 10 de expoente n. O problema pede que, obedecida a restrição imposta pelo enunciado [$1 \leq \alpha < 10$], encontremos o valor de n.

PLANEJE A SOLUÇÃO

No primeiro membro da igualdade, obedecendo às propriedades de potenciação, devemos encontrar uma potência de base 10 multiplicada por número maior ou igual a 1 e menor que 10, para então compararmos o primeiro membro da igualdade com o segundo e calcularmos o valor de n.

EFETUE O QUE FOI PLANEJADO

$2^{32} \cdot 5^{25} = \alpha \cdot 10^n \Rightarrow 2^7 \cdot 2^{25} \cdot 5^{25} = \alpha \cdot 10^n \Rightarrow 128 \cdot (2 \cdot 5)^{25} = \alpha \cdot 10^n \Rightarrow$

$\Rightarrow 128 \cdot 10^{25} = \alpha \cdot 10^n \Rightarrow 1,28 \cdot 10^2 \cdot 10^{25} = \alpha \cdot 10^n \Rightarrow 1,28 \cdot 10^{27} = \alpha \cdot 10^n \Rightarrow n = 27$

VERIFIQUE

Precisamos verificar se $2^{32} \cdot 5^{25}$ realmente é igual a $1,28 \cdot 10^{27}$. Vejamos:

$1,28 \cdot 10^{27} = 128 \cdot 10^{-2} \cdot (2 \cdot 5)^{27} = 2^7 \cdot (2 \cdot 5)^{-2} \cdot 2^{27} \cdot 5^{27} =$

$= 2^7 \cdot 2^{-2} \cdot 5^{-2} \cdot 2^{27} \cdot 5^{27} = 2^{7-2+27} \cdot 5^{-2+27} = 2^{32} \cdot 5^{25}$

RESPONDA

$n = 27$

Alternativa **d**.

AMPLIAÇÃO DO PROBLEMA

Se mantivermos a igualdade, mas alterarmos a restrição para $10^3 \leq \alpha \leq 10^4$, qual seria o valor de n?

$2^{32} \cdot 5^{25} = \alpha \cdot 10^n \Rightarrow 2^7 \cdot 2^{25} \cdot 5^{25} = \alpha \cdot 10^n \Rightarrow 128 \cdot (2 \cdot 5)^{25} =$

$= \alpha \cdot 10^n \Rightarrow 128 \cdot 10^{25} = \alpha \cdot 10^n \Rightarrow 1\,280 \cdot 10^{-1} \cdot 10^{25} = \alpha \cdot 10^n \Rightarrow 1\,280 \cdot 10^{24} = \alpha \cdot 10^n \Rightarrow n$

2. Mude a expressão $\sqrt{5 + \sqrt{24}}$ para a forma da soma de dois radicais.

LEIA E COMPREENDA

Pretendemos que a expressão $\sqrt{5 + \sqrt{24}}$ seja escrita na forma $\sqrt{M} + \sqrt{N}$.

PLANEJE A SOLUÇÃO

Usando as propriedades de produtos notáveis e de radiciação, vamos transformar a expressão dada na soma de dois radicais. Por fim, eliminamos o radical duplo.

EFETUE O QUE FOI PLANEJADO

$$\sqrt{5 + \sqrt{24}} = \sqrt{5 + \sqrt{4 \cdot 6}} = \sqrt{5 + 2\sqrt{6}} = \sqrt{2 \cdot 3 + 2\sqrt{2 \cdot 3}} = \sqrt{2 + 2\sqrt{2} \cdot \sqrt{2} + 3} =$$

$$= \sqrt{\left(\sqrt{2}\right)^2 + 2 \cdot \sqrt{2} \cdot \sqrt{3} + \left(\sqrt{3}\right)^2} = \sqrt{\left(\sqrt{2} + \sqrt{3}\right)^2} = \sqrt{2} + \sqrt{3}$$

VERIFIQUE

Inicialmente, fazemos $a = 5$ e $b = 24$ e encontramos um número c, tal que $c = \sqrt{a^2 - b}$.

Em seguida, devemos aplicar a fórmula:

$$\sqrt{a \pm \sqrt{b}} = \sqrt{\frac{a + c}{2}} \pm \sqrt{\frac{a - c}{2}}, \text{ considerando } c = \sqrt{a^2 - b}.$$

Então, substituímos os valores de a e b:

$$c = \sqrt{5^2 - 24} = \sqrt{1} = 1$$

$$\sqrt{5 + \sqrt{24}} = \sqrt{\frac{5 + 1}{2}} + \sqrt{\frac{5 - 1}{2}} = \sqrt{3} + \sqrt{2}$$

RESPONDA

$$\sqrt{5 + \sqrt{24}} = \sqrt{2} + \sqrt{3}$$

AMPLIAÇÃO DO PROBLEMA

Transforme a soma $\sqrt{2} + \sqrt{3}$ em um radical duplo (problema inverso).

$$\sqrt{2} + \sqrt{3} = \sqrt{\left(\sqrt{2} + \sqrt{3}\right)^3} = \sqrt{2 + 2 \cdot \sqrt{2} \cdot \sqrt{3} + 3} = \sqrt{5 + 2\sqrt{6}} = \sqrt{5 + \sqrt{24}}$$

---

3. (Fatec-SP) Das três sentenças abaixo:

I. $2^{x+3} = 2^x \cdot 2^3$

II. $(25)^x = 5^{2x}$

III. $2^x + 3^x = 5^x$

a) somente I é verdadeira.

b) somente II é verdadeira.

c) somente III é verdadeira.

d) somente II é falsa.

e) somente II é falsa.

4. Simplificando a expressão $[2^9 : (2^2 \cdot 2)^3]^{-3}$, obtém-se:

a) 2^{36}.   c) 2^{-6}.   e) 0.

b) 2^{-30}.   d) 1.

5. Se $5^{3a} = 64$, o valor de 5^{-a} é:

a) $-\dfrac{1}{4}$.   d) $\dfrac{1}{8}$.

b) $\dfrac{1}{40}$.   e) $\dfrac{1}{4}$.

c) $\dfrac{1}{20}$.

6. (Fuvest-SP) O valor de $(0,2)^3 + (0,16)^2$ é:

a) $0,0264$.   d) $0,2568$.

b) $0,0336$.   e) $0,6256$.

c) $0,1056$.

7. (UFF-RJ) The Internet Archive (http://www.archive.org/) é uma organização sem fins lucrativos com o objetivo de catalogar e armazenar todas as páginas *web* da internet, desde 1996. Atualmente, o sistema é gerenciado por cerca de 800 computadores pessoais e ele dispõe de aproximadamente 3 pentabytes de memória para armazenamento. Cada pentabyte equivale a 2^{20} gigabytes. Admitindo-se que um DVD comum é capaz de armazenar 4 gigabytes (na verdade, ele armazena um pouco mais), então o número de DVDs necessários para se armazenar 3 pentabytes é:

a) menor que 2^{17} e maior que 2^{16}.

b) maior que 2^{20}.

c) menor que 2^{19} e maior que 2^{18}.

d) menor que 2^{18} e maior que 2^{17}.

e) menor que 2^{18} e maior que 2^{17}.

8. A metade de 2^{17} multiplicada pela nona parte de 3^{18} é 6^x. Então, o valor de $\sqrt{x}$ é:

a) 2.

b) 3.

c) 4.

d) 5.

e) 6.

9. Simplifique a expressão $\dfrac{1,024 \cdot 0,000002 \cdot 64\,000}{0,0008 \cdot 1,6}$.

10. (Ibmec-RJ) Os astrônomos estimam que, no Universo visível, existem aproximadamente 100 bilhões de galáxias, cada uma com 100 bilhões de estrelas. De acordo com estes números, se cada estrela tiver, em média, 10 planetas a sua volta, então existem no Universo visível aproximadamente:

a) 10^{12} planetas.

b) 10^{17} planetas.

c) 10^{23} planetas.

d) 10^{121} planetas.

e) 10^{220} planetas.

Imagem de galáxias obtida pelo Telescópio Espacial Hubble, da NASA.

11. (Cesgranrio-RJ) O número de algarismos do produto $5^{17} \cdot 4^9$ é igual a:

a) 17.

b) 18.

c) 26.

d) 34.

e) 35.

12. O Sol, responsável por todo tipo de vida em nosso planeta, encontra-se, em média, a 150 milhões de quilômetros de distância da Terra. Sendo a velocidade da luz $3 \cdot 10^5$ km/s, pode-se concluir que, a essa distância, o tempo, em minutos, que a irradiação da luz solar leva para chegar ao planeta após ser emitida pelo Sol é, aproximadamente:

a) 2 min.

b) 3 min.

c) 5 min.

d) 6 min.

e) 8 min.

13. (Fuvest-SP) Dos números abaixo, o que está mais próximo de $\dfrac{(5,2)^4 \cdot (10,3)^3}{(9,9)^2}$ é:

a) 0,625.

b) 6,25.

c) 62,5.

d) 625.

e) 6 250.

14. (Mack-SP) A fração $\dfrac{2^{98} + 4^{50} - 8^{34}}{2^{99} - 32^{20} + 2^{101}}$ é igual a:

a) 1.

b) $-\dfrac{11}{6}$.

c) 2.

d) $-\dfrac{5}{2}$.

e) $\dfrac{7}{4}$.

15. (Mack-SP) Qualquer que seja o número natural n, $(2^{n+1} + 2^n) \cdot (3^{n+1} - 3^n) : 6^n$ é sempre igual a:

a) 6^n.

b) 6^{n+1}.

c) $\dfrac{1}{6}$.

d) 1.

e) 6.

16. (Uneb-BA) O diâmetro de certa bactéria é $2 \cdot 10^{-6}$ metros. Enfileirando-se x dessas bactérias, obtém-se o comprimento de 1 mm. O número x é igual a:

a) 10 000.

b) 5 000.

c) 2 000.

d) 1 000.

e) 500.

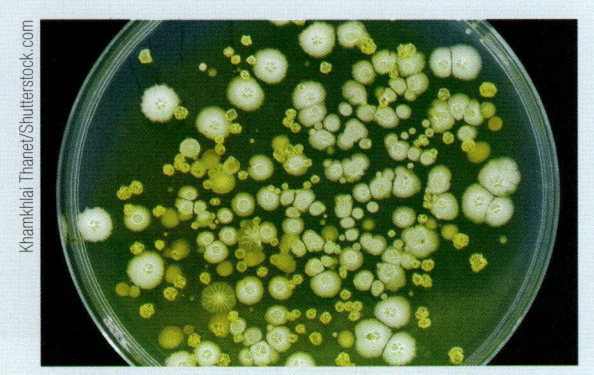

Imagem de colônia de bactérias obtida por microscópio eletrônico, colorida artificialmente.

17. O número natural $(2^{103} + 2^{102} + 2^{101} - 2^{100})$ é divisível por:

a) 6.   d) 22.

b) 10.   e) 26.

c) 14.

18. Sendo $x^3 = a^7$, $y^5 = a^8$ e $z^9 = a^{10}$, o valor de $(xyz)^{45}$ é:

a) a^{45}.

b) a^{205}.

c) a^{125}.

d) a^{227}.

e) a^{250}.

19. Simplifique a expressão: $3 \cdot 8^{\frac{2}{3}} \cdot \left(\dfrac{27}{8}\right)^{-\frac{1}{3}}$.

20. Na expressão $\dfrac{(0,125)^{b-a}}{8^{a-b}} + 21 \cdot \left(\dfrac{b}{a}\right)^0 + a^b =$

$= 191$, a e b são os menores possíveis números inteiros e positivos. Determine $a + b$.

21. Calcule o valor de $8^{-0,3333...} + 0,49999...$

22. Calcule o valor da expressão: $\dfrac{4,5 \cdot 0,0007 \cdot 0,02}{90\ 000 \cdot 0,6 \cdot 700}$.

23. Nossa galáxia, a Via Láctea, contém cerca de 400 bilhões de estrelas. Suponha que $\dfrac{1}{20}$ dessas estrelas

tenham um sistema planetário no qual haja um único planeta semelhante à Terra. Qual seria a ordem de grandeza de planetas semelhantes à Terra em toda a Via Láctea?

Imagem da Terra e do Sol obtida pela NASA.

24. (UERJ) O acelerador de íons pesados relativísticos de Brookhaven (Estados Unidos) foi inaugurado com a colisão entre dois núcleos de ouro, liberando uma energia de 10 trilhões de elétrons-volt. Os cientistas esperam, em breve, elevar a energia a 40 trilhões de elétrons-volt, para simular as condições do Universo durante os primeiros microssegundos após o Big Bang. (*Ciência Hoje*, setembro de 2000). Sabendo que 1 elétron-volt é igual a $1,6 \cdot 10^{-19}$ joules, a ordem de grandeza da energia, em joules, que se espera atingir em breve com o acelerador de Brookhaven é:

a) 10^{-8}.   d) 10^{-5}.

b) 10^{-7}.   e) 10^{-4}.

c) 10^{-6}.

25. (Mack-SP) O número de algarismos do produto $5^{15} \cdot 4^6$ é:

a) 21.   d) 17.

b) 15.   e) 23.

c) 18.

26. Calcule $\sqrt{18} - 3\sqrt{8} + \sqrt{50} + 2\sqrt{32}$.

27. Calcule $\sqrt{\sqrt{3} - 1} \cdot \sqrt{\sqrt{3} + 1}$.

28. (Fuvest-SP) $\sqrt[3]{\dfrac{2^{28} + 2^{30}}{10}} =$

a) $\dfrac{2^8}{5}$

b) $\dfrac{2^9}{5}$

c) 2^8

d) 2^9

e) $\left(\dfrac{2^{58}}{10}\right)^{\frac{1}{3}}$

29. Calcule: $\sqrt{a} \cdot \sqrt{2 + \sqrt{2}} \cdot \sqrt{2 + \sqrt{2 + \sqrt{2}}} \cdot$ $\cdot \sqrt{2 - \sqrt{2 + \sqrt{2}}}$.

30. (Mack-SP) O valor de $\left[\sqrt[3]{\dfrac{(0,005)^2 \cdot 0,000075}{10}}\right] :$

$: \left[\dfrac{5 \cdot 10^{-4} \cdot 2^{-\frac{1}{3}}}{3^{-\frac{1}{3}}}\right]$ é:

a) $\sqrt[3]{2}$.

b) $\sqrt[3]{3}$.

c) 1.

d) 2.

e) $0,1$.

31. Calcule o valor numérico da expressão $\sqrt{\left(\dfrac{2,1333...}{53 + \dfrac{1}{3}}\right)^{-3}}$.

32. Simplifique a expressão $\sqrt{\dfrac{a\sqrt{b}}{\sqrt[3]{ab}}} \cdot \sqrt[4]{b}$.

33. (Unicamp-SP) Dados os números positivos $\sqrt[3]{3}$ e $\sqrt[4]{4}$, determine o maior.

34. (Epcar-MG) A diferença $8^{0,6666...} - 9^{0,5}$ é igual a:

a) -2.

b) $\sqrt{2} - 3$.

c) $-\sqrt{2}$.

d) 1.

35. (Unesp) Uma fórmula matemática para se calcular aproximadamente a área, em metros quadrados, da superfície corporal de uma pessoa, é dada por:

$S(p) = \dfrac{11}{100} \cdot p^{\frac{2}{3}}$, onde p é a massa da pessoa

em quilogramas. Considere uma criança de 8 kg. Determine:

a) a área da superfície corporal da criança;

b) a massa que a criança terá quando a área de sua superfície corporal duplicar. (Use a aproximação $\sqrt{2} = 1,4$.)

36. Verifique se as proposições são falsas ou verdadeiras.

a) $\sqrt{16} = \pm 4$

b) $\pm \sqrt{9} = \pm 3$

c) $\sqrt{a^2 - 2ab + b^2} = a - b$

d) $\sqrt[4]{x^4} = |x|$

e) $\sqrt[3]{x^3} = |x|$

37. (Fuvest-SP) $\dfrac{2}{\sqrt{5} - \sqrt{3}} - \dfrac{2}{\sqrt[3]{2}}$ é igual a:

a) $\sqrt{5} + \sqrt{3} + \sqrt[3]{4}$.

b) $\sqrt{5} + \sqrt{3} - \sqrt[3]{2}$.

c) $\sqrt{5} - \sqrt{3} - \sqrt[3]{2}$.

d) $\sqrt{5} + \sqrt{3} - \sqrt[3]{4}$.

e) $\sqrt{5} - \sqrt{3} - \sqrt[3]{4}$.

38. Racionalize o denominador da fração $\dfrac{\sqrt[3]{9} - \sqrt[3]{4}}{\sqrt[3]{3} + \sqrt[3]{2}}$.

39. A expressão $2\sqrt{27} - \sqrt{75} + 3\sqrt{12}$ é igual a:

a) $2\sqrt{3}$.

b) $4\sqrt{12}$.

c) $4\sqrt{27}$.

d) $7\sqrt{3}$.

e) $5\sqrt{3}$.

40. (Unifesp) Se $0 < a < b$, racionalizando o denominador, tem-se que:

$$\frac{1}{\sqrt{a} + \sqrt{b}} = \frac{\sqrt{b} - \sqrt{a}}{b - a}.$$

Assim, o valor da soma $\dfrac{1}{1 + \sqrt{2}} + \dfrac{1}{\sqrt{2} + \sqrt{3}} +$

$+ \dfrac{1}{\sqrt{3} + \sqrt{4}} + \ldots + \dfrac{1}{\sqrt{999} + \sqrt{1000}}$ é:

a) $10\sqrt{10} - 1$.

b) $10\sqrt{10}$.

c) 99.

d) 100.

e) 101.

41. O valor de $\sqrt[3]{16\sqrt{8}} \cdot \sqrt[6]{0,125}$ é:

a) $2\sqrt{8}$.

d) $2\sqrt[3]{2}$.

b) $4\sqrt[3]{4}$.

e) $4\sqrt[6]{2}$.

c) $4\sqrt{2}$.

42. Racionalize o denominador da fração $\dfrac{2}{\sqrt[3]{3} - \sqrt[3]{2}}$.

43. Simplifique este radical duplo: $\sqrt{3 + \sqrt{8}}$.

44. (Fuvest-SP) A igualdade correta para quaisquer a e b, números reais maiores do que zero, é:

a) $\sqrt[3]{a^3 + b^3} = a + b$.

b) $\dfrac{1}{a - \sqrt{a^2 + b^2}} = -\dfrac{1}{b}$.

c) $(\sqrt{a} - \sqrt{b})^2 = a - b$.

d) $\dfrac{1}{a + b} = \dfrac{1}{a} + \dfrac{1}{b}$.

e) $\dfrac{a^3 - b^3}{a^2 + ab + b^2} = a - b$.

45. (Fuvest-SP) As propriedades aritméticas e as relativas à noção de ordem desempenham um importante papel no estudo dos números reais. Nesse contexto, qual das afirmações abaixo é correta?

a) Quaisquer que sejam os números reais positivos a e b, é verdadeiro que $\sqrt{a + b} = \sqrt{a} + \sqrt{b}$.

b) Quaisquer que sejam os números reais a e b, tais que $a^2 - b^2 = 0$, é verdadeiro que $a = b$.

c) Qualquer que seja o número real, é verdadeiro que $\sqrt{a^2} = a$.

d) Quaisquer que sejam os números reais a e b não nulos, tais que $a < b$, é verdadeiro que $\dfrac{1}{b} < \dfrac{1}{a}$.

e) Qualquer que seja o número real a, com $0 < a < 1$ é verdadeiro que $a^2 < \sqrt{a}$.

46. O valor de $\left(\sqrt{3} + \sqrt[3]{9} - \sqrt[6]{81}\right) \cdot \sqrt[4]{27}$ é igual a:

a) $\sqrt[4]{3}$.

d) $4\sqrt[4]{3}$.

b) $2\sqrt[4]{3}$.

e) $5\sqrt[4]{3}$.

c) $3\sqrt[4]{3}$.

47. Simplificando a fração $\dfrac{\sqrt[4]{5^3} \cdot \sqrt[5]{5^4}}{\sqrt[20]{5^{11}}}$, obtemos:

a) 5.

d) $\sqrt[20]{5}$.

b) $\sqrt[4]{5}$.

e) 1.

c) $\sqrt[5]{5}$.

48. Dos números relacionados abaixo, qual é o maior?

a) $\sqrt{\sqrt[3]{5 \cdot 6}}$.

d) $\sqrt[3]{5\sqrt{6}}$.

b) $\sqrt{6 \cdot \sqrt[3]{5}}$.

e) $\sqrt[3]{6\sqrt{5}}$.

c) $\sqrt{5\sqrt[3]{6}}$.

49. (Fatec-SP) Se x e y são números reais, tais que: $x = (0,25)^{0,25}$ e $y = 16^{-0,125}$, é verdade que:

a) $x = y$.

b) $x > y$.

c) $x \cdot y = 2\sqrt{2}$.

d) $x - y$ é um número irracional.

e) $x + y$ é um número racional não inteiro.

50. Ao simplificarmos a expressão $\sqrt{\dfrac{2 + \sqrt{3}}{2 - \sqrt{3}}} +$

$+ \sqrt{\dfrac{2 - \sqrt{3}}{2 + \sqrt{3}}}$, encontramos:

a) $\sqrt{2} - 1$.

b) $\sqrt{3} - 1$.

c) $\sqrt{2} + 1$.

d) $\sqrt{3} + 1$.

e) 4.

QUESTÕES DO ENEM

RESOLUÇÕES PASSO A PASSO

1. (Enem) Dentre outros objetos de pesquisa, a Alometria estuda a relação entre medidas de diferentes partes do corpo humano. Por exemplo, segundo a Alometria, a área A da superfície corporal de uma pessoa relaciona-se com a sua massa m pela fórmula:

$A = k \cdot m^{\frac{2}{3}}$, em que k é uma constante positiva.

Se no período que vai da infância até a maioridade de um indivíduo sua massa é multiplicada por 8, por quanto será multiplicada a área da superfície corporal?

a) $\sqrt[3]{16}$

b) 4

c) $\sqrt{24}$

d) 8

e) 64

LEIA E COMPREENDA

O problema nos fornece uma fórmula que relaciona a massa de uma pessoa com sua superfície corporal. A questão pede que se encontre por quanto fica multiplicada a superfície corporal se a massa corporal for multiplicada por 8.

PLANEJE A SOLUÇÃO

Devemos multiplicar a massa m por 8 e, em seguida, verificar que alteração o expoente $\frac{2}{3}$ promove no resultado final.

EFETUE O QUE FOI PLANEJADO

$$A = k \cdot (8m)^{\frac{2}{3}} = k \cdot 8^{\frac{2}{3}} m^{\frac{2}{3}} = k \cdot (2^3)^{\frac{2}{3}} \cdot m^{\frac{2}{3}} = k \cdot 2^2 \cdot m^{\frac{2}{3}} = 4 \cdot (k \cdot m^{\frac{2}{3}})$$

VERIFIQUE

Temos de observar se, ao multiplicarmos a área corporal por 4, a massa do indivíduo fica multiplicada por 8.

Vamos lembrar que $4 = \left(4^{\frac{3}{2}}\right)^{\frac{2}{3}}$. Multiplicando a área por 4, obtemos:

$$4A = k \cdot 4 \cdot m^{\frac{2}{3}} = k \cdot \left(4^{\frac{3}{2}}\right)^{\frac{2}{3}} \cdot m^{\frac{2}{3}} = k \cdot \left(4^{\frac{3}{2}}\right)^{\frac{2}{3}} \cdot m^{\frac{2}{3}} = k \cdot \left(\sqrt{4^3} \cdot m\right)^{\frac{2}{3}} = k \cdot (8m)^{\frac{2}{3}}$$

RESPONDA

A área corporal fica multiplicada por 4.

Alternativa **b**.

AMPLIAÇÃO DO PROBLEMA

Se duplicarmos a massa, por quanto fica multiplicada a superfície lateral?

$$A = k \cdot (2m)^{\frac{2}{3}} = k \cdot 2^{\frac{2}{3}} \cdot m^{\frac{2}{3}} = \sqrt[3]{4} \cdot k \cdot m^{\frac{2}{3}}$$

Resposta: A superfície corporal fica multiplicada por $\sqrt[3]{4}$.

2. (Enem) A Agência Espacial Norte Americana (Nasa) informou que o asteroide YU 55 cruzou o espaço entre a Terra e a Lua no mês de novembro de 2011. A ilustração a seguir sugere que o asteroide percorreu sua trajetória no mesmo plano que contém a órbita descrita pela Lua em torno da Terra. Na figura, está indicada a proximidade do asteroide em relação à Terra, ou seja, a menor distância que ele passou da superfície terrestre.

O asteroide se aproximará o suficiente para que cientistas possam observar detalhes de sua superfície.

Lua

Terra

Proximidade da Terra: 325 mil km.

Asteroide YU 55

Asteroide YU 55
Tamanho: 400 m de diâmetro, equivalente ao tamanho de um porta-aviões.

Passagem: 8 de novembro às 21 h 28 min (horário de Brasília).

Disponível em: http://noticias.terra.com.br (adaptado).

Com base nessas informações, a menor distância que o asteroide YU 55 passou da superfície da Terra é igual a:

a) $3{,}25 \cdot 10^2$ km.

b) $3{,}25 \cdot 10^3$ km.

c) $3{,}25 \cdot 10^4$ km.

d) $3{,}25 \cdot 10^5$ km.

e) $3{,}25 \cdot 10^6$ km.

3. (Enem) A cor de uma estrela tem relação com a temperatura em sua superfície. Estrelas não muito quentes (cerca de 3 000 K) nos parecem avermelhadas. Já as estrelas amarelas, como o Sol, possuem temperatura em torno dos 6 000 K; as mais quentes são brancas ou azuis porque sua temperatura fica acima dos 10 000 K.

A tabela apresenta uma classificação espectral e outros dados para as estrelas dessas classes.

Estrelas da sequência principal				
Classe espectral	Temperatura	Luminosidade	Massa	Raio
O5	40 000	$5 \cdot 10^5$	40	18
B5	28 000	$2 \cdot 10^4$	18	7
A0	9 900	80	3	2,5
G2	5 770	1	1	1
M0	3 480	0,06	0,5	0,6

Temperatura em Kelvin.

Luminosidade, massa e raio, tomando o Sol como unidade.

Disponível em: http://www.zenite.nu. Acesso em: 1º maio 2010 (adaptado).

Se tomarmos uma estrela que tenha temperatura 5 vezes maior que a temperatura do Sol, qual será a ordem de grandeza de sua luminosidade?

a) 20 000 vezes a luminosidade do Sol

b) 28 000 vezes a luminosidade do Sol

c) 28 850 vezes a luminosidade do Sol

d) 30 000 vezes a luminosidade do Sol

e) 50 000 vezes a luminosidade do Sol

4. (Enem) No depósito de uma biblioteca, há caixas contendo folhas de papel de 0,1 mm de espessura, e em cada uma delas estão anotados 10 títulos diferentes. Essas folhas foram empilhadas, formando uma torre vertical de 1 m de altura. Qual representação, em potência de 10, corresponde à quantidade de títulos de livro registrados nesse empilhamento?

a) 10^2

b) 10^4

c) 10^5

d) 10^6

e) 10^7

5. (Enem) Técnicos concluem mapeamento do Aquífero Guarani. O Aquífero Guarani localiza-se no subterrâneo dos territórios da Argentina, Brasil, Paraguai e Uruguai, com extensão total de 1 200 000 quilômetros quadrados, dos quais 840 000 quilômetros quadrados estão no Brasil. O aquífero armazena cerca de 30 mil quilômetros cúbicos de água e é considerado um dos maiores do mundo.

Na maioria das vezes em que são feitas referências à água, são usadas as unidades metro cúbico e litro, e não as unidades já descritas. A Companhia de Saneamento Básico do Estado de São Paulo (Sabesp) divulgou, por exemplo, um novo reservatório cuja capacidade de armazenagem é de 20 milhões de litros.

Disponível em: http://noticias.terra.com.br. Acesso em: 10 jul. 2009 (adaptado).

Comparando as capacidades do Aquífero Guarani e desse novo reservatório da Sabesp, a capacidade do Aquífero Guarani é:

a) $1,5 \cdot 10^2$ vezes a capacidade do reservatório novo.

b) $1,5 \cdot 10^3$ vezes a capacidade do reservatório novo.

c) $1,5 \cdot 10^6$ vezes a capacidade do reservatório novo.

d) $1,5 \cdot 10^8$ vezes a capacidade do reservatório novo.

e) $1,5 \cdot 10^9$ vezes a capacidade do reservatório novo.

6. (Enem) O Índice de Massa Corporal (IMC) é largamente utilizado há cerca de 200 anos, mas esse cálculo representa muito mais a corpulência que a adiposidade, uma vez que indivíduos musculosos e obesos podem apresentar o mesmo IMC. Uma nova pesquisa aponta o Índice de Adiposidade Corporal (IAC) como uma alternativa mais fidedigna para quantificar a gordura corporal, utilizando a medida do quadril e a altura. A figura mostra como calcular essas medidas, sabendo-se que, em mulheres, a adiposidade normal está entre 19% e 26%.

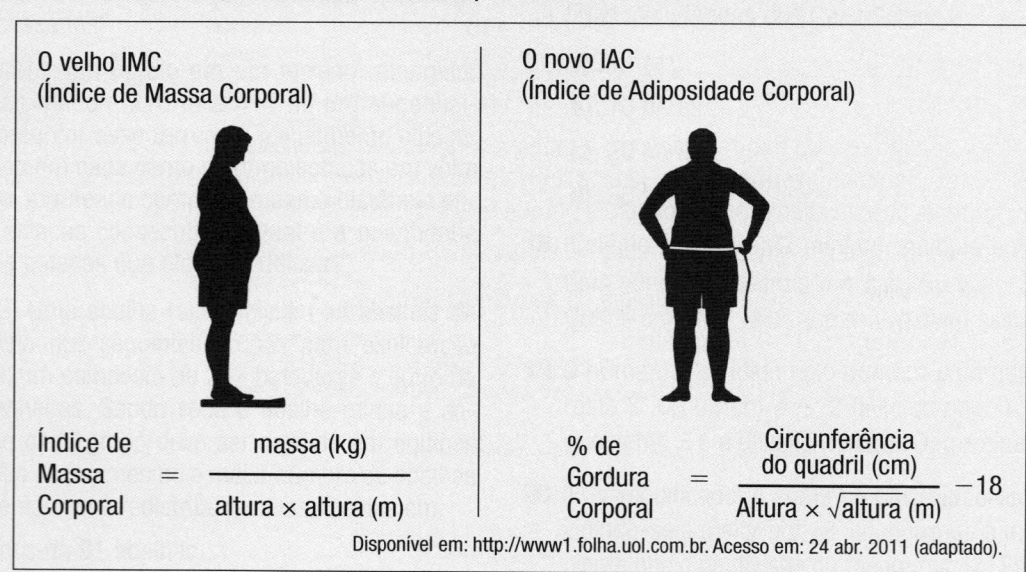

O velho IMC
(Índice de Massa Corporal)

O novo IAC
(Índice de Adiposidade Corporal)

$$\text{Índice de Massa Corporal} = \frac{\text{massa (kg)}}{\text{altura} \times \text{altura (m)}}$$

$$\text{% de Gordura Corporal} = \frac{\text{Circunferência do quadril (cm)}}{\text{Altura} \times \sqrt{\text{altura}} \text{ (m)}} - 18$$

Disponível em: http://www1.folha.uol.com.br. Acesso em: 24 abr. 2011 (adaptado).

Uma jovem com IMC = 20 kg/m², 100 cm de circunferência dos quadris e 60 kg de massa corpórea resolveu averiguar seu IAC. Para se enquadrar aos níveis de normalidade de gordura corporal, a atitude adequada que essa jovem deve ter diante da nova medida é:

(Use $\sqrt{3} = 1,7$; $\sqrt{1,7} = 1,3$.)

a) reduzir seu excesso de gordura em cerca de 1%.

b) reduzir seu excesso de gordura em cerca de 27%.

c) manter seus níveis de gordura.

d) aumentar seu nível de gordura em 1%.

e) aumentar seu nível de gordura em 27%.

RESOLUÇÕES E COMENTÁRIOS

EXERCÍCIOS

3. Somente a proposição III é falsa, pois as propriedades de potenciação não se aplicam à adição de potências de bases diferentes.
Alternativa **e**.

4. $[2^9 : (2^2 \cdot 2)^3]^{-1} = [2^9 : (2^3)^3]^{-1} = [2^9 : 2^9]^{-1} = 1^{-1} = 1$
Alternativa **d**.

5. $5^{3a} = 64 \Rightarrow (5^a)^3 = 4^3 \Rightarrow 5^a = 4 \Rightarrow (5^a)^{-1} = 4^{-1} \Rightarrow 5^{-a} = \dfrac{1}{4}$
Alternativa **e**.

6. $(0,2)^3 + (0,16)^2 = \left(\dfrac{2}{10}\right)^3 + \left(\dfrac{16}{100}\right)^2 =$

$= \dfrac{8}{1\,000} + \dfrac{256}{10\,000} = \dfrac{800 + 256}{10\,000} = \dfrac{1\,056}{10\,000} = 0,1056$
Alternativa **c**.

7. Um DVD tem a capacidade de armazenar 2^2 gigabytes, então para armazenar 1 pentabyte são necessários $\dfrac{2^{20}}{2^2} = 2^{18}$ DVDs.
Assim, temos:
para armazenar 2 pentabytes $\rightarrow 2^{19}$ DVDs;
para armazenar 3 pentabytes $\rightarrow (2^{19} + 2^{18})$ DVDs;
logo: $2^{19} < 2^{19} + 2^{18} < 2^{20}$. Alternativa **c**.

8. $\dfrac{2^{17}}{2} \cdot \dfrac{3^{18}}{3^2} = 2^{16} \cdot 3^{16} = 6^{16} \Rightarrow x = 16 \Rightarrow \sqrt{16} = 4$
Alternativa **c**.

9. $\dfrac{1,024 \cdot 0,000002 \cdot 64\,000}{0,0008 \cdot 1,6} =$

$= \dfrac{1024 \cdot 10^3 \cdot 2 \cdot 10^{-6} \cdot 64 \cdot 10^3}{8 \cdot 10^{-4} \cdot 16 \cdot 10^{-1}} = \dfrac{2^{10} \cdot 2 \cdot 2^6 \cdot 10^0}{2^3 \cdot 2^4 \cdot 10^{-5}} =$

$= \dfrac{2^{17} \cdot 10^5}{2^7} = 2^{10} \cdot 2^5$

10. Lembrando que 100 bilhões $= 100\,000\,000\,000 = 10^{11}$.
Temos: $10^{11} \cdot 10^{11} \cdot 10 = 10^{23}$.
Alternativa **c**.

11. $5^{17} \cdot 4^9 = 5^{17} \cdot 2^{18} = 5^{17} \cdot 2^{17} \cdot 2 = (2 \cdot 5)^{17} \cdot 2 = 10^{17} \cdot 2$
O número 10^{17} é o 10 acompanhado de 17 zeros, ou seja, teremos 18 algarismos. Multiplicando esse número por 2, continuaremos com 18 algarismos.
Alternativa **b**.

12. $V_m = \dfrac{\Delta S}{\Delta t} \Rightarrow \dfrac{3 \cdot 10^5 \text{km}}{s} = \dfrac{15 \cdot 10^7 \text{km}}{\Delta t} \Rightarrow$

$\Rightarrow \Delta t = \dfrac{15 \cdot 10^7 s}{3 \cdot 10^5} \Rightarrow \Delta t = 500; \ s \cong 8,3 \text{ min}$

Alternativa **e**.

13. $\dfrac{(5,2)^4 \cdot (10,3)^3}{(9,9)^2} \cong \dfrac{5^4 \cdot 10^3}{10^2} = 625 \cdot 10 = 6\,250$

Alternativa **e**.

14. $\dfrac{2^{98} + 4^{50} - 8^{34}}{2^{99} - 32^{20} + 2^{101}} = \dfrac{2^{98} + 2^{100} - 2^{102}}{2^{99} - 2^{100} + 2^{101}} =$

$= \dfrac{2^{98}(1 + 2^2 - 2^4)}{2^{99}(1 - 2^1 + 2^2)} = -\dfrac{11}{6}$

Alternativa **b**.

15. $(2^{n+1} + 2^n) \cdot (3^{n+1} - 3^n) : 6^n = 2^n \cdot (2 + 1) \cdot 3^n \cdot (3 - 1) : 6^n =$
$= 2^n \cdot 3 \cdot 3^n \cdot 2 : 6^n = 6^n \cdot 6 : 6^n = 6$
Alternativa **e**.

16. Lembrando que $2 \cdot 10^{-6}$ m $= 2 \cdot 10^{-3}$ mm; se colocarmos em fila x dessas bactérias, teríamos:

$x = \dfrac{1\,\text{mm}}{2 \cdot 10^{-3}\,\text{mm}} = 0,5 \cdot 10^3 = 500 \cdot$

Alternativa **e**.

17. $(2^{103} + 2^{102} + 2^{101} - 2^{100} = 2^{100}(2^3 + 2^2 + 2 - 1) =$
$= 2^{100} \cdot 13 = 2 \cdot 2^{99} \cdot 13 = 26 \cdot 2^{99}$
Alternativa **e**.

18. $x^3 = a^7 \Rightarrow (x^3)^{15} = (a^7)^{15} \Rightarrow x^{45} = a^{105}$
$y^5 = a^8 \Rightarrow (y^5)^9 = (a^8)^9 \Rightarrow y^{45} = a^{72}$
$z^9 = a^{10} \Rightarrow (z^9)^5 = (a^{10})^5 \Rightarrow z^{45} = a^{50}$
$x^{45} \cdot y^{45} \cdot z^{45} = a^{105} \cdot a^{72} \cdot a^{50} \Rightarrow (xyz)^{45} = a^{227}$
Alternativa **d**.

19. $3 \cdot 8^{\frac{2}{3}} \cdot \left(\dfrac{27}{8}\right)^{-\frac{1}{3}} = 3 \cdot \left(2^3\right)^{\frac{2}{3}} \cdot \left(\dfrac{8}{27}\right)^{\frac{1}{3}} =$

$= 3 \cdot 2^{3 \cdot \frac{2}{3}} \cdot \left(\dfrac{2^3}{3^3}\right)^{\frac{1}{3}} = 3 \cdot 2^2 \cdot \dfrac{2}{3} = 8$

20. $\dfrac{(0,125)^{b-a}}{8^{a-b}} + 21 \cdot \left(\dfrac{b}{a}\right)^0 + a^b = 191 \Rightarrow$

$\Rightarrow \dfrac{\left(\frac{1}{8}\right)^{b-a}}{8^{a-b}} + 21 + a^b = 191 \Rightarrow \dfrac{(8)^{a-b}}{8^{a-b}} + 21 + a^b = 191 \Rightarrow$

$\Rightarrow 1 + 21 + a^b = 191 \Rightarrow a^b = 13^2 \Rightarrow \begin{cases} a = 13 \\ b = 2 \end{cases}$

Logo, $a + b = 15$.

21. $8^{-0,3333\ldots} + 0,49999\ldots = \left(2^3\right)^{\frac{-1}{3}} + 0,5 =$

$= 2^{-1} + 0,5 \Rightarrow \dfrac{1}{2} + 0,5 = 1$

22. $\dfrac{4,5 \cdot 0,0007 \cdot 0,02}{90\,000 \cdot 0,6 \cdot 700} = \dfrac{45 \cdot 10^{-1} \cdot 7 \cdot 10^{-4} \cdot 2 \cdot 10^{-2}}{90 \cdot 10^3 \cdot 6 \cdot 10^{-1} \cdot 7 \cdot 10^2} =$

$= \dfrac{10^{-7}}{2 \cdot 3 \cdot 10^4} = \dfrac{10^{-11}}{6}$

23. $\dfrac{1}{20} \cdot 400\,000\,000\,000 = 2 \cdot 10^{10}$. Como $2 < 3,16$, a ordem de grandeza é 10^{10}.

24. $(40 \cdot 10^{12}) \cdot (1,6 \cdot 10^{-19}) = 64 \cdot 10^{-7} = 6,4 \cdot 10 \cdot 10^{-7} =$
$= 6,4 \cdot 10^{-6}$

Como $6{,}4 > 3{,}16$, a ordem de grandeza será $10^{-6\,+\,1} = 10^{-5}$.

Alternativa **d**.

25. $5^{15} \cdot 4^6 = 5^{15} \cdot (2^2)^6 = 5^{15} \cdot 2^{12} = 5^3 \cdot 5^{12} \cdot 2^{12} = 125 \cdot (2 \cdot 5)^{12} = 125 \cdot 10^{12}$

O número será formado por 3 algarismos (125) e mais 12 zeros, ou seja, por 15 algarismos.

Alternativa **b**.

26. $\sqrt{18} - 3\sqrt{8} + \sqrt{50} + 2\sqrt{32} = \sqrt{2 \cdot 9} - 3\sqrt{2 \cdot 4} + \sqrt{2 \cdot 25} + 2\sqrt{2 \cdot 16} =$
$= 3 \cdot \sqrt{2} - 3 \cdot 2\sqrt{2} + 5\sqrt{2} + 2 \cdot 4 \cdot \sqrt{2} = 3\sqrt{2} - 6\sqrt{2} + 5\sqrt{2} + 8\sqrt{2} = 10\sqrt{2}$

27. $\sqrt{\sqrt{3} - 1} \cdot \sqrt{\sqrt{3} + 1} = \sqrt{\left(\sqrt{3} - 1\right)\left(\sqrt{3} + 1\right)} = \sqrt{3 - 1} = \sqrt{2}$

28. $\sqrt[3]{\dfrac{2^{28} + 2^{30}}{10}} = \sqrt[3]{\dfrac{2^{27}\,(2 + 8)}{10}} = \sqrt[3]{2^{27}} = 2^9$

Alternativa **d**.

29. $\sqrt{a} \cdot \sqrt{2 + \sqrt{2}} \cdot \sqrt{2 + \sqrt{2 + \sqrt{2}}} \cdot \sqrt{2 - \sqrt{2 + \sqrt{2}}} =$

$= \sqrt{2} \cdot \sqrt{2 + \sqrt{2}} \cdot \sqrt{\left(2 + \sqrt{2 + \sqrt{2}}\right)\left(2 - \sqrt{2 + \sqrt{2}}\right)} =$

$= \sqrt{2}\sqrt{2 + \sqrt{2}}\sqrt{4 - \left(2 + \sqrt{2}\right)} = \sqrt{2} \cdot \sqrt{2 + \sqrt{2}} \cdot \sqrt{2 - \sqrt{2}} = \sqrt{2} \cdot \sqrt{\left(2 + \sqrt{2}\right)\left(2 - \sqrt{2}\right)} =$

$= \sqrt{2} \cdot \sqrt{4 - 2} = \sqrt{2} \cdot \sqrt{2} = 2$

30. $\left[\sqrt[3]{\dfrac{(0{,}005)^2 \cdot 0{,}000075}{10}}\right] : \left[\dfrac{5 \cdot 10^{-4} \cdot 2^{-\frac{1}{3}}}{3^{-\frac{1}{3}}}\right] = \left[\sqrt[3]{\dfrac{\left(5 \cdot 10^{-3}\right)^2 \cdot 3 \cdot 5^2 \cdot 10^{-6}}{10}}\right] : \left[\dfrac{5 \cdot 3^{\frac{1}{3}}}{10^4 \cdot 2^{\frac{1}{3}}}\right] =$

$= \left[\sqrt[3]{\dfrac{5 \cdot 5^3 \cdot 3 \cdot 10^{-12}}{10}}\right] : \left[\dfrac{5 \cdot \sqrt[3]{3}}{10^{-4} \cdot \sqrt[3]{2}}\right] = \left[\dfrac{5\sqrt[3]{3}}{10^4 \cdot \sqrt[3]{2}}\right] : \left[\dfrac{5 \cdot \sqrt[3]{3}}{10^{-4} \cdot \sqrt[3]{2}}\right] = 1$

Alternativa **c**.

31. $\sqrt{\left(\dfrac{2{,}1333..}{53 + \dfrac{1}{3}}\right)^{-3}} = \sqrt{\left(\dfrac{\dfrac{159 + 1}{3}}{2 + \dfrac{13 - 1}{90}}\right)^3} = \sqrt{\left(\dfrac{\dfrac{160}{3}}{2 + \dfrac{12}{90}}\right)^3} = \sqrt{\left[\left(\dfrac{160}{3}\right) \cdot \left(\dfrac{90}{192}\right)\right]^3} = \sqrt{\left(\dfrac{14\,400}{576}\right)^3} = \sqrt{(25)^3} = \sqrt{15\,625} = 125$

32. $\sqrt{\dfrac{a\sqrt{b}}{\sqrt[3]{ab}}} \cdot \sqrt[4]{b} = \sqrt{\dfrac{\sqrt{a^2 b}}{\sqrt[3]{ab}}} \cdot \sqrt[4]{b} = \dfrac{\sqrt{\sqrt{a^2 b}}}{\sqrt{\sqrt[3]{ab}}} \cdot \sqrt[4]{b} = \dfrac{\sqrt[4]{a^2 b}}{\sqrt[6]{ab}} \cdot \sqrt[4]{b} =$

$= \dfrac{\sqrt[12]{\left(a^2 \cdot b\right)^3} \cdot \sqrt[12]{b^3}}{\sqrt[12]{a^2 b^2}} = \sqrt[12]{\dfrac{a^6 b^6}{a^2 b^2}} = \sqrt[12]{a^4 b^4} = \sqrt[3]{ab}$

33. Reduzindo as raízes ao mesmo índice, temos:

$\sqrt[3]{3} = \sqrt[12]{3^4} = \sqrt[12]{81}$

$\sqrt[4]{2^2} = \sqrt[12]{\left(2^2\right)^3} = \sqrt[12]{2^6} = \sqrt[12]{64}$

Como $\sqrt[12]{81} > \sqrt[12]{64} \Rightarrow \sqrt[3]{3} > \sqrt[12]{4}$.

34. $8^{0{,}6666\ldots} - 9^{0{,}5} = \left(2^3\right)^{\frac{6}{9}} - \left(3^2\right)^{\frac{1}{2}} = 4 - 3 = 1$

Alternativa **d**.

35. **a)** $S(8) = \dfrac{11}{100} \cdot 8^{\frac{2}{3}} = \dfrac{11}{100} \cdot \left(2^3\right)^{\frac{2}{3}} = \dfrac{11}{100} \cdot 4 =$

$= 0,44 \Rightarrow S(8) = 0,44 \ \text{m}^2$

b) Como a superfície dobrou, teremos:

$0,88 = \dfrac{11}{100} p^{\frac{2}{3}} \Rightarrow p^{\frac{2}{3}} = \dfrac{88}{11} \Rightarrow \left(p^{\frac{2}{3}}\right)^{\frac{3}{2}} = \left(2^3\right)^{\frac{3}{2}} \Rightarrow$

$\Rightarrow p = \sqrt{2^9} \Rightarrow p = 16\sqrt{2} \Rightarrow p = 16 \cdot (1,4) \Rightarrow$

$\Rightarrow p = 22,4 \ \text{kg}$

36. **a)** $\sqrt{16} = 4$ e não $\pm\ 4$ (falsa)

b) $\pm\sqrt{9} = \pm 3$ (verdadeira)

c) $\sqrt{a^2 - 2ab + b^2} = \sqrt{(a-b)^2} = |a-b|$ (falsa, pois faltaram as barras de módulo)

d) $\sqrt[4]{x^4} = |x|$ (verdadeira)

e) $\sqrt[3]{x^3} = x$ (falsa, pois o índice é ímpar e x um número real qualquer, não se usa o módulo)

37. $\dfrac{2}{\sqrt{5} - \sqrt{3}} - \dfrac{2}{\sqrt[3]{2}} =$

$= \dfrac{2\left(\sqrt{5} + \sqrt{3}\right)}{\left(\sqrt{5} - \sqrt{3}\right)\left(\sqrt{5} + \sqrt{3}\right)} - \dfrac{2 \cdot \sqrt[3]{4}}{\sqrt[3]{2} \cdot \sqrt[3]{4}} =$

$= \sqrt{5} + \sqrt{3} - \sqrt[3]{4}$

Alternativa **d**.

38. $\dfrac{\sqrt[3]{9} - \sqrt[3]{4}}{\sqrt[3]{3} + \sqrt[3]{2}} = \dfrac{\left(\sqrt[3]{3} - \sqrt[3]{2}\right)\left(\sqrt[3]{3} + \sqrt[3]{2}\right)}{\left(\sqrt[3]{3} + \sqrt[3]{2}\right)} = \sqrt[3]{3} - \sqrt[3]{2}$

39. $2\sqrt{27} - \sqrt{75} + 3\sqrt{12} = 2\sqrt{9 \cdot 3} - \sqrt{3 \cdot 25} +$

$+ 3\sqrt{4 \cdot 3} = 2 \cdot 3\sqrt{3} - 5 \cdot \sqrt{3} + 3 \cdot 2\sqrt{3} =$

$= 6\sqrt{3} - 5\sqrt{3} + 6\sqrt{3} = 7\sqrt{3}$

Alternativa **d**.

40. $\dfrac{1}{1 + \sqrt{2}} + \dfrac{1}{\sqrt{2} + \sqrt{3}} + \dfrac{1}{\sqrt{3} + \sqrt{4}} +$

$+ \dfrac{1}{\sqrt{999} + \sqrt{1\,000}} = \sqrt{15\,625} =$

$\dfrac{\sqrt{2} - 1}{2 - 1} + \dfrac{\sqrt{3} - \sqrt{2}}{3 - 2} + \dfrac{\sqrt{4} - \sqrt{3}}{4 - 3} \ ... +$

$\dfrac{\sqrt{1\,000} - \sqrt{999}}{1\,000 - 999} = \sqrt{2} - 1 + \sqrt{3} - \sqrt{2} +$

$\sqrt{4} - \sqrt{3} + ... + \sqrt{1\,000} - \sqrt{999} = \sqrt{1\,000} - 1 =$

$10\sqrt{10} - 1$

Alternativa **a**.

41. $\sqrt[3]{16\sqrt{8}} \cdot \sqrt[6]{0,125} = \sqrt[3]{2^4\sqrt{2^3}} \cdot \sqrt[6]{\dfrac{125}{1000}} =$

$= \sqrt[3]{\sqrt{\left(2^4\right)^2 2^3}} \cdot \sqrt[6]{\dfrac{5^3}{10^3}} = \sqrt[6]{2^{11}} \cdot \sqrt[6]{\dfrac{5^3}{10^3}} =$

$= \sqrt[6]{\dfrac{2^2 \cdot 2^6 \cdot 2^3 \cdot 5^3}{10^3}} = \sqrt[6]{\dfrac{2^2 \cdot 2^6 \cdot 10^3}{10^3}} = 2\sqrt[6]{2^2} = 2\sqrt[3]{2}$

Alternativa **d**.

42. $\dfrac{2}{\left(\sqrt[3]{3} - \sqrt[3]{2}\right)} = \dfrac{2\left(\sqrt[3]{9} + \sqrt[3]{3} \cdot \sqrt[3]{2} + \sqrt[3]{4}\right)}{\left(\sqrt[3]{3} - \sqrt[3]{2}\right)\left(\sqrt[3]{9} + \sqrt[3]{3} \cdot \sqrt[3]{2} + \sqrt[3]{4}\right)} =$

$= \dfrac{2\left(\sqrt[3]{9} + \sqrt[3]{3} \cdot \sqrt[3]{2} + \sqrt[3]{4}\right)}{\sqrt[3]{27} - \sqrt[3]{2}} =$

$= \dfrac{2\left(\sqrt[3]{9} + \sqrt[3]{3} \cdot \sqrt[3]{2} + \sqrt[3]{4}\right)}{1} = 2\left(\sqrt[3]{9} + \sqrt[3]{3} \cdot \sqrt[3]{2} + \sqrt[3]{4}\right)$

43. $\sqrt{3 + \sqrt{8}}$, façamos $a = 3$ e $b = 8$

$c = \sqrt{a^2 - b} = \sqrt{3^2 - 8} = 1$

$\sqrt{a + \sqrt{b}} = \sqrt{\dfrac{a + c}{2}} + \sqrt{\dfrac{a - c}{2}} \Rightarrow \sqrt{3 + \sqrt{8}} =$

$= \sqrt{\dfrac{3 + 1}{2}} + \sqrt{\dfrac{3 - 1}{2}} = \sqrt{2} + 1$

44. A única alternativa correta é aquela que apresenta a seguinte simplificação:

$$\dfrac{a^3 - b^3}{a^2 + ab + b^2} = \dfrac{(a - b)\left(a^2 + ab + b^2\right)}{\left(a^2 + ab + b^2\right)} = a - b$$

Alternativa **e**.

45. Vamos usar exemplos para justificar por que algumas alternativas são falsas.

a) Falsa, pois $\sqrt{9} + \sqrt{4} \neq \sqrt{13}$

$\sqrt{9} + \sqrt{4} = 3 + 2 = 5 \neq \sqrt{13}$

b) Falsa, pois $a = -3$ e $b = 3 \Rightarrow (-3)^2 = 3^2 \Rightarrow a^2 = b^2$, mas $a \neq b$.

c) Falsa, pois $\sqrt{a^2} = |a| \Rightarrow$

$\Rightarrow \sqrt{(-3)^2} = |-3| = 3$ e não $\sqrt{(-3)^2} = -3$.

Importante: no conjunto dos números reais, toda raiz de índice par com radicando positivo tem resultado sempre positivo.

d) Falsa, pois $2 < 3 \Rightarrow \dfrac{1}{2} > \dfrac{1}{3}$.

e) Verdadeira, pois para $0 < a < 1 \Rightarrow a^2 < a$ (I).

Se $a^2 < a \Rightarrow \sqrt{a^2} < \sqrt{a} \Rightarrow a < \sqrt{a}$; (II) pois $a > 0$.

De (I) e (II), temos: $a^2 < a < \sqrt{a} \Rightarrow a^2 < \sqrt{a}$

46. $\left(\sqrt{3} + \sqrt[3]{9} - \sqrt[6]{81}\right) \cdot \sqrt[4]{27} =$

$= \left(\sqrt[12]{3^6} + \sqrt[12]{\left(3^2\right)^4} - \sqrt[12]{\left(3^4\right)^2}\right) \cdot \sqrt[12]{\left(3^3\right)^3} =$

$= \left(\sqrt[12]{3^6} + \sqrt[12]{3^8} - \sqrt[12]{3^8}\right) \cdot \sqrt[12]{3^9} = \sqrt[12]{3^6} \cdot \sqrt[12]{3^9} =$

$= \sqrt[12]{3^{15}} = \sqrt[12]{3^{12} \cdot 3^3} = 3\sqrt[4]{3}$

Alternativa **c**.

47. $\dfrac{\sqrt[4]{5^3} \cdot \sqrt[5]{5^4}}{\sqrt[20]{5^{11}}} = \dfrac{\sqrt[20]{(5^3)^5} \cdot \sqrt[20]{(5^4)^4}}{\sqrt[20]{5^{11}}} = \dfrac{\sqrt[20]{5^{15}} \cdot \sqrt[20]{5^{16}}}{\sqrt[20]{5^{11}}} =$

$= \dfrac{\sqrt[20]{5^{15} \cdot 5^{16}}}{\sqrt[20]{5^{11}}} = \dfrac{\sqrt[20]{5^{31}}}{\sqrt[20]{5^{11}}} = \sqrt[20]{\dfrac{5^{31}}{5^{11}}} = \sqrt[20]{5^{20}} = 5$

Alternativa **a**.

48. Analisaremos cada uma das alternativas.

a) $\sqrt{\sqrt[3]{5 \cdot 6}} = \sqrt[6]{30}$

b) $\sqrt{6\sqrt[3]{5}} = \sqrt{\sqrt[3]{6^3 \cdot 5}} = \sqrt[6]{1\,080}$

c) $\sqrt{5 \sqrt[3]{6}} = \sqrt{\sqrt[3]{5^3 \cdot 6}} = \sqrt[6]{750}$

d) $\sqrt[3]{5\sqrt{6}} = \sqrt[3]{\sqrt{5^2 \cdot 6}} = \sqrt[6]{150}$

e) $\sqrt[3]{6\sqrt{5}} = \sqrt[3]{\sqrt{6^2 \cdot 5}} = \sqrt[6]{180}$

Alternativa **b**.

49. $x = (0{,}25)^{0{,}25} = \left(\dfrac{1}{4}\right)^{\frac{1}{4}} = \dfrac{1^{\frac{1}{4}}}{4^{\frac{1}{4}}} = \dfrac{1}{\sqrt[4]{4}} = \dfrac{1}{\sqrt[4]{2^2}} = \dfrac{1}{\sqrt{2}}$

$y = 16^{-0{,}125} = (2^4)^{-\frac{1}{8}} = 2^{-\frac{1}{2}} = \dfrac{1}{2^{\left(\frac{1}{2}\right)}} = \dfrac{1}{\sqrt{2}}$

Alternativa **a**.

50. $\sqrt{\dfrac{2 + \sqrt{3}}{2 - \sqrt{3}}} + \sqrt{\dfrac{2 - \sqrt{3}}{2 + \sqrt{3}}} = \dfrac{\sqrt{2 + \sqrt{3}}}{\sqrt{2 - \sqrt{3}}} + \dfrac{\sqrt{2 - \sqrt{3}}}{\sqrt{2 + \sqrt{3}}} =$

$= \dfrac{\left(\sqrt{2 + \sqrt{3}}\right) \cdot \left(\sqrt{2 + \sqrt{3}}\right) + \left(\sqrt{2 - \sqrt{3}}\right)\left(\sqrt{2 - \sqrt{3}}\right)}{\left(\sqrt{2 - \sqrt{3}}\right)\left(\sqrt{2 + \sqrt{3}}\right)} =$

$= \dfrac{\left(2 + \sqrt{3}\right) + \left(2 - \sqrt{3}\right)}{4 - 3} = 4$

Alternativa **e**.

QUESTÕES DO ENEM

2. A menor distância que o asteroide passou da superfície da Terra foi 325 mil quilômetros. Em notação científica, ela deve ser escrita assim: $325\,000 \text{ km} = 3{,}25 \cdot 10^5 \text{ km}$.

Alternativa **d**.

3. Vamos chamar de T_e a temperatura da estrela e de T_s a temperatura do Sol; então $T_e = 5 \cdot T_s = 5 \cdot 5\,770 = 28\,850$. Tal estrela, segundo a tabela, pertence à classe espectral B5, cuja luminosidade vale $20\,000 = 2 \cdot 10^4$ vezes a luminosidade do Sol.

Alternativa **a**.

4. $1 \text{ m} = 10^3 \text{ mm}$

Quantidade de folhas: $10^3 : 10^{-1} = 10^4$

Quantidade de títulos: $10^4 \cdot 10^1 = 10^5$

Alternativa **c**.

5. Vamos converter 30 mil quilômetros cúbicos em decímetros cúbicos. Para efetuar essa conversão, o valor inicial deve ser multiplicado por 10^{12}. Sendo $1 \text{ dm}^3 = 1$ litro, a capacidade do Aquífero Guarani é $30\,000 \cdot 10^{12} \text{ dm}^3 = 3 \cdot 10^{16} \text{ dm}^3 = 3 \cdot 10^{16}$ litros. A capacidade do novo reservatório da Sabesp é de 20 milhões de litros é igual a $2 \cdot 10^7$. Assim, a razão entre essas capacidades é de $\dfrac{3 \cdot 10^{16}}{2 \cdot 10^7} = 1{,}5 \cdot 10^9$, o que indica que a capacidade do Aquífero Guarani é $1{,}5 \cdot 10^9$ vezes maior que o novo reservatório da Sabesp.

Alternativa **e**.

6. Temos que $\dfrac{60}{h^2} = 20 \Rightarrow h^2 = 3 \Rightarrow h = \sqrt{3} \Rightarrow$

$\Rightarrow h = 1{,}7$. Então $\sqrt{h} = \sqrt{1{,}7} = 1{,}3$.

Assim: $\text{IAC} = \left[\dfrac{100}{1{,}7 \cdot 1{,}3} - 18 \right] = 27{,}35\%$.

Para diminuir de 27,35% para algum valor entre 19% e 20%, a jovem deve reduzir em pelo menos 1,25%; ou seja, aproximadamente 1%.

Alternativa **a**.

COMPETÊNCIAS E HABILIDADES

ENEM

COMPETÊNCIAS DE ÁREA – MATEMÁTICA E SUAS TECNOLOGIAS

Habilidades

H4 Avaliar a razoabilidade de um resultado numérico na construção de argumentos sobre afirmações quantitativas.

H5 Avaliar propostas de intervenção na realidade utilizando conhecimentos numéricos.

BNCC

Habilidades

EF08MA01 Efetuar cálculos com potências de expoentes inteiros e aplicar esse conhecimento na representação de números em notação científica.

EF08MA02 Resolver e elaborar problemas usando a relação entre potenciação e radiciação para representar uma raiz como potência de expoente fracionário.

EF09MA03 Efetuar cálculos com números reais, inclusive potências com expoentes fracionários.

EF09MA04 Resolver e elaborar problemas com números reais, inclusive em notação científica, envolvendo diferentes operações.

RAZÃO – PROPORÇÃO – TEORIA DAS ESCALAS

RAZÃO

A razão entre duas grandezas A e B é o quociente representado pela fração irredutível $\dfrac{A}{B}$, com $B \neq 0$, também indicado por $A : B$.

Lê-se: A está para B.

A é o termo antecedente e B, o consequente.

Exemplos

1. Em um campo de futebol, a largura do gol é de 7,32 m e a altura é de 2,44 m. Qual é a razão entre a altura e a largura do gol?

    Solução:

    $$\frac{\text{altura}}{\text{largura}} = \frac{2{,}44\,\text{m}}{7{,}32\,\text{m}} = \frac{244}{732} = \frac{1}{3}$$

    A razão entre a altura e a largura do gol é de $\dfrac{1}{3}$ ou $1 : 3$.

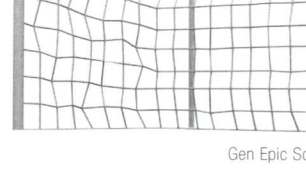

Gen Epic Solutions/Shutterstock.com.

2. Qual é a razão entre 250 gramas e 1 quilo?

    Solução:

    $1\,\text{kg} = 1\,000\,\text{g}$

    $$\frac{250\,\text{g}}{1\,000\,\text{g}} = \frac{1}{4} \Rightarrow \text{A razão entre 250 g e 1 kg é de } \frac{1}{4} \text{ ou } 1 : 4.$$

Importante: Muitas vezes, ao resolvermos alguns problemas envolvendo razões, é preciso igualarmos uma à outra. Essa igualdade é chamada de **proporção**.

PROPORÇÃO

Proporção é a igualdade entre duas ou mais razões.

Dadas duas razões $\dfrac{A}{B}$ e $\dfrac{C}{D}$, a igualdade entre elas forma uma proporção indicada por: $\dfrac{A}{B} = \dfrac{C}{D}$ ou $A : B = C : D$

Lê-se: A está para B, assim como C está para D.

Nesse caso, A e D são os extremos da proporção, e B e C são os meios.

Propriedade fundamental das proporções

Em uma proporção, o produto dos meios é igual ao produto dos extremos. Veja alguns exemplos a seguir.

Exemplos

1. $\dfrac{2}{3} = \dfrac{6}{9} \Leftrightarrow 6 \cdot 3 = 2 \cdot 9$

2. $3 : 5 = 12 : 20 \Leftrightarrow 5 \cdot 12 = 3 \cdot 20$

3. $\dfrac{2}{7} = \dfrac{6}{14} \Leftrightarrow 7 \cdot 6 \neq 2 \cdot 14$ (não é uma proporção)

Propriedades

I.
$$\frac{A}{B} = \frac{C}{D} \Leftrightarrow \frac{A+B}{A} = \frac{C+D}{C}$$

Exemplo

$$\frac{2}{3} = \frac{8}{12} \Leftrightarrow \frac{2+3}{2} = \frac{8+12}{8} \Leftrightarrow \frac{5}{2} = \frac{20}{8}$$

II.
$$\frac{A}{B} = \frac{C}{D} \Leftrightarrow \frac{A+B}{B} = \frac{C+D}{D}$$

Exemplo

$$\frac{2}{5} = \frac{6}{15} \Leftrightarrow \frac{2+5}{5} = \frac{6+15}{15} \Leftrightarrow \frac{7}{5} = \frac{21}{15}$$

III.
$$\frac{A}{B} = \frac{C}{D} \Leftrightarrow \frac{A \cdot B}{A^2} = \frac{C \cdot D}{D^2}$$

Exemplo

$$\frac{2}{3} = \frac{4}{6} \Leftrightarrow \frac{2 \cdot 3}{2^2} = \frac{4 \cdot 6}{4^2} \Leftrightarrow \frac{6}{4} = \frac{24}{16}$$

As matrioskas, brinquedo artesanal tradicional da Rússia, são caracterizadas por seus tamanhos variados e por caberem exatamente uma dentro da outra – um ótimo exemplo de proporção.

IV.
$$\frac{A}{B} = \frac{C}{D} \Leftrightarrow \frac{A \cdot B}{B^2} = \frac{C \cdot D}{D^2}$$

Exemplo

$$\frac{1}{2} = \frac{3}{6} \Leftrightarrow \frac{1 \cdot 2}{2^2} = \frac{3 \cdot 6}{6^2} \Leftrightarrow \frac{2}{4} = \frac{18}{36}$$

V.
$$\frac{A}{B} = \frac{C}{D} \Leftrightarrow \frac{A}{B} = \frac{C}{D} = \frac{A+C}{B+D}$$

Exemplo

$$\frac{1}{2} = \frac{3}{6} \Leftrightarrow \frac{1}{2} = \frac{3}{6} = \frac{1+3}{2+6} \Leftrightarrow \frac{1}{2} = \frac{3}{6} = \frac{4}{8}$$

Proporção contínua

É a proporção que tem meios iguais.

$$\frac{A}{B} = \frac{B}{C} \Leftrightarrow B^2 = A \cdot C$$

Quarta proporcional

Dados os números inteiros A, B e C, nessa ordem, chamamos de quarta proporcional o número x, tal que:

$$\frac{A}{B} = \frac{C}{x}$$

Exemplo

A quarta proporcional entre os números 2, 3 e 6, nessa ordem, é o número x, tal que:

$2 : 3 = 6 : x \Rightarrow 2 \cdot x = 3 \cdot 6 \Rightarrow x = 9.$

TEORIA DAS ESCALAS

A razão em que uma figura é ampliada ou reduzida é chamada de escala.

No estudo das escalas, temos a seguinte relação:

$$\text{Escala} = \frac{\text{medida da figura}}{\text{medida real}}$$

Mmaxer/Shutterstock.com

Sendo que a "medida da figura" e a "medida real" devem ser representadas na mesma unidade de medida. A unidade mais usual é o centímetro, mas pode haver outras.

Exemplos

1. (Mack) Considerando que a distância real entre duas cidades é de 120 km e que a sua distância gráfica, num mapa, é de 6 cm, podemos afirmar que esse mapa foi projetado na escala:

   a) 1 : 1 200 000.

   b) 1 : 2 000 000.

   c) 1 : 12 000 000.

   d) 1 : 20 000 000.

   e) 1 : 48 000 000.

   Solução:

   $$\text{Escala} = \frac{\text{medida da figura}}{\text{medida real}} = \frac{6\,cm}{120\,km} = \frac{6\,cm}{12\,000\,000\,cm} = \frac{1}{2\,000\,000}$$

   A resposta correta é a alternativa **b**.

2. (Univale-MG) Em um mapa de escala 1 : 3 000 000, quantos centímetros serão necessários para representar uma reta de 150 km reais?

   a) 20

   b) 2

   c) 50

   d) 5

   e) 0,2

   Solução:

   $$\text{Escala} = \frac{\text{medida da figura}}{\text{medida real}} \Rightarrow \frac{1}{3\,000\,000\,cm} = \frac{x}{150\,km} \Rightarrow \frac{1}{3\,000\,000} = \frac{x}{15\,000\,000} \Rightarrow x = 5$$

   A resposta correta é a alternativa **d**.

3. (Mack) Sobre um mapa, com escala 1 : 750 000, um geógrafo demarca uma reserva florestal com formato de um quadrado, apresentando 8 cm de lado. A área da reserva florestal medirá, na realidade:

   a) 3,6 km².

   b) 36 km².

   c) 360 km².

   d) 3 600 km².

   e) 36 000 km².

   Solução:

   $$\text{Escala} = \frac{\text{medida da figura}}{\text{medida real}} \Rightarrow \frac{1}{750\,000} = \frac{8\,cm}{x} \Rightarrow x = 6\,000\,000\,cm \Rightarrow x = 60\,km$$

   A área será: 60 km · 60 km = 3 600 km².

   A resposta correta é a alternativa **d**.

EXERCÍCIOS

RESOLUÇÕES PASSO A PASSO

1. Um automóvel percorre 210 km em 1 hora e 10 minutos. Qual é a velocidade média dele em metros por segundo?

LEIA E COMPREENDA

O problema nos fornece a distância percorrida e o tempo gasto para percorrê-la. Com base nesses dados, o enunciado pede que calculemos a velocidade média desse automóvel em metros por segundo.

PLANEJE A SOLUÇÃO

Precisamos converter a distância, que foi dada em quilômetros, para metros; e o tempo, dado em hora, para segundos. Em seguida, estabelecemos a razão entre a distância percorrida e o tempo gasto para percorrê-la e, por fim, obtemos a velocidade média em metros por segundo.

EFETUE O QUE FOI PLANEJADO

210 km = 210 000 m

1 h 10 min = 70 min = (70 · 60) s = 4 200 s

$$V_m = \frac{\text{distância percorrida}}{\text{tempo gasto}} = \frac{\Delta S}{\Delta t} = \frac{210\,000\,m}{4\,200\,s} = \frac{50\,m}{s}$$

VERIFIQUE

$$\frac{50\,m}{1\,s} = \frac{0,05\,km}{\frac{1}{3\,600}\,h} = \frac{\frac{5}{100}\,km}{\frac{1}{3\,600}\,h} = \frac{5}{100} \cdot \frac{3\,600}{1} \cdot \frac{km}{h} = \frac{18\,000}{100} \cdot \frac{km}{h} = 180\,\frac{km}{h}$$

$$\frac{210\,km}{1\,h\,10\,min} = \frac{210\,km}{1\,h + \frac{1}{6}\,h} = \frac{210\,km}{\frac{7\,h}{6}} = 210 \cdot \frac{6}{7} \cdot \frac{km}{h} = 180\,\frac{km}{h}$$

Logo, percorrer 210 km em 1 h 10 min é o mesmo que percorrer 50 metros em 1 segundo.

RESPONDA

A velocidade média é 50 m/seg.

AMPLIAÇÃO DO PROBLEMA

Uma velocidade de 20 m/s equivale a qual velocidade em km/h?

$$\frac{20\,m}{1\,s} = \frac{0,02\,km}{\frac{1}{3\,600}\,h} = \frac{2}{100} \cdot \frac{3\,600}{1} \cdot \frac{km}{h} = 72\,km/h$$

Portanto, 20 m/s equivalem a 72 km/h.

2. O autorretrato do pintor holandês Vincent van Gogh é uma pintura a óleo sobre tela pós-impressionista, datada de 1889. A pintura é exibida no Musée d'Orsay em Paris.

As dimensões da tela são 65 cm × 54 cm. Suponhamos que, em um livro, uma ilustração dessa pintura foi usada com a medida de 35,10 cm² de área. Qual foi a escala empregada?

Vincent Van Gogh. *Autorretrato*, 1889. Óleo sobre tela. 65 cm × 54 cm. Museu d'Orsay, Paris.

LEIA E COMPREENDA

Como o problema fornece as medidas, percebemos que a tela tem o formato retangular. Temos de estabelecer a razão entre a área da ilustração no livro com a área da tela real para, então, estabelecermos a escala usada na ilustração.

PLANEJE A SOLUÇÃO

Inicialmente, devemos encontrar a área do quadro e, em seguida, estabelecer a razão entre a medida da área da ilustração e a medida real da pintura. É importante lembrar-se de que, por se tratar de medidas de área, a unidade de medida da escala é indicada ao quadrado (quando trabalhamos com volume, é indicada ao cubo).

EFETUE O QUE FOI PLANEJADO

Área da pintura: 65 cm $\cdot$ 54 cm $= 3\,510$ cm^2

$$E^2 = \frac{\text{área da ilustração}}{\text{área da tela}} = \frac{35,10\,\text{cm}^2}{3\,510\,\text{cm}^2} = \frac{1}{100} \Rightarrow E = \sqrt{\frac{1}{100}} \Rightarrow E = \frac{1}{10} \text{ ou } E = 1:10$$

VERIFIQUE

Na escala 1 : 10, as medidas da ilustração seriam 6,5 cm por 5,4 cm; logo, a área da ilustração seria: 6,5 cm $\cdot$ 5,4 cm $= 35,10$ cm^2.

RESPONDA

A escala empregada é 1 : 10.

AMPLIAÇÃO DO PROBLEMA

Na base de uma miniatura de escultura de forma cúbica está escrita a informação sobre a escala com a qual foi confeccionada: 1 : 20. Se o volume da escultura real é 50 m^3, qual é o volume da miniatura?

$$E^3 = \frac{\text{medida da miniatura}}{\text{medida da escultura}} \Rightarrow \left(\frac{1}{20}\right)^3 = \frac{x}{50} \Rightarrow x = \frac{50}{8\,000} \Rightarrow x = 0,00625 \text{ m}^3 \Rightarrow x = 6\,250 \text{ cm}^3$$

O volume da miniatura é 6 250 cm^3.

---

3. A razão entre o comprimento da sombra e a altura de um edifício é de $\frac{2}{3}$.

Se o edifício tem 12 m de altura, qual é o comprimento da sombra?

4. Luiz resolveu 20 problemas de Matemática e acertou 18. Pedro resolveu 30 problemas e acertou 24. Quem teve o melhor desempenho?

5. Durante um campeonato de futebol, uma equipe teve 12 pênaltis a seu favor. Sabendo que a razão do número de acertos para o total de pênaltis foi $\frac{3}{4}$, quantos pênaltis foram convertidos em gol por essa equipe?

franckreporter/iStockphoto.com

6. Um reservatório com volume de 8 m^3 está com 2 000 L de água. Qual é a razão entre a quantidade de água que está no reservatório em relação à capacidade total dele? (Lembre-se de que 1 dm$^3 = 1$ L ou 1 m$^3 = 1\,000$ L.)

7. A distância entre duas cidades é de aproximadamente 425 km. Determine a velocidade média de um veículo que faz esse percurso em 8 horas e 30 minutos.

8. Um minério com massa igual a 32,24 kg tem volume igual a 12,40 cm^3. Determine a densidade desse minério. A densidade é dada por $\frac{\text{massa}}{\text{volume}}$.

olpo/Shutterstock.com

9. A densidade demográfica de uma localidade é a razão entre o número de habitantes e a área desse local. Normalmente, a densidade demográfica é expressa pela relação $\frac{\text{número de habitantes}}{km^2}$. Determine a densidade demográfica de uma cidade que tem 13 834 971 habitantes e ocupa uma área de 564 692 km².

10. Certa substância tem densidade de 2,3 g/cm³. Qual é a massa de 1 litro dessa substância? (1 mL = 1 cm³)

11. A razão entre dois números é $\frac{13}{24}$. Quanto devemos anexar ao antecedente para que a razão se torne $\frac{3}{4}$?

12. Em um quintal, Paulo tem galinhas, patos e marrecos. Se a razão entre o número de galinhas e o número de patos é igual ao inverso da razão entre o número de patos e de marrecos, quantas galinhas Paulo tem, se no quintal há 24 marrecos?

13. Certa loja de móveis fez o balanço da quantidade de mesas que foram vendidas. A razão entre o número total de mesas e o número de mesas vendidas foi de 8 para 5. Sabendo que na loja foram vendidas 10 mesas, calcule a quantidade total de mesas.

14. Determine os meios de uma proporção contínua em que os extremos são 16 e 25.

15. A razão entre a idade de um pai e seu filho é de 1 para 4. Se a soma das idades é 40 anos, determine a idade do pai.

16. Dois capitais estão na razão de 8 para 3 entre si e o maior deles excede o menor em R$ 25.000,00. A soma desses capitais é:

a) R$ 75.000,00.
b) R$ 40.000,00.
c) R$ 65.000,00.
d) R$ 60.000,00.
e) R$ 55.000,00.

17. Uma liga de metal é obtida pela fundição de 15 partes de cobre com 6 partes de zinco. Pretende-se obter 210 kg desse metal. Assinale a alternativa que indica corretamente o que será necessário.

a) 90 kg de cobre
b) 45 kg de zinco
c) 80 kg de cobre
d) 41,5 kg de zinco
e) 150 kg de cobre

18. Na igualdade $\frac{x}{5} = \frac{y}{7} = \frac{z}{3}$, sabe-se que $2x - y + 3z = 36$. Determine $x + y - z$.

19. Se $\frac{x}{y} = \frac{8}{5}$ e $3x - 2y = 70$, calcule $x - y$.

20. Um relógio atrasa 5 minutos a cada 8 horas. Quanto tempo ele atrasará em 4 dias?

21. O rendimento de um motor com 32 litros de gasolina foi de 384 km. Esse mesmo motor, com 50 litros de álcool, teve um rendimento de 400 km. Para cada litro de combustível, o rendimento da gasolina em relação ao rendimento do álcool é melhor em:

a) 4 km.
b) 4,5 km.
c) 5 km.
d) 5,5 km.
e) 6 km.

22. (Furg-RS) Em um mapa com escala de 1 : 500 000, um comprimento de 2,5 cm corresponde a uma distância de:

a) 12,5 km.
b) 75 km.
c) 125 km.
d) 175 km.
e) 1 250 km.

23. Em uma reunião havia 80 pessoas e a razão entre o número de homens e o número de mulheres era $\frac{2}{3}$.

Se, após certo tempo, 3 homens e 1 mulher chegaram à reunião, a razão entre o número de homens e o número de mulheres presentes na reunião passou a ser:

a) $\frac{2}{9}$.

c) $\frac{4}{9}$.

e) $\frac{7}{10}$.

b) $\frac{3}{7}$.

d) $\frac{5}{7}$.

24. (UEPG-PR) Se, em determinado mapa, a distância de 250 km entre duas cidades é representada com 10 cm, qual é a escala desse mapa?

a) 1 : 2 500

d) 1 : 2 500 000

b) 1 : 25 000

e) 1 : 25 000 000

c) 1 : 250 000

25. (FGV) De acordo com o mapa da Itália, a distância em linha reta entre os pontos *A* e *B* é de:

Escala 1:12 000 000

a) 72 km.

c) 720 km.

e) 7 200 km.

b) 200 km.

d) 2 000 km.

26. (UFRN) Um professor de Geografia solicitou aos alunos que representassem, por meio de cartogramas, os resultados de um estudo sobre o bairro onde a escola está localizada. Foram colocadas à disposição dos alunos duas bases cartográficas com as seguintes escalas: cartograma 1 – escala de 1 : 25 000; cartograma 2 – escala de 1 : 500 000. Considerando que devem ser representados, no mapa, ruas, avenidas e outros componentes do bairro, os alunos devem utilizar o:

a) cartograma 1, porque a escala é maior e oferece a possibilidade de representação de mais detalhes.

b) cartograma 2, porque a escala é menor, possibilitando trabalhar com mais detalhes.

c) cartograma 1, porque a escala é menor, sendo ideal para trabalhos com pequenas áreas.

d) cartograma 2, porque a escala é maior, sendo ideal para representar mais detalhes de uma determinada área.

27. Em um mapa de escala 1 : 10 000 000, a distância real entre dois pontos é de 400 km. Qual será a distância em linha reta entre dois pontos no mapa?

a) 0,4

c) 4

e) 4,4

b) 0,04

d) 2,0

28. (UFES) Interpretando a ilustração abaixo, com escala de 1 : 7 700 000, concluímos que a distância, em linha reta, entre Vitória e Belo Horizonte e entre Vitória e Rio de Janeiro é, respectivamente, de:

a) 300,7 km e 401,6 km.

b) 346,5 km e 385,0 km.

c) 346,5 km e 400,0 km.

d) 450,0 km e 500,0 km.

e) 600,0 km e 650,0 km.

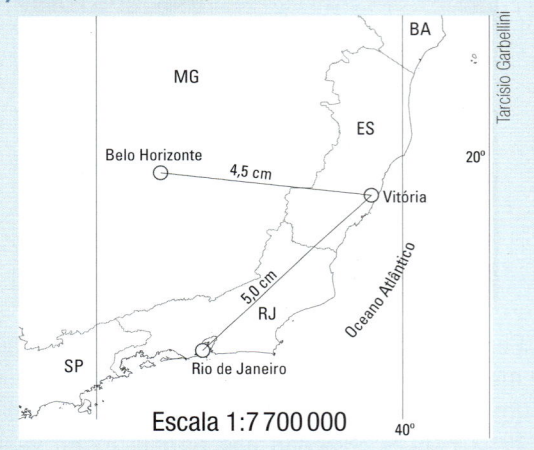

Escala 1:7 700 000

Fonte: GIRARDI G. ROSA J. V. 1998 (adaptação)

29. (UFPR) A escala é definida como a relação da distância real entre dois pontos quaisquer na superfície da Terra com a distância entre esses dois pontos num documento cartográfico. Se, em uma carta, na escala 1 : 50 000, a distância em linha reta entre duas cidades for de 10 cm, no terreno essa distância será de:

a) 5 km.

c) 1 km.

e) 500 km.

b) 0,5 km.

d) 100 km.

30. (IFPE) Um professor do Curso de Licenciatura em Geografia do Instituto Federal de Pernambuco (IFPE) entregou aos seus alunos um mapa feito na escala 1 : 1 000 000 cuja distância em linha reta entre duas cidades é de 5 cm. O professor pergunta: Qual a distância real, em km, entre as cidades?

a) 10

c) 50

e) 5 000

b) 20

d) 500

QUESTÕES DO ENEM

RESOLUÇÕES PASSO A PASSO

1. (Enem) Um carpinteiro fabrica portas retangulares maciças, feitas de um mesmo material. Por ter recebido de seus clientes pedidos de portas mais altas, aumentou sua altura em $\frac{1}{8}$, preservando suas espessuras.

A fim de manter o custo com o material de cada porta, precisou reduzir a largura.

A razão entre a largura da nova porta e a largura da porta anterior é:

a) $\frac{1}{8}$. **b)** $\frac{7}{8}$. **c)** $\frac{8}{7}$. **d)** $\frac{8}{9}$. **e)** $\frac{9}{8}$.

LEIA E COMPREENDA

A porta pode ser entendida como um paralelepípedo reto-retângulo. Devemos descobrir a razão entre a largura anterior e a atual dessa porta para que o volume permaneça inalterado.

PLANEJE A SOLUÇÃO

Vamos designar altura por a e largura por b.

Devemos aumentar a altura em $\frac{1}{8}$ e encontrar uma razão $\frac{x}{y}$ que, multiplicada pela largura, faça com que o volume da porta não se altere. Em seguida, verificamos qual é a razão entre a largura anterior e a atual dessa porta.

EFETUE O QUE FOI PLANEJADO

O volume da porta será dado por $V = a \cdot b \cdot c$.

Vamos acrescentar $\frac{1}{8}$ à altura a: $a + \frac{1}{8}a = \frac{8a + a}{8} = \frac{9a}{8}$.

Para que o volume não se altere, multiplicamos a largura por uma fração $\frac{x}{y}$:

$V = \frac{9a}{8} \cdot \frac{xb}{y} \cdot c$; então, a nova largura será $\frac{8b}{9}$.

A razão entre a largura nova e a anterior é: $\dfrac{\frac{8b}{9}}{b} = \frac{8}{9}$.

VERIFIQUE

Calculando o volume com as dimensões obtidas, temos:

$V = \frac{9a}{8} \cdot \frac{8b}{9} \cdot c \implies V = a \cdot b \cdot c$; logo, o volume permaneceu inalterado.

RESPONDA

A razão é $\frac{8}{9}$.

Alternativa **d**.

AMPLIAÇÃO DO PROBLEMA

Se o carpinteiro aumentasse a altura em $\frac{1}{10}$ e triplicasse a espessura da porta, qual deveria ser o comprimento para que o volume dessa porta não se altere?

$a + \frac{1}{10}a = \frac{10a + a}{10} = \frac{11a}{10}$

A espessura b ficaria igual a $3b$.

Para o volume não se alterar, temos de ter:

$$V = \frac{11a}{10} \cdot 3b \cdot \frac{10}{33}c \Rightarrow V = a \cdot b \cdot c;\ \text{então, a largura da porta seria } \frac{10c}{33}.$$

2. (Enem) Um banco de sangue recebe 450 mL de sangue de cada doador. Após separar o plasma sanguíneo das hemácias, o primeiro é armazenado em bolsas de 250 mL de capacidade. O banco de sangue aluga refrigeradores de uma empresa para estocagem das bolsas de plasma, segundo a sua necessidade. Cada refrigerador tem uma capacidade de estocagem de 50 bolsas. Ao longo de uma semana, 100 pessoas doaram sangue àquele banco. Admita que, de cada 60 mL de sangue, extraem-se 40 mL de plasma. O número mínimo de congeladores que o banco precisou alugar para estocar todas as bolsas de plasma dessa semana foi:

a) 2.

b) 3.

c) 4.

d) 6.

e) 8.

LEIA E COMPREENDA

Um banco de sangue recebe de doadores certa quantidade de sangue e deve separar o plasma das hemácias. O plasma será colocado em bolsas e, depois, estocado em congeladores. O problema pede o número mínimo de congeladores para estocar o plasma recebido em determinada semana.

PLANEJE A SOLUÇÃO

Seguiremos os seguintes passos:

1º Descobriremos quanto (em mL) de sangue foi doado.

2º Desse total, temos de encontrar quanto há (em mL) de plasma.

3º Distribuímos esse plasma em bolsas.

4º Distribuímos as bolsas pelos refrigeradores para descobrir quantos serão necessários.

EFETUE O QUE FOI PLANEJADO

1º 100 pessoas doaram 450 mL de sangue cada uma: temos 45 000 mL de sangue.

2º Como para cada 60 mL de sangue há 40 mL de plasma, podemos estabelecer a seguinte proporção:

$$\frac{60}{40} = \frac{45\,000}{x} \Rightarrow x = 30\,000.\ \text{Portanto, são 30 000 mL de plasma.}$$

3º Distribuindo o plasma em bolsas com capacidade de 250 mL cada, temos: 30 000 : 250 = 120. Serão necessárias 120 bolsas.

4º Se em cada congelador cabem 50 bolsas, faremos, portanto: 120 : 50 = 2,4. Logo, teremos 2 refrigeradores com 50 bolsas em cada e um terceiro refrigerador para armazenar as 20 bolsas restantes.

VERIFIQUE

Encontramos 120 bolsas, cada uma com capacidade para 250 mL de plasma:

120 · 250 = 3 000. Foram doados 3 000 mL de plasma. Como a proporção é de 60 mL de sangue para 40 mL de plasma, vamos verificar quanto de sangue no total foi doado: $\frac{60}{40} = \frac{x}{30\,000} \Rightarrow x = 45\,000.$

Como 100 pessoas doaram sangue, cada uma doou 450 mL.

RESPONDA

Foram necessários 3 refrigeradores.

Alternativa **b**.

AMPLIAÇÃO DO PROBLEMA

Nas mesmas condições do enunciado, quantas bolsas seriam necessárias para armazenar as hemácias?

Fazendo a proporção: $\dfrac{60}{20} = \dfrac{45\,000}{x} \Rightarrow x = 15\,000$. Como em cada bolsa cabem 250 mL, fazemos $15\,000 : 250 = 60$. Seriam necessárias 60 bolsas.

3. (Enem) Um biólogo mediu a altura de cinco árvores distintas e representou-as em uma mesma malha quadriculada utilizando escalas diferentes, conforme indicações na figura a seguir.

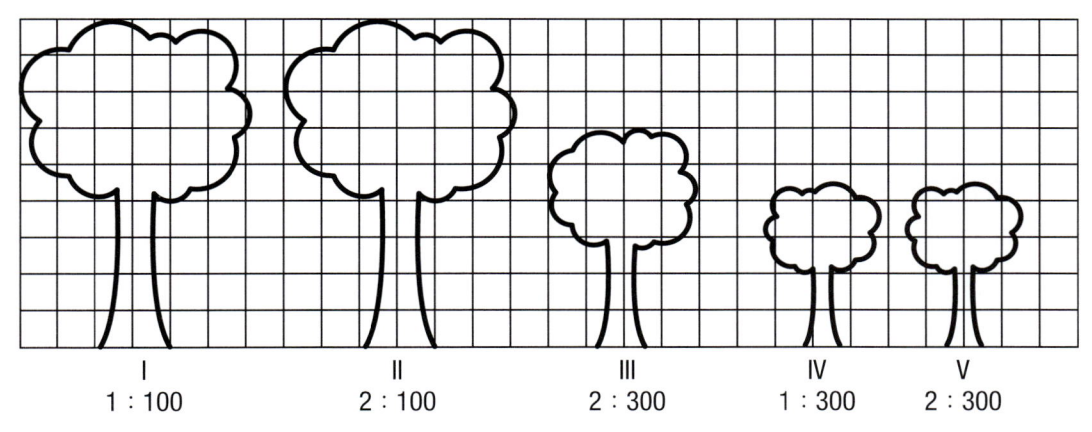

I	II	III	IV	V
1 : 100	2 : 100	2 : 300	1 : 300	2 : 300

Qual a árvore que apresenta a maior altura real?

a) I   **b)** II   **c)** III   **d)** IV   **e)** V

LEIA E COMPREENDA

O problema mostra 5 árvores desenhadas sobre um mesmo plano quadriculado. Pede-se para descobrir qual é a maior delas em tamanho real, já que estão representadas em escalas diferentes.

PLANEJE A SOLUÇÃO

Vamos estabelecer que o lado de cada quadradinho mede x e verificaremos quantos x mede cada árvore usando suas respectivas escalas.

EFETUE O QUE FOI PLANEJADO

Vamos verificar a altura na unidade x de cada árvore (sendo H a altura).

Árvore I: $\dfrac{1}{100} = \dfrac{9x}{H} \Rightarrow H = 900x$

Árvore II: $\dfrac{2}{100} = \dfrac{9x}{H} \Rightarrow 2H = 900x \Rightarrow H = 450x$

Árvore III: $\dfrac{2}{300} = \dfrac{6x}{H} \Rightarrow 2H = 1800x \Rightarrow H = 900x$

Árvore IV: $\dfrac{1}{300} = \dfrac{4{,}5x}{H} \Rightarrow H = 1350x$

Árvore V: $\dfrac{2}{300} = \dfrac{4{,}5x}{H} \Rightarrow 2H = 1350 \Rightarrow H = 675x$

VERIFIQUE

Vamos analisar o caso de outra forma.

Árvore I: O lado de cada quadradinho no desenho equivale ao lado de 100 quadradinhos na medida real. Logo, se o lado de cada quadradinho mede x, a árvore mede $100 \cdot 9x = 900x$.

Árvore II: O lado de cada quadradinho no desenho equivale ao lado de 50 quadradinhos na medida real. Logo, a árvore mede $50 \cdot 9x = 450x$.

Árvore III: O lado de cada quadradinho no desenho equivale ao lado de 150 quadradinhos na medida real. Logo, a árvore mede $150 \cdot 6x = 900x$.

Árvore IV: O lado de cada quadradinho no desenho equivale ao lado de 300 quadradinhos na medida real. Logo, a árvore mede: $300 \cdot 4{,}5x = 1\,350x$.

Árvore V: O lado de cada quadradinho no desenho equivale ao lado de 150 quadradinhos na medida real. Logo, a árvore mede: $150 \cdot 4{,}5x = 675x$.

RESPONDA

A árvore que apresenta a maior altura real é a representada pela figura IV.

Alternativa **d**.

AMPLIAÇÃO DO PROBLEMA

Imagine que está representada, na figura do enunciado, uma árvore cuja altura seja equivalente a 5 lados de medida a dos quadradinhos da malha. Na unidade a, qual seria a medida dessa árvore se a escala fosse 2 : 150?

$$\frac{2}{150} = \frac{5a}{H} \Rightarrow H = 375a$$

A árvore teria a altura de $375a$.

---

4. (Enem) Um pesquisador, ao explorar uma floresta, fotografou uma caneta de 16,8 cm de comprimento ao lado de uma pegada. O comprimento da caneta (c), a largura (L) e o comprimento (C) da pegada, na fotografia, estão indicados no esquema.

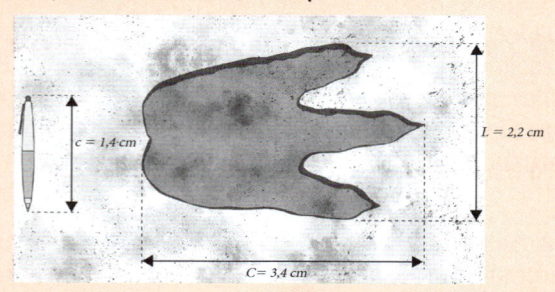

A largura e o comprimento reais da pegada, em centímetros, são, respectivamente, iguais a:

a) 4,9 e 7,6.

b) 8,6 e 9,8.

c) 14,2 e 15,4.

d) 26,4 e 40,8.

e) 27,5 e 42,5.

5. (Enem) Cinco marcas de pão integral apresentam as seguintes concentrações de fibras (massa de fibra por massa de pão):

Marca A: 2 g de fibras a cada 50 g de pão;

Marca B: 5 g de fibras a cada 40 g de pão;

Marca C: 5 g de fibras a cada 100 g de pão;

Marca D: 6 g de fibras a cada 90 g de pão;

Marca E: 7 g de fibras a cada 70 g de pão.

Recomenda-se a ingestão do pão que possui a maior concentração de fibras.

Disponível em: www.blog.saude.gov.br. Acesso em: 25 fev. 2013.

A marca a ser escolhida é:

a) A.

b) B.

c) C.

d) D.

e) E.

6. (Enem) Em um certo teatro, as poltronas são divididas em setores. A figura apresenta a vista do setor 3 desse teatro, no qual as cadeiras escuras estão reservadas e as claras não foram vendidas.

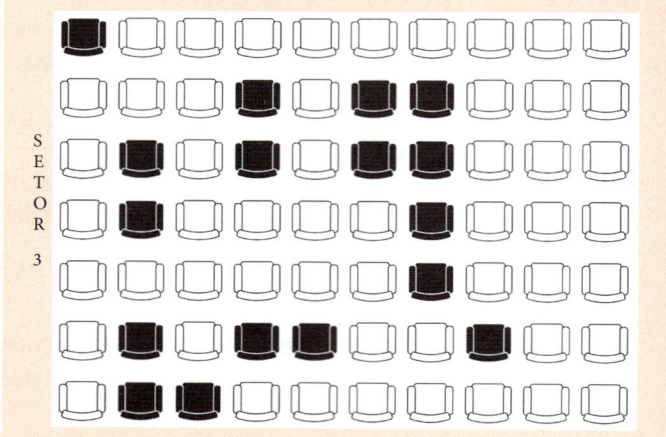

A razão que representa a quantidade de cadeiras reservadas do setor 3 em relação ao total de cadeiras desse mesmo setor é:

a) $\dfrac{17}{70}$.

c) $\dfrac{53}{70}$.

e) $\dfrac{70}{17}$.

b) $\dfrac{17}{53}$.

d) $\dfrac{53}{17}$.

7. (Enem) Boliche é um jogo em que se arremessa uma bola sobre uma pista para atingir dez pinos, dispostos em uma formação de base triangular, buscando derrubar o maior número de pinos. A razão entre o total de vezes em que o jogador derruba todos os pinos e o número de jogadas determina seu desempenho.

Em uma disputa entre cinco jogadores, foram obtidos os seguintes resultados:

Jogador I – Derrubou todos os pinos 50 vezes em 85 jogadas.

Jogador II – Derrubou todos os pinos 40 vezes em 65 jogadas.

Jogador III – Derrubou todos os pinos 20 vezes em 65 jogadas.

Jogador IV – Derrubou todos os pinos 30 vezes em 40 jogadas.

Jogador V – Derrubou todos os pinos 48 vezes em 90 jogadas.

Qual desses jogadores apresentou maior desempenho?

a) I

c) III

e) V

b) II

d) IV

8. (Enem) O resultado de uma pesquisa eleitoral, sobre a preferência dos eleitores em relação a dois candidatos, foi representado por meio do Gráfico 1.

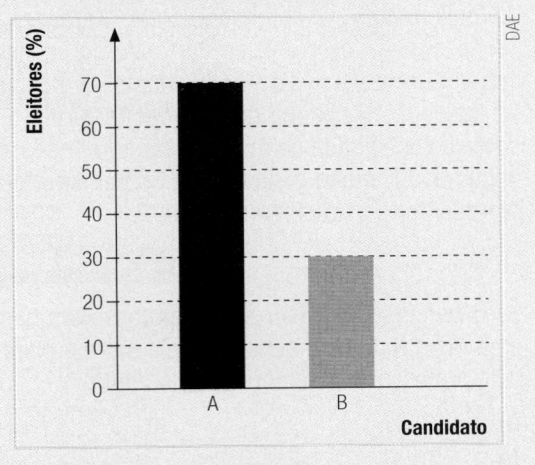

gráfico 1

Ao ser divulgado esse resultado em jornal, o gráfico 1 foi cortado durante a diagramação, como mostra o gráfico 2.

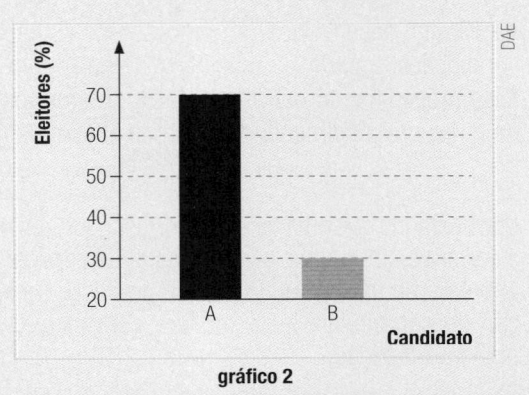

gráfico 2

Apesar de os valores apresentados estarem corretos e a largura das colunas ser a mesma, muitos leitores criticaram o formato do gráfico 2 impresso no jornal, alegando que houve prejuízo visual para o candidato B.

A diferença entre as razões da altura da coluna B pela coluna A nos gráficos 1 e 2 é:

a) 0.

c) $\dfrac{1}{5}$.

e) $\dfrac{8}{35}$.

b) $\dfrac{1}{2}$.

d) $\dfrac{2}{5}$.

9. (Enem) O sódio está presente na maioria dos alimentos industrializados, podendo causar problemas cardíacos em pessoas que ingerem grandes quantidades desses alimentos. Os médicos recomendam que seus pacientes diminuam o consumo de sódio. Com base nas informações nutricionais de cinco marcas de biscoitos (A, B, C, D e E), construiu-se um gráfico que relaciona quantidades de sódio com porções de diferentes biscoitos.

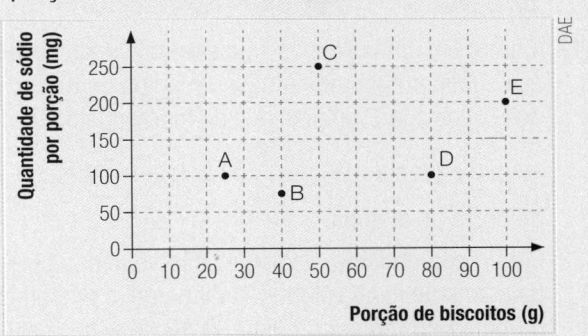

Qual das marcas de biscoito apresentadas tem a menor quantidade de sódio por grama do produto?

a) A   b) B   c) C   d) D   e) E

10. (Enem) Pneus usados geralmente são descartados de forma inadequada, favorecendo a proliferação de insetos e roedores e provocando sérios problemas de saúde pública. Estima-se que, no Brasil, a cada ano, sejam descartados 20 milhões de pneus usados. Como alternativa para dar uma destinação final a esses pneus, a Petrobras, em sua unidade de São Mateus do Sul, no Paraná, desenvolveu um processo de obtenção de combustível a partir da mistura dos pneus com xisto. Esse procedimento permite, a partir de uma tonelada de pneu, um rendimento de cerca de 530 kg de óleo.

Disponível em: http://www.ambientebrasil.com.br.
Acesso em: 3 out. 2008 (adaptado).

Considerando que uma tonelada corresponde, em média, a cerca de 200 pneus, se todos os pneus descartados anualmente fossem utilizados no processo de obtenção de combustível pela mistura com xisto, seriam então produzidas:

a) 5,3 mil toneladas de óleo.

b) 53 mil toneladas de óleo.

c) 530 mil toneladas de óleo.

d) 5,3 milhões de toneladas de óleo.

e) 530 milhões de toneladas de óleo.

11. (Enem) Uma televisão pode ser posicionada de modo que se consiga enxergar os detalhes de uma imagem em alta definição. Considere que a distância ideal, com conforto visual, para se assistir à televisão de 32 polegadas é de 1,8 metro. Suponha que haja uma relação de proporcionalidade direta entre o tamanho da tela (medido em polegada) e a distância ideal. Considere que um espectador dispõe de uma televisão de 60 polegadas e que ele deseja se posicionar em frente a ela, com conforto visual.

A distância da televisão, em metro, em que o espectador deve se posicionar para que tenha conforto visual é mais próxima de:

a) 0,33.　　　c) 1,57.　　　e) 3,60.

b) 0,96.　　　d) 3,37.

12. (Enem) Em uma cantina, o sucesso de venda no verão são sucos preparados à base de polpa de frutas. Um dos sucos mais vendidos é o de morango com acerola, que é preparado com $\frac{2}{3}$ de polpa de morango e $\frac{1}{3}$ de polpa de acerola.

Para o comerciante, as polpas são vendidas em embalagens de igual volume. Atualmente, a embalagem da polpa de morango custa R$ 18,00 e a de acerola, R$ 14,70. Porém, está prevista uma alta no preço da embalagem da polpa de acerola no próximo mês, passando a custar R$ 15,30.

Para não aumentar o preço do suco, o comerciante negociou com o fornecedor uma redução no preço da embalagem da polpa de morango.

A redução, em real, no preço da embalagem da polpa de morango deverá ser de:

a) 1,20.　　　c) 0,60.　　　e) 0,30.

b) 0,90.　　　d) 0,40.

13. (Enem) Sabe-se que o valor cobrado na conta de energia elétrica correspondente ao uso de cada eletrodoméstico é diretamente proporcional à potência utilizada pelo aparelho, medida em watts (W), e também ao tempo que esse aparelho permanece ligado durante o mês. Certo consumidor possui um chuveiro elétrico com potência máxima de 3 600 W e um televisor com potência máxima de 100 W. Em certo mês, a família do consumidor utilizou esse chuveiro elétrico durante um tempo total de 5 horas e esse televisor durante um tempo total de 60 horas, ambos em suas potências máximas.

Qual a razão entre o valor cobrado pelo uso do chuveiro e o valor cobrado pelo uso do televisor?

a) 1 : 1 200　　　c) 3 : 1　　　e) 342 : 1

b) 1 : 12　　　d) 36 : 1

14. (Enem) Sabe-se que a distância real, em linha reta, de uma cidade A, localizada no estado de São Paulo, a uma cidade B, localizada no estado de Alagoas, é igual a 2 000 km. Um estudante, ao analisar um mapa, verificou com sua régua que a distância entre essas duas cidades, A e B, era 8 cm.

Os dados nos indicam que o mapa observado pelo estudante está na escala de:

a) 1 : 250.

b) 1 : 2 500.

c) 1 : 25 000.

d) 1 : 250 000.

e) 1 : 25 000 000.

15. (Enem) O esporte de alta competição da atualidade produziu uma questão ainda sem resposta: Qual é o limite do corpo humano? O maratonista original, o grego da lenda, morreu de fadiga por ter corrido 42 quilômetros. O americano Dean Karnazes, cruzando sozinho as planícies da Califórnia, conseguiu correr dez vezes mais em 75 horas. Um professor de Educação Física, ao discutir com a turma o texto sobre a capacidade do maratonista americano, desenhou na lousa uma pista reta de 60 centímetros, que representaria o percurso referido.

Disponível em: http://veja.abril.com.br.
Acesso em: 25 jun. 2011 (adaptado).

Se o percurso de Dean Karnazes fosse também em uma pista reta, qual seria a escala entre a pista feita pelo professor e a percorrida pelo atleta?

a) 1 : 700

b) 1 : 7 000

c) 1 : 70 000

d) 1 : 700 000

e) 1 : 7 000 000

16. (Enem) O condomínio de um edifício permite que cada proprietário de apartamento construa um armário em sua vaga de garagem. O projeto da garagem, na escala 1 : 100, foi disponibilizado aos interessados já com as especificações das dimensões do armário, que deveria ter o formato de um paralelepípedo retângulo reto, com dimensões, no projeto, iguais a 3 cm, 1 cm e 2 cm.

O volume real do armário, em centímetros cúbicos, será:

a) 6.
c) 6 000.
e) 6 000 000.

b) 600.
d) 60 000.

17. (Enem) Para uma atividade realizada no laboratório de Matemática, um aluno precisa construir uma maquete da quadra de esportes da escola que tem 28 m de comprimento por 12 m de largura. A maquete deverá ser construída na escala de 1 : 250.

Que medidas de comprimento e largura, em cm, o aluno utilizará na construção da maquete?

a) 4,8 e 11,2
d) 28,0 e 12,0

b) 7,0 e 3,0
e) 30,0 e 70,0

c) 11,2 e 4,8

18. (Enem) No monte de Cerro Armazones, no deserto de Atacama, no Chile, ficará o maior telescópio da superfície terrestre, o Telescópio Europeu Extremamente Grande (E-ELT). O E-ELT terá um espelho primário de 42 m de diâmetro, "o maior olho do mundo voltado para o céu".

Disponível em: http://www.estadao.com.br.
Acesso em: 27 abr. 2010 (adaptado).

Ao ler esse texto em uma sala de aula, uma professora fez uma suposição de que o diâmetro do olho humano mede aproximadamente 2,1 cm.

Qual a razão entre o diâmetro aproximado do olho humano, suposto pela professora, e o diâmetro do espelho primário do telescópio citado?

a) 1 : 20
c) 1 : 200
e) 1 : 2 000

b) 1 : 100
d) 1 : 1 000

19. (Enem) A figura a seguir mostra as medidas reais de uma aeronave que será fabricada para utilização por companhias de transporte aéreo. Um engenheiro precisa fazer o desenho desse avião em escala de 1 : 150.

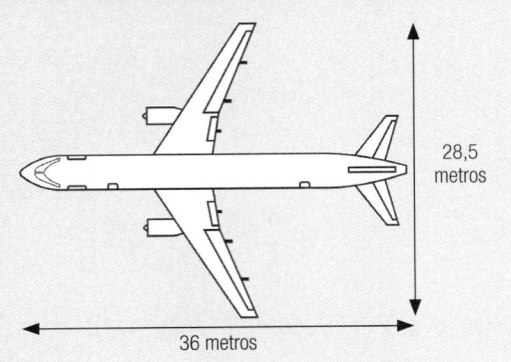

28,5 metros

36 metros

Para o engenheiro fazer esse desenho em uma folha de papel, deixando uma margem de 1 cm em relação às bordas da folha, quais as dimensões mínimas, em centímetros, que essa folha deverá ter?

a) 2,9 cm e 3,4 cm

b) 3,9 cm e 4,4 cm

c) 20 cm e 25 cm

d) 21 cm e 26 cm

e) 192 cm e 242 cm

20. (Enem) A figura apresenta dois mapas, em que o estado do Rio de Janeiro é visto em diferentes escalas.

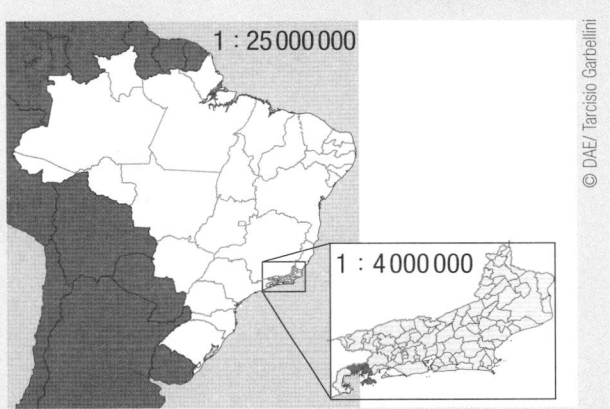

1 : 25 000 000

1 : 4 000 000

© DAE/Tarcísio Garbellini

Há interesse em estimar o número de vezes que foi ampliada a área correspondente a esse estado no mapa do Brasil.

Esse número é:

a) menor que 10.

b) maior que 10 e menor que 20.

c) maior que 20 e menor que 30.

d) maior que 30 e menor que 40.

e) maior que 40.

21. (Enem) Em uma de suas viagens, um turista comprou uma lembrança de um dos monumentos que visitou. Na base do objeto, há informações dizendo que se trata de uma peça em escala 1 : 400, e que seu volume é de 25 cm^3. O volume do monumento, em metro cúbico, é de:

a) 100.

b) 400.

c) 1 600.

d) 6 250.

e) 10 000.

RESOLUÇÕES E COMENTÁRIOS

EXERCÍCIOS

3. $\dfrac{\text{comprimento}}{\text{altura}} = \dfrac{2}{3} = \dfrac{x}{12} \Rightarrow 3x = 12 \cdot 2 \Rightarrow x = 8$

Resposta: 8 m.

4. Desempenho de Luiz: $\dfrac{n^{\underline{o}} \text{ de acertos}}{n^{\underline{o}} \text{ de questões}} = \dfrac{18}{20} = \dfrac{9}{10} = 0,9$.

Desempenho de Pedro: $\dfrac{n^{\underline{o}} \text{ de acertos}}{n^{\underline{o}} \text{ de questões}} = \dfrac{24}{30} = \dfrac{4}{5} = 0,8$.

O melhor desempenho foi o de Luiz.

5. $\dfrac{3}{4} = \dfrac{x}{12} \Rightarrow 4x = 36 \Rightarrow x = 9$

Foram convertidos 9 pênaltis.

6. Temos que 8 m^3 = 8 000 L. Então:

$\dfrac{2\,000\,L}{8\,000\,L} = \dfrac{1}{4}$

A razão é $\dfrac{1}{4}$.

A razão da quantidade de água que está no reservatório em relação à sua capacidade total é $\dfrac{1}{4}$.

7. $V_m = \dfrac{\text{distância percorrida}}{\text{tempo gasto para percorrê-la}} = \dfrac{425\,km}{8,5\,h} =$

$= \dfrac{4\,250\,km}{85\,h} = 50\,km/h$

A velocidade média do veículo é de 50 km/h.

8. Densidade demográfica $= \dfrac{n^{\underline{o}} \text{ habitantes}}{\text{área (em km}^2)} =$

$= \dfrac{13\,834\,971}{564\,692} \cong \dfrac{24,5}{1}$

A densidade demográfica é 24,5 hab./km^2.

9. Densidade $= \dfrac{\text{massa}}{\text{volume}} = \dfrac{32,24\,kg}{12,40\,cm^3} = \dfrac{3\,240\,g}{12,40\,cm^3} =$

$= \dfrac{2\,600\,g}{cm^3}$

A densidade desse minério é 2 600 g/cm^3.

10. $\dfrac{2,3\,g}{1\,cm^3} = \dfrac{2,3\,g}{1\,mL} = \dfrac{2\,300\,g}{1000\,mL} = \dfrac{2\,300\,g}{1L}$

A massa para 1 L será de 2 300 g ou 2,3 kg.

11. $\dfrac{13 + x}{24} = \dfrac{3}{4} \Rightarrow 52 + 4x = 72 \Rightarrow 4x = 20 \Rightarrow$

$\Rightarrow x = 5$

Devemos anexar 5 unidades ao antecedente para que a razão se torne $\dfrac{3}{4}$.

12. Sabe-se que $m = 24$ e que $\dfrac{g}{p} = \dfrac{1}{\dfrac{p}{m}} \Rightarrow \dfrac{g}{p} = \dfrac{m}{p} \Rightarrow$

$= m \Rightarrow g = 24$.

Paulo tem 24 galinhas.

13. Total de mesas da loja: x. Temos:

$\dfrac{8}{5} = \dfrac{x}{10} \Rightarrow 5x = 80 \Rightarrow x = 16$.

O número total de mesas é 16.

14. $16 : x = x : 25 \Rightarrow x^2 = 16 \cdot 25 \Rightarrow x =$

$= \sqrt{16 \cdot 25} \Rightarrow x = 4 \cdot 5 \Rightarrow x = 20$

Os meios dessa proporção são iguais a 20.

15. Idade do filho: x; idade do pai: y. Vamos ter:

$\begin{cases} x + y = 40 \\ \dfrac{1}{4} = \dfrac{x}{y} \end{cases} \Rightarrow \dfrac{1+4}{4} = \dfrac{x+y}{y} \Rightarrow \dfrac{5}{4} = \dfrac{40}{y} \Rightarrow y = 32$

A idade do pai é 32 anos.

16. Capital menor: x; capital maior: $x + 25\,000$:

$\dfrac{8}{3} = \dfrac{x + 25\,000}{x} \Rightarrow 8 \cdot x = 3 \cdot (x + 25\,000) \Rightarrow$

$\Rightarrow 8x = 3x + 75\,000 \Rightarrow 5x = 75\,000 \Rightarrow x = 15\,000$

A soma dos capitais é

$x + x + 25\,000 = 2x + 25\,000 =$

$= 30\,000 + 25\,000 = 55\,000 \Rightarrow$ R$ 55.000,00

17. Na proporção, temos:

$\dfrac{c}{15} = \dfrac{z}{6} = \dfrac{c+z}{15+6} = \dfrac{210}{21} = 10 \Rightarrow$

$\Rightarrow \begin{cases} \dfrac{c}{15} = 10 \Rightarrow c = 150 \\ \dfrac{z}{6} = 10 \Rightarrow z = 60 \end{cases}$

Logo, serão necessários 150 kg de cobre e 60 kg de zinco.
Alternativa **e**.

18. $2x - y + 3z = 36$

$\dfrac{x}{5} = \dfrac{y}{7} = \dfrac{z}{3} \Rightarrow \dfrac{2x}{10} = \dfrac{-y}{-7} = \dfrac{3z}{9} =$

$= \dfrac{2x - y + 3z}{10 - 7 + 9} = \dfrac{36}{12} = 3 \Rightarrow \begin{cases} \dfrac{x}{5} = 3 \Rightarrow x = 15 \\ \dfrac{y}{7} = 3 \Rightarrow y = 21 \\ \dfrac{z}{3} = 3 \Rightarrow z = 9 \end{cases}$

$x + y - z = 15 + 21 - 9 = 27$

19. $3x - 2y = 70$

$\dfrac{x}{y} = \dfrac{5}{8} \Rightarrow \dfrac{x}{5} = \dfrac{y}{8} = \dfrac{3x}{15} + \dfrac{-2y}{-16} = \dfrac{3x - 2y}{15 - 16} =$

$= \dfrac{70}{-1} = -70 \Rightarrow \begin{cases} \dfrac{x}{5} = -70 \Rightarrow x = -350 \\ \dfrac{z}{8} = -70 \Rightarrow z = -560 \end{cases}$

Então: $x - y = -350 - (-560) = 210$

20. 8 horas $= 8 \cdot 60$ minutos $= 480$ minutos

4 dias $= 4 \cdot 24 = 96$ horas $= 96 \cdot 60$ minutos $= 5\,760$ minutos

$$\frac{8 \text{ horas}}{5 \text{ minutos}} = \frac{480 \text{ minutos}}{5 \text{ minutos}} = \frac{5\,760 \text{ minutos}}{x} \Rightarrow x =$$

$$= \frac{5 \cdot 5\,760}{480} = 60$$

Ele atrasará 60 minutos.

21. Gasolina: $\dfrac{384 \text{ km}}{32 \text{ L}} = \dfrac{12 \text{ km}}{1 \text{ L}} \Rightarrow 12$ km com 1 L

Álcool: $\dfrac{400 \text{ km}}{50 \text{ L}} = \dfrac{8 \text{ km}}{1 \text{ L}} \Rightarrow 8$ km com 1 L

A diferença no rendimento é de 4 km para cada litro de combustível.

Alternativa **a**.

22. $\dfrac{1}{500\,000} = \dfrac{2,5 \text{ cm}}{x} \Rightarrow x = 1\,250\,000$ cm $\Rightarrow$

$\Rightarrow x = 12,5$ km

Alternativa **a**.

23. Para cada 2 homens havia 3 mulheres, ou seja, 5 pessoas no total. Dividindo 80 por 5, obtemos 16 grupos de 5 e, para cada um desses 16 grupos, há 2 homens e 3 mulheres. Então, o total de homens $16 \cdot 2 = 32$ e o total de mulheres $16 \cdot 3 = 48$.

Com a chegada das outras pessoas, temos: 35 homens e 49 mulheres e a nova razão entre homens e mulheres é:

$\dfrac{35}{49} = \dfrac{5}{7}$.

Alternativa **d**.

24. Escala $= \dfrac{10 \text{ cm}}{250 \text{ km}} = \dfrac{10 \text{ cm}}{25\,000\,000 \text{ cm}} = \dfrac{1}{2\,500\,000} =$

$= 1 : 2\,500\,000$

Alternativa **d**.

25. $\dfrac{1}{12\,000\,000} = \dfrac{6 \text{ cm}}{x} \Rightarrow x = 72\,000\,000$ cm $\Rightarrow$

$\Rightarrow x = 720$ km

Alternativa **c**.

26. Quanto maior a fração (isso implica no menor denominador), maior a riqueza de detalhes.

Vejamos cada um dos cartogramas:

- Cartograma 1 $\Rightarrow$ 1 : 25 000; significa que cada 1 cm do desenho irá representar 0,25 km.
- Cartograma 2 $\Rightarrow$ 1 : 500 000; significa que cada 1 cm do desenho irá representar 5 km.

Concluímos que o cartograma 1, por apresentar maior escala (maior fração), apresenta maior riqueza de detalhes.

Alternativa **a**.

27. $\dfrac{1}{10\,000\,000} = \dfrac{x}{400 \text{ km}} \Rightarrow \dfrac{1}{10\,000\,000} =$

$= \dfrac{x}{40\,000\,000 \text{ cm}} \Rightarrow x = 4$ cm

Alternativa **c**.

28. Distância entre Vitória e Belo Horizonte:

$$\frac{1}{7\,700\,000} = \frac{4,5 \text{ cm}}{x} \Rightarrow x = 34\,650\,000 \text{ cm} \Rightarrow$$

$\Rightarrow x = 346,5$ km

Distância entre Vitória e Rio de Janeiro:

$$\frac{1}{7\,700\,000} = \frac{5 \text{ cm}}{y} \Rightarrow y = 38\,500\,000 \text{ cm} \Rightarrow$$

$\Rightarrow y = 385$ km

Alternativa **b**.

29. $\dfrac{1}{50\,000} = \dfrac{10 \text{ cm}}{x} \Rightarrow x = 500\,000$ cm $\Rightarrow x = 5$ km

Alternativa **a**.

30. $\dfrac{1}{1\,000\,000} = \dfrac{5 \text{ cm}}{x} \Rightarrow x = 5\,000\,000$ cm $\Rightarrow x = 50$ km

Alternativa **c**.

QUESTÕES DO ENEM

4. $\dfrac{1,4}{16,8} = \dfrac{2,2}{x} \Rightarrow x = \dfrac{16,8 \cdot 2,2}{1,4} \Rightarrow x = 26,4$

$\dfrac{1,4}{16,8} = \dfrac{3,4}{x} \Rightarrow x = \dfrac{16,8 \cdot 3,4}{2 \cdot 2} \Rightarrow x = 40,8$

Alternativa **d**.

5. Vamos calcular a razão entre a massa de fibra por massa de pão para cada marca.

a) Marca A: $\dfrac{2}{50} = \dfrac{1}{25}$.

b) Marca B: $\dfrac{5}{40} = \dfrac{1}{8}$.

c) Marca C: $\dfrac{5}{100} = \dfrac{1}{20}$.

d) Marca D: $\dfrac{6}{90} = \dfrac{1}{15}$.

e) Marca E: $\dfrac{7}{70} = \dfrac{1}{10}$.

Alternativa **b**.

6. Total de cadeiras: 70.

Total de cadeiras reservadas: 17.

Razão procurada: $\dfrac{17}{70}$

Alternativa **a**.

7. Verificamos qual foi o maior desempenho (maior razão) dividindo o antecedente pelo consequente.

a) Jogador I: $\dfrac{50}{85} \cong 0,59$

b) Jogador II: $\dfrac{40}{65} \cong 0,62$

c) Jogador III: $\dfrac{20}{65} \cong 0,31$

d) Jogador IV: $\dfrac{30}{40} = 0,75$

e) Jogador V: $\dfrac{48}{90} = 0,53$

O maior desempenho foi o do jogador IV.

Alternativa **d**.

8. No gráfico 1, a razão entre as medidas que representam, respectivamente, os candidatos B e A é $\frac{3}{7}$. Analogamente, no Gráfico 2 é $\frac{1}{5}$. A diferença é:

$$\frac{3}{7} - \frac{1}{5} = \frac{15 - 7}{35} = \frac{8}{35}$$

Alternativa **e**.

9. A quantidade de sódio por grama em cada produto é:

a) A igual a $\frac{100}{25} = 4$;

b) B igual a $\frac{80}{40} = 2$;

c) C igual a $\frac{250}{50} = 5$;

d) D igual a $\frac{100}{80} = 1{,}25$;

e) E igual a $\frac{200}{100} = 2$.

A marca que tem menos quantidade de sódio por grama é a marca D.

Alternativa **d**.

10. Podemos estabelecer a seguinte proporção:

$$\frac{200\ \text{pneus}}{1\ \text{tonelada}} = \frac{20\,000\,000\ \text{pneus}}{x} \Rightarrow x = 100\,000\ \text{toneladas}$$

Como uma tonelada de pneu corresponde a 350 kg de óleo, temos:

$$\frac{1\ \text{tonelada}}{530\ \text{kg}} = \frac{100\,000\ \text{toneladas}}{x} \Rightarrow x = 53\,000\,000\ \text{kg} = 53\,000\ \text{toneladas}$$

Alternativa **b**.

11. Temos a seguinte proporção:

$$\frac{32}{1{,}8} = \frac{60}{x} \Rightarrow 32x = 60 \cdot (1{,}8) \Rightarrow 32x = 108 \Rightarrow$$

$$\Rightarrow x = \frac{108}{32} \Rightarrow x = 3{,}375$$

Alternativa **e**.

12. Precisamos de 2 partes de morango para 1 parte de acerola, o suco é feito com duas embalagens de morango e uma de acerola (antes do aumento). Terá um custo de:

$18 \cdot 2 + 14{,}7 = 36 + 14{,}7 = 50{,}70$ reais

Agora, queremos saber qual é o preço da embalagem da polpa de morango para que ele se mantenha após o aumento do preço da embalagem da acerola.

$2x + 15{,}30 = 50{,}70 \Rightarrow 2x = 50{,}70 - 15{,}30 \Rightarrow 2x = 35{,}40 \Rightarrow x = 17{,}70$

Com isso, concluímos que a polpa de morango deverá custar R$ 17,70 para que o preço se mantenha. Então, a redução será de $18 - 17{,}70 = 0{,}30$.

Alternativa **e**.

13. $$\frac{3\,600 \cdot 5}{100 \cdot 60} = \frac{180}{60} = \frac{3}{1}$$

Alternativa **c**.

14. $\text{Escala} = \dfrac{8\ \text{cm}}{2\,000\ \text{km}} = \dfrac{8\ \text{cm}}{200\,000\,000\ \text{cm}} = \dfrac{1}{25\,000\,000}$

Alternativa **e**.

15. O atleta percorreu $10 \cdot 42$ km $= 420$ km. Esses 420 km deverão ser representados em 60 cm. Em escala, temos:

$$\frac{60 \text{ cm}}{420 \text{ km}} = \frac{60 \text{ cm}}{42\,000\,000 \text{ cm}} = \frac{1}{700\,000}$$

Alternativa **d**.

16. Como sabemos que a escala dada se refere às medidas do desenho, temos de encontrar as medidas do tamanho real. Cada centímetro no desenho equivale a 100 centímetros na medida real. Portanto, as arestas desse paralelepípedo medem: 300 cm, 100 cm e 200 cm. Assim, o volume real do armário será:

$300 \text{ cm} \cdot 100 \text{ cm} \cdot 200 \text{ cm} = 6\,000\,000 \text{ cm}^3$.

Alternativa **e**.

17. Temos que a quadra de esportes da escola tem 28 m de comprimento e 12 m de largura. Como as medidas das alternativas estão em centímetros, vamos transformar as medidas da quadra (que estão em metros) em centímetros:

28 m $= 2\,800$ cm e 12 m $= 1\,200$ cm

Utilizando a escala dada no enunciado $(1 : 250)$, devemos calcular qual será o comprimento e a largura que o aluno utilizará na construção da maquete:

$2\,800$ cm e $1\,200$ cm.

As medidas da maquete devem ser 11,2 cm de comprimento e 4,8 cm de largura.

Alternativa **c**.

18. $\dfrac{2,1 \text{ cm}}{42 \text{ m}} = \dfrac{2,1 \text{ cm}}{4\,200 \text{ cm}} = \dfrac{2,1}{4\,200} = \dfrac{21}{42\,000} = \dfrac{1}{2\,000}$

Alternativa **e**.

19. A escala mostra a razão entre a medida do desenho e a medida real, $1 : 150$, ou seja, 1 no desenho equivale a 150 na realidade; o desenho é uma redução em 150 vezes do tamanho real. Como o comprimento real da aeronave é de 36 metros (3\,600 centímetros), o comprimento do desenho será de $3\,600 : 150 = 24$ cm.

Já a largura real é de 28,5 metros ($2\,850$ centímetros); portanto, a largura do desenho será de $2\,850 : 150 = 19$ cm.

Como a margem em relação às bordas da folha é de 1 cm, a largura e o comprimento devem ter, no mínimo, 2 centímetros a mais que os valores encontrados do desenho (devido às margens superior e inferior em um caso e às margens direita e esquerda no outro caso). Assim, as mínimas dimensões da folha são de 21 cm e 26 cm.

Alternativa **d**.

20. Tomemos x como a distância entre duas localidades no estado do Rio de Janeiro, y a distância entre esses 2 pontos no mapa grande (escala pequena) e z a distância entre esses dois pontos no mapa pequeno (escala grande). Temos:

I. $\dfrac{y}{x} = \dfrac{1}{25\,000\,000} \Rightarrow x = 25\,000\,000\,y$

II. $\dfrac{z}{x} = \dfrac{1}{4\,000\,000} \Rightarrow x = 4\,000\,000\,z$

De I e II, temos: $25\,000\,000\,y = 4\,000\,000\,z \Rightarrow \dfrac{z}{y} = \dfrac{25}{4}$.

Se a razão linear (comprimento) é $\dfrac{25}{4}$, a razão entre as áreas é $\left(\dfrac{25}{4}\right)^2 = \dfrac{625}{16} = 39,06$.

A área foi ampliada 39,06 vezes.

Alternativa **d**.

21. Como a escala é $1 : 400$ e o volume é 25 cm³, devemos utilizar:

$$\left(\frac{1}{400}\right)^3 = \frac{25 \text{ cm}^3}{x} \Rightarrow \frac{1}{64\,000\,000} = \frac{25 \text{ cm}^3}{x} \Rightarrow$$

$$\Rightarrow x = 1\,600\,000\,000 \text{ cm}^3 = 1\,600 \text{ m}^3$$

Alternativa **c**.

COMPETÊNCIAS E HABILIDADES

ENEM

COMPETÊNCIAS DE ÁREA – MATEMÁTICA E SUAS TECNOLOGIAS

Habilidades

H10 Identificar relações entre grandezas e unidades de medida.

H11 Utilizar a noção de escalas na leitura e representação de situação do cotidiano.

H12 Resolver situação-problema que envolva medidas de grandeza.

H13 Avaliar o resultado de uma medição na construção de um argumento consistente.

H14 Avaliar a proposta de intervenção na realidade utilizando conhecimentos geométricos relacionados a grandezas e medidas.

H15 Identificar a relação de dependência entre grandezas.

BNCC

Habilidades

EF06MA07 Compreender, comparar e ordenar frações associadas às ideias de partes de inteiros e resultado de divisão, identificando frações equivalentes.

EF06MA08 Reconhecer que os números racionais positivos podem ser expressos nas formas fracionária e decimal, estabelecer relações entre essas representações, passando de uma representação para outra, e relacioná-los a pontos na reta numérica.

EF06MA09 Resolver e elaborar problemas que envolvam o cálculo da fração de uma quantidade e cujo resultado seja um número natural, com e sem uso de calculadora.

EF07MA09 Utilizar, na resolução de problemas, a associação entre razão e fração, como a fração $\frac{2}{3}$ para expressar a razão de duas partes de uma grandeza para três partes da mesma ou três partes de outra grandeza.

EF08MA12 Identificar a natureza da variação de duas grandezas, diretamente, inversamente proporcionais ou não proporcionais, expressando a relação existente por meio de sentença algébrica e representá-la no plano cartesiano.

EF09MA07 Resolver problemas que envolvam a razão entre duas grandezas de espécies diferentes, como velocidade e densidade demográfica.

EF09MA08 Resolver e elaborar problemas que envolvam relações de proporcionalidade direta e inversa entre duas ou mais grandezas, inclusive escalas, divisão em partes proporcionais e taxa de variação, em contextos socioculturais, ambientais e de outras áreas.

GRANDEZAS PROPORCIONAIS

GRANDEZAS DIRETAMENTE PROPORCIONAIS

Sejam duas grandezas A e B, sendo $A > 0$ e $B > 0$, e k uma constante positiva, dizemos que A é diretamente proporcional a B se, e somente se, $\dfrac{A}{B} = k$.

Exemplo

Como escrever em linguagem matemática: "O período de vibração T de um pêndulo simples, em um dado local, é diretamente proporcional à raiz quadrada de seu comprimento ℓ"?

Solução:

$\dfrac{T}{\sqrt{\ell}} = k \Rightarrow T = k \cdot \sqrt{\ell}$

Relação entre duas grandezas diretamente proporcionais

No movimento retilíneo uniforme (MRU), as grandezas, a distância percorrida (ΔS) e o tempo gasto (ΔT) para percorrê-la são diretamente proporcionais. A razão entre essas grandezas é igual a uma constante chamada velocidade média. $V_m = \dfrac{\Delta S}{\Delta T}$

Exemplos

1. Imaginemos um móvel que se desloca em MRU a uma velocidade de $2 \text{ m} \cdot \text{s}^{-1}$; então: $\dfrac{\Delta S}{\Delta T} = 2$.
   Vamos atribuir valores a ΔT e construir a tabela seguinte:

ΔS	2	4	6	8	10	...
ΔT	1	2	3	4	5	...

   Os dados dessa tabela estão no gráfico a seguir.

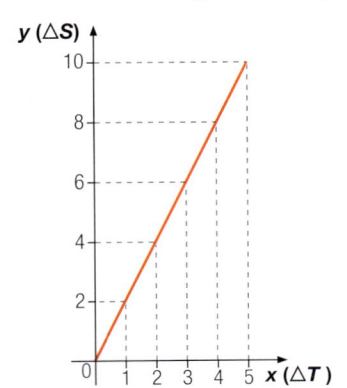

Makkuro GL/Shutterstock.com

Importante: O gráfico que representa a relação entre duas **grandezas diretamente proporcionais** é uma semirreta no primeiro quadrante do plano cartesiano, que parte da origem.

2. Os termos da sequência $S_1 = \{3, x, 5, 7\}$ são diretamente proporcionais aos da sequência $S_2 = \{9, 12, y, z\}$. Vamos determinar os valores de x, y e z.

$$\frac{3}{9} = \frac{x}{12} = \frac{5}{y} = \frac{7}{z} \Rightarrow \begin{cases} \dfrac{3}{9} = \dfrac{x}{12} \Rightarrow x = 4 \\[2mm] \dfrac{3}{9} = \dfrac{5}{y} \Rightarrow y = 15 \\[2mm] \dfrac{3}{9} = \dfrac{7}{z} \Rightarrow z = 21 \end{cases}$$

Portanto, $x = 4$, $y = 5$ e $z = 21$.

GRANDEZAS INVERSAMENTE PROPORCIONAIS

Sejam duas grandezas A e B, sendo $A > 0$ e $B > 0$, e k uma constante positiva. Dizemos que A é inversamente proporcional a B se, e somente se, A for diretamente proporcional ao inverso de B.

$$\frac{A}{\frac{1}{B}} = k \Leftrightarrow A \cdot B = k$$

Exemplo

Vamos escrever em linguagem matemática a seguinte sentença: "A uma temperatura constante, o volume V de dada massa de um gás ideal é inversamente proporcional à pressão P à qual está submetida".

$$V \cdot P = k \Rightarrow V = \frac{k}{p}$$

Relação entre duas grandezas inversamente proporcionais

No movimento retilíneo uniforme, as grandezas velocidade e tempo são inversamente proporcionais.

Exemplo

1. Suponhamos a seguinte relação: $v \cdot t = 6$. Para uma distância de 6 m e tomando a velocidade em metros por segundo e o tempo em segundos, podemos construir a seguinte tabela:

t	1	2	4	6
v	6	3	1,5	1

Os dados acima estão no gráfico a seguir.

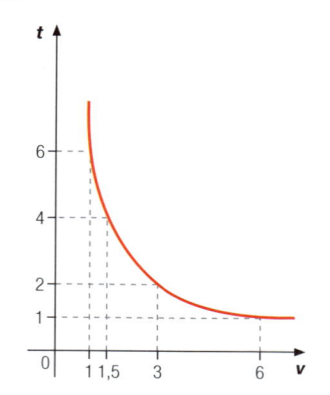

XVector icon/Shutterstock.com

Importante: O gráfico que relaciona duas **grandezas inversamente proporcionais** é uma curva localizada no primeiro quadrante do plano cartesiano. Note que essa curva não é uma parábola, mas é parte de uma curva chamada hipérbole equilátera.

2. Dada a sequência $S_1 = \{x, 3, 4, 8, z\}$, sabe-se que seus termos são inversamente proporcionais aos termos da sequência $S_2 = \{12, 8, y, 3, 24\}$.

Solução:

Vamos determinar o valor de $x + y - z$.

$$x \cdot 12 = 3 \cdot 8 = 4 \cdot y = 8 \cdot 3 = z \cdot 24 \Rightarrow \begin{cases} 12x = 24 \Rightarrow x = 2 \\ 24 = 4y \Rightarrow y = 6 \\ 24 = 24z \Rightarrow z = 1 \end{cases}$$

Portanto, $x + y - z = 2 + 6 - 1 = 7$.

Divisão em partes diretamente proporcionais

Na divisão de uma grandeza em partes diretamente proporcionais, aplicamos a propriedade **V** das proporções (Capítulo 3).

Exemplos

1. Dividir 396 em partes diretamente proporcionais aos números 2, 4, e 6.

Solução:

Ao fazer essa divisão, encontramos três valores, x, y e z que serão, respectivamente, proporcionais a 2, 4 e 6. A soma desses valores obtidos deve resultar em 396. Então, temos:

$x + y + z = 396$

$$\frac{x}{2} = \frac{y}{4} = \frac{z}{6} = \frac{x + y + z}{2 + 4 + 6} = \frac{396}{12} = 33 \Rightarrow \begin{cases} \dfrac{x}{2} = 33 \Rightarrow x = 66 \\ \dfrac{y}{4} = 33 \Rightarrow y = 132 \\ \dfrac{z}{6} = 33 \Rightarrow z = 198 \end{cases}$$

Portanto, $x = 66$, $y = 132$ e $z = 198$.

Observação: Dividimos 396 em um total de $2 + 4 + 6 = 12$ partes. Obtemos que cada parte é igual ao quociente da divisão $396 : 12 = 33$.

Então: 2 partes de $33 = 2 \cdot 33 = 66$; 4 partes de $33 = 4 \cdot 33 = 132$; 6 partes de $33 = 6 \cdot 33 = 198$.

2. Maria, Joana e Gabriela participaram de um negócio. Maria investiu R\$ 5 000,00, Joana R\$ 4 000,00 e Gabriela R\$ 2 000,00. No final de certo período, o negócio rendeu R\$ 3 300,00 de lucro. Como deve ser repartido esse lucro, de modo que cada participante receba um valor proporcional ao seu investimento?

Solução:

Vamos considerar $x =$ Maria; $y =$ Joana; e $z =$ Gabriela. Então, temos:

$x + z + z = 3\,300$

$$\frac{x}{5\,000} = \frac{y}{4\,000} = \frac{z}{2\,000} = \frac{x + y + z}{5\,000 + 4\,000 + 2\,000} = \frac{3\,300}{11\,000} = \frac{3}{10} \Rightarrow$$

$$\Rightarrow \begin{cases} \dfrac{x}{5\,000} = \dfrac{3}{10} \Rightarrow 10x = 15\,000 \Rightarrow x = 1\,500 \\ \dfrac{y}{4\,000} = \dfrac{3}{10} \Rightarrow 10y = 12\,000 \Rightarrow y = 1\,200 \\ \dfrac{z}{2\,000} = \dfrac{3}{10} \Rightarrow 10z = 6\,000 \Rightarrow z = 600 \end{cases}$$

Maria deve receber R\$ 1 500,00, Joana R\$ 1 200,00 e Gabriela R\$ 600,00.

Divisão em partes inversamente proporcionais

O processo é idêntico ao da divisão em partes diretamente proporcionais: basta lembrar que, se A é inversamente proporcional a B, então A é diretamente proporcional ao inverso de B.

Exemplo

Vamos dividir 354 em partes inversamente proporcionais a 2, 5 e 7.

Solução:

$$\begin{cases} x + y + z = 354 \\ \dfrac{x}{\frac{1}{2}} = \dfrac{y}{\frac{1}{5}} = \dfrac{z}{\frac{1}{7}} = \dfrac{x + y + z}{\frac{1}{2} + \frac{1}{5} + \frac{1}{7}} = \dfrac{354}{\frac{35 + 14 + 10}{70}} = \dfrac{354}{\frac{59}{70}} = 354 \cdot \dfrac{70}{59} = 420 \Rightarrow \end{cases}$$

$$\Rightarrow \dfrac{x}{\frac{1}{2}} = \dfrac{y}{\frac{1}{5}} = \dfrac{z}{\frac{1}{7}} = 420 \Rightarrow 2x = 5y = 7z = 420 \Rightarrow \begin{cases} 2x = 420 \Rightarrow x = 210 \\ 5y = 420 \Rightarrow y = 84 \\ 7z = 420 \Rightarrow z = 60 \end{cases}$$

Portanto, $x = 210$, $y = 84$ e $z = 60$.

Divisão em partes direta e inversamente proporcionais

Ao dividir um mesmo número em partes direta e inversamente proporcionais, usamos os conceitos vistos nos dois exemplos anteriores.

Exemplo

Agora, vamos dividir o número 220 em partes diretamente proporcionais aos números 2 e 4 e inversamente proporcionais aos números 3 e 5.

Solução:

Temos:

$$\begin{cases} x + y = 220 \\ \dfrac{x}{2 \cdot \frac{1}{3}} = \dfrac{y}{4 \cdot \frac{1}{5}} \Rightarrow \dfrac{x}{\frac{2}{3}} = \dfrac{y}{\frac{4}{5}} \Rightarrow \dfrac{x + y}{\frac{2}{3} + \frac{4}{5}} = \dfrac{220}{\frac{22}{15}} = 220 \cdot \dfrac{15}{22} = 150 \end{cases}$$

Logo:

$$\dfrac{x}{\frac{2}{3}} = \dfrac{y}{\frac{4}{5}} = 150 \Rightarrow \dfrac{3x}{2} = \dfrac{5x}{4} = 150 \Rightarrow$$

$$\Rightarrow \begin{cases} \dfrac{3x}{2} = 150 \Rightarrow x = 100 \\ \dfrac{5y}{2} = 150 \Rightarrow y = 120 \end{cases}$$

Portanto, $x = 100$ e $y = 120$.

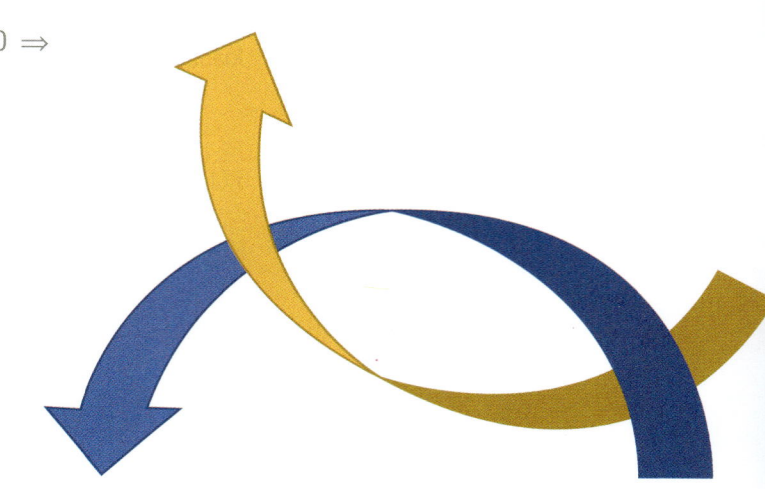

RESOLUÇÕES PASSO A PASSO

1. O gráfico seguinte representa a relação entre duas grandezas a e b, inversamente proporcionais. Determine o produto da abscissa d pela ordenada c.

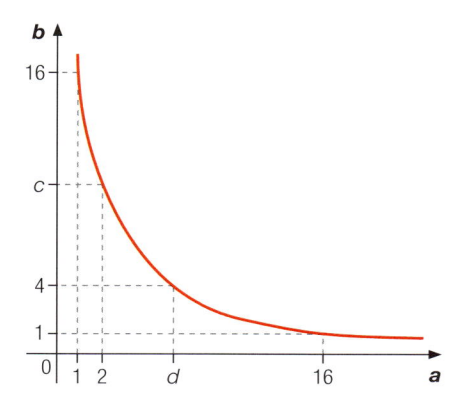

LEIA E COMPREENDA

Como as grandezas a e b são inversamente proporcionais, o gráfico que as relaciona é uma curva chamada braço de hipérbole equilátera. Em cada ponto dessa curva, representado pelo par (x, y), tem-se que o produto da abscissa pela ordenada é uma constante; isto é $x \cdot y = k$. Sabendo disso, devemos encontrar os valores de c e de d.

PLANEJE A SOLUÇÃO

Devemos efetuar o produto de cada abscissa por sua respectiva ordenada para descobrir a constante de proporcionalidade; em seguida, descobrimos os valores pedidos no problema.

EFETUE O QUE FOI PLANEJADO

$$1 \cdot 16 = 2 \cdot c = d \cdot 4 = 16 \cdot 1 = 16 \Rightarrow \begin{cases} 2c = 16 \Rightarrow c = 8 \\ 4d = 16 \Rightarrow d = 4 \end{cases}$$

VERIFIQUE

Basta observarmos que cada valor encontrado, multiplicado por sua respectiva coordenada, resulta na constante de proporcionalidade:

$c \cdot d = 8 \cdot 4 = 32$

RESPONDA

O produto da abscissa d pela ordenada c é 32.

AMPLIAÇÃO DO PROBLEMA

Uma escola pretende alugar um ônibus para levar uma turma de 36 alunos a uma visita ao museu da cidade vizinha. O valor da locação é R$ 630,00, e deve ser dividido entre os alunos que participarem da viagem. Prevendo que alguns alunos não participarão da viagem, a coordenadora pediu que fosse elaborada uma tabela com o número de participantes e o valor que cada um deve pagar. Ajude a coordenadora a montar essa tabela preenchendo os campos em branco.

Nº de participantes	36	30		18	
Valor pago por aluno	17,50		31,50		42,00

As grandezas "Nº de participantes" e "Valor pago por aluno" são inversamente proporcionais.

Nº de participantes	36	30	y	18	w
Valor pago por aluno	17,50	x	31,50	z	42,00

Temos:

$$42,00w = 18z = 31,50y = 30x = 36 \cdot 17,50 = 630 \Rightarrow \begin{cases} 30x = 630 \Rightarrow x = R\$ 21,00 \\ 31,50y = 630 \Rightarrow y = 20 \text{ alunos} \\ 18z = 630 \Rightarrow z = R\$ 35,00 \\ 42,00w = 630 \Rightarrow w = 15 \text{ alunos} \end{cases}$$

2. A pressão P de uma massa de gás ideal é inversamente proporcional ao volume V e diretamente proporcional à temperatura absoluta T. Um determinado composto gasoso homogêneo, que tem 50 m³ de volume a uma temperatura absoluta de 10 °C, sofre uma pressão de 2 atm. Esse mesmo gás, a uma temperatura de 25 °C, com um volume de 40 m³, sofre quantas atmosferas (atm) de pressão?

LEIA E COMPREENDA

O enunciado estabelece relações de proporcionalidade entre volume e temperatura absoluta com a pressão a que é submetido um sistema que contém um gás ideal. Com base nos dados fornecidos, é possível encontrar o valor da constante de proporcionalidade. Dados a temperatura absoluta e o volume de um gás ideal, pede-se a que temperatura esse sistema está submetido.

PLANEJE A SOLUÇÃO

Inicialmente, vamos escrever a sentença que estabelece as relações de proporcionalidade. Em seguida, com os dados fornecidos no enunciado, encontramos o valor da constante de proporcionalidade. Finalmente, substituímos a medida do volume, o valor da temperatura a que está submetido o sistema, e encontramos (em atm) a medida da pressão.

EFETUE O QUE FOI PLANEJADO

Sentença que estabelece as relações de proporcionalidade: $\dfrac{PV}{T} = k$.

Substituindo pelos valores fornecidos no enunciado: $\dfrac{2 \cdot 50}{10} = k \Rightarrow k = 10$.

Nossa relação fica expressa por $\dfrac{PV}{T} = 10 \Rightarrow P = \dfrac{10T}{V}$.

Para $T = 25$ °C e $V = 40$ m³, temos:

$P = \dfrac{10 \cdot 25}{40} \Rightarrow P = 6,25$ atm.

VERIFIQUE

Observe que:

- Se mantivermos a temperatura constante, $T = 10$ °C, e **diminuirmos** o volume 40 m³, a pressão **aumenta**: **inversamente proporcional**.

$P = \dfrac{10 \cdot 25}{40} = 6,25 \Rightarrow P = 6,25$

- Se **aumentarmos** a temperatura, $T = 25$ °C, e mantivermos o volume $V = 50$ m³ a pressão **aumenta**: **diretamente proporcional**.

RESPONDA

A pressão P será de 6,25 atm.

Neste problema, já fazemos uso de conceitos muito importantes da Física para o estudo de gases. No estudo dos gases, destaca-se uma lei chamada Lei de Boyle-Mariotte.

Robert Boyle (1627-1691) e Edme Mariotte (1620-1684) foram os responsáveis por essa lei que envolve gases relacionando as variáveis **pressão**, **volume** e **temperatura**.

A Lei de Boyle-Mariotte afirma: "Em um sistema fechado em que a temperatura é mantida constante, verifica-se que a massa de gás ocupa um volume inversamente proporcional à sua pressão".

Com base nessa lei, responda: Em um sistema isotérmico (com temperatura constante), se triplicarmos o volume da massa de gás, o que ocorrerá com a pressão? Por quê?

A pressão ficará dividida por três. Porque volume e pressão são grandezas inversamente proporcionais. Se uma aumentar, a outra diminui na mesma proporção e vice-versa.

---

3. Os termos da sequência S_1: $\{1, x, 5, 7\}$ são diretamente proporcionais aos termos da sequência S_2: $\{5, 10, y, z\}$. Determine os valores de x, y e z.

4. Dada a sequência S_1: $\{x, 3, 6, z\}$, sabe-se que seus termos são inversamente proporcionais aos termos da sequência S_2: $\{15, 10, y, 1\}$. Determine o valor de $x + y - z$.

5. Na bandeira brasileira, o comprimento e a largura são proporcionais a 10 e 7, respectivamente. Carla quer fazer uma bandeira com 4 m de comprimento. Quantos metros deve ter a largura dessa bandeira?

   a) 2,40
   b) 2,60
   c) 2,80
   d) 3,00
   e) 3,40

Nos exercícios de 6 a 15, escreva as sentenças matemáticas empregando k como constante de proporcionalidade.

6. A é diretamente proporcional a B.

7. A é inversamente proporcional a C.

8. A é diretamente proporcional a B e inversamente proporcional a C.

9. O comprimento C de uma circunferência varia diretamente de acordo com o diâmetro d.

10. O calor H, em calorias, desenvolvido em um condutor de resistência R ohms por uma corrente de ℓ ampères, varia diretamente com o quadrado da corrente, a resistência do condutor e o tempo t durante o qual o condutor é percorrido pela corrente.

11. A uma temperatura constante, o volume V de dada massa de um gás ideal é inversamente proporcional à pressão P à qual está submetida.

12. A força de atração F entre duas massas m_1 e m_2 varia diretamente com o produto das massas e inversamente com o quadrado da distância r.

13. Escreva por extenso a sentença seguinte, que está escrita em linguagem matemática: $A = \dfrac{k \cdot (C + D)}{B}$.

14. A distância coberta por um corpo em queda livre, partindo do repouso, é diretamente proporcional ao quadrado do tempo de queda. Se um corpo cai 144 m em 3 s, quanto cairá em 10 s?

Paraquedistas em queda livre.

15. Mariana e Pedro fazem um bolo. Cada um contribui com alguns ingredientes. Quando o bolo estiver pronto, irão reparti-lo, respectivamente, na razão de 3 : 2. Sabendo que o bolo pesa 1 200 g, calcule em gramas a parte de cada um deles.

16. Qual dos gráficos a seguir pode representar uma relação de proporcionalidade direta entre as grandezas A e B?

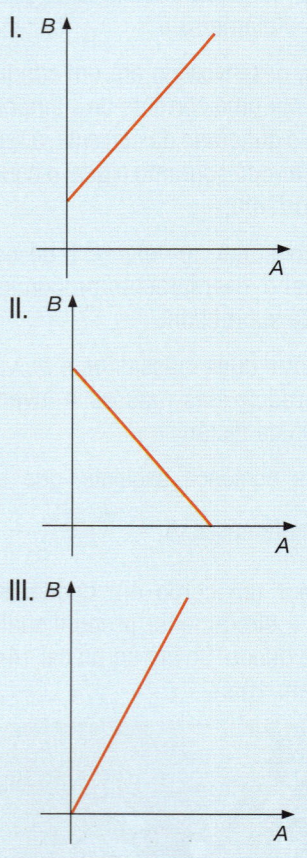

IV.

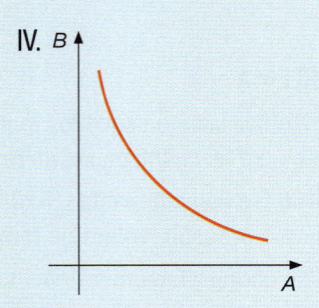

17. Um avicultor montou uma tabela que relaciona a quantidade de sacos de ração e o consumo por determinado número de aves. Encontre no quadro os valores de x, y e z.

Nº de aves	120	135	y	88
Sacos de ração	x	675	900	z

18. Para encher um tanque são necessárias 30 vasilhas de 6 litros cada uma. Preencha os espaços em branco da tabela seguinte que relaciona o número de vasilhas e a capacidade em litros de cada uma.

Nº de vasilhas	30	18		20		36
Capacidade (litros)	6		15		4	

19. Os termos da sequência S_1 {6, 10, 15, 60} são inversamente proporcionais aos da sequência S_2 {a, b, 2, c}. Determine os valores de a, b e c.

20. Quero dividir um segmento $\overline{AB}$ de 20 cm em dois outros, $\overline{AP}$ e $\overline{PB}$, respectivamente na razão de 2 para 3. Quanto medirá cada segmento?

21. Um pai resolve depositar em caderneta de poupança, na conta de seus três filhos, a quantia de R$ 12.000,00 em partes diretamente proporcionais à idade de cada um. Mariana tem 2 anos, Roberto, 3 e Pedro tem 5 anos. Quanto receberá cada um?

22. Divida o número 36 em partes diretamente proporcionais aos números 6, 8 e 12 e, ao mesmo tempo, em partes inversamente proporcionais aos números 2, 4 e 3, respectivamente.

QUESTÕES DO ENEM

RESOLUÇÕES PASSO A PASSO

1. (Enem) Para a construção de isolamento acústico numa parede cuja área mede 9 m², sabe-se que, se a fonte sonora estiver a 3 m do plano da parede, o custo é de R\$ 500,00. Nesse tipo de isolamento, a espessura do material que reveste a parede é inversamente proporcional ao quadrado da distância até a fonte sonora, e o custo é diretamente proporcional ao volume do material do revestimento. Uma expressão que fornece o custo para revestir uma parede de área A (em metro quadrado), situada a D metros da fonte sonora, é:

a) $\dfrac{500 \cdot 81}{A \cdot D^2}$

b) $\dfrac{500 \cdot A}{D^2}$

c) $\dfrac{500 \cdot D^2}{A}$

d) $\dfrac{500 \cdot A \cdot D^2}{81}$

e) $\dfrac{500 \cdot 3 \cdot D^2}{A}$

LEIA E COMPREENDA

O enunciado envolve o custo para a construção de um isolamento acústico em uma parede. São apresentadas as relações de proporcionalidade entre esse custo, o volume do material que reveste a parede e a distância da fonte sonora. O problema pede a relação matemática que envolve os dados fornecidos.

PLANEJE A SOLUÇÃO

O problema não fornece a espessura do material. Vamos designar essa espessura por x; assim, obteremos uma expressão que indica o volume. Em seguida, temos de obter duas sentenças relacionadas com as proporcionalidades fornecidas pelo enunciado e transformá-las em uma só. Assim, substituindo os dados numéricos na expressão obtida chegaremos ao que pede o enunciado.

EFETUE O QUE FOI PLANEJADO

Chamando a espessura do material de x e a área de A, o volume V desse material será $V = x \cdot A$.

O problema fornece: $A = 9$, $C = 500$ e $D = 3$.

Temos as relações de proporcionalidade a seguir, fornecidas pelo enunciado, e vamos multiplicá-las membro a membro:

$$\left.\begin{array}{r} x \cdot D^2 = k_1 \\[6pt] \dfrac{C}{x \cdot A} = k_2 \end{array}\right\} \Rightarrow x \cdot D^2 \cdot \dfrac{C}{x \cdot A} = k_1 \cdot k_2 \Rightarrow \dfrac{D^2 \cdot C}{A} = k_1 \cdot k_2$$

Como o produto das duas constantes $k \cdot k_2$ é também uma constante, vamos chamar o produto $k_1 \cdot k_2$ de K.

Assim, temos: $\dfrac{D^2 \cdot C}{A} = K$.

Podemos descobrir o valor da constante K substituindo na expressão encontrada os dados fornecidos pelo problema.

$$\dfrac{3^2 \cdot 500}{9} = K \Rightarrow K = 500$$

Temos, então: $\dfrac{D^2 \cdot C}{A} = 500 \Rightarrow C = \dfrac{500 \cdot A}{D^2}$

VERIFIQUE

Com a expressão obtida, podemos perceber que, para uma distância de 3 metros da fonte sonora, e sendo a área do material isolante de 9 metros quadrados, o custo para implantação desse isolante acústico será de R\$ 500,00. Então, basta substituir esses dois valores na expressão.

A expressão que define as relações de proporcionalidade impostas no enunciado é $C = \dfrac{500 \cdot A}{D^2}$.

Alternativa **b**.

AMPLIAÇÃO DO PROBLEMA

Para um custo de R$ 1.000,00, uma superfície de 10 m² do revestimento acústico deveria estar localizada a que distância da fonte sonora?

$$1000 = \dfrac{500 \cdot 10}{D^2} \Rightarrow D^2 = \dfrac{5000}{1000} \Rightarrow D^2 = 5 \Rightarrow D = \sqrt{5} \Rightarrow \text{A distância deveria ser de } \sqrt{5} \text{ m.}$$

2. (Enem) De acordo com a Lei Universal da Gravitação, proposta por Isaac Newton, a intensidade da força gravitacional F que a Terra exerce sobre um satélite em órbita circular é proporcional à massa m do satélite e inversamente proporcional ao quadrado do raio r da órbita, ou seja, $F = \dfrac{km}{r^2}$.

No plano cartesiano, três satélites, A, B e C, estão representados, cada um, por um ponto (m, r) cujas coordenadas são, respectivamente, a massa do satélite e o raio da sua órbita em torno da Terra.

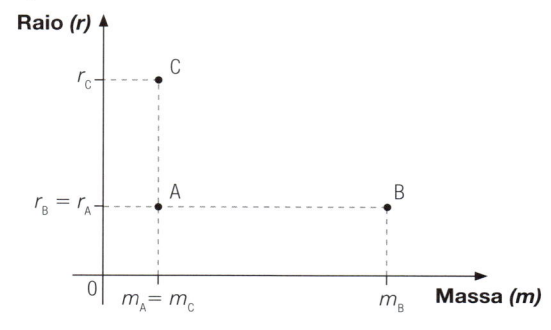

Com base nas posições relativas dos pontos no gráfico, deseja-se comparar as intensidades F_A, F_B e F_C da força gravitacional que a Terra exerce sobre os satélites A, B e C, respectivamente.

As intensidades F_A, F_B e F_C expressas no gráfico satisfazem a relação:

a) $F_C = F_A < F_B$.

b) $F_A = F_B < F_C$.

c) $F_A < F_B < F_C$.

d) $F_A < F_C < F_B$.

e) $F_C < F_A < F_B$.

LEIA E COMPREENDA

O gráfico nos permite comparar, respectivamente, as massas e os raios dos satélites A, B e C. Com isso, por meio da fórmula $F = \dfrac{km}{r^2}$, podemos comparar a intensidade das forças gravitacionais de cada um dos satélites.

PLANEJE A SOLUÇÃO

Sabemos pelas informações do gráfico que: $m_A = m_C < m_B$ e que $r_B = r_A < r_C$; assim, podemos comparar a intensidade da força gravitacional de cada um dos satélites.

EFETUE O QUE FOI PLANEJADO

Comparamos F_A com F_C. Em frações com mesmo numerador, a maior é a que tiver menor denominador:

$$F_A = \dfrac{km_A}{r_A^2} \text{ e } F_C = \dfrac{km_C}{r_C^2} \text{ com } m_A = m_C \text{ e } r_A < r_C \Rightarrow F_A > F_C$$

Comparamos F_A com F_B. Em frações com mesmo denominador, a maior é a que tiver maior numerador.

$$F_A = \frac{k \cdot m_A}{r_A^2} \text{ e } F_B = \frac{k \cdot m_B}{r_B^2} \text{ com } m_A < m_B \text{ e } r_A = r_B \Rightarrow F_A < F_B$$

$$\begin{cases} F_A > F_C \\ F_A < F_B \end{cases} \Rightarrow F_C < F_A < F_B$$

VERIFIQUE

Fazendo $m_A = m_C = 2 < m_B = 5$ e $r_A = r_B = 2$ e $r_C = 5$, temos:

$$F_A = \frac{km_A}{r_A^2} = \frac{k \cdot 2}{2^2} = 0,5\, k$$

$$F_B = \frac{k \cdot m_B}{r_B^2} = \frac{k \cdot 5}{2^2} = 1,25\, k$$

$$F_C = \frac{km_C}{r_C^2} = \frac{k \cdot 2}{5^2} = 0,08\, k$$

Logo, $F_C < F_A < F_B$.

Observação: A solução desta questão poderia ter sido encontrada pela atribuição de valores, como fizemos para verificar o resultado.

RESPONDA

Alternativa **e**.

AMPLIAÇÃO DO PROBLEMA

Considere a força gravitacional F que a Terra de massa M exerce sobre a Lua de massa m, sendo que a distância entre seus centros é D e a constante gravitacional é G. Tem-se que F é diretamente proporcional ao produto das massas e inversamente proporcional ao quadrado da distância entre seus centros.

Sabe-se que:

$M = 6 \cdot 10^{24}$ kg; $\qquad m = 10^{23}$ kg; $\qquad G = 6,7 \cdot 10^{-11}$; $\qquad d = 4 \cdot 10^8$ km.

Determine F.

Observação: O resultado é dado em newtons (N).

$$\frac{F \cdot d^2}{M \cdot m} = G \Rightarrow F = \frac{G \cdot M \cdot m}{d^2} = \frac{6,7 \cdot 10^{-11} \cdot 6 \cdot 10^{24} \cdot 10^{23}}{\left[4 \cdot 10^8\right]^2} = \frac{40,2 \cdot 10^{36}}{16 \cdot 10^{16}} =$$

$$= 2,5 \cdot 10^{20} \Rightarrow F = 2,5 \cdot 10^{20}\, N$$

---

3. (Enem) A suspeita de que haveria uma relação causal entre tabagismo e câncer de pulmão foi levantada pela primeira vez a partir de observações clínicas. Para testar essa possível associação, foram conduzidos inúmeros estudos epidemiológicos. Dentre esses, houve o estudo do número de casos de câncer em relação ao número de cigarros consumidos por dia, cujos resultados são mostrados no gráfico a seguir.

De acordo com as informações do gráfico:

a) o consumo diário de cigarros e o número de casos de câncer de pulmão são grandezas inversamente proporcionais.

b) o consumo diário de cigarros e o número de casos de câncer de pulmão são grandezas que não se relacionam.

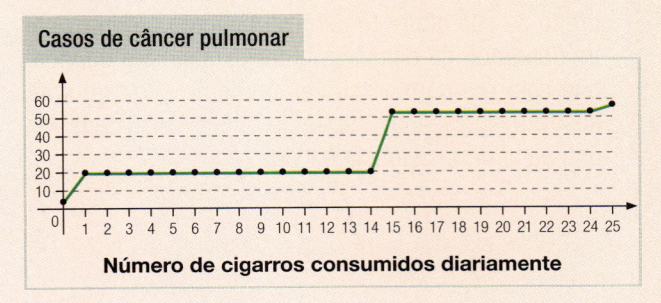

Casos de câncer pulmonar

Número de cigarros consumidos diariamente

c) o consumo diário de cigarros e o número de casos de câncer de pulmão são grandezas diretamente proporcionais.

d) uma pessoa não fumante certamente nunca será diagnosticada com câncer de pulmão.

e) o consumo diário de cigarros e o número de casos de câncer de pulmão são grandezas que estão relacionadas, mas sem proporcionalidade.

4. (Enem) A resistência das vigas de dado comprimento é diretamente proporcional à largura (b) e ao quadrado da altura (d), conforme a figura. A constante de proporcionalidade k varia de acordo com o material utilizado na sua construção.

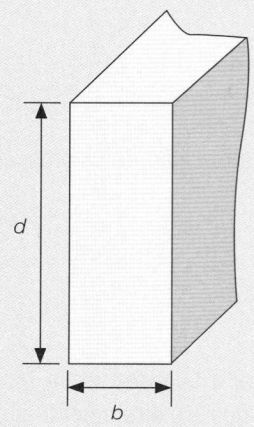

Considerando-se S como a resistência, a representação algébrica que exprime essa relação é:

a) $S = k \cdot b \cdot d.$

b) $S = b \cdot d^2.$

c) $S = k \cdot b \cdot d^2.$

d) $S = \dfrac{k \cdot b}{d^2}.$

e) $S = \dfrac{k \cdot d^2}{b}.$

5. (Enem) A resistência mecânica S de uma viga de madeira, em forma de um paralelepípedo retângulo, é diretamente proporcional à sua largura (b) e ao quadrado de sua altura (d) e inversamente proporcional ao quadrado da distância entre os suportes da viga, que coincide com o seu comprimento (x), conforme ilustra a figura. A constante de proporcionalidade k é chamada de resistência da viga.

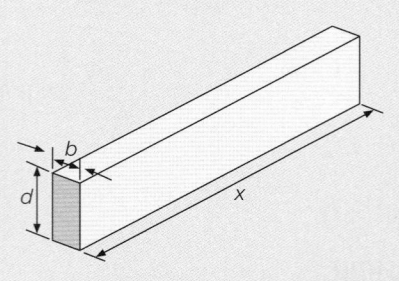

BUSHAW, D. et al. *Aplicações da Matemática escolar.* São Paulo: Atual, 1997.

A expressão que traduz a resistência S dessa viga de madeira é:

a) $S = \dfrac{k \cdot b \cdot d^2}{x^2}.$

d) $S = \dfrac{k \cdot b^2 \cdot d}{x}.$

b) $S = \dfrac{k \cdot b \cdot d}{x^2}.$

e) $S = \dfrac{k \cdot b \cdot 2d}{2x}.$

c) $S = \dfrac{k \cdot b \cdot d^2}{x}.$

6. (Enem) Para se construir um contrapiso, é comum, na constituição do concreto, se utilizar cimento, areia e brita, na seguinte proporção: 1 parte de cimento, 4 partes de areia e 2 partes de brita. Para construir o contrapiso de uma garagem, uma construtora encomendou um caminhão betoneira com 14 m³ de concreto.

Qual é o volume de cimento, em m³, na carga de concreto trazido pela betoneira?

a) 1,75   **c)** 2,33   **e)** 8,00

b) 2,00   **d)** 4,00

7. (Enem) José, Carlos e Paulo devem transportar em suas bicicletas uma certa quantidade de laranjas. Decidiram dividir o trajeto a ser percorrido em duas partes, sendo que ao final da primeira parte eles redistribuiriam a quantidade de laranjas que cada um carregava dependendo do cansaço de cada um. Na primeira parte do trajeto, José, Carlos e Paulo dividiram as laranjas na proporção 6 : 5 : 4, respectivamente. Na segunda parte do trajeto, José, Carlos e Paulo dividiram as laranjas na proporção 4 : 4 : 2, respectivamente.

Sabendo-se que um deles levou 50 laranjas a mais no segundo trajeto, qual a quantidade de laranjas que José, Carlos e Paulo, nessa ordem, transportaram na segunda parte do trajeto?

a) 600, 550, 350   **d)** 200, 200, 100

b) 300, 300, 150   **e)** 100, 100, 50

c) 300, 250, 200

RESOLUÇÕES E COMENTÁRIOS

EXERCÍCIOS

3. $\dfrac{1}{5} = \dfrac{x}{10} = \dfrac{5}{y} = \dfrac{7}{z} \Rightarrow \begin{cases} \dfrac{1}{5} = \dfrac{x}{10} \Rightarrow x = 2 \\ \dfrac{1}{5} = \dfrac{5}{y} \Rightarrow y = 25 \\ \dfrac{1}{5} = \dfrac{7}{z} \Rightarrow z = 35 \end{cases}$

4. $x \cdot 15 = 3 \cdot 10 = 6 \cdot y = z \cdot 1 \Rightarrow \begin{cases} 15x = 30 \Rightarrow x = 2 \\ 6y = 30 \Rightarrow y = 5 \\ z \cdot 1 = 30 \Rightarrow z = 30 \end{cases}$

$x + y - z = -17$

5. $\dfrac{c}{\ell} = \dfrac{10}{7} = \dfrac{4}{x} \Rightarrow 10x = 28 \Rightarrow x = 2,8$

Alternativa **c**.

6. $\dfrac{A}{B} = k \Rightarrow A = k \cdot B$

7. $A \cdot C = k \Rightarrow A = \dfrac{k}{C}$

8. $\dfrac{A \cdot C}{B} = k \Rightarrow A = \dfrac{B}{C}k$

9. $\dfrac{C}{d} = k \Rightarrow C = k \cdot d$

10. $\dfrac{H}{\ell^2 \cdot R \cdot t} = k \Rightarrow H = \ell^2 \cdot R \cdot t \cdot k$

11. $V = p \cdot k \Rightarrow V = \dfrac{k}{p}$

12. $\dfrac{F \cdot r^2}{m_1 \cdot m_2} = k \Rightarrow F = \dfrac{k \cdot m_1 \cdot m_2}{r^2}$

13. $A = \dfrac{k \cdot (C + D)}{B} \Rightarrow \dfrac{A \cdot B}{C + D} = k$

A é inversamente proporcional a B e diretamente proporcional à soma de C com D.

14. $\dfrac{144}{3^2} = \dfrac{d}{10^2} \Rightarrow \dfrac{144}{9} = \dfrac{d}{100} \Rightarrow d = 1\,600$

15. Caberá à Mariana x gramas e a Pedro, y gramas, então:

$\begin{cases} x + y = 1\,200 \\ \dfrac{x}{3} = \dfrac{y}{2} = \dfrac{x + y}{3 + 2} = \dfrac{1\,200}{5} = 240 \end{cases}$

$\dfrac{x}{3} = 240 \Rightarrow x = 720$

$\dfrac{y}{2} = 240 \Rightarrow y = 480$

A parte de Mariana será 720 g e a de Pedro, 480 g.

16. O gráfico III, pois é representado por uma semirreta que parte da origem.

17. O número de aves e o número de sacos de ração são diretamente proporcionais, logo: $\dfrac{120}{x} = \dfrac{y}{900} = \dfrac{88}{z} = \dfrac{135}{675} = \dfrac{1}{5}$.

Daí, calculamos que:

$x = 600$, $y = 180$ e $z = 440$.

18. Quando duas grandezas A e B são inversamente proporcionais, o produto entre elas é constante. Logo, o produto do número de vasilhas $\cdot$ litros $= 180$. Assim, para preenchermos cada campo da tabela, basta dividirmos 180 pelo número que está acima ou abaixo desse campo.

N° de vasilhas	30	18	180 : 15 = = 12	20	180 : 4 = = 45	36
Capac. (litros)	6	180 : 18 = = 10	15	180 : 20 = = 9	4	180 : 36 = = 5

19. Temos que: $6 \cdot a = 10 \cdot b = 15 \cdot 2 = 60 \cdot c \Rightarrow$

$\Rightarrow \begin{cases} a = 5 \\ b = 3 \\ c = \dfrac{1}{2} \end{cases}$

20. Seja o segmento $\overline{AB}$ que vemos a seguir:

$A \quad\bullet\quad P \quad\bullet\quad\bullet\quad B$

Os problemas que envolvem divisão em partes diretamente proporcionais podem ser resolvidos de dois modos diferentes, como você verá neste exercício.

1º modo – Como o segmento será dividido na razão de 2 para 3, ele está, na verdade, dividido em $5 = 2 + 3$ pedacinhos iguais. Cada pedacinho mede 4 cm $(20 : 5 = 4)$.

Logo

- $AP = 4 \cdot 2 = 8 \Rightarrow AP = 8$ cm
- $PB = 4 \cdot 3 = 12 \Rightarrow PB = 12$ cm

2º modo – Vamos aplicar a propriedade das proporções:

$\begin{cases} x + y = 20 \\ \dfrac{x}{2} = \dfrac{y}{3} = \dfrac{x + y}{2 + 3} = \dfrac{20}{5} = 4 \end{cases}$

Daí: $\dfrac{x}{2} = 4 \Rightarrow x = 8$ e $\dfrac{y}{3} = 4 \Rightarrow y = 12$.

21. Vamos supor que Mariana receberá x, Roberto receberá y e Pedro receberá z. Temos:

$\begin{cases} x + y + z = 12\,000 \\ \dfrac{x}{2} = \dfrac{y}{3} = \dfrac{z}{5} = \dfrac{x + y + z}{2 + 3 + 5} = \dfrac{12\,000}{10} = 1\,200 \end{cases}$

Daí, temos:

$\dfrac{x}{2} = 1\,200 \Rightarrow x = 2\,400$

$\dfrac{y}{3} = 1\,200 \Rightarrow y = 3\,600$

$$\frac{z}{5} = 1\,200 \Rightarrow z = 6\,000$$

Mariana receberá R$ 2.400,00, Roberto receberá R$ 3.600,00 e Pedro receberá R$ 6.000,00.

22.
$$\begin{cases} x + y + z = 36 \\ \dfrac{x}{6 \cdot \dfrac{1}{2}} = \dfrac{y}{8 \cdot \dfrac{1}{4}} = \dfrac{z}{12 \cdot \dfrac{1}{3}} = \dfrac{x + y + z}{3 + 2 + 4} = \end{cases}$$

$$= \frac{36}{9} = 4$$

Assim, temos:

$$\frac{x}{3} = 4 \Rightarrow x = 12$$

$$\frac{y}{2} = 4 \Rightarrow y = 8$$

$$\frac{z}{4} = 4 \Rightarrow z = 16$$

QUESTÕES DO ENEM

3. O gráfico não apresenta uma semirreta do primeiro quadrante partindo da origem (não é diretamente proporcional) e nem um braço de hipérbole equilátera (não é inversamente proporcional). Portanto, as grandezas estão relacionadas, porém, sem proporcionalidade.

Alternativa **e**.

4. $\dfrac{S}{b \cdot d^2} = k \Rightarrow S = k \cdot b \cdot d^2$

Alternativa **c**.

5. $\dfrac{S \cdot x^2}{b \cdot d^2} = k \Rightarrow S = \dfrac{k \cdot b \cdot d^2}{x^2}$

Alternativa **a**.

6. Vamos chamar o cimento de x, a areia de y e a brita de z. Temos:

$$\begin{cases} x + y + z = 14 \\ \dfrac{x}{1} = \dfrac{y}{4} = \dfrac{z}{2} = \dfrac{x + y + z}{1 + 4 + 2} = \dfrac{14}{7} = 2 \Rightarrow x = 2 \end{cases}$$

Alternativa **b**.

7. Chamemos o número total de laranjas de T.

Na primeira parte do trajeto, o total de laranjas foi dividido em 15 partes: coube a José 6 partes; a Carlos, 5 partes e a Paulo, 4 partes.

Na segunda parte do trajeto, o total de laranjas foi dividido em 10 partes: coube a José 4 partes; a Carlos, 4 partes e a Paulo, duas partes.

Para melhor compreensão do problema, observe a tabela a seguir.

Pessoa	1ª parte do trajeto	2ª parte do trajeto
José	$\dfrac{6}{15} T$	$\dfrac{4}{10} T$
Carlos	$\dfrac{5}{15} T$	$\dfrac{4}{10} T$
Paulo	$\dfrac{4}{15} T$	$\dfrac{2}{10} T$

Lembre-se de que todos carregaram 50 laranjas na segunda parte do trajeto; logo, o que cada um carregou na segunda parte deve ser maior do que cada um carregou na primeira parte. Vamos comparar o que cada um carregou nas duas partes do trajeto:

José: $\dfrac{6}{15}T = \dfrac{4}{10}T$ (não pode ter carregado mais laranjas no 2º trajeto)

Carlos: $\dfrac{5}{15}T < \dfrac{4}{10}T$ (pode ter carregado mais laranjas no 2º trajeto)

Paulo: $\dfrac{4}{15}T > \dfrac{2}{10}T$ (não pode ter carregado mais laranjas no 2º trajeto)

Quem deve ter carregado 5 laranjas a mais foi Carlos, então:

$$\frac{4}{10}T - \frac{5}{15}T = 50 \Rightarrow \frac{12T - 10T}{30} = 50 \Rightarrow \frac{2T}{30} =$$

$$= 50 \Rightarrow T = 750$$

Substituindo na 1ª parte da tabela, temos:

José: $\dfrac{6}{15} \cdot 750 = 300$

Carlos: $\dfrac{5}{15} \cdot 750 = 250$

Paulo: $\dfrac{4}{15} \cdot 750 = 200$

Alternativa **c**.

COMPETÊNCIAS E HABILIDADES

ENEM

COMPETÊNCIAS DE ÁREA — MATEMÁTICA E SUAS TECNOLOGIAS

Habilidades

H10 Identificar relações entre grandezas e unidades de medida.

H11 Utilizar a noção de escalas na leitura e representação de situação do cotidiano.

H12 Resolver situação-problema que envolva medidas de grandeza.

H13 Avaliar o resultado de uma medição na construção de um argumento consistente.

H14 Avaliar a proposta de intervenção na realidade utilizando conhecimentos geométricos relacionados a grandezas e medidas.

H15 Identificar a relação de dependência entre grandezas.

H16 Resolver situação-problema envolvendo a variação de grandezas direta ou inversamente proporcionais.

H17 Analisar informações envolvendo a variação de grandezas como recurso para construção de argumentação.

H18 Avaliar propostas de intervenção na realidade envolvendo a variação de grandezas.

BNCC

Habilidades

EF07MA08 Comparar e ordenar frações associadas às ideias de partes de inteiros, resultado da divisão, razão e operador.

EF07MA17 Resolver e elaborar problemas que envolvam variação de proporcionalidade direta e de proporcionalidade inversa entre duas grandezas, utilizando sentença algébrica para expressar a relação entre elas.

EF08MA12 Identificar a natureza da variação de duas grandezas, diretamente, inversamente proporcionais ou não proporcionais, expressando a relação existente por meio de sentença algébrica e representá-la no plano cartesiano.

EF08MA13 Resolver e elaborar problemas que envolvam grandezas diretamente ou inversamente proporcionais, por meio de estratégias variadas.

CAPÍTULO 5

REGRA DE TRÊS

Regra de três é um processo prático para resolver problemas que envolvam duas ou mais grandezas direta ou inversamente proporcionais. Nesses problemas, cada grandeza apresenta um par de valores e em um dos pares um valor é desconhecido. A grandeza com valor desconhecido é chamada de grandeza fundamental.

Na resolução de problemas, devemos comparar cada uma das demais grandezas com a grandeza fundamental. Em outras palavras, devemos avaliar se cada grandeza, em relação à fundamental, é direta ou inversamente proporcional.

Quando no problema há uma só grandeza além da fundamental, temos uma **regra de três simples**; quando apresenta mais de um par de grandezas conhecidas, é uma **regra de três composta**.

REGRA DE TRÊS SIMPLES

Exemplos

1. Com uma área de absorção de raios solares de 1,2 m², uma lancha com motor movido a energia solar consegue produzir 400 watts por hora de energia. Aumentando-se essa área para 1,5 m², qual será a energia produzida?

Dark ink/Shutterstock.com

Solução:

Nesse caso, há duas grandezas: a área em metros quadrados e a energia solar em watts. Vamos colocar os dados em uma tabela.

Watts	m²
400	1,2
x	1,5

↓ grandeza fundamental D.P.

Ao comparar a grandeza m² com a grandeza fundamental watts, verificamos que elas são diretamente proporcionais (D.P.): mais área disponível, mais energia produzida.

Para facilitar, colocamos a grandeza fundamental na primeira coluna da tabela. Como as grandezas são diretamente proporcionais:

$$\frac{x}{1,5} = \frac{400}{1,2} \Rightarrow 1,2\, x = 1,5 \cdot 400 \Rightarrow 1,2x = 600 \Rightarrow x = \frac{600}{1,2} \Rightarrow x = 500.$$

Serão produzidos 500 watts de energia solar.

2. Um grupo de 15 alunos fez certo número de bandeirinhas em 6 horas para as Festas Juninas da escola. Em quantas horas um grupo de 20 alunos, trabalhando no mesmo ritmo, faria a mesma quantidade de bandeirinhas?

Solução:

Temos duas grandezas: aluno e horas de trabalho (grandeza fundamental). Montando a tabela:

Horas	Alunos
6	15
x	20

grandeza fundamental ⟶   I.P.

As grandezas são inversamente proporcionais (I.P.): com mais alunos serão necessárias menos horas para confeccionar as bandeirinhas. Assim:

$$x \cdot 20 = 6 \cdot 15 \Rightarrow 20x = 90 \Rightarrow x = \frac{90}{20} \Rightarrow x = 4,5.$$

Um grupo de 20 alunos trabalhando no mesmo ritmo faria a mesma quantidade de bandeirinhas em 4 horas e meia.

REGRA DE TRÊS COMPOSTA

Exemplos

1. Trabalhando 8 horas por dia, 16 funcionários com a mesma capacidade de trabalho descarregam 240 caixas de um caminhão. Se trabalhassem 10 horas por dia no mesmo ritmo, quantos funcionários seriam necessários para descarregar 600 caixas?

Solução:

A grandeza fundamental é funcionários. Vamos construir a tabela e comparar as demais grandezas com a fundamental.

Funcionários	Caixas	Horas/dia
16	240	8
x	600	10

grandeza fundamental ⟶   D.P.   I.P.

Comparamos as demais grandezas com a fundamental.

Se o número de caixas aumentar, é preciso aumentar o número de funcionários (grandezas diretamente proporcionais).

Se aumentar o número de horas trabalhadas no dia, menos funcionários são necessários (grandezas inversamente proporcionais).

Assim: $\dfrac{x \cdot 10}{600} = \dfrac{16 \cdot 8}{240} \Rightarrow x = \dfrac{16 \cdot 8 \cdot 600}{10 \cdot 240} \Rightarrow x = 32.$

Seriam necessários 32 funcionários.

2. Oito homens em uma fábrica demoram 12 dias para montar 16 máquinas. Quantos dias, nas mesmas condições, serão necessários para 15 homens montarem 50 máquinas?

Solução:

Identificamos a grandeza fundamental (dias) e montamos a tabela.

Dias	Máquinas	Homens
12	16	8
x	50	15

grandeza fundamental   D.P.   I.P.

Comparando as demais grandezas com a fundamental:

Se aumentar o número de máquinas, mais dias serão necessários para montá-las (grandezas diretamente proporcionais).

Se aumentar o número de homens, serão necessários menos dias para concluir o serviço (grandezas inversamente proporcionais).

Assim: $\dfrac{x \cdot 15}{50} = \dfrac{12 \cdot 8}{16} \Rightarrow x = \dfrac{50 \cdot 12 \cdot 8}{15 \cdot 16} \Rightarrow x = 20.$

Serão necessários 20 dias para 15 homens montarem 50 máquinas.

3. Uma empresa paga R$ 2.400,00 de salário para 10 homens trabalhando 8 horas por dia durante 6 dias. Se contratar mais 5 homens e reduzir a jornada para 6 horas por dia, qual será a despesa em 10 dias de trabalho?

Solução:

Neste caso, a grandeza fundamental é despesa. Montando a tabela:

Despesa	Homens	Horas/dia	Dias
2 400	10	8	6
x	15	6	10

grandeza fundamental   D.P.   D.P.   D.P.

Comparamos a grandeza fundamental com as outras.

Com mais homens, haverá mais despesas (grandezas diretamente proporcionais).

Com menos horas trabalhadas por dia, serão menos despesas (grandezas diretamente proporcionais).

Com mais dias trabalhados, mais despesas (grandezas diretamente proporcionais).

Logo: $\dfrac{x}{15 \cdot 6 \cdot 10} = \dfrac{2\,400}{10 \cdot 8 \cdot 6} \Rightarrow$

$\Rightarrow x = \dfrac{2\,400 \cdot 900}{480} \Rightarrow x = 4\,500.$

A despesa passará a ser de R$ 4.500,00.

EXERCÍCIOS

RESOLUÇÕES PASSO A PASSO

1. (Vunesp) Para realizar um determinado serviço, uma gráfica demora 9 dias, utilizando 5 máquinas, todas com a mesma capacidade de produção. Com apenas 3 dessas máquinas, o número de dias necessários para realizar esse mesmo serviço será:

   a) 11.   **b)** 12.   **c)** 13.   **d)** 14.   **e)** 15.

LEIA E COMPREENDA

O problema envolve duas grandezas – tempo (dias) e trabalho (máquinas) – e propõe que se encontre o tempo gasto para a mesma tarefa, que era de 9 dias, se retirarmos duas máquinas.

PLANEJE A SOLUÇÃO

Devemos analisar se as grandezas trabalho e tempo são direta ou inversamente proporcionais. A grandeza procurada (dias) é a grandeza fundamental. É com ela que devemos comparar a outra grandeza (máquinas) para depois aplicarmos os conceitos de proporcionalidade.

EFETUE O QUE FOI PLANEJADO

Dias	Nº de máquinas
9	5
x	3

grandeza fundamental   I.P.

Observe que, se empregar menos máquinas, a gráfica gastará mais dias para executar a tarefa; logo, as grandezas são inversamente proporcionais. Então: $x \cdot 3 = 9 \cdot 5 \Rightarrow x = 15$.

VERIFIQUE

Sabemos que, para fazer o trabalho em 9 dias, são necessárias 5 máquinas. Quantas máquinas seriam usadas para terminar o mesmo trabalho em 15 dias?

Nº de máquinas	Dias
5	9
x	15

grandeza fundamental   I.P.

Como as grandezas são inversamente proporcionais, temos:

$x \cdot 15 = 9 \cdot 5 \Rightarrow x = 3$, o que confirma o resultado.

RESPONDA

Com duas máquinas a menos, serão necessários 15 dias.

Alternativa **e**.

AMPLIAÇÃO DO PROBLEMA

Vimos que, com 5 máquinas, são necessários 9 dias para a conclusão do trabalho. Se triplicarmos o número de máquinas, o que ocorre com o número de dias?

Como as grandezas são inversamente proporcionais, se triplicarmos o número de máquinas, o número de dias ficará dividido por 3. Serão necessários, então, 3 dias.

2. (Cespe) Em um tribunal, 20 auditores igualmente eficientes, trabalhando durante 30 dias, emitem 42 pareceres. Se mais 5 auditores, com a mesma eficiência, se juntarem à equipe inicial, essa nova equipe emitirá, em 40 dias:

a) 70 pareceres. c) 90 pareceres. e) 60 pareceres.

b) 80 pareceres. d) 50 pareceres.

LEIA E COMPREENDA

Temos, neste caso, três grandezas: auditores (trabalhadores), dias e trabalho realizado (pareceres). A grandeza procurada é parecer, que é a grandeza fundamental. Temos de encontrar quantos pareceres 25 auditores emitirão em 40 dias.

PLANEJE A SOLUÇÃO

Vamos organizar todas as grandezas em um quadro, com os respectivos dados, e comparar cada uma delas com a grandeza fundamental.

EFETUE O QUE FOI PLANEJADO

Pareceres	Auditores	Dias
42	20	30
x	25	40

grandeza fundamental   D.P.   D.P.

Agora, comparamos as grandezas com a grandeza fundamental.

Mais auditores emitirão mais pareceres $\Rightarrow$ diretamente proporcionais.

Em mais dias serão emitidos mais pareceres $\Rightarrow$ diretamente proporcionais.

Assim: $\dfrac{x}{25 \cdot 40} = \dfrac{42}{20 \cdot 30} \Rightarrow x = \dfrac{42 \cdot 25 \cdot 40}{20 \cdot 30} \Rightarrow x = 70.$

VERIFIQUE

Observe que a quantidade de auditores aumentou de 20 para 25, então multiplicamos 20 por $\dfrac{5}{4}$.

A quantidade de dias aumentou de 30 para 40, então multiplicamos 30 por $\dfrac{4}{3}$.

Multiplicando $42 \cdot \dfrac{5}{4} \cdot \dfrac{4}{3} = 70$, o que confirma o resultado.

RESPONDA

A nova equipe emitirá 70 pareceres em 40 dias.

Alternativa **a**.

AMPLIAÇÃO DO PROBLEMA

Agora vamos ver como efetuar os cálculos neste caso: se 3 gatos comem 3 potes de ração em 3 minutos, em quanto tempo 100 gatos comerão 100 potes de ração?

Minutos	Gatos	Ração (pote)
3	3	3
x	100	100

grandeza fundamental   I.P.   I.P.

Comparamos as grandezas com a grandeza fundamental.

Se aumentar o número de gatos para comer uma mesma quantidade de ração, será gasto menos tempo ⇒ inversamente proporcionais.

Se a quantidade de potes de ração se mantiver, mais ração será comida em mais tempo ⇒ diretamente proporcionais. Assim: $\dfrac{x \cdot 100}{100} = \dfrac{3 \cdot 3}{3} \Rightarrow x = 3$.

100 gatos comerão 100 potes de ração em 3 minutos.

3. Em uma tecelagem, 6 operários tecem 150 metros de certo tecido. Considerando o mesmo tempo de trabalho, 8 operários tecerão quantos metros do mesmo tecido se trabalharem no mesmo ritmo?

4. Em 2 litros de água, foram misturados 150 gramas de certa substância para se obter uma mistura homogênea. Calcule quantos gramas dessa substância devem ser adicionados a 1,2 litro de água para que se obtenha a mesma mistura.

5. Um livro de 192 páginas tem 32 linhas em cada página. Se mantivermos o mesmo espaço entre as linhas, usarmos a mesma fonte, mas reduzirmos a quantidade de linhas para 24 linhas por página, quantas páginas são necessárias para compor o livro?

6. Nos EUA, a medida de comprimento usada para calcular longas distâncias é a milha, que corresponde a aproximadamente 1,6 km. Quantos quilômetros percorreu um automóvel que viajou 90 milhas?

Edgar Bullon/Alamy/Fotoarena

7. Andando a 4 km/h, João percorre certa distância em 12 minutos. Se aumentar em 50% a velocidade, em quantos minutos ele fará o mesmo percurso?

a) 6   **b)** 7   **c)** 8   **d)** 9   **e)** 10

8. Uma fábrica tem y operários que executam um trabalho em d dias. Se forem contratados mais r homens para executarem o mesmo serviço, em quantos dias esse serviço será concluído?

a) $\dfrac{d + r}{y}$ **c)** $\dfrac{yd}{y + r}$ **e)** $\dfrac{y - d}{d + y}$

b) $\dfrac{d - r}{y + r}$ **d)** $\dfrac{dy}{y - r}$

9. (FGV) Em um supermercado, uma embalagem com certa quantidade de frios fatiados estava com a etiqueta abaixo sem a informação R$/kg.

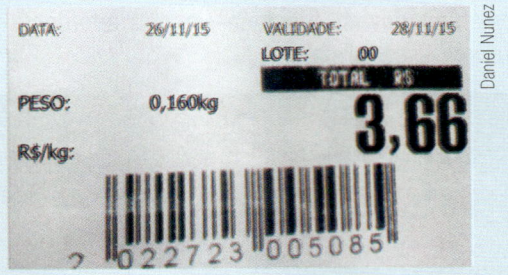

Daniel Nunez

O preço aproximado de 1,0 kg desse produto é:

a) R$ 20,50.   **c)** R$ 21,80.   **e)** R$ 22,90.

b) R$ 21,10.   **d)** R$ 22,30.

10. (Unesp) Para organizar as cadeiras em um auditório, 6 funcionários, todos com a mesma capacidade de produção, trabalharam por 3 horas. Para fazer o mesmo trabalho, 20 funcionários, todos com o mesmo rendimento dos iniciais, deveriam trabalhar um total de tempo, em minutos, igual a:

a) 48.   c) 46.   e) 52.

b) 50.   d) 54.

11. (Unesp) Trabalhando de forma simultânea e ininterrupta, 12 máquinas iguais produziram um lote de peças em 5 dias. O número de máquinas necessárias para produzir um novo lote com o mesmo número de peças, nas mesmas condições operacionais, mas com prazo reduzido para 3 dias, será igual a:

a) 15.   c) 20.   e) 24.

b) 18.   d) 22.

12. (PUC-SP) Operando 12 horas por dia, 20 máquinas produzem 6 000 peças em 6 dias. Com 4 horas a menos de trabalho diário, 15 daquelas máquinas produzirão 4 000 peças em:

a) 6 dias.   d) 9 dias e 12 horas.

b) 7 dias.   e) 8 dias e 6 horas.

c) 8 dias.

13. Com 16 máquinas de costura aprontam-se 80 uniformes em 6 dias de trabalho. Quantas máquinas serão necessárias para confeccionar 240 uniformes em 24 dias?

14. Trabalhando 9 horas por dia durante 15 dias, 8 pedreiros fizeram uma parede de concreto de 48 m². Se trabalharem 12 horas por dia, com 2 pedreiros a menos, em quantos dias farão uma parede cuja área é o dobro da primeira?

15. Em uma gráfica, 3 impressoras funcionaram ininterruptamente, 10 horas por dia, durante 4 dias, e imprimiram 240 000 folhas. Umas das impressoras quebrou e a gráfica necessita imprimir, em 6 dias, 480 000 folhas. Quantas horas por dia as 2 máquinas restantes devem funcionar ininterruptamente para cumprir essa tarefa?

Impressoras de uma gráfica em Moscou, na Rússia.

16. Vinte caminhões de uma construtora descarregam, em 8 horas, 160 m³ de areia. Em 5 horas, quantos caminhões iguais aos primeiros são necessários para descarregar 125 m³?

17. (Unesp) Cinco máquinas, todas de igual eficiência, funcionando 8 horas por dia, produzem 600 peças a cada dia. O número de peças que serão produzidas por 12 dessas máquinas, funcionando 10 horas por dia, durante 5 dias, será igual a:

a) 1 800.

b) 3 600.

c) 5 400.

d) 7 200.

e) 9 000.

18. (UFMG – modificado) Uma empresa tem 750 empregados e comprou marmitas individuais congeladas suficientes para o almoço deles durante 25 dias. Se essa empresa tivesse mais 500 empregados, a quantidade de marmitas já adquiridas seria suficiente para um número de dias igual a:

a) 10.

b) 12.

c) 15.

d) 18.

e) 20.

19. (PUC-Campinas) Em uma fábrica, constatou-se que eram necessários 8 dias para produzir certo nº de aparelhos, utilizando-se os serviços de 7 operários, trabalhando 3 horas a cada dia. Para reduzir a dois dias o tempo de produção, é necessário:

a) triplicar o nº de operários.

b) triplicar o nº de horas trabalhadas por dia.

c) triplicar o nº de horas trabalhadas por dia e o nº de operários.

d) duplicar o nº de operários.

e) duplicar o nº de operários e o número de horas trabalhadas por dia.

20. (UnB-DF – modificado) Com 16 máquinas de costura aprontaram-se 720 uniformes em 6 dias de trabalho. Quantas máquinas serão necessárias para confeccionar 2 160 uniformes em 24 dias?

a) 12 máquinas

b) 15 máquinas

c) 18 máquinas

d) 20 máquinas

e) 25 máquinas

RESOLUÇÕES PASSO A PASSO

1. (Enem) Uma escola lançou uma campanha para seus alunos arrecadarem, durante 30 dias, alimentos não perecíveis para doar a uma comunidade carente da região. Vinte alunos aceitaram a tarefa e nos primeiros 10 dias trabalharam 3 horas diárias, arrecadando 12 kg de alimentos por dia. Animados com os resultados, 30 novos alunos somaram-se ao grupo, e passaram a trabalhar 4 horas por dia nos dias seguintes até o término da campanha.

Admitindo-se que o ritmo de coleta tenha se mantido constante, a quantidade de alimentos arrecadados ao final do prazo estipulado seria de:

a) 920 kg.　　**b)** 800 kg.　　**c)** 720 kg.　　**d)** 600 kg.　　**e)** 570 kg.

LEIA E COMPREENDA

O objetivo do problema é descobrir quantos quilos de alimentos foram arrecadados ao fim de uma campanha beneficente. Essa campanha está dividida em duas etapas: a primeira com duração de 10 dias e a segunda, 20 dias. Em cada etapa da campanha, mudou o número de participantes e o número de horas diárias trabalhadas.

PLANEJE A SOLUÇÃO

Inicialmente, devemos observar quantos quilogramas foram arrecadados na primeira fase, uma vez que o problema fornece a arrecadação diária. Vamos identificar a grandeza fundamental e analisar se, em relação a ela, cada grandeza envolvida no problema é direta ou inversamente proporcional. Finalmente, calcularemos o que o problema pede.

EFETUE O QUE FOI PLANEJADO

Total de alimentos arrecadados na primeira fase da campanha: $12 \cdot 10 = 120$.

Grandeza fundamental: quilos de alimentos arrecadados, a que vamos chamar de x.

Análise de proporcionalidade em relação à grandeza fundamental:

- mais dias trabalhados, mais alimento arrecadado (diretamente proporcionais);
- mais estudantes fazendo a campanha, mais alimento arrecadado (diretamente proporcionais);
- mais horas diárias trabalhadas, mais alimento arrecadado (diretamente proporcionais).

Assim:

Kg de alimentos	Nº de estudantes	Dias	Horas/dia
120	20	10	3
x	50	20	4
↓ grandeza fundamental	D.P.	D.P.	D.P.

$$\frac{x}{50 \cdot 20 \cdot 4} = \frac{120}{20 \cdot 10 \cdot 3} \Rightarrow x = \frac{120 \cdot 50 \cdot 20 \cdot 4}{20 \cdot 10 \cdot 3} \Rightarrow x = 800.$$

Na segunda etapa da campanha, foram arrecadados 800 kg de alimento; com mais 120 kg da primeira fase, obtemos o total de 920 kg.

VERIFIQUE

Lembre-se de que todas as grandezas do problema são diretamente proporcionais em relação à fundamental; assim, o número de alunos foi multiplicado por 2,5, o número de dias foi multiplicado por 2 e o de horas/dia por $1,333... = \frac{4}{3}$.

Então: $120 \cdot 2,5 \cdot 2 \cdot \frac{4}{3} = 800$.

2. (Enem) Um clube tem um campo de futebol com área total de $8\,000$ m², correspondente ao gramado. Usualmente, a poda da grama desse campo é feita por duas máquinas do clube próprias para o serviço. Trabalhando no mesmo ritmo, as duas máquinas podam, juntas, 200 m² por hora. Por motivo de urgência na realização de uma partida de futebol, o administrador do campo precisará solicitar ao clube vizinho máquinas iguais às suas para fazer o serviço de poda em um tempo máximo de 5 h.

Utilizando as duas máquinas que o clube já possui, qual o número mínimo de máquinas que o administrador do campo deverá solicitar ao clube vizinho?

a) 4   c) 8   e) 16

b) 6   d) 14

3. (Enem) Uma caixa-d'água em forma de um paralelepípedo retângulo reto, com 4 m de comprimento, 3 m de largura e 2 m de altura, necessita de higienização. Nessa operação, a caixa precisará ser esvaziada em 20 min, no máximo. A retirada da água será feita com o auxílio de uma bomba de vazão constante, em que vazão é o volume do líquido que passa pela bomba por unidade de tempo.

A vazão mínima, em litro por segundo, que essa bomba deverá ter para que a caixa seja esvaziada no tempo estipulado é:

a) 2.   c) 5.   e) 20.

b) 3.   d) 12.

4. (Enem) Para garantir a segurança de um grande evento público que terá início às 4 h da tarde, um organizador precisa monitorar a quantidade de pessoas presentes em cada instante. Para cada $2\,000$ pessoas se faz necessária a presença de um policial. Além disso, estima-se uma densidade de quatro pessoas por metro quadrado de área de terreno ocupado. Às 10 h da manhã, o organizador verifica que a área de terreno já ocupada equivale a um quadrado com lados medindo 500 m. Porém, nas horas seguintes, espera-se que o público aumente a uma taxa de $120\,000$ pessoas por hora até o início do evento, quando não será mais permitida a entrada de público.

Quantos policiais serão necessários no início do evento para garantir a segurança?

a) 360   b) 485   c) 560   d) 740   e) 860

5. (Enem) Enquanto as lâmpadas comuns têm 8 mil horas de vida útil, as lâmpadas de LED têm 50 mil horas.

Metro Curitiba, 18 ago. 2011 (adaptado).

De acordo com as informações e desprezando possíveis algarismos na parte decimal, a lâmpada de LED têm uma durabilidade de:

a) 1 750 dias a mais que a lâmpada comum.

b) 2 000 dias a mais que a lâmpada comum.

c) 2 083 dias a mais que a lâmpada comum.

d) 42 000 dias a mais que a lâmpada comum.

e) 1 008 000 dias a mais que a lâmpada comum.

6. (Enem) Um dos grandes problemas enfrentados nas rodovias brasileiras é o excesso de carga transportada pelos caminhões. Dimensionado para o tráfego dentro dos limites legais de carga, o piso das estradas se deteriora com o peso excessivo dos caminhões. Além disso, o excesso de carga interfere na capacidade de frenagem e no funcionamento da suspensão do veículo, causas frequentes de acidentes.

Ciente dessa responsabilidade e com base na experiência adquirida com pesagens, um caminhoneiro sabe que seu caminhão pode carregar, no máximo, 1 500 telhas ou 1 200 tijolos.

Considerando esse caminhão carregado com 900 telhas, quantos tijolos, no máximo, podem ser acrescentados à carga de modo a não ultrapassar a carga máxima do caminhão?

a) 300 tijolos

b) 360 tijolos

c) 400 tijolos

d) 480 tijolos

e) 600 tijolos

7. (Enem) Nos últimos cinco anos, 32 mil mulheres de 20 a 24 anos foram internadas nos hospitais do SUS por causa de AVC. Entre os homens da mesma faixa etária, houve 28 mil internações pelo mesmo motivo.

Época, 26 abr. 2010 (adaptado).

Suponha que, nos próximos cinco anos, haja um acréscimo de 8 mil internações de mulheres e que o acréscimo de internações de homens por AVC ocorra na mesma proporção.

De acordo com as informações dadas, o número de homens que seriam internados por AVC, nos próximos cinco anos, corresponderia a:

a) 4 mil.

b) 9 mil.

c) 21 mil.

d) 35 mil.

e) 39 mil.

8. (Enem) Uma mãe recorreu à bula para verificar a dosagem de um remédio que precisava dar a seu filho. Na bula, recomendava-se a seguinte dosagem: 5 gotas para cada 2 kg de massa corporal a cada 8 horas.

Se a mãe ministrou corretamente 30 gotas do remédio a seu filho a cada 8 horas, então a massa corporal dele é de:

a) 12 kg.

b) 16 kg.

c) 24 kg.

d) 36 kg.

e) 75 kg.

9. (Enem) No tanque de um certo carro de passeio cabem até 50 L de combustível, e o rendimento médio deste carro na estrada é de 15 km/L de combustível. Ao sair para uma viagem de 600 km o motorista observou que o marcador de combustível estava exatamente sobre uma das marcas da escala divisória do medidor, conforme figura a seguir.

Como o motorista conhece o percurso, sabe que existem, até a chegada a seu destino, cinco postos de abastecimento de combustível, localizados a 150 km, 187 km, 450 km, 500 km e 570 km do ponto de partida.

Qual a máxima distância, em quilômetros, que poderá percorrer até ser necessário reabastecer o veículo, de modo a não ficar sem combustível na estrada?

a) 570

b) 500

c) 450

d) 187

e) 150

10. (Enem) Alguns medicamentos para felinos são administrados com base na superfície corporal do animal. Foi receitado a um felino pesando 3,0 kg um medicamento na dosagem diária de 250 mg por metro quadrado de superfície corporal.

O quadro apresenta a relação entre a massa do felino, em quilogramas, e a área de sua superfície corporal, em metros quadrados.

Relação entre a massa de um felino e a área de sua superfície corporal

Massa (kg)	Área (m²)
1,0	0,100
2,0	0,159
3,0	0,208
4,0	0,252
5,0	0,292

NORSWORTHY, G. D. *O paciente felino*. São Paulo: Roca, 2009.

A dose diária, em miligramas, que esse felino deverá receber é de:

a) 0,624.

b) 52,0.

c) 156,0.

d) 750,0.

e) 1 201,0.

11. (Enem) A vazão de água (em m^3/h) em tubulações pode ser medida pelo produto da área da seção transversal por onde passa a água (em m^2) pela velocidade da água (em m/h). Uma companhia de saneamento abastece uma indústria utilizando uma tubulação cilíndrica de raio r, cuja vazão da água enche um reservatório em 4 horas. Para se adaptar às novas normas técnicas, a companhia deve duplicar o raio da tubulação, mantendo a velocidade da água e mesmo material.

Qual o tempo esperado para encher o mesmo reservatório, após a adaptação às novas normas?

a) 1 hora   c) 4 horas   e) 16 horas

b) 2 horas   d) 8 horas

12. (Enem) Uma dona de casa faz um comparativo de custos para decidir se irá adquirir uma máquina lavadora de louças para substituir a lavagem manual. Decide calcular o custo com a lavagem de louças por um período de 30 dias, com duas lavagens por dia. Ela constatou que não precisa considerar os custos do detergente e do sabão, pois, na máquina lavadora e na lavagem manual, são equivalentes. Verificou que gasta em média 90 litros de água em cada lavagem manual. Cada lavagem na máquina gasta 16 litros de água e 0,9 kWh de energia. Sabe-se que a companhia de distribuição de água cobra R\$ 6,25 por metro cúbico (pelo consumo de água e dispersão e tratamento de esgoto) e a companhia elétrica cobra R\$ 0,45 por kWh consumido.

De acordo com essas informações, num período de 30 dias, a lavagem manual ficará mais cara que a da máquina lavadora em quantos reais?

a) 1,72   c) 4,72   e) 27,75

b) 3,45   d) 9,45

13. (Enem) Uma indústria tem um reservatório de água com capacidade para 900 m^3. Quando há necessidade de limpeza do reservatório, toda a água precisa ser escoada. O escoamento da água é feito por seis ralos, e dura 6 horas quando o reservatório está cheio. Esta indústria construirá um novo reservatório, com capacidade de 500 m^3, cujo escoamento da água deverá ser realizado em 4 horas, quando o reservatório estiver cheio. Os ralos utilizados no novo reservatório deverão ser idênticos aos do já existente.

A quantidade de ralos do novo reservatório deverá ser igual a:

a) 2.   c) 5.   e) 9.

b) 4.   d) 8.

14. (Enem) Pensando em desenvolver atividade física e reduzir gasto com energia elétrica em sua residência, uma pessoa resolveu instalar uma bomba-d'água

acoplada a uma bicicleta ergométrica. Após alguns dias de atividade física, ela observou que, pedalando durante uma hora, o volume médio de água bombeada para o seu reservatório era de 500 litros. Esta pessoa observou, ainda, que o consumo diário em sua casa é de 550 litros de água.

Qual atitude, em relação ao tempo de exercício diário, essa pessoa deve tomar para suprir exatamente o consumo diário de água da sua casa?

a) Reduzir o seu tempo diário de exercício na bicicleta em 6 minutos.

b) Reduzir o seu tempo diário de exercício na bicicleta em 10 minutos.

c) Aumentar o seu tempo diário de exercício na bicicleta em 5 minutos.

d) Aumentar o seu tempo diário de exercício na bicicleta em 6 minutos.

e) Aumentar o seu tempo diário de exercício na bicicleta em 10 minutos.

15. (Enem) Em uma fábrica de bebidas, a máquina que envasa refrigerantes é capaz de encher 150 garrafas de 2 L a cada minuto e funcionar ininterruptamente durante 8 horas por dia.

Para atender uma encomenda de 198 000 garrafas de 2 L, a máquina é colocada para funcionar todos os dias, a partir do dia 10, sempre das 8 h às 16 h.

A máquina terminará essa tarefa no dia:

a) 11, às 14 h.   d) 12, às 8 h 6 min.

b) 12, às 14 h.   e) 13, às 8 h 6 min.

c) 13, às 14 h.

16. (Enem) Uma confecção possuía 36 funcionários, alcançando uma produtividade de 5 400 camisetas por dia, com uma jornada de trabalho diária dos funcionários de 6 horas. Entretanto, com o lançamento da nova coleção e de uma nova campanha de *marketing*, o número de encomendas cresceu de forma acentuada, aumentando a demanda diária para 21 600 camisetas. Buscando atender a essa nova demanda, a empresa aumentou o quadro de funcionários para 96. Ainda assim, a carga horária de trabalho necessita ser ajustada.

Qual deve ser a nova jornada de trabalho diária dos funcionários para que a empresa consiga atender à demanda?

a) 1 hora e 30 minutos

b) 2 horas e 15 minutos

c) 9 horas

d) 16 horas

e) 24 horas

RESOLUÇÕES E COMENTÁRIOS

EXERCÍCIOS

3. Metros de tecido e operários são grandezas diretamente proporcionais: se houver mais operários, mais metros de tecidos serão fabricados.

Metros de tecido	Operários
150	6
x	8

↓ grandeza fundamental   D.P.

$$\frac{x}{8} = \frac{150}{6} \Rightarrow 6x = 1200 \Rightarrow x = 200$$

Assim, 8 operários tecerão 200 metros de tecido.

4. As grandezas substância a ser adicionada e litros de água são diretamente proporcionais: menos água, menos quantidade de substância a ser adicionada.

Substância	Litros de água
150	2
x	1,2

↓ grandeza fundamental   D.P.

$$\frac{x}{1,2} = \frac{150}{2} \Rightarrow 2x = 180 \Rightarrow x = 90$$

Devem ser adicionados 90 gramas da substância.

5. As grandezas páginas e linhas são inversamente proporcionais: menos linhas por páginas, mais páginas serão necessárias.

Páginas	Linhas
192	32
x	24

↓ grandeza fundamental   I.P.

$24x = 192 \cdot 32 \Rightarrow 24x = 6\ 144 \Rightarrow x = 256$

São necessárias 256 páginas.

6. As grandezas quilômetros e milhas são diretamente proporcionais: quanto maior o número de milhas percorridas, maior a quilometragem.

Quilômetros	Milhas
1,6	1
x	90

↓ grandeza fundamental   D.P.

$$\frac{1,6}{x} = \frac{1}{90} \Rightarrow x = 144$$

O automóvel percorreu 144 km.

7. As grandezas velocidade e tempo são inversamente proporcionais: quanto maior a velocidade, menor o tempo para fazer o percurso.

Nova velocidade: $4 \cdot \left(1 + \dfrac{50}{100} \right) = 4 \cdot 1,5 = 6$

Tempo	Velocidade
12	4
x	6

↓ grandeza fundamental   I.P.

$6x = 4 \cdot 12 \Rightarrow x = 8$

Alternativa **c**.

8. As grandezas, dias e operários são inversamente proporcionais: com mais operários trabalhando, são necessários menos dias para se fazer o serviço.

Dias	Operários
d	y
x	$y + r$

↓ grandeza fundamental   I.P.

$$x \cdot (y + r) = dy \Rightarrow x = \frac{yd}{y + r}$$

Alternativa **c**.

9. As grandezas massa (em kg) e preço (em R$) são diretamente proporcionais: quanto maior o "peso", maior o preço.

Preço (R$)	Massa (kg)
3,66	0,160
x	1,0

↓ grandeza fundamental   D.P.

$$\frac{x}{1} = \frac{3,66}{1,60} \Rightarrow x \cong 22,875 \Rightarrow x \cong 22,90$$

Alternativa **e**.

10. Temos duas regras de três simples no mesmo problema.

As grandezas horas de trabalho e funcionários são inversamente proporcionais: quanto mais funcionários, menos horas para completar o trabalho.

Horas/trabalho	Funcionários
3	6
x	20

↓ grandeza fundamental   I.P.

$20x = 18 \Rightarrow x = 0,9$

Vamos verificar a quantos minutos equivalem 0,9 hora:

Minutos	Horas
60	1
x	0,9

↓ grandeza fundamental
          D.P.

Minutos e horas são grandezas diretamente proporcionais: menos horas correspondem a menos minutos.

$$\frac{60}{1} = \frac{x}{0,9} \Rightarrow x = 54$$

Alternativa **d**.

11. As grandezas máquinas e dias são inversamente proporcionais: em menos dias de trabalho serão necessárias mais máquinas para completar o mesmo serviço.

Máquinas	Dias
12	5
x	3

↓ grandeza fundamental
          I.P.

$3x = 12 \cdot 5 \Rightarrow x = 20$

Alternativa **c**.

12. Analisamos as grandezas em relação à fundamental.

Dias e máquinas: são inversamente proporcionais, pois com menos máquinas serão necessários mais dias para produzir as peças.

Dias e peças: são diretamente proporcionais, para produzir menos peças serão necessários menos dias.

Dias e horas/dia são inversamente proporcionais, pois ao trabalhar menos horas por dia são necessários mais dias para executar a tarefa.

Dias	Máquinas	Peças	Horas/dia
6	20	6 000	12
x	15	4 000	8

↓ grandeza fundamental
        I.P.   D.P.   I.P.

$$\frac{x \cdot 15 \cdot 8}{4\,000} = \frac{6 \cdot 20 \cdot 12}{6\,000} \Rightarrow x = 8$$

Alternativa **c**.

13. Analisamos as grandezas em relação à fundamental.

Uniformes e máquinas: são diretamente proporcionais, pois para produzir mais uniformes serão necessárias mais máquinas.

Máquinas e dias: são inversamente proporcionais, pois com menos máquinas serão necessários mais dias.

Máquinas	Uniformes	Dias
16	80	6
x	240	24

↓ grandeza fundamental
        D.P.   I.P.

$$\frac{x \cdot 24}{240} = \frac{16 \cdot 6}{80} \Rightarrow x = 12$$

Serão necessárias 12 máquinas.

14. Analisamos as grandezas em relação à fundamental.

Dias e horas/dia são grandezas inversamente proporcionais (já analisamos no exercício 12).

Dias e pedreiros são grandezas inversamente proporcionais, pois com menos pedreiros são necessários mais dias para executar o serviço.

Dias e m² de parede são grandezas diretamente proporcionais: com mais parede, são necessários mais dias para executá-lo.

Dias	Horas/dia	Pedreiros	m² de parede
15	9	8	48
x	12	6	96

↓ grandeza fundamental
        I.P.   D.P.   I.P.

$$\frac{x \cdot 12 \cdot 6}{96} = \frac{15 \cdot 9 \cdot 8}{48} \Rightarrow x = 30$$

Os pedreiros farão a parede em 30 dias.

15.

Horas/dia	Impressoras	Dias	Folhas
10	3	4	24 000
x	2	6	48 000

↓ grandeza fundamental
        I.P.   I.P.   D.P.

$$\frac{x \cdot 2 \cdot 6}{480\,000} = \frac{10 \cdot 3 \cdot 4}{240\,000} \Rightarrow x = 20$$

As duas máquinas restantes devem funcionar ininterruptamente por 20 horas.

16.

Caminhões	Horas	Metros cúbicos
20	8	160
x	5	125

↓ grandeza fundamental
        I.P.   D.P.

$$\frac{x \cdot 5}{125} = \frac{20 \cdot 8}{160} \Rightarrow x = 25$$

São necessários 25 caminhões.

Seriam produzidos 3 600 metros de tecido.

17.

Peças	Máquinas	Dias	Horas/dia
600	5	1	8
x	12	5	10

↓ grandeza fundamental
        D.P.   D.P.   D.P.

$$\frac{x}{12 \cdot 5 \cdot 10} = \frac{600}{5 \cdot 1 \cdot 8} \Rightarrow x = 9\,000$$

Alternativa **e**.

18. Como a cada empregado corresponde uma marmita, vamos considerar apenas uma dessas grandezas.

Dias	Operários
25	750
x	1 250

grandeza fundamental   I.P.

$x \cdot 1\,250 = 750 \cdot 25 \Rightarrow x = 15$

Alternativa **c**.

19. A melhor solução é experimentarmos as alternativas, observando que:

- Quando duas grandezas são inversamente proporcionais, se uma dobra, a outra fica dividida por 2.
- Operários e dias são grandezas inversamente proporcionais.
- Horas/dia e dias são inversamente proporcionais.
- Se dobrarmos o número de operários, devemos dividir por 2 o número de dias.
- Se dobramos o número de horas diárias devemos dividir novamente o número de dias por 2.

Assim dividimos o número de dias (8) por 2 e o resultado novamente por 2. Portanto, a mesma produção será realizada em 2 dias.

Alternativa **e**.

20. Uma outra maneira de resolvermos a questão:

Nossa grandeza fundamental é máquinas.

Se multiplicarmos o número de uniformes por 3, devemos também multiplicar o número de máquinas por 3: $16 \cdot 3 = 48$ (diretamente proporcionais).

Se multiplicarmos o número de dias por 4, devemos dividir o número de máquinas por 4: $48 : 4 = 12$ (inversamente proporcionais).

Alternativa **a**.

QUESTÕES DO ENEM

2. Para podar 8 000 m², duas máquinas do clube gastariam:

Horas	m²
1	200
x	8 000

grandeza fundamental   D.P.

As grandezas são diretamente proporcionais: quanto maior a área podada, maior o número de horas necessárias.

$\dfrac{x}{8\,000} = \dfrac{1}{200} \Rightarrow x = 40$

Por motivo de urgência, o campo deve ser podado em 5 horas; logo, as grandezas são inversamente proporcionais; então:

Máquinas	Horas
40	2
y	5

grandeza fundamental   I.P.

As grandezas são inversamente proporcionais, pois, com mais máquinas, menos horas de trabalho são necessárias.

$5y = 2 \cdot 40 \Rightarrow 5y = 80 \Rightarrow y = 16$

O clube já tem duas máquinas, então precisará, na realidade, de mais 14 máquinas.

Alternativa **d**.

3. Volume da caixa-d'água:

$V = 4 \cdot 3 \cdot 2 = 12 \text{ m}^3 = 12\,000 \text{ L}$

Temos ainda que 20 min = $20 \cdot 60$ s = 1 200 s.

Analisamos a vazão em 1 segundo.

Litros/segundo	Segundos
24 000	1 200
x	1

grandeza fundamental   D.P.

As grandezas são diretamente proporcionais, pois, quanto menor o tempo, menor será a vazão.

$\dfrac{x}{1} = \dfrac{24\,000}{1\,200} \Rightarrow x = 20$

Alternativa **e**.

4. Às 10 horas havia 1 000 000 de pessoas. Espera-se que cheguem 120 000 pessoas por hora, durante 6 horas.

Assim, chegarão mais 720 000 pessoas ($120\,000 \cdot 6 = 720\,000$).

O total de pessoas às 16 horas, seria:

1 000 000 + 720 000 = 1 720 000 pessoas.

Policiais necessários	Nº de pessoas
1	2 000
x	1 720 000

grandeza fundamental   D.P.

$\dfrac{x}{1\,720\,000} = \dfrac{1}{2\,000} \Rightarrow x = 860$

Alternativa **e**.

5. A diferença entre elas é 50 000 − 8 000 = 42 000.

As grandezas dias e horas são diretamente proporcionais: mais dias correspondem a mais horas.

Dias	Horas
1	24
x	42 000

grandeza fundamental   D.P.

$\dfrac{x}{42\,000} = \dfrac{1}{24} \Rightarrow x = 1\,750$

Alternativa **a**.

6. Ainda podem ser acrescentadas ao caminhão $1\,500 - 900 = 600$ telhas.

Então, vamos verificar quantos tijolos equivalem a 600 telhas, sabendo que são grandezas diretamente proporcionais: mais telhas equivalem a mais tijolos.

Tijolos	Telhas
1 200	1 500
x	600

↓ grandeza fundamental   D.P.

$$\frac{x}{600} = \frac{1\,200}{1\,500} \Rightarrow x = 480$$

Alternativa **d**.

7. O enunciado sugere que as grandezas homens doentes e mulheres doentes são diretamente proporcionais.

Homens	Mulheres
28 000	32 000
x	40 000

↓ grandeza fundamental   D.P.

$$\frac{x}{40\,000} = \frac{28\,000}{32\,000} \Rightarrow x = 35\,000$$

Alternativa **d**.

8. As grandezas massa e nº de gotas são diretamente proporcionais, porque a uma massa maior corresponde maior número de gotas.

Massa	Nº de gotas
2	5
x	30

↓ grandeza fundamental   D.P.

$$\frac{x}{30} = \frac{2}{5} \Rightarrow x = 12$$

Alternativa **a**.

9. Pelo que mostra a figura, a quantidade de combustível que ainda resta no tanque é $\frac{1}{2}$ tanque mais a metade de $\frac{1}{2}$ tanque, ou seja:

$$\frac{1}{2} + \frac{1}{2} \cdot \frac{1}{2} = \frac{1}{2} + \frac{1}{4} = \frac{3}{4}$$

Como no tanque cabem 50 litros, a quantidade de combustível que se encontra no tanque é:

$$\frac{3}{4} \cdot 50 = 37,5 \text{ litros.}$$

Agora vamos calcular a distância que ele pode percorrer fazendo uma média de 15 km/L.

Distância (km)	Quantidade de combustível (L)
15	1
x	37,5

↓ grandeza fundamental   D.P.

As grandezas são diretamente proporcionais porque quanto maior a quantidade de combustível, maior a distância que pode ser percorrida.

$$\frac{x}{37,5} = \frac{15}{1} \Rightarrow x = 562,5$$

Se o motorista passar do posto que está no km 500 não terá combustível suficiente para chegar ao posto que está no km 570. Portanto, o motorista poderá percorrer 500 km.

Alternativa **b**.

10. Um felino de massa 3 kg tem uma área corporal de 0,208 m².

Dose de medicamento (mg)	Área corporal (m²)
250	1
x	0,208

↓ grandeza fundamental   D.P.

As grandezas dose de medicamento e área corporal são diretamente proporcionais, pois para uma área corporal maior é necessária uma dose maior de medicamento.

$$\frac{x}{0,208} = \frac{250}{1} \Rightarrow x = 52$$

Alternativa **b**.

11. Lembre-se de que a área do círculo é πr^2.

Vamos chamar a vazão na primeira situação de V_1 e, na segunda situação, de V_2. Nos dois casos, a velocidade da água é constante e igual a v.

Temos:

$$V_1 = \pi r^2 \cdot v$$
$$V_2 = \pi(2r)^2 v = 4\pi r^2 v$$

Tempo	Vazão
4	$\pi r^2 v$
x	$4\pi r^2 v$

↓ grandeza fundamental   I.P.

As grandezas vazão e tempo são inversamente proporcionais, pois, quanto maior a vazão, menor o tempo para a água escoar.

$$x \cdot 4\pi r^2 v = 4 \cdot \pi r^2 v \Rightarrow x = 1$$

Alternativa **a**.

12. Analisamos inicialmente o consumo mensal de água, duas vezes ao dia.

Lavagem manual: $2 \cdot 90 \cdot 30 = 5\,400$ litros.

Lavagem com máquina: $2 \cdot 16 \cdot 30 = 960$ litros.

Neste problema, as grandezas consumo e custo são sempre diretamente proporcionais, pois, quanto maior o consumo, maior o custo.

Veja a tabela do custo da lavagem manual:

Custo (R$)	Consumo (L)
6,25	1 000
x	5 400

↓ grandeza fundamental   D.P.

$$\frac{x}{5\,400} = \frac{6,25}{1\,000} \Rightarrow x = 33,75$$

Lembre-se de que nesse caso não há consumo de energia.

Agora verificamos a lavagem na máquina.

Custo com água:

Custo (R$)	Consumo (L)
6,25	1 000
x	960

↓ grandeza fundamental

D.P.

$$\frac{x}{960} = \frac{6,25}{1\,000} \Rightarrow x = 6$$

Consumo de energia:

Energia (kWh)	Água (L)
0,9	16
x	960

↓ grandeza fundamental

D.P.

$$\frac{x}{960} = \frac{0,9}{16} \Rightarrow x = 54$$

A lavagem na máquina consumirá 54 kWh de energia a R$ 0,45 o kWh.

Para o custo da lavagem na máquina, temos:

24,30 + 6,00 = 30,30.

Diferença: 33,75 − 30,30 = 3,45 ⇒ 3,45.

Alternativa **b**.

13. Cada ralo escoa um total de 900 : 6 = 150 m³.

Cada ralo escoa por hora 150 : 6 = 25 m³.

Cada ralo deverá escoar, em 4 horas, 25 · 4 = 100 m³.

Vamos descobrir a quantidade de ralos necessária.

O número de ralos e o volume de água que escoa são grandezas diretamente proporcionais: mais ralos, mais água escoada.

Nº de ralos	Volume de água (m³)
1	100
x	500

↓ grandeza fundamental

D.P.

$$\frac{x}{500} = \frac{1}{100} \Rightarrow x = 5$$

Alternativa **c**.

14. Para alcançar o objetivo desejado, a pessoa terá de pedalar o suficiente para que sejam bombeados mais 50 litros para o reservatório.

As grandezas litros de água e tempo de bombeamento são diretamente proporcionais: mais tempo bombeando, mais água no reservatório.

Tempo (min)	Água (L)
60	500
x	50

↓ grandeza fundamental

D.P.

$$\frac{x}{50} = \frac{60}{500} \Rightarrow x = 6$$

A pessoa deve pedalar 6 minutos a mais.

Alternativa **d**.

15. São envasadas 150 garrafas por minuto, então:

150 · 60 = 9 000 garrafas por hora.

Trabalhando 8 horas por dia, a máquina envasa 8 · 9 000 = = 72 000 garrafas/dia. Vamos ver em quantos dias serão envasadas 198 000 garrafas.

Dias e garrafas envasadas são duas grandezas diretamente proporcionais: quanto maior a quantidade de garrafas, maior o tempo para o envasamento.

Dias	Garrafas
1	72 000
x	198 000

↓ grandeza fundamental

D.P.

$$\frac{x}{198\,000} = \frac{1}{72\,000} \Rightarrow 2,75 \text{ dias}$$

Mas o dia de trabalho é de 8 horas. Então verificamos a quantas horas corresponde 0,75 do dia. São grandezas diretamente proporcionais: menos dias correspondem a menos horas.

Horas	Dia
8	1
x	0,75

↓ grandeza fundamental

D.P.

$$\frac{x}{0,75} = \frac{8}{1} \Rightarrow x = 6$$

Como serão 2 dias e 6 horas, a máquina terminará o envasamento dia 12 às 14 h.

Alternativa **b**.

16. As grandezas nº de camisetas e horas/dia são diretamente proporcionais, pois para se fabricar mais camisetas são necessárias mais horas por dia de trabalho.

Horas/dia	Camisetas	Funcionários
6	5 400	36
x	21 600	96

↓ grandeza fundamental

D.P.   I.P.

As grandezas nº de funcionários e horas/dia são inversamente proporcionais, pois com mais funcionários trabalhando menos horas por dia de trabalho são necessárias.

$$\frac{x \cdot 96}{21\,600} = \frac{6 \cdot 36}{5\,400} \Rightarrow x = 9$$

Alternativa **c**.

COMPETÊNCIAS E HABILIDADES

ENEM

COMPETÊNCIAS DE ÁREA — MATEMÁTICA E SUAS TECNOLOGIAS

Habilidades

H15 Identificar a relação de dependência entre grandezas.

H16 Resolver situação-problema envolvendo a variação de grandezas, direta ou inversamente proporcionais.

H17 Analisar informações envolvendo a variação de grandezas como recurso para construção de argumentação.

H18 Avaliar propostas de intervenção na realidade envolvendo a variação de grandezas.

BNCC

Habilidades

EF07MA17 Resolver e elaborar problemas que envolvam variação de proporcionalidade direta e de proporcionalidade inversa entre duas grandezas, utilizando sentença algébrica para expressar a relação entre elas.

EF08MA12 Identificar a natureza da variação de duas grandezas diretamente, inversamente proporcionais ou não proporcionais, expressando a relação existente por meio de sentença algébrica e representá-la no plano cartesiano.

PORCENTAGEM

FRAÇÃO DE FRAÇÃO

Observe a representação abaixo, em que um inteiro é dividido em 6 partes iguais.

Temos que: $\dfrac{1}{3}$ de $\dfrac{1}{2}$ = $\dfrac{1}{3} \cdot \dfrac{1}{2}$ = $\dfrac{1}{6}$.

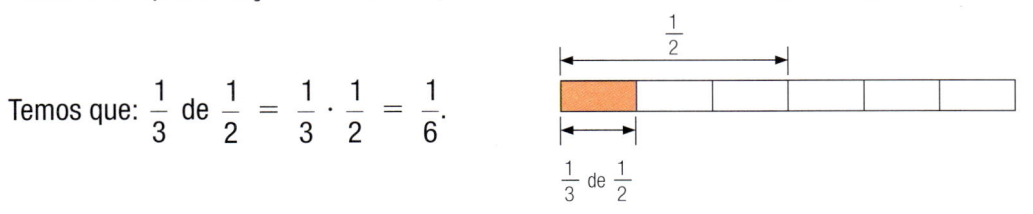

Intuitivamente, podemos concluir que, para obtermos a fração de uma fração, basta multiplicarmos as frações dadas.

Exemplos

1. $\dfrac{2}{3}$ de $\dfrac{4}{5}$ = $\dfrac{2}{3} \cdot \dfrac{4}{5}$ = $\dfrac{8}{15}$

2. $\dfrac{2}{5}$ de 40 = $\dfrac{2}{5} \cdot \dfrac{40}{1}$ = $\dfrac{80}{5}$ = 16

DEFINIÇÃO DE PORCENTAGEM

Porcentagem é toda fração de denominador 100. As porcentagens podem ser representadas na forma de uma fração, de um número decimal ou até de um número inteiro.

Exemplos

1. $12\% = \dfrac{12}{100} = 0{,}12$

2. $25\% = \dfrac{25}{100} = 0{,}25$

3. $10\% = \dfrac{10}{100} = \dfrac{1}{10} = 0{,}1$

4. $0{,}2\% = \dfrac{0{,}2}{100} = \dfrac{2}{1\,000} = 0{,}002$

5. $100\% = \dfrac{100}{100} = 1$

6. $1\,200\% = \dfrac{1\,200}{100} = 12$

Importante: Todo número na forma fracionária, decimal ou mesmo inteiro, pode ser escrito na forma de porcentagem.

1. $3 = \dfrac{3}{1} = \dfrac{300}{100} = 300\%$

2. $0,234 = \dfrac{0,234}{1} = \dfrac{23,4}{100} = 23,4\%$

3. $\dfrac{1}{4} = 0,25 = \dfrac{25}{100} = 25\%$

4. $\dfrac{12}{5} = 2,4 = \dfrac{24}{10} = \dfrac{240}{100} = 240\%$

5. $\dfrac{2}{3} = 0,666666\ldots \cong 0,6667 = \dfrac{0,6667}{1} = \dfrac{66,67}{100} = 66,67\%$

Porcentagem de um valor

Basta multiplicarmos a porcentagem (de preferência na forma decimal) por esse valor.

Exemplo

Calcule 25% de 240.

25% de 240 = $0,25 \cdot 240 = 60$

Percentual de um valor em relação a outro

O valor no qual se aplica a porcentagem deve ser multiplicado por uma incógnita (porcentagem) e esse produto é igualado ao valor final.

Exemplos

1. 30 representa quantos por cento de 600?

   Solução:

   $30 \rightarrow$ valor final

   $600 \rightarrow$ valor no qual se aplicou a porcentagem

   $x \rightarrow$ porcentagem

   Temos que $x\%$ de 600 é igual a 30, ou seja:

   $600 \cdot x = 30 \Rightarrow x = \dfrac{30}{600} = 0,05 = 5\%.$

2. 30 representa quantos por cento de 200?

   Solução:

   $200 \cdot x = 30 \Rightarrow x = \dfrac{30}{200} = 0,15 \Rightarrow x = 15\%$

Porcentagem de porcentagem

Para obter a porcentagem de uma porcentagem, basta multiplicar as frações percentuais.

Exemplo

Quantos por cento são 20% de 30%?

Solução:

Nesse caso, trata-se de fração de uma fração.

20% de 30% = $\dfrac{20}{100} \cdot \dfrac{30}{100} = \dfrac{6}{100} = 6\%.$

ACRÉSCIMOS E DECRÉSCIMOS

Quando um valor inicial (V_i) sofre um acréscimo de $p\%$, obtemos o que chamamos de valor final (V_f), acrescentando ao valor inicial V_i, $p\%$ de V_i. Assim:

$$V_f = V_i + \frac{p}{100} \cdot V_i \Rightarrow V_f = \left(1 + \frac{p}{100}\right)V_i.$$

Exemplos

1. Quanto passará a custar uma mercadoria que custava R$ 120,00 e sofreu um aumento de 12%?

   Solução:

   $$V_f = \left(1 + \frac{p}{100}\right) \cdot V_i \Rightarrow V_f = \left(1 + \frac{12}{100}\right) \cdot 120 \Rightarrow V_f = (1 + 0,12) \cdot 120 \Rightarrow$$

   $$\Rightarrow V_f = 1,12 \cdot 120 \Rightarrow V_f = 144,00$$

   Passará a custar R$ 144,00.

2. Em determinada cidade, no mês de janeiro de 2018, choveu 2,15 vezes mais do que no mesmo mês em 2017. O índice pluviométrico de 2018 em relação ao de 2017 sofreu um acréscimo de quantos por cento?

   Solução:

   Para descobrir esse acréscimo, subtraímos 1 do fator pelo qual multiplicamos o valor inicial e transformamos o resultado em porcentagem:

   $$2,15 - 1 = 1,15 = \frac{115}{100} = 115\%$$

   Houve um acréscimo de 115%.

3. Se multiplicarmos um determinado valor por 10, qual será o percentual de acréscimo?

   Solução:

   $$10 - 1 = 9 = \frac{9}{1} = \frac{900}{100} = 900\%$$

   O percentual de acréscimo será de 900%.

Acréscimos consecutivos

Para n acréscimos consecutivos usamos a fórmula: $V_f = \left(1 + \frac{p}{100}\right)^n \cdot V_i$

Exemplos

1. Um produto que custava R$ 150,00 sofreu dois acréscimos consecutivos de 2%. Qual é o valor final desse produto?

   Solução:

   $$V_f = \left(1 + \frac{2}{100}\right)^2 \cdot 150 = (1 + 0,02)^2 \cdot 150 = (1,02)^2 \cdot 150 = (1,0404) \cdot 150 = 156,06$$

   O valor final do produto é R$ 156,06.

2. Dois acréscimos consecutivos de 10% equivalem a um único acréscimo de quantos por cento?

Solução:

Se um valor x vai sofrer dois acréscimos consecutivos de 10%, temos:

$$x \cdot \left(1 + \frac{10}{100}\right)^2 = x \cdot (1{,}1)^2 = x \cdot 1{,}21$$

$$1{,}12 - 1 = 0{,}21 = 21\%$$

Dois acréscimos consecutivos de 10% equivalem a um único acréscimo de 21%.

Decréscimos (descontos)

Quando um valor inicial (V_i) sofre um decréscimo de $p\%$, obtemos o que chamamos de valor final (V_f) subtraindo $p\%$ de V_i do valor inicial V_i.

Assim: $V_f = V_i - \dfrac{p}{100}V_i \Rightarrow V_f = \left(1 - \dfrac{p}{100}\right)V_i$.

Exemplos

1. Quanto passou a custar uma mercadoria que custava R$ 124,00 e sofreu um desconto de 20%?

Solução:

$$V_f = \left(1 - \frac{p}{100}\right) \cdot V_i \Rightarrow V_f = \left(1 - \frac{20}{100}\right) \cdot 124 \Rightarrow V_f = (1 - 0{,}2) \cdot 124 \Rightarrow$$

$$\Rightarrow V_f = 0{,}8 \cdot 124 \Rightarrow V_f = 99{,}20$$

A mercadoria passou a custar R$ 99,20.

2. Na cidade de Campos do Jordão, os termômetros registraram, ao meio-dia, a temperatura de 18 °C. Às 21 horas, os mesmos termômetros registraram uma temperatura de 15,84 °C. Em quantos por cento a temperatura caiu?

Solução:

Para determinar o decréscimo, subtraímos de 1 o fator pelo qual o valor inicial foi multiplicado e transformamos o resultado obtido em porcentagem.

$$18x = 15{,}84 \Rightarrow x = \frac{15{,}84}{18} \Rightarrow x = 0{,}88$$

$$1 - 0{,}88 = 0{,}12 = 12\%$$

A temperatura caiu 12%.

Observações

Se um valor é multiplicado por um número maior do que 1, esse valor sofre **acréscimo**.

Se um valor é multiplicado por um número compreendido entre 0 e 1, esse valor sofre **decréscimo**.

Não existe desconto maior do que 100%.

Campos do Jordão (SP).

3. O PIB de um país que entrou em recessão no fim de 2016 aumentou 10% no primeiro trimestre de 2016; 5% no segundo trimestre; ficou estável no terceiro trimestre e caiu 10% no último trimestre daquele ano. Calcule a taxa de crescimento do PIB desse país em 2016.

Solução:

Vamos supor que o PIB do país era, inicialmente, x. Multiplicamos esse valor pelos fatores de acréscimo e decréscimo que ocorreram durante o ano.

$$x \cdot \left(1 + \frac{10}{100}\right) \cdot \left(1 + \frac{5}{100}\right) \cdot \left(1 - \frac{10}{100}\right) = x \cdot (1,1) \cdot (1,05) \cdot (0,9) = x \cdot 1,0395$$

$$1,0395 - 1 = 0,0395 = \frac{0,0395}{1} = \frac{3,95}{100} = 3,95\%$$

A taxa de crescimento do PIB aumentou 3,95% em 2016.

Decréscimos consecutivos

Para n decréscimos consecutivos usamos a fórmula: $V_f = \left(1 - \frac{p}{100}\right)^n \cdot V_i$.

Exemplo

Três descontos consecutivos de 10% equivalem a um único desconto de quantos por cento?

Solução:

$$V_f = \left(1 - \frac{10}{100}\right)^3 \cdot V_i = (0,9)^3 \cdot V_i = 0,729 \cdot V_i$$

$$1 - 0,729 = 0,271 = \frac{0,271}{1} = \frac{27,1}{100} = 27,1\%$$

Três decréscimos consecutivos de 10% equivalem a um único decréscimo de 27,1%.

LUCRO – VENDA – CUSTO

Temos a seguinte relação: $V = C + L$.
E ainda:

- porcentagem da venda sobre o custo: $\frac{V}{C}$;

- porcentagem da venda sobre o lucro: $\frac{V}{L}$.

Exemplo

Uma caneta foi comprada por R$ 60,00; deseja-se ganhar 25% sobre o preço de venda. Qual deve ser o preço de venda?

Solução:

$$C = 60 \; e \; \frac{L}{V} = 0,25 \Rightarrow L = 0,25 \, V.$$

$$V = C + L \Rightarrow V = 60 + 0,25 \, V \Rightarrow V - 0,25 \, V = 60 \Rightarrow$$

$$\Rightarrow 0,75 \, V = 60 \Rightarrow V = \frac{60}{0,75} \Rightarrow V = 80$$

O preço de venda deve ser R$ 80,00.

Vladvm/Shutterstock.com

RESOLUÇÕES PASSO A PASSO

1. Em uma sala, há 100 pessoas, das quais 99% são homens. Quantas pessoas devem sair da sala para que a porcentagem de homens seja 98%?

LEIA E COMPREENDA

Pelo enunciado, na sala há 99 homens e apenas 1 mulher. Se forem retiradas pessoas da sala, essas pessoas só podem ser homens.

PLANEJE A SOLUÇÃO

Vamos chamar de x a quantidade de homens retirados de um total de 99. Essa quantidade deve representar 98% do total das pessoas que ficaram na sala.

EFETUE O QUE FOI PLANEJADO

Total de homens que ficaram na sala: $99 - x$.

Total de pessoas que ficaram na sala: $100 - x$.

$$99 - x = \frac{98}{100}(100 - x) \Rightarrow 9\,900 - 100x = 9\,800 - 98x \Rightarrow 2x = 100 \Rightarrow x = 50$$

VERIFIQUE

Retirando-se 50 homens, restarão 49 homens em um total de 50 pessoas. Vamos, então, verificar que percentual 49 representa em relação a 50.

$$50 \cdot x = 49 \Rightarrow x = \frac{49}{50} \Rightarrow x = 0,98 \Rightarrow x = 98\%$$

RESPONDA

Devem ser retirados 50 homens.

AMPLIAÇÃO DO PROBLEMA

Quantas pessoas (homens) devem ser retiradas para que o percentual de mulheres seja 10%?

Como só há uma mulher na sala, devem ficar 9 homens e 1 mulher. Assim, a quantidade de mulheres (1) representará 10% do total de pessoas na sala (10).

Então, devem ser retirados da sala 90 homens.

2. Num retângulo de base b e altura h, a base sofreu uma redução de 20% e a altura, um acréscimo também de 20%. Qual foi a alteração percentual da área desse retângulo?

LEIA E COMPREENDA

O problema é descobrir se, ao se acrescentar a altura e diminuir a base de um retângulo no mesmo percentual, a área irá ou não ser alterada. Devemos encontrar quanto foi o percentual dessa alteração de acréscimo ou decréscimo.

PLANEJE A SOLUÇÃO

Vamos reduzir a base em 20%, aumentar a altura também em 20%, multiplicar os resultados obtidos e comparar com a área original.

EFETUE O QUE FOI PLANEJADO

A área original do retângulo é $A_1 = b \cdot h$.

Diminuímos a base em 20%: $b \cdot \left(1 - \frac{20}{100}\right) = b \cdot (1 - 0,2) = 0,8 \cdot b$.

Aumentamos a altura em 20%: $h \cdot \left(1 + \frac{20}{100}\right) = h \cdot (1 + 0,2) = 1,2 \cdot h$.

A área obtida é $A_2 = (0,8b) \cdot (1,2h) = 0,96 \cdot b \cdot h = 0,96A_1$.

VERIFIQUE

Vamos supor que tivéssemos: $b = 20$ cm e $h = 30$ cm; teríamos $A_1 = (20 \cdot 30)$ cm$^2 = 600$ cm^2.

Diminuímos 20% da base: $20 \cdot 0,8 = 16$.

Agora, aumentamos 20% na altura: $30 \cdot 1,2 = 36$.

Então, $A_2 = 16 \cdot 36 = 576$.

Fazendo um decréscimo de 4% na área original: $600 \cdot 0,96 = 576$, o que confirma a resposta.

RESPONDA

Se $A_2 = 0,96A_1$, concluímos que a área obtida sofreu um decréscimo de 4% em relação à área original.

AMPLIAÇÃO DO PROBLEMA

Uma mercadoria sofrerá, consecutivamente, um acréscimo e um desconto de 10%. Se aplicarmos primeiro o desconto e depois o acréscimo, o efeito será o mesmo do que se fosse aplicado primeiro o acréscimo e depois o desconto?

Sim, não importa o que será aplicado primeiro, o acréscimo ou o desconto.

De qualquer forma, o valor da mercadoria será multiplicado por 0,99.

3. (PUC-SP) O preço de venda de um bem de consumo é R$ 100,00. O comerciante tem um ganho de 25% sobre o preço de custo desse bem. O valor do preço de custo é:

a) R$ 25,00.

b) R$ 70,50.

c) R$ 75,00.

d) R$ 80,00.

e) R$ 125,00.

LEIA E COMPREENDA

O enunciado relata por quanto um determinado produto foi vendido e o percentual de ganho sobre o preço de custo. O objetivo é saber o valor do custo.

PLANEJE A SOLUÇÃO

Temos: preço de custo + lucro = preço de venda e ganho = lucro.

Devemos estabelecer a porcentagem do lucro sobre o custo e substituir o resultado obtido na relação $C + L = V$.

EFETUE O QUE FOI PLANEJADO

I. $\dfrac{L}{C} = 25\% \Rightarrow \dfrac{L}{C} = 0,25 \Rightarrow L = 0,25C$

II. $C + L = V$

Substituindo I em II, temos: $C + 0,25C = 100 \Rightarrow 1,25C = 100 \Rightarrow C = \dfrac{100}{1,25} \Rightarrow C = 80$

VERIFIQUE

Sendo $C = $ R$ 80,00, com o acréscimo de 25% de lucro, obtemos:

$80 \cdot \left(1 + \dfrac{25}{100}\right) = 80 \cdot 1,25 = 100$.

RESPONDA

O valor do custo foi R$ 80,00.

Alternativa **d**.

4. Quanto é 25% de 120?

5. 30 é 15% de que quantia?

6. Quanto é 20% de 40% de 180?

7. Calcule:

   a) $(10\%)^2$

   b) $\sqrt{49\%}$

8. Na classe de Elisa, 20% dos alunos usam óculos. Se há 40 alunos, quantos usam óculos? Quantos não usam?

alvarez/iStockphoto.com

9. 40 é 200% de que quantia?

10. Em uma excursão, 5% dos alunos usavam boné. Sabe-se que 30 alunos usavam boné. Quantos alunos foram à excursão?

11. Quatro quilos de uma liga de prata e cobre contêm 5% de prata. Que massa de cobre devemos adicionar para obter uma liga que contenha 2% de prata?

12. (Unesp – modificado) Para um concurso inscreveram-se 27 200 candidatos. No dia da prova faltaram 15% do total de inscritos. Se o número de aprovados foi 1 156, o percentual de aprovação em relação ao número de comparecimentos foi de:

   a) 5%.
   b) 6%.
   c) 12%.
   d) 15%.
   e) 18%.

13. Uma mercadoria custa R$ 150,00 e sofrerá um acréscimo de 25%. Quanto passará a custar?

14. Dois acréscimos consecutivos de 20% equivalem a um único acréscimo de quantos por cento?

15. Três descontos consecutivos de 20% equivalem a um único desconto de quantos por cento?

16. Ao multiplicarmos determinado valor por 10, de quantos por cento é o acréscimo?

17. Uma mercadoria custava R$ 120,00 e passou a custar R$ 144,00. Qual foi o percentual de aumento?

18. João estava com 130 kg e o médico recomendou-lhe que perdesse peso. Após longa dieta, João passou a pesar 97,5 kg. Que percentual de peso ele perdeu?

19. Um produto sofreu dois aumentos consecutivos de 5%. Qual foi o aumento total?

20. Um aparelho de televisão estava à venda por R$ 1.200,00, mas sofreu dois aumentos consecutivos de 8%. Qual é seu novo valor?

21. O abatimento dado sobre R$ 30.000,00 quando foi concedido um desconto de 20% e, em seguida, mais um desconto de 5% foi de:

a) R$ 5.700,00.

d) R$ 7.500,00.

b) R$ 6.900,00.

e) R$ 9.000,00.

c) R$ 7.200,00.

22. (Unicamp-SP) Quando o café custa R$ 12,00 o quilo, seu preço representa 40% do preço do quilo de outra marca de café. Qual é o preço do quilo desse café?

23. Um comerciante que vende televisores resolveu dar um aumento de 10% em cada televisor de determinada marca. Ao perceber que esse produto sofreu queda acentuada nas vendas, resolveu dar também um desconto de 10% sobre o novo preço. Ao final das duas operações, qual foi a alteração percentual no preço do televisor?

a) Acresceu 2%.

c) Acresceu 1%.

e) Não se alterou.

b) Diminuiu 2%.

d) Diminuiu 1%.

24. (Unicamp-SP) Uma quantidade de 6 240 litros de água apresentava um índice de salinidade de 12%. Devido à evaporação, esse índice subiu para 18%. Calcule em litro a quantidade evaporada.

25. Um projeto que custou R$ 272,00 deve ser vendido com um lucro de 15% sobre o preço de venda. Qual é o preço de venda?

26. Joana vendeu um fogão com prejuízo de 6% sobre o preço de venda. Se ela comprou o produto por R$ 650,00, qual foi o preço de venda?

27. Um relógio foi vendido por R$ 500,00 com um lucro de 8% sobre o preço de custo. Qual foi o preço de custo do relógio?

28. Um produto foi vendido com 20% de lucro. Se aumentarmos o preço em R$ 20,00, o lucro passa a ser um terço do novo preço de venda. Qual foi o preço de venda desse produto?

RESOLUÇÕES PASSO A PASSO

1. (Enem) Uma pessoa aplicou certa quantia em ações. No primeiro mês, ela perdeu 30% do total do investimento e, no segundo mês, recuperou 20% do que havia perdido.

Depois desses dois meses, resolveu tirar o montante de R$ 3.800,00 gerado pela aplicação. A quantia inicial que essa pessoa aplicou em ações corresponde ao valor de:

a) R$ 4.222,22.

b) R$ 4.523,80.

c) R$ 5.000,00.

d) R$ 13.300,00.

e) R$ 17.100,00.

LEIA E COMPREENDA

Uma pessoa fez uma aplicação, mas perdeu parte do investimento; depois, recuperou uma parte do que havia perdido. Sabendo com quanto ela ficou ao final da aplicação, o objetivo é encontrar o capital aplicado no início da operação.

PLANEJE A SOLUÇÃO

Vamos supor que o capital inicial era x. O investidor perdeu 30% desse valor e, em seguida, recuperou 20% do que havia perdido. De x, subtraímos o que se perdeu e adicionamos o que foi recuperado. Igualamos, então, essa expressão obtida ao valor que resultou ao final da operação.

EXECUTE O QUE FOI PLANEJADO

30% de $x = 0,3x$

Restou: $x - 0,3x = 0,7x$.

Recuperou 20% do que perdeu: 20% de $0,3x = 0,2 \cdot 0,3x = 0,06x$.

Então: $0,7x + 0,06x = 3\,800 \Rightarrow 0,76x = 3\,800 \Rightarrow x = \dfrac{3\,800}{0,76} \Rightarrow x = 5\,000$.

VERIFIQUE

A pessoa perdeu, inicialmente, 30% do que foi aplicado:

$$30\% \text{ de } 5\,000 = 0,3 \cdot 5\,000 = 1\,500.$$

Sobrou: $5\,000 - 1\,500 = 3\,500$.

Recuperou 20% do que havia perdido: 20% de $1\,500 = 0,2 \cdot 1\,500 = 300$.

No total da operação, temos $3\,500 + 300 = 3\,800$.

RESPONDA

No início da aplicação o capital era de R$ 5.000,00.

Alternativa **c**.

AMPLIAÇÃO DO PROBLEMA

Se o autor da aplicação tivesse perdido inicialmente 20% do valor aplicado de R$ 5.000,00 e resolvesse aplicar o que restou em um novo investimento, qual deveria ser a taxa mensal para que ele recuperasse, ao final de um mês, o valor inicial da primeira aplicação?

$$5\,000 \cdot \left(1 - \dfrac{20}{100}\right) = 5\,000 \cdot 0,8 = 4\,000$$

$$4\,000x = 5\,000 \Rightarrow x = \dfrac{5\,000}{4\,000} \Rightarrow x = 1,25$$

$1,25 - 1 = 0,25 = 25\%$

Ele teria de aplicar a uma taxa de 25%.

2. (Enem) O Brasil é o quarto produtor mundial de alimentos e também um dos campeões mundiais de desperdício. São produzidas por ano, aproximadamente, 150 milhões de toneladas de alimentos e, desse total, $\frac{2}{3}$ são produtos de plantio. Em relação ao que se planta, 64% são perdidos ao longo da cadeia produtiva, 20% são perdidos na colheita, 8% no transporte e armazenamento, 15% na indústria de processamento, 1% no varejo e o restante no processamento culinário e hábitos alimentares. O desperdício durante o processamento culinário e hábitos alimentares, em milhão de toneladas, é igual a:

a) 20.　　　　**b)** 30.　　　　**c)** 56.　　　　**d)** 64.　　　　**e)** 96.

LEIA E COMPREENDA

O problema fornece a fração da quantidade de alimentos produzida por plantio e o percentual perdido ao longo da cadeia produtiva: colheita, transporte e armazenamento, industrialização, varejo e processamento. Não fornece o percentual perdido durante o processamento culinário. Devemos encontrar, em milhões de toneladas, a quantidade de alimentos desperdiçada no processamento culinário.

PLANEJE A SOLUÇÃO

Devemos calcular, inicialmente, a fração que representa o total de alimentos, em toneladas, que são produtos de plantio. Em seguida, podemos colocar em uma tabela o valor dos percentuais e das toneladas de cada item desperdiçado oriundos do plantio.

EFETUE O QUE FOI PLANEJADO

$\frac{2}{3} \cdot 150 = 100$, que é o total em milhões de toneladas da quantidade de alimentos oriundos de plantio.

Vamos dispor esses 100 milhões na tabela seguinte de acordo com o percentual de cada item desperdiçado.

Item	Percentual	Milhões de toneladas
colheita	20%	20
transporte	8%	8
industrialização	15%	15
varejo	1%	1
processamento culinário	y	x
Total	64%	64

Para preencher a tabela, temos $y = 20$ e $x = 20$.

VERIFIQUE

Das toneladas oriundas do plantio (100 milhões), são desperdiçadas 20 milhões em colheita, 8 milhões em transporte, 15 milhões em industrialização, 1 milhão em varejo e x milhões em processamento culinário, num total de 64 milhões. Logo:

$20 + 8 + 15 + 1 + x = 64 \Rightarrow x = 20$.

RESPONDA

São desperdiçadas 20 milhões de toneladas de alimentos no processamento culinário.

Alternativa **a**.

AMPLIAÇÃO DO PROBLEMA

Se a quantidade total de alimentos oriundos de colheita for 150 milhões de toneladas e os índices percentuais se mantiverem, quantos milhões de toneladas seriam desperdiçadas em processamento culinário?

20% de 150 = 30
8% de 150 = 12
15% de 150 = 22,5
1% de 150 = 1,5
64% de 150 = 96
Temos: $30 + 12 + 22,5 + 1,5 + x = 96 \Rightarrow x = 30$.
Seriam desperdiçadas 30 milhões de toneladas.

3. (Enem) Num dia de tempestade, a alteração na profundidade de um rio, num determinado local, foi registrada durante um período de 4 horas. Os resultados estão indicados no gráfico de linhas. Nele, a profundidade h, registrada às 13 horas, não foi anotada e, a partir de h, cada unidade sobre o eixo vertical representa um metro.

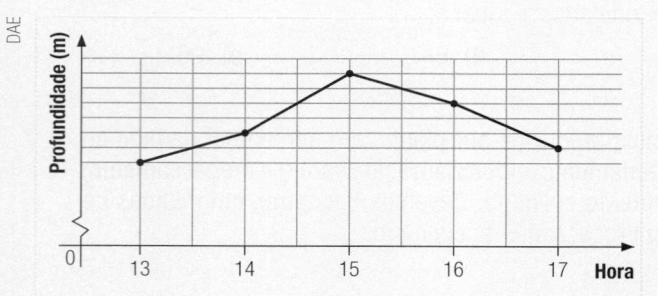

Foi informado que, entre 15 horas e 16 horas, a profundidade do rio diminuiu 10%. Às 16 horas, qual é a profundidade do rio, em metros, no local onde foram feitos os registros?

a) 18

b) 20

c) 24

d) 36

e) 40

4. (Enem) O setor de recursos humanos de uma empresa pretende fazer contratações para adequar-se ao artigo 93 da Lei nº 8.213/91, que dispõe:

de 2% (dois por cento) a 5% (cinco por cento) dos seus cargos com beneficiários reabilitados ou pessoas com deficiência, habilitadas, na seguinte proporção:

I.   até 200 empregados 2%;

II. de 201 a 500 empregados......................... 3%;

III. de 501 a 1 000 empregados..................... 4%;

IV. de 1 001 em diante.................................5%.

Disponível em: www.planalto.gov.br. Acesso em: 3 fev. 2015.

Constatou-se que a empresa possui 1 200 funcionários, dos quais 10 são reabilitados ou com deficiência, habilitados. Para adequar-se à referida lei, a empresa contratará apenas empregados que atendem ao perfil indicado no artigo 93. O número mínimo de empregados reabilitados ou com deficiência, habilitados, que deverá ser contratado pela empresa é:

a) 74.

b) 70.

c) 64.

d) 60.

e) 53.

5. (Enem) Um agricultor vive da plantação de morangos que são vendidos para uma cooperativa. A cooperativa faz um contrato de compra e venda no qual o produtor informa a área plantada. Para permitir o crescimento adequado das plantas, as mudas de morango são plantadas no centro de uma área de 10 cm por 20 cm, como mostra a figura.

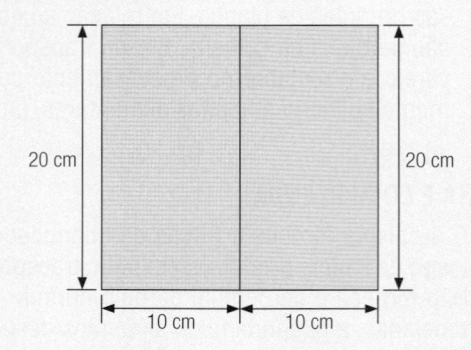

Atualmente, sua plantação de morangos ocupa uma área de 10 000 m², mas a cooperativa quer que ele aumente sua produção. Para isso, o agricultor deverá aumentar a área plantada em 20%, mantendo o mesmo padrão de plantio. O aumento (em unidades) no número de mudas de morango em sua plantação deve ser de:

a) 10 000.

b) 60 000.

c) 100 000.

d) 500 000.

e) 600 000.

6. (Enem) Uma ponte precisa ser dimensionada de forma que possa ter pontos de sustentação. Sabe-se que a carga máxima suportada pela ponte será de 12 t. O ponto de sustentação central receberá 60% da carga da ponte, e o restante da carga será distribuído igualmente entre os outros dois pontos de sustentação.

No caso de carga máxima, as cargas recebidas pelos três pontos de sustentação serão, respectivamente:

a) 1,8 t; 8,4 t; 1,8 t.

b) 3,0 t; 6,0 t; 3,0 t.

c) 2,4 t; 7,2 t; 2,4 t.

d) 3,6 t; 4,8 t; 3,6 t.

e) 4,2 t; 3,6 t; 4,2 t.

7. (Enem) Uma organização não governamental divulgou um levantamento de dados realizado em algumas cidades brasileiras sobre saneamento básico. Os resultados indicam que somente 36% do esgoto gerado nessas cidades é tratado, o que mostra que 8 bilhões de litros de esgoto sem nenhum tratamento são lançados todos os dias nas águas.

Uma campanha para melhorar o saneamento básico nessas cidades tem como meta a redução da quantidade de esgoto lançado nas águas diariamente, sem tratamento, para 4 bilhões de litros nos próximos meses. Se o volume de esgoto gerado permanecer o mesmo e a meta dessa campanha se concretizar, o percentual de esgoto tratado passará a ser:

a) 72%.

b) 68%.

c) 64%.

d) 54%.

e) 18%.

8. (Enem) O Brasil é um país com uma vantagem econômica clara no terreno dos recursos naturais, dispondo de uma das maiores áreas com vocação agrícola do mundo. Especialistas calculam que, dos 853 milhões de hectares do país, as cidades, as reservas indígenas e as áreas de preservação, incluindo florestas e mananciais, cubram por volta de 140 milhões de hectares. Aproximadamente 280 milhões se destinam à agropecuária, 200 milhõesm para pastagens e 80 milhões para a agricultura, somadas as lavouras anuais e as perenes, como o café e a fruticultura.

FORTES, G. Recuperação de pastagens é alternativa para ampliar cultivos. *Folha de S.Paulo*, 30 out. 2011.

De acordo com os dados apresentados, o percentual correspondente à área utilizada para agricultura em relação à área do território brasileiro é mais próximo de:

a) 32,8%.

b) 28,6%.

c) 10,7%.

d) 9,4%.

e) 8,0%.

9. (Enem) De acordo com a ONU, da água utilizada diariamente:

• 25% são para tomar banho, lavar as mãos e escovar os dentes;

• 33% são utilizados em descarga de banheiro;

• 27% são para cozinhar e beber;

• 15% são para demais atividades.

No Brasil, o consumo de água por pessoa chega, em média, a 200 litros por dia. O quadro mostra sugestões de consumo moderado de água por pessoa, em algumas atividades.

Atividade	Consumo total de água na atividade (em litros)
tomar banho	24,0
dar descarga	18,0
lavar as mãos	3,2
escovar os dentes	2,4
beber e cozinhar	22,0

Se cada brasileiro adotar o consumo de água indicado no quadro, mantendo o mesmo consumo nas demais atividades, então economizará diariamente, em média, em litros de água:

a) 30.

b) 69,6.

c) 100,4.

d) 130,4.

e) 170,0.

10. (Enem) Os vidros para veículos produzidos por certo fabricante têm transparências entre 70% e 90%, dependendo do lote fabricado. Isso significa que, quando um feixe luminoso incide no vidro, uma parte entre 70% e 90% da luz consegue atravessá-lo. Os veículos equipados com vidros desse fabricante terão instaladas, nos vidros das portas, películas protetoras cuja transparência, dependendo do lote fabricado, estará entre 50% e 70%. Considere que uma porcentagem P da intensidade da luz, proveniente de uma fonte externa, atravessa o vidro e a película. De acordo com as informações, o intervalo das porcentagens que representam a variação total possível de P é:

a) [35, 63].

b) [40, 63].

c) [50, 70].

d) [50, 90].

e) [70, 90].

11. (Enem) O contribuinte que vende mais de R$ 20 mil de ações em Bolsa de Valores em um mês deverá pagar Imposto de Renda. O pagamento para a Receita Federal consistirá em 15% do lucro obtido com a venda das ações.

Disponível em: www.folha.uol.com.br. Acesso em: 26 abr. 2010 (adaptado).

Um contribuinte que vende por R$ 34 mil um lote de ações que custou R$ 26 mil terá de pagar de Imposto de Renda à Receita Federal o valor de:

a) R$ 900,00.

b) R$ 1.200,00.

c) R$ 2.100,00.

d) R$ 3.900,00.

e) R$ 5.100,00.

12. (Enem) Para aumentar as vendas no início do ano, uma loja de departamentos remarcou os preços de seus produtos 20% abaixo do preço original. Quando chegam ao caixa, os clientes que possuem o cartão fidelidade da loja têm direito a um desconto adicional de 10% sobre o valor total de suas compras.

Um cliente deseja comprar um produto que custava R$ 50,00 antes da remarcação de preços. Ele não possui o cartão fidelidade da loja.

Caso esse cliente possuísse o cartão fidelidade da loja, a economia adicional que obteria ao efetuar a compra, em reais, seria de:

a) 15,00.

d) 5,00.

b) 14,00.

e) 4,00.

c) 10,00.

13. (Enem) Um comerciante visita um centro de vendas para fazer cotação de preços dos produtos que deseja comprar. Verifica que se aproveita 100% da quantidade adquirida de produtos do tipo *A*, mas apenas 90% de produtos do tipo *B*. Esse comerciante deseja comprar uma quantidade de produtos obtendo o menor custo/benefício em cada um deles. O quadro mostra o preço por quilograma, em reais, de cada produto comercializado.

Produto	Tipo *A*	Tipo *B*
arroz	2,00	1,70
feijão	4,50	4,10
soja	3,80	3,50
milho	6,00	5,30

Os tipos de arroz, feijão, soja e milho que devem ser escolhidos pelo comerciante são, respectivamente:

a) *A, A, A, A.*

d) *B, A, A, B.*

b) *A, B, A, B.*

e) *B, B, B, B.*

c) *A, B, B, A.*

14. (Enem) Os dados do gráfico foram coletados por meio da Pesquisa Nacional por Amostra de Domicílios.

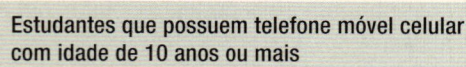

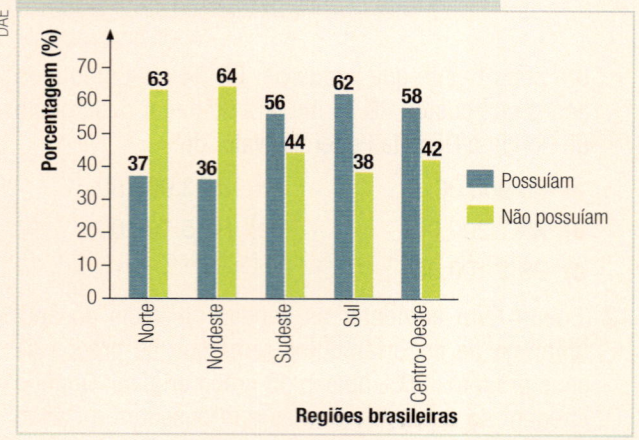

Estudantes que possuem telefone móvel celular com idade de 10 anos ou mais

Fonte: IBGE. Disponível em: www.ibge.gov.br.
Acesso em: 28 abr. 2010 (adaptado).

Supondo-se que, no Sudeste, 14 900 estudantes foram entrevistados nessa pesquisa, quantos deles possuíam telefone móvel celular?

a) 5 513

d) 8 344

b) 6 556

e) 9 536

c) 7 450

15. (Enem) Uma empresa possui um sistema de controle de qualidade que classifica o seu desempenho financeiro anual, tendo como base o do ano anterior. Os conceitos são: insuficiente, quando o crescimento é menor que 1%; regular, quando o crescimento é maior ou igual a 1% e menor que 5%; bom, quando o crescimento é maior ou igual a 5% e menor que 10%; ótimo, quando é maior ou igual a 10% e menor que 20%; e excelente, quando é maior ou igual a 20%. Essa empresa apresentou lucro de R$ 132.000,00 em 2008 e de R$ 145.000,00 em 2009.

De acordo com esse sistema de controle de qualidade, o desempenho financeiro dessa empresa no ano de 2009 deve ser considerado:

a) insuficiente.

d) ótimo.

b) regular.

e) excelente.

c) bom.

16. (Enem) Um grupo de pacientes com hepatite C foi submetido a um tratamento tradicional em que 40% desses pacientes foram completamente curados. Os pacientes que não obtiveram cura foram distribuídos em dois grupos de mesma quantidade e submetidos a dois tratamentos inovadores. No primeiro tratamento inovador, 35% dos pacientes foram curados e, no segundo, 45%.

Em relação aos pacientes submetidos inicialmente, os tratamentos inovadores proporcionaram cura de:

a) 16%.

d) 48%.

b) 24%.

e) 64%.

c) 32%.

17. (Enem) Em 2006, a produção mundial de etanol foi de 40 bilhões de litros e a de biodiesel, de 6,5 bilhões. Neste mesmo ano, a produção brasileira de etanol correspondeu a 43% da produção mundial, ao passo que a produção dos Estados Unidos da América, usando milho, foi de 45%.

Disponível em: planetasustentavel.abril.com.br. Acesso em: 2 maio 2009.

Considerando que, em 2009, a produção mundial de etanol seja a mesma de 2006 e que os Estados Unidos produzirão somente a metade de sua produção de 2006, para que o total produzido pelo Brasil e pelos Estados

Unidos continue correspondendo a 88% da produção mundial, o Brasil deve aumentar sua produção em, aproximadamente:

a) 33,5%.

b) 50,0%.

c) 52,3%.

d) 65,5%.

e) 77,5%.

18. (Enem) Uma enquete realizada em março de 2010 perguntava aos internautas se eles acreditavam que as atividades humanas provocam o aquecimento global. Eram três as alternativas possíveis e 279 internautas responderam à enquete, como mostra o gráfico.

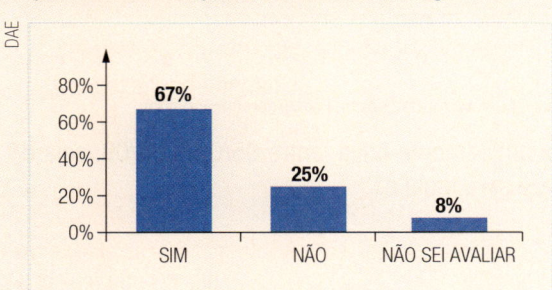

Época, ed. 619, 29 mar. 2010 (adaptado).
Foto: Reprodução/Enem.

Analisando os dados do gráfico, quantos internautas responderam NÃO à enquete?

a) Menos de 23.

b) Mais de 23 e menos de 25.

c) Mais de 50 e menos de 75.

d) Mais de 100 e menos de 190.

e) Mais de 200.

19. (Enem) O termo agronegócio não se refere apenas à agricultura e à pecuária, pois as atividades ligadas a essa produção incluem fornecedores de equipamentos, serviços para a zona rural, industrialização e comercialização dos produtos.

O gráfico seguinte mostra a participação percentual do agronegócio no PIB brasileiro:

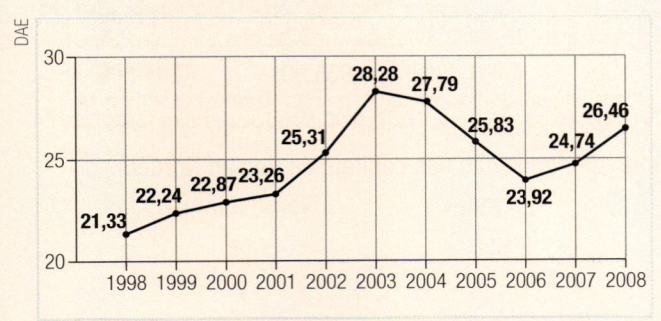

Centro de Estudos Avançados em Economia Aplicada (Cepea). *Almanaque Abril 2010*. São Paulo: Abril, ano 36 (adaptado). (Foto: Reprodução/Enem)

Esse gráfico foi usado em uma palestra na qual o orador ressaltou uma queda da participação do agronegócio no PIB brasileiro e a posterior recuperação dessa participação, em termos percentuais. Segundo o gráfico, o período de queda ocorreu entre os anos de:

a) 1998 e 2001.

b) 2001 e 2003.

c) 2003 e 2006.

d) 2003 e 2007.

e) 2003 e 2008.

20. (Enem) O gráfico fornece os valores das ações da empresa XPN, no período das 10 às 17 horas, num dia em que elas oscilaram acentuadamente em curtos intervalos de tempo.

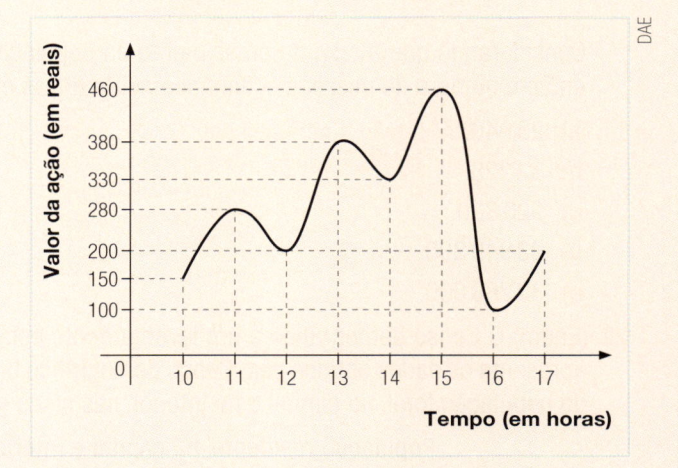

Neste dia, cinco investidores compraram e venderam o mesmo volume de ações, porém em horários diferentes, de acordo com a seguinte tabela.

Investidor	Hora da compra	Hora da venda
1	10:00	15:00
2	10:00	17:00
3	13:00	15:00
4	15:00	16:00
5	16:00	17:00

Com relação ao capital adquirido na compra e venda das ações, qual investidor fez melhor negócio?

a) 1

b) 2

c) 3

d) 4

e) 5

21. (Enem) O gráfico a seguir mostra a evolução, de abril de 2008 a maio de 2009, da população economicamente ativa para seis regiões metropolitanas pesquisadas.

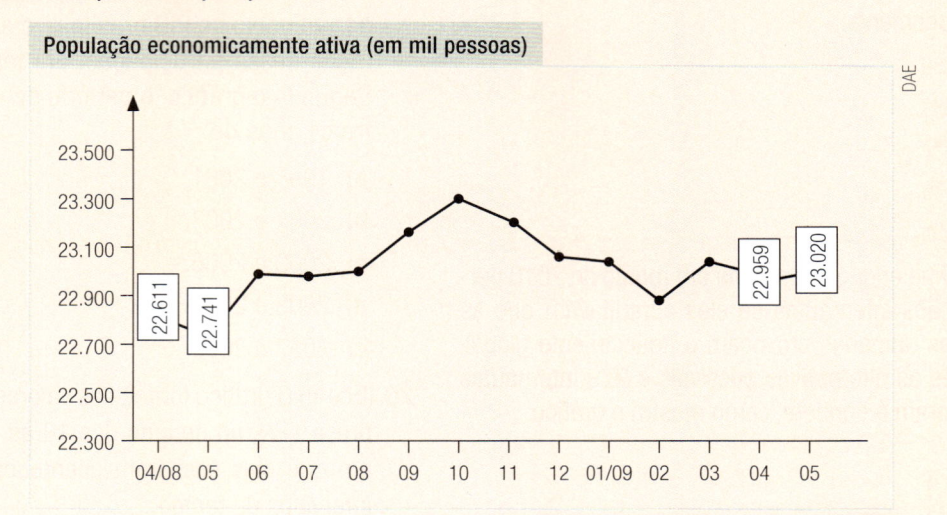

População economicamente ativa (em mil pessoas)

Disponível em: www.ibge.gov.br. Foto: Reprodução/Enem.

Considerando que a taxa de crescimento da população economicamente ativa, entre 05/09 e 06/09, seja de 4%, então o número de pessoas economicamente ativas em 06/09 será igual a:

a) 23 940.

b) 32 228.

c) 920 800.

d) 23 940 800.

e) 32 288 000.

22. (Enem) O Censo demográfico é um levantamento estatístico que permite a coleta de várias informações. A tabela apresenta os dados obtidos pelo Censo demográfico brasileiro nos anos de 1940 e 2000, referentes à concentração da população total, na capital e no interior, nas cinco grandes regiões.

População residente, na capital e interior segundo as grandes regiões 1940/2000

Grandes regiões	População residente					
	Total		Capital		Interior	
	1940	2000	1940	2000	1940	2000
Norte	1 632 917	12 900 704	368 528	3 895 400	1 264 389	9 005 304
Nordeste	14 434 080	47 741 711	1 270 729	10 162 346	13 163 351	37 579 365
Sudeste	18 278 837	72 412 411	3 346 991	18 822 986	14 931 846	53 589 425
Sul	5 735 305	25 107 616	459 659	3 290 220	5 275 646	21 817 396
Centro-Oeste	1 088 182	11 636 728	152 189	4 291 120	935 993	7 345 608

Fonte: IBGE. Censo Demográfico 1940/2000.

O valor mais próximo do percentual que descreve o aumento da população nas capitais da Região Nordeste é:

a) 125%.

b) 231%.

c) 331%.

d) 700%.

e) 800%.

RESOLUÇÕES E COMENTÁRIOS

EXERCÍCIOS

4. $120 \cdot \dfrac{25}{100} = \dfrac{3\,000}{100} = 30$

Logo, 25% de 120 equivale a 30.

5. $30 = \dfrac{15}{100}x \Rightarrow x = \dfrac{3\,000}{15} \Rightarrow x = 200$

30 equivale a 15% de 200

6. $\dfrac{20}{100} \cdot \dfrac{40}{100} \cdot 180 = \dfrac{8}{100} \cdot 180 = 14,4$

Realizando os procedimentos necessários, obtemos que 20% de 40% de 180 equivalem a 14,4.

7. **a)** $(10\%)^2 = \left(\dfrac{10}{100}\right)^2 = \left(\dfrac{1}{10}\right)^2 = \dfrac{1}{100} = 1\%$

b) $\sqrt{49\%} = \sqrt{\dfrac{49}{100}} = \dfrac{7}{10} = \dfrac{70}{100} = 70\%$

8. De 40 alunos, 20% usam óculos, assim:

20% de $40 = \dfrac{20}{100} \cdot 40 = 8$.

Logo, 8 usam óculos e 32 não usam.

9. $40 = \dfrac{200}{100}x \Rightarrow x = 20$

40 equivale a 200% de 20.

10. $\dfrac{5}{100}x = 30 \Rightarrow x = 600$

Foram 600 alunos à excursão.

11. A liga de 4 kg tem 95% de cobre. Vamos calcular a quantidade de cobre nessa liga:

95% de $4 = \dfrac{95}{100} \cdot 4 = 3,8$

Acrescentamos a essa liga uma quantidade x de cobre.

A massa de cobre na liga será igual a $3,8 + x$.

A massa total da liga com o que vamos acrescentar de cobre será: $4 + x$.

A massa de cobre deverá representar 98% da liga.

Vamos ter, então:

$3,8 + x = \dfrac{98}{100} \cdot (4 + x) \Rightarrow 380 + 100x = 392 +$

$+ 98x \Rightarrow 100x - 98x = 392 - 380 \Rightarrow 2x = 12 \Rightarrow x = 6$.

Logo, devemos adicionar 6 kg de cobre, para que tenhamos 2% de prata na liga.

12. Como faltaram 15%, 85% compareceram. Vamos calcular o número de comparecimentos:

$\dfrac{85}{100} \cdot 27\,200 = 23\,120$

Calculamos, então, que porcentagem 1 156 representa em relação a 23 120:

$23\,120x = 1156 \Rightarrow x = \dfrac{1156}{23\,120} \Rightarrow x = 0,05 \Rightarrow$

$\Rightarrow x = 5\%$

Alternativa **a**.

13. $V_f = 150\left(1 + \dfrac{25}{100}\right) = 150 \cdot (1 + 0,25) =$

$= 150 \cdot (1,25) = 187,5$

Passará a custar R$ 187,50.

14. Para um valor x, colocamos dois acréscimos consecutivos de 20%:

$x \cdot \left(1 + \dfrac{20}{100}\right)^2 = x \cdot (1,2)^2 = x \cdot 1,44$

$1,44 - 1 = 0,44 = \dfrac{44}{100} = 44\%$

Dois acréscimos consecutivos de 20% equivalem a um único acréscimo de 44%.

15. Vamos colocar três descontos consecutivos de 20% em uma quantidade inicial x.

$V_f = x \cdot \left(1 - \dfrac{20}{100}\right)^3 = x \cdot (1 - 0,2)^3 = x \cdot (0,8)^3 =$

$= x \cdot 0,512$

$1 - 0,512 = 0,488 = \dfrac{48,8}{100} = 48,8\%$

Três descontos consecutivos de 20% equivalem a um único desconto de 48,8%.

16. $10 - 1 = 9 = \dfrac{900}{100} = 900\%$

Ao multiplicarmos uma quantia por 10, o acréscimo é de 900%.

17. $120 \cdot x = 144 \Rightarrow x = \dfrac{144}{120} \Rightarrow x = 1,2$

Como multiplicamos o valor inicial por 1,2, o acréscimo será de:

$1,2 - 1 = 0,2 = \dfrac{2}{10} = \dfrac{20}{100} = 20\%$

18. $130 \cdot x = 97,5 \Rightarrow x = \dfrac{97,5}{130} \Rightarrow x = 0,75$

Como o valor inicial foi multiplicado por 0,75, o decréscimo será de:

$1 - 0,75 = 0,25 = \dfrac{25}{100} = 25\%$

19. $x \cdot \left(1 + \dfrac{5}{100}\right)^2 = x \cdot (1,05)^2 = x \cdot 1,1025$

$1,1025 - 1 = 0,1025 = \dfrac{10,25}{100} = 10,25\%$

Dois acréscimos consecutivos de 5% equivalem a um único acréscimo de 10,25%.

20. $V_f = 1200 \cdot \left(1 + \dfrac{8}{100}\right)^2 = 1200 \cdot (1 + 0{,}08)^2 =$

$= 1200 \cdot (1{,}08)^2 = 1200 \cdot (1{,}1664) = 1399{,}68$

O novo valor do televisor é R$ 1.399,68.

21. $V_f = 30\,000 \cdot \left(1 - \dfrac{20}{100}\right) \cdot \left(1 - \dfrac{5}{100}\right) =$

$= 30\,000 \cdot (1 - 0{,}2) \cdot (1 - 0{,}05) =$

$= 30\,000 \cdot (0{,}8) \cdot (0{,}95) = 30\,000 \cdot (0{,}76) = 22\,800$

Para calcular o valor do abatimento: $30\,000 - 22\,800 = 7\,200$.

O abatimento foi de R$ 7.200,00.

Alternativa **c**.

22. Supondo que a outra marca custe x, temos:

$\dfrac{40}{100} \cdot x = 12 \Rightarrow 0{,}4 \cdot x = 12 \Rightarrow x = \dfrac{12}{0{,}4} \Rightarrow x = 30$

O preço do quilo desse outro café é R$ 30,00.

23. Supondo o valor inicial igual a x, temos:

$x \cdot \left(1 + \dfrac{10}{100}\right) \cdot \left(1 - \dfrac{10}{100}\right) = x \cdot (1{,}1) \cdot (0{,}9) = x \cdot 0{,}99$

$1 - 0{,}99 = 0{,}01 = 1\%$.

A alteração foi um decréscimo de 1%.

Alternativa **d**.

Observação: Quando aplicamos um desconto após um acréscimo sobre determinado valor, ambos de $p\%$, não importa a ordem em que o desconto ou o acréscimo são aplicados: a alteração percentual será a mesma e sempre haverá algum decréscimo.

24. A massa de sal corresponde a 12% de 6 240 litros.

$\dfrac{12}{100} \cdot 6\,240 = 748{,}8$

Vamos supor que x litros de água tenham evaporado, então a quantidade de água passará a ser $6\,240 - x$, enquanto a quantidade de sal não se altera. Temos, então, a seguinte relação:

$748{,}8 = \dfrac{18}{100}(6\,240 - x) \Rightarrow 74\,880 = 112\,320 - 18x \Rightarrow$

$\Rightarrow 18x = 112\,320 - 74\,880 \Rightarrow 18x = 37\,440 \Rightarrow$

$\Rightarrow x = \dfrac{37\,440}{18} \Rightarrow x = 2\,080$

Evaporaram 2 080 litros de água.

25. $C = 272$ e $L = 0{,}15V$

$V = C + L \Rightarrow V = 272 + 0{,}15V \Rightarrow V - 0{,}15V = 272 \Rightarrow$

$\Rightarrow 0{,}85V = 272 \Rightarrow V = \dfrac{272}{0{,}85} \Rightarrow V = 320{,}00$

O preço de venda é R$ 320,00.

26. Lembremos que prejuízo pode ser considerado "lucro negativo".

$C = 650$ e $L = -0{,}06V$

$V = C + L \Rightarrow V = 650 - 0{,}06V \Rightarrow V + 0{,}06V = 650 \Rightarrow$

$\Rightarrow 1{,}06V = 650 \Rightarrow V = \dfrac{650}{1{,}06} = 613{,}207 \Rightarrow V \cong 613{,}21$

O preço de venda foi R$ 613,21.

27. $V = 500 \qquad L = 0{,}08C$

$V = C + L \Rightarrow 500 = C + 0{,}08C \Rightarrow 500 = 1{,}08C \Rightarrow$

$\Rightarrow C = \dfrac{500}{1{,}08} \Rightarrow C \cong 462{,}96$

O preço de custo foi de R$ 462,96.

28. $V = 1{,}2C \Rightarrow C = \dfrac{V}{1{,}2} = \dfrac{V}{\dfrac{12}{10}} = \dfrac{10V}{12} = \dfrac{5V}{6}$

$V + 20 = \dfrac{5V}{6} + \dfrac{(V + 20)}{3} \Rightarrow 6V + 120 =$

$= 5V + 2V + 40 \Rightarrow V = 80$

Logo, o preço de venda foi R$ 80,00 + R$ 20,00 = R$ 100,00.

QUESTÕES DO ENEM

3. Às 15 horas a altura era x, e às 16, era duas horas a menos com um decréscimo de 10% em relação à altura às 15 horas.

$x \cdot \left(1 - \dfrac{10}{100}\right) = x - 2 \Rightarrow x \cdot 0{,}9 = x - 2 \Rightarrow$

$\Rightarrow -0{,}1x = -2 \Rightarrow x = \dfrac{2}{0{,}1} \Rightarrow x = 20$

Se às 15 horas a altura era 20 m, às 16 horas teríamos 18 m.

Alternativa **a**.

4. Como a empresa vai contratar mais x funcionários com deficiência ou reabilitados, haverá um total de $1\,200 + x$ funcionários, dos quais $10 + x$ serão reabilitados ou com deficiência. Logo:

$10 + x \geqslant 0{,}05 \cdot (1\,200 + x) \Rightarrow 10 + x \geqslant 60 + 0{,}05x \Rightarrow$

$\Rightarrow x - 0{,}05x \geqslant 60 - 10 \Rightarrow 0{,}95x \geqslant 50 \Rightarrow x \geqslant \dfrac{50}{0{,}95} \Rightarrow$

$\Rightarrow x \geqslant 52{,}63 \Rightarrow x = 53$.

O número de funcionários que deverá ser contratado é 53.

Alternativa **e**.

5. O número de mudas de morango equivale ao número de retângulos que há na área de plantio. As medidas dos lados do retângulo, em metros, equivalem a 0,2 m e 0,1 m. A área de cada um desses retângulos é igual 0,02 m². São inicialmente necessários $10\,000 : 0{,}02 = 500\,000$ retângulos.

A área inicial cultivável de 10 000 m² acrescida em 20% será igual a $1{,}2 \cdot 10\,000$ m² = 12 000 m².

Então, $12\,000 : 0{,}02 = 600\,000$.

$600\,000 - 500\,000 = 100\,000$

É necessário acrescentar mais 100 000 retângulos; ou seja, mais 100 000 mudas.

Alternativa **c**.

6. Se a carga máxima suportada pela ponte é de 12 toneladas, sabe-se que o ponto de sustentação central receberá 60% dessa carga.

60% de $12 = \dfrac{60}{100} \cdot 12 = 7{,}2$

Os outros pontos de sustentação receberão o restante da carga: $12 - 7{,}2 = 4{,}8$.

Haverá, assim, 4,8 toneladas para serem distribuídas igualmente em dois pontos, ou seja, 2,4 em cada um.

Alternativa **c**.

7. Se 36% do esgoto é tratado, 64% não é tratado. A quantidade de esgoto sem tratamento é 8 bilhões de litros e a metade representa 4 bilhões de litros. Se os 8 bilhões representam 64%, 4 bilhões representam 32%.

Como havia 36% de esgoto tratado, o percentual de esgoto que passará a ser tratado (se a meta se concretizar) será 36% + 32% = 68%.

Alternativa **b**.

8. Vamos calcular que percentual 80 milhões representam em relação a 853 milhões.

$$853x = 80 \Rightarrow x = \frac{80}{853} \Rightarrow x \cong 0,0938 \Rightarrow$$

$$\Rightarrow x = \frac{9,38}{100} \Rightarrow x = 9,38\% \Rightarrow x \cong 9,4\%$$

Alternativa **d**.

9. Quantidade de água gasta diariamente em cada atividade:

- tomar banho: 25% de 200 = $\frac{25}{100} \cdot 200 = 50$;

- descarga de banheiro: 33% de 200 = $\frac{33}{100} \cdot 200 = 66$;

- cozinhar e beber: 27% de 200 = $\frac{27}{100} \cdot 200 = 54$;

- demais atividades: 15% de 200 = $\frac{15}{100} \cdot 200 = 30$.

Como será mantido o consumo nas demais atividades, a economia feita será:

50 − (24 + 3,2 + 2,4) = 50 − 29,6 = 20,4

66 − 18 = 48

54 − 22 = 32.

Somando a economia feita: 20,4 + 48 + 32 = 100,4.

Alternativa **c**.

10. A luz passará entre 50% e 70% do que passava antes, ou seja:

$$50\% \text{ de } 70\% = \frac{50}{100} \cdot \frac{70}{100} = \frac{35}{100} = 35\%$$

E ainda 70% de 90% = $\frac{70}{100} \cdot \frac{90}{100} = \frac{63}{100} = 63\%$

O intervalo será [35, 63].

Alternativa **a**.

11. Se o contribuinte comprou as ações por R$ 26 mil e vendeu por R$ 34 mil, obteve R$ 8 mil de lucro. Sobre esses R$ 8 mil incidirá 15% de imposto:

$$15\% \text{ de } 8\,000 = \frac{15}{100} \cdot 8\,000 = 1\,200.$$

Alternativa **b**.

12. Com um desconto de 20% sobre o preço de R$ 50,00, teremos:

$$50 \cdot \left(1 - \frac{20}{100}\right) = 50 \cdot (1 - 0,2) = 50 \cdot (0,8) = 40.$$

Se tivesse o cartão fidelidade, ele ganharia mais 10% de desconto, assim:

$$40 \cdot \left(1 - \frac{10}{100}\right) = 40 \cdot (1 - 0,1) = 40 \cdot (0,9) = 36.$$

O cliente ganharia (40 − 36 = 4) um desconto de R$ 4,00.

Alternativa **e**.

13. Calculamos 90% do preço de cada produto tipo A:

arroz: $\frac{90}{100} \cdot 2,00 = 1,8$

feijão: $\frac{90}{100} \cdot 4,50 = 4,05$

soja: $\frac{90}{100} \cdot 3,50 = 3,15$

milho: $\frac{90}{100} \cdot 6,00 = 5,4$

Se esse valor for superior ao tipo B, o comerciante deve escolher o tipo B, caso contrário, o tipo A. Comparando com a tabela, escolhemos para arroz, feijão, soja e milho, respectivamente, os tipos B, A, A, B.

Alternativa **d**.

14. Observando o gráfico, verificamos que 56% dos estudantes entrevistados tinham telefone móvel. Temos, então, que 56% de 14 900 da Região Sudeste tinham telefone móvel.

$$\frac{56}{100} \cdot 14\,900 = 8\,344$$

Alternativa **d**.

15. A diferença entre os lucros de 2009 e 2008 foi 145 000 − 132 000 = 13 000.

Verificamos que porcentagem 13 000 representa em relação a 132 000.

$$132\,000 \cdot x = 13\,000 \Rightarrow x = \frac{13\,000}{132\,000} \Rightarrow x \cong 0,098 \Rightarrow$$

$$\Rightarrow x \cong 9,8\%$$

Alternativa **c**.

16. Temos inicialmente que 60% de 100, ou seja, 60 pacientes não foram completamente curados, e foram divididos em dois grupos de 30. Cada grupo foi submetido a um tratamento inovador:

1º grupo − 35% curados: $\frac{35}{100} \cdot 30 = 10,5$;

2º grupo − 45% curados: $\frac{45}{100} \cdot 30 = 13,5$.

Total: 10,5 + 13,5 = 24. Os tratamentos inovadores representam 24% do total de 100.

Alternativa **b**.

17. Em 2006:

produção do Brasil: $\frac{43}{100} \cdot 40$ bilhões = 17,2 bilhões;

produção dos EUA: $\frac{45}{100} \cdot 40$ bilhões = 18 billhões.

Em 2009:

produção do Brasil: 17,2 bilhões;

produção dos EUA: 9 bilhões (deixaram de produzir 8 bilhões).

O Brasil, que produzia 17,2 bilhões, terá de produzir 17,2 bilhões + 9 bilhões (que os EUA deixaram de produzir), ou seja, 26,2 bilhões.

Vamos calcular o acréscimo percentual de 17,2 para 26,2:

$$17,2 \cdot x = 26,2 \Rightarrow x = \frac{26,2}{17,2} = 1,5232$$

$$1,5232 - 1 = 0,5232 \cong 52,3\%$$

Alternativa **c**.

18. 25% de $279 = \dfrac{25}{100} \cdot 279 = 69,75 \cong 70$

Mais de 50 e menos de 75.

Alternativa **c**.

19. Para analisarmos a queda da participação do agronegócio no PIB brasileiro em um ano em relação ao ano seguinte, é preciso que o valor do ponto avaliado seja maior que o ponto posterior. Isso ocorreu entre os anos de 2003 e 2006:

28,28 (2003) > 27,29 (2004) > 25,83 (2005) > 23,92 (2006).

Essa relação não é encontrada em nenhum outro ponto do gráfico.

Alternativa **c**.

20. O ganho por ação de cada investidor deve ser calculado pela diferença entre o valor de venda e o de compra ($L = V - C$). Esses valores devem ser retirados do gráfico na hora em que foram efetuados. Analisamos o lucro ou prejuízo de cada investidor.

Investidor 1: $460 - 150 = 310$ (lucro)

Investidor 2: $200 - 150 = 50$ (lucro)

Investidor 3: $460 - 380 = 80$ (lucro)

Investidor 4: $100 - 460 = -360$ (prejuízo)

Investidor 5: $200 - 100 = 100$ (lucro)

O melhor negócio foi do investidor 1.

Alternativa **a**.

21. Observe que o gráfico é dado em milhares de pessoas.

Em 05/09, tem-se 23 020 000 pessoas economicamente ativas.

De 05/09 para 06/09, houve um crescimento de $4\% \Rightarrow 1,04 \cdot 23\,020\,000 = 23\,940\,800$.

Alternativa **d**.

22. Basta empregarmos valores aproximados. A população saltou de 1 270 milhões para 10 162 milhões.

Vejamos o percentual de acréscimos:

$$1270 \cdot x = 10\,162 \Rightarrow x = \frac{10\,162}{1\,270} \cong 8$$

$$8 - 1 = 7 = \frac{700}{100} = 700\%.$$

Alternativa **d**.

COMPETÊNCIAS E HABILIDADES

ENEM

COMPETÊNCIAS DE ÁREA — MATEMÁTICA E SUAS TECNOLOGIAS

Habilidades

H4 Avaliar a razoabilidade de um resultado numérico na construção de argumentos sobre afirmações quantitativas.

H5 Avaliar proposta de intervenção na realidade utilizando conhecimentos numéricos.

Competência da área 5 de Matemática e suas tecnologias

H19 Identificar representações algébricas que expressem a relação entre grandezas.

H21 Resolver situação-problema cuja modelagem envolva conhecimentos algébricos.

H23 Avaliar proposta de intervenção na realidade utilizando conhecimentos algébricos.

BNCC

Habilidades

EF06MA11 Fazer estimativas de quantidades e aproximar números para múltiplos da potência de 10 mais próxima. Cálculo de porcentagens por meio de estratégias diversas, sem fazer uso da "regra de três".

EF06MA12 Resolver e elaborar problemas que envolvam porcentagens, com base na ideia de proporcionalidade, sem fazer uso da "regra de três", utilizando estratégias pessoais, cálculo mental e calculadora, em contextos de educação financeira, entre outros.

EF07MA01 Resolver e elaborar problemas com números naturais, envolvendo as ideias de múltiplos, divisores e divisibilidade. Cálculo de porcentagens e de acréscimos e decréscimos simples.

EF07MA02 Resolver e elaborar problemas que envolvam porcentagens, como os que lidam com acréscimos e decréscimos simples, utilizando estratégias pessoais, cálculo mental e calculadora, no contexto de educação financeira, entre outros.

EF08MA04 Resolver e elaborar problemas envolvendo cálculo de porcentagens, incluindo o uso de tecnologias digitais.

EF09MA04 Resolver e elaborar problemas com números reais, inclusive em notação científica, envolvendo diferentes operações.

UNIDADES DE MEDIDA

O QUE É MEDIDA

Medida é o resultado do ato de medir, que por sua vez é a comparação de uma grandeza com outra definida como grandeza unitária.

Tomemos o segmento de reta $\overline{AB}$ e o segmento unitário u, conforme a figura a seguir:

A _____ B   u

Em seguida, verificamos quantas vezes o segmento unitário u cabe no segmento $\overline{AB}$.

A u u u u u B

Assim, nesse exemplo, o segmento unitário u cabe cinco vezes no segmento de reta $\overline{AB}$, ou seja, o segmento $\overline{AB}$ mede $5u$. Podemos considerar, portanto, a medida u como uma **unidade de medida**.

Essa ideia pode ser estendida para medir superfícies, tomando-se um quadrado de lado unitário como unidade de medida de área e, também, para medir o volume de sólidos, tomando-se um cubo de lado unitário como unidade de medida de volume.

SISTEMA MÉTRICO DECIMAL

Unidade de comprimento

A necessidade de medir é muito antiga e remonta à origem das civilizações. Por longo tempo cada país, cada região, teve seu próprio sistema de medidas. Essas unidades de medidas, entretanto, eram geralmente arbitrárias e imprecisas, como aquelas baseadas no corpo humano: palmo, pé, polegada, braça, côvado.

Isso criava muitos problemas para o comércio, porque as pessoas de uma região não estavam familiarizadas com o sistema de medir das outras regiões, e também porque os padrões adotados eram, muitas vezes, subjetivos. As quantidades eram expressas em unidades de medir pouco confiáveis, diferentes umas das outras e que não tinham correspondência entre si [...].

O Sistema Métrico Decimal

Em 1789, numa tentativa de resolver esse problema, o Governo Republicano Francês pediu à Academia de Ciência da França que criasse um sistema de medidas baseado numa "constante natural", ou seja, não arbitrária. Assim foi criado o Sistema Métrico Decimal, constituído inicialmente de três unidades básicas: o metro, que deu nome ao sistema, o litro e o quilograma (posteriormente, esse sistema seria substituído pelo Sistema Internacional de Unidades – SI).

Metro

Dentro do Sistema Métrico Decimal, a unidade de medir a grandeza comprimento foi denominada metro e definida como "a décima milionésima parte da quarta parte do meridiano terrestre" (dividiu-se o comprimento do meridiano por 40.000.000). Para materializar o metro, construiu-se uma barra de platina de secção retangular, com 25,3 mm de espessura e com 1m de comprimento de lado a lado.

Essa medida materializada, datada de 1799, conhecida como o "metro do arquivo", não é mais utilizada como padrão internacional desde a nova definição do metro feita em 1983 pela 17ª Conferência Geral de Pesos e Medidas [...].

Muitos países adotaram o sistema métrico, inclusive o Brasil, aderindo à Convenção do Metro. Entretanto, apesar das qualidades inegáveis do Sistema Métrico Decimal – simplicidade, coerência e harmonia – não foi possível torná-lo universal. Além disso, o desenvolvimento científico e tecnológico passou a exigir medições cada vez mais precisas e diversificadas. Em 1960, o Sistema Métrico Decimal foi substituído pelo Sistema Internacional de Unidades – SI, mais complexo e sofisticado que o anterior.

Protótipo internacional do metro de 1889 (1ª Conferência Geral de Pesos e Medidas), construído em platina iridiada.

O SISTEMA métrico decimal. Disponível em: http://www.ipem.sp.gov.br/index.php?option=com_content&view=article&id=346&Itemid=273. Acesso em: 31 maio 2019.

Múltiplos e submúltiplos do metro

Múltiplos			Unidade fundamental	Submúltiplos		
Quilômetro	Hectômetro	Decâmetro	Metro	Decímetro	Centímetro	Milímetro
km	hm	dam	m	dm	cm	mm
1 000 · 1 m	100 · 1 m	10 · 1 m	1 m	0,1 · 1 m	0,01 · 1 m	0,001 · 1 m

Conversão de unidades

Exemplos

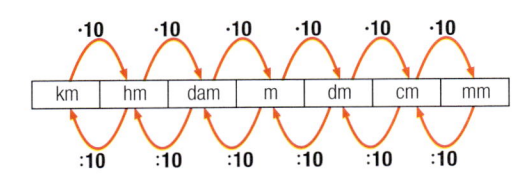

1. Converta as medidas em mm.

   a) 2,3 m = 2 300 mm

   b) 0,02 dm = 2 mm

   c) 2 km = 2 000 000 mm

2. Converta as medidas em dm.

   a) 23,456 m = 2,3456 dam

   b) 2 cm = 0,002 dam

   c) 23,5 mm = 0,00235 dam

3. Converta 234,45 km em centímetros.

   Solução

   Devemos multiplicar esse valor por 10 · 10 · 10 · 10 · 10, ou seja, 10^5. Se vamos deslocar o algarismo cinco casas para a direita, a vírgula também deve ser deslocada cinco casas para a direita.

   Então: 234,45 km = 23 445 000 cm (completamos as casas que faltam com zero).

4. Converta 245,5 m em hectômetro.

   Solução

   Devemos dividir esse valor por 100, ou seja, 10^2 (é o mesmo que multiplicar por 10^{-2}). Se vamos deslocar o algarismo duas casas para a esquerda, a vírgula também deve ser deslocada duas casas para a esquerda.

   Então: 245,5 m = 2,455 hm.

5. Converta 2,34 m em quilômetros.

Solução

Vamos deslocar a vírgula três casas para a esquerda, então:

2,34 m = 0,00234 km (também completamos as casas que faltam com zero)

Outras medidas de comprimento

Muitas das unidades de medida mostradas a seguir ainda são usadas em construção civil (polegadas), navegação aérea (pés), navegação marítima ou terrestre (milhas). Veja na tabela abaixo as respectivas equivalências com o sistema métrico decimal.

Unidade de medida	Equivalência com o sistema métrico decimal
pé	30,48 cm
milha terrestre	1,609 km
milha náutica	1,852 km
jarda	91,44 cm
polegada	2,54 cm
légua*	4828,03 m
braça*	1,8288 m

* As conversões dessas unidades de medida podem variar por regiões/países, pois não existe conversão oficial.

> 1 pé = 12 polegadas (12")
> 1 jarda = 3 pés

Medidas de superfície (metro quadrado)

Conversão de unidades

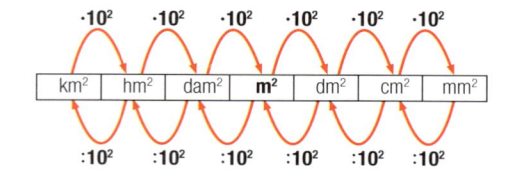

> **Medidas agrárias**
> 1 are = 100 m^2
> 1 hectare = 10 000 m^2

Exemplos

1. Converta as medidas em cm^2.

a) 0,0034 dam^2 = 3 400 cm^2

b) 1,27 hm^2 = 127 000 000 cm^2

c) 0,21 km^2 = 2 100 000 000 cm^2

2. Converta as medidas em m^2.

a) 23,67 mm^2 = 0,00002367 m^2

b) 2 500 cm^2 = 0,25 m^2

c) 6,76 dm^2 = 0,0676 m^2

3. Converta 23,45 m^2 em cm^2.

Solução

Devemos multiplicar esse valor por $10^2 \cdot 10^2 = 10^4$. Cada casa deslocada à direita no diagrama corresponde a duas casas em que a vírgula deve se deslocar para a direita. No caso, vamos deslocar a vírgula quatro casas para a direita. Temos: 23,45 m^2 = 234 500 cm^2 (completamos as casas que faltam com zero).

4. Converta 123,47 m^2 em km^2.

Solução

Temos de dividir esse valor por $10^2 \cdot 10^2 \cdot 10^2 = 10^6$ (que é o mesmo que multiplicar por 10^{-6}). No diagrama andaremos três casas para a esquerda, então a vírgula andará seis casas, também para a esquerda. Assim, 123,47 m^2 = 0,000123,47 km^2.

Medidas de massa

É muito comum confundir a grandeza massa com peso. Massa é a quantidade de matéria e peso é a grandeza obtida ao se multiplicar a massa pela aceleração da gravidade local.

Uma pessoa que estivesse na Lua teria a mesma quantidade de matéria de quando estava na Terra, ou seja, a mesma massa. Já o peso dela na Terra é maior do que seu peso na Lua, pois a aceleração da gravidade é maior na Terra do que na Lua.

No Sistema Internacional de Unidades, o quilograma (kg) é a unidade-padrão (ou unidade fundamental) de massa. Mas geralmente o grama (g) é usado como unidade de referência.

> Observe outras medidas de massa muito utilizadas.
> 1 tonelada (1t) = 1 000 kg
> 1 arroba ≅ 15 kg

Conversão de unidades

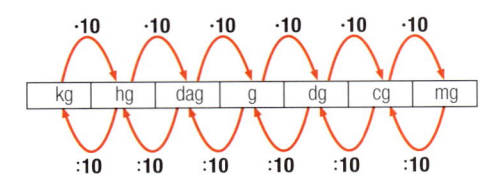

Exemplos

1. Converta em miligrama.
   a) 0,000345 kg = 345 mg
   b) 345 dag = 3 450 000 mg

2. Converta em quilograma.
   a) 4 359 mg = 0,004359 kg
   b) 25,41 cg = 0,0002541 kg

Medidas de capacidade

A unidade-padrão de medida de capacidade é o litro (L).

Nos Estados Unidos é utilizada também a "onça líquida" (fl oz) como medida de capacidade, 1 fl oz = 29,57 mL.

Conversão de unidades

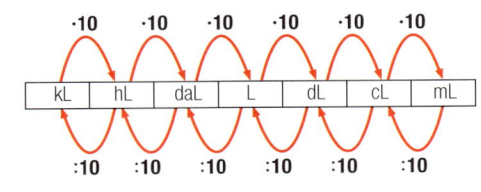

Exemplos

1. Converta em centilitro.
   a) 0,00042 L = 0,042 cL
   b) 250,9 kL = 25 090 000 cL

2. Converta em quilolitro.
   a) 235 mL = 0,000 235 kL
   b) 0,34 L = 0,00034 kL

Medidas de volume (metros cúbicos)

Conversão de unidades

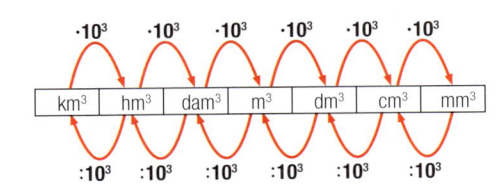

$$1\ dm^3 = 1L$$
$$1\ cm^3 = 1\ mL$$

Exemplos

1. Converta em metros cúbicos.
   a) $0,00034\ km^3 = 340\,000\ m^3$
   b) $345,61\ hm^3 = 345\,610\,000\ m^3$
   c) $0,842\ dam^3 = 842\ m^3$

2. Converta $2\,348\ mm^3$ em m^3.

   Solução

   Devemos dividir esse valor por $10^3 \cdot 10^3 \cdot 10^3 = 10^9$. Se no diagrama percorremos três casas para a esquerda, a vírgula andará nove casas na mesma direção.

   Então, $2\,348\ mm^3 = 0,000002348\ m^3$.

RESOLUÇÕES PASSO A PASSO

1. (ATM-Recife) Um município colheu uma produção de 9 000 toneladas de milho em grãos em uma área planta-da de 2 500 hectares. Obtenha a produtividade média do município em sacas de 60 kg colhidas por hectare.

a) 50   b) 60   c) 72   d) 90   e) 100

LEIA E COMPREENDA

Os dados fornecidos no problema são a produção total em toneladas em determinada área e a massa de uma saca. O objetivo é descobrir a produtividade por hectare.

PLANEJE A SOLUÇÃO

Devemos transformar a quantidade produzida (que está em toneladas) em quilos e depois descobrir quantas sacas são colhidas em 1 hectare.

EFETUE O QUE FOI PLANEJADO

Uma tonelada equivale a 1 000 kg, logo, 9 000 toneladas equivalem a $9\,000 \cdot 1\,000 = 9\,000\,000$ kg, ou seja, 9 000 000 kg foram plantados em 2 500 hectares.

Mas o problema pede a produtividade média do município em sacas de 60 kg colhidas por hectare. Vamos inicialmente determinar a quantidade de sacas de 60 kg que foram colhidas: $9\,000\,000 : 60 = 150\,000$ sa-cas de 60 kg plantadas em 2 500 hectares. Logo, a produtividade média por hectare é de $150\,000 : 2\,500 = 60$ sacas/hectare. Ou seja, 60 sacas de 60 kg para cada 1 hectare.

VERIFIQUE

Temos 60 sacas colhidas em 1 hectare; em 2 500 hectares: $2\,500 \cdot 60 = 150\,000$ sacas.

Como cada saca pesa 60 kg, teremos $150\,000 \cdot 60 = 9\,000\,000$.

RESPONDA

A produtividade média por hectare é de 60 sacas.

Alternativa **b**.

AMPLIAÇÃO DO PROBLEMA

Se as sacas fossem de 50 kg, qual seria a produtividade na mesma área plantada?

$9\,000\,000 : 50 = 180\,000$. Teríamos 180 000 sacas plantadas em 2 500 hectares.

A produtividade seria: $180\,000 : 2\,500 = 72$; portanto, produtividade de 72 sacas por hectare.

2. (UFG-GO) Em um panfleto de *fast-food* há diversas curiosidades sobre o *milk-shake*. Uma delas afirma que é necessário o conteúdo de 5 milhões de copos de *milk-shakes*, com capacidade de 500 mL cada, para en-cher uma piscina olímpica. Nessas condições, qual é a fração que a capacidade de um copo de *milk-shake* representa em relação à capacidade da piscina olímpica?

a) $\dfrac{1}{1\,000\,000}$ c) $\dfrac{5}{1\,000}$

b) $\dfrac{1}{5\,000\,000}$ d) $\dfrac{5}{1\,000\,000}$

LEIA E COMPREENDA

O problema fornece os dados: a capacidade de um copo de *milk-shake* e que são necessários 5 milhões des-ses copos para encher uma piscina. Devemos encontrar a razão entre a capacidade de um copo de *milk-shake* e a da piscina com 5 milhões desses copos.

PLANEJE A SOLUÇÃO

Temos de calcular quantos mililitros de *milk-shake* cabem na piscina e estabelecer a razão entre um copo e esse volume.

EFETUE O QUE FOI PLANEJADO

Capacidade da piscina: $5\,000\,000 \cdot 500\ mL = 2\,500\,000\,000\ mL$

Razão entre a capacidade do copo e a da piscina: $\dfrac{500}{2\,500\,000\,000} = \dfrac{1}{5\,000\,000}$.

VERIFIQUE

O resultado indica $1 : 5\,000\,000$;

Assim, precisamos de $5\,000\,000$ desses copos para encher a piscina, conforme pede o enunciado.

RESPONDA

A razão é $1 : 5\,000\,000$ ou $\dfrac{1}{5\,000\,000}$.

Alternativa **b**.

AMPLIAÇÃO DO PROBLEMA

Um reservatório em forma de paralelepípedo reto tem 1,8 m de largura, 1,5 m de comprimento e altura h. Se sua capacidade total é de 1 620 L, determine a altura h.

a) 60 m

b) 60 dm

c) 0,06 m

d) 60 cm

e) 6 m

Lembre-se de que $1\ dm^3 = 1\ L$ e $1\ m^3 = 1\,000\ dm^3 = 1\,000\ L$.

Temos que $1\,620\ L = 1\,620\ dm^3$.

Vamos, portanto, calcular o volume em decímetro cúbico:

$1,5\ m = 15\ dm$; $1,8\ m = 18\ dm$

$V = 15 \cdot 18 \cdot h \Rightarrow V = 270\,h\ dm^3$

Então: $270\,h = 1\,620 \Rightarrow h = 6$

Se $h = 6\ dm \Rightarrow h = 60\ cm$.

Alternativa **d**.

---

3. Sabendo que José percorreu uma distância de 550 metros para ir de sua casa até uma lanchonete e mais 1,2 km da lanchonete até o cinema, assinale a alternativa que representa a distância percorrida por José, em metros, ao fazer o trajeto de ida e volta para casa.

   a) 1 650 m c) 2 345 m e) 3 500 m

   b) 2 012 m d) 3 248 m

4. Supondo não haver desperdício de material, um cubo de 1 m de aresta foi dividido em cubinhos e cada um deles mede $1\ mm^3$. Obteve-se o maior número de cubinhos possível e, esses, foram empilhados, um a um, formando uma coluna. A medida da altura dessa coluna é igual a:

   a) 100 m. d) 100 km.

   b) 1 km. e) 1 000 km.

   c) 10 km.

5. O comandante de uma aeronave comunica aos passageiros que o avião está a uma altitude de 10 000 pés. Em quilômetros, a que altura do solo está essa aeronave?

6. Uma propriedade rural tem a forma de um quadrado e sua área é de $144\ dam^2$. Qual é a medida do lado do terreno dessa propriedade em metros?

7. Quantas polegadas há em 1 jarda?

8. Ao medir o comprimento de uma ripa, um carpinteiro usou uma régua de 20 cm e observou que a régua foi posicionada 10 vezes e meia na ripa. Qual é o comprimento dessa ripa?

9. Qual é a velocidade em milhas/hora de um carro que se move a 80 km/h?

10. Uma das mais tradicionais provas de automobilismo é a 500 Milhas de Indianápolis, etapa do campeonato da Fórmula Indy. Um piloto que completou a prova percorreu quantos quilômetros?

11. A capacidade de carga de um caminhão varia de acordo com seu tamanho, tipo e finalidade de uso. O Conselho Nacional de Trânsito (Contran) limita o peso máximo por eixo que cada veículo pode carregar. O caminhão de menor porte, usado em áreas urbanas, é também o que pode carregar a menor carga: a carga máxima permitida é de 3 toneladas, com a largura máxima de 2,2 m e o comprimento máximo de 6,3 m.

(Dados disponíveis em: www.carrodegaragem.com/capacidade-carga-caminhoes-tabela-tamanhos-pesos/)

Nerthuz/Shutterstock.com

Um caminhão com as características citadas no enunciado transporta 1 200 kg de cereais e mais 900 kg de alimentos perecíveis. Para alcançar o limite máximo de carga permitida falta, ainda, em toneladas:

a) 1,2.   b) 1,3.   c) 0,9.   d) 0,8.   e) 1,1.

12. A escassez de água sempre foi uma preocupação para os habitantes da Região Nordeste. A chegada da temporada de chuvas é motivo de comemoração. Uma reportagem da *Gazeta do Cariri*, de janeiro de 2017, retrata bem a situação no maior reservatório do Ceará.

"O Açude Orós teve um acúmulo de mais de 21 milhões de metros cúbicos de água nos últimos sete dias, resultado das chuvas de janeiro que este ano foram bem generosas [...]".

Açude Orós acumula...*Gazeta do Cariri*, jan. 2017. Disponível em: http://www.gazetadocariri.com/2017/01/acude-oros-acumula-mais-de-21-milhoes.html. Acesso em: 31 maio 2019.

LC Moreira/Futura Press

Vista aérea do Sangradouro do Açude Orós, Ceará.

Observando o que foi expresso na reportagem, o acúmulo de água nesses sete dias foi de:

a) $21 \cdot 10^6$ litros.
b) $21 \cdot 10^7$ litros.
c) $21 \cdot 10^8$ litros.
d) $21 \cdot 10^9$ litros.
e) $21 \cdot 10^{10}$ litros.

13. Se uma dose de vacina para prevenir determinada epidemia tem 0,25 mL, qual é o volume em litros para vacinar 5 milhões de indivíduos?

a) $1,25 \cdot 10^3$ L
b) $25 \cdot 10^3$ L
c) $1,25 \cdot 10^4$ L
d) $1,25 \cdot 10^5$ L
e) $1,25 \cdot 10^6$ L

14. Nos EUA, a unidade de medida que indica a capacidade de latas de refrigerantes é a onça líquida. Uma onça líquida (fl oz) equivale aproximadamente a 29,6 mL. Qual é a capacidade, em onça líquida, de uma lata que contém 350 mL de refrigerante?

15. Uma torneira não foi fechada corretamente, por isso continuou gotejando a cada 5 segundos; isso aconteceu durante 2 horas e 30 minutos. Sabe-se que o volume de cada gota é de 0,25 mL de água. Qual foi, em litros, o desperdício de água durante o tempo que essa torneira ficou pingando?

16. Uma família compra somente detergentes aromatizados em recipientes de 3,75 L. Em sua última compra, foram adquiridas 4 unidades, como mostra a figura. O aroma é indicado pelas cores das embalagens: duas unidades da embalagem verde (limão), uma unidade da embalagem vermelha (morango) e uma laranja (laranja). Supondo que foi consumido todo o conteúdo de um recipiente com aroma de limão, a terça parte do conteúdo do recipiente com aroma de laranja e a metade do que tem aroma de morango, quanto ainda resta, em mililitros, de detergente?

chengyuzheng/iStockphoto.com

a) 7 875 mL
b) 7 125 mL
c) 3 345 mL
d) 8 125 mL
e) 3 785 mL

17. Um litro de gasolina vendida nos postos contém 27% de etanol. Os reservatórios subterrâneos, normalmente, têm capacidade de 30 000 L. Um caminhão-tanque de combustível completa a capacidade de um desses reservatórios com gasolina. Sabendo que 1 L de etanol pesa 0,789 kg, quantas toneladas de etanol estão misturadas à gasolina armazenada nesse reservatório?

QUESTÕES DO ENEM

RESOLUÇÃO PASSO A PASSO

1. (Enem) Uma empresa especializada em conservação de piscinas utiliza um produto para tratamento da água cujas especificações técnicas sugerem que seja adicionado 1,5 mL desse produto para cada 1 000 L de água da piscina. Essa empresa foi contratada para cuidar de uma piscina de base retangular, de profundidade constante igual a 1,7 m com largura e comprimento iguais a 3 m e 5 m respectivamente. O nível da lâmina-d'água é mantido a 50 cm da borda da piscina.

A quantidade desse produto, em mililitros, que deve ser adicionada a essa piscina de modo a atender às suas especificações técnicas é:

a) 11,25. **b)** 27,00. **c)** 28,80. **d)** 32,25. **e)** 49,50.

LEIA E COMPREENDA

O problema nos fornece as dimensões de uma piscina e a altura em que se encontra a lâmina-d'água. Relaciona a quantidade do produto para determinado volume de água. O que ele pede é a quantidade em mililitros desse produto que deve ser aplicada para a conservação da piscina.

PLANEJE A SOLUÇÃO

Devemos transformar as dimensões da piscina em decímetros e, depois, calcular o volume de água (descontando 50 cm da profundidade). Em seguida, precisamos transformar esse volume em mililitros e descobrir quanto do produto deve ser aplicado.

EFETUE O QUE FOI PLANEJADO

Volume da piscina até a lâmina-d'água:

$V = 12$ dm $\cdot$ 30 dm $\cdot$ 50 dm $= 18\,000$ dm^3 $= 18\,000$ L

Como aplicamos 1,5 mL para cada 1 000 L, basta fazermos: $1,5 \cdot 18 = 27$.

VERIFIQUE

Foram feitas 27 aplicações de 1,5 mL.

$27 : 1,5 = 18$. Como cada aplicação é para 1 000 L, foram tratados 18 000 L de água, ou seja, 18 000 dm^3.

RESPONDA

Serão necessárias 27 doses.

Alternativa **b**.

AMPLIAÇÃO DO PROBLEMA

Quantas doses de 2,5 mL para cada 2 000 L são necessárias para tratar os mesmos 18 m^3 de água?

Se para 2 000 L é necessária uma dose de 2,5 mL, para 1 000 litros precisamos de uma dose de 1,25 mL.

Para tratarmos 18 000 L, precisamos de $18 \cdot 1,25 = 22,5$ doses.

2. (Enem) Em uma embalagem de farinha encontra-se a receita de um bolo, sendo parte dela reproduzida a seguir:

> **INGREDIENTES**
> - 640 g de farinha (equivalente a 4 xícaras)
> - 16 g de fermento biológico (equivalente a 2 colheres medidas)

Possuindo apenas a colher medida indicada na receita, uma dona de casa teve que fazer algumas conversões para poder medir com precisão a farinha. Considere que a farinha e o fermento possuem densidades iguais.

Cada xícara indicada na receita é equivalente a quantas colheres medidas?

a) 10 **b)** 20 **c)** 40 **d)** 80 **e)** 320

3. (Enem) Em alguns países anglo-saxões, a unidade de volume utilizada para indicar o conteúdo de alguns recipientes é a onça fluida britânica. O volume de uma onça fluida britânica corresponde a 28,4130625 mL.

A título de simplificação, considere uma onça fluida britânica correspondendo a 28 mL.

Nessas condições, o volume de um recipiente com capacidade de 400 onças fluidas britânicas, em cm³, é igual a:

a) 11 200.

c) 112.

e) 1,12.

b) 1 120.

d) 11,2.

4. (Enem) Para economizar em suas contas mensais de água, uma família de 10 pessoas deseja construir um reservatório para armazenar a água captada das chuvas que tenha capacidade suficiente para abastecer a família por 20 dias. Cada pessoa da família consome, diariamente, 0,08 m³ de água.

Para que os objetivos da família sejam atingidos, a capacidade mínima, em litros, do reservatório a ser construído deve ser:

a) 16.

c) 1 600.

e) 16 000.

b) 800.

d) 8 000.

5. (Enem) Nos Estados Unidos a unidade de medida de volume mais utilizada em latas de refrigerante é a onça fluida (fl oz), que equivale a aproximadamente 2,95 centilitros (cL).

Sabe-se que o centilitro é a centésima parte do litro e que a lata de refrigerante usualmente comercializada no Brasil tem capacidade de 355 mL. Assim, a medida do volume da lata de refrigerante de 355 mL, em onça fluida (fl oz), é mais próxima de:

a) 0,83.

c) 12,03.

e) 120,34.

b) 1,20.

d) 104,73.

6. (Enem) Um motorista de um carro flex (bicombustível) calcula que, abastecido com 45 litros de gasolina ou com 60 litros de etanol, o carro percorre a mesma distância.

Chamando de x o valor do litro de gasolina e de y o valor do litro de etanol, a situação em que abastecer com gasolina é economicamente mais vantajosa do que abastecer com etanol é expressa por:

a) $\dfrac{x}{y} = \dfrac{4}{3}$.

c) $\dfrac{x}{y} > \dfrac{4}{3}$.

e) $\dfrac{x}{y} < \dfrac{4}{3}$.

b) $\dfrac{x}{y} = \dfrac{3}{4}$.

d) $\dfrac{x}{y} > \dfrac{3}{4}$.

7. (Enem) Para uma temporada das corridas de Fórmula 1, a capacidade do tanque de combustível de cada carro passou a ser de 100 kg de gasolina. Uma equipe optou por utilizar uma gasolina com densidade de 750 gramas por litro, iniciando a corrida com o tanque cheio. Na primeira parada de reabastecimento, um carro dessa equipe apresentou um registro em seu computador de bordo acusando o consumo de quatro décimos da gasolina originalmente existente no tanque. Para minimizar o peso desse carro e garantir o término da corrida, a equipe de apoio reabasteceu o carro com a terça parte do que restou no tanque na chegada ao reabastecimento.

Disponível em: www.superdanilof1page.com.br.
Acesso em: 6 jul. 2015 (adaptado).

A quantidade de gasolina utilizada, em litro, no reabastecimento foi:

a) $\dfrac{20}{0,075}$.

d) $20 \cdot 0,075$.

b) $\dfrac{20}{0,75}$.

e) $20 \cdot 0,75$.

c) $\dfrac{20}{7,5}$.

Cena de corrida da Fórmula 1 em Kuala Lampur, Malásia, 2017.

8. (Enem) O ato de medir consiste em comparar duas grandezas de mesma espécie. Para medir comprimentos existem diversos sistemas de medidas. O pé, a polegada e a jarda, por exemplo, são unidades de comprimento utilizadas no Reino Unido e nos Estados Unidos. Um pé corresponde a $\dfrac{1\,200}{3\,937}$ metros ou doze polegadas, e três pés são uma jarda. Uma haste com 3 jardas, 2 pés e 6 polegadas tem comprimento, em metro, mais próximo de:

a) 1,0.

c) 10,0.

e) 25,3.

b) 3,5.

d) 22,9.

9. (Enem) O prédio de uma empresa tem cinco andares e, em cada andar, há dois banheiros masculinos e dois femininos. Em cada banheiro estão instalados dois recipientes para sabonete líquido com uma capacidade de 200 mL (0,2 litro) cada um. Os recipientes dos banheiros masculinos são abastecidos duas vezes por semana e os dos banheiros femininos, três vezes por semana, quando estão completamente vazios. O fornecedor de sabonete líquido para a empresa oferece cinco tipos de embalagens: I, II, III, IV e V, com capacidades de 2 L, 3 L, 4 L, 5 L e 6 L, respectivamente.

Para abastecer completamente os recipientes de sabonete líquido dos banheiros durante a semana, a empresa planeja adquirir quatro embalagens de um mesmo tipo, de forma que não haja sobras de sabonete. Que tipo de embalagem a empresa deve adquirir?

a) I   b) II   c) III   d) IV   e) V

10. (Enem) Para que o pouso de um avião seja autorizado em um aeroporto, a aeronave deve satisfazer, necessariamente, as seguintes condições de segurança:

I. a envergadura da aeronave (maior distância entre as pontas das asas do avião) deve ser, no máximo, igual à medida da largura da pista;

II. o comprimento da aeronave deve ser inferior a 60 m;

III. a carga máxima (soma das massas da aeronave e sua carga) não pode exceder 110 t.

Suponha que a maior pista desse aeroporto tenha 0,045 km de largura, e que os modelos de aviões utilizados pelas empresas aéreas, que utilizam esse aeroporto, sejam dados pela tabela.

Modelo	Dimensões (comprimento · envergadura)	Carga máxima
A	44,57 · 34,10 m	110 000 kg
B	44,00 · 34,00 m	95 000 kg
C	44,50 · 39,50 m	121 000 kg
D	61,50 · 34,33 m	79 010 kg
E	44,00 · 34,00 m	120 000 kg

Os únicos aviões aptos a pousar nesse aeroporto, de acordo com as regras de segurança, são os modelos:

a) A e C.   c) B e D.   e) C e E.
b) A e B.   d) B e E.

Vista aérea da pista de pouso do Aeroporto Santos Dumont, Rio de Janeiro (RJ), 2015.

11. (Enem) Alguns exames médicos requerem uma ingestão de água maior do que a habitual. Por recomendação médica, antes do horário do exame, uma paciente deveria ingerir 1 copo de água de 150 mililitros a cada meia hora, durante as 10 horas que antecederiam um exame. A paciente foi a um supermercado comprar água e verificou que havia garrafas dos seguintes tipos:

- Garrafa I: 0,15 litro;
- Garrafa II: 0,30 litro;
- Garrafa III: 0,75 litro;
- Garrafa IV: 1,50 litro;
- Garrafa V: 3,00 litros.

A paciente decidiu comprar duas garrafas do mesmo tipo, procurando atender à recomendação médica e, ainda, de modo a consumir todo o líquido das duas garrafas antes do exame.

Qual o tipo de garrafa escolhido pela paciente?

a) I   b) II   c) III   d) IV   e) V

12. (Enem) Deseja-se comprar lentes para óculos. As lentes devem ter espessuras mais próximas possíveis da medida 3 mm. No estoque de uma loja, há lentes de espessuras: 3,10 mm; 3,021 mm; 2,96 mm; 2,099 mm e 3,07 mm.

Se as lentes forem adquiridas nessa loja, a espessura escolhida será, em milímetros, de:

a) 2,099.   c) 3,021.   e) 3,10.
b) 2,96.   d) 3,07.

13. (Enem) O dono de uma empresa produtora de água mineral explora uma fonte de onde extrai 20 000 litros diários, os quais são armazenados em um reservatório com volume interno de 30 m³, para serem colocados, ao final do dia, em garrafas plásticas. Para aumentar a produção, o empresário decide explorar também uma fonte vizinha, de onde passa a extrair outros 25 000 litros. O reservatório que se encontra em uso possui uma capacidade ociosa que deve ser aproveitada.

Avaliando a capacidade do reservatório existente e o novo volume de água extraído, qual o volume interno mínimo de um novo reservatório que o empresário deve adquirir?

a) 15,0 m³   c) 37,5 m³   e) 57,5 m³
b) 25,0 m³   d) 45,0 m³

14. (Enem) Uma torneira não foi fechada corretamente e ficou pingando, da meia-noite às seis horas da manhã, com a frequência de uma gota a cada três segundos. Sabe-se que cada gota d'água tem volume de 0,2 mL.

Qual foi o valor mais aproximado do total de água desperdiçada nesse período, em litros?

a) 0,2   c) 1,4   e) 64,8
b) 1,2   d) 12,9

RESOLUÇÕES E COMENTÁRIOS

EXERCÍCIOS

3. De casa até a lanchonete, José percorreu 550 m. Da lanchonete ao cinema, ele percorreu 1,2 km = 1 200 m. Então, de casa até o cinema, o percurso foi 1 200 m + 550 m = 1 750 m. O percurso de volta, do cinema para casa, é também 1 750 m. Logo, o percurso total é: 1 750 m + 1 750 m = 3 500 m.

Alternativa **e**.

4. 1 m = 1 000 mm. A aresta desse cubo mede, então, 1 000 mm.

Na divisão para obter cubinhos de 1 mm de aresta, temos:

$1 000 \cdot 1 000 \cdot 1 000 = 10^3 \cdot 10^3 \cdot 10^3 = 10^9$ cubinhos que, empilhados, formarão uma coluna cuja altura é de 10^9 mm. Transformando essa medida em quilômetros, teremos:

10^9 mm = 1 000 000 000 mm = 1 000 km.

Alternativa **e**.

5. 1 pé = 30,48 cm = 0,3048 m

0,3048 m · 10 000 = 3 048 m = 3,048 km

A aeronave está a 3,048 km do solo.

6. Como o terreno tem a forma de um quadrado:

$A = \ell^2 \Rightarrow \ell^2 = 144 \text{ dam}^2 \Rightarrow \ell = \sqrt{144^2} \Rightarrow \ell = 12$

$\ell = 12 \text{ dam} \Rightarrow \ell = 120 \text{ m}$.

O lado do terreno tem 120 m.

7. 1 pé = 12 polegadas

1 jarda = 3 pés = 3 · 12" = 36"

Uma jarda corresponde a 36".

8. 20 cm · 10,5 = 210 cm = 2,10 m

A ripa mede 2,10 m.

9. 1 milha —— 1,609 km

x —— 80 km

$x = \dfrac{80}{1,609} \Rightarrow x = 49,72$

80 km/h = 49,72 milhas/hora

10. 1,609 km —— 1 milha

x —— 500 milhas

$x = 500 \cdot 1,609 \Rightarrow x = 804,5$

500 milhas = 804,5 km

11. 900 kg + 1 200 kg = 2 100 kg = 2,1 t

3,0 t − 2,1 t = 0,9 t

Alternativa **c**.

12. 21 000 000 m³ = 21 000 000 000 dm³ = 21 000 000 000 L = = 21 · 10^9 L

Alternativa **d**.

13. $5 000 000 \cdot 0,25 = 5 \cdot 10^6 \cdot 25 \cdot 10^{-2} = 125 \cdot 10^4$

1 250 000 mL = 1 250 L = 1,25 · 10^3 L

Alternativa **a**.

14. 1 (fl oz) —— 29,6 mL

x —— 350 ml

$x = \dfrac{350}{29,6} \cdot x = 11,82$ fl oz

15. 2,5 h = (2,5 · 60) minutos = 150 minutos = = (150 · 60) segundos = 9 000 segundos

Como houve um gotejamento a cada 5 segundos: 9 000 : 5 = 1 800 gotas.

Se cada gota tem volume de 0,25 mL, o volume de água desperdiçado foi 1 800 · 0,25 mL = 450 mL = 0,45 L.

16. Foram consumidos:

1 recipiente inteiro (aroma limão) = 3,75 L

$\dfrac{1}{3}$ do recipiente (aroma laranja) = 3,75 : 3 = 1,25; 1,25 L

$\dfrac{1}{2}$ do recipiente (aroma morango) = 3,75 : 2 = 1,875; 1,875 L

Consumo total: 3,75 L + 1,25 L + 1,875 L = 6,875 L.

Restam (4 · 3,75 L) − 6,875 L = 15 L − 6,875 L = 8,125 L.

8,125 L = 8 125 mL

Alternativa **d**.

17. $\dfrac{27}{100} \cdot 30 000 = 8 100$

No reservatório com 30 000 L de gasolina, estão armazenados 8 100 L de etanol.

O "peso" dessa quantidade de etanol é 8 100 · 0,789 kg = = 6 390,90 kg.

6 390,90 kg são aproximadamente 6,39 t

Portanto, estão misturadas à gasolina desse reservatório 6,39 t de etanol.

QUESTÕES DO ENEM

2. 640 : 4 = 160 (Cada xícara contém 160 g de farinha.)

16 : 2 = 8 (Cada colher tem 8 g de fermento.)

Como o fermento e a farinha têm a mesma densidade, 160 : 8 = 20.

Uma xícara equivale a 20 colheres.

Alternativa **b**.

3. 1 mL = 1 cm³ $\Rightarrow$ 28 mL = 28 cm³. Temos:

1 (of) —— 28 cm³

4 00 (of) —— x cm³

Então: $x = 400 \cdot 28 \Rightarrow x = 11 200$ cm³

O volume de um recipiente é 11 200 cm³.

Alternativa **a**.

4. O reservatório deve ter a capacidade mínima de (10 · 20 · 0,08) m³ = 16 m³ = 16 000 L.

Alternativa **e**.

5. Multiplica-se por 10 para converter em mililitros o valor da unidade de onça fluida (fl oz) dado em centilitros.

Assim: 1 (fl oz) = 2,96 cL = 29,6 mL.

Como a lata de refrigerante comercializada no Brasil tem capacidade de 350 mL, divide-se esse valor por 29,6 mL para converter em onça fluida a capacidade da lata. Assim, $350 : 29,6 \cong 11,82$.

Portanto, a medida do volume da lata de refrigerante de 350 mL, em onça fluida, é aproximadamente 11,82 fl oz.

Alternativa **c**.

6. Valor do litro de gasolina: x.

Gasto com gasolina: $45x$.

Valor do litro de etanol: y.

Gasto com etanol: $60y$.

Será vantajoso usar gasolina quando o gasto com esse combustível for menor do que com o gasto de etanol, então:

$$45x < 60y \Rightarrow \frac{x}{y} < \frac{60}{45} \Rightarrow \frac{x}{y} < \frac{4}{3}.$$

Portanto, a situação em que abastecer com gasolina é economicamente mais vantajoso do que abastecer com etanol é expressa por: $\frac{x}{y} < \frac{4}{3}$.

Alternativa **e**.

7. O carro iniciou com o tanque cheio, ou seja, com 100 kg de gasolina. Na primeira parada, verificou-se que houve um consumo de 0,4 do tanque, ou seja, 40 kg, restando 60 kg.

A equipe reabasteceu com a terça parte do que restou, ou seja, $\frac{1}{3}$ de 60 kg, que é igual a 20 kg.

A densidade da gasolina é de 750 gramas por litro, que é 0,75 kg por litro. Como foram utilizados 20 kg no reabastecimento, o total de litros utilizados no reabastecimento foi de $\frac{20}{0,75}$.

Alternativa **b**.

8. 1 pé = 12"

1" = 2,54 cm

1 jarda = 3 pés

3 jardas = 9 pés

Então: 3 jardas + 2 pés + 6" = 9 pés + 2 pés + 6" = = 11 pés + 6" = $(11 \cdot 12)$" + 6" = 132" + 6" = 138".

Lembrando que 1" = 2,54 cm, logo: 138" = $(138 \cdot 2,54)$ cm = = 350,52 cm = 3,5052 metros, ou aproximadamente 3,5 metros.

Alternativa **b**.

9. Banheiros masculinos: são 2 por andar; como são 5 andares, teremos 10 banheiros, e cada banheiro usa 2 recipientes. Assim, há 20 recipientes.

Esses recipientes são abastecidos duas vezes por semana; então, são enchidos 40 vezes, sendo que cada recipiente tem capacidade de 0,2 L.

Portanto, são consumidos nos banheiros masculinos: $40 \cdot 0,2$ L = 8 L.

Banheiros femininos: também são 20 recipientes, mas são abastecidos 3 vezes por semana, ou seja, são enchidos semanalmente $20 \cdot 3 = 60$ vezes, sendo que cada recipiente tem capacidade de 0,2 L. O consumo por semana é de $60 \cdot 0,2$ L = 12 L.

O consumo semanal do prédio é: 8 L + 12 L = 20 L.

Como a empresa pretende comprar 4 embalagens e não deve faltar nem sobrar sabonete líquido, ela deve comprar embalagens de 5 litros ($4 \cdot 5 = 20$).

Alternativa **d**.

10. Observando a tabela, vemos que:

- as aeronaves C e E têm carga maior do que a permitida;
- a aeronave D tem envergadura maior do que a permitida.

Atendem às exigências as aeronaves A e B.

Alternativa **b**.

11. Como a paciente vai tomar 1 copo a cada $\frac{1}{2}$ hora durante 10 horas, irá tomar 20 copos. Cada copo tem capacidade de 150 mL, então ela tomará $20 \cdot 150 \Rightarrow 3\,000$ mL = 3 L.

Como quer comprar duas garrafas, deve comprar garrafas com capacidade de 1,50 L cada.

Alternativa **d**.

12. Deveremos verificar em qual das alternativas a diferença será menor:

a) $2,099 \rightarrow d = 3,000 - 2,099 = 0,90$;

b) $2,96 \rightarrow d = 3,00 - 2,96 = 0,04$;

c) $3,021 \rightarrow d = 3,021 - 3,000 = 0,021$;

d) $3,07 \rightarrow d = 3,07 - 3,00 = 0,7$;

e) $3,10 \rightarrow d = 3,10 - 3,00 = 0,10$.

A menor diferença é 0,021.

Alternativa **c**.

13. Pretende-se armazenar 20 000 L e mais 25 000 L, ou seja, 45 000 L. Será necessário um reservatório de 45 000 dm³ = = 45 m³. Mas já se dispõe de um reservatório para 30 000 L = = 30 000 dm³ = 30 m³.

Precisa-se, então, de um reservatório com capacidade mínima de 45 m³ − 30 m³ = 15 m³ para armazenar toda água extraída.

Alternativa **a**.

14. O vazamento durou 6 horas = $6 \cdot 60 \cdot 60 = 21\,600$ segundos.

Como a torneira gotejou a cada 3 segundos, caíram $21\,600 : 3 = = 7\,200$ gotas.

Ocorreram 7 200 gotejamentos, cada um com um volume de 0,2 mL. Isso representa um total de $7\,200 \cdot 0,2$ mL = = 1 440 mL $\cong$ 1,4 L.

Alternativa **c**.

COMPETÊNCIAS E HABILIDADES

ENEM

COMPETÊNCIAS DE ÁREA – MATEMÁTICA E SUAS TECNOLOGIAS

Habilidades

H10 Identificar relações entre grandezas e unidades de medida.

H11 Utilizar a noção de escalas na leitura e representação de situação do cotidiano.

H12 Resolver situação-problema que envolva medidas de grandeza.

H13 Avaliar o resultado de uma medição na construção de um argumento consistente.

H14 Avaliar a proposta de intervenção na realidade utilizando conhecimentos geométricos relacionados a grandezas e medidas.

BNCC

Habilidades

EF07MA29 Resolver e elaborar problemas que envolvam medidas de grandezas inseridos em contextos oriundos de situações cotidianas ou de outras áreas do conhecimento, reconhecendo que toda medida empírica é aproximada.

EF08MA20 Reconhecer a relação entre um litro e um decímetro cúbico e a relação entre litro e metro cúbico, para resolver problemas de cálculo de capacidade de recipientes.

EF08MA21 Resolver e elaborar problemas que envolvam o cálculo do volume de recipiente cujo formato é o de um bloco retangular.

EF09MA18 Reconhecer e empregar unidades usadas para expressar medidas muito grandes ou muito pequenas, tais como distância entre planetas e sistemas solares, tamanho de vírus ou de células, capacidade de armazenamento de computadores, entre outros.

EQUAÇÕES DO 1º GRAU

CAPÍTULO 8

EQUAÇÕES

Equação é uma sentença matemática que tem igualdade entre duas expressões algébricas e uma ou mais **incógnitas** (valores desconhecidos) expressas por letras, normalmente as últimas de nosso alfabeto. Assim, toda equação precisa ter:

- sinal de igualdade ($=$);
- uma ou mais incógnitas (valores desconhecidos, normalmente representados por letras);
- primeiro membro (expressão algébrica antes do sinal de igualdade);
- segundo membro (expressão algébrica depois do sinal de igualdade).

Serão objetos de nosso estudo, neste capítulo, equações com apenas uma incógnita.

Exemplos

1. $2x - 3 = 4(x - 1)$
2. $3y^2 - 5y - 17 = 0$

Solução de uma equação

É o valor da incógnita que torna a igualdade verdadeira.

Exemplos

1. $2x + 15 = x + 12$

   Temos que $x = -3$ é a solução da equação, pois:

   $2 \cdot (-3) + 15 = -3 + 12 \Rightarrow -6 + 15 = -3 + 12 \Rightarrow 9 = 9$.

2. $x^2 - 3x - 4 = 0$

   Nesta equação, $x = -1$ e $x = 4$ são as soluções, pois:

   para $x = -1$, temos: $(-1)^2 - 3(-1) - 4 = 0 \Rightarrow 1 + 3 - 4 = 0$;

   para $x = 4$, temos: $4^2 - 3 \cdot 4 - 4 = 0 \Rightarrow 16 - 12 - 4 = 0$.

Valentin Drull/Shutterstock.com.

Propriedades

I. Se somarmos ou subtrairmos um mesmo valor aos dois membros da equação, a solução (ou soluções, se houver mais de uma) não se altera.

Exemplo

$2x + 15 = x + 12$

Vamos somar (-4) a ambos os membros da equação:

$2x + 15 + (-4) = x + 12 + (-4) \Rightarrow 2x + 11 = x + 8$.

Observe que a solução continua sendo $x = -3$.

II. Se multiplicarmos todos os termos de uma equação por um mesmo número diferente de zero, a solução (ou soluções, se houver mais de uma) não se altera.

Exemplo

$$\frac{x-2}{2} + \frac{2x-4}{6} = 0$$

A solução dessa equação é $x = 2$.

Se multiplicarmos todos os termos dessa equação por 6, por exemplo, veremos que a solução não se altera.

$$\frac{6(x-2)}{2} + \frac{6(2x-4)}{6} = 6 \cdot 0 \Rightarrow 3(x-2) + (2x-4) = 0.$$

A solução da equação continua sendo $x = 2$.

Conjunto universo (U)

É o conjunto de todos os valores que podemos atribuir à incógnita, independentemente de tornarem a igualdade falsa ou verdadeira. A solução deve ser sempre um elemento do conjunto universo.

Exemplos

1. Na igualdade $2x - 5 = x + 1$ se $U = \mathbb{R}$, isso significa que podemos atribuir à incógnita qualquer valor real, sendo que, desses, apenas $x = 6$ torna a igualdade verdadeira.

2. Observe a equação: $\frac{2x-2}{x-1} = 5$. Quando determinamos o conjunto universo – por exemplo, o conjunto dos números inteiros – devemos observar que obrigatoriamente $x \neq 1$ (o denominador não pode ser zero). Então, teríamos $U = \mathbb{Z} - \{1\}$.

Conjunto solução (S)

Os elementos do conjunto universo que tornam a sentença verdadeira formam o conjunto solução (também chamado de conjunto verdade).

Importante: $S \subset U$.

Exemplos

1. Para $U = \mathbb{R}$, na equação $2x - 1 = 2$, temos: $S = \left\{\frac{3}{2}\right\}$.

2. Para $U = \mathbb{Z}$, na mesma equação $2x - 1 = 2$, temos: $S = \varnothing$; pois $\frac{3}{2} \notin \mathbb{Z}$.

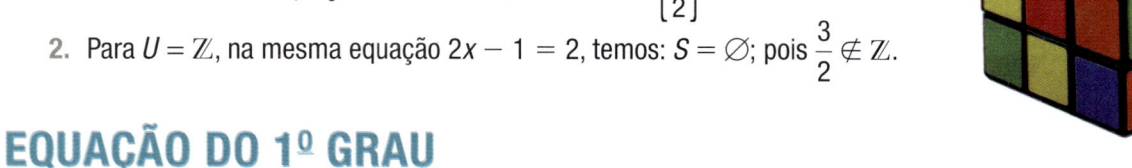

Regiane_Ferraz/Shutterstock.com

EQUAÇÃO DO 1º GRAU

É toda equação que pode ser reduzida à forma $ax + b = 0$. Nas equações de 1º grau, a e b são números reais e a não pode ser nulo.

Para resolver uma equação do 1º grau, usamos as propriedades vistas anteriormente até isolar a incógnita no 1º membro da igualdade.

Exemplos

1. Resolva a equação $\frac{x-1}{2} - \frac{x-3}{3} = \frac{5}{6}$, sendo $U = \mathbb{Q}$.

   Solução:

   1º passo: quando houver mais de um termo no numerador da fração, colocamos esse numerador entre parênteses para evitar erros.

   $$\frac{(x-1)}{2} - \frac{(x-3)}{3} = \frac{5}{6}$$

2º passo: para eliminar os denominadores, multiplicamos todos os termos da equação pelo mmc dos denominadores.

mmc $(2, 3, 6) = 6$

$$\frac{6(x - 1)}{2} - \frac{6(x - 3)}{3} = \frac{6 \cdot 5}{6} \Rightarrow 3(x - 1) - 2(x - 3) = 5$$

3º passo: efetuamos as multiplicações indicadas e reduzimos os termos semelhantes.

$$3x - 3 - 2x + 6 = 5 \Rightarrow x - 3 = 5$$

4º passo: somamos (-3) a ambos os membros da equação.

$$x + 3 + (-3) = 5 + (-3) \Rightarrow x = 2$$

Então: $S = \{2\}$.

Casos especiais

Ao se resolver uma equação, pode ocorrer que a incógnita desapareça, gerando duas situações diferentes.

- A incógnita desaparece e você encontra uma "igualdade" falsa.

Exemplo

Resolva a equação em $\mathbb{Q}$: $\dfrac{x - 1}{2} + \dfrac{x}{3} = \dfrac{5x}{6}$.

Solução:

$$\frac{(x - 1)}{2} + \frac{x}{3} = \frac{5x}{6} \cdot \frac{6 \cdot (x - 1)}{2} + \frac{6 \cdot x}{3} = \frac{6 \cdot 5x}{6} \Rightarrow 3(x - 1) + 2x = 5x \Rightarrow$$

$$\Rightarrow 3x - 3 + 2x = 5x \Rightarrow 5x - 3 = 5x \Rightarrow -3 = 0.$$

Isso significa que em todo conjunto universo não há um valor sequer que satisfaça à igualdade, portanto $S = \varnothing$.

- A incógnita desaparece e você encontra uma igualdade verdadeira, como na equação a seguir.

Exemplo

Resolver em $\mathbb{R}$ a equação $2(x - 3) + 3(x - 1) = 5x - 9$.

Solução:

$$2(x - 3) + 3(x - 1) = 5x - 9 \Rightarrow 2x - 6 + 3x - 3 = 5x - 9 \Rightarrow$$

$$\Rightarrow 2x + 3x - 5x = -9 + 6 + 3 \Rightarrow 0 = 0$$

Nesse caso, todos os elementos do conjunto universo satisfazem à igualdade, isto é, $S = U = \mathbb{R}$.

Igualdades como essas, em que $S = \mathbb{R}$, são chamadas de **identidades algébricas**.

Problemas envolvendo equações do 1º grau

Para resolver problemas com equações é preciso transformar a linguagem do texto em linguagem matemática. Veja alguns exemplos.

O triplo de um número menos sua terça parte.	$3x - \dfrac{x}{3}$
A soma de três números consecutivos.	$x + (x + 1) + (x + 2)$ ou $(x - 1) + x + (x + 1)$
A idade do pai é o triplo da idade do filho.	$x = 3y$
A idade de Pedro é o triplo da idade de João mais 10 anos.	$x = 3x + 10$
O dobro da minha idade mais o triplo da sua resulta 45 anos.	$2x + 3y = 45$
O quadrado da soma de dois números é igual a 1.	$(x + y)^2 = 1$
A soma dos quadrados de dois números é igual a 10.	$x^2 + y^2 = 10$

RESOLUÇÃO PASSO A PASSO

1. Em um quintal há coelhos e marrecos, num total de 15 cabeças e 50 pés. Há quantos coelhos e quantos marrecos?

LEIA E COMPREENDA

Os dados que o problema fornece são o número de cabeças (que é igual ao número de animais) e o número de patas. Com essas informações, devemos descobrir o número de marrecos e de coelhos.

PLANEJE A SOLUÇÃO

Se considerarmos x o número de coelhos, o número de marrecos será $15 - x$. Conhecendo o número de patas de cada tipo de animal e o total delas, encontramos o valor de x.

EFETUE O QUE FOI PLANEJADO

$2x + 4(15 - x) = 50 \Rightarrow 2x + 60 - 4x = 50 \Rightarrow -2x = -10 \Rightarrow x = 5$

VERIFIQUE

Se há 5 marrecos, são 10 coelhos. O número de patas será:

$5 \cdot 2 + 4 \cdot 10 = 10 + 40 = 50$

RESPONDA

Há 5 marrecos e 10 coelhos.

AMPLIAÇÃO DO PROBLEMA

Como chegaríamos a esse resultado se o enunciado informasse que havia 15 cabeças, 47 pés e 3 coelhos com deficiência física, que têm apenas 3 pés?

Número de marrecos: x.

Número de coelhos sem deficiência física: $(15 - x) - 3 = 12 - x$.

$2x + 4(12 - x) + 3 \cdot 3 = 47 \Rightarrow 2x + 48 - 4x + 9 = 47 \Rightarrow x = 5$

Teríamos 5 marrecos, $12 - 5 = 7$ coelhos sem deficiência e 3 com deficiência.

2. Resolva em $\mathbb{R}$ as equações a seguir.

a) $2x - 1 = 3x - 4$

b) $2(4x - 3) - 5x = 3(x - 4)$

c) $\dfrac{x}{2} - 3 = x$

d) $\dfrac{2(x - 1)}{3} + \dfrac{x}{2} = \dfrac{(7x - 4)}{6}$

e) $\dfrac{x - 2}{3} + \dfrac{x - 3}{2} = \dfrac{1}{6}$

f) $5x - \dfrac{2x - 1}{3} + 1 = 3x + \dfrac{x + 2}{2} + 7$

g) $10\left(x + \dfrac{1}{2}\right) - 6x\left(\dfrac{1}{x} - \dfrac{1}{3}\right) = 5$

3. Um pai tem 3 vezes a idade de seu filho e, há 4 anos, a idade do pai era 4 vezes maior que a do filho. Quantos anos tem cada um?

4. Um aluno respondeu uma prova de 20 questões. Recebeu 3 pontos para cada questão que acertou e perdeu 2 por questão errada. Obteve ao final 35 pontos. Quantas questões ele acertou?

smolaw/Shutterstock.com

5. Uma senhora quer distribuir maçãs a seus filhos. Se der 5 maçãs a cada filho, sobram 4 maçãs, e se der 6 maçãs a cada filho, falta-lhe uma maçã. Quantas maçãs e quantos filhos essa senhora tem?

Saslistock/iStockphoto.com

6. (Unicamp-SP) Após ter corrido $\frac{2}{7}$ de um percurso e, em seguida, caminhado $\frac{5}{11}$ do mesmo percurso, um atleta verificou que ainda faltavam 600 metros para o final do percurso.

a) Qual é o comprimento total do percurso?

b) Quantos metros o atleta havia corrido?

c) Quantos metros o atleta havia caminhado?

7. (Unicamp-SP) Uma senhora comprou uma caixa de bombons para seus dois filhos. Um destes tirou para si metade dos bombons da caixa. Mais tarde, o outro menino também tirou para si metade dos bombons que encontrou na caixa. Restaram 10 bombons. Calcule quantos bombons havia inicialmente na caixa.

8. (PUC-RJ) Ache sete números inteiros consecutivos tais que a soma dos primeiros quatro seja igual à soma dos últimos três.

9. Os matemáticos gregos tinham a geometria como um de seus grandes objetos de estudos, mas a falta de álgebra para resolver seus problemas era um grande entrave, até que surgiu um matemático que preencheu essa lacuna: Diofanto de Alexandria. É conhecido pelos seus trabalhos envolvendo equações e foi o primeiro matemático a entender as frações como números.

Pouco se sabe da vida desse sábio grego, mas deve ter nascido em 210 e morrido em 290. Essas datas não são precisas, pois um célebre problema sobre sua idade revela que viveu um pouco mais de 80 anos.

O túmulo de Diofanto

"Caminhante! Aqui estão sepultados os restos de Diofante e os números podem mostrar quão longa foi a sua vida, cuja sexta parte foi a sua bela infância. Tinha decorrido a duodécima parte de sua vida, quando seu rosto se cobriu de pelos. E a sétima parte de sua existência decorreu com casamento estéril. Passou mais 5 anos e ficou feliz com o nascimento de seu querido primogênito, cuja bela existência durou apenas metade da de seu pai, que com muita pena de todos desceu à sepultura quatro anos depois do enterro de seu filho".

LOPES, Lidiane Schimitz; ALVES, Antônio Maurício Medeiros. A História da Matemática em sala de aula: propostas de atividades para educação básica. *In*: ENCONTRO REGIONAL DE ESTUDANTES DE MATEMÁTICA DA REGIÃO SUL, 20., 2014. *Anais* [...]. Bagé: Unipampa, 2014, p. 328.

Com quantos anos morreu Diofanto de Alexandria?

Coleção particular

Diofanto de Alexandria.

10. (Unesp) Duas empreiteiras farão conjuntamente a pavimentação de uma estrada, cada uma trabalhando a partir de uma das extremidades. Se uma delas pavimentar $\frac{2}{5}$ da estrada e a outra os 81 km restantes, a extensão dessa estrada é de:

a) 125 km.

b) 135 km.

c) 142 km.

d) 145 km.

e) 160 km.

QUESTÕES DO ENEM

RESOLUÇÃO PASSO A PASSO

1. (Enem) A prefeitura de um pequeno município do interior decide colocar postes para iluminação ao longo de uma estrada retilínea, que inicia em uma praça central e termina numa fazenda na zona rural. Como a praça já possui iluminação, o primeiro poste será colocado a 80 metros da praça, o segundo, a 100 metros, o terceiro, a 120 metros, e assim sucessivamente, mantendo-se sempre uma distância de vinte metros entre os postes, até que o último poste seja colocado a uma distância de 1 380 metros da praça.

Se a prefeitura pode pagar, no máximo, R$ 8.000,00 por poste colocado, o maior valor que poderá gastar com a colocação desses postes é:

a) R$ 512.000,00.

b) R$ 520.000,00.

c) R$ 528.000,00.

d) R$ 552.000,00.

e) R$ 584.000,00.

LEIA E COMPREENDA

Começando em uma praça já iluminada, serão instalados postes, cada um a uma distância de 20 metros do anterior, e o primeiro está a 80 metros da praça. Os postes serão instalados em uma estrada retilínea até que o último esteja a uma distância de 1 380 metros da praça. Se serão pagos R$ 8.000,00 por poste colocado, devemos encontrar o custo total da prefeitura na colocação dos postes.

PLANEJE A SOLUÇÃO

Sabendo que um poste está a 80 metros da praça e os demais a 20 metros um do outro, vamos descobrir o número de postes necessários para cobrir esses 1 380 metros.

Devemos multiplicar o número de postes pelo custo unitário para obter o custo total.

EFETUE O QUE FOI PLANEJADO

$80 + (n - 1) \cdot 20 = 1\,380 \Rightarrow 20n - 20 = 1\,300 \Rightarrow 20n = 1\,320 \Rightarrow n = 66$

$66 \cdot R\$\ 8.000,00 = R\$\ 528.000,00$

VERIFIQUE

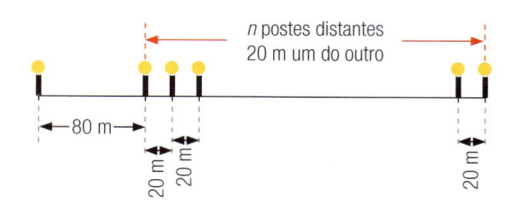

Observe que se são n postes, temos $n - 1$ intervalos de 20 metros entre eles. Estes $n - 1$ postes cobrirão uma distância de $(n - 1) \cdot 20$ m; acrescentando 80 m iniciais, cobrirão a distância de 1 380 metros. Daí a equação mostrada na resolução.

RESPONDA

Serão gastos R$ 528.000,00.

Alternativa c.

AMPLIAÇÃO DO PROBLEMA

Em uma estrada retilínea, fincamos 20 estacas distantes 50 metros uma da outra. Qual é a distância da primeira à última estaca?

Na resolução, é importante verificar que sempre há um intervalo a menos do que o número de estacas. Veja na ilustração seguinte um exemplo com 5 estacas: são 4 intervalos.

Logo, a distância procurada será de 19 · 50 m = 950 m.

2. (Enem) Um grupo de 50 pessoas fez um orçamento inicial para organizar uma festa, que seria dividido entre elas em cotas iguais. Verificou-se ao final que, para arcar com todas as despesas, faltavam R$ 510,00, e que 5 novas pessoas haviam ingressado no grupo. No acerto foi decidido que a despesa total seria dividida em partes iguais pelas 55 pessoas. Quem não havia ainda contribuído pagaria a sua parte, e cada uma das 50 pessoas do grupo inicial deveria contribuir com mais R$ 7,00.

De acordo com essas informações, qual foi o valor da cota calculada no acerto final para cada uma das 55 pessoas?

a) R$ 14,00   **b)** R$ 17,00   **c)** R$ 22,00   **d)** R$ 32,00   **e)** R$ 57,00

3. (Enem) O pacote de salgadinho preferido de uma menina é vendido em embalagens com diferentes quantidades. A cada embalagem é atribuído um número de pontos na promoção:

"Ao totalizar exatamente 12 pontos em embalagens e acrescentar mais R$ 10,00 ao valor da compra, você ganhará um bichinho de pelúcia".

Esse salgadinho é vendido em três embalagens com as seguintes massas, pontos e preços:

Massa da embalagem (g)	Pontos da embalagem	Preço (R$)
50	2	2,00
100	4	3,60
200	6	6,40

A menor quantia a ser gasta por essa menina que a possibilite levar o bichinho de pelúcia nessa promoção é:

a) R$ 10,80.   **b)** R$ 12,80.   **c)** R$ 20,80.   **d)** R$ 22,00.   **e)** R$ 22,80.

4. (Enem) Os sistemas de cobrança dos serviços de táxi nas cidades A e B são distintos. Uma corrida de táxi na cidade A é calculada pelo valor fixo da bandeirada, que é de R$ 3,45, mais R$ 2,05 por quilômetro rodado. Na cidade B, a corrida é calculada pelo valor fixo da bandeirada, que é de R$ 3,60, mais R$ 1,90 por quilômetro rodado. Uma pessoa utilizou o serviço de táxi nas duas cidades para percorrer a mesma distância de 6 km.

Qual é o valor que mais se aproxima da diferença, em reais, entre as médias do custo por quilômetro rodado ao final das duas corridas?

a) 0,75   **b)** 0,45   **c)** 0,38   **d)** 0,33   **e)** 0,13

Ponto de táxi na Avenida Presidente Wilson, Rio de Janeiro (RJ).

5. (Enem) Um curso preparatório oferece aulas de 8 disciplinas distintas. Um aluno, ao se matricular, escolhe de 3 a 8 disciplinas para cursar. O preço P, em reais, da mensalidade é calculado pela fórmula $P(n) = 980 - \dfrac{1680}{n}$ onde n é o número de disciplinas escolhidas pelo aluno. Alex deseja matricular seu filho Júlio e, consultando seu orçamento familiar mensal, avaliou que poderia pagar uma mensalidade de, no máximo, R$ 720,00. O número máximo de disciplinas que Júlio poderá escolher ao se matricular nesse curso, sem estourar o orçamento familiar, é igual a:

a) 3.　　　c) 6.　　　e) 8.

b) 4.　　　d) 7.

6. (Enem) Uma indústria fabrica um único tipo de produto e sempre vende tudo o que produz. O custo total para fabricar uma quantidade q de produtos é dado por uma função, simbolizada por CT, enquanto o faturamento que a empresa obtém com a venda da quantidade q também é uma função, simbolizada por FT. O lucro total (LT) obtido pela venda da quantidade q de produtos é dado pela expressão $LT(q) = FT(q) - CT(q)$.

Considerando-se as funções $FT(q) = 5q$ e $CT(q) = 2q + 12$ como faturamento e custo, qual é a quantidade mínima de produtos que a indústria terá de fabricar para não ter prejuízo?

a) 0　　　c) 3　　　e) 5

b) 1　　　d) 4

7. (Enem) Um dos estádios mais bonitos da Copa do Mundo na África do Sul é o Green Point, situado na Cidade do Cabo, com capacidade para 68 000 pessoas.

Centauro, ano 2, edição 8, mar./abr., 2010.

Em certa partida, o estádio estava com 95% de sua capacidade, sendo que 487 pessoas não pagaram o ingresso que custava 150 dólares cada.

A expressão que representa o valor arrecadado nesse jogo, em dólares, é:

a) $0,95 \cdot 68\,000 \cdot 150 - 487$.

b) $0,95 \cdot (68\,000 - 487) \cdot 150$.

c) $(0,95 \cdot 68\,000 - 487) \cdot 150$.

d) $95 \cdot (68\,000 - 487) \cdot 150$.

e) $(95 \cdot 68\,000 - 487) \cdot 150$.

8. (Enem) Lucas precisa estacionar o carro pelo período de 40 minutos, e sua irmã Clara também precisa estacionar o carro pelo período de 6 horas.

O estacionamento Verde cobra R$ 5,00 por hora de permanência. O estacionamento Amarelo cobra R$ 6,00 por 4 horas de permanência e mais R$ 2,50 por hora ou fração de hora ultrapassada. O estacionamento Preto cobra R$ 7,00 por 3 horas de permanência e mais R$ 1,00 por hora ou fração de hora ultrapassada.

Os estacionamentos mais econômicos para Lucas e Clara, respectivamente, são:

a) Verde e Preto.

b) Verde e Amarelo.

c) Amarelo e Amarelo.

d) Preto e Preto.

e) Verde e Verde.

9. (Enem) Uma professora realizou uma atividade com seus alunos utilizando canudos de refrigerante para montar figuras, onde cada lado foi representado por um canudo. A quantidade de canudos (C) de cada figura depende da quantidade de quadrados (Q) que forma cada figura. A estrutura de formação das figuras está representada a seguir:

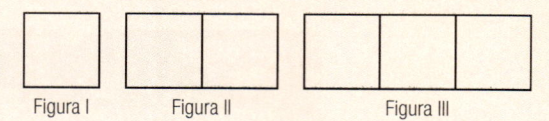

Figura I　　Figura II　　Figura III

Que expressão fornece a quantidade de canudos em função da quantidade de quadrados de cada figura?

a) $C = 4Q$

b) $C = 3Q + 1$

c) $C = 4Q - 1$

d) $C = Q + 3$

e) $C = 4Q - 2$

RESOLUÇÕES E COMENTÁRIOS

EXERCÍCIOS

2. a) $2x - 1 = 3x - 4 \Rightarrow 2x - 3x = -4 + 1 \Rightarrow$
$\Rightarrow -x = -3 \Rightarrow x = 3; S = \{3\}$

b) $2(4x - 3) - 5x = 3(x - 4) \Rightarrow 8x - 6 - 5x =$
$= 3x - 12 \Rightarrow 8x - 5x - 3x = -12 + 6 \Rightarrow 0 = -6$

A equação não tem solução racional.

$S = \varnothing$

c) $\dfrac{x}{2} - 3 = x \Rightarrow x - 6 = 2x \Rightarrow x - 2x = 6 \Rightarrow$
$\Rightarrow -x = 6 \Rightarrow x = -6; S = \{-6\}$

d) $\dfrac{2(x-1)}{3} + \dfrac{x}{2} = \dfrac{(7x-4)}{6} \Rightarrow \dfrac{6 \cdot 2(x-1)}{3} + \dfrac{6x}{2} =$
$= \dfrac{6(7x-4)}{6} \Rightarrow 4x - 4 + 3x = 7x - 4 \Rightarrow$
$\Rightarrow 4x + 3x - 7x = -4 + 4 \Rightarrow 0 = 0$

No caso, todo número racional é solução da equação, então $S = U = \mathbb{Q}$.

e) $\dfrac{x-2}{3} + \dfrac{x-3}{2} = \dfrac{1}{6} \Rightarrow \dfrac{6(x-2)}{3} + \dfrac{6(x-3)}{2} =$
$= \dfrac{6 \cdot 1}{6} \Rightarrow 2(x-2) + 3(x-3) = 1 \Rightarrow$
$\Rightarrow 2x - 4 + 3x - 9 = 1 \Rightarrow 2x + 3x = 1 + 9 + 4 \Rightarrow$
$\Rightarrow 5x = 14 \Rightarrow x = \dfrac{14}{5}; S = \left\{\dfrac{14}{15}\right\}$

f) $5x - \dfrac{2x-1}{3} + 1 = 3x + \dfrac{x+2}{2} + 7 \Rightarrow$
$\Rightarrow 6 \cdot 5x - \dfrac{6(2x-1)}{3} + 6 \cdot 1 =$
$= 6 \cdot 3x + \dfrac{6(x+2)}{2} + 7 \cdot 6 \Rightarrow$
$\Rightarrow 30x - 2(2x-1) + 6 = 18x + 3(x+2) + 42 \Rightarrow$
$\Rightarrow 30x - 4x + 2 + 6 = 18x + 3x + 6 + 42 \Rightarrow$
$\Rightarrow 30x - 4x - 18x - 3x = 6 + 42 - 6 - 2 \Rightarrow$
$\Rightarrow 5x = 40 \Rightarrow x = 8; S = \{8\}$

g) $10\left(x + \dfrac{1}{2}\right) - 6x\left(\dfrac{1}{x} - \dfrac{1}{3}\right) = 5 \Rightarrow$
$\Rightarrow 10x + 5 - 6 + 2x = 5 \Rightarrow 10x + 2x =$
$= 5 + 6 - 5 \Rightarrow 12x = 6 \Rightarrow x = \dfrac{1}{2}; S = \left\{\dfrac{1}{2}\right\}$

3. Idade do filho: x; idade do pai: $3x$.

Há 4 anos, a idade do filho era $x - 4$ e idade do pai era $3x - 4$.

Daí, temos:

$3x - 4 = 4(x - 4) \Rightarrow 3x - 4 = 4x - 16 \Rightarrow 3x - 4x =$
$= -16 + 4 \Rightarrow x = 12$

A idade do filho é 12 anos e a idade do pai, 36 anos.

4. Número de acertos: x.

Número de erros: $20 - x$.

$3x - 2(20 - x) = 35 \Rightarrow 3x - 40 + 2x = 35 \Rightarrow$
$\Rightarrow 5x = 75 \Rightarrow x = 15$

5. Seja x o número de filhos, o número de maçãs será $5x + 4$ ou $6x - 1$.

Então: $5x + 4 = 6x - 1 \Rightarrow x = 5$.

Logo, essa senhora tem 5 filhos. Agora temos de calcular o número de maçãs; podemos usar qualquer uma das expressões.

Número de maçãs: $5 \cdot 5 + 4 = 29$. Então, ela tem 29 maçãs.

6. a) $\dfrac{2x}{7} + \dfrac{5x}{11} + 600 = x \Rightarrow 22x + 35x + 46\,200 =$
$= 77x \Rightarrow 22x + 35x - 77x = -46\,200 \Rightarrow$
$\Rightarrow 20x = 46\,200 \Rightarrow x = 2\,310$

b) $\dfrac{2}{7} \cdot 2\,310 = 660$

c) $\dfrac{5}{11} \cdot 2\,310 = 1\,050$

7. $\dfrac{x}{2} + \dfrac{x}{4} + 10 = x \Rightarrow 2x + x + 40 = 4x \Rightarrow -x = -40 \Rightarrow$
$\Rightarrow x = 40$

Portanto, 40 bombons.

8. $x + (x + 1) + (x + 2) + (x + 3) =$
$= (x + 4) + (x + 5) + (x + 6) \Rightarrow 4x + 6 = 3x + 15 \Rightarrow x = 9$

Os números são: 9; 10; 11; 12; 13; 14; 15.

9. Vamos separar o enunciado em partes; observe o quadro a seguir.

Linguagem escrita	Linguagem algébrica
Aqui estão sepultados os restos de Diofanto. E os números podem mostrar quão longa foi a sua vida,	x
cuja sexta parte foi a sua bela infância.	$\dfrac{x}{6}$
Tinha decorrido mais uma duodécima parte de sua vida, quando seu rosto se cobriu de pelos.	$\dfrac{x}{12}$
E a sétima parte de sua existência decorreu com um casamento estéril.	$\dfrac{x}{7}$
Passou mais um quinquênio e ficou feliz com o nascimento de seu querido primogênito,	5
cuja bela existência durou apenas metade da de seu pai,	$\dfrac{x}{2}$
que com muita pena de todos desceu à sepultura quatro anos depois do enterro de seu filho.	4

Colocando em forma de equação, temos:

$x = \dfrac{x}{6} + \dfrac{x}{12} + \dfrac{x}{7} + 5 + \dfrac{x}{2} + 4 \Rightarrow 84x =$
$= 14x + 7x + 12x + 420 + 42x + 336 \Rightarrow 9x = 756 \Rightarrow$
$\Rightarrow x = 84$

Diofanto morreu com 84 anos.

10. $\dfrac{2x}{5} + 81 = x \Rightarrow 2x + 405 = 5x \Rightarrow x = 135$

Alternativa **b**.

QUESTÕES DO ENEM

2. A despesa pode ser escrita de duas formas de acordo com o valor de x que cada uma das 55 pessoas deve pagar no final.

Nesse acerto, a despesa (D) pode ser escrita por $D = 55x$ (I).

No acerto inicial, cada uma das 50 pessoas pagava $(x - 7)$ reais e faltavam 510 reais para completar o valor da despesa, assim:

$D = 50\ (x - 7) + 510$ (II).

Igualando (II) e (I), temos:

$50(x - 7) + 510 = 55x \Rightarrow 50x - 350 + 510 = 55x \Rightarrow$
$\Rightarrow -5x = -160 \Rightarrow 5x = 160 \Rightarrow x = 32$

Alternativa **d**.

3. Como teria de obter 12 pontos com as embalagens, precisaria de:

$2x = 12 \Rightarrow x = 6$ embalagens;

$4y = 12 \Rightarrow y = 3$ embalagens;

$6z = 12 \Rightarrow z = 2$ embalagens.

Multiplicando a quantidade de embalagens pelo preço e adicionando o valor da compra, temos:

- $6 \cdot 2{,}00 + 10{,}00 = 22{,}00 \Rightarrow$ R\$ 22,00;
- $3 \cdot 3{,}60 + 10{,}00 = 20{,}80 \Rightarrow$ R\$ 20,80;
- $2 \cdot 6{,}40 + 10{,}00 = 22{,}80 \Rightarrow$ R\$ 22,80.

Alternativa **c**.

4. Calculando as médias de cada custo por quilômetro (dividindo o custo por 6 km), temos:

- custo A por km: $\dfrac{3{,}45 + 6(2{,}05)}{6} = \dfrac{3{,}45 + 12{,}30}{6} =$
  $= \dfrac{15{,}75}{6} = 2{,}625;$

- custo B por km: $\dfrac{3{,}60 + 6(1{,}90)}{6} = \dfrac{3{,}60 + 11{,}40}{3} =$
  $= \dfrac{15{,}00}{6} = 2{,}50$

A diferença será: R\$ 2,63 − R\$ 2,50 = R\$ 0,13.

Alternativa **e**.

5. $980 - \dfrac{1680}{n} = 720 \Rightarrow 980n - 1680 = 720n \Rightarrow$

$\Rightarrow 980n - 720n = 1680 \Rightarrow$

$\Rightarrow 260\,n = 1680 \Rightarrow n = \dfrac{1680}{260} \Rightarrow n \cong 6{,}45$

Portanto, o número de matérias que ele poderá escolher é 6.

Alternativa **c**.

6. $FT - CT = 5q - (2q + 12) = 3q - 12$

Fazendo: $3q - 12 = 0 \Rightarrow q = 4$.

Portanto, 4 é a quantidade mínima para não ter prejuízo.

Alternativa **d**.

7. Público presente no estádio:

95% de $68\,000 = 0{,}95 \cdot 68\,000$.

Público pagante: $(0{,}95 \cdot 68\,000) - 487$.

Arrecadação (público pagante) $\cdot$ (valor do ingresso):

$(0{,}95 \cdot 68\,000 - 487) \cdot 150$.

Alternativa **c**.

8. Devemos analisar a situação de cada irmão para cada estacionamento.

Lucas pagará:

- Est. Verde: 5 reais;
- Est. Amarelo: 6 reais;
- Est. Preto: 7 reais.
- Portanto, para Lucas, o estacionamento verde é mais vantajoso.
- Agora analisemos a situação de Clara. Ela pagará:
- Est. Verde: $6 \cdot 5 = 30$ reais;
- Est. Amarelo: $6 + 2{,}5 \cdot 2 = 11$ reais;
- Est. Preto: $7 + 3 \cdot 1 = 10$ reais.

Para Clara, o estacionamento preto é mais vantajoso.

Alternativa **a**.

9. A expressão que nos fornece o número de palitos (C) em função do número de quadrados é $C = 3Q + 1$. Vejamos:

Figura 1: 1 quadrado e 4 palitos.

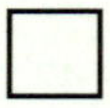

$C = 3 \cdot 1 + 1 = 4$

Figura 2: 2 quadrados e 7 palitos.

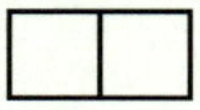

$C = 3 \cdot 2 + 1 = 7$

Figura 3: 3 quadrados e 10 palitos.

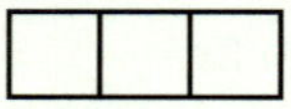

$C = 3 \cdot 3 + 1 = 10$.

Alternativa **b**.

COMPETÊNCIAS E HABILIDADES

ENEM

COMPETÊNCIAS DE ÁREA – MATEMÁTICA E SUAS TECNOLOGIAS

Habilidades

H19 Identificar representações algébricas que expressem a relação entre grandezas.

H21 Resolver situação-problema cuja modelagem envolva conhecimentos algébricos.

H22 Utilizar conhecimentos algébricos/geométricos como recurso para a construção de argumentação.

H23 Avaliar propostas de intervenção na realidade utilizando conhecimentos algébricos.

BNCC

Habilidades

EF07MA12 Resolver e elaborar problemas que envolvam as operações com números racionais.

EF07MA13 Compreender a ideia de variável, representada por letra ou símbolo, para expressar relação entre duas grandezas, diferenciando-a da ideia de incógnita.

EF07MA18 Resolver e elaborar problemas que possam ser representados por equações polinomiais de 1º grau, redutíveis à forma $ax + b = c$, fazendo uso das propriedades da igualdade.

EQUAÇÕES DO 2º GRAU

CONCEITO DE EQUAÇÃO DO 2º GRAU

Toda equação escrita na forma $ax^2 + bx + c = 0$, sendo x a incógnita e a, b e c números reais com $a \neq 0$, é uma **equação do 2º grau**.

Quando $b = 0$ ou $c = 0$ a equação é **incompleta**.

O grau de uma equação determina o número máximo de raízes reais e distintas que ela pode ter. Assim, uma equação do 2º grau pode ter no máximo duas raízes reais e diferentes.

RESOLUÇÃO DE UMA EQUAÇÃO DO 2º GRAU

Equações incompletas

Para resolver equações incompletas do 2º grau não é necessário aplicar fórmulas.

Exemplo

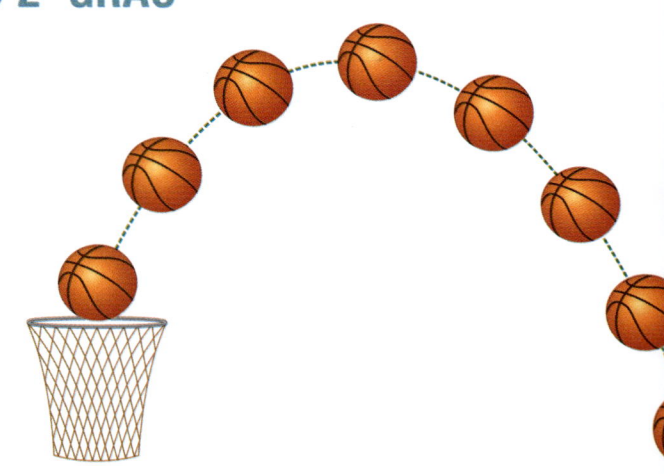

1. Resolva, em $\mathbb{R}$, as equações:

a) quando $b = 0$ e $c = 0$, a equação apresenta duas raízes iguais e nulas;

$2x^2 = 0$

Solução:

$2x^2 = 0 \Rightarrow x^2 = 0 \Rightarrow x = \pm\sqrt{0} \Rightarrow \begin{cases} x_1 = 0 \\ x_2 = 0 \end{cases}$

$S = \{0\}$

b) quando $b = 0$ e $c \neq 0$;

• $2x^2 - 10 = 0$

Solução:

$2x^2 - 10 = 0 \Rightarrow 2x^2 = 10 \Rightarrow x^2 = 5 \Rightarrow x = \pm\sqrt{5} \Rightarrow$

$\Rightarrow \begin{cases} x_1 = -\sqrt{5} \\ x_2 = \sqrt{5} \end{cases}$

$S = \left\{-\sqrt{5}, \sqrt{5}\right\}$

• $3x^2 + 6 = 0$

Solução:

$3x^2 + 6 = 0 \Rightarrow 3x^2 = -6 \Rightarrow x^2 = -2 \Rightarrow x = \pm\sqrt{-2}$

A equação não tem raízes reais.

$S = \varnothing$ (Conjunto Solução vazio)

c) quando $b \neq 0$ e $c = 0$.

$2x^2 - 3x = 0$

Solução:

$2x^2 - 3x = 0 \Rightarrow x(2x - 3) = 0 \Rightarrow$

$\Rightarrow \begin{cases} x = 0 \ ou \\ 2x - 3 = 0 \Rightarrow x = \dfrac{3}{2} \end{cases}$

$S = \left\{0, \dfrac{3}{2}\right\}$

Equações completas

Não é prático, mas essas equações podem ser resolvidas sem o uso de fórmulas, basta obedecermos aos procedimentos apresentados no exemplo.

Resolva, em $\mathbb{Q}$, a equação $6x^2 - 5x + 1 = 0$.

Solução:

Nesta equação, $a = 6$, $b = -5$ e $c = 1$.

Primeiro multiplicamos todos os termos da equação por $4a$ $(4 \cdot 6 = 24)$.

$24 \cdot 6x^2 - 24 \cdot 5x + 24 \cdot 1 = 24 \cdot 0 \Rightarrow 144x^2 - 120x + 24 = 0$

Em seguida, somamos (-24) a ambos os membros da equação.

$144x^2 - 120x + 24 + (-24) = 0 + (-24) \Rightarrow 144x^2 - 120x = -24$

Na sequência, somamos b^2 $[(-5)^2 = 25]$ a ambos os membros da equação.

$144x^2 - 120x + 25 = -24 + 25 \Rightarrow 144x^2 - 120x + 25 = 1$

Como o primeiro membro da equação é um trinômio quadrado perfeito, devemos recorrer à fatoração.

$(12x - 5)^2 = 1$

Agora eliminamos o quadrado do primeiro membro:

$(12x - 5)^2 = 1 \Rightarrow 12x - 5 = \pm\sqrt{1} \Rightarrow 12x - 5 = \pm 1$

Resolvendo as duas equações do 1º grau obtidas, temos:

$12x - 5 = -1 \Rightarrow x = \dfrac{1}{3}$ e $12x - 5 = 1 \Rightarrow x = \dfrac{1}{2}$; $S = \left\{\dfrac{1}{3}, \dfrac{1}{2}\right\}$.

Fórmula para resolução de equações do 2º grau

Fazendo uso dos procedimentos vistos no exemplo anterior, podemos determinar uma fórmula para resolução de equações completas do 2º grau.

Dada a equação $ax^2 - bx + c = 0$:

1º passo: multiplicamos todos os termos da equação por $4a$.

$ax^2 + bx + c = 0 \Rightarrow 4a^2x^2 + 4abx + 4ac = 0 \cdot 4a \Rightarrow$

$\Rightarrow (2ax)^2 + 4abx + 4ac = 0$

2º passo: somamos $(-4ac)$ a ambos os membros da igualdade.

$(2ax)^2 + 4abx + 4ac + (-4ac) = 0 + (-4ac) \Rightarrow (2ax)^2 + 4abx = -4ac$

3º passo: somamos b^2 a ambos os membros da equação.

$(2ax)^2 + 2 \cdot (2ax)b + b^2 = b^2 - 4ac$

4º passo: fatoramos o 1º membro da igualdade, que é um trinômio quadrado perfeito.

$(2ax + b)^2 = b^2 - 4ac$

5º passo: eliminamos o quadrado do primeiro membro da igualdade.

$2ax + b = \pm\sqrt{b^2 - 4ac}$

6º passo: somamos $-b$ a ambos os membros da equação.

$2ax + b + (-b) = -b \pm \sqrt{b^2 - 4ac} \Rightarrow 2ax = -b \pm \sqrt{b^2 - 4ac}$

7º passo: multiplicamos ambos os membros por $\dfrac{1}{2a}$.

$\dfrac{1}{2a} \cdot (2ax) = \dfrac{1}{2a}\left[-b \pm \sqrt{b^2 - 4ac}\right] \Rightarrow x = \dfrac{-b \pm \sqrt{b^2 - 4ac}}{2a}$

Essa é a fórmula para **resolução de equações do 2º grau**.

A fórmula de resolução das equações do 2º grau, que é conhecida por levar o nome do matemático indiano Bháskara, curiosamente não foi escrita por ele.

A expressão $b^2 - 4ac$ é chamada de **discriminante** e representada pela letra grega delta (Δ):

$$\Delta = b^2 - 4ac \,.$$

A fórmula de resolução de equações do 2º grau também pode ser representada por:

$$x = \frac{-b \pm \sqrt{\Delta}}{2a} \,.$$

Assim, as raízes de uma equação do 2º grau podem ser representadas por:

$$x_1 = \frac{-b - \sqrt{\Delta}}{2a} \quad e \quad x_2 = \frac{-b + \sqrt{\Delta}}{2a}$$

Condições para que haja raízes em uma equação do 2º grau

$\Delta < 0 \Rightarrow$ não há raízes reais

$\Delta = 0 \Rightarrow$ duas raízes reais e iguais

$\Delta > 0 \Rightarrow$ duas raízes reais e distintas

Exemplos

1. Resolva, em $\mathbb{R}$, as equações.

a) $2x^2 - 3x + 10 = 0$

Solução:

$\Delta = (-3)^2 - 4 \cdot 2 \cdot 10 = 9 - 80 = -71 < 0 \Rightarrow$ Como $\Delta < 0$, a equação não terá raízes reais, então $S = \varnothing$.

b) $4x^2 - 4x + 1 = 0$

Solução:

$\Delta = (-4)^2 - 4 \cdot 4 \cdot 1 = 16 - 16 = 0$

$$x_1 = \frac{-(-4) - \sqrt{0}}{2 \cdot 4} = \frac{4 - 0}{8} = \frac{1}{2}$$

$$e \; x_2 = \frac{-(-4) + \sqrt{0}}{2 \cdot 4} = \frac{4}{8} = \frac{1}{2}$$

Nesse caso, $x = \dfrac{1}{2}$ é uma raiz dupla ou

raiz de multiplicidade 2. Portanto, $S = \left\{ \dfrac{1}{2} \right\}$.

c) $3x^2 - 7x + 2 = 0$

Solução:

$\Delta = (-7)^2 - 4 \cdot 3 \cdot 2 = 49 - 24 = 25$

$$x_1 = \frac{-(-7) - \sqrt{25}}{2 \cdot 3} = \frac{7 - 5}{6} = \frac{2}{6} = \frac{1}{3}$$

$$ou \; x_2 = \frac{-(-7) + \sqrt{25}}{2 \cdot 3} = \frac{7 + 5}{6} = \frac{12}{6} = 2$$

Portanto, $S = \left\{ \dfrac{1}{3}, 2 \right\}$.

Domínio de validade

Ao se estabelecer o Conjunto Universo para uma equação, devemos excluir desse conjunto os valores da incógnita para os quais os denominadores se anulam ou raízes com índice par que tenham radicando negativo.

Exemplo

Seja a equação $\dfrac{x}{x + 1} - \dfrac{x}{1 - x} = \dfrac{8}{3}$.

Se quisermos o conjunto dos números reais como nosso conjunto universo, devemos excluir desse conjunto os valores que anulam os denominadores:

$x = 1$ e $x = -1$.

Assim: $U = \mathbb{R} - \{-1, 1\}$.

Relações de Girard

Em uma equação do 2º grau, são relações entre os coeficientes a, b e c e as raízes ou zeros x_1 e x_2 dessa equação.

Sendo $x_1 = \dfrac{-b - \sqrt{\Delta}}{2a}$ e $x_2 = \dfrac{-b + \sqrt{\Delta}}{2a}$, podemos obter a **soma e o produto das raízes** relacionando apenas os coeficientes da equação.

Soma:

$$S = x_1 + x_2 = \frac{-b - \sqrt{\Delta}}{2a} + \frac{-b + \sqrt{\Delta}}{2a} = \frac{(-b - \sqrt{\Delta}) + (-b + \sqrt{\Delta})}{2a} = \frac{-2b}{2a} = \frac{-b}{a} \Rightarrow S = \frac{-b}{a}$$

Produto:

$$P = x_1 \cdot x_2 = \left(\frac{-b - \sqrt{\Delta}}{2a}\right)\left(\frac{-b + \sqrt{\Delta}}{2a}\right) = \frac{b^2 - \Delta}{4a^2} = \frac{b^2 - (b^2 - 4ac)}{4a^2} = \frac{4ac}{4a^2} = \frac{c}{a} \Rightarrow P = \frac{c}{a}$$

Obtenção de uma equação do 2º grau a partir de suas raízes

Dada a equação de coeficientes não nulos $ax^2 + bx + c = 0$, dividimos todos os termos por a.

$$\frac{ax^2}{a} + \frac{bx}{a} + \frac{c}{a} = \frac{0}{a} \Rightarrow x^2 - \left(\frac{-b}{a}\right)x + \frac{c}{a} = 0 \Rightarrow x^2 - Sx + P = 0$$

Fatoração de um trinômio do 2º grau

Pode-se fatorar um trinômio do 2º grau do tipo $ax^2 + bx + c$ a partir das raízes da equação obtida quando igualamos esse polinômio a zero.

Dada a equação $ax^2 - bx + c = 0$, colocamos o coeficiente a em evidência.

$$ax^2 + bx + c = 0 \Rightarrow a\left(x^2 + \frac{b}{a}x + \frac{c}{a}\right) = 0 \Rightarrow a\left[x^2 - \left(-\frac{b}{a}\right)x + \frac{c}{a}\right] = 0 \Rightarrow$$

$$\Rightarrow a[x^2 - (x_1 + x_2)x + x_1 x_2] = 0 \Rightarrow a(x^2 - xx_1 - xx_2 + x_1 x_2) = 0 \Rightarrow$$

$$\Rightarrow a[x(x - x_1) - x_2(x - x_1)] = 0 \Rightarrow a(x - x_1)(x - x_2) = 0$$

Assim, temos:

$$ax^2 + bx + c = 0 \Leftrightarrow a(x - x_1)(x - x_2) = 0$$

Exemplos

1. Obtenha uma equação do 2º grau cujas raízes sejam:

a) -2 e 5.

Solução:

$x_1 = -2$ e $x_2 = 5$
$S = x_1 + x_2 = -2 + 5 = 3$ e
$P = x_1 \cdot x_2 = -2 \cdot 3 = -6$
$x^2 - Sx + P = 0 \Rightarrow x^2 - 3x - 6 = 0$

b) $\sqrt{2}$ e $\sqrt{8}$ (lembre-se de que $\sqrt{8} = 2\sqrt{2}$).

Solução:

$x_1 = \sqrt{2}$ e $x_2 = 2\sqrt{2}$
$S = x_1 + x_2 = \sqrt{2} + 2\sqrt{2} = 3\sqrt{2}$ e
$P = x_1 \cdot x_2 = \sqrt{2} \cdot 2\sqrt{2} = 4$
$x^2 - Sx + P = 0 \Rightarrow x^2 - 3\sqrt{2}x + 4 = 0$

2. Fatore o trinômio $5x^2 - 11x + 2$.

Solução:

Igualando o trinômio a zero e resolvendo a equação obtida, temos:

$5x^2 - 11x + 2 = 0, \begin{cases} x_1 = \dfrac{1}{5} \\ x_2 = 2 \end{cases}$ Então, $5x^2 - 11x + 2 = 5\left(x - \dfrac{1}{5}\right)(x - 2)$.

EXERCÍCIOS

RESOLUÇÃO PASSO A PASSO

1. (UFF-RJ) Na divisão dos lucros com seus 20 acionistas, uma empresa distribuiu R$ 600,00 entre os preferenciais e R$ 600,00 entre os ordinários. Sabe-se que cada acionista preferencial recebeu R$ 80,00 a menos do que cada acionista ordinário. Determine quantos acionistas preferenciais esta empresa possui.

LEIA E COMPREENDA

A empresa vai distribuir R$ 600,00 entre os acionistas preferenciais e a mesma quantia entre os não preferenciais, e estes (os não preferenciais) receberão cada um R$ 80,00 a mais. Pede-se o número de acionistas preferenciais.

PLANEJE A SOLUÇÃO

Chamaremos o número de acionistas preferenciais de x; o número de acionistas não preferenciais será $20 - x$.

O que cada acionista preferencial deve receber é: $\dfrac{600}{x}$.

O que cada acionista não preferencial deve receber é: $\dfrac{600}{20 - x}$.

A diferença entre o que um acionista preferencial vai receber e um não preferencial vai receber é de R$ 80,00. Calculando adequadamente essa diferença encontraremos o valor de x.

EFETUE O QUE FOI PLANEJADO

$$\frac{600}{x} = \frac{600}{20 - x} - 80 \Rightarrow x(20 - x)\frac{600}{x} = x(20 - x)\frac{600}{20 - x} - x(20 - x) \cdot 80 \Rightarrow$$

$$\Rightarrow (20 - x)600 = 600x - 80x(20 - x) \Rightarrow 12\,000 - 600x = 600x - 1600x + 80x^2 \Rightarrow$$

$$\Rightarrow 80x^2 - 400x - 12\,000 = 0 \Rightarrow x^2 - 5x - 150 = 0 \Rightarrow \begin{cases} x = -10 \ (?) \\ x = 15 \end{cases}$$

VERIFIQUE

Cada cliente preferencial receberá: $\dfrac{600}{x} = \dfrac{600}{15} = 40$.

Cada cliente não preferencial receberá: $\dfrac{600}{20 - x} = \dfrac{600}{20 - 15} = \dfrac{600}{5} = 120$.

A diferença entre o que cada tipo de cliente recebe é: $120 - 40 = 80$.

RESPONDA

O número de acionistas preferenciais é 15.

AMPLIAÇÃO DO PROBLEMA

Se o cliente preferencial recebesse R$ 25,00 a mais do que os não preferenciais, quantos seriam os clientes preferenciais?

$$\frac{600}{x} = \frac{600}{20 - x} + 25 \Rightarrow x(20 - x)\frac{600}{x} = x(20 - x)\frac{600}{20 - x} + x(20 - x) \cdot 25 \Rightarrow$$

$$\Rightarrow (20 - x)600 = 600x + 25x(20 - x) \Rightarrow 12\,000 - 600x = 600x + 500x - 25x^2 \Rightarrow$$

$$\Rightarrow 25x^2 - 1700x + 12\,000 = 0 \Rightarrow x^2 - 68x + 480 \Rightarrow \begin{cases} x = 8 \\ x = 60 \ (\text{não convém, porém o total de acionistas é 20}) \end{cases}$$

Então teríamos 8 clientes preferenciais.

2. Resolva em U as equações.

a) $(7 + x)(9 - x) + (7 - x)(9 + x) = 76; U = \mathbb{R}$

b) $(2x - 5)^2 - (x - 6)^2 = 80; U = \mathbb{R}$

c) $x^2 - \dfrac{x}{3} - 8 = 0; U = \mathbb{R}$

d) $\dfrac{x}{5} + \dfrac{5}{x} = \dfrac{26}{5}; U = \mathbb{R}^*$

e) $8x + 11 + \dfrac{7}{x} = \dfrac{21 + 65x}{7}; U = \mathbb{R}^*$

f) $\dfrac{1}{x} + \dfrac{1}{x + 5} = \dfrac{1}{6}; U = \mathbb{R} - \{0, -5\}$

g) $(x + 4)\left(\dfrac{72}{x} - 3\right) = 72; U = \mathbb{R}^*$

h) $\dfrac{x + 11}{x} = 7 - \dfrac{9 + 4x}{x^2}; U = \mathbb{R}^*$

i) $\dfrac{x + 3}{2} + \dfrac{16 - 2x}{2x - 5} = 13; U = \mathbb{R} - \left\{\dfrac{5}{2}\right\}$

j) $\dfrac{x^2 - 1}{8} + x = \dfrac{x^2 + 3}{3}; U = \mathbb{R}$

3. Dada a equação $x^2 + x + 3$, determine:

a) a soma de suas raízes;

b) o produto de suas raízes;

c) a soma dos inversos das raízes.

4. Obtenha uma equação do 2° grau cujas raízes sejam $x_1 = 1 - \sqrt{5}$ e $x_2 = 1 + \sqrt{5}$.

5. Sendo m e n raízes da equação $2x^2 + x + 5 = 0$, determine o valor do produto $(m + 5)(n + 5)$.

6. Na equação $(1 - m)x^2 + (m + 2)x + 4 = 0$, determine m de modo que:

a) a soma das raízes seja $-\dfrac{1}{4}$;

b) o produto das raízes seja $\dfrac{1}{8}$.

7. Dada a equação $x^2 - 3x + (2m - 1) = 0$, determine o valor de m para que a equação:

a) não tenha raízes reais;

b) tenha duas raízes reais e distintas;

c) tenha duas raízes reais e iguais.

8. A largura de uma tela retangular com área de 9600 m^2 é uma vez e meia a sua altura. Quais são as medidas dessa tela?

9. João pensou em um número de dois algarismos. O algarismo da ordem das unidades é maior do que o algarismo da ordem das dezenas; a soma deles é 12 e o produto é 35. Qual é esse número?

10. Uma empresária pretendia comprar certo número de brindes que custariam R$ 240,00 no total. Os brindes eram todos iguais e seriam comprados pelo mesmo preço. No entanto, quando foi adquiri-los, ela percebeu que cada unidade sofrera um acréscimo de R$ 2,00. Diante dessa nova situação, ela comprou 4 unidades a menos do que previa. Responda:

a) Quantos objetos a empresária conseguiu comprar com o valor pretendido?

b) Qual é o valor de cada objeto com o acréscimo?

11. O produto da idade de João pela idade de Carlos é igual a 374. João é 5 anos mais velho do que Carlos. Quantos anos tem cada um deles?

12. Pai e filho têm, hoje, 45 e 15 anos, respectivamente. Há quantos anos a idade do pai era igual ao quadrado da idade do filho?

13. Determine dois números inteiros consecutivos tais que a soma de seus inversos seja $\dfrac{13}{42}$.

14. (CP – MA) A partir do instante em que foi identificado um vazamento em um tanque de água, os técnicos afirmaram que a quantidade total, em litros, de água no tanque indicada por $Q(t)$, após t horas de vazamento, é dada pela função $Q(t) = t^2 - 24t = 144$. Dividindo-se o total de água no tanque, no instante em que o vazamento foi identificado, pelo total de horas que levou para esvaziar totalmente, pode-se concluir que o vazamento médio, nesse intervalo, em litros por hora, foi igual a:

a) 12.   **c)** 13.   **e)** 14.

b) 12,5.   **d)** 13,5.

QUESTÕES DO ENEM

RESOLUÇÃO PASSO A PASSO

1. (Enem) Um laticínio possui dois reservatórios de leite. Cada reservatório é abastecido por uma torneira acoplada a um tanque resfriado. O volume, em litros, desses reservatórios depende da quantidade inicial de leite no reservatório e do tempo t, em horas, em que as duas torneiras ficam abertas. Os volumes dos reservatórios são dados pelas funções $V_1(t) = 250t^3 - 100t - 3\,000$ e $V_2(t) = 150t^3 + 69t + 3\,000$.

   Depois de aberta cada torneira, o volume de leite de um reservatório é igual ao do outro no instante $t = 0$ e, também, no tempo t igual a:

   a) 1,3 h.

   b) 1,69 h.

   c) 10,0 h.

   d) 13,0 h.

   e) 16,9 h.

LEIA E COMPREENDA

O problema nos mostra duas relações que fornecem o volume de leite em dois reservatórios em função do tempo t. O objetivo é descobrir depois de quanto tempo após as duas torneiras terem sido abertas simultaneamente os tanques terão o mesmo volume de leite.

PLANEJE A SOLUÇÃO

Temos de igualar as relações V_1 e V_2. Obteremos uma equação do 2º grau na incógnita t. Resolvendo essa equação encontraremos o tempo gasto para os volumes se igualarem.

EFETUE O QUE FOI PLANEJADO

Fazendo $V_1 = V_2$, temos:

$250t^3 - 100t + 3\,000 = 150t^3 + 69t + 3\,000 \Rightarrow$

$\Rightarrow 250t^3 - 100t + 3\,000 - 150t^3 - 69t - 3\,000 = 0 \Rightarrow 100t^3 - 169t = 0$

Colocando t em evidência:

$t(100t^2 - 169) = 0 \Rightarrow \begin{cases} t = 0 \text{ (não convém)} \\ 100t^2 - 169 = 0 \end{cases}$

$100t^2 - 169 = 0 \Rightarrow 100t^2 = 169 \Rightarrow$

$\Rightarrow t^2 = \dfrac{169}{100} \Rightarrow t = \pm\sqrt{\dfrac{169}{100}} \Rightarrow$

$\Rightarrow t = \pm\dfrac{13}{10}$

Como não podemos ter $t < 0$; $t = 1,3$.

2. (Enem) A temperatura T de um forno (em graus centígrados) é reduzida por um sistema a partir do instante de seu desligamento ($t = 0$) e varia de acordo com a expressão $T(t) = \dfrac{-t^2}{4} + 400$ com t em minutos. Por motivos de segurança, a trava do forno só é liberada para abertura quando o forno atinge a temperatura de 39 °C. Qual é o tempo mínimo de espera, em minutos, após se desligar o forno, para que a porta possa ser aberta?

a) 19,0

b) 19,8

c) 20,0

d) 38,0

e) 39,0

3. (Enem) Um fazendeiro doa, como incentivo, uma área retangular de sua fazenda para seu filho, que está indicada na figura como 100% cultivada. De acordo com as leis, deve-se ter uma reserva legal de 20% de sua área total. Assim, o pai resolve doar mais uma parte para compor a reserva para o filho, conforme a figura.

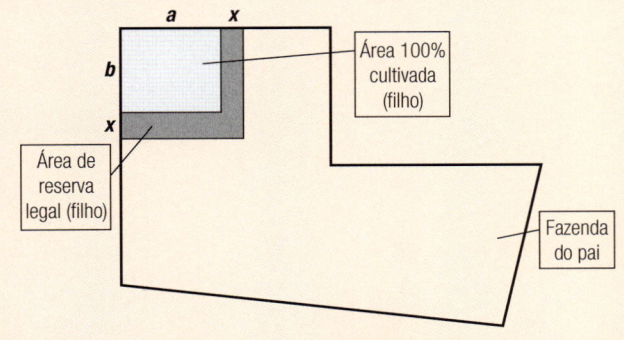

De acordo com a figura anterior, o novo terreno do filho cumpre a lei após acrescentar uma faixa de largura x metros contornando o terreno cultivado, que se destinará à reserva legal (filho). O dobro da largura x da faixa é:

a) $10\% \, (a + b)^2$.

b) $10\% \, (a \cdot b)^2$.

c) $\sqrt{a + b} - (a + b)$.

d) $\sqrt{(a + b)^2 + ab} - (a + b)$.

e) $\sqrt{(a + b)^2 + ab} + (a + b)$.

EXERCÍCIOS

2.

a) $(7 + x)(9 - x) + (7 - x)(9 + x) = 76 \Rightarrow$
$\Rightarrow 63 - 7x + 9x - x^2 + 63 + 7x - 9x - x^2 = 76 \Rightarrow$
$\Rightarrow -2x^2 + 126 = 76 \Rightarrow -2x^2 = 76 - 126 \Rightarrow$
$\Rightarrow -2x^2 = -50 \Rightarrow 2x^2 = 50 \Rightarrow x^2 = 25 \Rightarrow$
$\Rightarrow x = \pm\sqrt{25} \Rightarrow x = \pm 5 \{$
$S = \{5; -5;\}$

b) $(2x - 5)^2 - (x - 6)^2 = 80 \Rightarrow 4x^2 - 20x + 25 -$
$- (x^2 - 12x + 36) = 80 \Rightarrow 4x^2 - 20x + 25 -$
$- x^2 + 12x - 36 = 80 \Rightarrow 3x^2 - 8x - 91 = 0$
$\Delta = (-8)^2 - 4 \cdot 3(-91) = 64 + 1\,092 = 1\,156 \Rightarrow$
$\Rightarrow \sqrt{\Delta} = \sqrt{1\,156} = 34$
$x = \dfrac{-(-8) \pm 34}{2 \cdot 3} = \dfrac{8 \pm 34}{6} \Rightarrow$
$\Rightarrow \begin{cases} x_1 = \dfrac{8 - 34}{6} = \dfrac{-26}{6} = -\dfrac{13}{3} \\ x_2 = \dfrac{8 + 34}{6} = \dfrac{42}{6} = 7 \end{cases}$
$S = \left\{ -\dfrac{13}{3}, 7 \right\}$

c) $x^2 - \dfrac{x}{3} - 8 = 0 \Rightarrow 3x^2 - x - 24 = 0$
$\Delta = (-1)^2 - 4 \cdot 3(-24) = 1 + 288 = 289 \Rightarrow$
$\Rightarrow \sqrt{\Delta} = \sqrt{289} = 17$
$x = \dfrac{-(-1) \pm 17}{2 \cdot 3} = \dfrac{1 \pm 17}{6} \Rightarrow$
$\Rightarrow \begin{cases} x_1 = \dfrac{1 - 17}{6} = \dfrac{-16}{6} = -\dfrac{8}{3} \\ x_2 = \dfrac{1 + 17}{6} = \dfrac{18}{6} = 3 \end{cases}$
$S = \left\{ -\dfrac{8}{3}, 3 \right\}$

d) mmc $(5, x, 5) = 5x$
$\dfrac{x}{5} + \dfrac{5}{x} = \dfrac{26}{5} \Rightarrow 5x \cdot \dfrac{x}{5} + 5x \dfrac{5}{x} = 5x \dfrac{26}{5} \Rightarrow$
$\Rightarrow x^2 + 25 = 26x \Rightarrow x^2 - 26x + 25 = 0$
$\Delta = (-26)^2 - 4 \cdot 25 = 676 - 100 = 576 \Rightarrow$
$\Rightarrow \sqrt{\Delta} = \sqrt{576} = 24$
$x = \dfrac{-(-26) \pm 24}{2 \cdot 1} \Rightarrow \dfrac{26 \pm 24}{2} \Rightarrow$
$\Rightarrow \begin{cases} x_1 = \dfrac{26 - 24}{2} = 1 \\ x_2 = \dfrac{26 + 24}{2} = 25 \end{cases}$
$S = \{1, 25\}$

e) mmc $(7, x) = 7x$
$8x + 11 + \dfrac{7}{x} = \dfrac{21 + 65x}{7} \Rightarrow$
$\Rightarrow 7x \cdot 8x + 7x \cdot 11 + 7x \cdot \dfrac{7}{x} = \dfrac{7x(21 + 65x)}{7} \Rightarrow$
$\Rightarrow 56x^2 + 77x + 49 = 21x + 65x^2 \Rightarrow$
$\Rightarrow 56x^2 - 65x^2 + 77x - 21x + 49 = 0 \Rightarrow$
$\Rightarrow -9x^9 + 56x + 49 = 0$

Multiplicando todos os termos por (-1), temos:

$9x^2 - 56x - 49 = 0$
$\Delta = (-56)^2 - 4 \cdot 9 \cdot (-49) \Rightarrow 3\,126 + 1\,764 =$
$= 4\,900 \Rightarrow \sqrt{\Delta} = \sqrt{4\,900} = 70$
$x = \dfrac{-(-56) \pm 70}{2 \cdot 9} = \dfrac{56 \pm 70}{18} \Rightarrow$
$\Rightarrow \begin{cases} x_1 = \dfrac{56 - 70}{18} = \dfrac{-14}{18} = \dfrac{-7}{9} \\ x_2 = \dfrac{56 + 70}{18} = \dfrac{126}{18} = 7 \end{cases}$
$S = \left\{ 7, -\dfrac{7}{9} \right\}$

f) mmc $(x, x + 5, 6) = 6x(x + 5)$
$\dfrac{1}{x} + \dfrac{1}{x + 5} = \dfrac{1}{6} \Rightarrow$
$\Rightarrow 6x(x + 5) \cdot \dfrac{1}{x} + 6x(x + 5) \cdot \dfrac{1}{(x + 5)} =$
$= 6x(x + 5)\dfrac{1}{6} \Rightarrow 6(x + 5) + 6x = x(x + 5) \Rightarrow$
$\Rightarrow 6x + 30 + 6x = x^2 + 5x \Rightarrow x^2 - 7x - 30 = 0$
$\Delta = (-7)^2 - 4 \cdot 1(-30) = 49 + 120 = 169 \Rightarrow$
$\Rightarrow \sqrt{\Delta} = \sqrt{169} = 13$
$x = \dfrac{-(-7) \pm 13}{2 \cdot 1} = \dfrac{7 \pm 13}{2} \Rightarrow$
$\Rightarrow \begin{cases} x_1 = \dfrac{7 - 13}{2} = \dfrac{-6}{2} = -3 \\ x_2 = \dfrac{7 + 13}{2} = 10 \end{cases}$
$S = \{-3, 10\}$

g) $(x + 4)\left(\dfrac{72}{x} - 3 \right) = 72$

Vamos inicialmente efetuar a multiplicação da expressão a seguir.

$(x + 4)\left(\dfrac{72}{x} - 3 \right) = 72 \Rightarrow 72 - 3x + \dfrac{288}{x} - 12 =$
$= 72 \Rightarrow -12 - 3x + \dfrac{288}{x} = 0 \Rightarrow$
$\Rightarrow -12x - 3x^2 + 288 = 0 \Rightarrow 3x^2 - 12x - 288 = 0$

$\Delta = 12^2 - 4 \cdot 3 \cdot (-288) = 144 + 3\,456 = 3\,600 \Rightarrow$
$\Rightarrow \sqrt{\Delta} = \sqrt{3\,600} = 60$

$x = \dfrac{12 \pm 60}{2 \cdot 3} = \dfrac{12 \pm 60}{6} \Rightarrow$

$\Rightarrow \begin{cases} x_1 = \dfrac{12 - 60}{6} = \dfrac{-48}{6} = -8 \\ x_2 = \dfrac{12 + 60}{6} = \dfrac{72}{6} = 12 \end{cases}$

$S = \{-8, 12\}$

h) mmc $(x, x^2) = x^2$

$\dfrac{x + 11}{x} = 7 - \dfrac{9 + 4x}{x^2} \Rightarrow$

$\Rightarrow \dfrac{x^2(x + 11)}{x} = 7x^2 - \dfrac{x^2(9 + 4x)}{x^2} \Rightarrow x(x + 11) =$

$= 7x^2 - (9 + 4x) \Rightarrow x^2 + 11x = 7x^2 - 9 - 4x \Rightarrow$

$\Rightarrow x^2 + 11x - 7x^2 + 9 + 4x = 0 \Rightarrow$

$\Rightarrow -6x^2 + 15x + 9 = 0 \Rightarrow 2x^2 - 5x - 3 = 0$

$\Delta = (-5)^2 - 4 \cdot 2(-3) = 25 + 24 = 49 \Rightarrow$

$\Rightarrow \sqrt{\Delta} = \sqrt{49} = 7$

$x = \dfrac{-(-5) \pm 7}{2 \cdot 2} = \dfrac{5 \pm 7}{4} \Rightarrow \begin{cases} x_1 = -\dfrac{1}{2} \\ x_2 = 3 \end{cases}$

$S = \left\{-\dfrac{1}{2}, 3\right\}$

i) mmc $(2, 2x - 5) = 2(2x - 5)$

$\dfrac{x + 3}{2} + \dfrac{16 - 2x}{2x - 5} = 13 \Rightarrow$

$\Rightarrow \dfrac{2(2x - 5)(x + 3)}{2} + \dfrac{2(2x - 5)(16 - 2x)}{2x - 5} =$

$= 13 \cdot 2(2x - 5) \Rightarrow (2x - 5)(x + 3) + 2(16 - 2x) =$

$= 26(2x - 5) \Rightarrow 2x^2 + 6x - 5x - 15 + 32 - 4x =$

$= 52x - 130 \Rightarrow 2x^2 + 6x - 5x - 15 + 32 - 4x - 52x +$

$+ 130 \Rightarrow 2x^2 - 55x + 147 = 0$

$\Delta = (-55)^2 - 4 \cdot 2 \cdot 147 = 3\,025 - 1\,176 = 1\,849 \Rightarrow$

$\Rightarrow \sqrt{\Delta} = \sqrt{1\,849} = 43$

$x = \dfrac{-(-55) \pm 43}{2 \cdot 2} = \dfrac{55 \pm 43}{4} \Rightarrow \begin{cases} x_1 = 3 \\ x_2 = \dfrac{49}{2} \end{cases}$

$S = \left\{3, \dfrac{49}{2}\right\}$

j) $\dfrac{x^2 - 1}{8} + x = \dfrac{x^2 + 3}{3} \Rightarrow \dfrac{24(x^2 - 1)}{8} + 24x =$

$= \dfrac{24(x^2 + 3)}{3} \Rightarrow 3(x^2 - 1) + 24x = 8(x^2 + 3) \Rightarrow$

$\Rightarrow 3x^2 - 3 + 24x = 8x^2 + 24 \Rightarrow 3x^2 - 3 - 24x -$

$- 8x^2 - 24 = 0 \Rightarrow -5x^2 + 24x - 27 = 0 \Rightarrow$

$\Rightarrow 5x^2 - 24x + 27 = 0$

$\Delta = (-24)^2 - 4 \cdot 5 \cdot 27 = 576 - 540 = 36 \Rightarrow$

$\Rightarrow \sqrt{\Delta} = \sqrt{36} = 6$

$x = \dfrac{-(-24) \pm 6}{2 \cdot 5} = \dfrac{24 \pm 6}{10} \Rightarrow \begin{cases} x_1 = \dfrac{9}{5} \\ x_2 = 3 \end{cases}$

$S = \left\{\dfrac{9}{5}, 3\right\}$

3. Se $x^2 + x + 3 = 0 \Rightarrow \begin{cases} a = 1 \\ b = 1 \\ c = 3 \end{cases}$

Então:

a) $x_1 + x_2 = \dfrac{-b}{a} = -\dfrac{1}{1} = -1$

b) $x_1 \cdot x_2 = \dfrac{c}{a} = \dfrac{3}{1} = 3$

c) $\dfrac{1}{x_1} + \dfrac{1}{x_1} = \dfrac{x_2 + x_1}{x_1 \cdot x_2} = -\dfrac{1}{3}$

4. $S = x_1 + x_2 = \left(1 - \sqrt{5}\right) + \left(1 + \sqrt{5}\right) = 2$

$P = x_1 \cdot x_2 = \left(1 - \sqrt{5}\right)\left(1 + \sqrt{5}\right) = 1 - 5 = -4$

$x^2 - Sx + P = 0 \Rightarrow x^2 - 2x - 4 = 0$

5. Temos que $2x^2 + x + 5 = 0 \Rightarrow \begin{cases} a = 2 \\ b = 1 \\ c = 5 \end{cases}$

Como m e n são raízes da equação proposta no enunciado, temos:

- $m + n = \dfrac{-b}{a} = -\dfrac{1}{2}$;

- $m \cdot n = \dfrac{c}{a} = \dfrac{5}{2}$.

Efetuando o produto:

$(m + 5)(n + 5) = mn + 5m + 5n + 25 \Rightarrow$

$\Rightarrow mn + 5(m + n) + 25.$

Substituindo, temos:

$\dfrac{5}{2} + 5 \cdot \left(-\dfrac{1}{2}\right) + 25 = \dfrac{5}{2} - \dfrac{5}{2} + 25 = 25.$

6. $(1 - m)x^2 - (m + 2)x + 4 = 0 \Rightarrow \begin{cases} a = 1 - m \\ b = m + 2 \\ c = 4 \end{cases}$

$S = \dfrac{-b}{a} = \dfrac{-(m + 2)}{1 - m} = \dfrac{-m - 2}{1 - m}$ e $P = \dfrac{c}{a} = \dfrac{4}{1 - m}$

a) Se $S = -\dfrac{1}{4} \Rightarrow \dfrac{-m - 2}{1 - m} = \dfrac{-1}{4} \Rightarrow -4\,m - 8 =$

$= -1 + m \Rightarrow -5\,m = 7 \Rightarrow m = -\dfrac{7}{5}$

b) Se $P = \dfrac{1}{8} \Rightarrow \dfrac{4}{1 - m} = \dfrac{1}{8} \Rightarrow 32 = 1 - m \Rightarrow$

$\Rightarrow m = -31.$

7. $\Delta = (-3)^2 - 4 \cdot 1 \cdot (2m - 1) = 9 - 8m + 4 = 13 - 8m$

    a) $\Delta < 0 \Rightarrow 13 - 8m < 0 \Rightarrow m > \dfrac{13}{8}$

    b) $\Delta > 0 \Rightarrow 13 - 8m > 0 \Rightarrow m < \dfrac{13}{8}$

    c) $\Delta = 0 \Rightarrow 13 - 8m = 0 \Rightarrow m = \dfrac{13}{8}$

8. $A = 1{,}5x \cdot x = 9\,600 \Rightarrow 1{,}5x^2 = 9\,600 \Rightarrow x^2 = 6\,400 \Rightarrow$
$\Rightarrow x = \sqrt{6\,400} \Rightarrow x = 80 \Rightarrow 1{,}5x = 120$

Os lados medem 80 metros e 120 metros.

9. Temos 2 números em que $S = 12$ e $P = 35$, então:

$$x^2 - Sx + P = 0 \Rightarrow x^2 - 12x + 35 = 0 \Rightarrow \begin{cases} x = 7 \\ x = 5 \end{cases}$$

Como o algarismo das unidades é maior do que o das dezenas, o número é 57.

10. Sendo x o preço inicial de cada objeto, sabemos que ele iria comprar inicialmente: $\dfrac{240}{x}$ objetos.

Já com o acréscimo de R\$ 2,00 em cada unidade, ele compraria: $\dfrac{240}{x + 2}$ objetos.

Com o aumento, ela compraria 4 objetos a menos.

$$\dfrac{240}{x + 2} = \dfrac{240}{x} - 4 \Rightarrow \dfrac{x(x + 2)240}{x + 2} =$$
$$= \dfrac{x(x + 2)240}{x} - 4x(x + 2) \Rightarrow 240x =$$
$$= 240x + 480 - 4x^2 - 8x \Rightarrow$$
$$\Rightarrow x^2 - 2x - 120 = 0 \Rightarrow \begin{cases} x_1 = 22 \text{ (não convém)} \\ x_2 = 10 \end{cases}$$

    a) Ela conseguiu comprar $\dfrac{240}{x + 2} = \dfrac{240}{10 + 2} = 20$ objetos.

    b) E o valor de cada unidade com o acréscimo é:
       R\$ 10,00 + R\$ 2,00 = R\$ 12,00.

11. Idade de Carlos: x; idade de João $x + 5$.

$x(x + 5) = 374 \Rightarrow x^2 + 5x - 374 = 0$

$\Delta = 5^5 - 4 \cdot 1 \cdot 374 = 25 + 1\,496 = 1\,521 \Rightarrow$
$\Rightarrow \sqrt{\Delta} = \sqrt{1\,521} = 39$

$x = \dfrac{-5 \pm 39}{2 \cdot 1} \Rightarrow \begin{cases} x_1 = -22 \text{ (não convém)} \\ x_2 = 17 \end{cases}$

Carlos: 17 anos; João: 22 anos.

12. Idade do pai: 45; idade do filho: 15. Há x anos, as idades eram: pai, $45 - x$ e filho, $15 - x$. Temos:

$(15 - x)^2 = 45 - x \Rightarrow x^2 - 29x + 180 = 0 \Rightarrow \begin{cases} x_1 = 9 \\ x_2 = 20 \end{cases}$

A resposta $x = 20$ não convém, porque há 20 anos o filho não havia nascido. Então, o que o problema propõe ocorreu há 9 anos.

13. Dois números inteiros e consecutivos: x e $(x + 1)$.

$\dfrac{1}{x} + \dfrac{1}{x + 1} = \dfrac{13}{42} \Rightarrow \dfrac{x + 1 + x}{x(x + 1)} = \dfrac{13}{42} \Rightarrow$
$\Rightarrow 13x^2 + 13x = 84x + 42 \Rightarrow 13x^2 - 71x - 42 = 0$

$\Delta = (-71)^2 - 4 \cdot 13 \cdot (-42) = 7\,225 \Rightarrow$
$\Rightarrow \sqrt{\Delta} = \sqrt{7\,225} = 85$

$x = \dfrac{-(-71) \pm 85}{2 \cdot 13} = \dfrac{71 \pm 85}{26} \Rightarrow$

$\Rightarrow \begin{cases} x_1 = -\dfrac{14}{26} = -\dfrac{7}{13} \text{ (não convém)} \\ x_2 = \dfrac{156}{26} = 6 \end{cases}$

Os números são 6 e 7.

14. O tanque está cheio quando $t = 0$. Então $Q(0) = 0^2 - 24 \cdot 0 + 144 = 144$. Antes do vazamento, havia no tanque 144 L de água. O tanque estará vazio quando a quantidade de água for nula, ou seja, $Q(t) = 0$.

$Q(t) = 0 \Rightarrow t^2 - 24t + 144 = 0 \Rightarrow (t - 12)^2 = 0 \Rightarrow t = 12$

Aconteceu que 144 litros vazaram totalmente em 12 horas;

logo: $\dfrac{144\text{ L}}{12\text{ h}} = \dfrac{12\text{ L}}{1\text{ h}}$.

Com isso, podemos afirmar que o vazamento médio foi de 12 litros por hora. Alternativa **a**.

QUESTÕES DO ENEM

2. A temperatura do forno é dada por: $T(t) = \dfrac{-t^2}{4} + 400$.

Se $T = 39$, temos:

$-\dfrac{t^2}{4} + 400 = 39 \Rightarrow -\dfrac{t^2}{4} = -361 \Rightarrow$
$\Rightarrow t^2 = 1\,444 \Rightarrow t = \pm\sqrt{1\,444} \Rightarrow t = \pm38$

Como procuramos um valor para o tempo, podemos desconsiderar a resposta negativa. Portanto, $t = 38$. Alternativa **d**.

3. A área destinada ao filho será:

$A = (a + x)(b + x) \Rightarrow A = x^2 + (a + b)x + ab$

A reserva legal representa 20% da área reservada ao filho, portanto a parte cultivável é 80% dessa área. Logo: 80% de $A = 0{,}8[x^2 + (a + b)x + ab]$. Mas 80% de A é ab, daí:
$ab = 0{,}8[x^2 + (a + b)x + ab] \Rightarrow$
$\Rightarrow ab = 0{,}8x^2 + 0{,}8(a + b)x + 0{,}8ab \Rightarrow$
$\Rightarrow 0{,}8x^2 + 0{,}8(a + b)x - 0{,}2ab = 0$

Para facilitar a resolução, vamos multiplicar todos os termos da equação por 5:

$4x^2 + 4(a + b)x - ab = 0$

$\Delta = [4 \cdot (a + b)]^2 - 4 \cdot 4(-ab) = 16(a + b)^2 + 16ab =$
$= 16[(a + b)^2 + ab]$

$x = \dfrac{-4(a + b) + \sqrt{16[(a + b)^2 + ab]}}{2 \cdot 4} =$

$= \dfrac{-4(a + b) + 4\sqrt{(a + b)^2 + ab}}{8} =$

$= \dfrac{-(a + b) + \sqrt{(a + b)^2 + ab}}{2} \Rightarrow$

$\Rightarrow 2x = \sqrt{(a + b)^2 + ab} - (a + b);$ Alternativa **d**.

COMPETÊNCIAS E HABILIDADES

ENEM

COMPETÊNCIAS DE ÁREA — MATEMÁTICA E SUAS TECNOLOGIAS

Habilidades

H19 Identificar representações algébricas que expressem a relação entre grandezas.

H21 Resolver situação-problema cuja modelagem envolva conhecimentos algébricos.

H22 Utilizar conhecimentos algébricos/geométricos como recurso para a construção de argumentação.

H23 Avaliar proposta de intervenção na realidade utilizando conhecimentos algébricos.

BNCC

Habilidades

EF08MA09 Resolver e elaborar problemas que possam ser representados por equações polinomiais de 2º grau do tipo $ax^2 = b$.

EF09MA09 Compreender os processos de fatoração de expressões algébricas, com base em suas relações com os produtos notáveis, para resolver e elaborar problemas que possam ser representados por equações polinomiais do 2º grau.

CAPÍTULO 10

FUNÇÃO AFIM

ESTUDOS DE UMA FUNÇÃO AFIM

A função afim de $\mathbb{R}$ em $\mathbb{R}$ é definida pela sentença $y = ax + b$, com a e b reais.

O gráfico da função afim é uma reta não perpendicular ao eixo das abscissas.

Quando $a > 0$ a função é crescente.	Quando $a < 0$ a função é decrescente.	Quando $a = 0$ a função é constante.

Exemplo

1. Classifique as funções em crescente, decrescente ou constante.

    a) $y = -x + 1$: é decrescente, pois $a = -1$

    b) $y = 2x - 3$: é crescente, pois $a = 2$

    c) $y = -3$: é constante, pois $a = 0$

    d) $-y = -3x + 9$: é crescente, pois $a = 3$

Raiz da função afim

É o valor de x para o qual $y = 0$. É o ponto do gráfico onde a reta intersecta o eixo das abscissas. Fazendo $y = 0$, temos:

$$ax + b = y \Rightarrow ax = -b \Rightarrow \boxed{x = \frac{-b}{a}}, \text{ ou seja, o ponto } \left(\frac{-b}{a}, \mathbf{0}\right) \text{ é a raiz da função.}$$

Exemplo

1. Determine a raiz de cada função a seguir.

   Lembre-se de que quando um ponto está no eixo das abscissas sua ordenada é igual a zero.

   a) $y = 2x - 6$

   Solução:

   $y = 0 \Rightarrow 2x - 6 = 0 \Rightarrow$
   $\Rightarrow 2x = 6 \Rightarrow x = 3$

   Raiz: $(3, 0)$

   b) $y = -2x + 1$

   Solução:

   $y = 0 \Rightarrow -2x + 1 = 0 \Rightarrow$
   $\Rightarrow -2x = -1 \Rightarrow 2x = 1 \Rightarrow x = \dfrac{1}{2}$

   Raiz: $\left(\dfrac{1}{2}, 0\right)$

   c) $y = -3x$

   Solução:

   $y = 0 \Rightarrow -3x = 0 \Rightarrow 3x = 0 \Rightarrow x = \dfrac{0}{3} \Rightarrow x = 0$

   Raiz: $(0, 0)$

   d) $y = -10x - 4$

   Solução:

   $y = 0 \Rightarrow -10x - 4 = 0 \Rightarrow$
   $\Rightarrow -10x = 4 \Rightarrow x = -\dfrac{2}{5}$

   Raiz: $\left(-\dfrac{2}{5}, 0\right)$

Gráfico

O gráfico de uma função afim é uma reta. Para determinar essa reta, bastam dois pontos, que podem ser intersectados com os eixos das abscissas e das ordenadas, como no exemplo seguinte, ou podem ainda ser determinados aleatoriamente em dois outros pontos dessa reta.

Intersecção com o eixo das ordenadas

Dada a função $y = ax + b$, quando fazemos $x = 0$, temos que $y = b$. Esse ponto de abscissa 0 e ordenada b, ou seja $(0, b)$, é chamado de ponto de intersecção com o eixo das ordenadas. Lembre-se de que quando um ponto está localizado no eixo das ordenadas sua abscissa é igual a 0. Nesse caso, b também pode ser chamado de **coeficiente linear** da reta que representa a função afim.

Exemplo

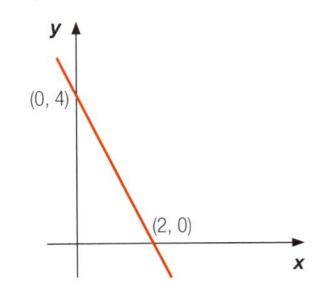

Temos a função $y = -2x + 4$, em que o ponto de intersecção com o eixo das ordenadas é $(0, 4)$, sendo 4 o coeficiente linear da reta.

Gráfico de uma função afim

Sabemos que dois pontos distintos determinam uma reta. Assim, para obtermos o gráfico de uma função afim, basta determinarmos dois de seus pontos.

Exemplo

Seja a função $y = 2x - 3$.

A intersecção com o eixo y já é conhecida (quando $x = 0$, temos $y = -3$), e o ponto $(0, -3)$.

Podemos determinar a raiz:

$$y = 0 \Rightarrow 2x - 3 = 0 \Rightarrow x = \frac{3}{2}$$

A raiz é o ponto $\left(\frac{3}{2}, 0 \right)$

Temos o gráfico:

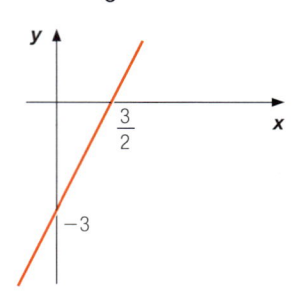

Note que na função afim $y = ax + b$, a constante a é chamada de **coeficiente angular** ou de **declividade.**

Gráfico da função linear

Na função linear, $y = ax$, a raiz e a intersecção com o eixo das ordenadas coincidem (origem). Então, para obtermos outro ponto, basta atribuirmos um valor para x, obtendo, com isso, outro valor correspondente para y.

Exemplo

Seja a função $y = 3x$.

Um ponto já conhecemos: $(0, 0)$.

Vamos atribuir um valor qualquer para x que não seja 0. Por exemplo, 2.

$$x = 2 \Rightarrow y = 3 \cdot 2 \Rightarrow y = 6$$

Temos, então, o ponto $(2, 6)$.

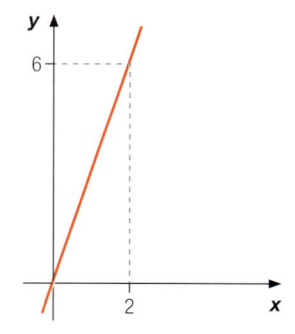

Taxa de variação

Chama-se de taxa de variação ou taxa de crescimento de uma função, no intervalo $[x, x + h]$ com x e h reais, com $h \neq 0$, o quociente: $\dfrac{f(x + h) - f(x)}{h}$.

No caso da função afim, expressa por $f(x) = ax + b$, temos:

$$\frac{f(x + h) - f(x)}{h} = \frac{a(x + h) + b - (ax + b)}{h} =$$

$$= \frac{ax + ah + b - ax - b}{h} = \frac{ah}{h} = a$$

Então, no caso da função afim $[y = ax + b]$, a constante a também pode ser chamada de taxa de variação.

EXERCÍCIOS

RESOLUÇÃO PASSO A PASSO

1. (UFRN) Na figura a seguir, tem-se o gráfico de uma reta que representa a quantidade, medida em mL, de um medicamento que uma pessoa deve tomar em função de seu peso, dado em kgf, para tratamento de determinada infecção. O medicamento deverá ser aplicado em seis doses. Assim, uma pessoa que pesa 85 kgf receberá em cada dose:

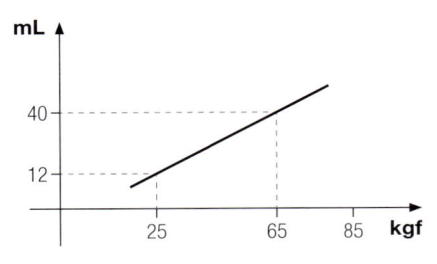

a) 7 mL.   **b)** 9 mL.   **c)** 8 mL.   **d)** 10 mL.

LEIA E COMPREENDA

O gráfico mostra a quantidade do medicamento, em mililitro, em função do peso da pessoa. E pede que encontremos a quantidade de medicamento que uma pessoa que pesa 85 kgf deve ingerir, lembrando que esse medicamento deve ser ministrado em 6 doses.

PLANEJE A SOLUÇÃO

Temos dois pontos do gráfico, dados pelos pares ordenados (25, 12) e (65, 40), com isso devemos descobrir os parâmetros a e b na sentença $f(x) = ax + b$. Em seguida, devemos encontrar o valor de $f(85)$, que é a quantidade total de medicamento a ser ingerida. Dividimos esse valor por 6 para saber a quantidade em mililitros de cada dose.

EFETUE O QUE FOI PLANEJADO

Temos $f(x) = ax + b$.

Para $x = 25$ e $f(x) = 12$, temos: $12 = a25 + b \Rightarrow 25a + b = 12$.

Para $x = 65$ e $f(x) = 40$, temos: $40 = a65 + b \Rightarrow 65a + b = 40$.

Vamos, então, resolver o sistema $\begin{cases} 25a + b = 12 \\ 65a + b = 40 \end{cases} \Rightarrow \begin{cases} 25a + b = 12 \cdot (-1) \\ 65a + b = 40 \end{cases} \Rightarrow \begin{cases} -25a - b = -12 \\ 65a + b = 40 \end{cases}$

Somando membro a membro, temos:

$40a = 28 \Rightarrow a = \dfrac{28}{40} \Rightarrow a = \dfrac{7}{10}$. Substituindo esse valor na 1ª equação, obtemos:

$25 \cdot \dfrac{7}{10} + b = 12 \Rightarrow b = 12 - \dfrac{175}{10} \Rightarrow b = \dfrac{120 - 175}{10} \Rightarrow b = -\dfrac{55}{10}$

Logo, nossa função afim será: $f(x) = \dfrac{7}{10}x - \dfrac{55}{10}$.

Para $x = 85 \Rightarrow f(85) = \dfrac{7}{10} \cdot 85 - \dfrac{55}{10} = \dfrac{540}{10} = 54$.

Fazendo $54 : 6$, obtemos 9.

2. Construa o gráfico da função $y = 2x - 4$.

3. Determine a sentença que define a função do gráfico a seguir.

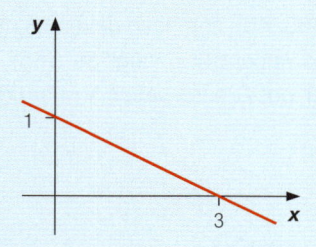

4. Determine a sentença que define o gráfico a seguir.

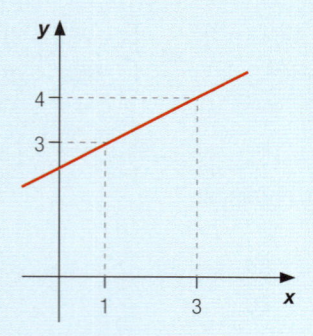

5. Dada a função afim definida por $f(x) = -2x + 3$, determine:

a) $f(-1)$;

b) $f(10)$;

c) $f\left(-\dfrac{1}{5}\right)$.

6. (Fuvest-SP) A função que representa o valor a ser pago após um desconto de 3% sobre o valor x de uma mercadoria é:

a) $f(x) = x - 3$.

b) $f(x) = 0,97x$.

c) $f(x) = 1,3x$.

d) $f(x) = -3x$.

e) $f(x) = 1,03x$.

7. (Unesp) Apresentamos a seguir o gráfico do volume do álcool em função da sua massa, a uma temperatura de 0 °C.

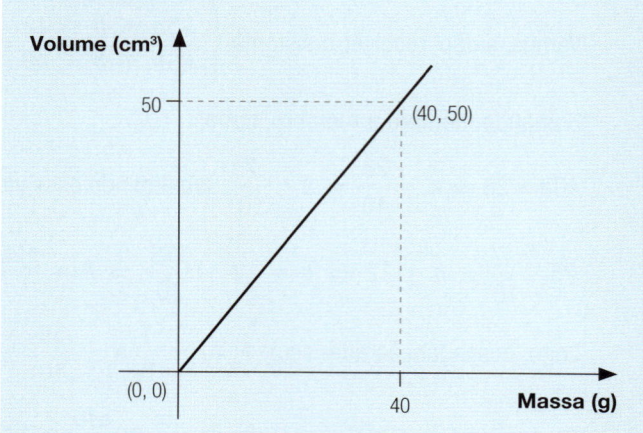

Baseado nos dados dos gráficos, determine:

a) a lei da função apresentada no gráfico;

b) a massa (em gramas) de 30 cm³ de álcool.

8. Na produção de peças, uma indústria tem o custo fixo de R$ 8,00 mais um custo variável de R$ 0,50 por unidade produzida. Sendo x o número de unidades produzidas:

a) escreva a lei da função que fornece o custo total de x peças;

b) calcule o custo de 100 peças;

c) escreva a taxa de variação da função.

9. (Uerj) Os veículos para transporte de passageiros em determinado município têm vida útil que varia entre 4 e 6 anos, dependendo do tipo de veículo. Nos gráficos está representada a desvalorização de quatro desses veículos ao longo dos anos, a partir de sua compra na fábrica.

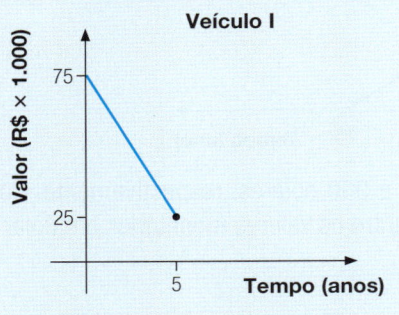

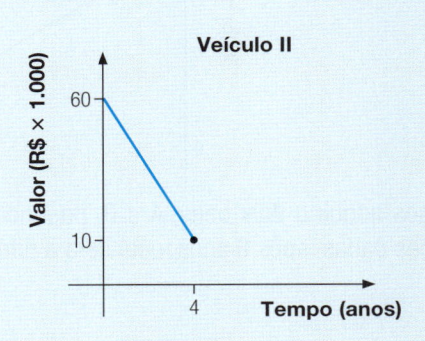

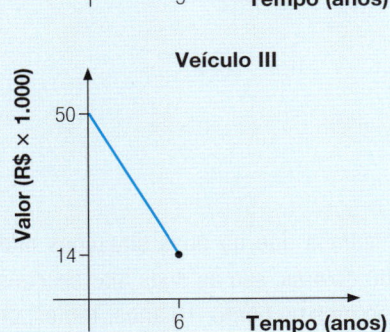

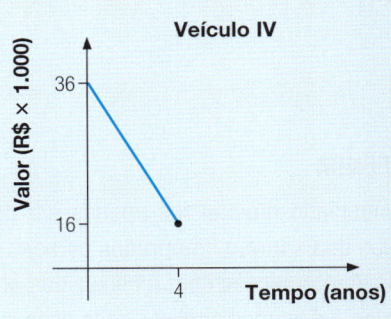

Com base nos gráficos, o veículo que mais desvalorizou por ano foi:

a) I. b) II. c) III. d) IV.

10. (Uerj-modificado) A promoção de uma mercadoria em um supermercado está representada, no gráfico a seguir, por 6 pontos de uma mesma reta.

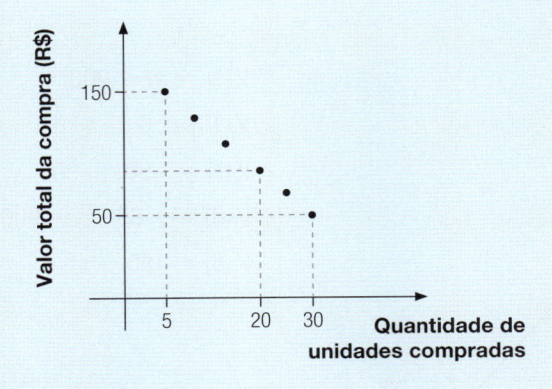

Quem comprar 20 unidades dessa mercadoria, na promoção, pagará por unidade, em reais, o equivalente a:

a) 4,50. b) 5,00. c) 5,50. d) 6,00. e) 6,25.

RESOLUÇÃO PASSO A PASSO

1. (Enem) Um sistema de depreciação linear, estabelecendo que após 10 anos o valor monetário de um bem será zero, é usado nas declarações de imposto de renda de alguns países. O gráfico ilustra essa situação.

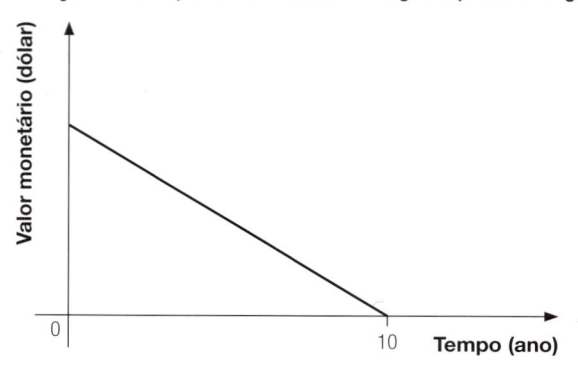

Uma pessoa adquiriu dois bens, A e B, pagando 1 200 e 900 dólares, respectivamente. Considerando as informações dadas, após 8 anos, qual será a diferença entre os valores monetários em dólar desses bens?

a) 30

b) 60

c) 75

d) 240

e) 300

LEIA E COMPREENDA

A figura do enunciado mostra-nos apenas um gráfico. Verificamos que há duas situações diferentes, pois os valores pelos quais foram comprados os bens, 1 200 e 900 dólares, são as duas intersecções com o eixo das ordenadas. A intersecção com os eixos das abscissas é no mesmo ponto, 10 anos. Temos, por isso, duas funções distintas e devemos analisar cada caso separadamente.

PLANEJE A SOLUÇÃO

Vamos analisar cada uma das funções, verificar seus respectivos valores depois de 8 anos e, em seguida, encontrar a diferença pedida no enunciado.

EFETUE O QUE FOI PLANEJADO

1ª situação

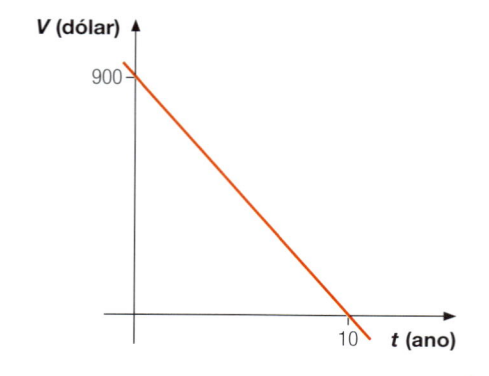

$V_1(t) = at + 900$

$V_1(10) = 0 \Rightarrow a \cdot 10 + 900 = 0 \Rightarrow a = -90$

$V_1(t) = -90t + 900$

$V_1(8) = -90 \cdot 8 + 900 = -720 + 900 = 180$

$V_1(8) = 180$

2ª situação

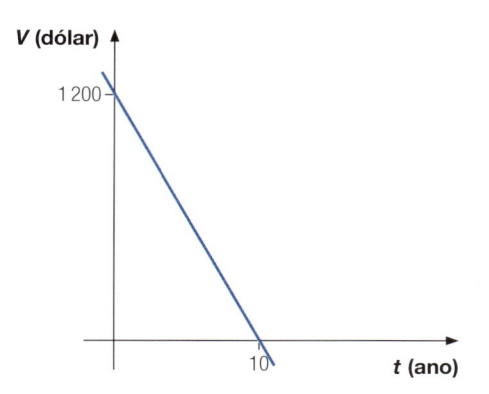

$$V_2(t) = at + 1\,200$$
$$V_2(10) = 0 \Rightarrow a \cdot 10 + 1\,200 = 0 \Rightarrow a = -120$$
$$V_2(t) = -120t + 1\,200$$
$$V_2(8) = -120 \cdot 8 + 1\,200 = -960 + 1\,200 = 240$$
$$V_2(8) = 240$$

Devemos calcular a diferença:

$$V_2(8) - V_1(8) = 240 - 180 = 60$$

VERIFIQUE

Se $V_2(t) - V_1(t) = 60 \Rightarrow -120t + 1\,200 - (-90t + 900) = 60 \Rightarrow$
$\Rightarrow -120t + 1\,200 + 90t - 900 = 60 \Rightarrow -30t = -240 \Rightarrow t = 8$

Isso comprova que depois de 8 anos a diferença dos valores é de 60 dólares.

RESPONDA

A diferença entre os valores monetários depois de 8 anos será de 80 dólares.

Alternativa **b**.

AMPLIAÇÃO DO PROBLEMA

O problema pode ser resolvido usando porcentagens. Como o valor é zerado em 10 anos, significa que há uma diminuição de 10% ao ano sobre o valor inicial dos bens. Logo, em 8 anos, o valor final será 20% do valor inicial.

Para encontrar a diferença entre os valores de V_1 e V_2, basta calcular 20% do valor original de cada um e depois subtrair $(V_1 - V_2)$.

$$V_1 = 0,2 \cdot 1\,200 \Rightarrow V_1 = 240 \text{ dólares}$$
$$V_2 = 0,2 \cdot 800 \Rightarrow V_2 = 160 \text{ dólares}$$
$$V_1 - V_2 = 240 - 160 \Rightarrow V_1 - V_2 = 80$$

Portanto, 80 dólares.

---

2. (Enem) A figura abaixo representa o boleto de cobrança da mensalidade de uma escola referente ao mês de junho de 2008.

Banco S.A.	
Pagável em qualquer agência bancária até a data do vencimento	Vencimento 30/06/2008
Cedente Escola de Ensino Médio	Agência/cod. cedente
Data documento 02/06/2008	Nosso número
Uso do banco	(+) Valor documento R$ 500,00
Instruções	(-) Descontos
Observação: no caso de pagamento em atraso, cobrar multa de R$ 10,00 mais 40 centavos por dia de atraso.	(-) Outras deduções
	(+) Mora/multa
	(+) Outros acréscimos
	(+) Valor Cobrado

Se $M(x)$ é o valor, em reais, da mensalidade a ser paga, em que x é o número de dias em atraso, então:

a) $M(x) = 500 + 0,4x.$

b) $M(x) = 500 + 10x.$

c) $M(x) = 510 + 0,4x.$

d) $M(x) = 510 + 40x.$

e) $M(x) = 500 + 10,4x.$

3. (Enem) Em um mês, uma loja de eletrônicos começa a obter lucro já na primeira semana. O gráfico representa o lucro (L) dessa loja desde o início do mês até o dia 20. Mas esse comportamento se estende até o último dia, o dia 30.

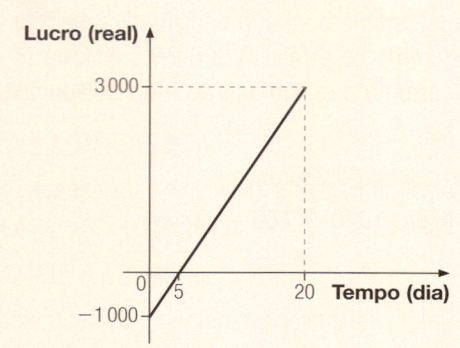

A representação algébrica do lucro (L) em função do tempo (t) é:

a) $L(t) = 20t + 3\,000$.

b) $L(t) = 20t + 4\,000$.

c) $L(t) = 200t$.

d) $L(t) = 200t - 1\,000$.

e) $L(t) = 200t + 3\,000$.

4. (Enem) Na aferição de um novo semáforo, os tempos são ajustados de modo que, em cada ciclo completo (verde-amarelo-vermelho), a luz amarela permaneça acesa por 5 segundos, e o tempo em que a luz verde permaneça acesa seja igual a $\frac{2}{3}$ do tempo em que a luz vermelha fique acesa. A luz verde fica acesa, em cada ciclo, durante X segundos e cada ciclo dura Y segundos.

Qual é a expressão que representa a relação entre X e Y?

a) $5X - 3Y + 15 = 0$

b) $5X - 2Y + 10 = 0$

c) $3X - 3Y + 15 = 0$

d) $3X - 2Y + 15 = 0$

e) $3X - 2Y + 10 = 0$

percds/iStockphoto.com

5. (Enem) Num campeonato de futebol de 2012, um time sagrou-se campeão com um total de 77 pontos (P) em 38 jogos, tendo 22 vitórias (V), 11 empates (E) e 5 derrotas (D). No critério adotado para esse ano, so-

mente as vitórias e empates têm pontuações positivas e inteiras. As derrotas têm valor zero e o valor de cada vitória é maior que o valor de cada empate.

Um torcedor, considerando a fórmula da soma de pontos injusta, propôs aos organizadores do campeonato que, para o ano de 2013, o time derrotado em cada partida perca 2 pontos, privilegiando os times que perdem menos ao longo do campeonato. Cada vitória e cada empate continuariam com a mesma pontuação de 2012.

Qual a expressão que fornece a quantidade de pontos (P), em função do número de vitórias (V), do número de empates (E) e do número de derrotas (D), no sistema de pontuação proposto pelo torcedor para o ano de 2013?

a) $P = 3V + 3E$

b) $P = 3V - 2D$

c) $P = 3V + E - D$

d) $P = 3V + E - 2D$

e) $P = 3V + E + 2D$

6. (Enem) Um construtor precisa revestir o piso de uma sala retangular. Para essa tarefa, ele dispõe de dois tipos de cerâmicas:

a) cerâmica em forma de quadrado de lado 20 cm, que custa R$ 8,00 por unidade;

b) cerâmica em forma de triângulo retângulo isósceles de catetos com 20 cm, que custa R$ 6,00 por unidade.

A sala tem largura de 5 m e comprimento de 6 m.

O construtor deseja gastar a menor quantia possível com a compra de cerâmica. Sejam x o número de peças de cerâmica de forma quadrada e y o número de peças de cerâmica de forma triangular.

[Assim, encontre os valores para x e y tais que $0,04x + 0,02y \geqslant 30$ e que expressem o menor valor possível.]

a) $8x + 6y$

b) $6x + 8y$

c) $0,32x + 0,12y$

d) $0,32x + 0,02y$

e) $0,04x + 0,12y$

7. (Enem) O percentual da população brasileira conectada à internet aumentou nos anos de 2007 a 2011. Conforme dados do Grupo Idosos, essa tendência de crescimento é mostrada no gráfico.

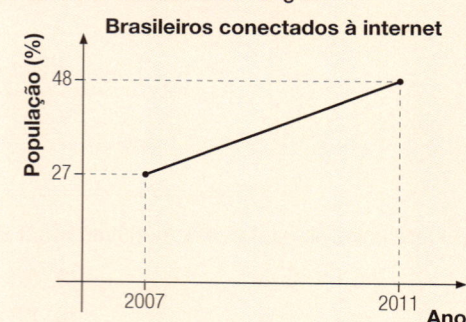

Suponha que foi mantida, para os anos seguintes, a mesma taxa de crescimento registrada no período 2007 - 2011.

A estimativa para o percentual de brasileiros conectados à internet em 2013 era igual a:

a) 56,40%.

b) 58,50%.

c) 60,60%.

d) 63,75%.

e) 72,00%.

8. (Enem) As curvas de oferta e demanda de um produto representam, respectivamente, as quantidades que vendedores e consumidores estão dispostos a comercializar em função do preço do produto. Em alguns casos, essas curvas podem ser representadas por retas. Suponha que as quantidades de oferta e de demanda de um produto sejam, respectivamente, representadas pelas equações: $QO = -20 + 4P$ e $QD = 46 - 2P$, em que QO é quantidade de oferta, QD é a quantidade de demanda e P é o preço do produto.

A partir dessas equações de oferta e demanda, os economistas encontram o preço de equilíbrio de mercado, ou seja, quando QO e QD se igualam.

Para a situação descrita, qual é o valor do preço de equilíbrio?

a) 5

b) 11

c) 13

d) 23

e) 33

9. (Enem) O saldo de contratações no mercado formal no setor varejista da região metropolitana de São Paulo registrou alta. Comparando as contratações deste setor no mês de fevereiro com as de janeiro deste ano, houve incremento de 4 300 vagas no setor, totalizando 880 605 trabalhadores com carteira assinada.

Disponível em: http://www.folha.uol.com.br.
Acesso em: 26 abr. 2010 (adaptado).

Suponha que o incremento de trabalhadores no setor varejista seja sempre o mesmo nos seis primeiros meses do ano.

Considerando-se que y e x representam, respectivamente, as quantidades de trabalhadores no setor varejista e os meses, janeiro sendo o primeiro, fevereiro, o segundo, e assim por diante, a expressão algébrica que relaciona essas quantidades nesses meses é

a) $y = 4\,300x$.

b) $y = 884\,905x$.

c) $y = 872\,005 + 4\,300x$.

d) $y = 876\,305 + 4\,300x$.

e) $y = 880 + 4\,300x$.

10. (Enem) Em fevereiro, o governo da Cidade do México, metrópole com uma das maiores frotas de automóveis do mundo, passou a oferecer à população bicicletas como opção de transporte. Por uma anuidade de 24 dólares, os usuários têm direito a 30 minutos de uso livre por dia. O ciclista pode retirar em uma estação e devolver em qualquer outra e, se quiser estender a pedalada, paga 3 dólares por hora extra.

Revista Exame, 21 abr. 2010.

A expressão que relaciona o valor f pago pela utilização da bicicleta por um ano, quando se utilizam x horas extras nesse período é:

a) $f(x) = 3x$.

b) $f(x) = 24$.

c) $f(x) = 27$.

d) $f(x) = 3x + 24$.

e) $f(x) = 24x + 3$.

11. (Enem) Um experimento consiste em colocar certa quantidade de bolas de vidro idênticas em um copo com água até certo nível e medir o nível da água, conforme ilustrado na figura a seguir. Como resultado do experimento, concluiu-se que o nível da água é função do número de bolas de vidro que são colocadas dentro do copo.

O quadro a seguir mostra alguns resultados do experimento realizado.

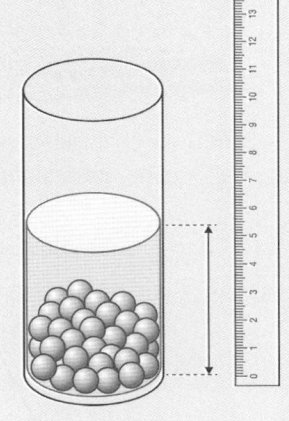

Número de bolas (x)	Nível da água (y)
5	6,35 cm
10	6,70 cm
15	7,05 cm

Qual é a expressão algébrica que permite calcular o nível da água (y) em função do número de bolas (x)?

a) $y = 30x$

b) $y = 25x + 20,2$

c) $y = 1,27x$

d) $y = 0,7x$

e) $y = 0,07x + 6$

RESOLUÇÕES E COMENTÁRIOS

EXERCÍCIOS

2. A intersecção com o eixo das abscissas é o ponto de ordenada, ou seja, $b = -4$.

Vamos determinar a raiz:

$y = 0 \Rightarrow 2x - 4 = 0 \Rightarrow 2x = 4 \Rightarrow x = 2$.

Temos os pontos $(0, -4)$ e $(2, 0)$.

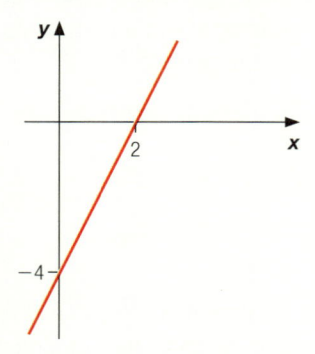

Poderíamos, também, atribuir 2 valores a x e calcular os valores correspondentes para y.

Por exemplo:

$x = 1 \Rightarrow y = 2 \cdot 1 - 4 = 2 - 4 = -2 \Rightarrow y = -2$

$x = 3 \Rightarrow y = 2 \cdot 3 - 4 = 6 - 4 = 2 \Rightarrow y = 2$

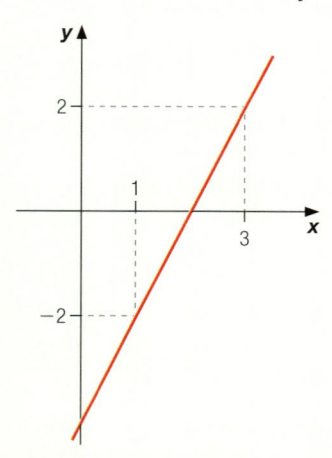

3. A sentença que define a função é do tipo $y = ax + b$. Precisamos encontrar os valores das constantes a e b. O gráfico já nos dá a intersecção com o eixo das ordenadas, portanto $b = 1$.

Já temos $y = ax + 1$.

Precisamos, então, calcular o valor da constante a.

Podemos observar a raiz pelo ponto no eixo das abscissas $(3, 0)$, ou seja, quando $x = 3$, temos $y = 0$, logo:

$$y = ax + 1 \Rightarrow 0 = a \cdot 3 + 1 \Rightarrow 3a = -1 \Rightarrow a = -\frac{1}{3}$$

Assim, concluímos que a função é $y = \frac{1}{3}\,x + 1$.

4. A função é do tipo $y = ax + b$. Sabemos que, quando $x = 1$, $y = 3$. Substituindo esses valores, temos:

$y = ax + b \Rightarrow 3 = a \cdot 1 + b \Rightarrow a + b = 3$ (I)

Temos ainda que: para $x = 3$, tem-se $y = 4$.

Vamos substituir esses valores.

$y = ax + b \Rightarrow 4 = a \cdot 3 + b \Rightarrow 3a + b = 4$ (II)

De (I) e (II) temos o sistema: $\begin{cases} a + b = 3 \\ 3a + b = 4 \end{cases}$

Multiplicando a equação (I) por (-1):

$$\begin{cases} -a - b = -3 \\ 3a + b = 4 \end{cases}$$

Somando membro a membro, temos:

$2a = 1 \Rightarrow a = \frac{1}{2}$

Substituindo o valor encontrado em (I):

$\frac{1}{2} + b = 3 \Rightarrow b = 3 - \frac{1}{2} \Rightarrow b = \frac{5}{2}$

A função que define esse gráfico é: $y = \frac{1}{2}x + \frac{5}{2}$.

5. **a)** $f(-1) = -2(-1) + 3 = 2 + 3 = 5 \Rightarrow f(-1) = 5$

b) $f(10) = -2 \cdot 10 + 3 = -20 + 3 = -17 \Rightarrow$
$\Rightarrow f(10) = -17$

c) $f\left(-\frac{1}{5}\right) = -2\left(-\frac{1}{5}\right) + 3 = \frac{2}{5} + 3 =$
$= \frac{2 + 15}{5} = \frac{17}{5} \Rightarrow f\left(-\frac{1}{5}\right) = \frac{17}{5}$

6. Quando um valor sofre um acréscimo de $p\%$ devemos multiplicar esse valor pelo fator $(1 + p\%)$. Então, temos de multiplicar x por $(1 + 3\%)$. Assim:

$f(x) = x \cdot \left(1 + \frac{3}{100}\right) = x \cdot (1 + 0{,}03) = x \cdot 1{,}03 \Rightarrow$

$\Rightarrow f(x) = 1{,}03x$

Alternativa **e**.

7. O gráfico é de uma função linear, do tipo $f(x) = ax$.

Temos que $f(40) = 50$. Podemos, então, determinar o valor da constante a.

a) $50 = 40a \Rightarrow a = \frac{50}{40} \Rightarrow a = 1{,}25$ Logo: $f(x) = 1{,}25x$.

b) Nesse caso, $x = 30 \Rightarrow f(30) = 1{,}25 \cdot 30 \Rightarrow f(30) = 37{,}5$.

8. **a)** $f(x) = 0{,}50x + 8$

b) Nesse caso, $x = 100 \Rightarrow f(100) = 0{,}50 \cdot 100 + 8 = 58$.
O custo de 100 peças é R\$ 58,00.

c) A taxa de variação é dada pela constante a, então, a taxa de variação é 0,50.

9. Vamos analisar cada uma das funções e suas respectivas taxas de variação.

Veículo I: $f(x) = ax + 75$

$25 = a \cdot 5 + 75 \Rightarrow 5a = -50 \Rightarrow a = -10 \Rightarrow$
$\Rightarrow$ taxa de variação: -10

Veículo II: $f(x) = ax + 60$

$10 = a \cdot 4 + 60 \Rightarrow 4a = -50 \Rightarrow a = -12,5 \Rightarrow$
$\Rightarrow$ taxa de variação: $-12,5$

Veículo III: $f(x) = ax + 50$

$14 = a \cdot 6 + 50 \Rightarrow 6a = -36 \Rightarrow a = -6 \Rightarrow$
$\Rightarrow$ taxa de variação: -6

Veículo IV: $f(x) = ax + 36$

$16 = 4 \cdot a + 36 \Rightarrow 4a = -20 \Rightarrow a = -5 \Rightarrow$
$\Rightarrow$ taxa de variação: -5

Nesse caso, a taxa de variação tem de ser a menor possível, já que é negativa (maior em valor absoluto); ou seja, $-12,5$.

Alternativa **b**.

10. Se o gráfico é uma reta, trata-se de uma função afim, $f(x) = $
$= ax + b$. São dados os pares ordenados $(5, 150)$ e $(30, 50)$.

Quando $x = 5$, temos $f(x) = 150$, logo:

$150 = a \cdot 5 + b \Rightarrow 5a + b = 150$ (I)

Do mesmo modo, quando $x = 30$, temos: $f(x) = 50$, logo:

$50 = a \cdot 30 + b \Rightarrow 30a + b = 50$ (II)

De (I) e (II), temos o sistema: $\begin{cases} 5a + b = 150 \\ 30a + b = 50 \end{cases}$

Multiplicando os termos da 1ª equação por (-1), temos:

$\begin{cases} -5a - b = -150 \\ 30a + b = 50 \end{cases}$

Somamos, então, membro a membro:

$25a = -100 \Rightarrow a = -4$

Substituindo em (I):

$5a + b = 150 \Rightarrow 5 \cdot (-4) + b = 150 \Rightarrow -20 + b = 150 \Rightarrow$
$\Rightarrow b = 170$

Assim, a função é: $f(x) = -4x + 170$.

Para $x = 20$, temos $f(20) = -4 \cdot 20 + 170 = -80 + 170 =$
$= 90$.

R$ 90,00 é o preço de 20 unidades.

O custo unitário é: $90 : 20 = 4,5$.

O custo unitário é R$ 4,50.

Alternativa **a**.

QUESTÕES DO ENEM

2. O valor do documento (valor da dívida) é de R$ 500,00 e mais multa de R$ 10,00 em caso de atraso no pagamento. O usuário deve pagar R$ 510,00 e mais R$ 0,40 para cada dia de atraso. O valor $M(x)$ a ser pago depois de x dias de atraso é:

$M(x) = 510 + 0,4x$.

Alternativa **c**.

3. A expressão que indica o lucro L depois de t dias, $L(t)$, é expressa no gráfico por uma reta. Trata-se, portanto de uma função afim que se intersecta com o eixo das ordenadas no ponto $(0, -1\,000)$. Logo, a função será:

$L(t) = at - 1\,000$.

Para $t = 20$, temos $L(t) = 3\,000$.

Assim: $3\,000 = a \cdot 20 - 1\,000 \Rightarrow 4\,000 = 20a \Rightarrow a = 200$.

Portanto, a função é: $L(t) = 200t - 1\,000$.

Alternativa **d**.

4. Considerando w o tempo em que a luz vermelha fica acesa a cada ciclo, é válida a relação $x = \dfrac{2}{3}\,w$. Assim, $w = \dfrac{3}{2}x$.

Como y é o tempo total do ciclo (verde-amarelo-vermelho):

$y = 5 + x + w$

$y = 5 + x + \dfrac{3}{2}x \rightarrow$ multiplicando todos os termos da igual-

dade por 2, temos:

$2y = 10 + 2x + 3x \Rightarrow 2y = 10 + 5x \Rightarrow 5x - 2y + 10 = 0$

Alternativa **b**.

5. Pelo novo critério proposto, cada vitória (V) vale 3 pontos, cada empate (E) vale 1 ponto e cada derrota (D) vale 2 pontos negativos.

Assim, o número de pontos (P) que um time poderia obter é:

$P = 3V + E - 2D$

Alternativa **d**.

6. No enunciado há mais dados do que os que são necessários para a solução da questão. Se o construtor comprar x cerâmicas quadradas ao custo de R$ 8,00 reais cada e y cerâmicas triangulares ao custo de R$ 6,00 reais cada, o custo total será $8x + 6y$.

Alternativa **a**.

7. Neste problema, ao montar um sistema de equações, operamos com valores que podem induzir a erros. Para facilitar, podemos buscar uma solução geométrica para a questão.

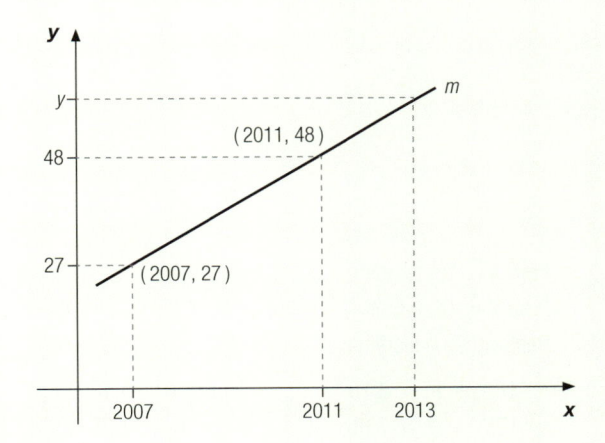

Seja $f(x) = ax + b$, temos o seguinte sistema:

$\begin{cases} b = 27 - 2007a \text{ (I)} \\ b = 48 - 2011a \text{ (II)} \end{cases}$

Igualando (I) e (II), temos:

$27 - 2007a = 48 - 2011a \Rightarrow 4a = 21 \Rightarrow a = \dfrac{21}{4}$

Substituindo a em (I), temos:

$b = 27 - 2007a \Rightarrow b = 27 - 2007 \cdot \dfrac{21}{4} \Rightarrow b = -\dfrac{42\,039}{4}$

Então, $y = f(x) = ax + b \Rightarrow \dfrac{21}{4}x - \dfrac{42\,039}{4}$

$$f(x) = \dfrac{21}{4}x - \dfrac{42\,039}{4}$$

O percentual em 2013 será:

$$f(2013) = \dfrac{21}{4} \cdot 2\,013 - \dfrac{42\,039}{4} \Rightarrow f(2013) = \dfrac{42\,273}{4} - \dfrac{42\,039}{4} = 10\,568,25 - 10\,509,75 = 58,5.$$

Portanto, 58,5%.

Alternativa **b**.

8. Como $QO = QD$, temos:

$$-20 + 4P = 46 - 2P \Rightarrow 4P + 2P = 46 + 20 \Rightarrow 6P = 66 \Rightarrow P = 11.$$

Alternativa **b**.

9. Em janeiro havia $880\,605 - 4\,300 = 876\,305$ e, como a cada mês há o acréscimo de $4\,300$ vagas, para obter a expressão que fornece o número de vagas no setor (y) depois de x meses, temos que fazer:

$876\,305 - 4\,300 = 872\,005$

Assim, $y = 872\,005 + 4\,300x$.

Alternativa **c**.

10. O ciclista tem de pagar 3 dólares por x horas extras mais uma taxa fixa de 24 dólares; logo, a expressão que fornece o custo por x horas extras de uso é:

$f(x) = 3x + 24.$

Alternativa **d**.

11. Observe que os dados da tabela, colocados em um gráfico, podem ser representados por uma reta — ou seja, uma função afim, do tipo $y = ax + b$.

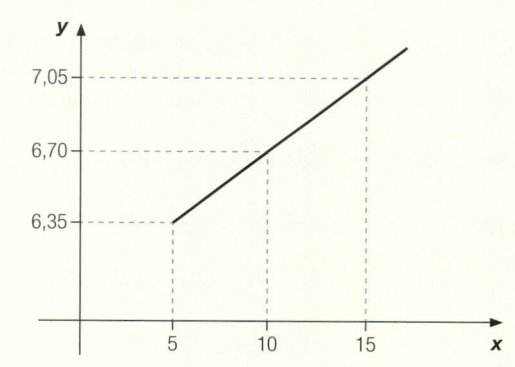

Para $x = 10$, temos $y = 6,70$, então: $6,70 = a \cdot 10 + b \Rightarrow 10a + b = 6,70$.

Para $x = 15$, temos $y = 7,05$, então: $7,05 = a \cdot 15 + b \Rightarrow 15a + b = 7,05$.

Resolvendo o sistema:

$$\begin{cases} 10a + b = 6,70 \\ 15a + b = 7,05 \end{cases} \Rightarrow \begin{cases} -10a - b = -6,70 \ (\text{I}) \\ 15a + b = 7,05 \ (\text{II}) \end{cases}$$

Somando membro a membro as equações (I) e (II), temos:

$5a = 0,35 \Rightarrow a = 0,07.$

Substituindo em (I):

$10(0,07) + b = 6,70 \Rightarrow 0,7 + b = 6,70 \Rightarrow b = 6.$

Logo, a função será $y = 0,07x + 6$ ou $f(x) = 0,07x + 6$.

Alternativa **e**.

COMPETÊNCIAS E HABILIDADES

ENEM

COMPETÊNCIAS DE ÁREA – MATEMÁTICA E SUAS TECNOLOGIAS

Habilidades

H19 Identificar representações algébricas que expressem a relação entre grandezas.

H20 Interpretar gráfico cartesiano que represente relações entre grandezas.

H21 Resolver situação-problema cuja modelagem envolva conhecimentos algébricos.

H22 Utilizar conhecimentos algébricos/geométricos como o recurso para a construção de argumentação.

H23 Avaliar proposta de intervenção na realidade utilizando conhecimentos algébricos.

H24 Utilizar informações expressas em gráficos ou tabelas para fazer interferências.

H25 Resolver problemas com dados apresentados em tabelas ou gráficos.

H26 Analisar informações expressas em gráficos ou tabelas com recurso para a construção de argumentos.

BNCC

Habilidades

EF07MA13 Compreender a ideia de variável, representada por letra ou símbolo, para expressar relação entre duas grandezas, diferenciando-a da ideia de incógnita.

EF07MA15 Utilizar a simbologia algébrica para expressar regularidades encontradas em sequências numéricas.

EF08MA06 Resolver e elaborar problemas que envolvam cálculo do valor numérico de expressões algébricas, utilizando as propriedades das operações.

EF08MA07 Associar uma equação linear de 1º grau com duas incógnitas a uma reta no plano cartesiano.

FUNÇÃO QUADRÁTICA

ESTUDO DE UMA FUNÇÃO QUADRÁTICA

É toda função, de $\mathbb{R}$ e $\mathbb{R}$, cuja lei de formação pode ser indicada por $y = ax^2 + bx + c$, com a, b e c reais e $a \neq 0$.

Como temos $y = f(x)$, ela também pode ser indicada por:

$f(x) = ax^2 + bx + c$.

Exemplos

Observe as funções quadráticas com x e y reais e a indicação dos respectivos coeficientes.

1. $y = x^2 - x + 3$

$a = 1$

$b = -1$

$c = 3$

2. $y = -x^2 - 2x + 10$

$a = -1$

$b = -2$

$c = 10$

3. $f(x) = 2x^2 - 3$

$a = 2$

$b = 0$

$c = -3$

4. $f(x) = 3x^2$

$a = 3$

$b = 0$

$c = 0$

Valor de uma função quadrática em um ponto

Conhecendo-se um valor de x, podemos determinar o valor correspondente para y ou $f(x)$.

Exemplos

1. Se $y = x^2 + 3x - 9$, determine o valor de y para $x = 2$.

Solução:

Se $x = 2$, temos: $y = 2^2 + 3 \cdot 2 - 9 = 4 + 6 - 9 = 1$.

2. Se $f(x) = -x^2 + 2x - 1$, determine $f(5)$.

Solução:

Vamos substituir x por 5 na função dada, então:

$f(5) = -5^2 + 2 \cdot 5 - 1 = -25 + 10 - 1 = -16$, logo $f(5) = -16$.

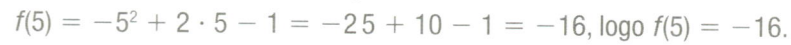

Zeros ou raízes de uma função quadrática

Chamamos de zeros ou raízes de uma função quadrática os valores de x para os quais $f(x) = 0$ (ou $y = 0$). Pode ocorrer de esses valores não existirem.

Exemplo

1. Determine os zeros ou raízes das funções cujas leis são dadas por:

a) $y = x^2 - 6x + 5$.

Solução:

Fazendo $y = 0$, temos: $x^2 - 6x + 5 = 0$. Resolvendo a equação: $\Delta = (-6)^2 - 4 \cdot 1 \cdot 5 = 36 - 20 = 16$;

$x = \dfrac{-(-6) \pm \sqrt{16}}{2 \cdot 1} = \dfrac{6 \pm 4}{2} \Rightarrow x_1 = 1$ e $x_2 = 5$; $S = \{1, 5\}$.

b) $f(x) = 4x^2 - 4x + 1$.

Solução:

Para $f(x) = 0$, temos: $4x^2 - 4x + 1 = 0$.

Resolvendo a equação: $\Delta = (-4)^2 - 4 \cdot 4 \cdot 1 = 16 - 16 = 0$;

$x = \dfrac{-(-4) \pm \sqrt{0}}{2 \cdot 4} = \dfrac{4 \pm 0}{8} \Rightarrow x_1 = \dfrac{1}{2}$ e $x_2 = \dfrac{1}{2}$; $S = \left\{\dfrac{1}{2}\right\}$; $x = \dfrac{1}{2}$ é uma raiz dupla ou de multiplicidade 2.

c) $y = x^2 - x + 4 = 0$.

Solução:

Fazendo $y = 0$, temos: $x^2 - x + 4 = 0$.

Resolvendo a equação: $\Delta = (-1)^2 - 4 \cdot 1 \cdot 4 = 1 - 16 = -15 < 0$.

Como $\Delta < 0$, a função não tem zeros (ou raízes) reais. $S = \varnothing$.

Importante:

$\Delta > 0$: a função tem duas raízes reais e diferentes

$\Delta = 0$: a função tem duas raízes reais e iguais (também podemos dizer que tem uma raiz dupla)

$\Delta < 0$: a função não tem zeros reais

Gráfico de uma função quadrática

Já se provou que o gráfico de uma função quadrática é uma curva chamada parábola.

Pontos importantes de uma parábola

Na construção do gráfico de uma parábola, são importantes os seguintes pontos dessa curva:

- os zeros ou raízes;
- a intersecção com o eixo das ordenadas;
- o vértice (o eixo de simetria passa perpendicularmente pelo eixo das abscissas e pelo vértice).

A figura seguinte nos mostra o gráfico de uma parábola e os pontos importantes da curva.

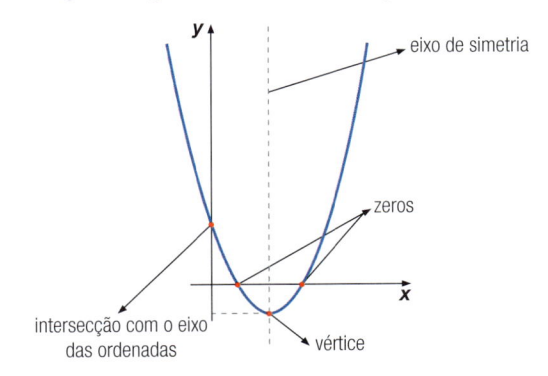

A disposição dos cabos em uma ponte faz lembrar o gráfico de uma função quadrática.

Na função quadrática, o sinal da constante a determina se a concavidade da parábola está voltada para cima ($a > 0$) ou para baixo ($a < 0$). Veja a figura a seguir.

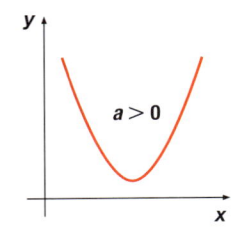

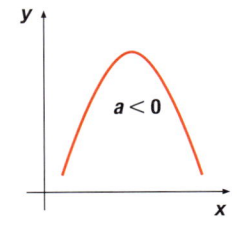

Coordenadas do vértice

Dos estudos de equação do 2º grau, sabe-se que a soma das raízes x_1 e x_2 é igual a $\dfrac{-b}{a}$, ou seja, $x_1 + x_2 = \dfrac{-b}{a}$. A abscissa do vértice vai ser a semissoma dos zeros.

$$x_v = \frac{x_1 + x_2}{2} = \frac{\frac{-b}{a}}{2} + \frac{-b}{2a} \Rightarrow x_v = \frac{-b}{2a}$$

Para encontrarmos a ordenada correspondente, devemos fazer:

$f(x) = ax^2 + bx + c$, então:

$$y_v = f\left(\frac{-b}{2a}\right) = a\left(\frac{-b}{2a}\right)^2 + b\left(\frac{-b}{2a}\right) + c =$$

$$= a\frac{b^2}{4a^2} - \frac{b^2}{2a} + c = \frac{b^2 - 2b^2 + 4ac}{4a} = \frac{-b^2 + 4ac}{4a} = \frac{-\left(b^2 - 4ac\right)}{4a} \Rightarrow y_v = \frac{-\Delta}{4a}$$

Logo, as coordenadas do vértice são: $\left(\dfrac{-b}{2a}; \dfrac{-\Delta}{4a}\right)$.

Exemplo

1. Encontre as coordenadas do vértice das parábolas a seguir.

a) $y = x^2 - 5x + 6$

Solução:

$$x_v = \frac{-b}{2a} = \frac{-(-5)}{2 \cdot 1} = \frac{5}{2}$$

$$\Delta = (-5)^2 - 4 \cdot 1 \cdot 6 = 25 - 24 = 1$$

$$y_v = \frac{-\Delta}{4a} = \frac{-1}{4 \cdot 1} = \frac{-1}{4}$$

Logo, as coordenadas do vértice são: $\left(\dfrac{5}{2}; \dfrac{-1}{4}\right)$.

b) $f(x) = -2x^2 - 8x + 15$

Solução:

$$x_v = \frac{-(-8)}{2(-2)} = \frac{8}{-4} = -2$$

$$\Delta = (-8)^2 - 4 \cdot (-2) \cdot 15 = 64 + 120 = 184$$

$$y_v = \frac{-\Delta}{4a} = \frac{-184}{4 \cdot (-2)} = \frac{-184}{-8} = 23$$

As coordenadas do vértice são: $(-2, 23)$.

Note que, para encontrarmos a ordenada do vértice, podemos fazer:

$f(-2) = -2(-2)^2 - 8(-2) + 15 = -8 + 16 + 15 = 23$.

Intersecção com o eixo das coordenadas

A parábola intersecta o eixo das coordenadas no ponto de abscissa zero ($x = 0$), ou seja, o termo independente indica a ordenada dessa intersecção.

Exemplos

1. $y = x^2 - 5x + 6$; a intersecção é o ponto $(0; 6)$

2. $y = -x^2 + 7x - 10$; a intersecção é o ponto $(0; -10)$

> O termo independente é aquele composto somente por parte numérica, ou seja, não tem variável.
> Exemplo: $f(x) = x^2 + 5$.
> Nesta função, 5 é o termo independente.

Construindo gráficos de uma função quadrática

Exemplos

1. $f(x) = x^2 - 2x - 3$

   - Concavidade: $a = 1 > 0$, a concavidade da parábola é voltada para cima.

   - Raízes:

     $$\Delta = (-2)^2 - 4 \cdot 1 \cdot (-3) = 4 + 12 = 16$$

     $$x = \frac{-(-2) \pm \sqrt{16}}{2 \cdot 1} = \frac{2 \pm 4}{2} \Rightarrow x_1 = -1 \text{ e } x_2 = 3$$

   - Intersecção com o eixo das ordenadas: $(0, -3)$.

   - Coordenadas do vértice:

     - Gráfico:

     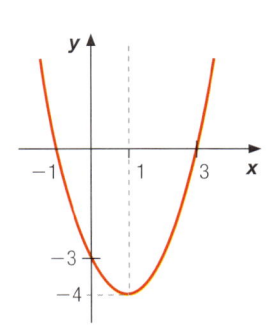

     $$x_v = \frac{-b}{2a} = \frac{-(-2)}{2 \cdot 1} = 1$$

     $$y_v = \frac{-\Delta}{4a} = \frac{-16}{4 \cdot 1} = -4$$

     As coordenadas do vértice são: $(1, -4)$.

2. $f(x) = -2x^2 + 4x - 3 = 0$

   - Concavidade: $a = -2 < 0$, a concavidade da parábola é voltada para baixo.

   - Raízes:

     $$\Delta = 4^2 - 4 \cdot (-2) \cdot (-3) = 16 - 24 = -8 < 0 \text{ (não existem raízes reais)}.$$

   - Intersecção com o eixo das ordenadas $(0, -3)$.

   - Coordenadas do vértice:

     - Gráfico:

     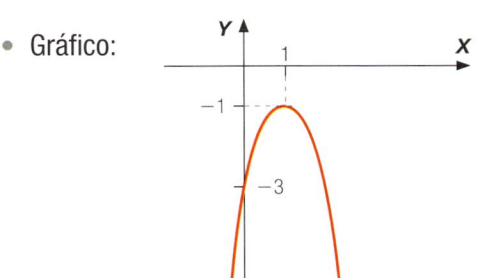

     $$x_v = \frac{-b}{2a} = \frac{-4}{2 \cdot (-2)} = 1$$

     $$y_v = \frac{-\Delta}{4a} = \frac{-(-8)}{4 \cdot (-2)} = -1$$

     As coordenadas do vértice são: $(1, -1)$.

Ponto de máximo e ponto de mínimo

Quando $a < 0$, o vértice da parábola será chamado de ponto de máximo, e quando $a > 0$, o vértice será denominado ponto de mínimo.

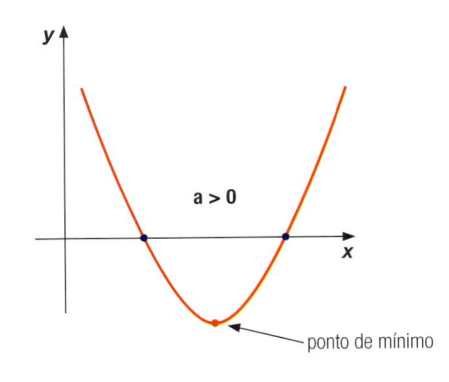

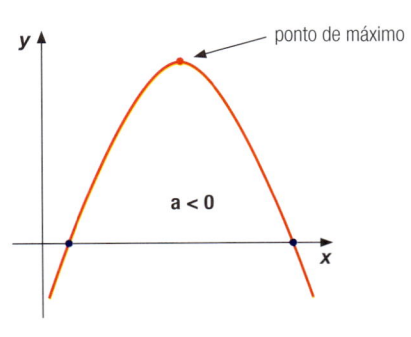

Veja a seguir os esboços das posições do gráfico de uma função quadrática em relação aos eixos coordenados.

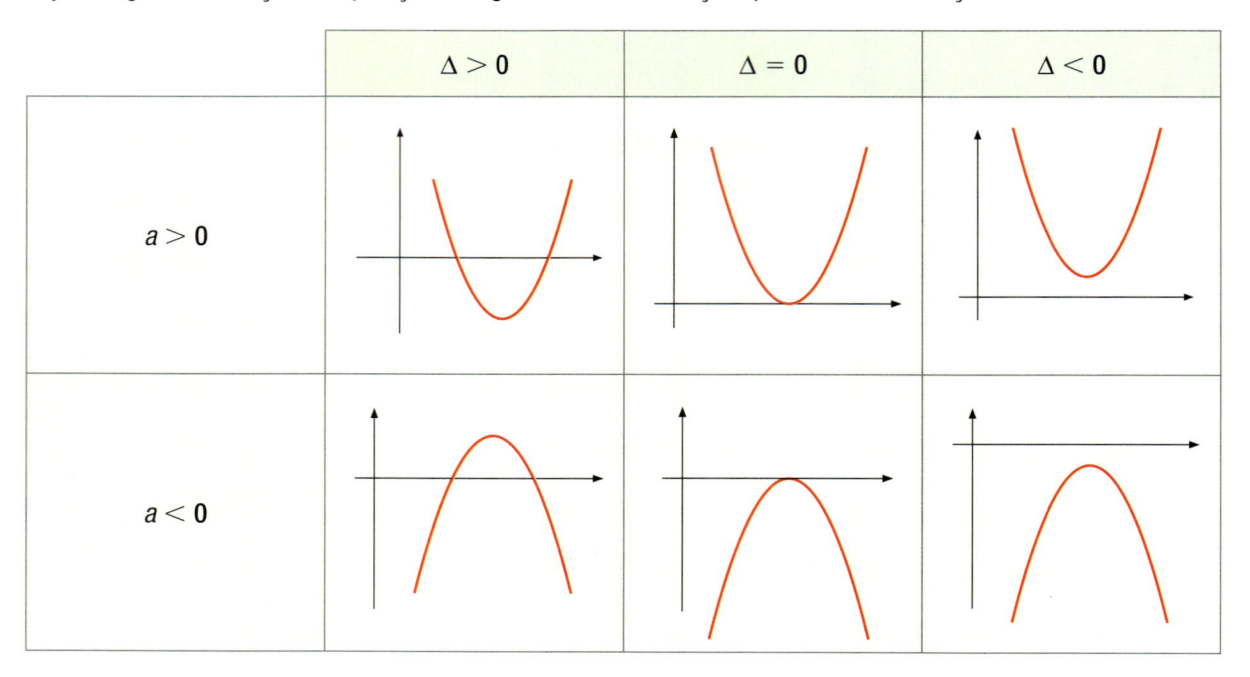

	$\Delta > 0$	$\Delta = 0$	$\Delta < 0$
$a > 0$			
$a < 0$			

Forma fatorada da função quadrática

É possível demonstrar que toda função do tipo: $y = ax^2 + bx + c$ pode ser escrita da forma:

$y = a(x - x_1)(x - x_2)$ em que x_1 e x_2 são os zeros da função.

A forma fatorada nos auxilia quando a intenção é definir a sentença de uma função com base em um gráfico.

Exemplo

Determine a sentença que define a função quadrática, cujo gráfico vemos a seguir:

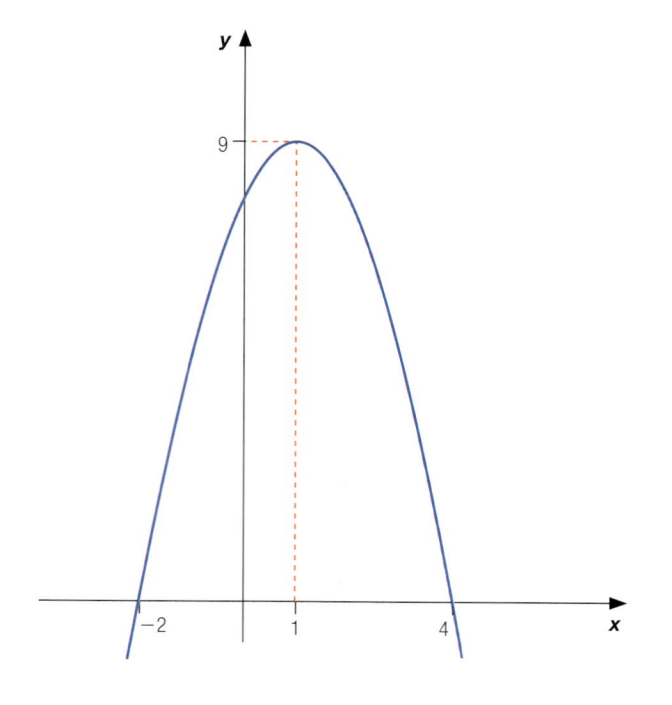

Solução:

Temos: $x_1 = -2$ e $x_2 = 4$.

Substituindo na forma fatorada:

$y = a(x - (-2))(x - 4) \Rightarrow y = a(x + 2)(x - 4)$.

Para $x = 1$, temos $y = 9$.

Substituindo na expressão acima, teremos:

$9 = a(1 + 2)(1 - 4) 6 a = -1$.

Assim, vamos obter a seguinte expressão:

$y = -1(x + 2)(x - 4) \Rightarrow$

$\Rightarrow y = -x^2 + 2x + 8$.

EXERCÍCIOS

RESOLUÇÃO PASSO A PASSO

1. (PUCC-SP) Na figura a seguir tem-se um quadrado inscrito em outro quadrado. Pode-se calcular a área do quadrado interno subtraindo-se, da área do quadrado externo, as áreas dos 4 triângulos. Feito isso, verifica-se que A é uma função da medida x. O valor mínimo de A é:

a) 16 cm^2.

b) 24 cm^2.

c) 28 cm^2.

d) 32 cm^2.

e) 48 cm^2.

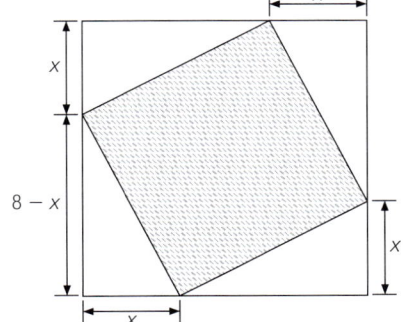

LEIA E COMPREENDA

De um quadrado de lado medindo 8 cm, vamos retirar 4 triângulos retângulos de catetos medindo x cm e $(8 - x)$ cm. Queremos descobrir o valor possível para a área do quadrado interno (figura hachurada).

PLANEJE A SOLUÇÃO

Para que a área do quadrado hachurado seja mínima, a soma das áreas dos 4 triângulos deve ser máxima. É preciso, portanto, estabelecer essa soma das áreas em função de x, obtendo uma função quadrática. Nessa função, devemos encontrar o valor de x que tenha ordenada (área) máxima.

EFETUE O QUE FOI PLANEJADO

Some as áreas dos 4 triângulos em função de x:

$$A(x) = 4 \cdot \frac{1}{2} x(8 - x) \Rightarrow A(x) = -2x^2 + 16x.$$

Descubra a abscissa do vértice:

$$x_v = \frac{-b}{2a} = \frac{-16}{2 \cdot (-2)} = 4.$$

Então, para $x = 4$, a área será:

$$f(4) = -2 \cdot 4^2 + 16 \cdot 4 = -32 + 64 = 32.$$

VERIFIQUE

A área do quadrado hachurado também pode ser dada como a área do quadrado maior menos as áreas dos quatro triângulos somadas.

$$A(x) = 8^2 - (-2x^2 + 16x) \Rightarrow A(x) = 2x^2 - 16x + 64$$

Coordenadas do vértice:

$$\Delta = (-16)^2 - 4 \cdot 2 \cdot 64 = 256 - 512 = -256$$

$$x_v = \frac{-b}{2a} = \frac{(-16)}{2 \cdot 2} = 4$$

$$y_v = \frac{-\Delta}{4a} = \frac{-(-256)}{4 \cdot 2} = \frac{256}{8} = 32$$

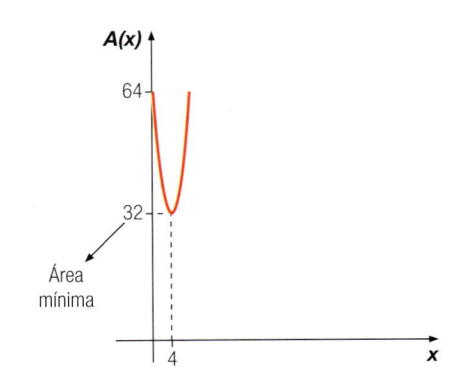

RESPONDA

A área mínima será de 32 cm^2.

Alternativa **a**.

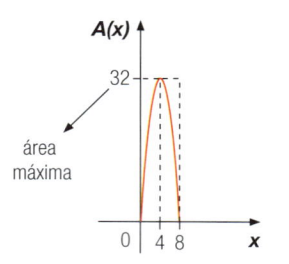
2. Determine o vértice da parábola $y = -3x^2 - 5x + 1$.

3. Determine a sentença que define a função quadrática cujo gráfico vemos a seguir:

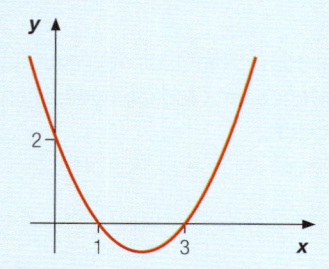

4. A trajetória de uma bola, depois de um chute a gol, descreve uma parábola. Supondo sua altura h em metros, t segundos após o chute, seja dada por $h(t) = -t^2 + 6t$, determine:

a) Em que instante a bola atinge a altura máxima?

b) Qual a altura máxima atingida pela bola?

5. (Ufpel) O gráfico da função $y = ax^2 + bx + c$ é a parábola da figura abaixo.
Os valores de a, b e c são, respectivamente:

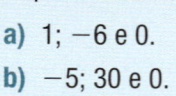

a) 1; −6 e 0.

b) −5; 30 e 0.

c) −1; 3 e 0.

d) −1; 6 e 0.

e) −2; 9 e 0.

6. Na parábola $y = 2x^2 - 16x + 24$, determine as coordenadas do ponto de mínimo.

7. Na parábola $y = -x^2 + 4x + 5$, determine as coordenadas do ponto de máximo.

8. Um objeto é lançado do solo e descreve uma trajetória parabólica. A equação dessa parábola é $h(t) = -t^2 + 5t$, em que h é a altura em metros e t, o tempo em segundos. Determine:

a) em que instante o objeto atingirá a altura máxima;

b) a altura máxima;

c) em que instante depois da partida o objeto toca o solo.

9. Sabe-se que o custo C para a produção de x unidades de certo produto é dado por $C(x) = x^2 - 80x + 3000$. Nessas condições, calcule:

a) a quantidade de unidades produzidas para que o custo seja mínimo;

b) o valor do custo mínimo.

10. Um projétil parte da origem $(0, 0)$ em trajetória parabólica, segundo um referencial (veja a figura seguinte), e atinge sua altura máxima no ponto de coordenadas $(2, 2)$. Escreva a equação dessa trajetória.

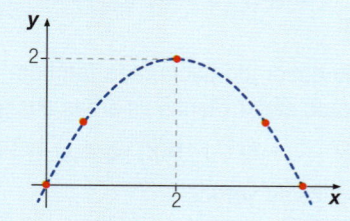

11. Em uma chácara, pretende-se construir um galinheiro para o qual estão disponíveis 100 metros de tela. O galinheiro será construído aproveitando-se uma parede, na qual há um portão, conforme a figura seguinte. Determine essa área para que ela seja máxima.

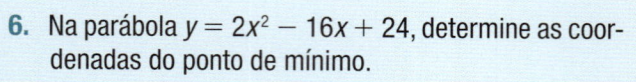

RESOLUÇÃO PASSO A PASSO

1. (Enem) Um professor, depois de corrigir as provas de sua turma, percebeu que várias questões estavam muito difíceis. Para compensar, decidiu utilizar uma função polinomial f, de grau menor que 3, para alterar as notas x da prova para notas $y = f(x)$, da seguinte maneira:

- A nota zero permanece zero.
- A nota 10 permanece 10.
- A nota 5 passa a ser 6.

A expressão da função $y = f(x)$ a ser utilizada pelo professor é:

a) $y = -\dfrac{1}{25} x^2 + \dfrac{7}{5} x.$

c) $y = \dfrac{1}{24} x^2 + \dfrac{7}{12} x.$

e) $y = x.$

b) $y = -\dfrac{1}{10} x^2 + 2x.$

d) $y = \dfrac{4}{5} x + 2.$

LEIA E COMPREENDA

Segundo o enunciado, as notas serão alteradas para cima, exceto as notas 0 e 10. Se a nota for 5, será corrigida para 6. O problema pede a função polinomial de grau menor que 3, que possibilita essa correção.

PLANEJE A SOLUÇÃO

Se fizermos uma tabela para x (nota original) e y (nota corrigida), teremos:

x	y
0	0
5	6
10	10

O enunciado afirma que essa situação será expressa por função polinomial de grau inferior a 3, ou seja, poderá ser uma função afim ou uma função quadrática. Vemos que não pode ser uma função afim (para $x = 5$, precisaríamos ter $y = 5$). Logo, o gráfico deve ser o de uma parábola com as seguintes características:

- ela passa pela origem;
- sua concavidade é voltada para cima.

EFETUE O QUE FOI PLANEJADO

Teremos uma parábola como a do gráfico seguinte:

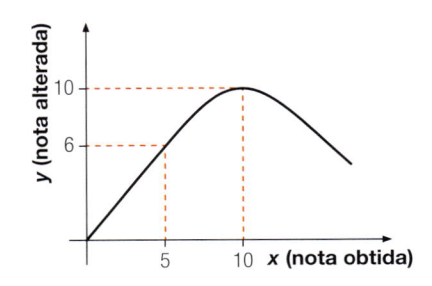

A função deve ser do tipo $y = ax^2 + bx$ ($c = 0$), pois a curva passa pela origem.

Para $x = 5$, temos $y = 6$. Então:

$6 = a \cdot 5^2 + b \cdot 5 \Rightarrow 25a + 5b = 6$.

Para $x = 10$, temos $y = 10$. Então:

$10 = a10^2 + 10b \Rightarrow 100a + 10b = 10$.

Resolvendo o sistema:

$$\begin{cases} 25a + 5b = 6 \\ 100a + 10b = 10 \end{cases} \Rightarrow \begin{cases} 25a + 5b = 6 \\ 10a + b = 1 \end{cases}$$, vamos encontrar $a = -\dfrac{1}{25}$ e $b = \dfrac{7}{5}$.

VERIFIQUE

Vemos que, se:

$$x = 0 \Rightarrow y = -\frac{1}{25} \cdot 0^2 + \frac{7}{5} \cdot 0 \Rightarrow y = 0$$

$$x = 5 \Rightarrow y = -\frac{1}{25} \cdot 5^2 + \frac{7}{5} \cdot 5 =$$

$$= -1 + 7 = 6 \Rightarrow y = 6$$

$$x = 10 \Rightarrow y = -\frac{1}{25} \cdot 10^2 + \frac{7}{5} \cdot 10 =$$

$$= -4 + 14 = 10 \Rightarrow y = 10$$

RESPONDA

A função pedida é: $y = -\dfrac{1}{25}x^2 + \dfrac{7}{5}x$.

Alternativa **a**.

AMPLIAÇÃO DO PROBLEMA

Se o aluno tivesse obtido nota 6, para que valor seria corrigida essa nota?

A nota corrigida seria um valor de y quando tivéssemos $x = 6$.

Então:

$$y = -\frac{1}{25} \cdot 6^2 + \frac{7}{5} \cdot 6 = -\frac{36}{25} + \frac{42}{5} = \frac{-36 + 210}{25} = \frac{174}{25} = 6,96$$

A nota seria alterada para 6,96.

---

2. (Enem) Um túnel deve ser lacrado com uma tampa de concreto. A seção transversal do túnel e a tampa de concreto têm contornos de um arco de parábola e mesmas dimensões. Para determinar o custo da obra, um engenheiro deve calcular a área sob o arco parabólico em questão. Usando o eixo horizontal no nível do chão e o eixo de simetria da parábola como eixo vertical, obteve a seguinte equação para a parábola: $y = 9 - x^2$, sendo x e y medidos em metros.

Sabe-se que a área sob uma parábola como esta é igual a $\dfrac{2}{3}$ da área do retângulo cujas dimensões são, respectivamente, iguais à base e à altura da entrada do túnel. Qual é a área da parte frontal da tampa de concreto, em metro quadrado?

a) 18   **c)** 36   **e)** 54

b) 20   **d)** 45

3. (Enem) Para evitar uma epidemia, a Secretaria de Saúde de uma cidade dedetizou todos os bairros, de modo a evitar a proliferação do mosquito da dengue. Sabe-se que o número f de infectados é dado pela função $f(t) = -2t^2 + 120t$ (em que t é expresso em dia e $t = 0$ é o dia anterior à primeira infecção) e que tal expressão é válida para os 60 primeiros dias da epidemia.

A Secretaria de Saúde decidiu que uma segunda dedetização deveria ser feita no dia em que o número de infectados chegasse à marca de 1600 pessoas, e uma segunda dedetização precisou acontecer.

A segunda dedetização começou no:

a) 19º dia.   **c)** 29º dia.   **e)** 60º dia.

b) 20º dia.   **d)** 30º dia.

4. (Enem) A Igreja de São Francisco de Assis, obra arquitetônica modernista de Oscar Niemeyer, localizada na Lagoa da Pampulha, em Belo Horizonte, possui abóbadas parabólicas. A seta na Figura 1 ilustra uma das abóbadas na entrada principal da capela. A Figura 2 fornece uma vista frontal desta abóbada, com medidas hipotéticas para simplificar os cálculos. Qual a medida da altura H, em metro, indicada na figura 2?

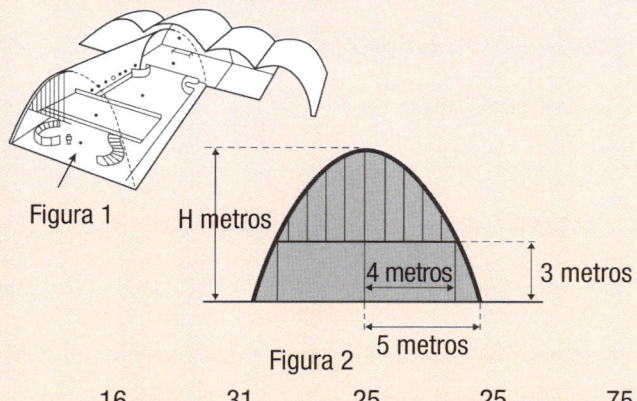

Figura 1

Figura 2

a) $\dfrac{16}{3}$ **b)** $\dfrac{31}{5}$ **c)** $\dfrac{25}{4}$ **d)** $\dfrac{25}{3}$ **e)** $\dfrac{75}{2}$

5. (Enem) Um meio de transporte coletivo que vem ganhando espaço no Brasil é a *van*, pois realiza, com relativo conforto e preço acessível, quase todos os tipos de transportes: escolar e urbano, intermunicipal e excursões em geral.

O dono de uma van, cuja capacidade máxima é de 15 passageiros, cobra para uma excursão até a capital de seu estado R$ 60,00 de cada passageiro. Se não atingir a capacidade máxima da *van*, cada passageiro pagará mais R$ 2,00 por lugar vago.

Sendo *x* o número de lugares vagos, a expressão que representa o valor arrecadado $V(x)$, em reais, pelo dono da *van*, para uma viagem até a capital é:

a) $V(x) = 902\,x$.

b) $V(x) = 930\,x$.

c) $V(x) = 900 + 30x$.

d) $V(x) = 60x + 2x^2$.

e) $V(x) = 900 - 30x - 2\,x^2$.

6. (Enem) Um estudante está pesquisando o desenvolvimento de certo tipo de bactéria. Para essa pesquisa, ele utiliza uma estufa para armazenar as bactérias.

A temperatura no interior dessa estufa, em graus Celsius, é dada pela expressão $T(h) = -h^2 + 22h - 85$, em que *h* representa as horas do dia. Sabe-se que o número de bactérias é o maior possível quando a estufa atinge sua temperatura máxima e, nesse momento, ele deve retirá-las da estufa. A tabela associa intervalos de temperatura, em graus Celsius, com as classificações: muito baixa, baixa, média, alta e muito alta.

Intervalos de temperatura (ºC)	Classificação
$T < 0$	muito baixa
$0 \leq T \leq 17$	baixa
$17 < T < 30$	média
$30 \leq T \leq 43$	alta
$T > 43$	muito alta

Quando o estudante obtém o maior número possível de bactérias, a temperatura no interior da estufa está classificada como:

a) muito baixa.   **d)** alta.

b) baixa.   **e)** muito alta.

c) média.

7. (Enem) Um posto de combustível vende 10000 litros de álcool por dia a R$ 1,50 cada litro. Seu proprietário percebeu que, para cada centavo de desconto que concedia por litro, eram vendidos 100 litros a mais por dia. Por exemplo, no dia em que o preço do álcool foi R$ 1,48, foram vendidos 10 200 litros.

Considerando *x* o valor, em centavos, do desconto dado no preço de cada litro, e *V* o valor, em R$, arrecadado por dia com a venda do álcool, então a expressão que relaciona *V* e *x* é:

a) $V = 10\,000 + 50x - x^2$.

b) $V = 10\,000 + 50x + x^2$.

c) $V = 15\,000 - 50x - x^2$.

d) $V = 15\,000 + 50x - x^2$.

e) $V = 15\,000 - 50x + x^2$.

8. (Enem) Uma pequena fábrica vende seus bonés em pacotes com quantidades de unidades variáveis. O lucro obtido é dado pela expressão $L(x) = -x^2 + 12x - 20$, onde *x* representa a quantidade de bonés contidos no pacote. A empresa pretende fazer um único tipo de empacotamento, obtendo um lucro máximo. Para obter o lucro máximo nas vendas, os pacotes devem conter uma quantidade de bonés igual a:

a) 4.   **c)** 9.   **e)** 14.

b) 6.   **d)** 10.

RESOLUÇÕES E COMENTÁRIOS

EXERCÍCIOS

2. $x_v = \dfrac{-b}{2a} = \dfrac{-(-5)}{2(-3)} = -\dfrac{5}{6}$

$\Delta = (-5)^2 - 4 \cdot (-3) \cdot 1 = 25 + 12 = 37$

$y_v = \dfrac{-\Delta}{4a} = \dfrac{-37}{4(-3)} = \dfrac{37}{12}$

As coordenadas do vértice são: $\left(-\dfrac{5}{2}, \dfrac{37}{12}\right)$.

3. Conhecemos a intersecção com o eixo das ordenadas: (0, 2); portanto, nossa função é do tipo $y = ax^2 + bx + 2$.

Para $x = 1$, temos $y = 0$. Então:

$0 = a \cdot 1^2 + b \cdot 1 + 2 \Rightarrow a + b = -2$.

Para $x = 3$, temos $y = 0$. Então:

$0 = a \cdot 3^2 + b \cdot 3 + 2 \Rightarrow 9a + 3b = -2$.

Resolvendo o sistema:

$\begin{cases} a + b = -2 \\ 9a + 3b = -2 \end{cases} \Rightarrow$

$\Rightarrow \begin{cases} -3a - 3b = 6 \ (\text{I}) \\ 9a + 3b = -2 \ (\text{II}) \end{cases}$

Somando membro (I) a membro (II):

$6a = 4 \Rightarrow a = \dfrac{4}{6} \Rightarrow a = \dfrac{2}{3}$

$a + b = -2 \Rightarrow \dfrac{2}{3} + b = -2 \Rightarrow$

$\Rightarrow b = -2 - \dfrac{2}{3} \Rightarrow b = -\dfrac{8}{3}$

Logo: $f(x) = \dfrac{2}{3}x^2 - \dfrac{8}{3}x + 2$.

4. a) A abscissa do vértice é dada por

$t_v = \dfrac{-b}{2a} = \dfrac{-6}{2 \cdot (-1)} = 3$

b) Para encontrar a altura máxima, basta fazermos $h(3) = -3^2 + 6 \cdot 3 = 9$.

As raízes são 0 e 6, logo, a abscissa do vértice é a semissoma das raízes. Poderíamos também encontrar a altura máxima usando $\dfrac{-\Delta}{4a}$.

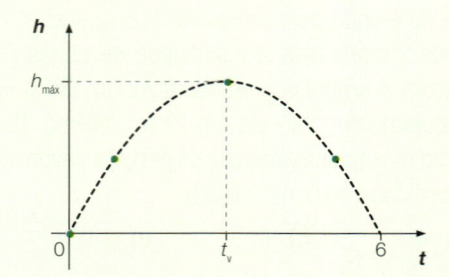

5. A função é do tipo $y = ax^2 + bx$. A intersecção com o eixo das ordenadas coincide com a origem. Então $c = 0$.

Para $x = 6$, temos: $y = 0$. Assim:

$0 = a \cdot 6^2 + b \cdot 6 \Rightarrow 36a + 6b = 0 \Rightarrow 6a + b = 0$.

Para $x = 3$, temos: $y = 9$. Assim:

$9 = a \cdot 3^2 + b \cdot 3 \Rightarrow 9a + 3b = 9 \Rightarrow 3a + b = 3$.

Resolvendo o sistema:

$\begin{cases} 6a + b = 0 \\ 3a + b = 3 \end{cases} \Rightarrow$

$\Rightarrow \begin{cases} 6a + b = 0 \ (\text{I}) \\ -3a - b = -3 \ (\text{II}) \end{cases}$

Somando membro (I) a membro (II), teremos:

$3a = -3 \Rightarrow a = -1$.

Substituindo em (I):

$6(-1) + b = 0 \Rightarrow b = 6$.

Temos: $a = -1$; $b = 6$ e $c = 0$.

Alternativa **d**.

6. $x_v = \dfrac{-b}{2a} = \dfrac{-(-16)}{2 \cdot 2} = 4$

$\Delta = (-16)^2 - 4 \cdot 2 \cdot 24 = 256 - 192 = 64$

$y_v = \dfrac{-\Delta}{4a} = \dfrac{-64}{4 \cdot 2} = -8$

Ponto de mínimo $(4, -8)$.

7. $x_v = \dfrac{-b}{2a} = \dfrac{-4}{2(-1)} = 2$

$\Delta = 4^2 - 4 \cdot (-1) \cdot 5 = 16 + 20 = 36$

$y_v = \dfrac{-\Delta}{4a} = \dfrac{-36}{4(-1)} = 9$

Ponto de máximo $(2, 9)$.

8. Equação da trajetória: $h(t) = -t^2 + 5t$.

a) Instante em que o objeto atinge a altura máxima:

$t_v = \dfrac{-b}{2a} = \dfrac{-5}{2 \cdot (-1)} = 2,5$

O objeto atingirá altura máxima no instante $t = 2,5$ segundos.

b) Altura máxima:

$\Delta = 5^2 - 4 \cdot (-1) \cdot 0 = 25$

$y_v = \dfrac{-\Delta}{4a} = \dfrac{-25}{4(-1)} = \dfrac{-25}{-4} = 6,25 \Rightarrow$

$\Rightarrow h_{max} = 6,25 \, \text{m}$

A altura máxima que o objeto atingirá será de 6,25 m.

c) Instante em que atingirá o solo:

$$h(t) = 0 \Rightarrow -t^2 + 5t = 0 \Rightarrow t^2 - 5t = 0 \Rightarrow$$

$$\Rightarrow t(t - 5) = 0 \Rightarrow \begin{cases} t_1 = 0 \\ t_2 = 5 \end{cases}$$

O objeto atingirá o solo no instante $t = 5$ segundos.

Análise gráfica da questão

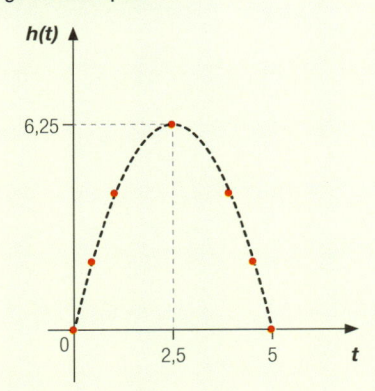

9. $C(x) = x^2 - 80x + 3\,000$

a) Quantidade produzida para se ter custo mínimo:

$$x_v = \frac{-b}{2a} = \frac{-(-80)}{2 \cdot 1} = 40$$

Para ter custo mínimo, deverão ser produzidas 40 peças.

b) Custo mínimo:

$$y_v = C(40) = 40^2 - 80 \cdot 40 + 3000 =$$
$$= 1600 - 3200 + 3000 = 1400$$

Observação: Para calcular a ordenada do vértice, podemos fazer $y_v = \dfrac{-\Delta}{4a}$ ou $y_v = C(x_v)$.

10. A parábola é do tipo $y = ax^2 + bx$ (o termo independente é nulo, pois a parábola intersecta o eixo das ordenadas na origem).

Quando $x = 2$ e $y = 2 : 2 = a2^2 + b \cdot 2 \Rightarrow$
$\Rightarrow 2 = 4a + 2b \Rightarrow 2a + b = 1$.

Como x_v é o ponto médio entre as raízes (se elas forem reais e não iguais), então, neste caso, as raízes são: $x_1 = 0$ e $x_2 = 4$.

Assim, se $x = 4 \Rightarrow y = 0$.

Daí, temos que:

$0 = a4^2 + b \cdot 4 \Rightarrow 16a + 4b = 0 \Rightarrow 4a + b = 0$.

Resolvendo o sistema: $\begin{cases} 2a + b = 1 \\ 4a + b = 0 \end{cases} \Rightarrow$

$$\Rightarrow \begin{cases} a = -\dfrac{1}{2} \\ b = 2 \end{cases}$$

A função será: $f(x) = -\dfrac{1}{2}x^2 + 2x$.

11. A medida linear da tela para cercar o galinheiro será: $2x + y = 100$.

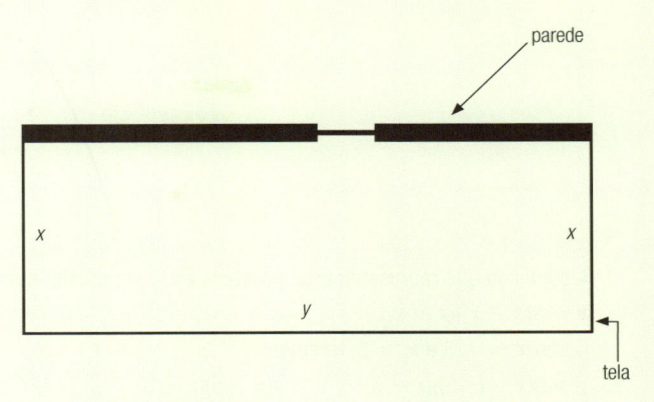

A área do galinheiro será: $A = x \cdot y$.

Mas: $y + 2x = 100 \Rightarrow y = -2x + 100 \Rightarrow$
$\Rightarrow xy = -2x^2 + 100x \Rightarrow A(x) = -2x^2 + 100x$.

Valor de x para que $A(x)$ seja máxima:

$$x_v = \frac{-b}{2a} = \frac{-100}{2(-2)} = \frac{-100}{-4} = 25$$

A área máxima será: $A(25) = -2(25)^2 + 100 \cdot 25 =$
$= -1250 + 2500 = 1250$

Então, $A_{máx} = 1\,250$ m².

QUESTÕES DO ENEM

2. Para $x = 0 \Rightarrow y = 9$.

Se $y = 0 \Rightarrow 9 - x^2 = 0 \Rightarrow x = 3$.

A base do retângulo mede $3 + |-3|$ metros $= 6$ metros e a altura mede 9 metros.

A área da parábola será $\dfrac{2}{3} \cdot 6 \cdot 9 = 36$ m².

Alternativa **c**.

3. Como $f(t)$ é o número de infectados, temos:

$$f(t) = 1\,600 \Rightarrow -2t^2 + 120t = 1\,600 \Rightarrow$$

$$\Rightarrow -2t^2 + 120t - 1\,600 = 0 \Rightarrow$$

$$\Rightarrow t^2 - 60t + 800 = 0 \Rightarrow$$

$$\Rightarrow t = \frac{-(-60) \pm \sqrt{(-60)^2 - 4 \cdot 1 \cdot 800}}{2} =$$

$$= \frac{60 \pm \sqrt{400}}{2} \Rightarrow \begin{cases} t_1 = 20 \\ t_2 = 40 \end{cases}$$

O 20º dia será o primeiro em que a epidemia atingirá 1 600 infectados.

Alternativa **b**.

4. Representamos nos eixos cartesianos a parábola da figura:

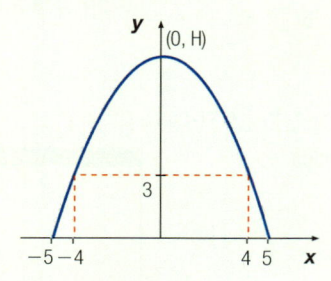

A sentença que representa essa parábola pode ser escrita assim:

$y = a(x - x_1)(x - x_2)$.

Como $x_1 = -5$ e $x_2 = 5$, teremos:

$y = a(x - (-5))(x - 5) \Rightarrow y = a(x + 5)(x - 5)$.

Se $x = 4 \Rightarrow y = 3$; então, temos que:

$3 = a(4 + 5)(4 - 5) \Rightarrow a = -\dfrac{1}{3}$.

A parábola, portanto, é representada pela seguinte sentença:

$y = -\dfrac{1}{3}(x + 5)(x - 5)$

A altura será a ordenada do vértice. Para encontrá-la, basta fazermos $x = 0$:

$y = -\dfrac{1}{3}(0 + 5)(0 - 5) \Rightarrow y = \dfrac{25}{3} \Rightarrow h = \dfrac{25}{3}$

Alternativa **d**.

5. Fazendo:

$x \rightarrow$ número de lugares vagos

$(15 - x) \rightarrow$ número de lugares ocupados

Valor pago pelos lugares ocupados: $V_{ocup.}(x) = 60$

Valor pago pelos lugares vazios: $V_{vazio}(x) = 2x(15 - x)$

O valor total (V_T) vai ser a soma desses valores:

$V_T(x) = (15 - x) \cdot 60 + 2x(x - 15) \Rightarrow V_T(x) = 900 - 30x - 2x^2$.

Alternativa **e**.

6. A temperatura máxima será dada pela ordenada do vértice da parábola. Então:

$$T = y_v = \frac{-\Delta}{4a} = \frac{-\left(22^2 - 4 \cdot (-1)(-85)\right)}{4(-1)} = \frac{-(484 - 340)}{-4} = \frac{-144}{-4} = 36$$

A temperatura $(30 \leqslant T \leqslant 43)$ é classificada como alta.

Alternativa **d**.

7. O valor a ser arrecadado por dia, em reais, deve ser calculado multiplicando-se o produto da quantidade vendida (Q), em litros, pelo preço do litro (P), em reais.

Essas duas variáveis são função do valor de desconto x, em centavos.

A venda é de 10 000 litros por dia ao preço de 1,50 real por litro, sendo que, a cada centavo de desconto, a quantidade vendida aumenta em 100 litros. Portanto, $Q = 10\,000 + 100x$ e $P = 1,50 - 0,01x$.

Convertendo o valor x de centavos para reais, divide-se por 100 ou multiplica-se por 0,01. Como $V = Q \cdot P \Rightarrow$
$\Rightarrow V = (10\,000 + 100x)(1,50 - 0,01x) \Rightarrow 15\,000 + 150x - 100x - x^2 \Rightarrow 15\,000 - 50x - x^2 \Rightarrow V = 15\,000 + 50x - x^2$.

Alternativa **d**.

8. Lembrando que $L(x) = -x^2 + 12x - 20$ é uma parábola com a concavidade voltada para baixo $(a < 0)$, para um lucro (L) máximo, x deve ser a abscissa do vértice da parábola. Então:

$x_v = \dfrac{-b}{2a} = \dfrac{-12}{2(-1)} = 6$.

Alternativa **b**.

COMPETÊNCIAS E HABILIDADES

ENEM

COMPETÊNCIAS DE ÁREA — MATEMÁTICA E SUAS TECNOLOGIAS

Habilidades

H19 Identificar representações algébricas que expressem a relação entre grandezas.

H20 Interpretar gráfico cartesiano que represente relações entre grandezas.

H21 Resolver situação-problema cuja modelagem envolva conhecimentos algébricos.

H22 Utilizar conhecimentos algébricos/geométricos como recurso para a construção de argumentação.

H23 Avaliar proposta de intervenção na realidade utilizando conhecimentos algébricos.

H24 Utilizar informações expressas em gráficos ou tabelas para fazer interferências.

H25 Resolver problemas com dados apresentados em tabelas ou gráfico.

H26 Analisar informações expressas em gráficos ou tabelas com recurso para a construção de argumentos.

BNCC

HABILIDADE

EF09MA06 Compreender as funções como relações de dependência unívoca entre duas variáveis e suas representações numérica, algébrica e gráfica e utilizar esse conceito para analisar situações que envolvam relações funcionais entre duas variáveis.

SISTEMAS DE EQUAÇÕES DO 1º GRAU

CAPÍTULO 12

EQUAÇÃO DO 1º GRAU COM DUAS INCÓGNITAS

São equações da forma $ax + by = c$, com $a \neq 0$ e $b \neq 0$.

Exemplos

1. $2x - 3y = -2$
2. $x - y = 0$
3. $x - 2y = -1$
4. $x = -y$
5. $x + \dfrac{3}{4}y = 1$

Os sistemas lineares podem ser utilizados para determinar a média do número de veículos que passam por um cruzamento em determinado horário.

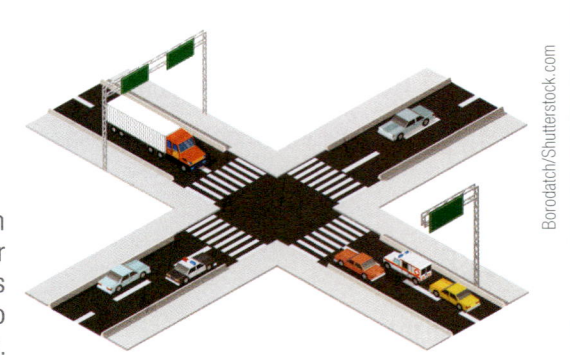

Borodatch/Shutterstock.com

Solução de uma equação do 1º grau com duas incógnitas

É o par ordenado que satisfaz a igualdade (torna essa igualdade verdadeira).

Exemplos

1. $x + 2y = 3$

   O par ordenado (1, 1) é uma solução, pois $1 + 2 \cdot (1) = 3$.
2. $2x - 3y = -6$

   O par ordenado (0, 2) é uma solução, pois $2 \cdot 0 - 3 \cdot 2 = -6$

   Importante: uma equação do 1º grau com duas incógnitas tem sempre um número infinito de soluções.
3. O conjunto das soluções da equação $2x + 3y = 10$ é: $\left\{(5,0), \left(\dfrac{7}{2}, 1\right), (2, 2), ...\right\}$.

Importante: se todos os termos de uma equação forem multiplicados ou divididos por um mesmo número diferente de zero, suas soluções permanecerão as mesmas.

Como encontrar uma das soluções de uma equação do 1º grau com duas incógnitas

Atribua a uma das incógnitas um valor qualquer.

Exemplo

Seja a equação: $2x + 3y = 10$, se atribuirmos, por exemplo, o valor 4 à incógnita y, temos:

$y = 4 \Rightarrow 2x + 3 \cdot 4 = 10 \Rightarrow 2x + 12 = 10 \Rightarrow 2x = -2 \Rightarrow x = -1$.

Então, o par $(-1, 4)$ é uma das soluções da equação.

SISTEMA DE EQUAÇÕES DO 1º GRAU COM DUAS INCÓGNITAS

Dadas duas equações do 1º grau com duas incógnitas, elas formarão o que é denominado um sistema de equações do 1º grau com duas incógnitas.

Exemplos

1. $\begin{cases} 2x - 3y = -3 \\ -2x + y = 1 \end{cases}$

2. $\begin{cases} 2x - 3y = -1 \\ 4x + 2y = 5 \end{cases}$

3. $\begin{cases} \dfrac{x}{y} = \dfrac{3}{4} \\ \dfrac{x+1}{y} = \dfrac{2}{3} \end{cases}$

As correntes em um circuito elétrico podem ser estudadas por um sistema de equações.

As equações acima formam um sistema de equações do 1º grau com duas incógnitas. Note que o par ordenado (0, 1) é solução das duas equações, portanto, esse par é solução do sistema.

Quando houver proporcionalidade entre os coeficientes e os termos independentes das duas equações, o sistema de equações do 1º grau com duas incógnitas pode ter mais de uma solução.

Exemplos

1. $\begin{cases} 2x + 3y = 10 \\ 4x + 6y = 20 \end{cases}$

Note que $S = \left\{ (5,0), \left(\dfrac{7}{2},1 \right), (2,2), ... \right\}$ são as soluções das duas equações.

2. $\begin{cases} 2x - y = 0 \\ 4x - 2y = 0 \end{cases}$

Note que $S = \{(0, 0), (1, 2), (10, 20), ...\}$ são as soluções das duas equações.
Nesse exemplo, em que os termos independentes são nulos, o sistema é chamado de **sistema homogêneo.**

A solução (0, 0) é chamada de **solução trivial**.

Quando os coeficientes das incógnitas forem respectivamente proporcionais e os termos independentes não, o sistema de duas equações do 1º grau com uma incógnita não tem solução. No caso, o sistema é impossível.

Exemplo

$\begin{cases} 2x - 3y = -1 \\ 4x - 6y = 10 \end{cases}$

Neste caso, $S = \varnothing$.

Importante: vamos tomar duas equações do 1° grau com duas incógnitas, como no exemplo a seguir.

$3x - 2y = -1$ e $2x + y = 4$

Observe que o par ordenado $(1, 2)$ é solução comum às duas equações. Se somarmos essas duas equações membro a membro, obteremos uma terceira equação, que terá uma solução comum em relação às equações dadas inicialmente. Veja a seguir:

$$\begin{cases} 3x - 2y = -1 \\ 2x + y = 4 \end{cases} (+)$$

$5x - y = 3 \implies$ cuja solução também é $(1, 2)$

Resolução de um sistema de duas equações do 1° grau com duas incógnitas

Nosso estudo se restringirá apenas aos sistemas com duas equações do 1° grau com duas incógnitas e que apresentem solução única.

Vamos apresentar três métodos de resolução.

Método da substituição

Exemplos

1. Resolva o sistema $\begin{cases} 2x + 3y = 8 \\ 3x - 4y = -5 \end{cases}$

   Solução:

   Vamos isolar a incógnita x em uma das equações (escolhemos a 1^{a}).

   $2x + 3y = 8 \implies 2x = 8 - 3y \implies x = \dfrac{8 - 3y}{2}$

   Substituímos esse valor na outra equação (nunca na mesma).

   $3\left(\dfrac{8 - 3y}{2}\right) - 4y = -5 \implies$

   $\implies 3(8 - 3y) - 8y = -10 \implies$

   $\implies 24 - 9y - 8y = -10 \implies$

   $\implies -17y = -34 \implies y = 2$

   Substituímos esse valor em qualquer uma das equações.

   $2x + 3 \cdot 2 = 8 \implies 2x + 6 = 8 \implies 2x = 2 \implies x = 1$

   Portanto: $S = \{(1, 2)\}$.

   Um sistema como o desse exemplo apresenta sempre como solução um par ordenado. Seu conjunto solução é unitário.

2. Resolva o sistema $\begin{cases} x + y = 1 \ (I) \\ x + y = 3 \ (II) \end{cases}$

   Solução:

   Ao isolar uma das incógnitas da primeira linha (I), temos: $x = 1 - y$.

   Substituindo essa equação na segunda linha (II), temos: $(1 - y) + y = 3 \implies 1 = 3$ (falso).

   Logo, o conjunto solução desse sistema é vazio: $S = \varnothing$.

Método da comparação

Exemplo

Resolva o sistema: $\begin{cases} x + 2y = 5 \\ 2x - 3y = 3 \end{cases}$

Solução:

Vamos isolar a mesma incógnita nas duas equações. Por exemplo, x:

$x + 2y = 5 \Rightarrow x = 5 - 2y$ (I)

$2x - 3y = 3 \Rightarrow 2x = 3 + 3y \Rightarrow x = \dfrac{3 + 3y}{2}$ (II)

Igualando (I) e (II):

$5 - 2y = \dfrac{3 + 3y}{2} \Rightarrow 10 - 4y = 3 + 3y \Rightarrow -7y = -7 \Rightarrow y = 1.$

Substituindo esse valor em qualquer uma das equações: $x + 2 \cdot 1 = 5 \Rightarrow x = 3.$

Portanto: $S = \{(3, 1)\}.$

Método da adição

Exemplos

1. Resolva pelo método da adição o sistema $\begin{cases} 2x + 4y = 2 \\ 3x + 2y = -1 \end{cases}$

Solução:

Vamos multiplicar a 1ª equação pelo coeficiente de x da 2ª equação e multiplicar a 2ª equação pelo coeficiente de x da 1ª equação. Multiplicamos um deles por -1 para inverter o sinal em uma das equações:

$\begin{cases} 2x + 4y = 2 \quad (-3) \\ 3x + 2y = -1 \quad (2) \end{cases} \Rightarrow \begin{cases} -6x - 12y = -6 \\ 6x + 4y = -2 \end{cases}$

Somamos as equações membro a membro: $0x - 8y = -8 \Rightarrow y = 1.$

Substituímos o valor encontrado em qualquer uma das equações.

$2x + 4 \cdot 1 = 2 \Rightarrow 2x = -2 \Rightarrow x = -1$

Portanto, $S = \{(-1, 1)\}.$

2. Resolva pelo método da adição o sistema $\begin{cases} 2x + y = 2 \\ -3x - y = -3 \end{cases}$

Solução:

Podemos somar membro a membro as equações:

$-1x + 0y = -1 \Rightarrow -x = -1 \Rightarrow x = 1.$

E substituir o valor encontrado em qualquer uma das equações:

$2 \cdot 1 + y = 2 \Rightarrow y = 0 \Rightarrow S = \{(1, 0)\}.$

Embora nosso estudo se restrinja aos sistemas com duas equações e duas incógnitas, na seção a seguir tomamos um exemplo de um problema com duas equações do 1º grau, mas com três incógnitas. Vamos resolver esse problema passo a passo. Os conceitos empregados na resolução serão úteis mais adiante.

EXERCÍCIOS

RESOLUÇÃO PASSO A PASSO

1. (Unesp) Uma lapiseira, três cadernos e uma caneta custam, juntos, 33 reais. Duas lapiseiras, sete cadernos e duas canetas custam, juntos, 76 reais. O custo de uma lapiseira, um caderno e uma caneta, juntos, em reais, é:

   a) 11.   **b)** 12.   **c)** 13.   **d)** 17.   **e)** 38.

LEIA E COMPREENDA

O enunciado fornece duas situações e em ambas dá o custo de certa quantidade de lapiseiras, cadernos e canetas. Temos de descobrir o custo total na compra de uma unidade de cada item.

PLANEJE A SOLUÇÃO

Vamos designar em cada situação a quantidade de lapiseiras por x, a quantidade de cadernos por y e a de canetas por z. Com esses dados, temos de montar um sistema com duas equações e três incógnitas. Aplicando conceitos que envolvem o estudo das equações e dos sistemas, encontraremos o que o enunciado pede.

EFETUE O QUE FOI PLANEJADO

Uma lapiseira, três cadernos e uma caneta custam R$ 33,00. Vamos representar por: $x + 3y + z = 33$.

Duas lapiseiras, sete cadernos e duas canetas custam R$ 76,00. Vamos representar por $2x + 7y + 2z = 76$.

Temos, assim, o sistema:
$$\begin{cases} x + 3y + z = 33 \\ 2x + 7y + 2z = 76 \end{cases}$$

O problema pede o custo de $1x + 1y + 1z$.

Como não podemos resolver o sistema, multiplicamos a 1ª equação por 5 e a 2ª equação por -2.

$$\begin{cases} x + 3y + z = 33 \\ 2x + 7y + 2z = 76 \end{cases} \Rightarrow \begin{cases} 5x + 15y + 5z = 165 \\ -4x - 14y - 4z = -152 \end{cases}$$

Somando membro a membro: $x + y + z = 13$.

VERIFIQUE

Substituindo (I) em (II):

$$\begin{cases} x + y + z = 13 \\ x + 3y + z = 33 \end{cases} \Rightarrow \begin{cases} x + y + z = 13 & \text{(I)} \\ x + y + z + 2y = 33 & \text{(II)} \end{cases} \Rightarrow 13 + 2y = 33 \Rightarrow 2y = 20 \Rightarrow y = 10$$

Substituímos esse valor na primeira equação do sistema.

$x + 3 \cdot 10 + z = 33 \Rightarrow x + z = 3$

Uma lapiseira mais uma caneta custam, juntas, R$ 3,00, e o caderno custa R$ 10,00. Portanto, os três itens juntos custam R$ 13,00.

RESPONDA

Uma lapiseira, um caderno e uma caneta custam, juntos, R$ 13,00. Portanto: alternativa **c**.

AMPLIAÇÃO DO PROBLEMA

Dois quindins, três bombons e quatro brigadeiros custam, juntos, R$ 18,00. Três quindins, dois bombons e um brigadeiro custam, juntos, R$ 12,00. Qual será o custo na compra de um quindim, um bombom e um brigadeiro?

2. Resolva pelo método da adição.

a) $\begin{cases} x + y = 20 \\ 2x - y = 7 \end{cases}$ **b)** $\begin{cases} 3x + 4y = 1 \\ 2x - 5y = 16 \end{cases}$

3. Resolva pelo método da substituição.

a) $\begin{cases} 2x + y = 4 \\ -3x + y = -6 \end{cases}$ **b)** $\begin{cases} 2x + 6y = 3 \\ 4x - 3y = 1 \end{cases}$

4. Resolva pelo método da comparação.

a) $\begin{cases} 3x - 2y = 4 \\ x + 3y = 5 \end{cases}$ **b)** $\begin{cases} y - 3x = 0 \\ 2x - y = 5 \end{cases}$

5. Resolva pelo método que julgar mais conveniente.

$$\begin{cases} \dfrac{1}{x} + \dfrac{1}{y} = \dfrac{5}{6} \\ \dfrac{1}{x} - \dfrac{1}{y} = \dfrac{1}{6} \end{cases}$$

6. Quando João nasceu, seu pai tinha 23 anos. Hoje, a soma das idades de João e de seu pai resulta em 59 anos. Qual é a idade atual de cada um?

7. Manuel comprou um livro e dois DVDs por R\$ 80,00. Paulo comprou três livros e um DVD e pagou R\$ 115,00. Sabendo que os livros e os DVDs têm, respectivamente, preços iguais, responda: qual é o preço de cada DVD e de cada livro?

8. As idades de duas pessoas estão entre si como 3 está para 4. Há 10 anos essa razão era de 2 para 3. Ache a idade atual de cada uma.

9. Sabe-se que 12 cavalos e 14 bois custam R\$ 64.000,00 e que 5 cavalos e 3 bois custam R\$ 21.000,00. Quanto custa cada cavalo e cada boi?

Sergei Pivovarov/iStockphoto.com

10. Em uma prova de 20 questões, os alunos receberiam 3 pontos por questão que acertassem e perderiam 2 pontos por questão que errassem. Corrigidas as provas, Bento ficou com 20 pontos. Quantas questões Bento acertou?

11. Em um quintal há coelhos e gansos num total de 30 cabeças e 80 pés. Há quantos coelhos e quantos gansos?

12. (Unesp) Um professor trabalha em duas faculdades, A e B, sendo remunerado por aula. O valor da aula na faculdade B é $\dfrac{4}{5}$ do valor da aula da faculdade A. Para o próximo ano, ele pretende dar um total de 30 aulas por semana e ter uma remuneração semanal em A maior que a remuneração semanal em B. Quantas aulas, no mínimo, ele deverá dar por semana na faculdade A?

13. (Fuvest) Um supermercado adquiriu detergentes nos aromas limão e coco. A compra foi entregue embalada em 10 caixas, com 24 frascos em cada caixa. Sabendo-se que cada caixa continha 2 frascos de detergentes a mais no aroma limão do que no aroma coco, o número de frascos entregues no aroma limão foi:

a) 110.   **c)** 130.   **e)** 150.

b) 120.   **d)** 140.

14. (Unesp) Um orfanato recebeu uma certa quantidade x de brinquedos para ser distribuída entre as crianças. Se cada criança receber três brinquedos, sobrarão 70 brinquedos para serem distribuídos; mas, para que cada criança possa receber cinco brinquedos, serão necessários mais 40 brinquedos. O número de crianças do orfanato e a quantidade x de brinquedos que o orfanato recebeu são, respectivamente,

a) 50 e 290.   **d)** 60 e 250.

b) 55 e 235.   **e)** 65 e 265.

c) 55 e 220.

RESOLUÇÃO PASSO A PASSO

1. (Enem) Durante uma festa de colégio, um grupo de alunos organizou uma rifa. Oitenta alunos faltaram à festa e não participaram da rifa. Entre os que compareceram, alguns compraram três bilhetes, 45 compraram 2 bilhetes e muitos compraram apenas 1. O total de alunos que comprou um único bilhete era 20% do número total de bilhetes vendidos, e o total de bilhetes vendidos excedeu em 33 o número total de alunos do colégio. Quantos alunos compraram somente um bilhete?

a) 34 c) 47 e) 79
b) 42 d) 48

LEIA E COMPREENDA

O enunciado explica quantos alunos não compraram bilhete, quantos compraram 2, mas diz que "alguns" compraram 3 e "muitos" compraram 1. Diz ainda que o número de alunos que comprou 1 bilhete é 20% do total de bilhetes vendidos e que este total é o número de alunos mais 33. Devemos encontrar quantos compraram um só bilhete.

PLANEJE A SOLUÇÃO

Vamos chamar o número de alunos que compraram 1 só bilhete de x e os que compraram 3, de y. Com duas incógnitas, montamos um quadro que nos possibilite tirar duas equações para montar um sistema.

EFETUE O QUE FOI PLANEJADO

Podemos montar este quadro.

Nº de alunos	Nº de bilhetes vendidos
80	$0 \cdot 80 = 0$
x	$1 \cdot x = x$
45	$2 \cdot 45 = 90$
y	$3y$
Total: $80 + x + 45 + y$	Total: $0 + x + 90 + 3y$

Daí:

$$\begin{cases} x = 20\% \cdot (x + 90 + 3y) \\ x + 90 + 3y = 33 + (80 + x + y + 45) \end{cases} \Rightarrow \begin{cases} 10x = 2x + 180 + 6y \\ 2y = 68 \end{cases} \Rightarrow \begin{cases} 4x - 3y = 90 \\ y = 34 \end{cases} \Rightarrow \begin{cases} x = 48 \\ y = 34 \end{cases}$$

VERIFIQUE

Nº de alunos	Nº de bilhetes vendidos
80	0
48	48
45	90
34	102
Total: 207	Total: 240

20% de 240 = 48
240 − 33 = 207

Compraram somente um bilhete 34 alunos.

Alternativa **a**.

AMPLIAÇÃO DO PROBLEMA

(UEMG) Um clube promoveu uma festa com o objetivo de arrecadar fundos para a campanha de crianças carentes. No dia da festa, compareceram 230 pessoas entre sócios e não sócios. O valor total arrecadado foi de R$ 2.450,00 e todas as pessoas presentes pagaram ingresso. O preço do ingresso foi R$ 10,00 para sócio e R$ 15,00 para não sócio. Com base nesses dados o número de sócios do clube presentes à festa corresponde a:

a) 165.

b) 180.

c) 200.

d) 210.

Nº de sócios: x; nº de não sócios: y; então:

$$\begin{cases} x + y = 230 \quad (-10) \\ 10x + 15y = 2450 \end{cases} \Rightarrow \begin{cases} -10x - 10y = -2300 \ \ (I) \\ 10x + 15y = 2450 \ \ (II) \end{cases}$$

Somando membro a membro as equações (I) e (II), temos:

$5y = 150 \Rightarrow y = 30 \Rightarrow x = 200$

Alternativa **c**.

2. (Enem) Uma companhia de seguros levantou dados sobre os carros de determinada cidade e constatou que são roubados, em média, 150 carros por ano. O número de carros roubados da marca X é o dobro do número de carros roubados da marca Y, e as marcas X e Y juntas respondem por cerca de 60% dos carros roubados. O número esperado de carros roubados da marca Y é:

a) 20.

b) 30.

c) 40.

d) 50.

e) 60.

EXERCÍCIOS

2.

a)
$$\begin{cases} x + y = 20 \\ 2x - y = 7 \end{cases}$$

Somamos as equações membro a membro:

$3x = 27 \Rightarrow x = 9.$

Substituímos na 1ª equação:

$9 + y = 20 \Rightarrow y = 11$

$S = \{(9, 11)\}$

b)
$$\begin{cases} 3x + 4y = 1\,(-2) \\ 2x - 5y = 16\,(3) \end{cases} \Rightarrow \begin{cases} -6x - 8y = -2 \\ 6x - 15y = 48 \end{cases}$$

Somamos membro a membro:

$-23y = 46 \Rightarrow y = -2.$

Substituímos na 2ª equação:

$2x - 5(-2) = 16 \Rightarrow 2x + 10 = 16 \Rightarrow 2x = 6 \Rightarrow x = 3$

$S = \{(3, -2)\}$

3.

a)
$$\begin{cases} 2x + y = 4 \\ -3x + y = -6 \end{cases}$$

Na 1ª equação, vamos isolar a incógnita y:

$2x + y = 4 \Rightarrow y = 4 - 2x.$

Substituindo na 2ª equação:

$-3x + (4 - 2x) = -6 \Rightarrow -3x - 2x + 4 = -6 \Rightarrow$
$\Rightarrow -5x = -10 \Rightarrow x = 2.$

Substituímos em qualquer uma das equações:

$2 \cdot 2 + y = 4 \Rightarrow y = 0$

$S = \{(2, 0)\}$

b)
$$\begin{cases} 2x + 6y = 3 \\ 4x - 3y = 1 \end{cases}$$

Isolamos a incógnita x na 2ª equação:

$4x - 3y = 1 \Rightarrow 4x = 1 + 3y \Rightarrow x = \dfrac{1 + 3y}{4}.$

Substituímos na 1ª equação:

$2\left(\dfrac{1 + 3y}{4}\right) + 6y = 3 \Rightarrow \left(\dfrac{1 + 3y}{2}\right) + 6y = 3 \Rightarrow$

$\Rightarrow 1 + 3y + 12y = 6 \Rightarrow 15y = 5 \Rightarrow y = \dfrac{1}{3}.$

Substituindo, por exemplo, na 1ª equação:

$2x + 6 \cdot \dfrac{1}{3} = 3 \Rightarrow 2x + 2 = 3 \Rightarrow 2x = 1 \Rightarrow x = \dfrac{1}{2}.$

$S = \left\{\left(\dfrac{1}{2}, \dfrac{1}{3}\right)\right\}$

4.

a)
$$\begin{cases} 3x - 2y = 4 \\ x + 3y = 5 \end{cases}$$

Escolhemos uma incógnita e a isolamos nas duas equações. Vamos, no caso, isolar a incógnita x:

$3x - 2y = 4 \Rightarrow 3x = 4 + 2y \Rightarrow x = \dfrac{4 + 2y}{3}$ (I)

$x + 3y = 5 \Rightarrow x = 5 - 3y$ (II)

Igualamos (I) e (II):

$\dfrac{4 + 2y}{3} = 5 - 3y \Rightarrow 4 + 2y = 15 - 9y \Rightarrow 11y = 11 \Rightarrow$
$\Rightarrow y = 1$

Substituímos na equação mais conveniente (a 2ª):

$x + 3 \cdot 1 = 5 \Rightarrow x = 2$

$S = \{(2, 1)\}$

b)
$$\begin{cases} y - 3x = 0 \\ 2x + y = 5 \end{cases}$$

Nesse caso, é mais conveniente isolarmos a incógnita y nas duas equações.

$y - 3x = 0 \Rightarrow y = 3x$ (I)

$2x + y = 5 \Rightarrow y = 5 - 2x$ (II)

Igualando (I) e (II):

$3x = 5 - 2x \Rightarrow 5x = 5 \Rightarrow x = 1.$

Substituindo em (I):

$y = 3 \cdot 1 \Rightarrow y = 3.$

$S = \{(1, 3)\}$

5.
$$\begin{cases} \dfrac{1}{x} + \dfrac{1}{y} = \dfrac{5}{6} \\ \dfrac{1}{x} - \dfrac{1}{y} = \dfrac{1}{6} \end{cases}$$

Fazemos $\dfrac{1}{x} = m$ e $\dfrac{1}{y} = n$. Temos:

$$\begin{cases} m + n = \dfrac{5}{6} \\ m - n = \dfrac{1}{6} \end{cases}$$

Somamos membro a membro: $2m = 1 \Rightarrow m = \dfrac{1}{2}$

$\Rightarrow m = \dfrac{1}{2}$. Substituindo:

$\dfrac{1}{2} + n = \dfrac{5}{6} \Rightarrow n = \dfrac{5}{6} - \dfrac{1}{2} \Rightarrow n = \dfrac{1}{3}$

Então:

$\dfrac{1}{x} = m \Rightarrow \dfrac{1}{x} = \dfrac{1}{2} \Rightarrow x = 2$

$\dfrac{1}{y} = n \Rightarrow \dfrac{1}{y} = \dfrac{1}{3} \Rightarrow y = 3$

$S = \{(2, 3)\}$

6. Idade do pai: x; idade de João: y. Quando João nasceu, o pai tinha 23 anos; logo, a diferença das idades é 23 e a soma é 59. Daí:

$$\begin{cases} x - y = 23 \\ x + y = 59 \end{cases}$$

Somando membro a membro, temos:

$2x = 82 \Rightarrow x = 41 \Rightarrow y = 18$.

A idade de João é 18 anos e a do pai, 41 anos.

7. Preço do livro: x; preço do DVD: y. Assim:

$$\begin{cases} x + 2y = 80 \\ 3x + y = 115 \end{cases}$$

Multiplicamos a 1ª equação por (-3):

$$\begin{cases} -3x - 6y = -240 \\ 3x + y = 115 \end{cases}$$

Somamos membro a membro as equações:

$-5y = -125 \Rightarrow y = 25$.

Substituímos na primeira equação:

$x + 2 \cdot 25 = 80 \Rightarrow x = 30 \cdot x + 2 \cdot 25 = 90 \Rightarrow x = 30$.

Preço de cada livro: R\$ 30,00 e de cada DVD, R\$ 25,00.

8.
$$\begin{cases} \dfrac{x}{y} = \dfrac{3}{4} \\ \dfrac{x - 10}{y - 10} = \dfrac{2}{3} \end{cases} \Rightarrow$$

$$\Rightarrow \begin{cases} 4x = 3y \\ 3x - 30 = 2y - 20 \end{cases} \Rightarrow$$

$$\Rightarrow \begin{cases} 4x - 3y = 0 \\ 3x - 2y = 10 \end{cases}$$

Multiplicamos a 1ª equação por -3 e a 2ª equação por 4:

$$\begin{cases} -12x + 9y = 0 \\ 12x - 8y = 40 \end{cases}$$

Somando membro a membro:

$y = 40$.

Substituindo na 1ª equação:

$4x - 3 \cdot (40) = 0 \Rightarrow 4x = 120 \Rightarrow x = 30$.

As idades são 30 anos e 40 anos.

9. Preço de cada cavalo: x. Preço de cada boi: y.

$$\begin{cases} 12x + 14y = 64\,000 \quad (-5) \\ 5x + 3y = 21000 \quad (12) \end{cases} \Rightarrow$$

$$\Rightarrow \begin{cases} -60x - 70y = -320\,000 \\ 60x + 36y = 25\,2000 \end{cases}$$

Somamos membro a membro:

$\Rightarrow -34y = -68\,000 \Rightarrow$

$\Rightarrow y = 2\,000$.

Substituímos na segunda equação:

$5x + 3 \cdot (2\,000) = 21\,000 \Rightarrow 5x + 6\,000 = 21\,000 \Rightarrow$
$\Rightarrow 5x = 15\,000 \Rightarrow x = 3\,000$.

O preço de cada cavalo é R\$ 3.000,00 e o preço de cada boi, R\$ 2.000,00.

10. 1º modo: resolução por um sistema de equações

Número de questões certas: x. Número de questões erradas: y.

$$\begin{cases} x + y = 20 \\ 3x - 2y = 20 \end{cases} \Rightarrow$$

$$\Rightarrow \begin{cases} 2x + 2y = 40 \\ 3x - 2y = 20 \end{cases} \Rightarrow$$

$$\Rightarrow 5x = 60 \Rightarrow x = 12 \Rightarrow y = 8$$

2º modo: como são 20 questões, se ele acertou x, errou $20 - x$

Então:

$3x - 2(20 - x) = 20 \Rightarrow 3x - 40 \Rightarrow 2x = 20 \Rightarrow 5x = 60 \Rightarrow$
$\Rightarrow x = 12$

Bento acertou 12 questões e errou 8.

Atenção: um problema resolvido por um sistema com duas equações do 1º grau e duas incógnitas, pode ser resolvido com uma única equação, como mostramos na resolução do exercício anterior.

11. Número de coelhos x, número de gansos y.

$$\begin{cases} x + y = 30 \ (-2) \\ 4x + 2y = 80 \end{cases} \Rightarrow$$

$$\Rightarrow \begin{cases} -2x - 2y = -60 \\ 4x + 2y = 80 \end{cases} \Rightarrow$$

$$\Rightarrow 2x = 20 \Rightarrow x = 10 \Rightarrow y = 2$$

Há 10 coelhos e 20 gansos.

12. Observe a tabela a seguir.

	Faculdade A	Faculdade B
Nº de aulas	$30 - m$	m
valor da aula	A	$\dfrac{4}{5} A$

Se a remuneração fosse a mesma, teríamos:

$$(30 - m)\,A = \frac{4}{5}\,Am \Rightarrow 30 - m = \frac{4}{5}m \Rightarrow$$

$$\Rightarrow 150 - 5m = 4m \Rightarrow 9m = 150 \Rightarrow$$

$$\Rightarrow m = \frac{150}{9} \Rightarrow m = 16,666...$$

Com o resultado 16,666... aulas em B, a remuneração em B seria igual à de A. Como ele quer receber mais em A, o total deve ser menos do que 16,6666... aulas em B, ou seja, no mínimo 16 aulas em B e 14 em A.

13. Em cada caixa há x frascos com aroma limão e y frascos com aroma coco. Como em cada caixa há 24 frascos: $x + y = 24$. Como também há dois frascos a mais com aroma limão: $x - y = 2$.

$$\begin{cases} x + y = 24 \\ x - y = 2 \end{cases} \Rightarrow 2x = 26 \Rightarrow x = 13$$

Temos, então, 13 frascos com aroma limão. Como são 10 caixas, o total é:

$13 \cdot 10 = 130$ frascos com aroma limão.

Alternativa **c**.

14. N° de brinquedos x, n° de crianças y. Temos:

$$\begin{cases} 3y = x - 70 \\ 5y = x + 40 \end{cases} \Rightarrow$$

$$\Rightarrow \begin{cases} -3y = -x + 70 \\ 5y = x + 40 \end{cases} \Rightarrow$$

$$\Rightarrow 2y = 110 \Rightarrow y = 55$$

Substituímos na 1ª equação.

$3 \cdot (55) = x - 70 \Rightarrow 165 = x - 70 \Rightarrow x = 235$.

Alternativa **b**.

QUESTÃO DO ENEM

2. Sejam: x o número de veículos roubados da marca X e y o número de veículos roubados da marca Y. Então:

$$\begin{cases} x = 2y \\ x + y = \dfrac{60}{100} \cdot 150 \end{cases} \Rightarrow$$

$$\Rightarrow \begin{cases} x = 2y \\ x + y = 90 \end{cases} \Rightarrow$$

$$\Rightarrow \begin{cases} x = 2y \\ x = 90 - y \end{cases} \Rightarrow$$

$$\Rightarrow 2y = 90 - y \Rightarrow y = 30$$

Alternativa **b**.

COMPETÊNCIAS E HABILIDADES

ENEM

COMPETÊNCIAS DE ÁREA – MATEMÁTICA E SUAS TECNOLOGIAS

Habilidades

H19 Identificar representações algébricas que expressem a relação entre grandezas.

H20 Interpretar gráfico cartesiano que represente relações entre grandezas.

H21 Resolver situação-problema cuja modelagem envolva conhecimentos algébricos.

H22 Utilizar conhecimentos algébricos/geométricos como o recurso para a construção de argumentação.

H23 Avaliar proposta de intervenção na realidade utilizando conhecimentos algébricos.

BNCC

Habilidades

EF08MA07 Associar uma equação linear de 1º grau com duas incógnitas a uma reta no plano cartesiano.

EF08MA08 Resolver e elaborar problemas relacionados ao seu contexto próximo, que possam ser representados por sistemas de equações de 1º grau com duas incógnitas e interpretá-los, utilizando, inclusive, o plano cartesiano como recurso.

CAPÍTULO

13

ÂNGULOS, TRIÂNGULOS E QUADRILÁTEROS

ÂNGULOS

Medidas de ângulos

Ângulos notáveis

A unidade-padrão de medida de ângulos é o grau. Indica-se (°).

Ângulo nulo é aquele cuja medida é 0°.

$a = 0°$

> A indicação da medida de um ângulo $\hat{a}$ pode ser escrita como $m(\hat{a})$ ou, simplesmente, a.

Ângulo raso: é o ângulo que mede 180°.

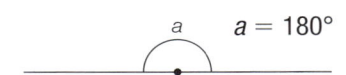
$a = 180°$

Ângulo de uma volta: é o ângulo que mede 360°.

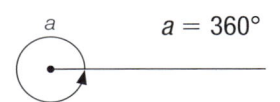
$a = 360°$

Ângulo agudo: é aquele cuja medida está compreendida entre 0° e 90°.

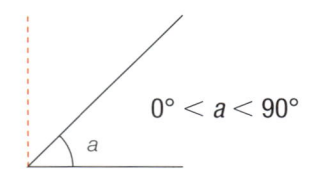
$0° < a < 90°$

Ângulo reto: é o ângulo que mede 90°.

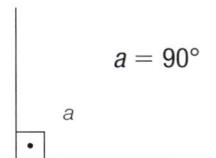
$a = 90°$

Ângulo obtuso: é aquele cuja medida está compreendida entre 90° e 180°.

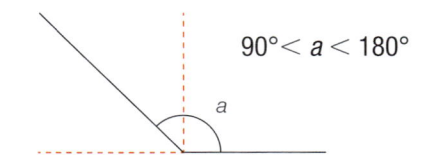
$90° < a < 180°$

Relações entre dois ângulos quanto a suas medidas

Ângulos complementares: são dois ângulos cujas medidas somadas são iguais a 90°.

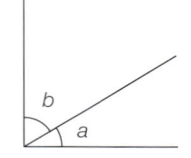
$\hat{a}$ e $\hat{b}$ são complementares $\Leftrightarrow a + b = 90°$

Ângulos suplementares: são dois ângulos cujas medidas somadas são iguais a 180°.

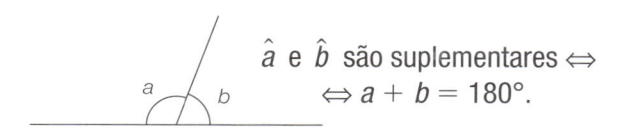

$\hat{a}$ e $\hat{b}$ são suplementares $\Leftrightarrow$
$\Leftrightarrow a + b = 180°$.

Ângulos replementares: são dois ângulos cujas medidas somadas são iguais a 360°.

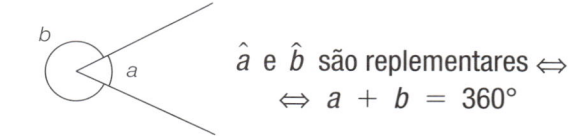

$\hat{a}$ e $\hat{b}$ são replementares $\Leftrightarrow$
$\Leftrightarrow a + b = 360°$

Notações:

Veja, a seguir, alguns exemplos das relações entre medidas do complemento, suplemento e replemento.

- Medida do complemento de um ângulo de medida x: $90° - x$

- Medida do suplemento de um ângulo de medida x: $180° - x$

- Medida do replemento de um ângulo de medida x: $360° - x$

- Medida do suplemento do complemento de um ângulo de medida x: $180° - (90° - x) = 90° + x$

- Medida do complemento do suplemento de um ângulo de medida x: $90° - (180° - x) = x - 90°$

- Medida do replemento do complemento de um ângulo de medida x: $360° - (90° - x) = 270° + x$

Decomposição de um ângulo

Um ângulo, cuja medida é expressa em graus, pode, se for conveniente, ser decomposto nos **submúltiplos do grau**.

$$1° = 60' \text{ (60 minutos)}$$
$$1' = 60'' \text{ (60 segundos), então: } 1° = 3\,600''$$

Exemplo:

$90° = 89° + 1° = 89° + 60' = 89° + 59' + 1' = 89° + 59' + 60''$
Indicamos: $90° = 89°59'60''$.

Ângulos formados por duas retas paralelas intersectadas por uma reta transversal

Considere as retas r, s e t, com r e s paralelas e t transversal a elas.

A reta t intersecta as retas paralelas r e s formando oito ângulos.

Denominações:

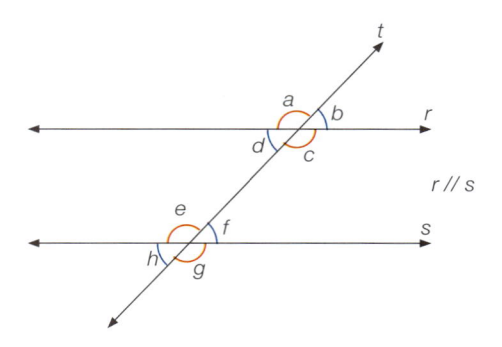

- $\hat{d}$ e $\hat{f}$; $\hat{c}$ e $\hat{e}$; são alternos internos (congruentes);

- $\hat{a}$ e $\hat{g}$; $\hat{b}$ e $\hat{h}$; são alternos externos (congruentes);

- $\hat{a}$ e $\hat{h}$; $\hat{b}$ e $\hat{g}$; são colaterais externos (suplementares);

- $\hat{d}$ e $\hat{e}$; $\hat{c}$ e $\hat{f}$; são colaterais internos (suplementares);

- $\hat{a}$ e $\hat{e}$; $\hat{b}$ e $\hat{f}$; $\hat{c}$ e $\hat{g}$; $\hat{d}$ e $\hat{h}$; são correspondentes (congruentes).

Importante: nesse caso, dois ângulos quaisquer ou são congruentes ou são suplementares.

TEOREMA DE TALES

Considere duas retas m e n transversais a um feixe de retas paralelas r, s e t.

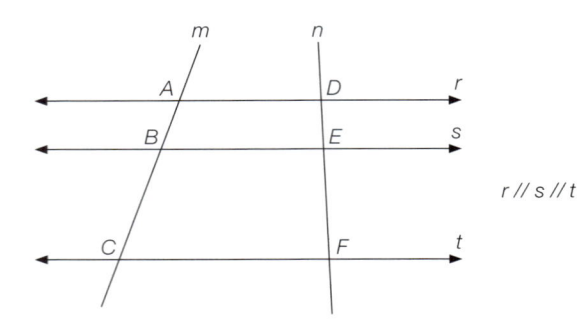

As retas do feixe de paralelas determinam segmentos proporcionais sobre as retas transversais:

$$\frac{AB}{BC} = \frac{DE}{EF}$$

Do que decorre que $\dfrac{AC}{AB} = \dfrac{DF}{DE}$ ou $\dfrac{AC}{BC} = \dfrac{DF}{EF}$. Valem todas as propriedades das proporções.

TRIÂNGULOS

Dado um triângulo ABC, temos que:

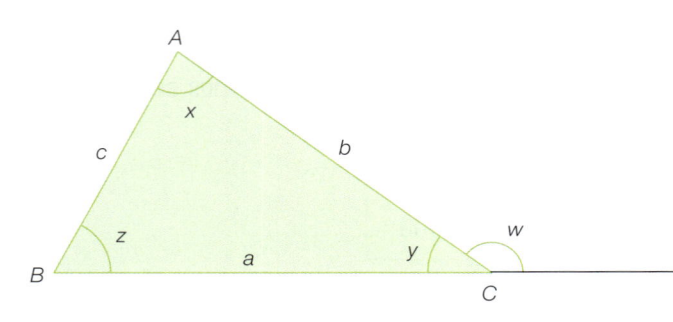

- A, B e C são os vértices do triângulo;
- $\overline{AB}$, $\overline{AC}$ e $\overline{BC}$ são os lados do triângulo;
- denotamos as medidas de seus lados por:
  $m(\overline{AB}) = AB = c$; $m(\overline{AC}) = AC = b$;
  $m(\overline{BC}) = BC = a$;

- $\hat{x}$, $\hat{y}$ e $\hat{z}$ são os ângulos internos cujas medidas são, respectivamente, x, y e z;
- $\hat{w}$ é um de seus ângulos externos.

Classificação dos triângulos quanto aos lados

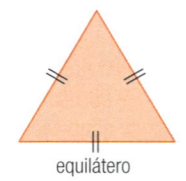  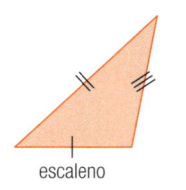

equilátero   isósceles   escaleno

Equilátero: as medidas dos três lados são congruentes.
Isósceles: as medidas de dois lados são congruentes.
Escaleno: não tem lados com medidas congruentes.

Classificação dos triângulos quanto aos ângulos

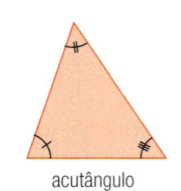 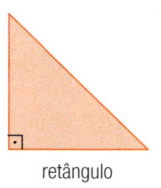 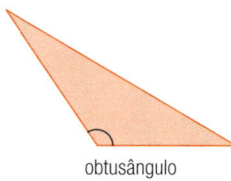

acutângulo   retângulo   obtusângulo

Acutângulo: os três ângulos são agudos.
Retângulo: um de seus ângulos é reto e os outros dois são agudos.
Obtusângulo: um de seus ângulos é obtuso e os outros dois são agudos.

Condição de existência do triângulo

Em um triângulo, a medida de um lado qualquer é menor que a soma das medidas dos outros dois lados.

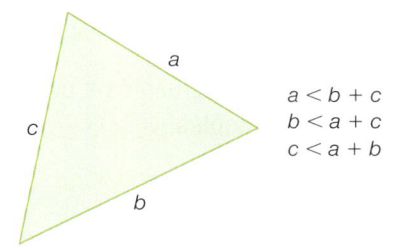

$$a < b + c$$
$$b < a + c$$
$$c < a + b$$

Lei angular de Tales

Em qualquer triângulo, a soma das medidas dos ângulos internos é 180°.

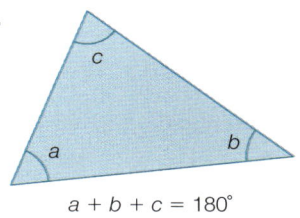

$$a + b + c = 180°$$

Teorema do ângulo externo

Em um triângulo qualquer, a soma das medidas de dois ângulos internos não adjacentes a um ângulo externo é igual à medida desse ângulo externo.

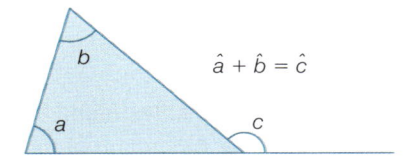

$$\hat{a} + \hat{b} = \hat{c}$$

Congruência de triângulos

Dois triângulos são congruentes quando as medidas dos lados e dos ângulos de um deles são, respectivamente, congruentes às medidas dos lados e dos ângulos do outro.

Nas figuras ao lado, $\triangle ABC \equiv \triangle DEF$, pois:

$$AB = DE, BC = EF, AC = DF \text{ e } \hat{A} \equiv \hat{D}, \hat{B} \equiv \hat{E}, \hat{C} \equiv \hat{F}$$

Importante: os lados $\overline{AB}$ e $\overline{DE}$ são chamados de lados **homólogos**, pois se encontram entre dois ângulos de um triângulo que são, respectivamente, congruentes a dois ângulos do outro.

Quando dois triângulos são congruentes, os lados homólogos são congruentes e os ângulos correspondentes também são congruentes.

Observe os **casos de congruência** a seguir.

1º Caso: LAL (lado – ângulo – lado)

Se dois triângulos têm dois lados homólogos congruentes e os ângulos entre eles são, respectivamente, de mesma medida, então esses triângulos são congruentes.

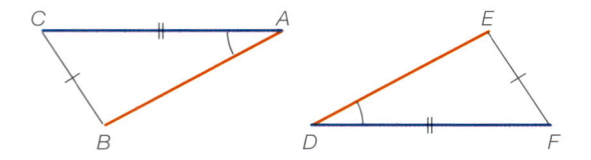

$$\overline{AB} \equiv \overline{DE};\ \hat{A} \equiv \hat{D};\ \overline{AC} \equiv \overline{DF} \Rightarrow \triangle ABC \equiv \triangle DEF$$

2º Caso: LLL (lado – lado – lado)

Se dois triângulos têm os três lados homólogos respectivamente congruentes, então esses triângulos são congruentes.

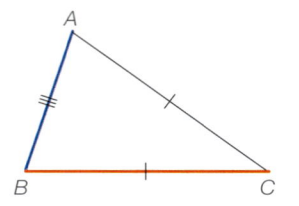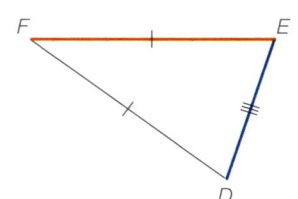

$$\overline{AB} \equiv \overline{DE};\ \overline{BC} \equiv \overline{EF};\ \overline{AC} \equiv \overline{DF} \Rightarrow \triangle ABC \equiv \triangle DEF$$

3º Caso: ALA (ângulo – lado – ângulo)

Se dois triângulos têm dois ângulos adjacentes respectivamente congruentes e os lados homólogos entre eles respectivamente congruentes, então esses triângulos são congruentes.

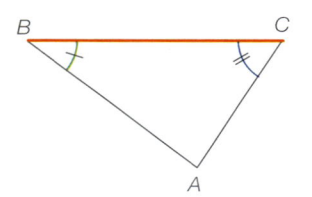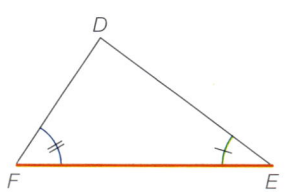

$$\hat{B} \equiv \hat{E};\ \overline{BC} \equiv \overline{EF};\ \hat{C} \equiv \hat{F} \Rightarrow \triangle ABC \equiv \triangle DEF$$

4º Caso: LAA_0 (lado – ângulo – ângulo oposto)

Se dois triângulos têm um dos lados homólogos congruentes; um dos ângulos adjacentes a esses lados, respectivamente, congruentes; e os ângulos opostos a esses lados respectivamente congruentes, então esses triângulos são congruentes.

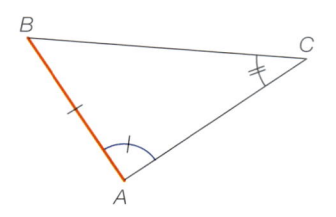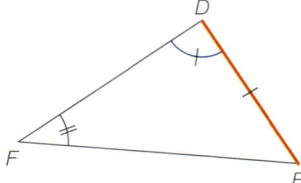

$$\overline{AB} \equiv \overline{DE};\ \hat{A} \equiv \hat{D};\ \hat{C} \equiv \hat{F} \Rightarrow \triangle ABC \equiv \triangle DEF$$

Semelhança de triângulos

Dois triângulos serão semelhantes se tiverem ângulos correspondentes congruentes e lados homólogos proporcionais.

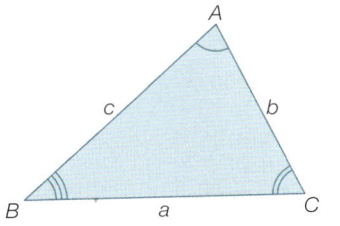 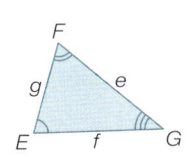

$$\frac{\overline{AB}}{\overline{EG}} = \frac{\overline{BC}}{\overline{GF}} = \frac{\overline{AC}}{\overline{EF}} = k \text{ e}$$

$$\hat{A} = \hat{E}, \hat{B} = \hat{F}, \hat{C} = \hat{G} \Rightarrow \triangle ABC \simeq \triangle DEF$$

Importante: na proporção dos lados homólogos de dois triângulos semelhantes, a constante k é chamada **constante de proporcionalidade**.

Teorema da base média de um triângulo

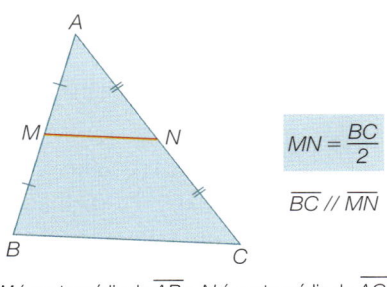

$$MN = \frac{BC}{2}$$

$$\overline{BC} \; // \; \overline{MN}$$

M é ponto médio de $\overline{AB}$ e N é ponto médio de $\overline{AC}$.

Importante:
- em um triângulo qualquer, ao maior lado opõe-se o maior ângulo e, reciprocamente, ao menor lado opõe-se o menor ângulo;
- se dois lados de um triângulo são congruentes, os ângulos opostos a esses lados são congruentes.

Pontos notáveis de um triângulo

Mediana é o segmento cujas extremidades estão em um vértice do triângulo e no ponto médio do lado oposto ao vértice.

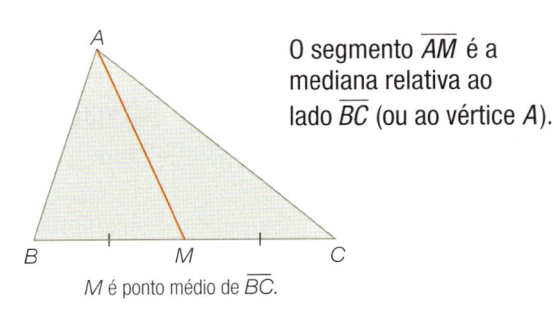

O segmento $\overline{AM}$ é a mediana relativa ao lado $\overline{BC}$ (ou ao vértice A).

M é ponto médio de $\overline{BC}$.

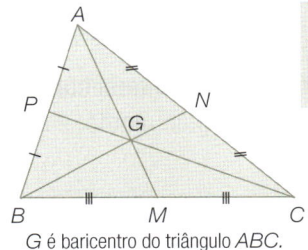

$$\frac{\overline{AG}}{\overline{GM}} = \frac{\overline{BG}}{\overline{GN}} = \frac{\overline{CG}}{\overline{GP}} = \frac{2}{1}$$

G é baricentro do triângulo ABC.

As medianas de um triângulo intersectam-se em um ponto denominado **baricentro** (também chamado de **centro de gravidade**). O baricentro divide cada mediana na razão 2 : 1.

Bissetriz de um triângulo é um segmento com extremidades em um vértice do triângulo e em um ponto do lado oposto, que divide o ângulo interno desse vértice ao meio.

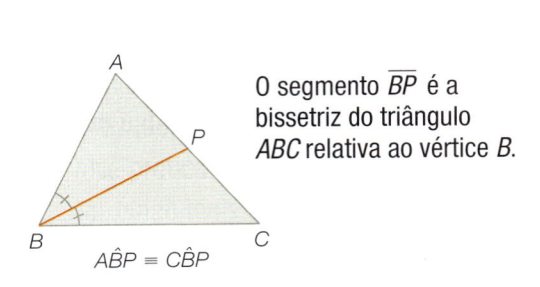

O segmento $\overline{BP}$ é a bissetriz do triângulo ABC relativa ao vértice B.

$A\hat{B}P \equiv C\hat{B}P$

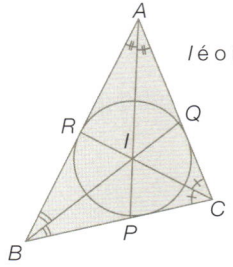

I é o incentro do triângulo ABC.

As bissetrizes de um triângulo intersectam-se em um ponto chamado incentro. O incentro é equidistante dos lados do triângulo; então, é o **centro da circunferência inscrita** no triângulo.

Altura é o segmento que liga perpendicularmente um vértice do triângulo à reta-suporte ao lado oposto a esse vértice.

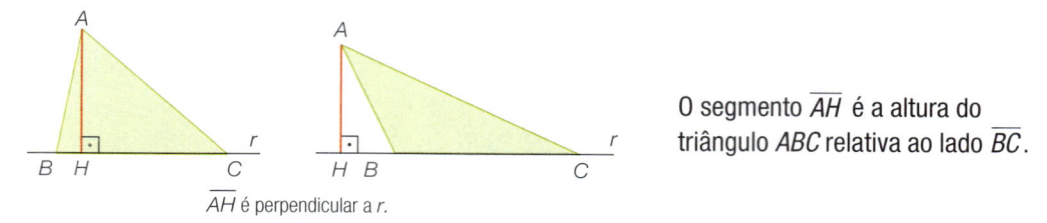

O segmento $\overline{AH}$ é a altura do triângulo ABC relativa ao lado $\overline{BC}$.

$\overline{AH}$ é perpendicular a r.

As alturas, ou seus prolongamentos, intersectam-se em um ponto chamado **ortocentro**.

O é o ortocentro do triângulo ABC.

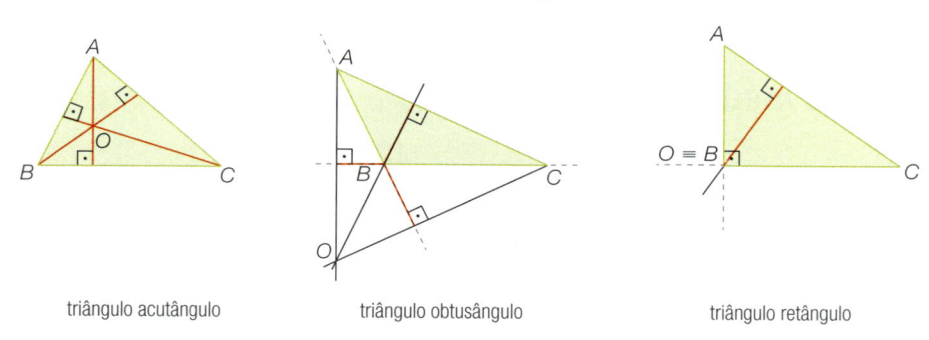

triângulo acutângulo   triângulo obtusângulo   triângulo retângulo

Mediatriz é a reta perpendicular a um segmento em seu ponto médio. No caso de um triângulo, a mediatriz é a reta perpendicular que passa no ponto médio de um de seus lados.

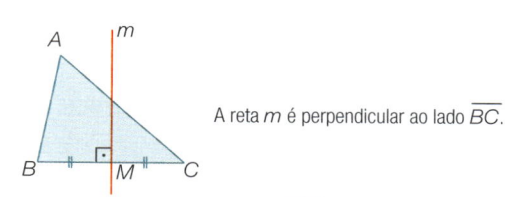

A reta m é perpendicular ao lado $\overline{BC}$.

A reta m é a mediatriz relativa ao lado $\overline{BC}$.

As mediatrizes de um triângulo intersectam-se em um ponto denominado **circuncentro**. O circuncentro é equidistante dos vértices do triângulo; então, é o **centro da circunferência circunscrita** ao triângulo.

P é o circuncentro do triângulo ABC.

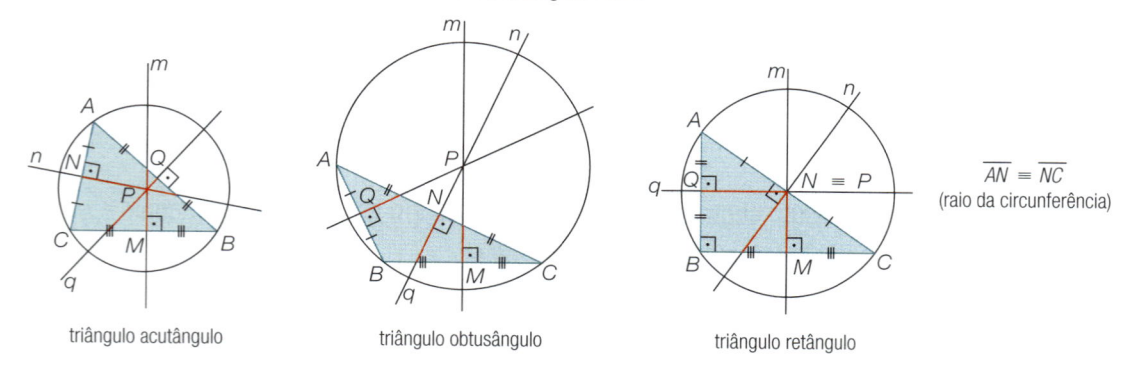

$\overline{AN} \equiv \overline{NC}$
(raio da circunferência)

triângulo acutângulo   triângulo obtusângulo   triângulo retângulo

Baricentro, incentro, circuncentro e ortocentro (B.I.C.O.) são coincidentes no triângulo equilátero e estão alinhados no triângulo isósceles.

QUADRILÁTEROS

Dados quatro pontos *A*, *B*, *C* e *D*, não colineares três a três, chama-se quadrilátero *ABCD* a reunião dos segmentos $\overline{AB}, \overline{BC}, \overline{CD}$ e $\overline{DA}$.

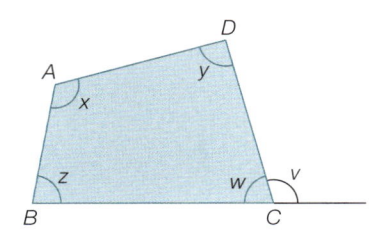

No quadrilátero *ABCD*:
- *A*, *B*, *C* e *D* são os vértices;
- $\overline{AB}, \overline{BC}, \overline{CD}$ e $\overline{DA}$ são os lados;
- $\hat{x}$, $\hat{y}$, $\hat{z}$ e $\hat{w}$ são os ângulos internos;
- $\hat{v}$ é um ângulo externo;
- os segmentos $\overline{AC}$ e $\overline{BD}$ são as diagonais.

Quadrilátero convexo e quadrilátero côncavo

Um quadrilátero é convexo se qualquer reta-suporte de um lado intersecta outro lado somente em seus extremos. Se um quadrilátero é não convexo, ele é côncavo.

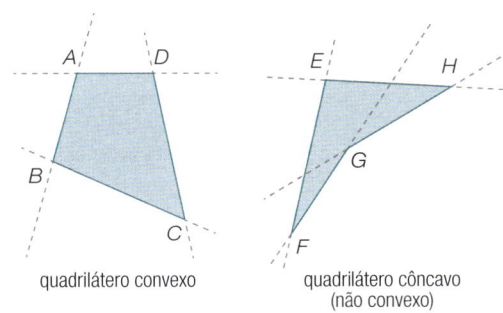

quadrilátero convexo quadrilátero côncavo (não convexo)

- A **soma dos ângulos internos** de um quadrilátero convexo é 360°.

- A **soma dos ângulos externos** de um quadrilátero é 360°.

Observação: serão objetos de nossos estudos apenas os quadriláteros convexos.

Quadriláteros notáveis

Trapézios

São os quadriláteros que têm dois lados paralelos.

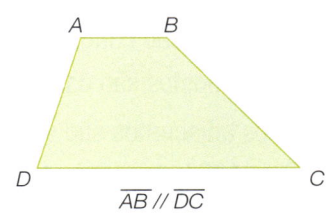

$\overline{AB} \,/\!/\, \overline{DC}$

Classificação dos trapézios

Trapézio isósceles: os lados não paralelos são congruentes.

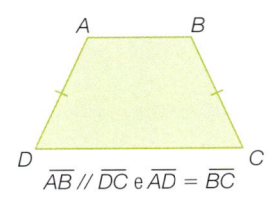

$\overline{AB} \,/\!/\, \overline{DC}$ e $\overline{AD} = \overline{BC}$

No **trapézio isósceles**, as diagonais são congruentes, os ângulos opostos são suplementares ($\hat{A} + \hat{C} = 180°$ e $\hat{B} + \hat{D} = 180°$) e os ângulos das bases, congruentes: $\hat{B} \equiv \hat{C}$ e $\hat{A} \equiv \hat{D}$.

Trapézio retângulo: tem dois ângulos retos.

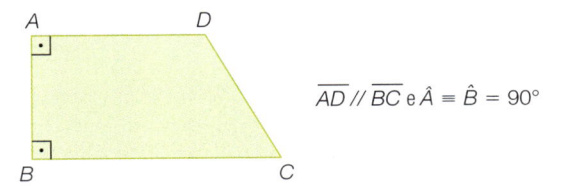

$\overline{AD} \,/\!/\, \overline{BC}$ e $\hat{A} \equiv \hat{B} = 90°$

Trapézio escaleno: não tem lados congruentes nem ângulos congruentes.

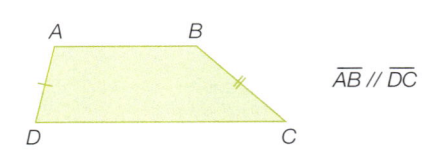

$\overline{AB} \,/\!/\, \overline{DC}$

Base média dos trapézios

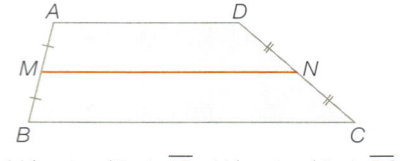

$$MN = \frac{AD + BC}{2}$$

$$\overline{AD} \mathbin{/\mkern-5mu/} \overline{BC} \mathbin{/\mkern-5mu/} \overline{MN}$$

M é ponto médio de $\overline{AB}$ e N é ponto médio de $\overline{DC}$.

Paralelogramo

É o quadrilátero que tem dois pares de lados opostos paralelos.
Sabe-se que:

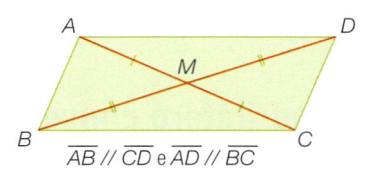

* os lados opostos paralelos são congruentes: $\overline{AB} \equiv \overline{CD}$ e $\overline{AD} \equiv \overline{BC}$;
* os ângulos opostos são congruentes: $\hat{A} \equiv \hat{C}$ e $\hat{B} \equiv \hat{D}$;
* os ângulos adjacentes são suplementares: $\hat{A} + \hat{B} = 180°$, $\hat{A} + \hat{D} = 180°$, $\hat{B} + \hat{C} = 180°$, $\hat{C} + \hat{D} = 180°$;
* as diagonais intersectam-se no ponto M, que é o ponto médio das duas diagonais: $\overline{AM} \equiv \overline{MC}$ e $\overline{BM} \equiv \overline{MD}$.

Retângulo

É o paralelogramo que tem os quatro ângulos retos.
Sabe-se que:

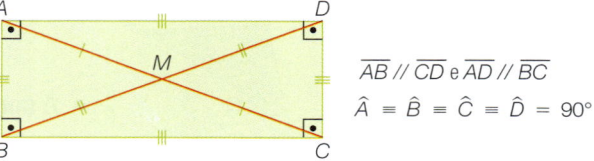

$\overline{AB} \mathbin{/\mkern-5mu/} \overline{CD}$ e $\overline{AD} \mathbin{/\mkern-5mu/} \overline{BC}$

$\hat{A} \equiv \hat{B} \equiv \hat{C} \equiv \hat{D} = 90°$

* os lados opostos paralelos são congruentes: $\overline{AB} \equiv \overline{CD}$ e $\overline{AD} \equiv \overline{BC}$;
* as diagonais intersectam-se no ponto M, que é o ponto médio das duas diagonais: $\overline{AM} \equiv \overline{MC}$ e $\overline{BM} \equiv \overline{MD}$;
* as diagonais são congruentes: $\overline{AC} \equiv \overline{BD}$.

Losango

É o paralelogramo que tem os quatro lados congruentes.
Sabe-se que:

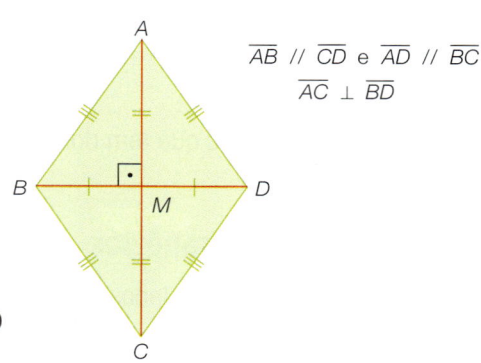

$\overline{AB} \mathbin{/\mkern-5mu/} \overline{CD}$ e $\overline{AD} \mathbin{/\mkern-5mu/} \overline{BC}$

$\overline{AC} \perp \overline{BD}$

* os quatro lados são congruentes: $\overline{AB} \equiv \overline{CD} \equiv \overline{AD} \equiv \overline{BC}$;
* os ângulos opostos são congruentes: $\hat{A} = \hat{C}$ e $\hat{B} = \hat{D}$;
* os ângulos adjacentes são suplementares: $\hat{A} + \hat{B} = 180°$; $\hat{A} + \hat{D} = 180°$, $\hat{B} + \hat{C} = 180°$, $\hat{C} + \hat{D} = 180°$;
* as diagonais intersectam-se no ponto M, que é o ponto médio das duas diagonais: $\overline{AM} \equiv \overline{MC}$ e $\overline{BM} \equiv \overline{MD}$;
* as diagonais são perpendiculares: $\overline{AC} \perp \overline{BD}$.

Quadrado

É o retângulo que é losango.

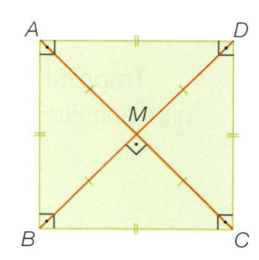

$\overline{AB} \mathbin{/\mkern-5mu/} \overline{CD}$ e $\overline{AD} \mathbin{/\mkern-5mu/} \overline{BC}$

$\hat{A} \equiv \hat{B} \equiv \hat{C} \equiv \hat{D} = 90°$

$\overline{AC} \perp \overline{BD}$

O quadrado tem todas as propriedades dos retângulos e dos losangos.

RESOLUÇÕES PASSO A PASSO

1. O suplemento do complemento de um ângulo de medida x mede $110°20'30"$. Quanto vale o complemento de x?

LEIA E COMPREENDA

Pede-se a medida x de um ângulo, conhecendo-se o valor do suplemento do complemento desse ângulo.

PLANEJE A SOLUÇÃO

Devemos montar uma equação que envolva as condições do enunciado e resolvê-la. Encontrado o valor de x, encontramos, a seguir, o valor de seu complemento.

EFETUE O QUE FOI PLANEJADO

$180° - (90° - x) = 110°20'30" \Rightarrow 180° - 90° + x = 110°20'30" \Rightarrow$

$\Rightarrow 90° + x = 110°20'30"$

$\Rightarrow x = 110°20'30" - 90° \Rightarrow x = 20°20'30"$

O complemento de x:

$90° - (20°20'30") = (89°59'60") - (20°20'30") = 69°39'30"$

VERIFIQUE

O complemento de $20°20'30"$ é $(89°59'60") - (20°20'30") = 69°39'30"$.

O suplemento de $69°39'30"$ é $(179°59'60") - (69°39'30") = 110°20'30"$.

RESPONDA

O complemento do ângulo de medida x mede $69°39'30"$.

AMPLIAÇÃO DO PROBLEMA

Qual é a quinta parte dessa medida encontrada?

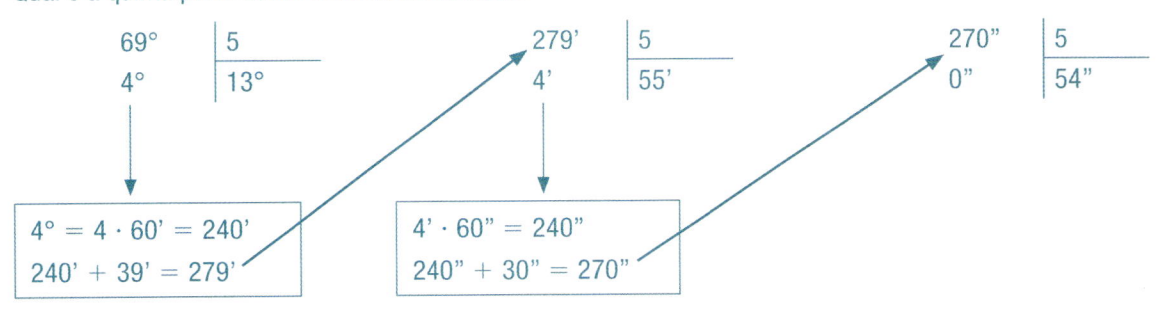

$(69°39'30") : 5 = 13°55'54"$

2. (Ufes) Um dos ângulos internos de um triângulo isósceles mede $100°$. Qual é a medida do ângulo agudo formado pelas bissetrizes dos outros ângulos internos?

    a) $20°$ **b)** $40°$ **c)** $60°$ **d)** $80°$ **e)** $140°$

LEIA E COMPREENDA

Dada a medida de um ângulo interno de um triângulo isósceles, o problema pede a medida do ângulo agudo formado pela intersecção das bissetrizes internas dos outros dois ângulos internos.

PLANEJE A SOLUÇÃO

Devemos construir a figura representativa dessa situação lembrando que, se o triângulo é isósceles, deve haver dois ângulos congruentes opostos aos dois lados congruentes.

EFETUE O QUE FOI PLANEJADO

Construindo a figura:

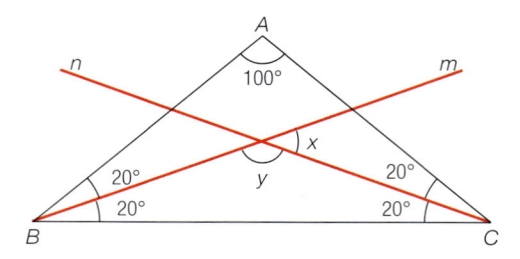

Na figura, m e n são bissetrizes internas e x é a medida de um dos ângulos formados por essas bissetrizes.

Os ângulos internos $A\hat{B}C$ e $B\hat{C}A$ medem $(180° - 100°) : 2 = 40°$.

As bissetrizes dividem esses ângulos em dois outros de medida $20°$.

É importante lembrar que, em um triângulo, a soma das medidas de dois ângulos internos é igual à medida do ângulo externo não adjacente:

$x = 20° + 20° \Rightarrow x = 40°$.

VERIFIQUE

Na figura, temos que

$y + 20° + 20° = 180° \Rightarrow y = 140°$ e $x = 180° - y \Rightarrow x = 40°$.

RESPONDA

A medida do ângulo agudo formado pelas bissetrizes dos outros ângulos internos é $40°$.

AMPLIAÇÃO DO PROBLEMA

Em um triângulo equilátero ABC, qual é a medida do ângulo agudo formado pela bissetriz interna relativa ao vértice B com a bissetriz externa relativa ao vértice C?

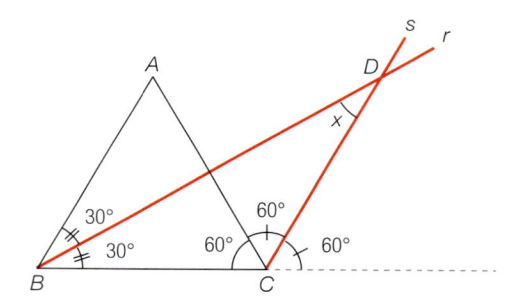

Todos os ângulos internos de um triângulo equilátero medem $60°$ e cada ângulo externo, $120°$.

A bissetriz r do ângulo interno $\hat{B}$ divide-o em dois ângulos com mesma medida, cada um de $30°$.

A bissetriz s do ângulo externo $\hat{C}$ divide-o em dois ângulos com mesma medida, cada um de $60°$.

Observando o triângulo BCD da figura, temos:

$x + 30° + 120° = 180° \Rightarrow x = 30°$.

3. Qual é o complemento de $2°12'$?

4. Qual é o suplemento de $45°32'27''$?

5. Qual é o complemento de $23°18'43''$?

6. Efetue estas adições:

a) $(20°25'12'') + (40°50'48'')$

b) $(22'20'') + (37'40'')$

7. Qual é o suplemento de 178°58'1"?

8. Efetue: (24°23'10") − (23°40'50").

9. Efetue: (10°10'10") · 15.

10. Qual é o resultado da divisão de (11°17'30") por 5?

11. Qual é a medida de um ângulo que mede o triplo de seu suplemento?

12. Determine o valor da medida *x* nestas figuras:

a)

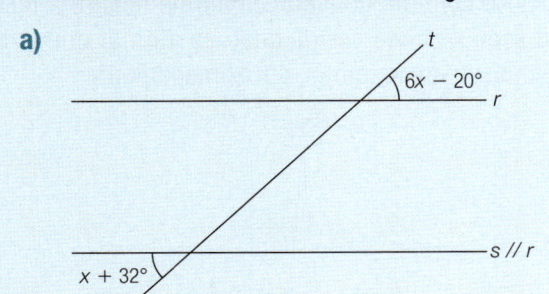

b)

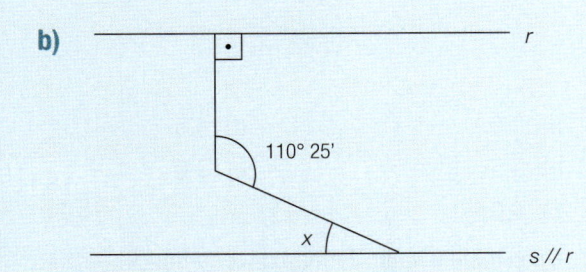

13. Determine o valor das medidas *x*, *y* e *z* na figura a seguir.

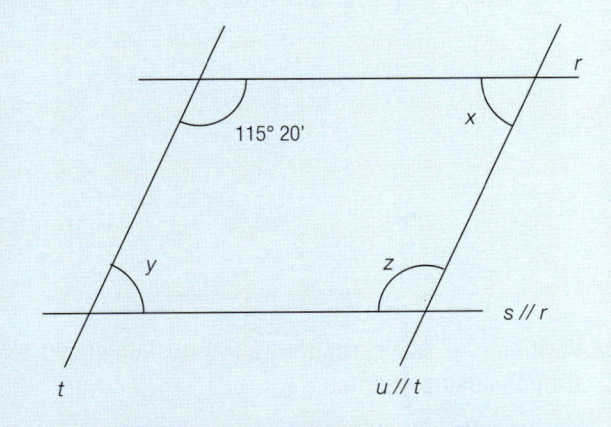

14. Determine o valor da medida *x* nas figuras a seguir, sendo *r* // *s* // *t*.

a)

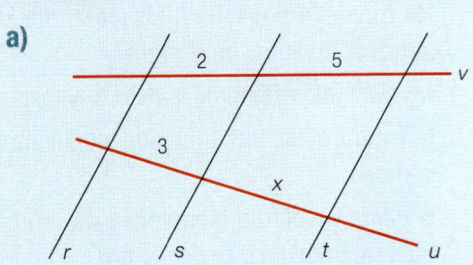

b)

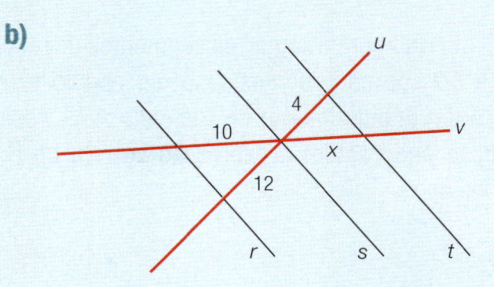

c)

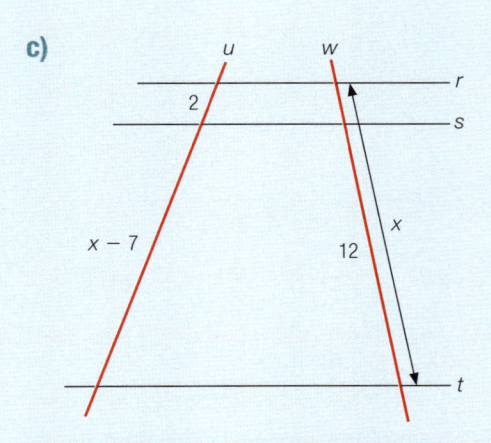

15. (Fuvest-SP) Na figura adiante, $AB = AC$, $BX = BY$ e $CZ = CY$. Se o ângulo $\hat{A}$ mede 40°, então o ângulo $X\hat{Y}Z$ mede:

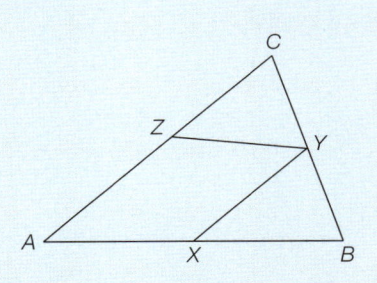

a) 40°. **c)** 60°. **e)** 90°.

b) 50°. **d)** 70°.

16. (UFMG) Observe a figura. Nela, *a*, 2*a*, *b*, 2*b* e *x* representam as medidas, em graus, dos ângulos assinalados. O valor de *x*, em graus, é:

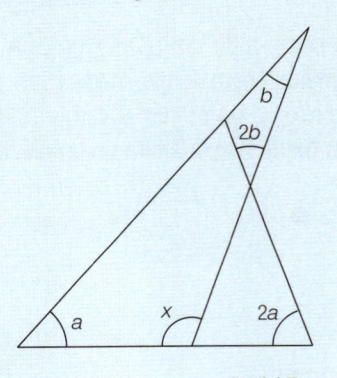

a) 100. **c)** 115.

b) 110. **d)** 120.

17. (UFC-CE) Na figura a seguir, os segmentos de reta $\overline{AB}$; $\overline{AC}$ e $\overline{CD}$ são congruentes, β é um ângulo externo e α é um ângulo interno do triângulo ABD. Assinale a opção que contém a expressão correta de β em termos de α.

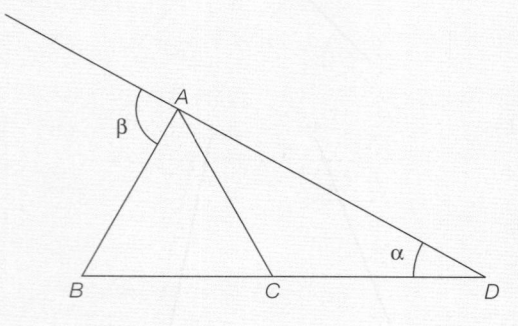

a) $\beta = 3\alpha$ **c)** $\beta = \dfrac{\alpha}{2}$ **e)** $\beta = \dfrac{3\alpha}{2}$

b) $\beta = 2\alpha$ **d)** $\beta = \dfrac{2\alpha}{3}$

18. (UFPE) Considere um triângulo equilátero de lado ℓ, como mostra a figura a seguir. Unindo-se os pontos médios dos seus lados, obtemos 4 (quatro) novos triângulos. O perímetro de qualquer um destes quatro triângulos é igual a:

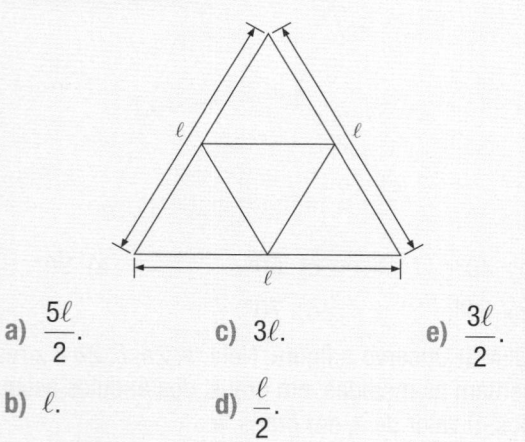

a) $\dfrac{5\ell}{2}$.   **c)** 3ℓ.   **e)** $\dfrac{3\ell}{2}$.

b) ℓ.   **d)** $\dfrac{\ell}{2}$.

19. (Unesp) A sombra de um prédio, em um terreno plano, em determinada hora do dia, mede 15 m. Nesse mesmo instante, próximo ao prédio, a sombra de um poste de altura 5 m mede 3 m. A altura do prédio, em metros, é:

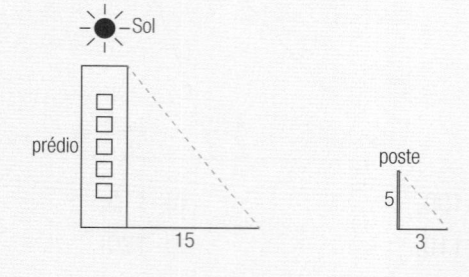

a) 25.   **d)** 45.

b) 29.   **e)** 75.

c) 30.

20. (Unirio-RJ) Numa cidade do interior, à noite, surgiu um objeto voador não identificado, em forma de disco, que estacionou a 50 m do solo, aproximadamente. Um helicóptero do exército, situado a aproximadamente 30 m acima do objeto, iluminou-o com um holofote, conforme mostra a figura a seguir. Sendo assim, pode-se afirmar que o raio do disco mede, em m, aproximadamente:

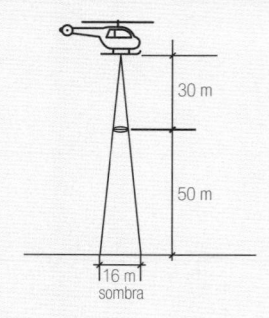

a) 3,0.   **d)** 4,5.

b) 3,5.   **e)** 5,0.

c) 4,0.

21. Determine o valor da medida x na figura.

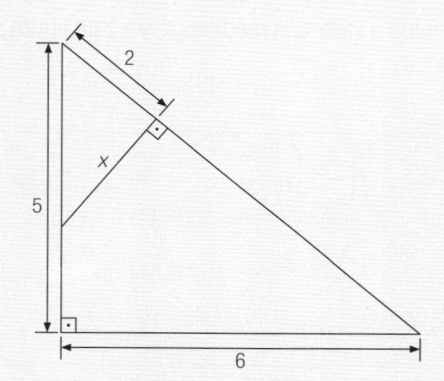

22. Verifique se são verdadeiras (V) ou falsas (F) as proposições seguintes.

a) ( ) No triângulo retângulo, o ortocentro é o ponto médio da hipotenusa.

b) ( ) No triângulo equilátero, bissetriz, mediana, altura e mediatriz coincidem.

c) ( ) No triângulo retângulo, cateto é altura.

d) ( ) O incentro de um triângulo equidista dos vértices.

e) ( ) O ponto médio da hipotenusa de um triângulo retângulo é o circuncentro.

f) ( ) O circuncentro de um triângulo se equidista de seus vértices.

g) ( ) Em um triângulo, o ortocentro está sempre localizado na região triangular.

h) ( ) O baricentro divide a mediana na razão 1 : 2.

i) ( ) Num triângulo retângulo, a mediana relativa à hipotenusa é o raio da circunferência circunscrita.

23. O triângulo visto a seguir é retângulo em A, e M é o ponto médio da hipotenusa. Determine o valor de α.

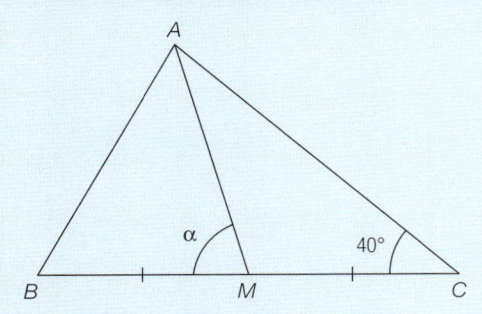

24. Na figura, $\overline{AH}$ e $\overline{AS}$ são, respectivamente, altura e bissetriz, $A\hat{B}H = 60°$, $S\hat{C}A = 20°$. Determine a medida do ângulo $H\hat{A}S$.

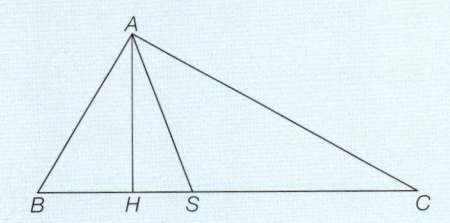

25. No $\triangle ABC$, tem-se que $B\hat{C}A = 30°$ e a bissetriz $\overline{AS}$ forma com o lado $\overline{BC}$ um ângulo de $55°$. Determine a medida do ângulo $A\hat{B}C$.

26. Verifique as proposições seguintes e classifique-as como verdadeiras (V) ou falsas (F).

a) ( ) O quadrilátero que tem as diagonais perpendiculares é losango.

b) ( ) Todo quadrado é paralelogramo.

c) ( ) Todo paralelogramo é quadrado.

d) ( ) Todo losango é quadrado.

e) ( ) O retângulo que tem lados congruentes é losango.

f) ( ) Todo quadrado é trapézio.

g) ( ) As diagonais de um trapézio são congruentes.

h) ( ) Existem trapézios com as diagonais congruentes.

i) ( ) As diagonais de um paralelogramo intersectam-se em seus pontos médios.

27. (Unifesp) Em um paralelogramo, as medidas de dois ângulos internos consecutivos estão na razão 1 : 3. O ângulo menor desse paralelogramo mede:

a) 45°.   **c)** 55°.   **e)** 65°.

b) 50°.   **d)** 60°.

28. (Fuvest-SP) No retângulo a seguir, o valor, em graus, de $\alpha + \beta$ é:

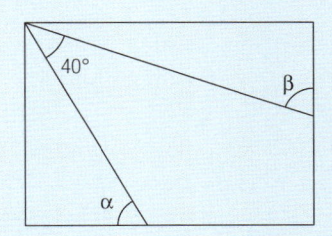

a) 50.   **c)** 120.   **e)** 220.

b) 90.   **d)** 130.

29. (PUC-RJ) Os ângulos internos de um quadrilátero medem $3x - 45°$, $2x + 10°$, $2x + 15°$ e $x + 20°$. O menor ângulo mede:

a) 90º.   **c)** 45º.   **e)** 80º.

b) 65º.   **d)** 105º.

30. (OBMEP) O retângulo abaixo está dividido em 9 quadrados, A, B, C, D, E, F, G, H e I. O quadrado A tem lado 1 e o quadrado B tem lado 9. Qual é o lado do quadrado I?

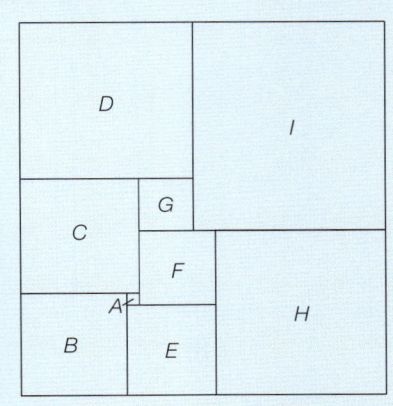

31. (UFPE) Na(s) questão(ões) a seguir escreva nos parênteses (V) se for verdadeiro ou (F) se for falso. Analise as seguintes afirmações:

( ) Dois triângulos equiláteros quaisquer são semelhantes.

( ) Dois triângulos retângulos são semelhantes se os catetos de um são proporcionais aos catetos do outro.

( ) Num triângulo qualquer, cada lado é maior que a soma dos outros dois.

( ) Se as diagonais de um quadrilátero se interceptam no seus pontos médios, então esse quadrilátero é um retângulo.

( ) Se pelo ponto médio do lado $\overline{AB}$ de um triângulo ABC traçarmos uma reta paralela ao lado $\overline{BC}$, então esta reta interceptará o lado $\overline{AC}$ no seu ponto médio.

32. Calcule a medida x sabendo que $ABCD$ é paralelogramo.

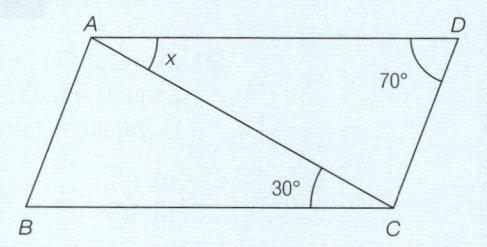

33. Determine o valor das incógnitas x e y na figura seguinte.

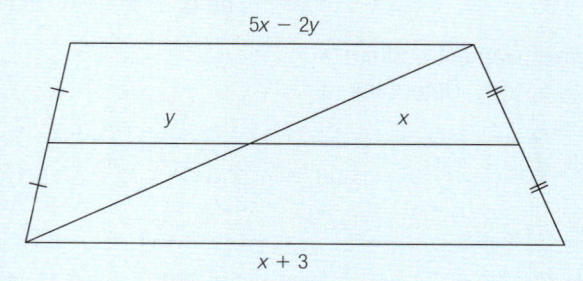

34. Determine a soma das medidas dos ângulos assinalados na figura a seguir.

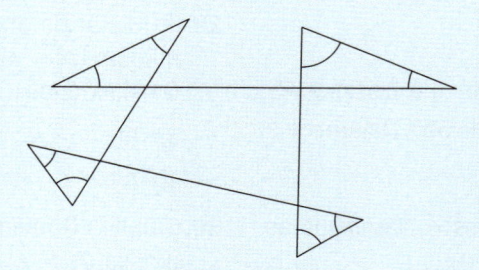

35. (Fuvest-SP) O retângulo [abaixo], de dimensões a e b, está decomposto em quadrados. Qual é o valor da razão $\dfrac{a}{b}$?

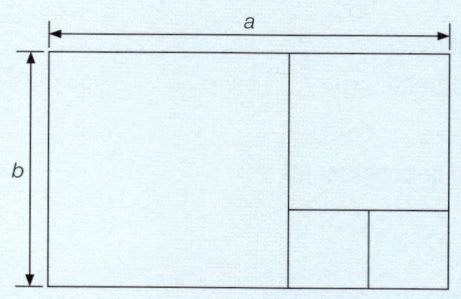

a) $\dfrac{5}{3}$
b) $\dfrac{2}{3}$
c) 2
d) $\dfrac{3}{2}$
e) $\dfrac{1}{2}$

RESOLUÇÕES PASSO A PASSO

1. (Enem) O remo de assento deslizante é um esporte que faz uso de um barco e dois remos do mesmo tamanho.

A figura mostra uma das posições de uma técnica chamada afastamento.

Nessa posição, os dois remos se encontram no ponto A e suas outras extremidades estão indicadas pelos pontos B e C. Esses três pontos formam um triângulo ABC cujo ângulo $B\hat{A}C$ tem medida de 170°.

O tipo de triângulo com vértices nos pontos A, B e C, no momento em que o remador está nessa posição, é:

a) retângulo escaleno.

b) acutângulo escaleno.

c) acutângulo isósceles.

d) obtusângulo escaleno.

e) obtusângulo isósceles.

LEIA E COMPREENDA

O problema mostra uma figura e pede que classifiquemos um triângulo quanto a seus lados e a seus ângulos. O vértice A desse triângulo está sobre as mãos do remador e os vértices B e C estão nas extremidades dos remos.

PLANEJE A SOLUÇÃO

Devemos construir uma figura correspondente, determinar os ângulos internos do triângulo e, em seguida, classificá-lo.

EFETUE O QUE FOI PLANEJADO

Como os remos têm a mesma medida e entre eles se forma um ângulo de 170°, já se pode concluir que o triângulo é isósceles e não equilátero, conforme a figura seguinte:

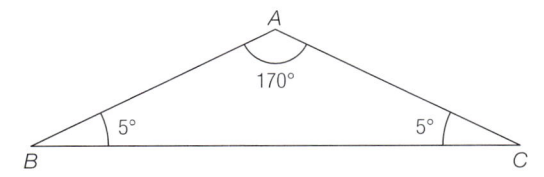

Como os lados $\overline{AB}$ e $\overline{BC}$ que representam os remos têm a mesma medida, formam, como já vimos, um triângulo isósceles. Sendo assim, os ângulos da base são congruentes: $(180° - 170°) : 2 = 5°$.

VERIFIQUE

A figura mostra que temos um ângulo obtuso e dois agudos congruentes. Quanto aos lados, apenas dois deles têm a mesma medida.

RESPONDA

Trata-se de um triângulo obtusângulo e isósceles. Portanto, alternativa **e**.

AMPLIAÇÃO DO PROBLEMA

Em um triângulo ABC, $\hat{A} = 45°$, $\hat{B} = 55°$ e $\hat{C} = 80°$, qual é o maior lado dele?

O maior lado é o que se opõe ao maior ângulo, no caso, o lado $\overline{AB}$.

Lembre-se:

• em um triângulo, ao maior lado se opõe o maior ângulo, e vice-versa;

• ao menor lado se opõe o menor ângulo, e vice-versa;

• se um triângulo tem dois lados congruentes, a eles se opõem dois ângulos congruentes, e vice-versa.

2. (Enem) Um quebra-cabeça consiste em recobrir um quadrado com triângulos retângulos isósceles, como ilustra a figura.

Uma artesã confecciona um quebra-cabeça como o descrito, de tal modo que a menor das peças é um triângulo retângulo isósceles cujos catetos medem 2 cm. O quebra-cabeça, quando montado, resultará em um quadrado cuja medida do lado, em centímetro, é:

a) 14. b) 12. c) $7\sqrt{2}$. d) $6 + 4\sqrt{2}$. e) $6 + 2\sqrt{2}$.

LEIA E COMPREENDA

Todos os triângulos retângulos da figura são isósceles. Os demais triângulos são também isósceles e são formados por dois triângulos retângulos congruentes. Com base na medida do cateto do menor triângulo, devemos encontrar a medida do lado do quadrado.

PLANEJE A SOLUÇÃO

Devemos decompor alguns triângulos não retângulos em duas partes congruentes e, à medida que fazemos isso, vamos descobrindo as medidas desconhecidas até encontrarmos a medida do lado do quadrado.

EFETUE O QUE FOI PLANEJADO

Na figura, as linhas tracejadas foram obtidas por construção:

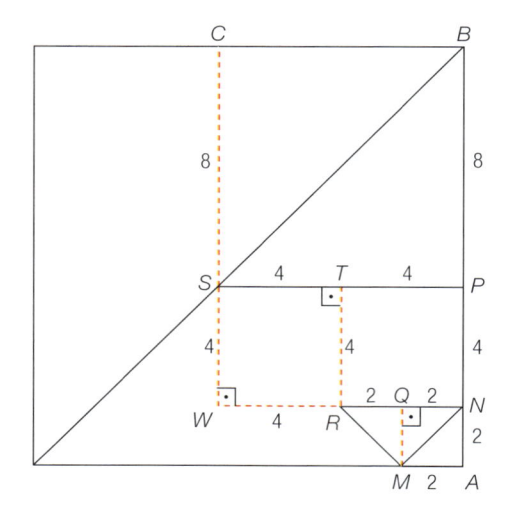

Se $AN = AM = 2$ e $NQ = QR = 2$, então $NR = 4$.

Se $NR = 4$, então: $NP = PT = TS = 4$.

Como $PS = PT + TS$, então $PS = 8$.

AB é a medida do lado do quadrado maior (o que se procura), temos:

$AB = AN + NP + PB = 2 + 4 + 8 = 14$.

VERIFIQUE

O triângulo PSB é isósceles: $PB = 8$ e $PS = 8$.

O triângulo PRS é isósceles, então sua altura TR divide PS ao meio:

$PT = TS = 4$

Mas o triângulo PTR é isósceles, então: $TR = 4$ e $PN = NR = 4$ (PNR é isósceles).

O triângulo MNR é isósceles, então sua altura corta a base NR ao meio: $NQ = QR = 2$.

O triângulo NQM é isósceles, então: $NQ = QM = 2$.

Se $QM = 2$, então $AM = AN = 2$.

RESPONDA

O lado do quadrado mede 14 cm, portanto, alternativa **a**.

AMPLIAÇÃO DO PROBLEMA

Um triângulo equilátero ABC com lado medindo 16 cm; M, N e P são pontos médios, respectivamente, dos lados $\overline{AB}$, $\overline{BC}$ e $\overline{AC}$. Tem-se ainda que R, S e T são os pontos médios dos lados $\overline{MN}$, $\overline{NP}$ e no triângulo RST.

Determine o perímetro do triângulo RST.

Aplica-se aqui o teorema da base média.

Destacar os segmentos MP, PN e MN em outra cor, e os segmentos TR, TS e RS em uma terceira cor. Os pontos M, N e P dividem ao meio, respectivamente, os segmentos AB, BC e AC. Os pontos R, S e T dividem ao meio, respectivamente, os segmentos MN, NP e MP.

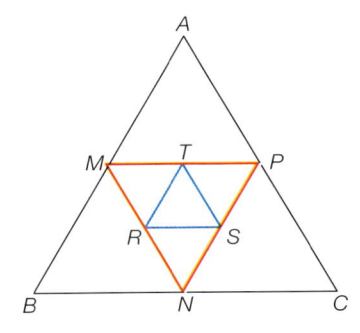

Se $AB = BC = AC = 16 \Rightarrow MN = NP = PM = 8 \Rightarrow RS = ST = TR = 4$

$2p\,(RST) = RS + ST + TR = 4 + 4 + 4 = 12 \Rightarrow 2p\,(RST) = 12$ cm

---

3. (Enem) Em 20 de fevereiro de 2011, ocorreu uma grande erupção no vulcão Bulusan nas Filipinas. A sua localização geográfica no globo terrestre é dada pelo GPS (sigla em inglês para Sistema de Posicionamento Global) com longitude 124°3'0".

Dado: 1° equivale a 60' e 1' equivale a 60".

PARAVIN, G. Galileu, fev. 2012 (adaptado).

A representação angular do vulcão com relação a sua latitude na forma decimal é:

a) 124,02°.

b) 124,05°.

c) 124,20°.

d) 124,30°.

e) 124,50°.

4. (Enem) Nos X-Games Brasil, em maio de 2004, o skatista brasileiro Sandro Dias, apelidado "Mineirinho", conseguiu realizar a manobra denominada "900", na modalidade *skate* vertical, tornando-se o segundo atleta no mundo a conseguir esse feito. A denominação "900" refere-se ao número de graus que o atleta gira no ar, em torno de seu próprio corpo, que, no caso, corresponde a:

a) uma volta completa.

b) uma volta e meia.

c) duas voltas completas.

d) duas voltas e meia.

e) cinco voltas completas.

5. (Enem) Uma criança deseja criar triângulos utilizando palitos de fósforo de mesmo comprimento. Cada triângulo será construído com exatamente 17 palitos e pelo menos um dos lados do triângulo deve ter o comprimento de exatamente 6 palitos. A figura ilustra um triângulo construído com essas características.

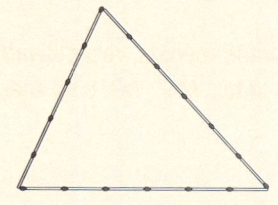

A quantidade máxima de triângulos não congruentes dois a dois que podem ser construídos é:

a) 3.   c) 6.   e) 10.

b) 5.   d) 8.

6. (Enem) O dono de um sítio pretende colocar uma haste de sustentação para melhor firmar dois postes de comprimentos iguais a 6 m e 4 m. A figura [a seguir] representa a situação real na qual os postes são descritos pelos segmentos AC e BD e a haste é representada pelo segmento EF, todos perpendiculares ao solo, que é indicado pelo segmento de reta AB. Os segmentos AD e BC representam cabos de aço que serão instalados.

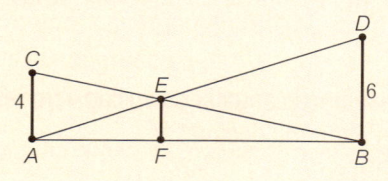

Qual deve ser o valor do comprimento da haste EF?

a) 1 m   d) 3 m

b) 2 m   e) $2\sqrt{6}$ m

c) 2,4 m

7. (Enem) A rampa de um hospital tem na sua parte mais elevada uma altura de 2,2 metros. Um paciente ao caminhar sobre a rampa percebe que se deslocou 3,2 metros e alcançou uma altura de 0,8 metros.

A distância em metros que o paciente ainda deve caminhar para atingir o ponto mais alto da rampa é:

a) 1,16 m.

b) 3,0 m.

c) 5,4 m.

d) 5,6 m.

e) 7,04 m.

8. (Enem) A fotografia mostra uma turista aparentemente beijando a Esfinge de Gizé, no Egito. A figura a seguir mostra como, na verdade, foram posicionadas a câmera fotográfica, a turista e a esfinge.

Argo/Shutterstock.com

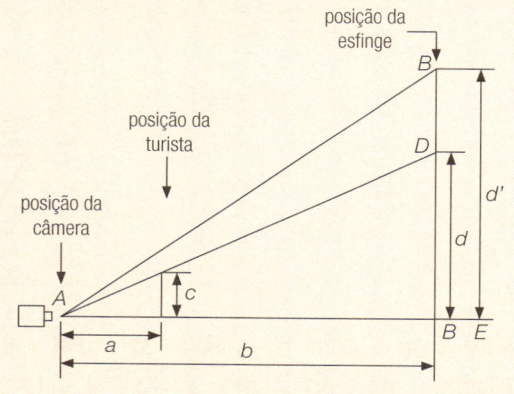

Medindo-se com uma régua diretamente na fotografia, verifica-se que a medida do queixo até o alto da cabeça da turista é igual a $\frac{2}{3}$ da medida do queixo até o alto da cabeça da esfinge. Considere que essas medidas, na realidade, são representadas por d e d', respectivamente; que a distância da esfinge à lente da câmera fotográfica, localizada no plano horizontal do queixo da turista e da esfinge, é representada por b; e que a distância da turista até a mesma lente, por a.

A razão entre **b** e **a** será dada por:

a) $\dfrac{b}{a} = \dfrac{d'}{c}$.

b) $\dfrac{b}{a} = \dfrac{2d}{3c}$.

c) $\dfrac{b}{a} = \dfrac{2d'}{2c}$.

d) $\dfrac{b}{a} = \dfrac{2d'}{3c}$.

e) $\dfrac{b}{a} = \dfrac{2d'}{c}$.

9. (Enem) Um professor, ao fazer uma atividade de *origami* (dobraduras) com seus alunos, pede que estes dobrem um pedaço de papel em forma triangular, como na figura a seguir, de modo que M e N sejam pontos médios respectivamente de $\overline{AB}$ e $\overline{AC}$, e D, ponto do lado $\overline{BC}$, indica a nova posição do vértice A do triângulo ABC.

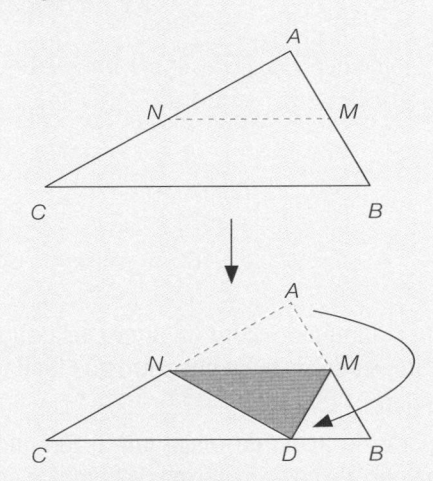

Se ABC é um triângulo qualquer, após a construção, são exemplos de triângulos isósceles os triângulos:

a) CMA e CMB.

b) CAD e ADB.

c) NAM e NDM.

d) CND e DMB.

e) CND e NDM.

10. (Enem) A cerâmica constitui-se em um artefato bastante presente na história da humanidade. Uma de suas várias propriedades é a retração (contração), que consiste na evaporação da água existente em um conjunto ou bloco cerâmico quando submetido a uma determinada temperatura elevada. Essa elevação de temperatura, que ocorre durante o processo de cozimento, causa uma redução de até 20% nas dimensões lineares de uma peça.

Suponha que uma peça, quando moldada em argila, possuía uma base retangular cujos lados mediam 30 cm e 15 cm. Após o cozimento, esses lados foram reduzidos em 20%. Em relação à área original, a área da base dessa peça, após o cozimento, ficou reduzida em:

a) 4%.

b) 20%.

c) 36%.

d) 64%.

e) 96%.

11. (Enem) O padrão internacional ISO 216 define os tamanhos de papel utilizados em quase todos os países, com exceção dos EUA e Canadá. O formato-base é uma folha retangular de papel, chamada de $A0$, cujas dimensões são 84,1 cm $\times$ 118,9 cm. A partir de então, dobra-se a folha ao meio, sempre no lado maior, obtendo os demais formatos, conforme o número de dobraduras. Observe a figura: $A1$ tem o formato da folha $A0$ dobrada ao meio uma vez, $A2$ tem o formato da folha $A0$ dobrada ao meio duas vezes, e assim sucessivamente.

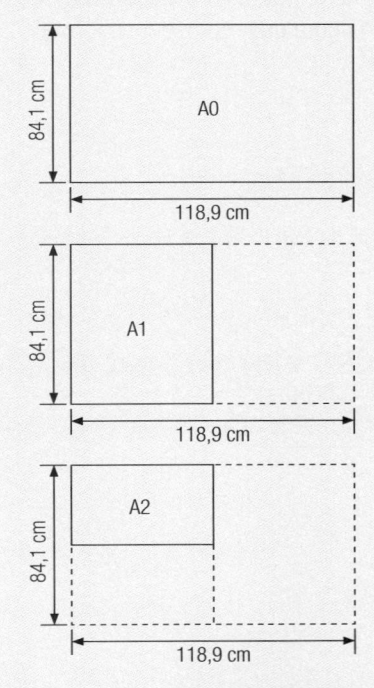

Quantas folhas de tamanho $A8$ são obtidas a partir de uma folha $A0$?

a) 8

b) 10

c) 64

d) 128

e) 256

12. (Enem) Uma família fez uma festa de aniversário e enfeitou o local da festa com bandeirinhas de papel. Essas bandeirinhas foram feitas da seguinte maneira: inicialmente, recortaram as folhas de papel em forma de quadrado, como mostra a Figura 1. Em seguida, dobraram as folhas quadradas ao meio sobrepondo os lados *BC* e *AD*, de modo que *C* e *D* coincidam, e o mesmo ocorra com *A* e *B*, conforme ilustrado na Figura 2. Marcaram os pontos médios *O* e *N*, dos lados *FG* e *AF*, respectivamente, e o ponto *M* do lado *AD*, de modo que *AM* seja igual a um quarto de *AD*. A seguir, fizeram cortes sobre as linhas pontilhadas ao longo da folha dobrada.

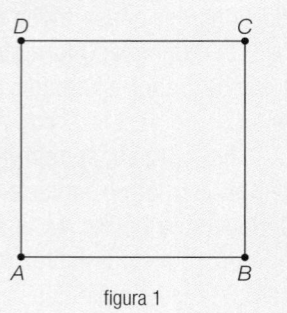
figura 1

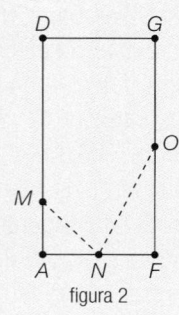
figura 2

Após os cortes, a folha é aberta e a bandeirinha está pronta. A figura que representa a forma da bandeirinha pronta é:

a)

b)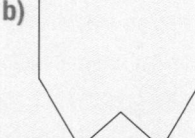

c)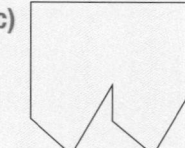

d)

e)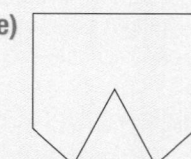

13. Em uma empresa, existe um galpão que precisa ser dividido em três depósitos e um *hall* de entrada de 20 m², conforme a figura abaixo. Os depósitos I, II e III serão construídos para o armazenamento de, respectivamente, 90, 60 e 120 fardos de igual volume, e suas áreas devem ser proporcionais à capacidade delas.

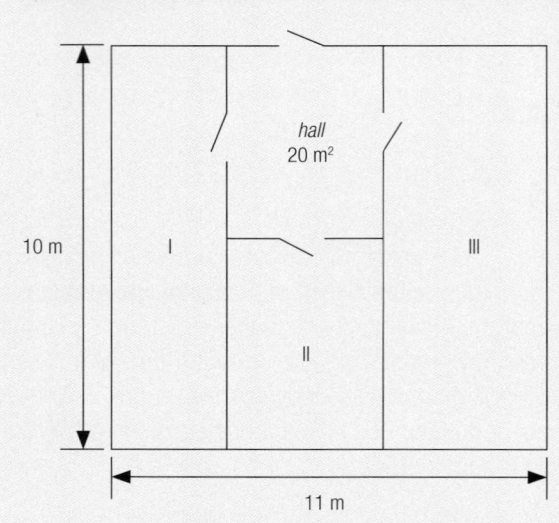

A largura do depósito III dever ser, em metros, igual a:

a) 1.

b) 2.

c) 3.

d) 4.

e) 5.

14. (Enem) O tampo de vidro de uma mesa quebrou-se e deverá ser substituído por outro que tenha a forma de círculo.

O suporte de apoio da mesa tem o formato de um prisma reto, de base em forma de triângulo equilátero com lados medindo 30 cm.

Uma loja comercializa cinco tipos de tampos de vidro circulares com cortes já padronizados, cujos raios medem 18 cm, 26 cm, 30 cm, 35 cm e 60 cm. O proprietário da mesa deseja adquirir nessa loja o tampo de menor diâmetro que seja suficiente para cobrir a base superior do suporte da mesa.

Considere 1,7 como aproximação da raiz de 3.

O tampo a ser escolhido será aquele cujo raio, em cm, é igual a:

a) 18.

b) 26.

c) 30.

d) 35.

e) 60.

RESOLUÇÕES E COMENTÁRIOS

EXERCÍCIOS

3. $90° = 89° 60'$, logo: $(89°60') - (2°12') = 87°48'$

4. $180° = 179°59'60''$, então: $(179°59'60'') - (45°32'27'') =$
$= 134°27'33''$

5. $(89°59'60'') - (23°18'43'') = 66°41'17''$

6. a) $(20°25'12'') + (40°50'48'') = 60°75'60'' = 60°76' =$
$= 60° (16' + 60') = 61°16'$

b) $(22'20'') + (37'40'') = 59'60'' = 60' = 1°$

7. $(179°59'60'') - (178°58'1'') = 1°1'59''$

8. $24°23'10'' = 23°83'10'' = 23°82'70''$, então, teremos:
$(23°82'70'') - (23°40'50'') = 42'20''$

9. $(10°10'10'') \cdot 15 = 150°150'150'' = 150°150'(120' + 30'') =$
$= 150°152'30'' = 150° (120' + 32'') 30'' = 152°32'30''$

10.

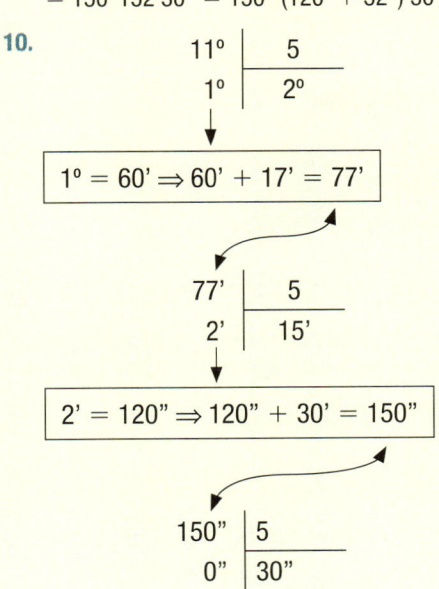

Então, $11°17'30'' : 5 = 2°15'30''$.

11. $x = 3 (180° - x) \Rightarrow x = 540° - 3x \Rightarrow 4x = 540° \Rightarrow$
$\Rightarrow x = 135°$

12. a) Os ângulos são alternos externos (congruentes).

$6x - 20° = x + 32° \Rightarrow 5x = 52° \Rightarrow x = \dfrac{52°}{5} \Rightarrow$
$\Rightarrow x = 10°24'$

b)

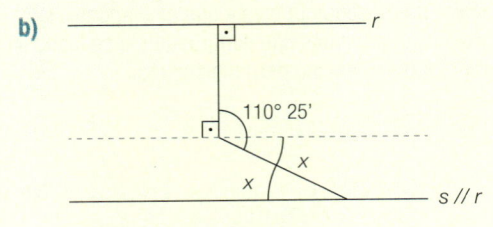

$x = 110°25' - 90° = 20°25'$

13. $115°20'$ e x são medidas de ângulos colaterais internos (suplementares), então:

$115°20' + x = 179°60' \Rightarrow x = 64°40'$

$115°20'$ e y também são colaterais internos, logo: $y = 64° 40'$

$115°20'$ e z são medidas de dois ângulos alternos internos (congruentes), logo: $z = 115°20'$

14. a) $\dfrac{3}{x} = \dfrac{2}{5} \Rightarrow 2x = 15 \Rightarrow x = 7,5$

b) $\dfrac{10}{x} = \dfrac{12}{4} \Rightarrow 12x = 40 \Rightarrow x = \dfrac{40}{12} \Rightarrow x = \dfrac{10}{3}$

c) $\dfrac{x}{12} = \dfrac{x - 7 + 2}{x - 7} \Rightarrow \dfrac{x}{12} = \dfrac{x - 5}{x - 7} \Rightarrow x^2 - 7x =$
$= 12x - 60 \Rightarrow x^2 - 19x + 60 = 0 \Rightarrow x = 15$

15. O triângulo ABC é isósceles, portanto $A\hat{C}B = A\hat{B}C = 70°$.
O triângulo XBY é isósceles, portanto $X\hat{B}Y = B\hat{Y}X = 55°$.
O triângulo XYC é isósceles, portanto $Z\hat{Y}C = Y\hat{C}Z = 55°$.
Logo: $X\hat{Y}Z = 180° - (55° + 55°) = 70°$.
Alternativa **d**.

16. Pela figura, temos que:

I) $a + b + x = 180° \Rightarrow a + b = 180° - x$ (I)

II) $2a + 2b = x \Rightarrow a + b = \dfrac{x}{2}$ (II)

Fazendo (I) = (II) $\Rightarrow \dfrac{x}{2} = 180° - x \Rightarrow x = 360° - 2x \Rightarrow$
$\Rightarrow 3x = 360° \Rightarrow x = 120°$
Alternativa **d**.

17. O $\triangle ACB$ é isósceles $\Rightarrow C\hat{D}A = C\hat{A}D = \alpha \Rightarrow B\hat{C}A = 2\alpha$
(teorema do ângulo externo).
$\triangle ABC$ é isósceles $\Rightarrow C\hat{B}A = 2\alpha$.
Mas β é ângulo externo do $\triangle ABD \Rightarrow \beta = \alpha + 2\alpha \Rightarrow$
$\Rightarrow \beta = 3\alpha$
Alternativa **a**.

18. O lado de qualquer um dos triângulos menores é $\dfrac{\ell}{2}$ (teorema da base média). Então, o perímetro será $\dfrac{3\ell}{2}$.
Alternativa **e**.

19. Sendo h a altura do prédio, temos que:
$\dfrac{h}{5} = \dfrac{15}{3} \Rightarrow h = 25$
Alternativa **a**.

20. Sendo D o diâmetro do objeto, então:
$\dfrac{D}{16} = \dfrac{30}{80} \Rightarrow D = 6 \Rightarrow R = 3$
Alternativa **a**.

21. $\dfrac{x}{6} = \dfrac{2}{5} \Rightarrow x = \dfrac{12}{5} \Rightarrow x = 2,4$

22. a) É falsa porque no triângulo retângulo os catetos são alturas. As três alturas de um triângulo retângulo intersectam-se em um de seus vértices.

b) Verdadeira, pois num triângulo as cevianas e as mediatrizes coincidem e intersectam-se em um único ponto. Este ponto é conhecido como B.I.C.O. (baricentro, incentro, circuncentro e ortocentro).

c) Verdadeira (veja a figura).

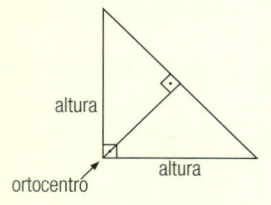

d) Falsa, pois sendo o centro da circunferência inscrita, é equidistante dos lados do triângulo. Observe a figura seguinte:

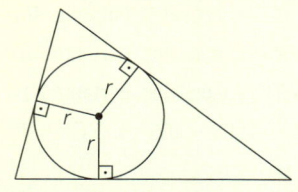

A distância comum do incentro aos lados é r (raio da circunferência inscrita).

e) Verdadeira. As mediatrizes intersectam-se no ponto médio da hipotenusa (veja a figura).

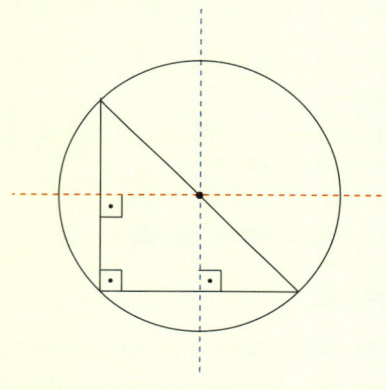

f) Verdadeira, pois a circunferência circunscrita contém os vértices do triângulo, sendo assim, o centro dista R (raio da circunferência circunscrita) dos três vértices do triângulo.

g) Falsa. No triângulo acutângulo, o ortocentro é interno. No triângulo retângulo é vértice (ver figura do item **e**) e no obtusângulo é externo.

h) Verdadeira. O baricentro, conhecido como *centro de gravidade,* divide a mediana na razão de 2 para 1 a partir do vértice. Veja a figura.

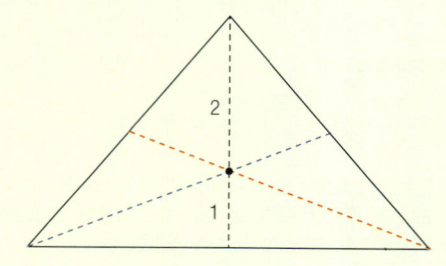

i) Verdadeira. Observe a figura.

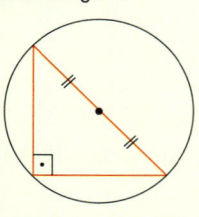

23. Como o triângulo é retângulo em A e $\overline{AM}$ é mediana, isso acarreta que o $\triangle AMC$ é isósceles. Então, $M\hat{A}C = M\hat{C}A = 40°$. Daí: $\alpha = 40° + 40° \Rightarrow \alpha = 80°$.

24. Como $\overline{AS}$ é bissetriz $\Rightarrow$
$$\Rightarrow B\hat{A}S = S\hat{A}C = [180° - (20° + 60°)] : 2 = 50°.$$
Temos ainda que $H\hat{S}A = 90° - 20° = 70°$. Logo:
$$H\hat{A}S = 180° - (90° + 70°) = 180° - 160° =$$
$$= 20° \Rightarrow H\hat{A}S = 20°$$

25. Pela figura, temos que: $x + 30° = 55° \Rightarrow x = 25°$
$$A\hat{B}A + 2x + 30° = 180° \Rightarrow A\hat{B}C + 50° + 30° = 180° \Rightarrow$$
$$\Rightarrow A\hat{B}C = 100°$$

O ângulo encontrado é obtuso.

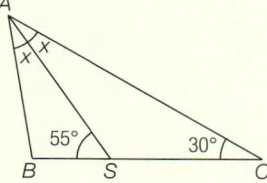

A figura acima serve apenas de orientação na resolução do exercício e os ângulos da figura não estão em verdadeira grandeza.

26. a) Falsa. Observe a figura:

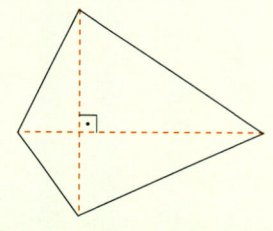

b) Verdadeira, pois o quadrado tem os lados paralelos dois a dois.

c) Falsa. Ter lados paralelos dois a dois não implica que esses lados sejam congruentes.

d) Falsa. Existem losangos que não são quadrados. Observe a figura seguinte e veja que as diagonais são perpendiculares, mas não congruentes e os lados são congruentes, mas não perpendiculares.

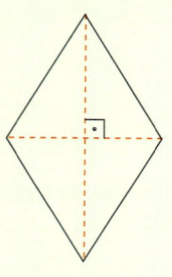

e) Verdadeira. O retângulo que tem lados congruentes é quadrado, portanto é losango.

f) Verdadeira. Pois se tem pelo menos 2 lados paralelos é trapézio.

g) Falsa. Podem ser congruentes no trapézio isósceles, nos demais casos, não.

h) Verdadeira. Os trapézios isósceles têm as diagonais congruentes.

i) Verdadeira. É uma propriedade que caracteriza os paralelogramos: as diagonais intersectam-se em seus pontos médios.

27. Se os ângulos estão na razão de 1 : 3, então suas medidas podem ser expressas por x e $3x$. Como são dois ângulos adjacentes, são suplementares. Logo:

$x + 3x = 180° \Rightarrow 4x = 180° \Rightarrow x = 45°$

Alternativa **a**.

28. Na figura, temos que:

$40° + (180° - \alpha) + (180° - \beta) + 90° = 360° \Rightarrow$
$\Rightarrow -\alpha - \beta + 490° = 360° \Rightarrow -\alpha - \beta = -130° \Rightarrow$
$\Rightarrow \alpha + \beta = 130°$. Alternativa **d**.

29. $(3x - 45°) + (2x + 10°) + (2x + 15°) + (x + 20°) =$
$= 360° \Rightarrow 8x = 360° \Rightarrow x = 45°$. Os ângulos são: $90°$, $100°$, $105°$ e $65°$. Portanto, o menor ângulo mede $65°$.

Alternativa **c**.

30. Vamos representar pelas letras maiúsculas A, B, C etc. a medida do lado do quadrado de mesmo nome. Assim $A = 1$ e $B = 9$.

$E = B - A = 9 - 1 = 8 \Rightarrow E = 8$

$C = B + A = 9 + 1 = 10 \Rightarrow C = 10$

$F = E - A = 8 - 1 = 7 \Rightarrow F = 7$

$H = F + E = 7 + 8 = 15 \Rightarrow H = 15$

$G = (B + C) - (F + E) = (9 + 10) - (7 + 8) =$
$= 19 - 15 = 4 \Rightarrow G = 4$

$D = C + G = 10 + 4 = 14 \Rightarrow D = 14$

$I = D + G = 14 + 4 = 18 \Rightarrow I = 18$

31. a) Verdadeira; pois se seus ângulos internos medem todos, respectivamente, $60°$ eles são semelhantes.

b) Verdadeira; pois se dois triângulos são semelhantes, seus lados são proporcionais. No caso as hipotenusas também são proporcionais.

c) Falsa; pois a medida de um lado deve ser sempre menor que a soma das medidas dos outros dois lados.

d) Falsa; pois pode ser um losango que não é quadrado.

e) Verdadeira; pode-se verificar pelo teorema da base média ou pelo teorema de Tales.

32. $x = 30°$ (são alternos internos).

33. Na figura, x e y são as medidas das bases médias de 2 triângulos, então:

$x = \dfrac{x + 3}{2} \Rightarrow x = 3$ e $y = \dfrac{5x - 2y}{2} \Rightarrow$

$\Rightarrow 2y = 5x - 2y \Rightarrow 4y = 15 \Rightarrow y = 3,75$

34. Pelo teorema do ângulo externo de um triângulo, temos:

$\hat{1} + \hat{2} = \hat{a}; \hat{3} + \hat{4} = \hat{b}; \hat{5} + \hat{6} = \hat{c}$ e $\hat{7} + \hat{8} = \hat{d}$

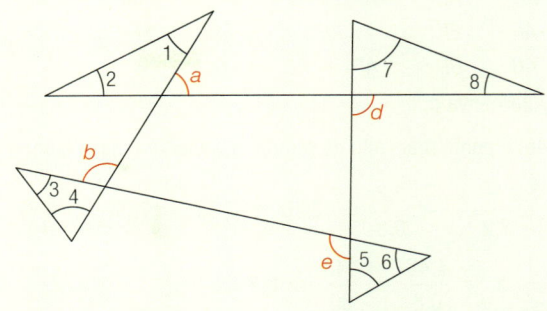

Por sua vez: $\hat{a} + \hat{b} + \hat{c} + \hat{d} = 360°$ (soma dos ângulos externos de um polígono convexo).

35. Denotemos a medida do menor quadrado de x. Então, vamos encontrando a medida dos demais quadrados em função de x.

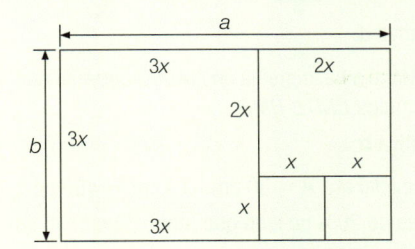

Assim: $a = 5x$ e $b = 3x \Rightarrow \dfrac{a}{b} = \dfrac{5x}{3x} \Rightarrow \dfrac{a}{b} = \dfrac{5}{3}$

Alternativa **a**.

QUESTÕES DO ENEM

3.

$60' \text{———} 1°$
$3' \text{———} x$

$x = \dfrac{3}{60} = 0,05$

A representação decimal é $124,05°$.

Alternativa **b**.

4. Devemos dividir $900°$ por $360°$:

900	360°
180	2

$900° = 2 \cdot (360°) + 180°$, ou seja, $900°$ é igual a duas voltas completas + meia volta

Alternativa **d**.

5. Os outros dois lados podem ter a seguinte quantidade de palitos (total $17 - 6 = 11$), (1 e 10), (2 e 9), (3 e 8), (4 e 7), (5 e 6).

Nossa unidade de medida é o palito e um lado mede 6 palitos. Como, em um triângulo, a medida de um lado deve ser menor que a soma das medidas dos outros dois, temos:

1, 10 e 6 não formam triângulo, pois $10 > 1 + 6$;

2, 9 e 6 não formam triângulo, pois $9 > 2 + 6$.

Sobraram 3 possibilidades: (3, 8, 6) ou (4, 7, 6) ou (5, 6, 6).

Alternativa **a**.

6. Teremos que o $\triangle AEC$ e o $\triangle BED$ são semelhantes, então:

$$\frac{AF}{BF} = \frac{AC}{BD} \Rightarrow \frac{AF}{BF} = \frac{4}{6} = \frac{2}{3} \Rightarrow \frac{AF + BF}{AF} = \frac{2 + 3}{2} \Rightarrow \frac{AF}{AF + BF} = \frac{2}{5}$$

$$\frac{AF}{AB} = \frac{EF}{BD} \Rightarrow \frac{AF}{AF + AB} = \frac{EF}{6} \Rightarrow \frac{EF}{6} = \frac{2}{5} \Rightarrow EF = 2,4$$

Alternativa **c**.

7. Até o ponto mais alto da rampa, o paciente P deve percorrer uma distância x.

$$\frac{3,2 + x}{3,2} = \frac{2,2}{0,8} \Rightarrow 2,56 + 0,8x = 7,04 \Rightarrow 0,8x = 4,48 \Rightarrow$$

$$\Rightarrow x = \frac{4,48}{0,8} = \frac{448}{80} = 5,6$$

Alternativa **d**.

8. Na figura, $\triangle ABC$ e $\triangle ADE$ são semelhantes. Logo, $\frac{b}{a} = \frac{d}{c}$.

Mas como $d = \frac{2d'}{3}$, teremos: $\frac{b}{a} = \frac{2d'}{3c}$.

Alternativa **d**.

9. Como $\overline{MN}$ é a base média do $\triangle ABC$, segue-se que $AM = MB = MD$ e $AN = CN = ND$. Portanto, são exemplos de triângulos isósceles os triângulos CND e DMB.

Alternativa **b**.

10. A área inicial era $A = 30\text{ cm} \cdot 15\text{ cm} = 450\text{ cm}^2$.

Redução de 20% no lado que mede 30 cm: $30\text{ cm} \cdot 0,8 = 24\text{ cm}$.

Redução de 20% no lado que mede 15 cm: $15\text{ cm} \cdot 0,8 = 12\text{ cm}$.

Nova área: $24\text{ cm} \cdot 12\text{ cm} = 288\text{ cm}^2$.

Redução: $450k = 288 \Rightarrow k = 0,64$

$1,00 - 0,64 = 0,36 = 36\%$

Alternativa **c**.

11. Observe que, de acordo com o esquema do enunciado, cada tipo de folha cabe duas vezes na folha anterior, então:

A1 cabe 2 vezes em A0;

A2 cabe 2 vezes em A1, logo, cabe 2^2 vezes em A0;

A3 cabe 2 vezes em A2, logo, cabe 2^3 em A0;

A4 cabe 2 vezes em A3, logo, cabe 2^4 vezes em A0;

Portanto, A8 cabe $2^8 = 256$ vezes em A0.

Alternativa **e**.

12. Observando as figuras, constatamos que cabem 2 retângulos iguais dentro do quadrado.

Alternativa **e**.

13. A área total do galpão é $(10\text{ m}) \times (11\text{ m}) = 110\text{ m}^2$. A área utilizada é 90 m^2. Considerando A_1, A_2 e A_3 as áreas dos depósitos I, II e III, temos:

$$\frac{A_1}{90} = \frac{A_2}{60} = \frac{A_3}{120} = \frac{A_1 + A_2 + A_3}{90 + 60 + 120} = \frac{90}{270} = \frac{1}{3} \Rightarrow \frac{A_3}{120} = \frac{1}{3} \Rightarrow A_3 = 40\text{ m}^2$$

Como a altura do depósito III também é de 10 m, a largura será: $L \cdot (10) = 40 \Rightarrow L = 4\text{ m}$.

Alternativa **d**.

14. O tampo circular cobrindo uma base triangular visto de cima seria assim:

A base é um triângulo equilátero de lado $\ell = 30\text{ cm}$. O raio da circunferência circunscrita é:

$$R = \frac{\ell\sqrt{3}}{3} = \frac{30 \cdot 1,7}{3} = 17$$

O tampo circular de menor raio possível é o que mede 18 cm.

Alternativa **a**.

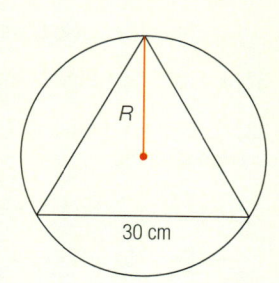

COMPETÊNCIAS E HABILIDADES

ENEM

COMPETÊNCIAS DE ÁREA – MATEMÁTICA E SUAS TECNOLOGIAS

Habilidades

H07 Identificar características de figuras planas ou espaciais.

H08 Resolver situação-problema que envolva conhecimentos geométricos de espaço e forma.

H09 Utilizar conhecimentos geométricos de espaço e forma na seleção de argumentos propostos como solução de problemas do cotidiano.

BNCC

Habilidades

EF06MA19 Identificar características dos triângulos e classificá-los em relação às medidas dos lados e dos ângulos.

EF06MA20 Identificar características dos quadriláteros, classificá-los em relação a lados e a ângulos e reconhecer a inclusão e a intersecção de classes entre eles.

EF06MA25 Reconhecer a abertura do ângulo como grandeza associada às figuras geométricas.

EF06MA26 Resolver problemas que envolvam a noção de ângulo em diferentes contextos e em situações reais, como ângulo de visão.

EF07MA23 Verificar relações entre os ângulos formados por retas paralelas cortadas por uma transversal, com e sem uso de *softwares* de geometria dinâmica.

EF07MA24 Construir triângulos, usando régua e compasso, reconhecer a condição de existência do triângulo quanto à medida dos lados e verificar que a soma das medidas dos ângulos internos de um triângulo é 180°.

EF07MA31 Estabelecer expressões de cálculo de área de triângulos e de quadriláteros.

EF08MA14 Demonstrar propriedades de quadriláteros por meio da identificação da congruência de triângulos.

EF09MA10 Demonstrar relações simples entre os ângulos formados por retas paralelas cortadas por uma transversal.

EF09MA12 Reconhecer as condições necessárias e suficientes para que dois triângulos sejam semelhantes.

POLÍGONOS, CIRCUNFERÊNCIA E CÍRCULO

POLÍGONOS

Polígonos são figuras planas formadas por segmentos de reta consecutivos e não colineares.

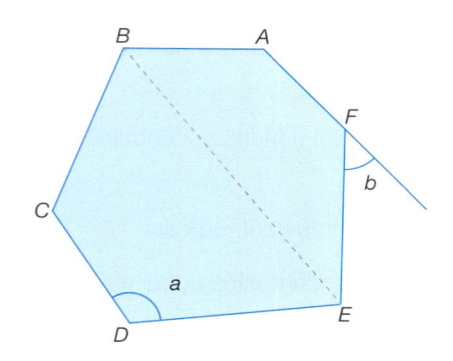

Os polígonos são caracterizados pelos seguintes elementos: ângulos (internos e externos), vértices, diagonais e lados.

- *A*, *B*, *C*, *D*, *E* e *F* são vértices do polígono.
- $\overline{AB}$, $\overline{BC}$, $\overline{CD}$, $\overline{DE}$, $\overline{EF}$ e $\overline{FA}$ são lados do polígono.
- $\overline{BE}$ é uma das diagonais do polígono.
- *â* é um de seus ângulos internos.
- *b̂* é um de seus ângulos externos.

INOPLAY

Polígonos convexos

São aqueles em que as medidas de todos os seus ângulos internos são menores que 180°.

Polígonos côncavos (não convexos)

Têm pelo menos um ângulo interno com medida maior que 180°.

Observação: serão objetos de nosso estudo apenas os **polígonos convexos**.

Classificações dos polígonos

Nº de lados	Nome	Nº de lados	Nome
3	triângulo	9	eneágono
4	quadrilátero	10	decágono
5	pentágono	11	undecágono
6	hexágono	12	dodecágono
7	heptágono	15	pentadecágono
8	octógono	20	icoságono

Polígono equiângulo
Tem ângulos internos (e externos) congruentes.

Polígono equilátero
Tem lados congruentes.

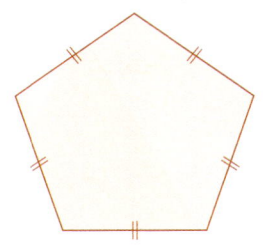

Polígono regular
É o polígono equilátero e equiângulo.

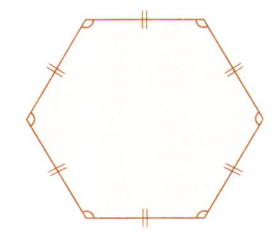

Elementos dos polígonos

Sendo n o número de lados de um polígono, temos que:

- **número de diagonais**: $d = \dfrac{n(n-3)}{2}$;

- **soma dos ângulos internos**: $S_i = 180° (n-2)$;

- **soma dos ângulos externos**: $S_e = 360°$.

No caso dos **polígonos regulares**, temos:

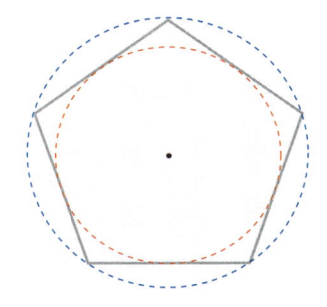

- **medida do ângulo interno**: $i = \dfrac{180°(n-2)}{n}$;

- **medida do ângulo externo**: $e = \dfrac{360°}{n}$.

Estudo dos polígonos regulares

Um polígono está **inscrito** em uma circunferência se todos os seus vértices pertencem a ela e está **circunscrito** a ela se todos os seus lados são tangentes a essa circunferência.

Todo polígono regular é **inscritível** e **circunscritível**.

Elementos de um polígono regular

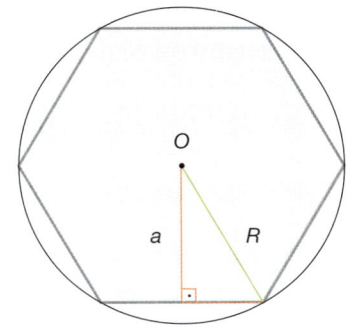

$\boldsymbol{O} \rightarrow$ centro das circunferências inscrita e circunscrita, também considerado centro do polígono.

$\boldsymbol{R} \rightarrow$ raio da circunferência circunscrita.

$\boldsymbol{a} \rightarrow$ apótema (segmento perpendicular que liga o centro do polígono a um lado em seu ponto médio); é o raio da circunferência inscrita.

> Todo polígono regular com $2n$ lados tem n diagonais que passam por seu centro O.

Cálculo dos elementos dos principais polígonos regulares

Triângulo equilátero

$$A = \frac{\ell^2 \sqrt{3}}{4}$$

$$h = \frac{\ell\sqrt{3}}{2}$$

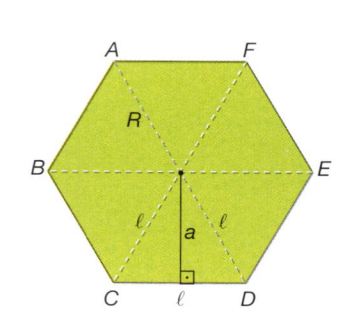

$$R = \frac{2}{3} \cdot h = \frac{2}{3} \cdot \frac{\ell\sqrt{3}}{2} = \frac{\ell\sqrt{3}}{3}$$

$$a = \frac{1}{3} \cdot h = \frac{1}{3} \cdot \frac{\ell\sqrt{3}}{2} = \frac{\ell\sqrt{3}}{6} \text{ e } a = \frac{R}{2}$$

Quadrado

$$A = \ell^2$$

$$d = \ell\sqrt{2}$$

$$R = \frac{d}{2} = \frac{\ell\sqrt{2}}{2}$$

$$a = \frac{\ell}{2}$$

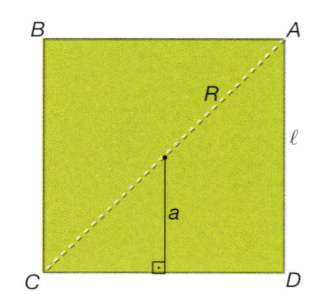

Hexágono

$$A = \frac{3\ell^2\sqrt{3}}{2}$$

$$R = \ell$$

$$a = \frac{\ell\sqrt{3}}{2}$$

O hexágono pode ser decomposto em 6 triângulos equiláteros de lado ℓ. Assim, seu apótema é altura de cada um desses triângulos.

CIRCUNFERÊNCIA E CÍRCULO

Circunferência

Circunferência é o conjunto de pontos de um plano que estão a uma mesma distância de um ponto fixo do plano.

O ponto fixo (O) é o **centro** e a distância constante (R) é o **raio**.

Corda é o segmento cujas extremidades são dois pontos da circunferência.

Na figura ao lado, o segmento $\overline{AB}$ é uma corda da circunferência.

Diâmetro é a corda que passa pelo centro da circunferência, como o segmento $\overline{EF}$.

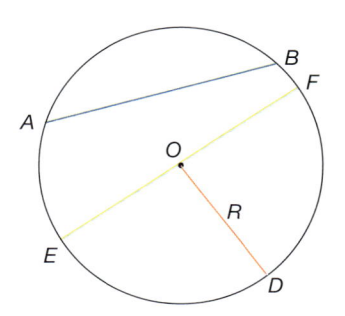

Comprimento da circunferência

$$\frac{C}{2R} = 3{,}14159... \Rightarrow \frac{C}{2R} = \pi \Rightarrow C = 2\pi R$$

Círculo

Círculo é a reunião da circunferência com o conjunto de seus pontos internos.

circunferência · conjunto dos pontos internos · círculo

Partes do círculo

Setor circular · **Segmento circular** · **Semicírculo**

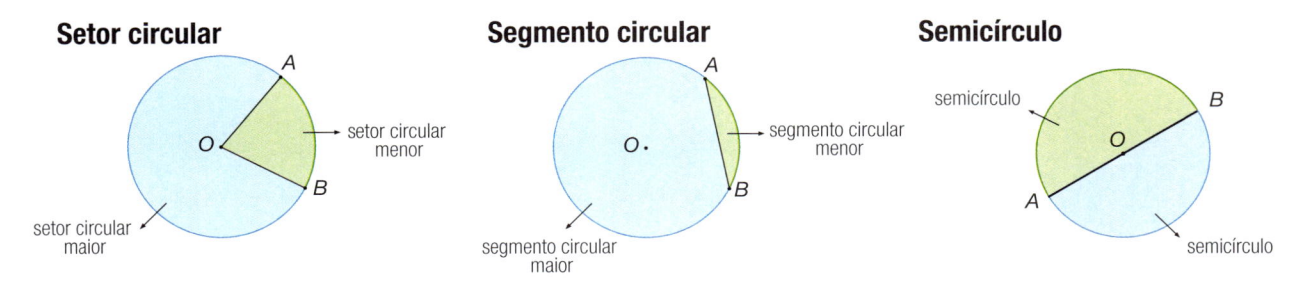

setor circular menor

setor circular maior

segmento circular menor

segmento circular maior

semicírculo

semicírculo

Posições relativas entre reta e circunferência

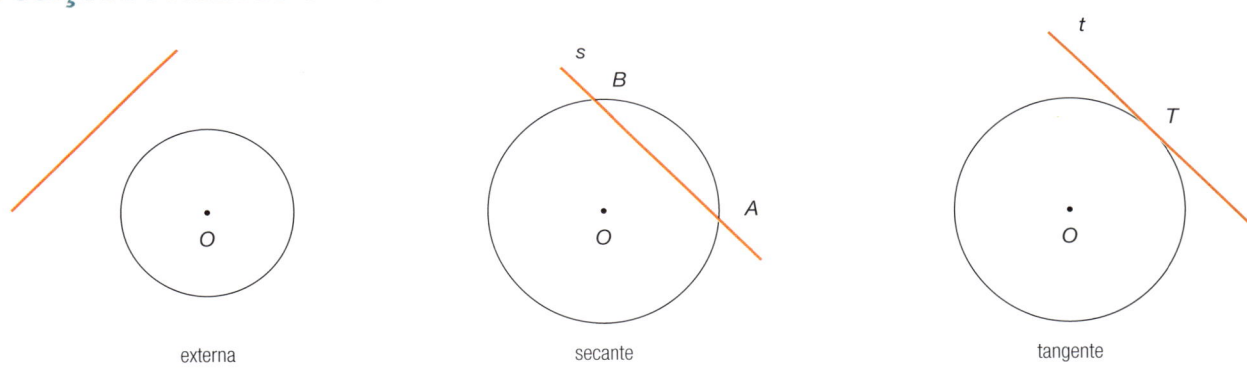

externa · secante · tangente

Posições relativas entre duas circunferências

Considere r_1 e r_2 os raios das duas circunferências e $d =$ distância entre O_1 e O_2, seus respectivos centros.

Externas · **Concêntricas** · **Internas**

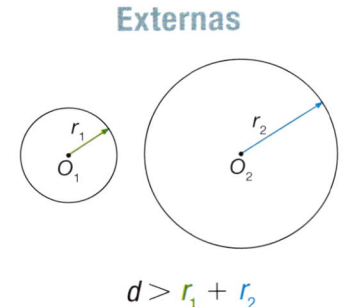 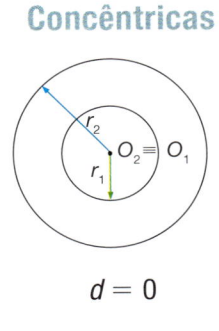 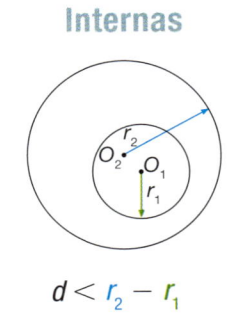

$$d > r_1 + r_2 \qquad d = 0 \qquad d < r_2 - r_1$$

Secantes	**Tangentes exteriores**	**Tangentes interiores**

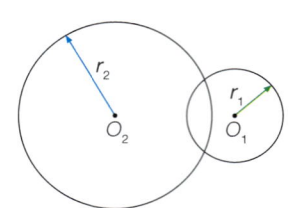 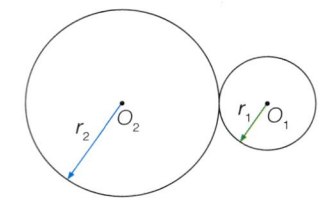 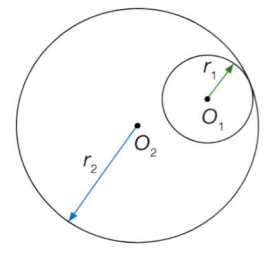

$$r_2 - r_1 < d < r_2 + r_1 \qquad d = r_1 + r_2 \qquad d < r_2 - r_1$$

Importante

I) Toda reta tangente à circunferência é perpendicular ao raio no ponto de tangência.

II) Uma reta que passa pelo centro de uma circunferência e intersecta uma corda em seu ponto médio é perpendicular a ela.

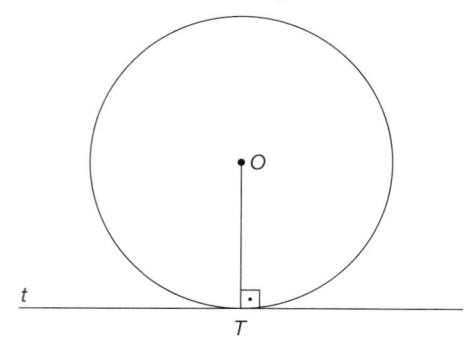 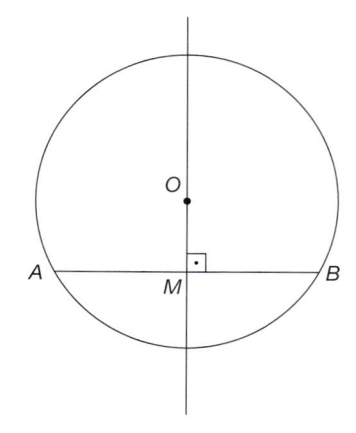

Segmentos tangentes

$$PA = PB$$

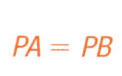 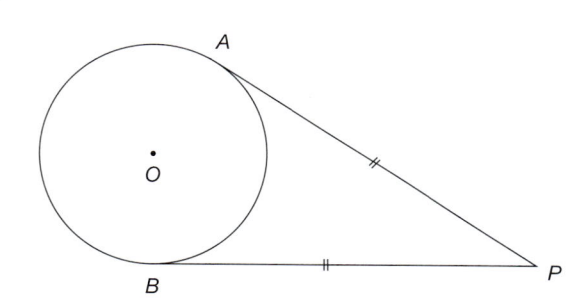

Relações métricas na circunferência

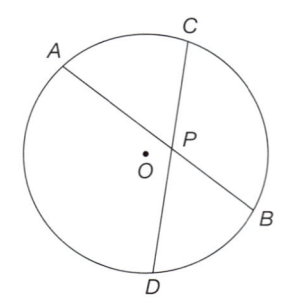 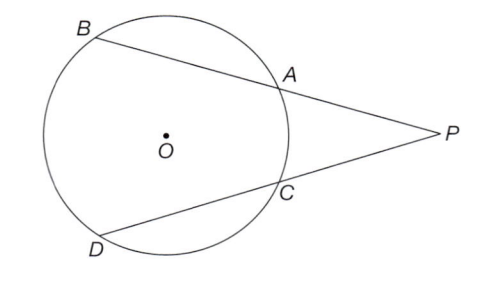 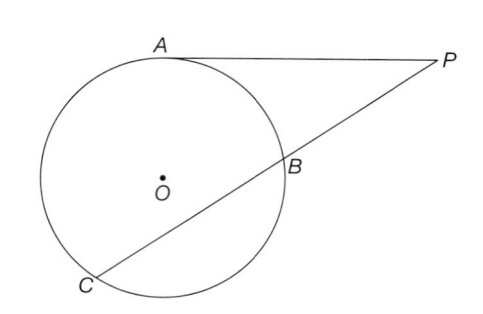

$$PA \cdot PB = PC \cdot PD \qquad PA \cdot PB = PC \cdot PD \qquad (PA)^2 = PC \cdot PB$$

Ângulos na circunferência

Ângulo central

É o ângulo que tem seu vértice no centro da circunferência.

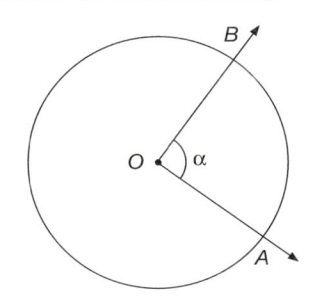

O ângulo central α e o arco $\overset{\frown}{AB}$ representam o mesmo ente geométrico: $\alpha = \overset{\frown}{AB}$.

Ângulo inscrito

É o ângulo que tem seu vértice na circunferência e os lados secantes a essa circunferência.

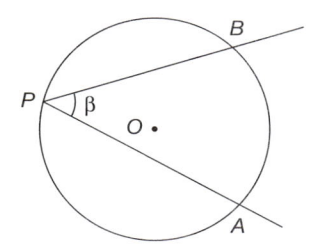

Ângulo de segmento

É o ângulo que tem seu vértice na circunferência, um lado tangente e outro secante, ambos em relação a essa circunferência.

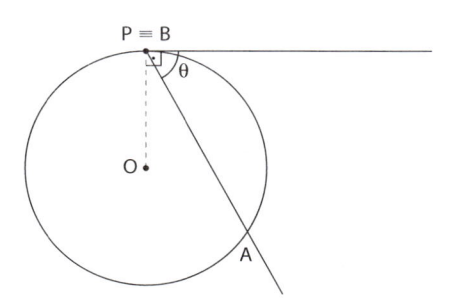

Relações entre os ângulos na circunferência

I. Dois ângulos inscritos que determinam um mesmo arco são congruentes. Da mesma forma, um ângulo de segmento e um ângulo inscrito que determinam um mesmo arco também são congruentes.

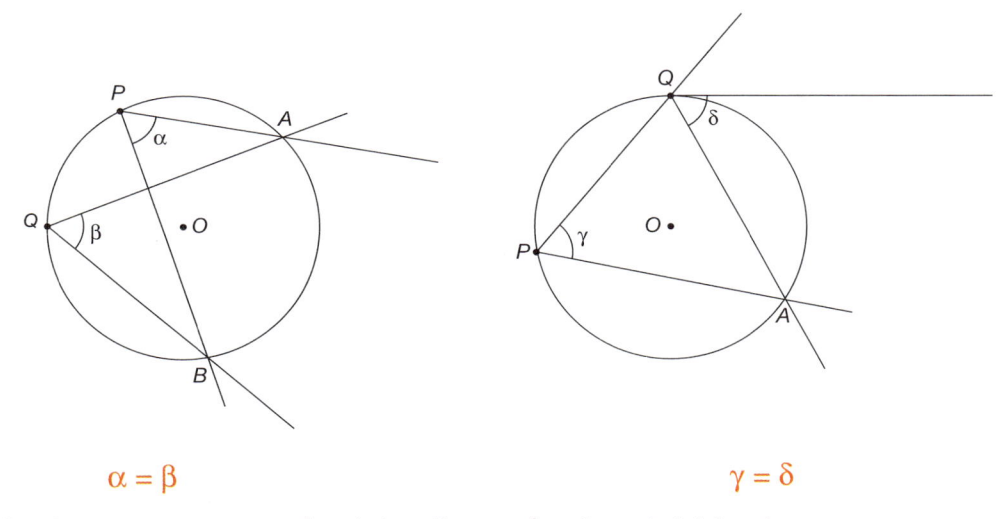

$$\alpha = \beta \qquad\qquad \gamma = \delta$$

II. É possível demonstrar que, se um ângulo inscrito e um ângulo central determinam o mesmo arco, a medida do ângulo central é o dobro da medida do ângulo inscrito.

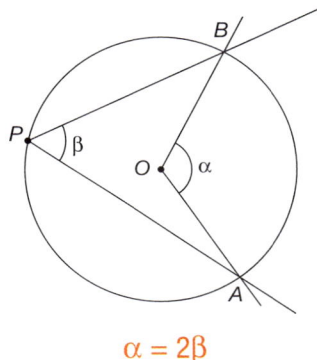

$$\alpha = 2\beta$$

III) Todo triângulo inscrito em uma circunferência em que um de seus lados é um diâmetro é um triângulo retângulo.

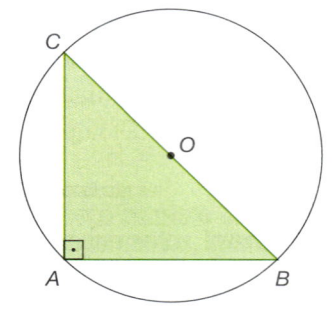

Note que o ângulo $C\hat{A}B$ (inscrito) e o ângulo $B\hat{O}C$ (central) determinam o mesmo arco $\overset{\frown}{BC}$ $(180°)$.

IV) Nem todo triângulo inscrito em uma semicircunferência é retângulo.

O triângulo da figura ao lado está inscrito em uma semicircunferência, mas não é retângulo.

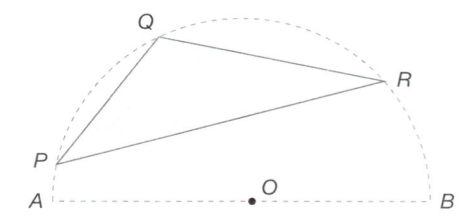

Ângulo excêntrico exterior

Seu vértice é um ponto externo à circunferência. Sua medida é igual à metade da diferença das medidas dos arcos formados pelos seus lados na circunferência.

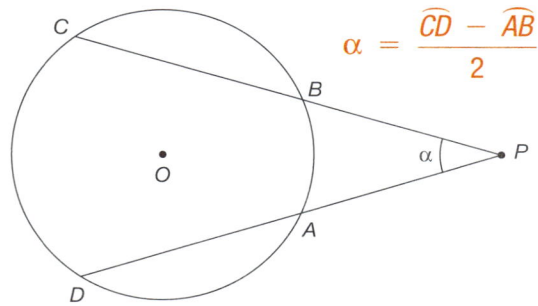

$$\alpha = \frac{\overset{\frown}{CD} - \overset{\frown}{AB}}{2}$$

Ângulo excêntrico interior

Seu vértice é um ponto interno à circunferência (diferente do centro). Sua medida é igual à metade da soma das medidas dos arcos formados por seus lados na circunferência.

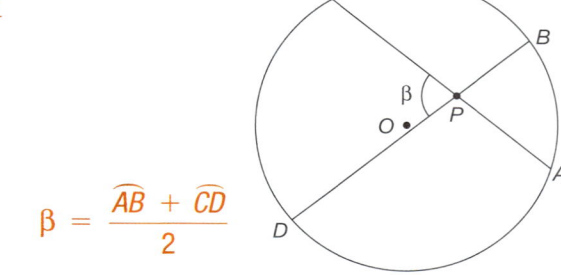

$$\beta = \frac{\overset{\frown}{AB} + \overset{\frown}{CD}}{2}$$

Quadriláteros circunscritíveis (teorema de Pitot)

$$AB + CD = BC + DA$$

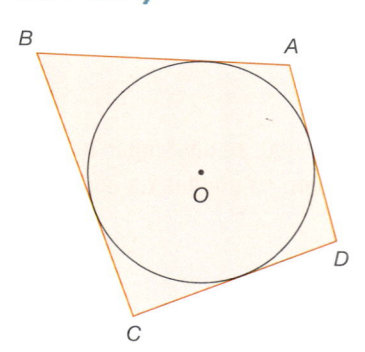

RESOLUÇÕES PASSO A PASSO

1. O lado de um hexágono regular inscrito em uma circunferência mede $8\sqrt{2}$ cm. Determine a medida do apótema do quadrado inscrito na mesma circunferência.

LEIA E COMPREENDA

Temos dois polígonos regulares inscritos em uma mesma circunferência: um hexágono e um quadrado. O problema fornece a medida do lado do hexágono e pede a medida do apótema do quadrado.

PLANEJE A SOLUÇÃO

Em primeiro lugar, devemos encontrar o raio dessa circunferência. Com base nisso, podemos encontrar a medida do apótema do quadrado. Devemos construir duas figuras que representem essa situação.

EFETUE O QUE FOI PLANEJADO

No caso do hexágono regular,

tem-se que $L = R \Rightarrow R = 8\sqrt{2}$

No quadrado, $R = \dfrac{\ell\sqrt{2}}{2} \Rightarrow 8\sqrt{2} = \dfrac{\ell\sqrt{2}}{2} \Rightarrow$

$\Rightarrow \ell = 16$, mas $a = \dfrac{\ell}{2} = \dfrac{16}{2} \Rightarrow a = 8$ cm.

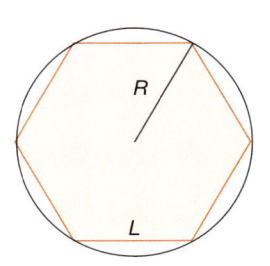 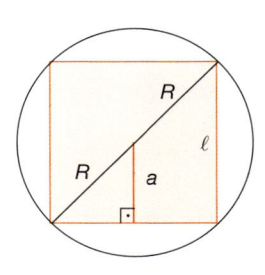

VERIFIQUE

Sabendo que o raio da circunferência mede $8\sqrt{2}$ cm e o lado quadrado mede 8 cm, temos:

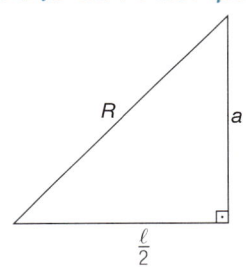

$$R^2 = \left(\dfrac{\ell}{2}\right)^2 + a^2 \Rightarrow \left(8\sqrt{2}\right)^2 = 8^2 + a^2 \Rightarrow 128 = 64 + a^2 \Rightarrow a = 8$$

RESPONDA

O apótema do quadrado mede 8 cm.

AMPLIAÇÃO DO PROBLEMA

Quais são as medidas do apótema e da altura de um triângulo equilátero inscrito nessa mesma circunferência?

Conhecemos a medida do raio dessa circunferência: $R = 8\sqrt{2}$.

O apótema divide a altura na razão 2 : 1, ou seja, o apótema é a metade do raio; então, $a = 4\sqrt{2}$ cm.

A altura é 3 vezes o apótema, logo $h = 12\sqrt{2}$ cm.

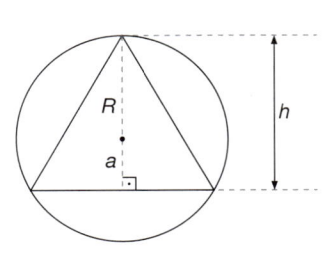

2. Sendo $PA = 12$ cm, determine o perímetro do triângulo PCD na figura, sendo A, B e T pontos de tangência.

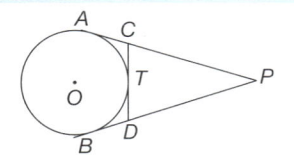

LEIA E COMPREENDA

A figura nos mostra duas semirretas $\overrightarrow{PA}$ e $\overrightarrow{PB}$, respectivamente, tangentes à circunferência em A e em B e o segmento de reta $\overline{CD}$, tangentes à mesma circunferência em T. É dada também a medida $PA = 12$ cm. Pede-se o perímetro do triângulo PCD.

PLANEJE A SOLUÇÃO

Aplicando a propriedade das tangentes, temos $PA = PB$, $CT = CA$ e $TD = DB$. Fazendo $AC = x$ e $DB = y$, podemos aplicar essas relações de igualdade e encontrarmos o perímetro.

EFETUE O QUE FOI PLANEJADO

Se $CA = x \Rightarrow CT = x$ e $PC = 12 - x$.

Se $DB = y \Rightarrow TD = y$ e $PD = 12 - y$.

Observe a figura.

O perímetro do triângulo PCD pode ser escrito pela expressão:

$2p(PCD) = (12 - x) + x + y + (12 - y) = 24$

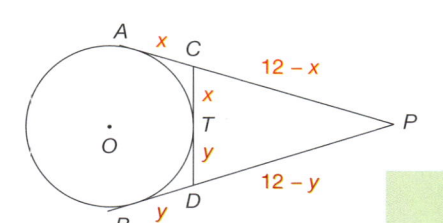

VERIFIQUE

Fazendo, por exemplo, $x = 2$ e $y = 3$, teríamos:

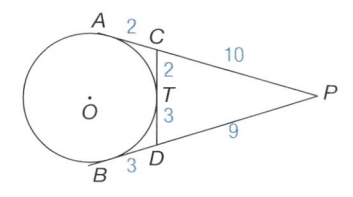

O perímetro será: $2p(PCD) = 10 + 2 + 3 + 9 = 24$.

> **Observação:** é usual indicarmos perímetro por **2p** e semiperímetro por **p**.

RESPONDA

O perímetro do triângulo PCD é 24 cm.

AMPLIAÇÃO DO PROBLEMA

A circunferência está inscrita no triângulo e D é um ponto de tangência. Determine o valor de x na figura.

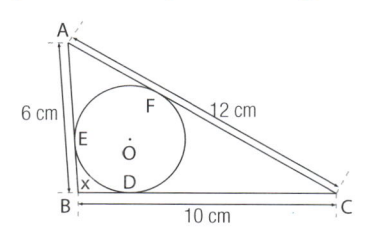

Pela propriedade das tangentes, e partindo da medida x, temos que: $(6 - x) + (10 - x) = 12 \Rightarrow x = 2$.

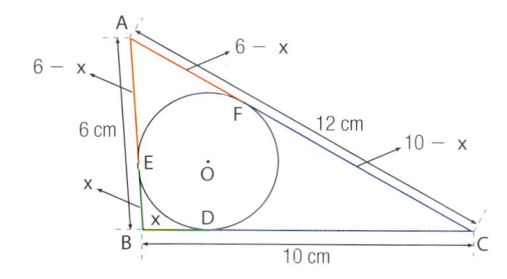

3. Determine o valor de *x* sabendo que os segmentos $\overline{PA}$ e $\overline{PB}$ são tangente à circunferência.

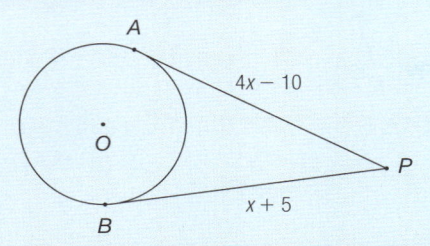

4. Determine o perímetro do $\triangle ABC$ sabendo que *R*, *S* e *T* são pontos de tangência.

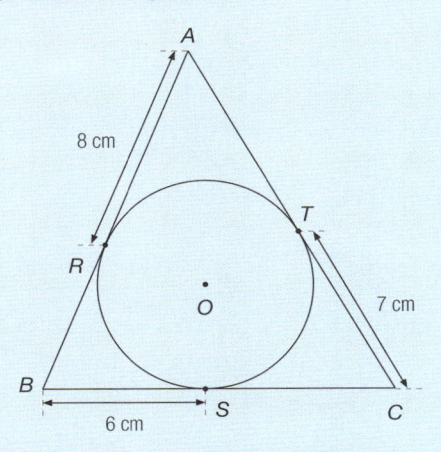

5. Determine o perímetro do $\triangle PRS$ sabendo que $PA = 20$ cm.

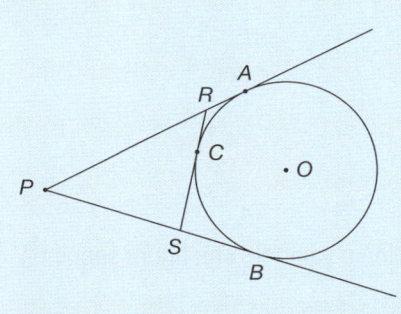

6. A distância entre os centros de duas circunferências inscritas interiormente é de 7 cm. A soma de seus raios é 13 cm. Determine a medida dos raios.

ikoimages/Shutterstock.com

7. Na figura, $AC = 7$ cm, $AB = 6$ cm e $BC = 5$ cm. Determine os raios das circunferências.

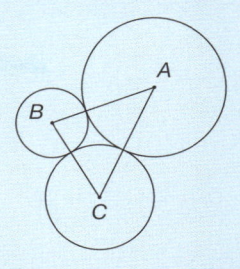

8. Determine o valor da medida *x* nos itens a seguir.

a)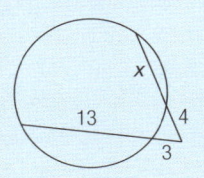

d)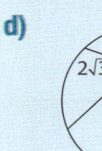

b)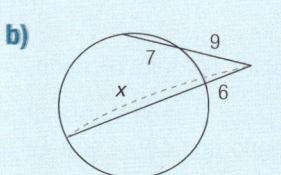

e)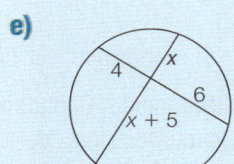

c)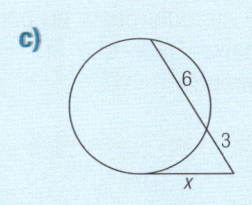

f)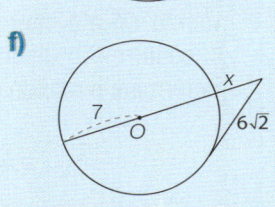

9. (Unesp) Em um plano horizontal, encontram-se representadas uma circunferência e as cordas $\overline{AC}$ e $\overline{BD}$. Nas condições apresentadas na figura, determine o valor de *x*.

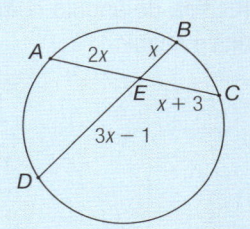

10. (Ufes) Na figura, são dados $\dfrac{AE}{AC} = \dfrac{1}{4}$, $BE = 8$ cm e $ED = 6$ cm. O comprimento de $\overline{AC}$, em cm, é:

a) 10.

b) 12.

c) 16.

d) 18.

e) 20.

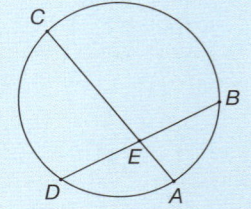

11. (Mack-SP) Na figura, O é o centro da circunferência, $AB = a$; $AC = b$ e $AO = x$. O valor de x, em função de a e b, é:

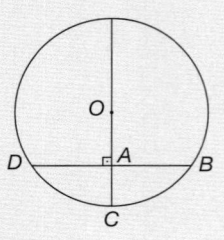

a) $\dfrac{a + b}{2}$.

b) $a - b$.

c) $2\sqrt{a^2 - b^2}$.

d) $\dfrac{a^2}{2b} - \dfrac{b}{2}$.

e) impossível ser calculado por falta de dados.

12. (Olimpíada Canadense) DEB é uma corda de uma circunferência, de tal modo que $DE = 3$ e $EB = 5$. Seja O o centro da circunferência. Prolonga-se o segmento OE até interceptar a circunferência no ponto C conforme o diagrama abaixo. Dado que $EC = 1$, determine o raio da circunferência.

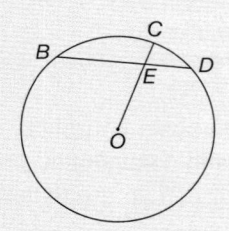

13. Determine a medida do ângulo α em cada uma das figuras dos itens a seguir.

a)

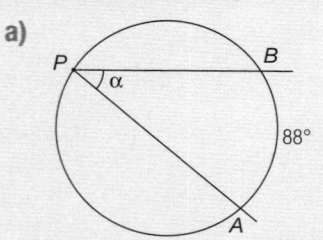

b)

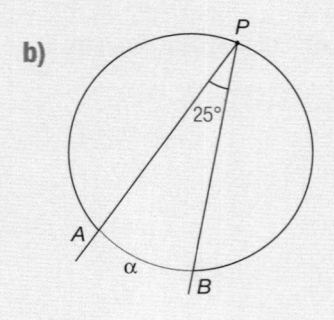

c)

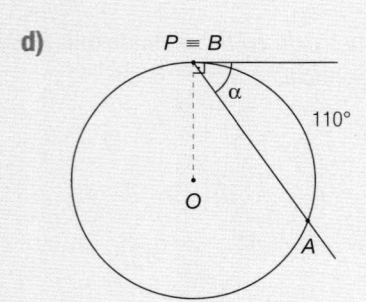

d)

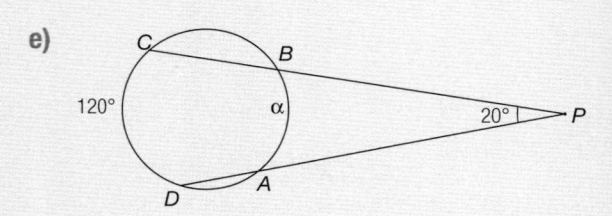

e)

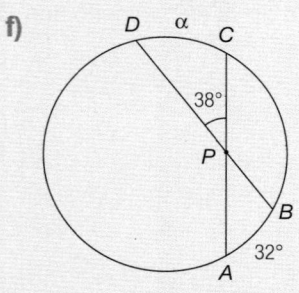

f)

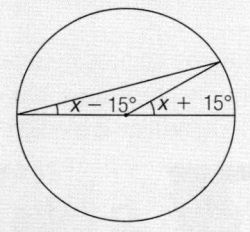

14. Determine o valor de x na figura seguinte:

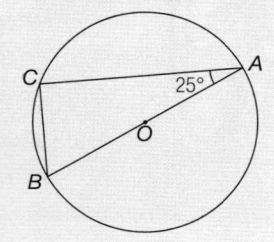

15. Determine o valor do arco AC na circunferência abaixo sabendo que O é centro da circunferência.

16. Determine a medida do ângulo α na figura abaixo sabendo que *O* é o centro da circunferência.

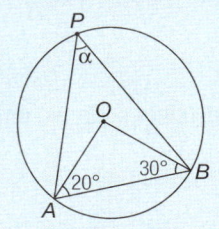

17. (UFSC) Na figura a seguir *O* é o centro da circunferência, o ângulo $\widehat{OAB}$ mede 50° e o ângulo $\widehat{OBC}$ mede 15°. Determine a medida, em graus, do ângulo $\widehat{OAC}$.

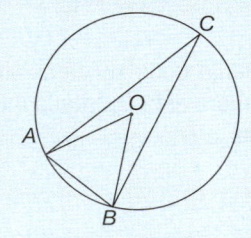

18. Determine o valor da medida *x* na figura seguinte.

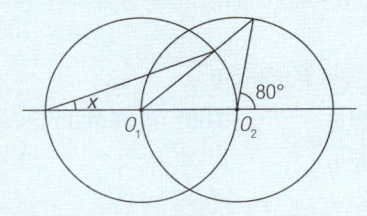

19. O quadrilátero *ABCD* está inscrito na circunferência. Tem-se que $\widehat{DAB} = 80°$. Determine a medida do ângulo interno $\widehat{BCD}$.

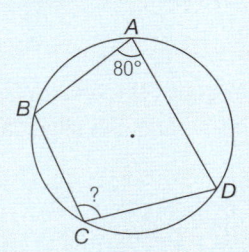

20. Determine a medida *x* na figura, sendo $AB = AC$, $\widehat{BAC} = 60°$ e *P*, *Q* e *R* os pontos de tangência.

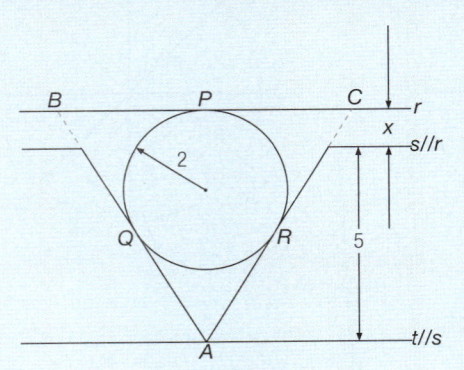

21. (Fuvest-SP) Na figura abaixo, *A B C D E* é um pentágono regular. A medida, em graus, do ângulo é:

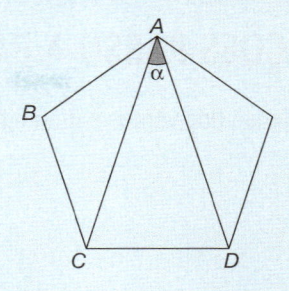

a) 32°.
b) 34°.
c) 36°.
d) 38°.
e) 40°.

22. (Uece) Sejam *P* e *Q* polígonos regulares. Se *P* é um hexágono e se o número de diagonais de *Q*, partindo de um vértice, é igual ao número total de diagonais de *P*, então a medida de cada um dos ângulos internos de *Q* é:

a) 144º.
b) 150º.
c) 156º.
d) 162º.

23. (PUC-MG) Uma das piscinas de certo clube tem o formato de três hexágonos congruentes, justapostos, de modo que cada par desses hexágonos tem um lado em comum, conforme representado na figura abaixo.

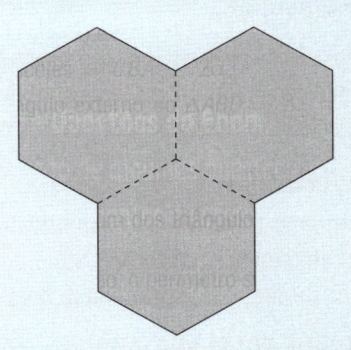

Se a distância entre dois lados paralelos de cada hexágono mede 26 m, pode-se afirmar CORRETAMENTE que a medida da área dessa piscina, em metros quadrados, é mais próxima de:

a) 1 550.
b) 1 650.
c) 1 750.
d) 1 850.

24. Um hexágono regular e um triângulo equilátero estão inscritos em uma mesma circunferência. O apótema do hexágono mede $3\sqrt{2}$ cm. Determine a medida do apótema desse triângulo.

RESOLUÇÕES PASSO A PASSO

1. (Enem) A rosa dos ventos é uma figura que representa oito sentidos, que dividem o círculo em partes iguais.

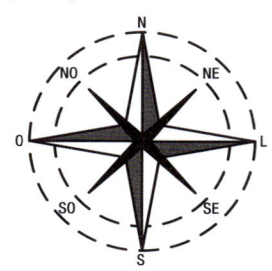

Uma câmera de vigilância está fixada no teto de um *shopping* e sua lente pode ser direcionada remotamente, através de um controlador, para qualquer sentido. A lente da câmera está apontada inicialmente no sentido Oeste (O) e o seu controlador efetua três mudanças consecutivas, a saber:

- 1ª mudança: 135° no sentido anti-horário;
- 2ª mudança: 60° no sentido horário;
- 3ª mudança: 45° no sentido anti-horário.

Após a 3ª mudança, ele é orientado a reposicionar a câmera, com a menor amplitude possível, no sentido Noroeste (NO) devido a um movimento suspeito de um cliente.

Qual mudança de sentido o controlador deve efetuar para reposicionar a câmera?

a) 75° no sentido horário

b) 105° no sentido anti-horário

c) 120° no sentido anti-horário

d) 135° no sentido anti-horário

e) 165° no sentido horário

LEIA E COMPREENDA

A rosa dos ventos pode ser vista como uma circunferência dividida em 8 partes iguais. O enunciado pede que, partindo de certo ponto, façam-se 3 giros, respectivamente, nos sentidos anti-horário, horário e anti-horário. Após os giros, pergunta qual é o ângulo e em que sentido deve-se fazer um giro para se chegar a determinada posição.

PLANEJE A SOLUÇÃO

Vamos montar três figuras e, em cada uma delas, fazer o giro solicitado em graus. Na terceira figura, vamos verificar se o menor "caminho" até a posição NO é no sentido horário ou anti-horário. Em seguida, fazemos o giro final, partindo da extremidade final do 3º giro até a posição NO.

EFETUE O QUE FOI PLANEJADO

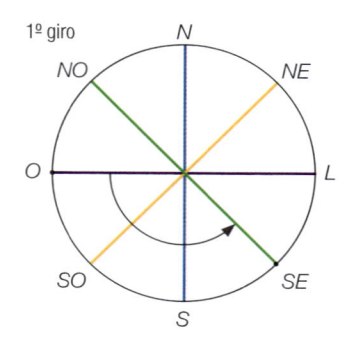

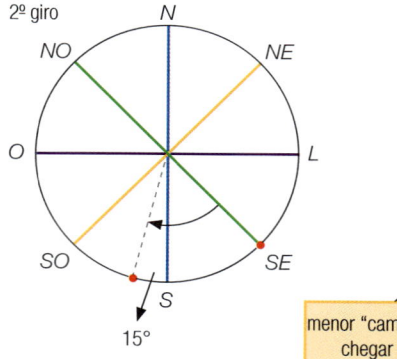

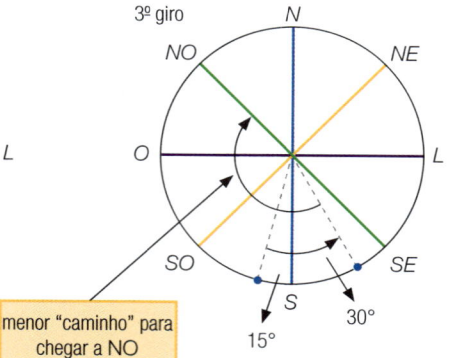

Deverá percorrer no sentido horário 30° + 90° + 45° = 165°.

2. (Enem) Em um sistema de dutos, três canos iguais, de raio externo 30 cm, são soldados entre si e colocados dentro de um cano de raio maior, de medida R. Para posteriormente ter fácil manutenção, é necessário haver uma distância de 10 cm entre os canos soldados e o cano de raio maior. Essa distância é garantida por um espaçador de metal, conforme a figura.

Utilize 1,7 como aproximação para $\sqrt{3}$. Sugestão:

altura do triângulo equilátero: $\dfrac{\ell\sqrt{3}}{2}$.

O valor de R, em centímetros, é igual a:

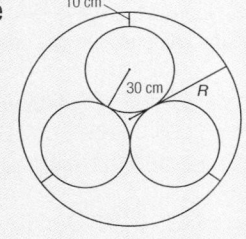

a) 64,0.

b) 65,5.

c) 74,0.

d) 81,0.

e) 91,0.

3. (Enem) A ideia de usar rolos circulares para deslocar objetos pesados provavelmente surgiu com os antigos egípcios ao construírem pirâmides.

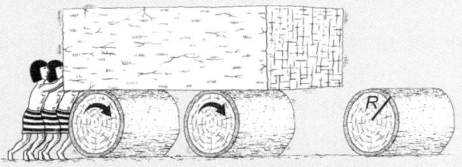

OLT, Brian. *Atividades matemáticas*. Ed. Gradiva.

Representando por R o raio das bases dos rolos cilíndricos, em metros, a expressão do deslocamento horizontal y do bloco de pedra em função de R, após o rolo ter dado uma volta completa sem deslizar, é:

a) $y = R$.

b) $y = 2R$.

c) $y = \pi R$.

d) $y = 2\pi R$.

e) $y = 4\pi R$.

4. (Enem) O atletismo é um dos esportes que mais se identificam com o espírito olímpico. A figura ilustra uma pista de atletismo. A pista é composta por oito raias e tem largura de 9,76 m. As raias são numeradas do centro da pista para a extremidade e são construídas de segmentos de retas paralelas e arcos de circunferência. Os dois semicírculos da pista são iguais.

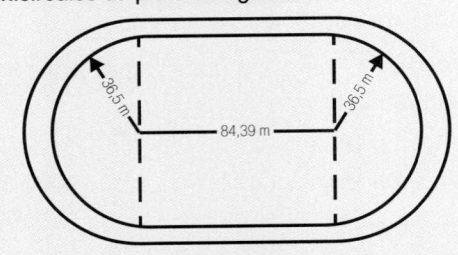

BIEMBENGUT, M. S. *Modelação matemática como método de ensino-aprendizagem de Matemática em cursos de 1º e 2º graus*. 1990. Dissertação de Mestrado. IGCE/Unesp, Rio Claro, 1990 (adaptado).

Se os atletas partissem do mesmo ponto, dando uma volta completa, em qual das raias o corredor estaria sendo beneficiado?

a) 1

b) 2

c) 3

d) 4

e) 5

5. (Enem) Um homem, determinado a melhorar sua saúde, resolveu andar diariamente numa praça circular que há em frente à sua casa. Todos os dias ele dá exatamente 15 voltas em torno da praça, que tem 50 m de raio.

Use 3 como aproximação para π.

Qual é a distância percorrida por esse homem em sua caminhada diária?

a) 0,30 km

b) 0,75 km

c) 1,50 km

d) 2,25 km

e) 4,50 km

6. (Enem) A figura é uma representação simplificada do carrossel de um parque de diversões, visto de cima. Nessa representação, os cavalos estão identificados pelos pontos escuros e ocupam circunferências de raios 3 m e 4 m, respectivamente, ambas centradas no ponto O. Em cada sessão de funcionamento, o carrossel efetua 10 voltas. Quantos metros uma criança sentada no cavalo C_1 percorrerá a mais do que uma criança no cavalo C_2, em uma sessão? Use 3,0 como aproximação para π.

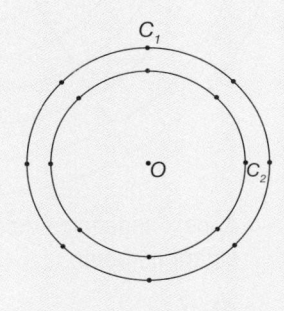

a) 55,5

b) 60,0

c) 175,5

d) 235,5

e) 240,0

7. (Enem) Uma fábrica de tubos acondiciona tubos cilíndricos menores dentro de outros tubos cilíndricos. A figura mostra uma situação em que quatro tubos cilíndricos estão acondicionados perfeitamente em um tubo com raio maior.

Suponha que você seja o operador da máquina que produzirá os tubos maiores em que serão colocados, sem ajustes ou folgas, quatro tubos cilíndricos internos. Se o raio da base de cada um dos cilindros menores for igual a 6 cm, a máquina por você operada deverá ser ajustada para produzir tubos maiores, com raio da base igual a:

a) 12 cm.

b) $12\sqrt{2}$ cm.

c) $24\sqrt{2}$ cm.

d) $6\left(1 + \sqrt{2}\right)$ cm.

e) $12\left(1 + \sqrt{22}\right)$ cm.

8. (Enem) No jogo mostrado na figura, uma bolinha desloca-se somente de duas formas: ao longo de linhas retas ou por arcos de circunferências centradas no ponto O e raios variando de 1 a 8. Durante o jogo, a bolinha que estiver no ponto P deverá realizar a seguinte sequência de movimentos: 2 unidades no mesmo sentido utilizado para ir do ponto O até o ponto A e, no sentido anti-horário, um arco de circunferência cujo ângulo central é 120°.

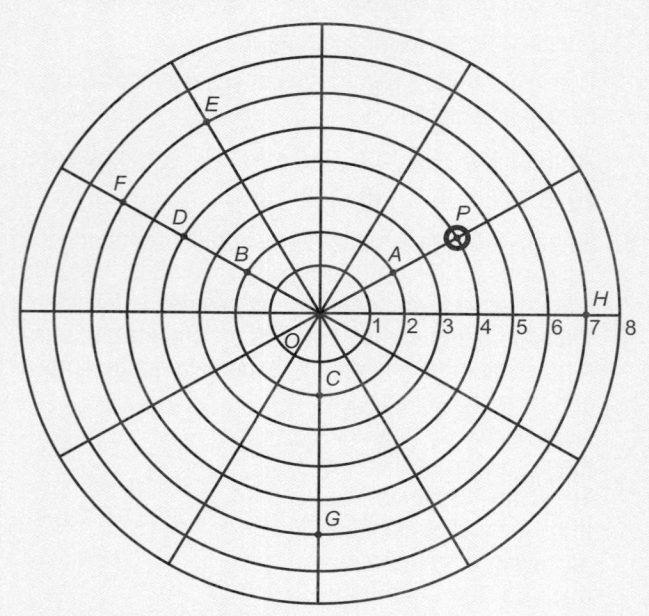

Após a sequência de movimentos descrita, a bolinha estará no ponto:

a) B.

b) D.

c) E.

d) F.

e) G.

9. (Enem) Para uma alimentação saudável, recomenda-se ingerir, em relação ao total de calorias diárias, 60% de carboidratos, 10% de proteínas e 30% de gorduras. Uma nutricionista, para melhorar a visualização dessas porcentagens, quer dispor esses dados em um polígono. Ela pode fazer isso em um triângulo equilátero, um losango, um pentágono regular, um hexágono regular ou um octógono regular, desde que o polígono seja dividido em regiões cujas áreas sejam proporcionais às porcentagens mencionadas. Ela desenhou as seguintes figuras:

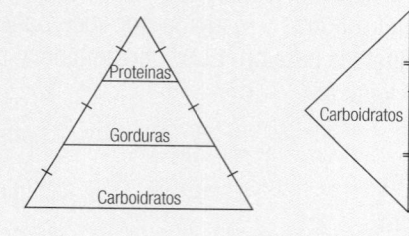

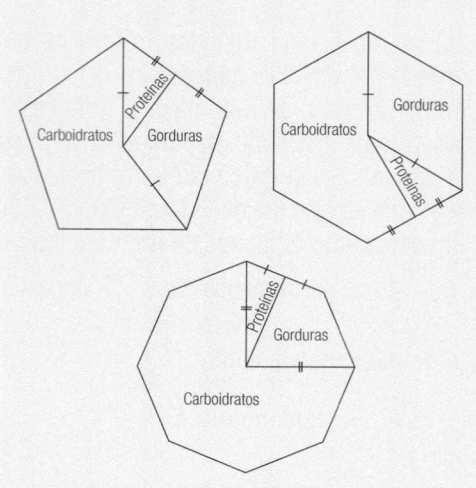

Entre esses polígonos, o único que satisfaz as condições necessárias para representar a ingestão correta de diferentes tipos de alimento é o:

a) triângulo.

b) losango.

c) pentágono.

d) hexágono.

e) octógono.

10. (Enem) Um gesseiro que trabalhava na reforma de uma casa lidava com placas de gesso com formato de pentágono regular quando percebeu que uma peça estava quebrada, faltando uma parte triangular, conforme mostra a figura. Para recompor a peça, ele precisou refazer a parte triangular que faltava e, para isso, anotou as medidas dos ângulos $x = E\hat{A}D$, $y = E\hat{D}A$ e $z = A\hat{E}D$ do triângulo ADE.

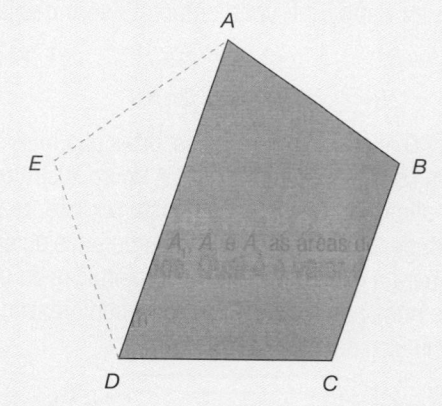

As medidas x, y e z, em graus, desses ângulos são, respectivamente:

a) 18, 18 e 108.

b) 24, 48 e 108.

c) 36, 36 e 108.

d) 54, 54 e 72.

e) 60, 60 e 60.

RESOLUÇÕES E COMENTÁRIOS

EXERCÍCIOS

3. $4x - 10 = x + 5 \Rightarrow 3x = 15 \Rightarrow x = 5$

4. O perímetro $(2p)$ do triângulo é:

$2p = 8\ cm + 6\ cm + 6\ cm + 7\ cm + 7\ cm + 8\ cm$

$2p = 42\ cm$

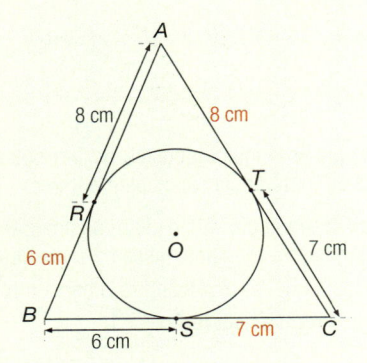

5. $2p = (20 - x) + (20 - y) + x + y = 40$

$2p = 40\ cm$

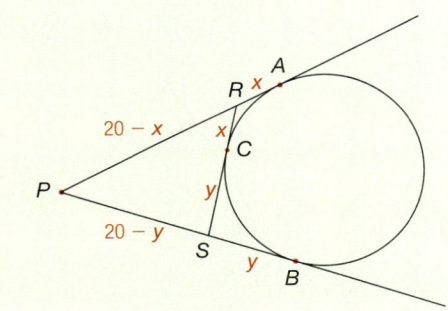

6. Tem–se que $r_2 + r_1 = 13$ e $d = r_2 - r_1 \Rightarrow r_2 - r_1 = 7$. Daí:

$$\begin{cases} r_2 + r_1 = 13 \\ r_2 - r_1 = 7 \end{cases}$$

Temos que $r_2 = 10$ e $r_1 = 3$.

7. $(6 - x) + (7 - x) = 5 \Rightarrow -2x = 5 - 6 - 7 \Rightarrow 2x = 8 \Rightarrow x = 4$

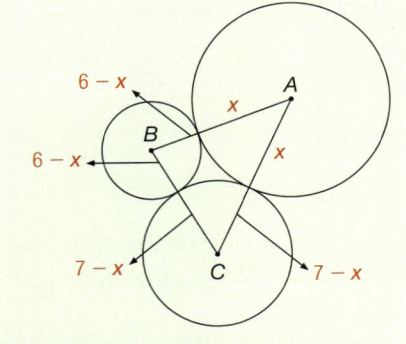

Portanto, os raios medem: 2 cm, 3 cm e 4 cm.

8. **a)** $4(x + 4) = 3 \cdot (3 + 13) \Rightarrow 4x + 16 = 48 \Rightarrow 4x = 32 \Rightarrow x = 8$

b) $6x = 9 \cdot 16 \Rightarrow 6x = 144 \Rightarrow x = 24$

c) $x^2 = 3 \cdot 9 \Rightarrow x^2 = 27 \Rightarrow x = 3\sqrt{3}$

d) $6x = \left(2\sqrt{3}\right) \cdot \left(3\sqrt{3}\right) \Rightarrow 6x = 18 \Rightarrow x = 3$

e) $x(x + 5) = 4 \cdot 6 \Rightarrow x^2 + 5x = 24 \Rightarrow x^2 + 5x - 24 = 0$

$$\begin{cases} x = -8 \ (\textit{não convém}) \\ x = 3 \end{cases}$$

f) $x(x + 14) = \left(6\sqrt{2}\right)^2 \Rightarrow x^2 + 14x = 72 \Rightarrow x^2 + 14x - 72 = 0$

$$\begin{cases} x = -18 \ (\textit{não convém}) \\ x = 4 \end{cases}$$

9. $2x(x + 3) = x(3x - 1) \Rightarrow 2x^2 + 6x = 3x^2 - x \Rightarrow x^2 - 7x = 0$

$$\begin{cases} x = 0 \ (\textit{não convém}) \\ x = 7 \end{cases}$$

10. $\dfrac{AE}{AC} = \dfrac{1}{4} \Rightarrow AC = 4AE \Rightarrow CE = 3AE$

Observe a figura abaixo:

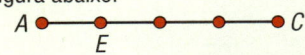

$AE \cdot CE = 6 \cdot 8 \Rightarrow AE \cdot 3AE = 48 \Rightarrow (AE)^2 = 16 \Rightarrow$
$AE = 4 \Rightarrow CE = 12$. Logo, $AC = 4 + 12 = 16$.

Alternativa **b**.

11. $a \cdot a = b(b + 2x) \Rightarrow a^2 = b^2 + 2bx \Rightarrow a^2 - b^2 = 2bx \Rightarrow$

$$x = \frac{a^2 - b^2}{2b}$$

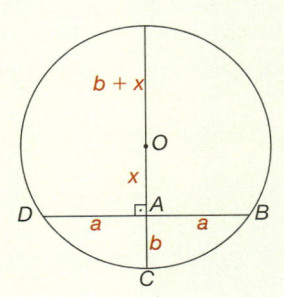

Mas, $\dfrac{a^2}{2b} - \dfrac{b}{2} = \dfrac{a^2 - b^2}{2b}$.

Alternativa **d**.

12. $(r - 1 + r) \cdot 1 = 5 \cdot 3 \Rightarrow 2r - 1 = 15 \Rightarrow 2r = 16 \Rightarrow r = 8$

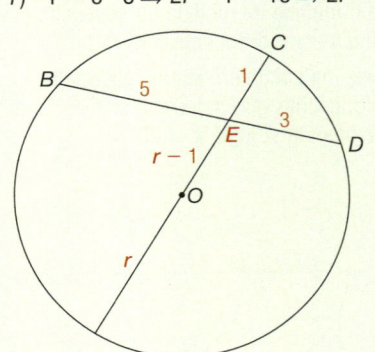

13. a) A medida do ângulo inscrito é metade da medida do ângulo central (arco), quando ambos determinam o mesmo arco; portanto, $\alpha = 44°$.

b) A medida do arco (ângulo central) é o dobro da medida do ângulo inscrito que determina o mesmo arco. Assim, $\alpha = 50°$.

c) Dois ângulos inscritos que determinam o mesmo arco têm a mesma medida; portanto, $\alpha = 20°$.

d) A medida do ângulo de segmento é a metade da medida do ângulo central se ambos determinarem o mesmo arco; portanto, $\alpha = 55°$.

e) $20° = \dfrac{120° - \alpha}{2} \Rightarrow 40° = 120° - \alpha \Rightarrow \alpha = 80°$

f) $38° = \dfrac{\alpha + 32°}{2} \Rightarrow 76° = \alpha + 32° \Rightarrow \alpha = 44°$

14. $x - 15° = \dfrac{x + 15°}{2} \Rightarrow 2x - 30° = x + 15° \Rightarrow x = 45°$

15. $\widehat{BC} = 50°$, e $\widehat{BC} + \widehat{AC} = 180°$, então:
$50° + \widehat{AC} = 180°$
$\widehat{AC} = 130°$

16. $\widehat{AOB} = 2\widehat{APB} \Rightarrow \widehat{AOB} = 2\alpha$
Então: $2\alpha + 20° + 30° = 180° \Rightarrow$
$\Rightarrow 2\alpha = 130° \Rightarrow \alpha = 65°$

17. Inicialmente, encontramos $\widehat{BCA} = 25°$ (ângulo inscrito = = metade do central).
Fazendo $180° - 50° = 130°$.
Um ângulo externo do $\triangle OBD = 130° + 15° = 145°$.
$\widehat{OAC} + 25° + 145° = 180° \Rightarrow \widehat{OAC} = 10°$

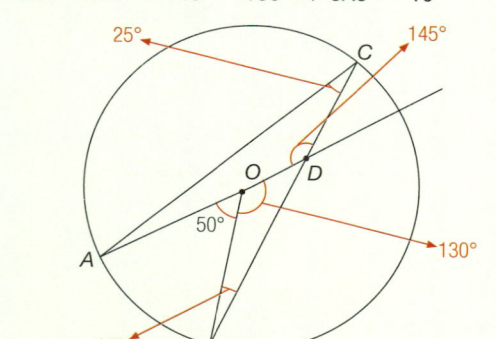

18. Na circunferência da direita, y é a medida de um ângulo inscrito, que é metade da medida do ângulo central quando determinam o mesmo arco; então: $y = 40°$.

Por sua vez, na circunferência da esquerda, x é a medida de um ângulo inscrito que determina o mesmo arco do ângulo central de medida y; logo, $x = 20°$.

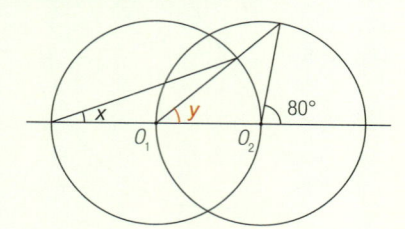

19. Ao ângulo inscrito que mede 80° corresponde um ângulo central que mede 160°, que é o replemento de outro ângulo central cuja medida é 200°. Por sua vez, a esse ângulo central, vê-se um ângulo inscrito $\widehat{BCD}$ que deve medir 100°.

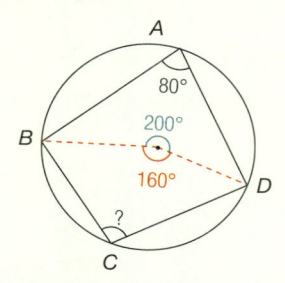

Nota: todos os ângulos opostos de um quadrilátero inscrito em uma circunferência são suplementares.

20. Na figura, o segmento $\overline{AP}$ é altura de um triângulo equilátero; então, também é mediana, bissetriz e mediatriz. O ponto O é incentro, circuncentro, ortocentro e baricentro; portanto, divide o segmento $\overline{AP}$ na razão 2 : 1.

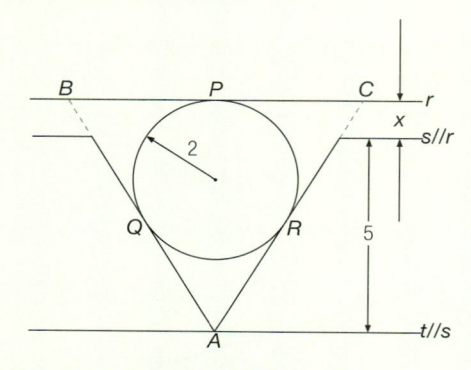

Verificamos que o segmento $\overline{AP} = 6 \Rightarrow x = 6 - 5 = 1$.

21. $\triangle ABC \equiv \triangle ADE \Rightarrow C\hat{A}B \equiv D\hat{A}E$, lembrando ainda que esses triângulos são isósceles. As diagonais de um pentágono regular que partem do mesmo vértice trissecam (dividem em três partes congruentes) o ângulo interno.

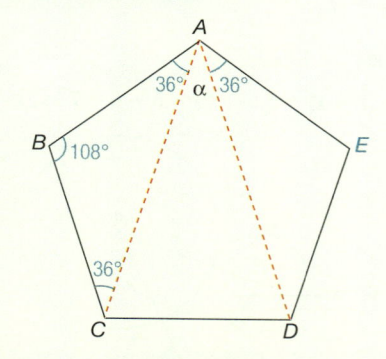

$A\hat{B}C$ é ângulo interno de um pentágono regular $\Rightarrow$
$\Rightarrow A\hat{B}C = \dfrac{180°(5 - 2)}{5} \Rightarrow, A\hat{B}C = 108°$ logo:

$C\hat{A}B = D\hat{A}E = \dfrac{180° - 108°}{2} = 36°$

Assim, $C\hat{A}B + D\hat{A}E + \alpha = 108° \Rightarrow 36° + 36° + \alpha = 108° \Rightarrow$
$\Rightarrow \alpha = 36°$

Alternativa **c**.

22. De cada vértice de um polígono de n lados (n vértices) partem ($n - 3$) diagonais.

Se P é um hexágono, ele tem $\dfrac{6(6 - 3)}{2} = 3 \cdot 3 = 9$ diagonais.

Pelo enunciado $n - 3 = 9$, então: $n = 12$ (Q tem 12 lados).

Medida de um ângulo interno de Q: $\dfrac{180° (12 - 2)}{12} = 15° \cdot 10 = 150°$.

Alternativa **b**.

23.

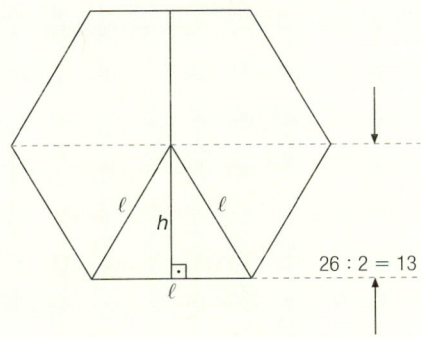

$$h = \frac{\ell\sqrt{3}}{2} = 13\text{m} \Rightarrow \ell = \frac{26}{\sqrt{3}}\text{m}$$

Área do hexágono: $A = \dfrac{3\ell^2\sqrt{3}}{2} = \dfrac{3\left(\dfrac{26}{\sqrt{3}}\right)^2\sqrt{3}}{2} = \dfrac{676\sqrt{3}}{2} = 338\sqrt{3} \Rightarrow 338\sqrt{3} \text{ m}^2$

Como a piscina é formada por 3 hexágonos e $\sqrt{3} \cong 1{,}7$, teremos:

Área: $3 \cdot 338 \cdot 1{,}7 = 1\,723{,}8$

Alternativa **c**.

24. O apótema do hexágono regular é a altura de um triângulo equilátero de lado ℓ. Logo:

$\dfrac{\ell\sqrt{3}}{2} = 3\sqrt{2} \Rightarrow \ell = \dfrac{6\sqrt{2}}{\sqrt{3}} \Rightarrow \ell = \dfrac{6\sqrt{2}}{\sqrt{3}} \cdot \dfrac{\sqrt{3}}{\sqrt{3}} \Rightarrow \ell = 2\sqrt{6}$ (observe que o ℓ é também o lado do hexágono)

Como $R = \ell \Rightarrow R = 2\sqrt{6}$ e como o apótema do triângulo equilátero é a metade do raio da circunferência circunscrita, concluímos que: $a = \sqrt{6}$.

QUESTÕES DO ENEM

2. Na figura, temos que $\overline{PA}$ é o raio procurado e P é o baricentro do triângulo equilátero, por isso divide a altura $\overline{MC}$ na razão 2 : 1.

Cálculo da altura: $h = \dfrac{\ell\sqrt{3}}{2} = \dfrac{60\sqrt{3}}{2} = 30\sqrt{3}$. Como a altura do triângulo equilátero também é mediana, ela está dividida em 3 partes iguais a $10\sqrt{3}$; portanto, o segmento $PC = 20\sqrt{3}$.

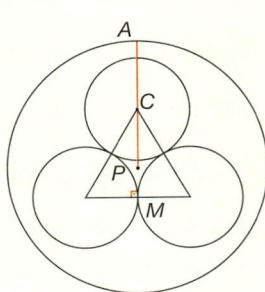

Logo, $R = PC + CA = 20\sqrt{3} + 40 = 20(1{,}7) + 40 = 74$.

Alternativa **c**.

3. Nesta questão, temos de analisar o deslocamento do bloco em relação ao solo e também do rolo em relação ao solo.

Deslocamento do rolo: $2\pi R$.

Deslocamento do bloco: $2\pi R$.

Deslocamento total: $4\pi R$.

Alternativa **e**.

4. Devemos calcular o comprimento total de uma volta:

$$2 \cdot (84{,}39) + 2 \cdot \frac{1}{2} \cdot 2\pi R = 168{,}78 + 2\pi R$$

O corredor 1 será o mais beneficiado, pois, quanto menor for R, menor será o percurso e em menos tempo será dada uma volta.

Alternativa **a**.

5. O perímetro ($2p$) de uma circunferência de raio = 50 m é:

$2p = 2\pi R = 2 \cdot 3 \cdot 50 = 300$ m

Como ele dá 15 voltas: 300 m $\cdot$ 15 = 4 500 m = 4,5 km.

Alternativa **e**.

6. Percurso de C_1: $10 \cdot (2\pi R) = 10 \cdot 2 \cdot 3 \cdot 4$ m = 240 m

Percurso de C_2: $10 \cdot (2\pi R) = 10 \cdot 2 \cdot 3 \cdot 3$ m = 180 m

Diferença: 240 m $-$ 180 m = 60 m

Alternativa **b**.

7. Sejam R (raio da circunferência maior), r (raio da circunferência menor), ℓ (lado do quadrado) e d (diagonal do quadrado), teremos:

$$R = \frac{d}{2} + r$$

$$\ell = 2r \text{ e } d = \ell\sqrt{2} \Rightarrow d = 2r\sqrt{2}$$

$$R = \frac{d}{2} + r = \frac{2r\sqrt{2}}{2} + r = r\sqrt{2} + r = 6\sqrt{2} + 6 \Rightarrow r = 6\left(\sqrt{2} + 1\right)$$

Alternativa **d**.

8. Iniciando no ponto P, percorrendo duas unidades para fora do círculo (de 4 para 6), depois 4 arcos de 30° para que forme um ângulo medindo 120°, a bolinha estará no ponto F.

Alternativa **d**.

9. Devemos, quando necessário, dividir cada polígono em triângulos congruentes.

a) O que cabe às proteínas corresponde a $\frac{1}{10}$ de todo polígono, o que é diferente de 10%. (Alternativa incorreta.)

b) A área dos carboidratos corresponde à metade do quadrado, isto é, 50% e não 60% como está no enunciado. (Alternativa incorreta.)

c) Vamos dividir o pentágono em 10 triângulos congruentes. Vemos que proteínas correspondem a $\frac{1}{10}$ da área (10%); gorduras, a $\frac{3}{10}$ da área (30%); e carboidratos, a $\frac{6}{10}$ da área (60%). (Alternativa correta.)

d) Vamos dividir o hexágono em 12 triângulos congruentes. Notamos que proteínas correspondem a $\frac{1}{12}$ da área, o que é diferente de 10%. (Alternativa incorreta.)

e) Com raciocínio análogo, se dividirmos o octógono em 16 triângulos congruentes, verificamos na figura que o reservado às proteínas corresponde a $\frac{1}{16}$ da área, o que é diferente de 10%. (Alternativa incorreta.)

10. O ângulo interno do pentágono regular mede: $\frac{180° \cdot (n - 2)}{5} = 108° \Rightarrow A\hat{E}D = 108°$. Esse é o valor do ângulo interno no vértice E.

O triângulo EAD é isósceles, portanto $D\hat{A}E = E\hat{D}A = x$. Assim: $D\hat{A}E + E\hat{D}A + A\hat{E}D = 180° \Rightarrow x + x + 108° = 180° \Rightarrow x = 36°$

$x + y + z = 180° \Rightarrow 2x + z = 180° \Rightarrow z = 180° - 72° \Rightarrow z = 108°$

Lembre-se: as diagonais que partem de um mesmo vértice de um pentágono regular trissecam o ângulo interno. Isso bastaria para resolver a questão.

Alternativa **c**.

COMPETÊNCIAS E HABILIDADES

ENEM

COMPETÊNCIAS DE ÁREA — MATEMÁTICA E SUAS TECNOLOGIAS

Habilidades

H6 Interpretar a localização e a movimentação de pessoas/objetos no espaço tridimensional e a sua representação no espaço bidimensional.

H7 Identificar características de figuras planas ou espaciais.

H8 Resolver situação-problema que envolva conhecimentos geométricos de espaço e forma.

H9 Utilizar conhecimentos geométricos de espaço e forma na seleção de argumentos propostos como solução de problemas do cotidiano.

BNCC

Habilidades

EF06MA18 Reconhecer, nomear e comparar polígonos, considerando lados, vértices e ângulos, e classificá-los em regulares e não regulares, tanto em suas representações no plano como em faces de poliedros.

EF07MA27 Calcular medidas de ângulos internos de polígonos regulares, sem o uso de fórmulas, e estabelecer relações entre ângulos internos e externos de polígonos, preferencialmente vinculadas à construção de mosaicos e de ladrilhamentos.

EF07MA33 Estabelecer o número como a razão entre a medida de uma circunferência e seu diâmetro, para compreender e resolver problemas, inclusive os de natureza histórica.

EF09MA11 Resolver problemas por meio do estabelecimento de relações entre arcos, ângulos centrais e ângulos inscritos na circunferência, fazendo uso, inclusive, de softwares de geometria dinâmica.

ÁREAS E SIMETRIA

ÁREA DAS FIGURAS PLANAS

Há uma grandeza associada às figuras planas chamada área. Sua medida é a porção limitada do plano por uma figura plana. Vejamos como calcular a medida da área das principais figuras planas.

Quadrado

$A = \ell^2$

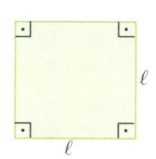

Retângulo

$A = b \cdot h$

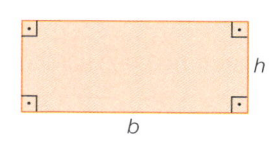

Paralelogramo

$A = b \cdot h$

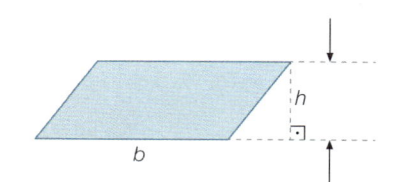

Losango

$A = \dfrac{D \cdot d}{2}$

Trapézio

$A = \dfrac{(B + b) \cdot h}{2}$

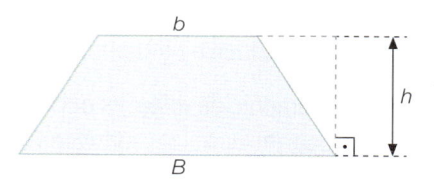

Triângulo

$A = \dfrac{b \cdot h}{2}$

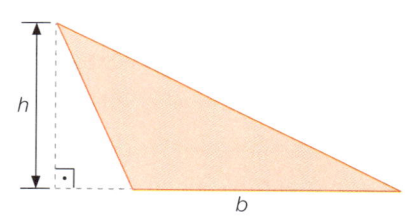

Triângulo equilátero

$A = \dfrac{\ell^2 \sqrt{3}}{4}$

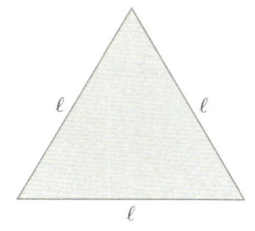

Triângulo retângulo

$A = \dfrac{b \cdot c}{2}$

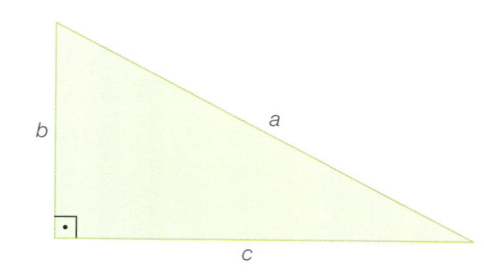

Triângulo (em função de dois lados e o ângulo entre eles)

$$A = \frac{1}{2} \cdot a \cdot b \cdot sen\,\theta$$

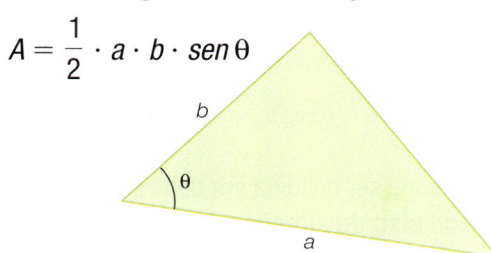

Triângulo em função dos lados (fórmula de Herão)

$$A = \sqrt{p(p - a)(p - b)(p - c)},$$
$$\text{em que } p = \frac{a + b + c}{2}$$

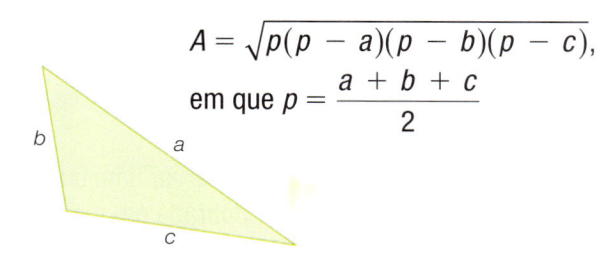

Triângulo inscrito numa circunferência de raio R

$$A = \frac{abc}{4R}$$

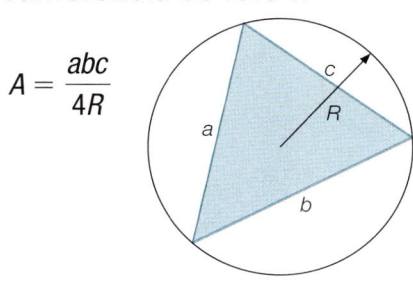

Triângulo circunscrito em uma circunferência de raio r

$$A = p \cdot r, \text{ em que } p = \frac{a + b + c}{2}$$

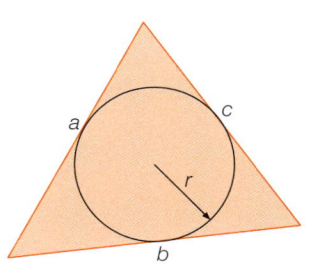

Círculo

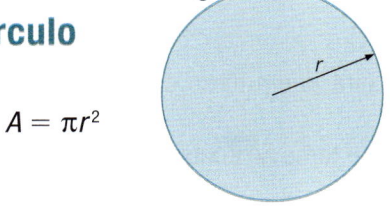

$$A = \pi r^2$$

Coroa circular

$$A = \pi (R^2 - r^2)$$

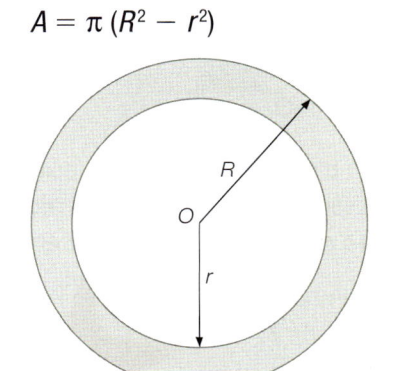

Setor circular

$$A = \frac{\pi \cdot \alpha R^2}{360°}$$

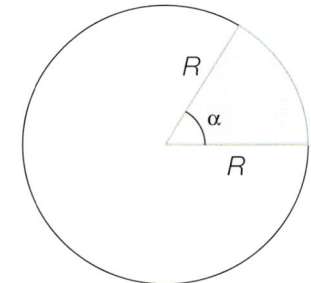

Segmento circular

$$A = A_{setor} - A_{triângulo}$$

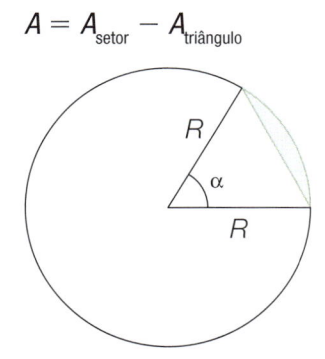

Polígono regular

$$A = p \cdot a$$

$$p = \frac{n\ell}{2}, \text{ em que } p \text{ é o semiperímetro,}$$

a é o apótema e n é o número de lados.

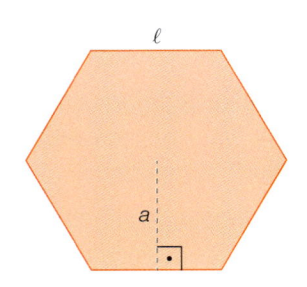

SIMETRIA

Simetria é tudo que pode ser dividido em partes que devem coincidir perfeitamente quando sobrepostas.

Tipos de simetria

Simetria de reflexão

Na figura a seguir podemos observar uma borboleta. Essa imagem pode ser dividida em duas partes que coincidirão perfeitamente se ela for dobrada em torno de um eixo, chamado **eixo de simetria**. Esse tipo de simetria é chamado **simetria de reflexão** ou **simetria axial**.

eixo de simetria

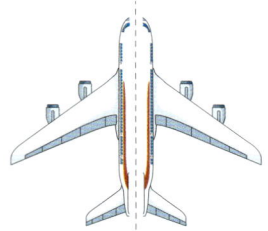

eixo de simetria

Na figura acima vemos uma simetria de reflexão com deslizamento. Esse tipo de deslizamento se chama **translação**. Note que as partes da figura se afastam a uma distância igual em relação ao eixo de simetria, tanto à direita quanto à esquerda.

Simetria de rotação

Na simetria de rotação, o objeto deve ser rotacionado, isto é, deve-se girá-lo em torno de um ponto. Cada rotação (giro) deve ter um centro e um ângulo.

No exemplo vemos um ladrilho, no qual ocorre um giro de 90° da figura em torno do centro O. O desenho final é obtido por meio dessa rotação.

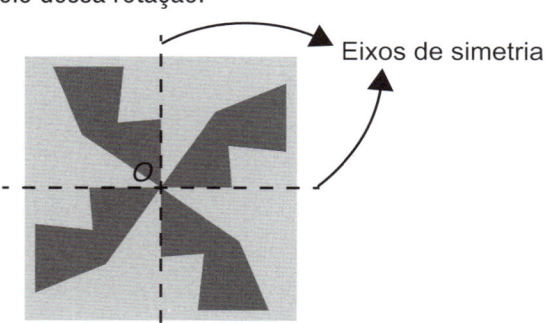

Eixos de simetria

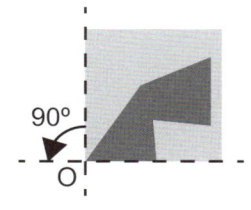

Como o giro é de 90°, temos 2 eixos de simetria. Esse tipo de simetria é chamado de **simetria de rotação birradial** (2 eixos).

Na natureza é muito comum esse tipo de simetria de rotação, principalmente a pentarradial: $360° \div 5 = 72°$. Na imagem da estrela-do-mar ao lado, a rotação é de 72°.

Simetria de translação

Na simetria de translação, a figura "desliza" sobre uma reta, mantendo-se inalterada. O elevador de um prédio e uma pessoa em uma escada rolante são alguns exemplos de translação.

A figura ao lado é um exemplo de simetria de translação: observe a sequência de imagens iguais que se deslocam em linha reta.

EXERCÍCIOS

RESOLUÇÕES PASSO A PASSO

1. (UFPR) A soma das áreas dos três quadrados abaixo é igual a 83 cm². Qual é a área do quadrado maior?

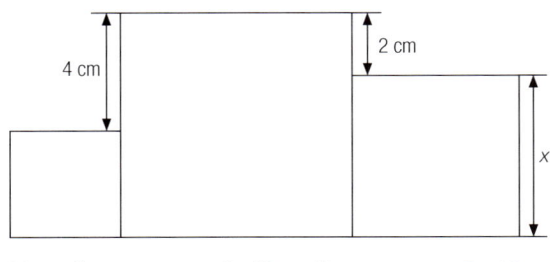

a) 36 cm²   b) 20 cm²   c) 49 cm²   d) 42 cm²   e) 64 cm²

LEIA E COMPREENDA

O problema solicita que se determine o lado de um dos quadrados sabendo-se que a soma das áreas dos três quadrados da figura é 83 cm².

PLANEJE A SOLUÇÃO

Devemos determinar a medida do lado de cada um dos quadrados em função do valor desconhecido x. Em seguida, estabelecemos a expressão que determina a área de cada um deles e igualamos a soma dessas expressões a 83 para encontrarmos o valor de x. Finalmente, teremos a medida do lado maior e sua área.

EFETUE O QUE FOI PLANEJADO

Quadrado da direita: lado $\Rightarrow x$ e área $\Rightarrow x^2$

Quadrado do meio: lado $\Rightarrow x + 2$ e área $\Rightarrow (x + 2)^2$

Quadrado da esquerda: lado $\Rightarrow x + 2 - 4 = x - 2$ e área $\Rightarrow (x - 2)^2$; logo:

$x^2 + (x + 2)^2 + (x - 2)^2 = 83 \Rightarrow x^2 + x^2 + 4x + 4 + x^2 - 4x + 4 = 83 \Rightarrow 3x^2 = 75 \Rightarrow x^2 = 25 \Rightarrow x = 5$

Lado maior: $x + 2 = 5 + 2 = 7$

Área do quadrado maior: $(7 \text{ cm})^2 = 49 \text{ cm}^2$

VERIFIQUE

Para $x = 5$, a soma das áreas será:

$(5 - 2)^2 + (5 + 2)^2 + 5^2 = 9 + 49 + 25 = 83$.

RESPONDA

Área $= 49$ cm², portanto, alternativa **c**.

AMPLIAÇÃO DO PROBLEMA

Qual é a soma das áreas dos círculos inscritos em cada um dos quadrados da figura?

Quadrado da direita: raio $r = \dfrac{5}{2}$ e área $= \pi \cdot \left(\dfrac{5}{2}\right)^2 = \dfrac{25\pi}{4}$

Quadrado do meio: raio $r = \dfrac{7}{2}$ e área $= \pi \cdot \left(\dfrac{7}{2}\right)^2 = \dfrac{49\pi}{4}$

Quadrado da esquerda: raio $r = \dfrac{3}{2}$ e área $= \pi \cdot \left(\dfrac{3}{2}\right)^2 = \dfrac{9\pi}{4}$

Soma das áreas: $\dfrac{25\pi}{4} + \dfrac{49\pi}{4} + \dfrac{9\pi}{4} = \dfrac{83\pi}{4}$

2. (Fuvest-SP) A figura abaixo ABC é um triângulo equilátero de lado igual a 2. MN, NP e PM são arcos de circunferências com centros nos vértices A, B e C, respectivamente, e de raio todos iguais a 1. A área da região sombreada é:

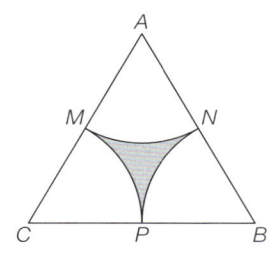

a) $\sqrt{3} - \dfrac{3\pi}{4}$.

b) $\sqrt{3} - \dfrac{\pi}{2}$.

c) $2\sqrt{3} - \dfrac{\pi}{2}$.

d) $4\sqrt{3} - 2\pi$.

e) $8\sqrt{3} - 2\pi$.

LEIA E COMPREENDA

Da superfície de uma região triangular de raio 2 são retirados 3 setores circulares de raio 1. O problema pede a área da superfície restante.

PLANEJE A SOLUÇÃO

Cada setor circular em que o ângulo é 60° corresponde à sexta parte da superfície de um círculo. Portanto, 3 desses setores circulares juntos correspondem à metade de um círculo. Da área de uma região limitada por um triângulo equilátero de lado 2, devemos retirar meio círculo de raio 1.

EFETUE O QUE FOI PLANEJADO

Área da região triangular

$$A_1 = \frac{\ell^2\sqrt{3}}{4} = \frac{2^2\sqrt{3}}{4} = \sqrt{3}$$

Área do semicírculo

$$A_2 = \frac{\pi r^2}{2} = \frac{\pi \cdot 1^2}{2} = \frac{\pi}{2}$$

Área procurada

$$Ap = A_1 - A_2 = \sqrt{3} - \frac{\pi}{2}$$

VERIFIQUE

A área de um setor circular é dada por: $A = \dfrac{\alpha \pi r^2}{360°}$.

A área de 3 setores circulares de $r = 1$ e $\alpha = 60°$ é: $A = 3 \cdot \dfrac{60° \cdot \pi \cdot 1^2}{360°} = \dfrac{\pi}{2}$, o que comprova que a área de 3 setores circulares com um ângulo de 60° corresponde a meio círculo. Agora é só retirarmos esse valor da área da região triangular, que vale $\sqrt{3}$, para obtermos o que pede o enunciado.

RESPONDA

A área procurada é $\sqrt{3} - \dfrac{\pi}{2}$, portanto, alternativa **b**.

AMPLIAÇÃO DO PROBLEMA

Qual é a razão entre a área hachurada e a não hachurada dessa figura?

$$\frac{\sqrt{3} - \dfrac{\pi}{2}}{\dfrac{\pi}{2}} = \frac{\dfrac{2\sqrt{3} - \pi}{2}}{\dfrac{\pi}{2}} = \frac{2\sqrt{3} - \pi}{\pi}$$

3. Determine a área de um círculo inscrito em um quadrado cujo lado mede 2 cm.

4. (UFSC) Um ciclista costuma dar 30 voltas completas por dia no quarteirão quadrado onde mora, cuja área é de 102 400 m². Então, a distância que ele pedala por dia é de:

a) 19 200 m.   c) 38 400 m.   e) 320 m.

b) 9 600 m.   d) 10 240 m.

5. (Fuvest-SP) A figura representa sete hexágonos regulares de lado 1 e um hexágono maior, cujos vértices coincidem com os centros de seis dos hexágonos menores. Então, a área do pentágono hachurado é igual a:

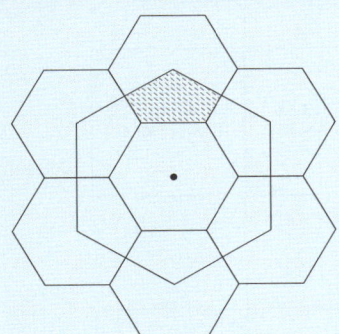

a) $3\sqrt{3}$.

b) $2\sqrt{3}$.

c) $\dfrac{3\sqrt{3}}{2}$.

d) $\sqrt{3}$.

e) $\dfrac{\sqrt{3}}{2}$.

6. (UFMG) O octógono regular de vértices *ABCDEFGH*, cujos lados medem 1 dm cada um, está inscrito no quadrado de vértices *PQRS*, conforme mostrado nesta figura. É correto afirmar que a área do quadrado *PQRS* é:

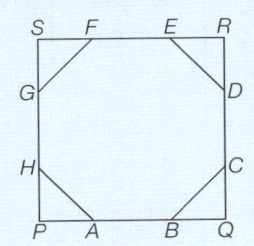

a) $\left(1 + 2\sqrt{2}\right)$ dm².

b) $\left(1 + \sqrt{2}\right)$ dm².

c) $\left(3 + 2\sqrt{2}\right)$ dm².

d) $\left(3 + \sqrt{2}\right)$ dm².

7. (UFRGS-RS) Uma pessoa desenhou uma flor construindo semicírculos sobre os lados de um hexágono regular de lado 1, como na figura abaixo.

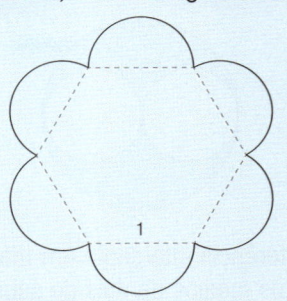

A área dessa flor é:

a) $\dfrac{3}{2}\left(\sqrt{3} + \dfrac{\pi}{2}\right)$.

b) $\dfrac{3}{2}\left(\sqrt{3} + \pi\right)$.

c) $\dfrac{3}{4}\left(\sqrt{3} + \dfrac{\pi}{2}\right)$.

d) $\dfrac{3}{4}\left(\sqrt{3} + \pi\right)$.

e) $\dfrac{3}{2}\left(\sqrt{3} + 2\pi\right)$.

8. (Vunesp) Os polígonos SOL e LUA são triângulos retângulos isósceles congruentes. Os triângulos retângulos brancos no interior de SOL são congruentes, assim como também são congruentes os triângulos retângulos brancos no interior de LUA.

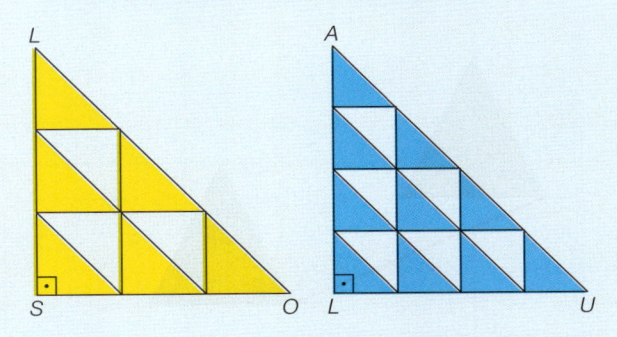

A área da superfície em amarelo e a área da superfície em azul estão na mesma unidade de medida. Se *x* é o número que multiplicado pela medida da área da superfície em amarelo resulta na medida da área da superfície em azul, então *x* é igual a:

a) $\dfrac{16}{15}$.

b) $\dfrac{15}{16}$.

c) $\dfrac{9}{10}$.

d) $\dfrac{14}{25}$.

e) $\dfrac{25}{24}$.

9. Os círculos menores a seguir têm, cada um, raio r e são tangentes entre si. Determine a área da região azul em função de r.

10. Uma circunferência intercepta um triângulo equilátero nos pontos médios de dois de seus lados, conforme mostra a figura abaixo. Nela, um dos vértices do triângulo é o centro da circunferência.

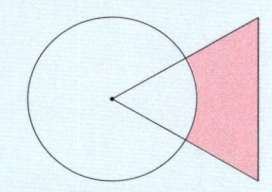

Se o lado do triângulo mede 6 cm, a área da região colorida na figura é:

a) $9\left(2\sqrt{3} - \dfrac{\pi}{6}\right)$.

d) $9\left(\sqrt{3} - \dfrac{\pi}{3}\right)$.

b) $9\left(\sqrt{3} - \dfrac{\pi}{18}\right)$.

e) $9\left(\sqrt{3} - \dfrac{\pi}{6}\right)$.

c) $9\left(\sqrt{3} - \pi\right)$.

11. Esta figura nos mostra uma simetria de que tipo?

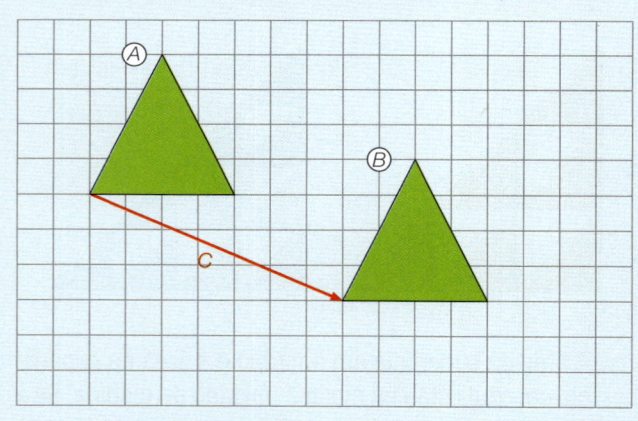

12. Qual é o ângulo de rotação que a simetria da figura a seguir apresenta?

13. (Exame Nacional de Matemática) O símbolo abaixo está desenhado nas placas do Parque das Nações que assinalam a localização dos lavabos. As quatro figuras a seguir representadas foram desenhadas com base nesse símbolo. Em cada uma delas, está desenhada uma reta r. Em qual delas a reta r é um eixo de simetria?

a)

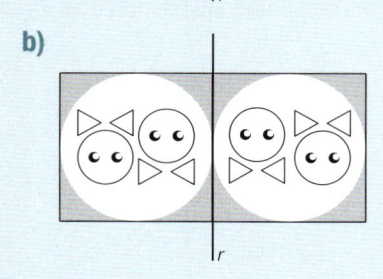

b)

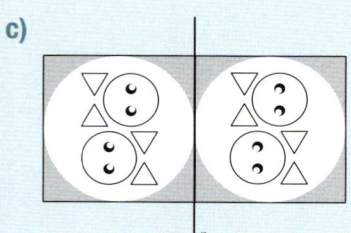

c)

d)

e)

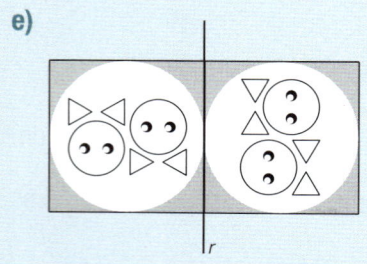

RESOLUÇÕES PASSO A PASSO

1. (Enem) A figura mostra uma praça circular que contém um chafariz em seu centro e, em seu entorno, um passeio. Os círculos que definem a praça e o chafariz são concêntricos.

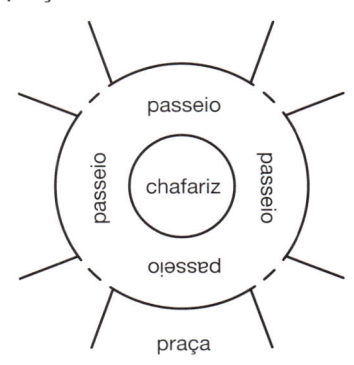

O passeio terá seu piso revestido com ladrilhos. Sem condições de calcular os raios, pois o chafariz está cheio, um engenheiro fez a seguinte medição: esticou uma trena tangente ao chafariz, medindo a distância entre dois pontos *A* e *B*, conforme a figura. Com isso, obteve a medida do segmento de reta *AB*: 16 m.

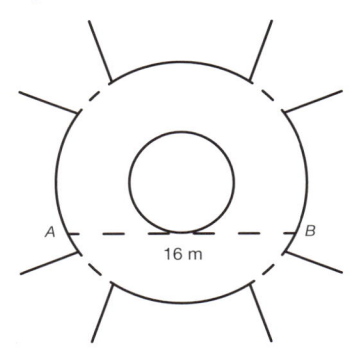

Dispondo apenas dessa medida, o engenheiro calculou corretamente a medida da área do passeio, em metro quadrado.

A medida encontrada pelo engenheiro foi:

a) 4π.   **b)** 8π.   **c)** 48π.   **d)** 64π.   **e)** 128π.

LEIA E COMPREENDA

Com a medida da corda (16 m) que liga os pontos *A* e *B* da circunferência maior e é tangente à circunferência menor, devemos determinar os raios dos dois círculos, limitados por essas circunferências, e, em seguida, encontrar a área do passeio (coroa circular).

PLANEJE A SOLUÇÃO

Como não é possível encontrar as medidas dos raios *R* (da circunferência maior) e *r* (da circunferência menor), devemos encontrar a diferença de seus quadrados: $(R^2 - r^2)$.

EFETUE O QUE FOI PLANEJADO

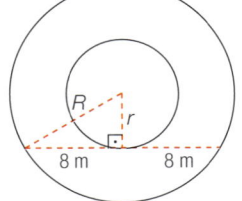

Aplicando o teorema de Pitágoras, teremos:

$R^2 = r^2 + 8^2 \Rightarrow R^2 - r^2 = 64$

Como a área da coroa circular é dada por $A = \pi \cdot (R^2 - r^2)$, teremos:

$A = 64\pi$

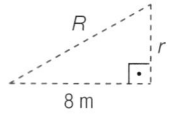
2. (Enem) Para decorar a fachada de um edifício, um arquiteto projetou a colocação de vitrais compostos de quadrados de lado medindo 1 m, conforme a figura a seguir. Nesta figura, os pontos *A*, *B*, *C* e *D* são pontos médios dos lados do quadrado e os segmentos *AP* e *QC* medem $\frac{1}{4}$ da medida do lado do quadrado. Para confeccionar um vitral, são usados dois tipos de materiais: um para a parte sombreada da figura, que custa R$ 30,00 o m², e outro para a parte mais clara (regiões *ABPDA* e *BCDQB*), que custa R$ 50,00 o m². De acordo com esses dados, qual é o custo dos materiais usados na fabricação de um vitral?

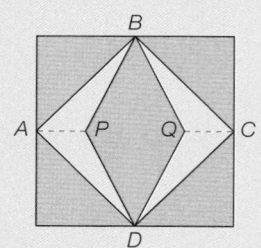

a) R$ 22,50   c) R$ 40,00   e) R$ 45,00

b) R$ 35,00   d) R$ 42,50

3. (Enem) Jorge quer instalar aquecedores no seu salão de beleza para melhorar o conforto dos seus clientes no inverno. Ele estuda a compra de unidades de dois tipos de aquecedores: modelo *A*, que consome 600 g/h (gramas por hora) de gás propano e cobre 35 m² de área, ou modelo *B*, que consome 750 g/h de gás propano e cobre 45 m² de área. O fabricante indica que o aquecedor deve ser instalado em um ambiente com área menor do que a da sua cobertura. Jorge vai instalar uma unidade por ambiente e quer gastar o mínimo possível com gás. A área do salão que deve ser climatizada encontra-se na planta seguinte (ambientes representados por três retângulos e um trapézio).

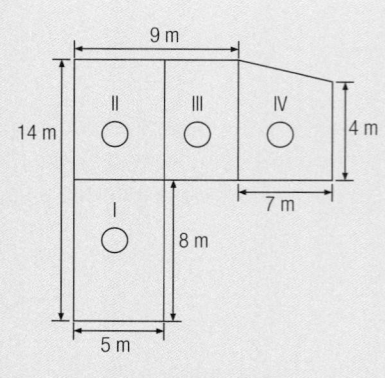

Avaliando-se todas as informações, serão necessárias:

a) quatro unidades do tipo *A* e nenhuma unidade do tipo *B*.

b) três unidades do tipo *A* e uma unidade do tipo *B*.

c) duas unidades do tipo *A* e duas unidades do tipo *B*.

d) uma unidade do tipo *A* e três unidades do tipo *B*.

e) nenhuma unidade do tipo *A* e quatro unidades do tipo *B*.

4. (Enem) Em uma certa cidade, os moradores de um bairro carente de espaços de lazer reivindicam à prefeitura municipal a construção de uma praça. A prefeitura concorda com a solicitação e afirma que irá construí-la em formato retangular devido às características técnicas do terreno. Restrições de natureza orçamentária impõem que sejam gastos, no máximo, 180 m de tela para cercar a praça. A prefeitura apresenta aos moradores desse bairro as medidas dos terrenos disponíveis para a construção da praça:

Terreno 1: 55 m por 45 m

Terreno 2: 55 m por 55 m

Terreno 3: 60 m por 30 m

Terreno 4: 70 m por 20 m

Terreno 5: 95 m por 85 m

Para optar pelo terreno de maior área, que atenda às restrições impostas pela prefeitura, os moradores deverão escolher o terreno:

a) 1. **b)** 2. **c)** 3. **d)** 4. **e)** 5.

5. (Enem) Um forro retangular de tecido traz em sua etiqueta a informação de que encolherá após a primeira lavagem mantendo, entretanto, seu formato. A figura a seguir mostra as medidas originais do forro e o tamanho do encolhimento (x) no comprimento e (y) na largura. A expressão algébrica que representa a área do forro após ser lavado é $(5 - x)(3 - y)$.

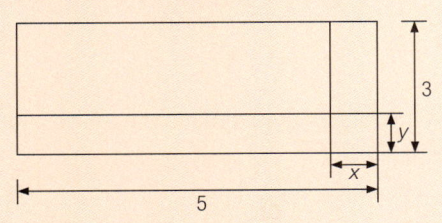

Nestas condições, a área perdida do forro, após a primeira lavagem, será expressa por:

a) $2xy$.
b) $15 - 3x$.
c) $15 - 5y$.
d) $-5y - 3x$.
e) $5y + 3x - xy$.

6. (Enem) Em canteiros de obras de construção civil é comum perceber trabalhadores realizando medidas de comprimento e de ângulos e fazendo demarcações por onde a obra deve começar ou se erguer. Em um desses canteiros foram feitas algumas marcas no chão plano. Foi possível perceber que, das seis estacas colocadas, três eram vértices de um triângulo retângulo e as outras três eram os pontos médios dos lados desse triângulo que foram indicadas por letras.

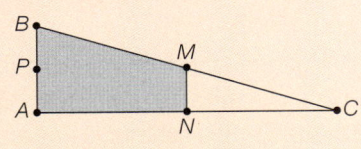

A região demarcada pelas estacas *A*, *B*, *M* e *N* deveria ser calçada com concreto. Nessas condições, a área a ser calçada corresponde:

a) à mesma área do triângulo *AMC*.
b) à mesma área do triângulo *BNC*.
c) à metade da área formada pelo triângulo *ABC*.
d) ao dobro da área do triângulo *MNC*.
e) ao triplo da área do triângulo *MNC*.

7. (Enem) A loja Telas & Molduras cobra 20 reais por metro quadrado de tela, 15 reais por metro linear de moldura, mais uma taxa fixa de entrega de 10 reais. Uma artista plástica precisa encomendar telas e molduras a essa loja, suficientes para 8 quadros retangulares (25 cm · 50 cm). Em seguida, fez uma segunda encomenda, mas agora para 8 quadros retangulares (50 cm · · 100 cm). O valor da segunda encomenda será:

a) o dobro do valor da primeira encomenda, porque a altura e a largura dos quadros dobraram.

b) maior do que o valor da primeira encomenda, mas não o dobro.

c) a metade do valor da primeira encomenda, porque a altura e a largura dos quadros dobraram.

d) menor do que o valor da primeira encomenda, mas não a metade.

e) igual ao valor da primeira encomenda, porque o custo de entrega será o mesmo.

8. (Enem) Para dificultar o trabalho de falsificadores, foi lançada uma nova família de cédulas do real. Com tamanho variável – quanto maior o valor, maior a nota – o dinheiro novo terá vários elementos de segurança. A estreia será entre abril e maio, quando começam a circular as notas de R$ 50,00 e R$ 100,00.

As cédulas atuais têm 14 cm de comprimento e 6,5 cm de largura. A maior cédula será a de R$ 100,00, com 1,6 cm a mais no comprimento e 0,5 cm maior na largura.

Disponível em: http://br.noticias.yahoo.com. Acesso em: 20 abr. 2010 (adaptado).

Quais serão as dimensões da nova nota de R$ 100,00?

a) 15,6 cm de comprimento e 6 cm de largura

b) 15,6 cm de comprimento e 6,5 cm de largura

c) 15,6 cm de comprimento e 7 cm de largura

d) 15,9 cm de comprimento e 6,5 cm de largura

e) 15,9 cm de comprimento e 7 cm de largura

9. (Enem) Em uma casa, há um espaço retangular medindo 4 m por 6 m, onde se pretende colocar um piso de cerâmica resistente e de bom preço. Em uma loja especializada, há cinco possibilidades de pisos que atendem às especificações desejadas, apresentadas no quadro:

Tipo do piso	Forma	Preço por piso (em reais)
I	Quadrado de lado medindo 20 cm	15,00
II	Retângulo medindo 30 cm por 20 cm	20,00
III	Quadrado de lado medindo 25 cm	25,00
IV	Retângulo medindo 16 cm por 25 cm	20,00
V	Quadrado de lado medindo 40 cm	60,00

Levando-se em consideração que não há perda de material, dentre os pisos apresentados, aquele que implicará o menor custo para a colocação no referido espaço é o piso

a) I. **b)** II. **c)** III. **d)** IV. **e)** V.

10. (Enem) A logomarca de uma empresa de computação é um quadrado, *AEFG*, com partes pintadas como mostra a figura. Sabe-se que todos os ângulos agudos presentes na figura medem 45º e que $AB = BC = CD = DE$. A fim de divulgar a marca entre os empregados, a gerência decidiu que fossem pintadas logomarcas de diversos tamanhos nas portas, paredes e fachada da empresa. Pintadas as partes cinza de todas as logomarcas, sem desperdício e sem sobras, já foram gastos R$ 320,00.

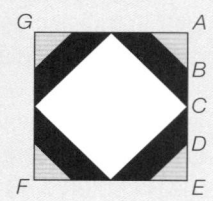

O preço das tintas cinza, preta e branca é o mesmo. Considerando que não haja desperdício e sobras, o custo para pintar as partes pretas e o custo para pintar as partes brancas serão, respectivamente:

a) R$ 320,00 e R$ 640,00.

b) R$ 640,00 e R$ 960,00.

c) R$ 960,00 e R$ 1.280,00.

d) R$ 1.280,00 e R$ 2.240,00.

e) R$ 2.240,00 e R$ 2.560,00.

11. (Enem) Uma família deseja realizar um jantar comemorativo de um casamento e dispõe para isso de um salão de festas de um clube, onde a área disponível para acomodação das mesas é de 500 m². As 100 mesas existentes no salão encontram-se normalmente agrupadas duas a duas, comportando 6 cadeiras. A área de cada mesa é de 1 m² e o espaço necessário em torno deste agrupamento, para acomodação das cadeiras e para circulação, é de 6 m². As mesas podem ser dispostas de maneira isolada, comportando 4 pessoas cada. Nessa situação, o espaço necessário para acomodação das cadeiras e para circulação é de 4 m². O número de convidados previsto para o evento é de 400 pessoas.

Para poder acomodar todos os convidados sentados, com as mesas existentes e dentro da área disponível para acomodação das mesas e cadeiras, como deverão ser organizadas as mesas?

a) Todas deverão ser separadas.

b) Todas mantidas no agrupamento original de duas mesas.

c) Um terço das mesas separadas e dois terços agrupadas duas a duas.

d) Um quarto das mesas separadas e o restante em agrupamento de duas a duas.

e) Sessenta por cento das mesas separadas e quarenta por cento agrupadas duas a duas.

12. (Enem) Um artista deseja pintar em um quadro uma figura na forma de triângulo equilátero *ABC* de lado 1 metro. Com o objetivo de dar um efeito diferente em sua obra, o artista traça segmentos que unem os pontos médios *D*, *E* e *F* dos lados *BC*, *AC* e *AB*, respectivamente, colorindo um dos quatro triângulos menores, como mostra a figura.

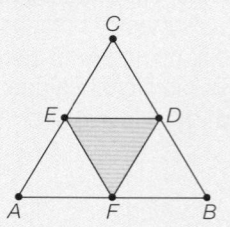

Qual a medida da área pintada em metros quadrados do triângulo *DEF*?

a) $\dfrac{1}{16}$

c) $\dfrac{1}{8}$

e) $\dfrac{\sqrt{3}}{4}$

b) $\dfrac{\sqrt{3}}{16}$

d) $\dfrac{\sqrt{3}}{8}$

13. (Enem) Um fabricante recomenda que, para cada m² do ambiente a ser climatizado, são necessários 800 BTUh desde que haja até duas pessoas no ambiente. A esse número devem ser acrescentados 600 BTUh para cada pessoa a mais, e também para cada aparelho eletrônico emissor de calor no ambiente. A seguir encontram-se as cinco opções de aparelhos desse fabricante e suas respectivas capacidades térmicas:

Tipo I: 10 500 BTUh

Tipo IV: 12 000 BTUh

Tipo II: 11 000 BTUh

Tipo V: 12 500 BTUh

Tipo III: 11 500 BTUh

O supervisor de um laboratório precisa comprar um aparelho para climatizar o ambiente. Nele ficarão duas pessoas mais uma centrífuga que emite calor. O laboratório tem forma de trapézio retângulo, com as medidas apresentadas na figura:

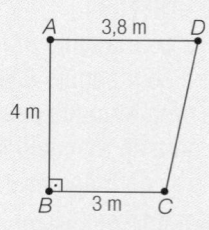

Para economizar energia, o supervisor deverá escolher o aparelho de menor capacidade térmica que atenda às necessidades do laboratório e às recomendações do fabricante.

A escolha do supervisor recairá sobre o aparelho do tipo:

a) I.   b) II.   c) III.   d) IV.   e) V.

14. (Enem) Um programa de edição de imagens possibilita transformar figuras em outras mais complexas. Deseja-se construir uma nova figura a partir da original. A nova figura deve apresentar simetria em relação ao ponto *O*.

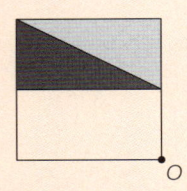

A imagem que representa a nova figura é:

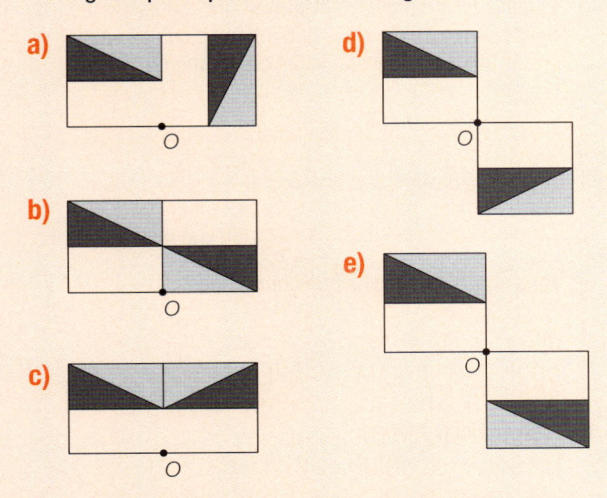

15. (Enem) Assim como na relação entre o perfil de um corte de um torno e a peça torneada, sólidos de revolução resultam da rotação de figuras planas em torno de um eixo. Girando-se as figuras abaixo em torno da haste indicada obtêm-se os sólidos de revolução que estão na coluna da direita.

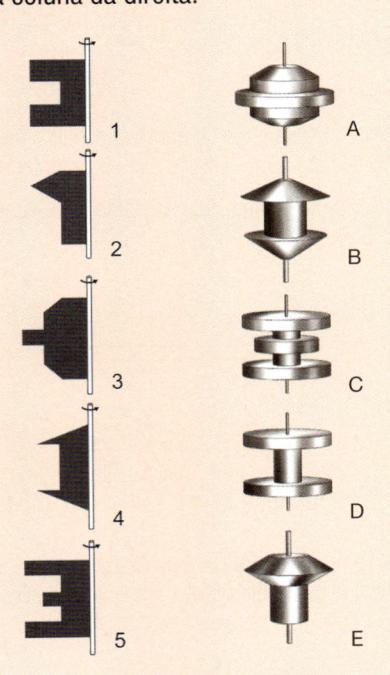

A correspondência correta entre as figuras planas e os sólidos de revolução obtidos é:

a) 1*A*, 2*B*, 3*C*, 4*D*, 5*E*.

b) 1*B*, 2*C*, 3*D*, 4*A*, 5*C*.

c) 1*B*, 2*D*, 3*E*, 4*A*, 5*C*.

d) 1*D*, 2*E*, 3*A*, 4*B*, 5*C*.

e) 1*D*, 2*E*, 3*B*, 4*C*, 5*A*.

16. (Enem) Em Florença, Itália, na Igreja de Santa Croce, é possível encontrar um portão em que aparecem os anéis de Borromeo. Alguns historiadores acreditavam que os círculos representavam as três artes: escultura, pintura e arquitetura, pois elas eram tão próximas quanto inseparáveis.

Anéis na Igreja de Santa Croce.

Qual dos esboços a seguir melhor representa os anéis de Borromeo?

a)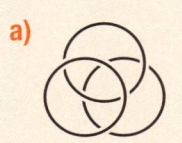

d)

b)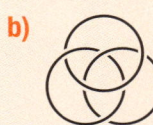

e)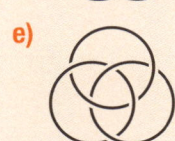

c)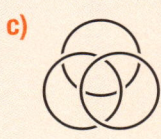

17. (Enem) O polígono que dá forma a essa calçada é invariante por rotações, em torno de seu centro, de:

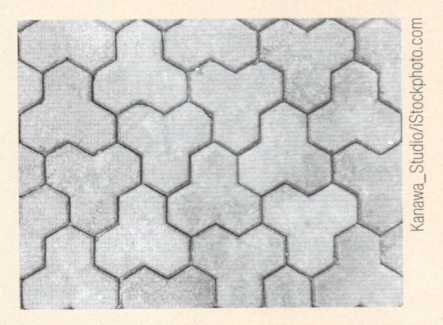

Kanawa_Studio/iStockphoto.com

a) 45°.

b) 60°.

c) 90°.

d) 120°.

e) 180°.

EXERCÍCIOS

3. $A = \pi r^2 = \pi \cdot 1^2 = \pi$

$A = \pi$ cm²

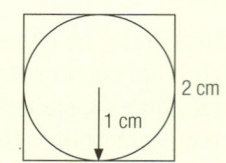

4. $A = 102\,400 \Rightarrow \ell^2 = 102\,400 \Rightarrow$

$\Rightarrow \ell = \sqrt{102\,400} = \sqrt{2^{10} \cdot 10^2} = 2^5 \cdot 10 = 320$

Como foram dadas 30 voltas, teremos:

$320 \cdot 30 = 9\,600 \Rightarrow 9\,600$ m.

Alternativa **b**.

5. O segmento destacado na figura mostra que a figura hachurada corresponde à terça parte da área do hexágono.

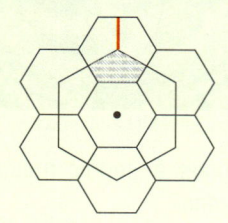

Área do hexágono de lado 1:

$p = \dfrac{n\ell}{2} = \dfrac{6 \cdot 1}{2} = 3$

$a = \dfrac{\ell \sqrt{3}}{2} = \dfrac{1 \cdot \sqrt{3}}{2} = \dfrac{\sqrt{3}}{2}$

$A = p \cdot a = 3 \cdot \dfrac{\sqrt{3}}{2} = \dfrac{3\sqrt{3}}{2}$

Então: $\dfrac{1}{3} \cdot A = \dfrac{1}{3} \cdot \dfrac{3\sqrt{3}}{2} = \dfrac{\sqrt{3}}{2}$.

Alternativa **e**.

6. Fazendo um recorte na figura temos:

$\ell^2 + \ell^2 = 1^2 \Rightarrow 2\ell^2 = 1 \Rightarrow \ell^2 = \dfrac{1}{2} \Rightarrow$

$\Rightarrow \ell = \sqrt{\dfrac{1}{2}} \Rightarrow \ell = \dfrac{\sqrt{2}}{2}$

O lado do quadrado é $1 + 2\ell = 1 + \sqrt{2}$.

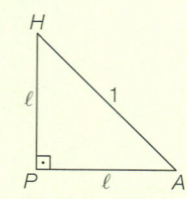

Portanto, a área do quadrado será:

$\left(1 + \sqrt{2}\right)^2 = 1 + 2 \cdot 1 \cdot \sqrt{2} + 2 = 3 + 2\sqrt{2}$

Alternativa **c**.

7. A flor é composta de 6 semicírculos (3 círculos) e um hexágono regular (6 triângulos equiláteros).

Área dos círculos: $3\pi \left(\dfrac{1}{2}\right)^2 = \dfrac{3\pi}{4}$

Área do hexágono regular: $6 \cdot \dfrac{1^2 \sqrt{3}}{4} = \dfrac{3\sqrt{3}}{2}$

Área total: $\dfrac{3\pi}{4} + \dfrac{3\sqrt{3}}{2} = \dfrac{3}{2}\left(\dfrac{\pi}{2} + \sqrt{3}\right)$

Alternativa **a**.

8. Como cada cateto do triângulo SOL fica dividido em 3 partes iguais e do triângulo LUA em quatro partes também iguais, temos: mmc (3; 4) = 12. Suponhamos que os catetos de SOL e LUA meçam 12 unidades de comprimento.

Assim:

Cada cateto dos triângulos amarelos em SOL: 12 : 3 = 4

Áreas dos 6 triângulos brancos: $6 \cdot \dfrac{4 \cdot 4}{2} = 48$

Cada cateto dos triângulos brancos em LUA medirá: 12 : 4 = 3

Área dos 10 triângulos brancos somadas: $10 \cdot \dfrac{3 \cdot 3}{2} = 45$

$48 \cdot x = 45 \Rightarrow x = \dfrac{45}{48} \Rightarrow x = \dfrac{15}{16}$

Alternativa **b**.

9. Área do círculo menor: πr^2

Área do círculo maior: $\pi(2r)^2 = 4\pi r^2$

Área hachurada: $4\pi r^2 - 2\pi r^2 = 2\pi r^2$

10. Como o triângulo é equilátero, seus ângulos internos medem 60°, que é o ângulo do setor circular. A medida do raio do setor é a metade da medida do lado triângulo, ou seja, 3 cm.

A área da região destacada (Ap) e a área do triângulo menos a área do setor circular.

$A_p = \dfrac{6^2 \sqrt{3}}{4} - \dfrac{1}{6} \cdot \pi 3^2 = 9\sqrt{3} - \dfrac{9\pi}{6} = 9\left(\sqrt{3} - \dfrac{\pi}{6}\right)$

Alternativa **e**.

11. Trata-se de uma simetria de translação, pois a figura se desloca ao longo de uma reta. Observe que não acontece nenhum giro.

12. Observe que o plano fica dividido em 6 partes, então: 360° : 6 = 60°.

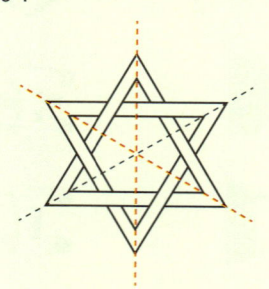

13. A simetria, no caso, é a de reflexão, cujo eixo é tomado como "espelho". A única alternativa em que aparece uma imagem refletida é a **b**.

Alternativa **b**.

QUESTÕES DO ENEM

2. A parte não sombreada é formada por 4 triângulos cuja base é $\frac{1}{4}$ e altura é $\frac{1}{2}$.

Área dos 4 triângulos somadas: $4 \cdot \frac{1}{2} \cdot \frac{1}{2} \cdot \frac{1}{4} = \frac{1}{4} =$
$= 0,25$.

Custo da área não sombreada: $0,25 \cdot 50,00 = 12,50 \Rightarrow$
$\Rightarrow$ R\$ 12,50

A parte sombreada é formada por 4 triângulos retângulos isósceles cujos catetos medem $\frac{1}{2}$ e por um losango cujas diagonais maior e menor medem, respectivamente, 1 e $\frac{1}{2}$.

Área da parte sombreada: $4 \cdot \frac{1}{2} \cdot \frac{1}{2} \cdot \frac{1}{2} + \frac{1}{2} \cdot 1 \cdot \frac{1}{2} =$
$= 0,5 + 0,25 = 0,75$

Custo da parte sombreada: $0,75 \cdot 30,00 = 22,50 \Rightarrow$
$\Rightarrow$ R\$ 22,50

Custo total: R\$ 12,50 + R\$ 22,50 = R\$ 35,00

Alternativa **b**.

3. É necessário calcular as áreas de cada ambiente. Naquele cuja área for menor ou igual a 35 m² deve ser utilizado o aparelho do modelo *A*, pois cobrirá a área e será mais econômico na utilização do gás. Para os ambientes que tiverem área entre 35 m² e 45 m², o modelo *B* é o apropriado porque, apesar de gastar mais gás propano, é o que cobre a área.

Cálculos das áreas:

I) Área I: 5 m · 8 m = 40 m² → modelo *B*.

II) Área II: 6 m · 5 m = 30 m² → modelo *B*.

III) Área III: 4 m · 6 m = 24 m² → modelo *A*.

IV) Área IV: $\dfrac{(6 \text{ m} + 4 \text{ m}) \cdot 7 \text{ m}}{2} = 35 \text{ m}^2 \rightarrow$ modelo *A*.

Alternativa **c**.

4. Inicialmente vamos calcular o perímetro ($2p$) de cada terreno para verificar se atende à restrição orçamentária imposta (máximo de 180 metros de perímetro).

Se a restrição for atendida, a área é calculada por meio do produto da base (b) pela altura (h) do retângulo e posteriormente é determinado o terreno de maior área. O perímetro de cada retângulo, soma das medidas de todos os seus lados, é calculado pelo dobro da soma das medidas fornecidas, base e altura, $2p = 2 \cdot (b + h)$. Observe:

Terreno	Perímetro	Atende à restrição	Área em m²
1	2 · (55 + 45) = =200	Não.	
2	2 · (55 + 55) = =220	Não.	
3	2 · (60 + 30) = =180	Sim.	80 · 30 = =1 800
4	2 · (70 + 20) = =180	Sim.	70 · 20 = =1 400
5	2 · (95 + 85) = =360	Não.	

O terreno número 3 é aquele que, depois de satisfeitas as exigências ambientais, tem maior área.

Alternativa **c**.

5. A área perdida é a diferença entre a área antes da lavagem e a área depois da lavagem:

Área antes de lavagem: $3 \cdot 5 = 15$

Área depois da lavagem: $(5 - x)(3 - y) =$
$= 15 - 5y - 3x + xy$

Diferença: $15 - (15 - 5y - 3x + xy) = 5y + 3x - xy$

Alternativa **e**.

6. Vamos considerar:

$AB = 2x \Rightarrow AP = PB = MN = x$ e $AC = 2y \Rightarrow$
$\Rightarrow NA = NC = y$

E calcular as áreas dos triângulos:

triângulo (AMC): $A_1 = \dfrac{AC \cdot MN}{2} = \dfrac{2y \cdot x}{2} = xy$

triângulo (MNC): $A_2 = \dfrac{MN \cdot NC}{2} = \dfrac{x \cdot y}{2}$

triângulo (ABC): $A_3 = \dfrac{AB \cdot AC}{2} = \dfrac{2x \cdot 2y}{2} = 2xy$

triângulo (MNC): $A_4 = \dfrac{NC \cdot MN}{2} = \dfrac{xy}{2}$

área do trapézio ($ABMN$):

$$A_5 = \frac{(AB + MN)AN}{2} = \frac{(2x + x)\,y}{2} = \frac{3xy}{2}$$

Comparando A_5 com A_4, vemos que a área do trapézio *ABMN* é o triplo da área do triângulo *MNC*.

Alternativa **e**.

7. **Primeira encomenda**

Área de cada tela: $A = 0,25 \cdot 0,5 = 0,125 \text{ m}^2$.

Como a loja cobra R\$ 20,00 por m², vamos multiplicar a área por R\$ 20,00: $0,125 \cdot 20,00 = 2,50 \Rightarrow$ R\$ 2,50

Medida da moldura, que equivale a calcular um perímetro:

$P = 0,25 \text{ m} + 0,50 \text{ m} + 0,25 \text{ m} + 0,50 \text{ m} = 1,50 \text{ m}$

A loja cobra 15 reais por metro de moldura, logo:
$15,00 \cdot 1,50 = 22,50 \Rightarrow$ R\$ 22,50.

Cada quadro sai, portanto, por:

R\$ 22,50 + R\$ 2,50 = R\$ 25,00

Como são 8 quadros, temos: $8 \cdot 25,00 = 200,00 \Rightarrow$ R\$ 200,00.

A loja cobra ainda uma taxa fixa de entrega de 10 reais.

Valor total = R\$ 200,00 + R\$ 10,00 = R\$ 210,00.

Segunda encomenda

Área da tela: $1 \cdot 0,50 = 0,5 \text{ m}^2$

Se a loja cobra R\$ 20,00 por m², teremos:

$20,00 \cdot 0,5 = 10,00 \Rightarrow$ R\$ 10,00

Medida da moldura (perímetro):

$0,50 \text{ m} + 0,50 \text{ m} + 1 \text{ m} + 1 \text{ m} = 3 \text{ m}$

A loja cobra por metro linear:

$15,00 \cdot 3 = 45,00 \Rightarrow$ R\$ 45,00

Cada quadro vale:

R$ 10,00 + R$ 45,00 = R$ 55,00

Como são 8 quadros e ainda temos a taxa de entrega de 10 reais, o valor total da segunda encomenda é:

8 · 55,00 + 10,00 = 450,00 ⇒ R$ 450,00

O valor da segunda encomenda é maior que o da primeira, mas não o dobro.

Alternativa **b**.

8. O comprimento da cédula de 100 reais será 14 cm + 1,6 cm = = 15,6 cm, e a largura será 6,5 cm + 0,5 cm = 7,0 cm.

Alternativa **c**.

9. Área disponível: 400 cm · 600 cm = 240 000 cm²

Valor dos pisos:

Piso I: $\dfrac{\text{área disponível}}{\text{área do piso}} \cdot 15 = \dfrac{240\,000\ \text{cm}^2}{400\ \text{cm}^2} \cdot 15 =$

= 600 · 15 = 9 000

Piso II: $\dfrac{\text{área disponível}}{\text{área do piso}} \cdot 20 = \dfrac{240\,000\ \text{cm}^2}{600\ \text{cm}^2} \cdot 20 =$

= 400 · 20 = 8 000

Piso III: $\dfrac{\text{área disponível}}{\text{área do piso}} \cdot 25 = \dfrac{240\,000\ \text{cm}^2}{625\ \text{cm}^2} \cdot 25 =$

= 384 · 25 = 9 600

Piso IV: $\dfrac{\text{área disponível}}{\text{área do piso}} \cdot 20 = \dfrac{240\,000\ \text{cm}^2}{400\ \text{cm}^2} \cdot 20 =$

= 600 · 20 = 12 000

Piso V: $\dfrac{\text{área disponível}}{\text{área do piso}} \cdot 60 = \dfrac{240\,000\ \text{cm}^2}{1\,600\ \text{cm}^2} \cdot 60 =$

= 150 · 60 = 9 000

Menor custo é o piso 2.

Alternativa **b**.

10. Temos que a área do logotipo todo é 8 vezes a área da parte cinza. Assim, o custo com o logotipo todo será 8 vezes R$ 320,00, ou seja, R$ 2.560,00. Mas se a área da parte branca é metade da área toda, então, o custo para pintar a área branca será R$ 2.560 : 2 = R$ 1.280,00, e para pintar a área preta o custo será: 2 560 − 320 − 1 280 = 960,00 ⇒ R$ 960,00.

Alternativa **c**.

11. Analisando as alternativas:

a) Todas as 100 mesas separadas seriam (1 m² + 4 m²) = = 5 m² de espaço para cada mesa, totalizando 500 m². Sentando 4 pessoas em cada, podem-se acomodar as 400 pessoas.

b) Teríamos de acomodar 50 mesas duplas com 6 lugares, totalizando 300 lugares – não poderíamos acomodar os 400 convidados. (Alternativa incorreta.)

c) A divisão de 100 por 3 não proporciona resultado inteiro. (Alternativa incorreta.)

d) Teríamos 25 mesas com 4 lugares, totalizando 100 acomodações em (25 · 5 m²) = 125 m² e 75 duplas com 6 lugares, totalizando 450 lugares em (75 · 7 m²) = 525 m². É maior que o espaço disponível. (Alternativa incorreta.)

e) O espaço ocupado seria (60 · 5 m²) + (40 · 7 m²) = = 300 m² + 280 m² = 580 m². É superior a 500 m². (Alternativa incorreta.)

Alternativa **a**.

12. Se o triângulo maior tem 1 m de lado, o triângulo menor terá $\dfrac{1}{2}$ m de lado (teorema da base média).

A área do triângulo menor será:

$$A = \frac{1}{4}\,\ell^2\,\sqrt{3} = \frac{1}{4} \cdot \left(\frac{1}{2}\right)^2 \cdot \sqrt{3} = \frac{\sqrt{3}}{16}$$

Alternativa **b**.

13. A capacidade térmica do aparelho a ser comprado deve ser calculada por meio de: 800 · área + 600, pois só há duas pessoas no ambiente (nada a acrescentar) e mais 600 BTUh devido a uma centrífuga que emite calor.

Cálculo da área do laboratório (trapézio):

$$A = \frac{(\text{base maior} + \text{base menor}) \cdot \text{altura}}{2} =$$

$$= \frac{(3,8 + 3,0) \cdot 4,0}{2} = 13,6$$

Cálculo da capacidade térmica (BTUh):

800 · 13,6 + 600 = 10 800 + 600 = 11 480

O aparelho com capacidade térmica mais próxima é o do tipo III.

Alternativa **c**.

14. Para que uma figura seja simétrica a outra em relação a um ponto O, a distância de todos os pontos dela ao ponto O deve ser a mesma dos pontos simétricos da outra figura em relação a esse ponto O. Se for traçado um eixo vertical e um horizontal passando pelo ponto O, vê-se que a figura original se encontra no segundo quadrante; sendo assim, a figura simétrica deve estar no quarto quadrante.

Alternativa **e**.

15. Basta girarmos cada uma das figuras da primeira coluna em 360° em torno do eixo vertical colocado a sua direita.

Alternativa **d**.

16. Nota-se na figura que o anel à direita está na frente do anel à esquerda e atrás do anel superior. Esse anel superior, por sua vez, está atrás daquele à esquerda. O único esboço que apresenta todas estas características é o da alternativa **e**.

Alternativa **e**.

17. No centro de cada peça, fazemos partir um eixo que passe pela ponta do ladrilho.

Fazendo 360° : 3 = 120°, concluímos que cada "ladrilho" é obtido por meio de uma rotação de 120°.

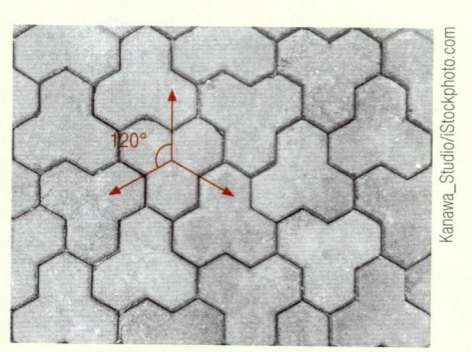

Alternativa **d**.

COMPETÊNCIAS E HABILIDADES

ENEM

COMPETÊNCIAS DE ÁREA — MATEMÁTICA E SUAS TECNOLOGIAS

Habilidades

H6 Interpretar a localização e a movimentação de pessoas/objetos no espaço tridimensional e a sua representação no espaço bidimensional.

H7 Identificar características de figuras planas ou espaciais.

H8 Resolver situação-problema que envolva conhecimentos geométricos de espaço e forma.

H9 Utilizar conhecimentos geométricos de espaço e forma na seleção de argumentos propostos como solução de problemas do cotidiano.

BNCC

Habilidades

EF06MA24 Resolver e elaborar problemas que envolvam as grandezas comprimento, massa, tempo, temperatura, área (triângulos e retângulos), capacidade e volume (sólidos formados por blocos retangulares), sem uso de fórmulas, inseridos, sempre que possível, em contextos oriundos de situações reais e/ou relacionadas às outras áreas do conhecimento.

EF06MA29 Analisar e descrever mudanças que ocorrem no perímetro e na área de um quadrado ao se ampliarem ou reduzirem, igualmente, as medidas de seus lados, para compreender que o perímetro é proporcional à medida do lado, o que não ocorre com a área.

EF07MA31 Estabelecer expressões de cálculo de área de triângulos e de quadriláteros.

EF07MA32 Resolver e elaborar problemas de cálculo de medida de área de figuras planas que podem ser decompostas por quadrados, retângulos e/ou triângulos, utilizando a equivalência entre áreas.

GEOMETRIA MÉTRICA ESPACIAL

PRISMAS

Serão objetos de nosso estudo somente os **prismas retos**, ou seja, aqueles cujas faces são perpendiculares à base, incluindo os **prismas regulares** (prismas retos cujas bases são polígonos regulares). No caso de prismas regulares, estudaremos somente aqueles cuja base seja um triângulo equilátero, um quadrado ou um hexágono regular.

Prisma regular

Área da base é a área do polígono regular da base, cujo lado mede ℓ: triângulo equilátero, quadrado ou hexágono regular (A_B).

Área da face é a área de um retângulo da face lateral: $A_F = \ell \cdot h$

Área lateral é a soma das áreas dos retângulos das faces laterais (n = número de arestas da base): $A_L = n \cdot A_F$

Área total é a soma da área lateral com as áreas das bases:

$A_T = A_L + 2 \cdot A_B$

Volume: $V = A_B \cdot h$

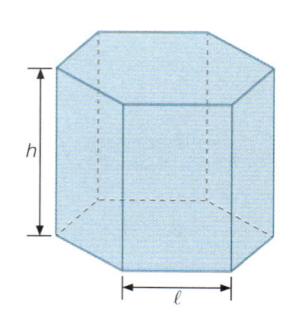

Cubo (hexaedro regular)

Diagonal de uma face: $d = \ell\sqrt{2}$

Diagonal do cubo: $D = \ell\sqrt{3}$

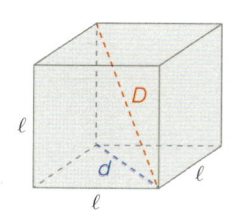

Área da base: $A_B = \ell^2$

Área lateral: $A_L = 4\ell^2$

Área total: $A_T = 6\ell^2$

Volume: $V = \ell^3$

Planificação do cubo

Há 11 maneiras diferentes de planificar um cubo, conforme se pode ver nas figuras a seguir:

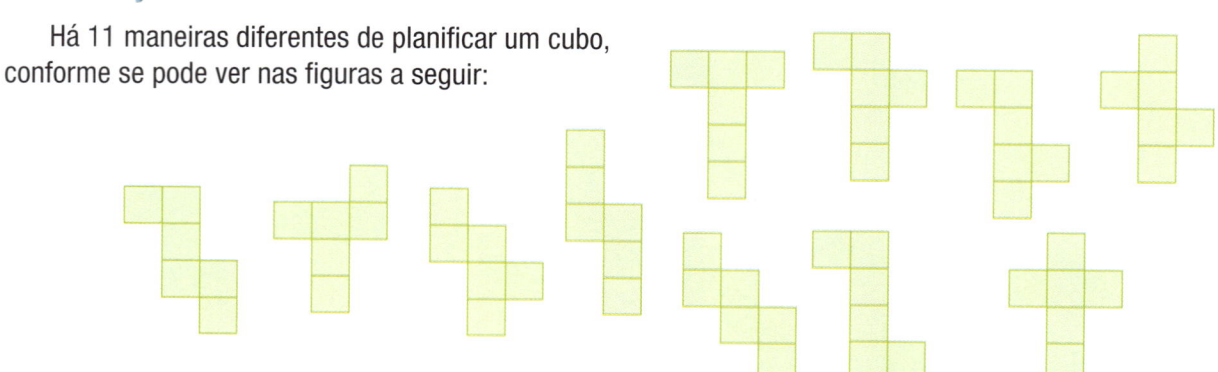

Paralelepípedo reto-retângulo

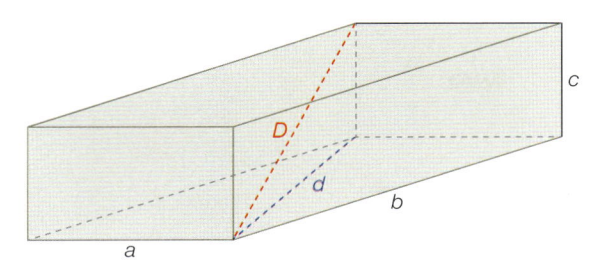

Área da base é a área do retângulo da base:
$A_B = ab$

Área lateral é a soma das áreas dos retângulos das faces laterais: $A_L = 2(ac + bc)$

Área total é a soma das áreas de todas as quatro faces laterais e das duas bases: $A_T = 2(ab + ac + bc)$

Volume: $V = abc$

Diagonal da base: $d = \sqrt{a^2 + b^2}$
Diagonal do paralelepípedo: $D = \sqrt{a^2 + b^2 + c^2}$

CILINDROS

Área da base é a área do círculo da base:
$A_B = \pi r^2$

Área lateral é a área do retângulo da superfície lateral: $A_L = 2\pi rh$

Área total é a soma da área lateral com as áreas das bases:
$A_T = A_L + 2A_B = 2\pi r(h + r)$

Volume: $V = \pi r^2 h$

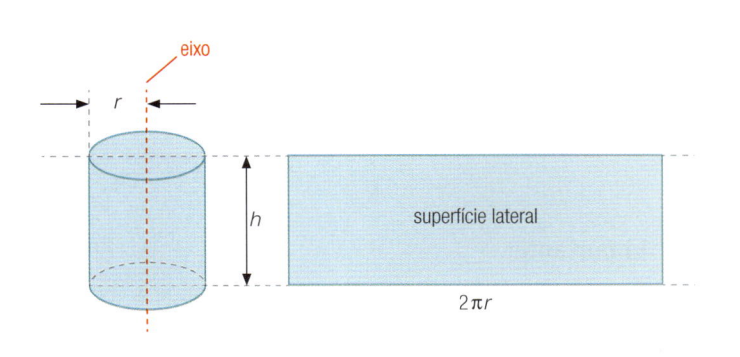

Secção meridiana

É a secção obtida ao longo do eixo; no caso da figura ao lado, é a secção definida pelo retângulo *ABCD*.

Área da secção meridiana do cilindro: $A_s = 2rh$

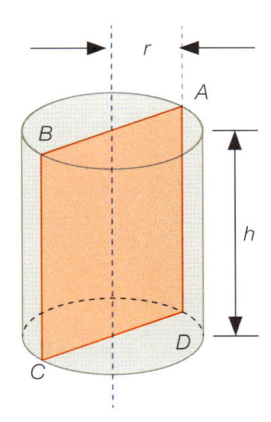

Cilindro equilátero

É o cilindro cuja secção meridiana é um **quadrado**: $h = 2r$

PIRÂMIDES

Nosso estudo se limitará às pirâmides cujas bases são um polígono regular e cujas faces são triângulos isósceles e congruentes. São ditas **pirâmides regulares**.

Elementos de uma pirâmide

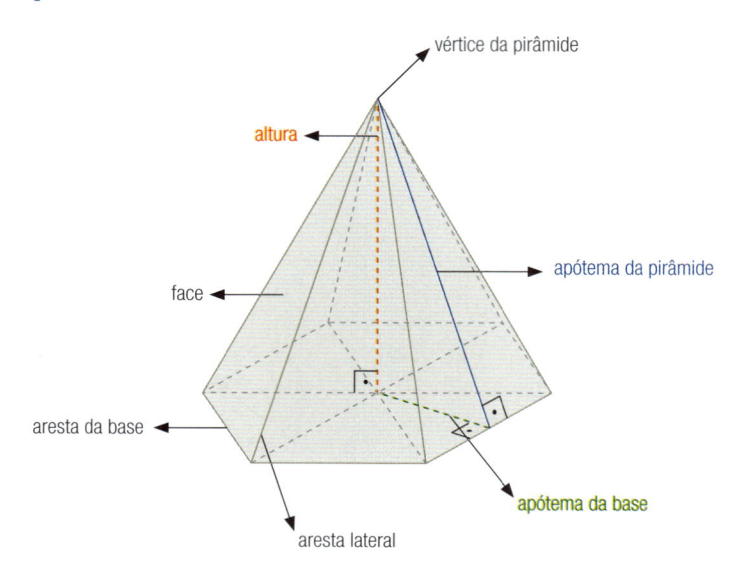

Importante:

- O apótema da base, o apótema da pirâmide e a altura formam um triângulo retângulo.
- As faces são triângulos isósceles cuja altura é o apótema da pirâmide.
- A altura, a aresta lateral e metade da diagonal da base formam um triângulo retângulo.

Área e volume

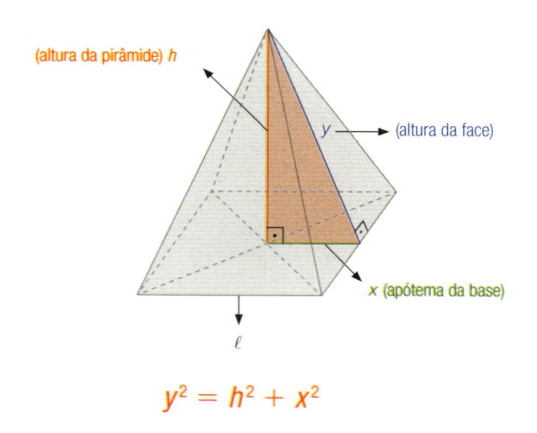

$$y^2 = h^2 + x^2$$

Área da face é a área do triângulo da face: $A_F = \dfrac{\ell \cdot y}{2}$

Área da base é a área do polígono regular da base, de lado ℓ (na figura, a base é um quadrado: $A_B = \ell^2$).

Área lateral é a soma da área de cada face (n = número de faces da pirâmide):

$$A_L = n \cdot A_F$$

Área total é a soma da área lateral com a área da base:

$$A_T = A_L + A_B$$

Volume: $V = \dfrac{1}{3} A_B \cdot h$

Tetraedro regular

É a pirâmide cuja base e cujas faces são triângulos equiláteros.

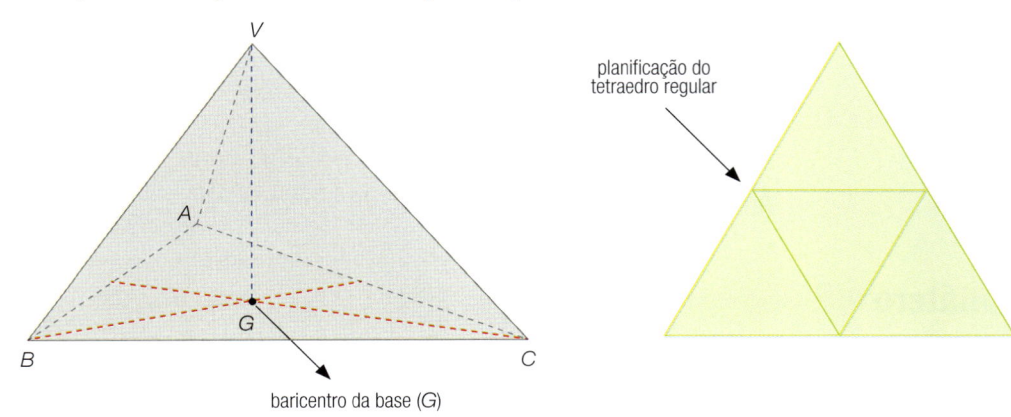

baricentro da base (G)

planificação do
tetraedro regular

Área e volume do tetraedro regular

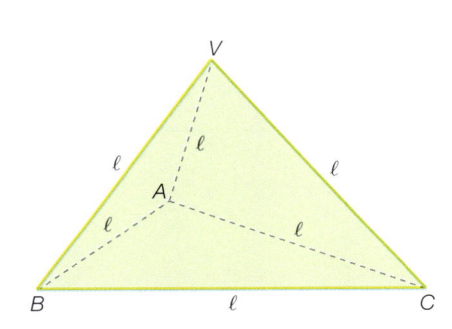

Se ℓ = medida da aresta do tetraedro regular, então:

Área da base é a área do triângulo equilátero da base: $A_B = \dfrac{\ell^2 \sqrt{3}}{4}$

Área lateral: $A_L = \dfrac{3\ell^2 \sqrt{3}}{4}$

Área total: $A_T = \ell^2 \sqrt{3}$

Volume: $V = \dfrac{\ell^3 \sqrt{2}}{12}$

CONES

Nosso estudo se limitará aos cones cuja base é um círculo e a altura é perpendicular à base, que são chamados de **cones retos**.

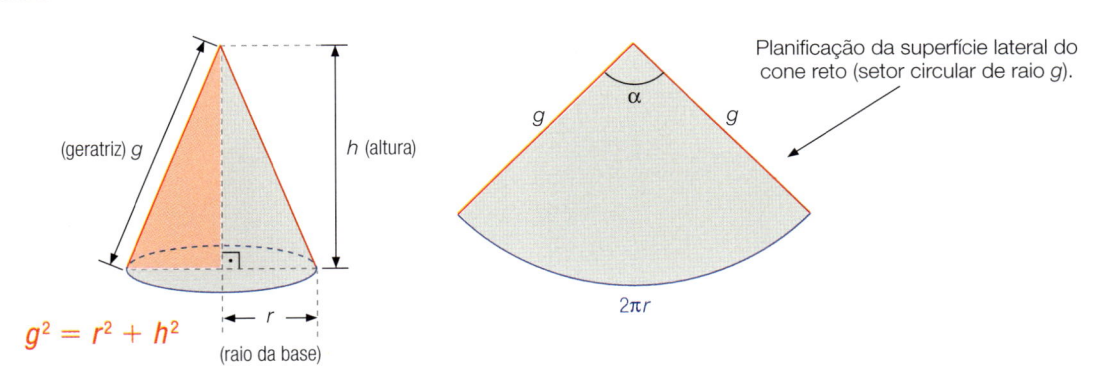

Planificação da superfície lateral do cone reto (setor circular de raio g).

$g^2 = r^2 + h^2$

Área da base é a área do círculo da base: $A_B = \pi r^2$

Área lateral é a área do setor circular da superfície lateral: $A_L = \pi r g$

Área total é a soma da área lateral com a área da base:

$A_T = A_L + A_B \Rightarrow A_T = \pi r(g + r)$

Secção meridiana

Em um cone, a superfície limitada pelo triângulo ABV, em que V é o vértice do cone e $\overline{AB}$ é diâmetro da base, chama-se **secção meridiana**.

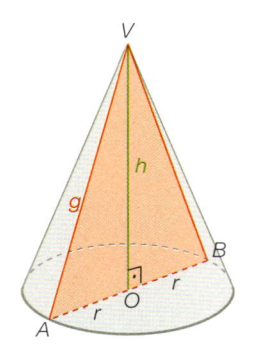

Área da secção meridiana: $A_s = r \cdot h$

Cone equilátero

O cone equilátero é o cone cuja **secção meridiana** é a superfície limitada por um **triângulo equilátero**. Nesse caso, o ângulo do setor circular da superfície lateral será $\alpha = 180°$.

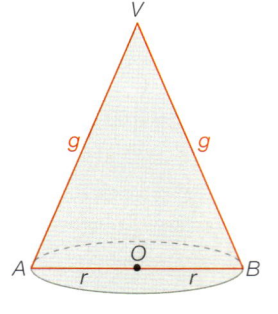

$g = 2r$

ESFERA

Área e volume da esfera

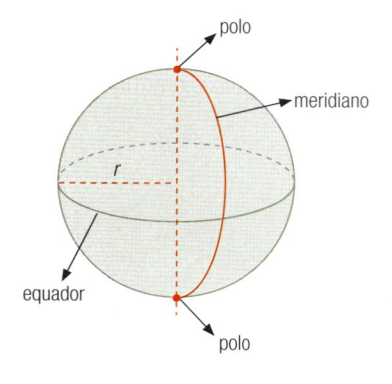

Área da esfera: $A = 4\pi r^2$

Volume da esfera: $V = \dfrac{4}{3}\pi r^3$

Secção da esfera

Toda secção plana de uma esfera é um **círculo**. Sendo r o raio da esfera, d a distância do centro ao plano secante e s o raio da secção, vale a seguinte relação:

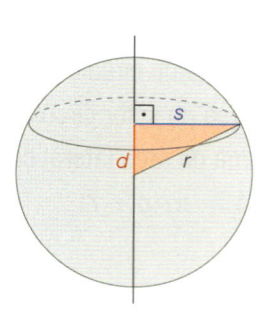

$r^2 = d^2 + s^2$

RESOLUÇÕES PASSO A PASSO

1. (Fuvest-SP) Dois blocos de alumínio, em forma de cubo, com arestas medindo 10 cm e 6 cm são levados juntos à fusão e em seguida o alumínio líquido é moldado como um paralelepípedo reto de arestas 8 cm, 8 cm e x cm. O valor de x é:

a) 16.   **c)** 18.   **e)** 20.

b) 17.   **d)** 19.

LEIA E COMPREENDA

Com o material obtido pela fusão de dois cubos de alumínio, pretende-se obter um paralelepípedo. Conhecendo-se a medida de duas das arestas desse paralelepípedo, o problema pede a medida da terceira aresta.

PLANEJE A SOLUÇÃO

Conhecendo-se a medida da aresta dos cubos, obtemos seus volumes, que somados resultam no mesmo volume do paralelepípedo. Com base nisso, descobrimos a medida da aresta que faltava.

EFETUE O QUE FOI PLANEJADO

Volume do 1° cubo (V_1): $V_1 = 10^3 \Rightarrow V_1 = 1\,000\ cm^3$

Volume do 2° cubo (V_2): $V_2 = 6^3 \Rightarrow V_2 = 216\ cm^3$

Volume do paralelepípedo (V): $V = V_1 + V_2 \Rightarrow V = 1\,216\ cm^3$

Então: $8 \cdot 8 \cdot x = 1\,216 \Rightarrow 64x = 1\,216 \Rightarrow x = \dfrac{1\,216}{64} \Rightarrow x = 19$

VERIFIQUE

Se volume do paralelepípedo $V = a \cdot b \cdot c$, então: $V = 8 \cdot 8 \cdot 19 = 1\,216$, que é igual ao volume dos dois cubos somados.

RESPONDA

A medida da aresta procurada é 19 cm, portanto alternativa **d**.

AMPLIAÇÃO DO PROBLEMA

Qual é a medida da diagonal do paralelepípedo que se formou? E sua área total?

$D = \sqrt{8^2 + 8^2 + 19^2} \Rightarrow D = \sqrt{489}\ cm$

$A = 2(ab + ac + bc) = 2(8 \cdot 8 + 8 \cdot 19 + 8 \cdot 19) = 2(64 + 152 + 152) = 736$

$A = 736\ cm^2$

2. (Mack-SP) A razão entre a área lateral do cilindro equilátero e da superfície esférica, da esfera nele inscrita, é:

a) 1.   **b)** $\dfrac{1}{2}$.   **c)** $\dfrac{1}{3}$.   **d)** $\dfrac{1}{4}$.   **e)** $\dfrac{2}{3}$.

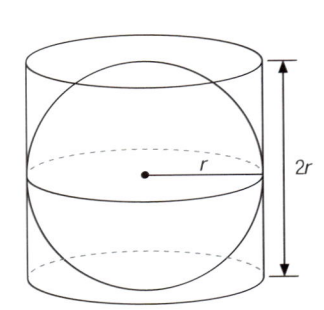

LEIA E COMPREENDA

Uma esfera se encontra inscrita em um cilindro equilátero (cuja altura é o dobro do raio); o enunciado pede a razão entre a superfície lateral desse cilindro e a superfície dessa esfera.

PLANEJE A SOLUÇÃO

Inicialmente encontramos a área lateral do cilindro e, em seguida, a superfície da esfera. O último procedimento é encontrar a razão entre essas áreas.

EFETUE O QUE FOI PLANEJADO

No cilindro, temos que a altura é $H = 2R$.

Área lateral do cilindro: $A_1 = 2\pi R \cdot H = 2\pi R \cdot 2R = 4\pi R^2$

Área da superfície esférica: $A_2 = 4\pi R^2$

Razão procurada: $\dfrac{A_1}{A_2} = \dfrac{4\pi R^2}{4\pi R^2} = 1$

VERIFIQUE

Se a área lateral do cilindro é dada por $2\pi RH$, e $H = 2R$, as medidas das áreas laterais do cilindro e da superfície esférica são iguais; portanto, a razão entre uma e outra, não importa a ordem, é sempre igual a 1.

RESPONDA

A razão procurada é 1 (alternativa **a**).

AMPLIAÇÃO DO PROBLEMA

Neste caso, qual é a razão entre o volume do cilindro e o volume da esfera?

Volume do cilindro: $V_1 = \pi R^2 H = \pi R^2 \cdot 2R = 2\pi R^3$

Volume da esfera: $V_2 = \dfrac{4}{3}\pi R^3$

Razão entre os volumes: $\dfrac{V_1}{V_2} = \dfrac{2\pi R^3}{\dfrac{4}{3}\pi R^3} = \dfrac{2}{\dfrac{4}{3}} = 2 \cdot \dfrac{3}{4} = \dfrac{3}{2}$

---

3. Determine a área da base, a área lateral, a área total e o volume de um prisma regular de base triangular cuja aresta da base mede 2 cm e cuja altura é 6 cm.

4. Determine o volume do prisma regular cuja altura é 12 cm e cuja base é um hexágono regular com aresta de 3 cm.

5. Um prisma triangular tem todas as arestas congruentes e 48 m² de área lateral. Seu volume mede:

a) 16 m³.

b) 18 m³.

c) $16\sqrt{3}$ m³.

d) $18\sqrt{3}$ m³.

e) 21 m³.

6. (UFRGS-RS) A figura a seguir representa a planificação de um sólido. O volume deste sólido é:

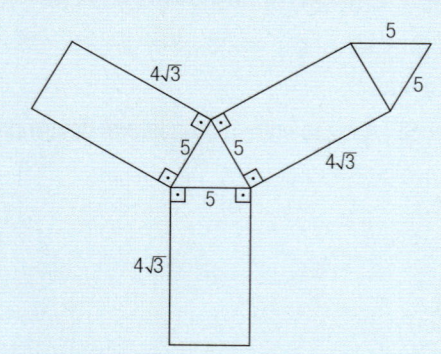

a) $20\sqrt{3}$.

b) 75.

c) $50\sqrt{3}$.

d) 100.

e) $100\sqrt{3}$.

7. (Uece) Um prisma reto tem por base um triângulo retângulo cujos catetos medem 3 m e 4 m. Se a altura deste prisma é igual à hipotenusa do triângulo da base, então seu volume, em m², é igual a:

a) 60.   b) 30.   c) 24.   d) 12.

8. (PUC-SP) Na figura a seguir tem-se o prisma reto *ABCDEF*, no qual $DE = 6$ cm, $EF = 8$ cm e *DE* é perpendicular a *EF*. Se o volume desse prisma é 120 cm³, a sua área total, em centímetros quadrados, é:

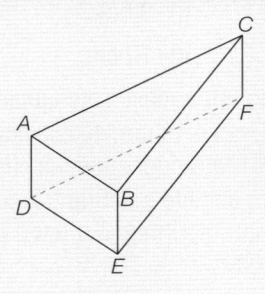

a) 144.   c) 160.   e) 172.

b) 156.   d) 168.

9. (PUCC-SP) Considere uma barraca de lona projetada de acordo com as indicações da figura a seguir.

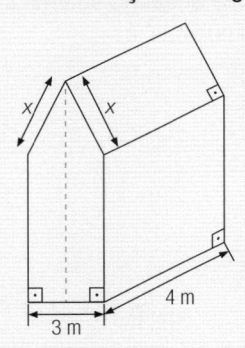

Ela deve medir 4 m de comprimento e 3 m de largura. As faces laterais devem ter 2 m de altura e a altura total da barraca deve ser 3 m. O piso da barraca também é feito de lona. Nessa barraca, a superfície total da lona utilizada será:

a) $(39 + 2\sqrt{10})$ m².

b) $(43 + 2\sqrt{10})$ m².

c) $(43 + 4\sqrt{13})$ m².

d) $(45 + \sqrt{3})$ m².

e) $(47 + 2\sqrt{13})$ m².

10. (FEI-SP) De uma viga de madeira de seção quadrada de lado $\ell = 10$ cm extrai-se uma cunha de altura $h = 15$ cm, conforme a figura. O volume da cunha é:

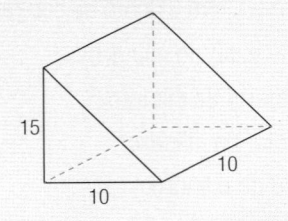

a) 250 cm³.   d) 1 000 cm³.

b) 500 cm³.   e) 1 250 cm³.

c) 750 cm³.

11. (PUC-SP) Um tanque de uso industrial tem a forma de um prisma cuja base é um trapézio isósceles. Na figura a seguir, são dadas as dimensões, em metros, do prisma. O volume desse tanque, em metros cúbicos, é:

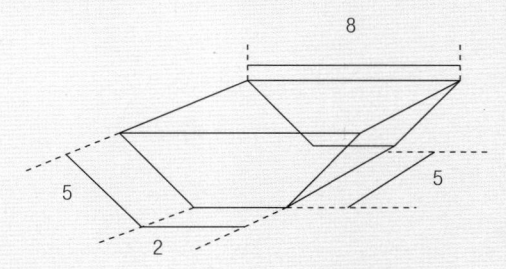

a) 50.   d) 100.

b) 60.   e) 120.

c) 80.

12. (UFPel-RS) As embalagens abaixo, com a forma de prismas hexagonais regulares, têm a mesma capacidade de armazenamento.

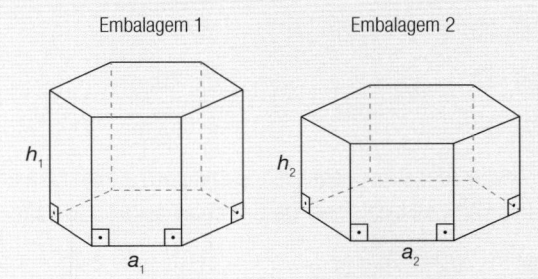

Sendo $h_1 = 4\sqrt{3}$ cm, $a_1 = 2\sqrt{3}$ cm e $h_2 = 3\sqrt{3}$ cm, com relação à aresta a_2 e à quantidade de material empregado na confecção das embalagens, abertas nas bases superiores, podemos afirmar que:

a) $a_2 = 4\sqrt{3}$ cm e a embalagem 2 é menos econômica, pela quantidade de material empregado na sua confecção.

b) $a_2 = 4$ cm e a embalagem 2 é mais econômica, pela quantidade de material empregado na sua confecção.

c) $a_2 = 4$ cm e a embalagem 1 é mais econômica, pela quantidade de material empregado na sua confecção.

d) $a_2 = 4\sqrt{3}$ cm e é gasta a mesma quantidade de material na confecção de cada embalagem.

e) $a_2 = 4$ cm e é gasta a mesma quantidade de material na confecção de cada embalagem.

13. (Unesp) Quantos cubos A precisa-se empilhar para formar o paralelepípedo B?

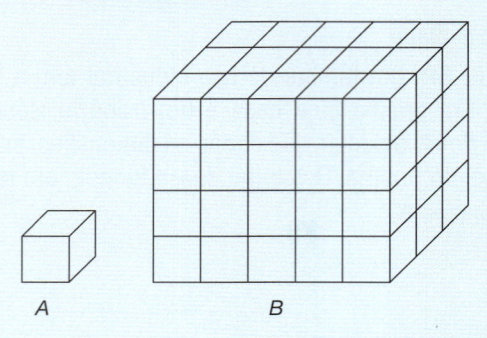

a) 60

d) 39

b) 47

e) 48

c) 94

14. Qual é o volume de um cubo cuja diagonal mede $\sqrt{6}$ cm?

15. (Fuvest-SP) Dois blocos de alumínio, em forma de cubo, com arestas medindo 10 cm e 6 cm são levados juntos à fusão e em seguida o alumínio líquido é moldado como um paralelepípedo reto de arestas 8 cm, 8 cm e x cm. O valor de x é:

a) 16.

d) 19.

b) 17.

e) 20.

c) 18.

16. (UFMG) Todos os possíveis valores para a distância entre dois vértices quaisquer de um cubo de aresta 1 são:

a) 1, $\sqrt{2}$ e 3.

c) 1, $\sqrt{3}$ e 2.

b) 1, $\sqrt{2}$ e $\sqrt{3}$.

d) 1 e $\sqrt{2}$.

17. (UFU-MG) Considere uma cruz formada por 6 cubos idênticos e justapostos, como na figura abaixo. Sabendo-se que a área total da cruz é de 416 cm², pode-se afirmar que o volume de cada cubo é igual a:

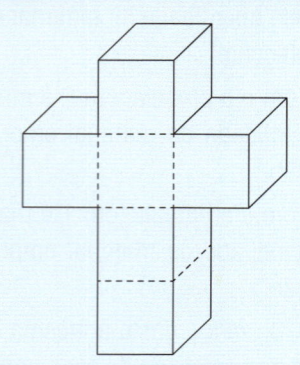

a) 16 cm³.

c) 69 cm³.

b) 64 cm³.

d) 26 cm³.

18. (UFMG) As dimensões de uma caixa retangular são 3 cm, 20 mm e 0,07 m. O volume dessa caixa, em mililitros, é:

a) 0,42.

c) 42.

e) 4 200.

b) 4,2.

d) 420.

19. (PUC-RJ) Considere um paralelepípedo retangular com lados 2, 3 e 6 cm. A distância máxima entre dois vértices deste paralelepípedo é:

a) 7 cm.

c) 9 cm.

e) 11 cm.

b) 8 cm.

d) 10 cm.

20. (UFSC) Usando um pedaço retangular de papelão, de dimensões 12 cm e 16 cm, desejo construir uma caixa sem tampa, cortando, em seus cantos, quadrados iguais de 2 cm de lado e dobrando, convenientemente, a parte restante. Obtenha a terça parte do volume da caixa, em cm³.

21. (PUC-SP) Uma caixa sem tampa é feita com placas de madeira de 0,5 cm de espessura. Depois de pronta, observa-se que as medidas da caixa, pela parte externa, são 51 cm $\times$ 26 cm $\times$ 12,5 cm, conforme mostra a figura a seguir. O volume interno dessa caixa, em metros cúbicos, é:

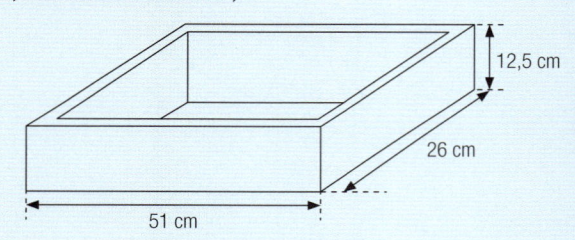

a) 0,015.

c) 0,15.

e) 1,5.

b) 0,0156.

d) 0,156.

22. (Unesp) A água de um reservatório na forma de um paralelepípedo retângulo de comprimento 30 m e largura 20 m atingia a altura de 10 m. Com a falta de chuvas e o calor, 1 800 metros cúbicos da água do reservatório evaporaram. A água restante no reservatório atingiu a altura de:

a) 2 m.

d) 8 m.

b) 3 m.

e) 9 m.

c) 7 m.

23. Sabendo que a área da secção meridiana de um cilindro reto é 64 cm² e altura é dobro de seu raio, calcule:

a) a área da base do cilindro;

b) a área lateral do cilindro;

c) a área total do cilindro;

d) o volume do cilindro.

24. (Uece) O volume de um cilindro circular reto é $36\sqrt{6}\pi$ cm³. Se a altura desse cilindro mede $6\sqrt{6}$ cm, então a área total desse cilindro, em cm², é:

a) 72π.

b) 84π.

c) 92π.

d) 96π.

25. (Mack-SP) 20% do volume de um cilindro de raio 2 é 24π. A altura do cilindro é:

a) 30.

d) 6.

b) 15.

e) 12.

c) 20.

26. (UFMG) Num cilindro de 5 cm de altura, a área da base é igual à área de uma seção por um plano que contém o eixo do cilindro, tal como a seção $ABCD$ na figura a seguir. O volume desse cilindro é de:

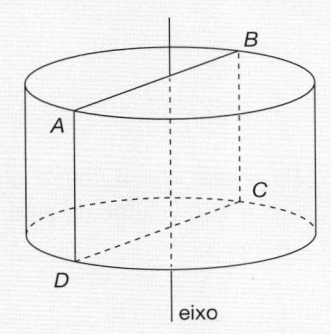

a) $\dfrac{250}{\pi}$ cm³.

c) $\dfrac{625}{\pi}$ cm³.

b) $\dfrac{500}{\pi}$ cm³.

d) $\dfrac{125}{\pi}$ cm³.

27. (Fuvest-SP) Uma metalúrgica fabrica barris cilíndricos de dois tipos, A e B, cujas superfícies laterais são moldadas a partir de chapas metálicas retangulares de lados a e $2a$, soldando lados opostos dessas chapas, conforme ilustrado a seguir.

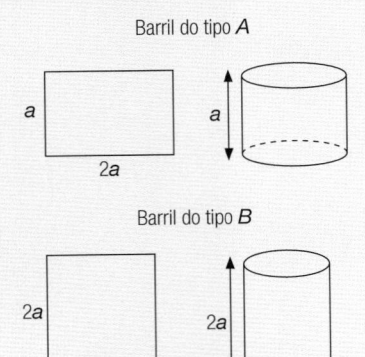

Se V_A e V_B indicam os volumes dos barris do tipo A e B, respectivamente, tem-se:

a) $V_A = 2V_B$.

b) $V_B = 2V_A$.

c) $V_A = V_B$.

d) $V_A = 4V_B$.

e) $V_B = 4V_A$.

28. (UFRJ) Uma empresa fabricante de óleo de soja mandou confeccionar miniaturas de seu produto, semelhantes às latas originais (cilíndricas com raio e altura variando na mesma proporção). Enquanto a altura das primeiras é de 24 cm, a das miniaturas é de 6 cm. O número de miniaturas que seriam necessárias para encher uma lata original é:

a) 4.

b) 8.

c) 16.

d) 32.

e) 64.

29. (UFRN) Nove cubos de gelo, cada um com aresta igual a 3 cm, derretem dentro de um copo cilíndrico, inicialmente vazio, com raio da base também igual a 3 cm. Após o gelo derreter completamente, a altura do nível da água no copo será de aproximadamente:

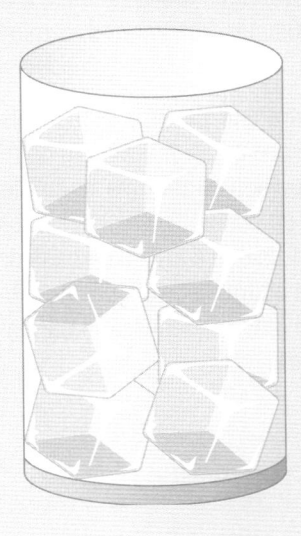

a) 8,5 cm.

b) 8,0 cm.

c) 7,5 cm.

d) 9,0 cm.

30. (UFF-RJ) "Uma das soluções encontradas para a escassez de água na região semiárida do nordeste brasileiro é a captação da água da chuva que escorre dos telhados das casas. A água captada é conduzida por meio de calhas para um reservatório com a forma de um cilindro circular reto."

Superinteressante, Edição 177, jun. 2002.

O reservatório citado tem altura aproximada de 1,8 metro e capacidade para armazenar 16 000 litros da água da chuva. Considerando R o raio da base do reservatório, pode-se afirmar que R^2, em metro quadrado, é aproximadamente:

a) 1,4.

b) 1,9.

c) 2,8.

d) 3,8.

e) 7,8.

31. (Fatec-SP) Um tanque tem a forma de um cilindro circular reto de altura 6 m e raio da base 3 m. O nível da água nele contida está a $\dfrac{2}{3}$ da altura do tanque. Se $\pi = 3,14$, então a quantidade de água, em litros, que o tanque contém é:

a) 113 040.

b) 169 560.

c) 56 520.

d) 37 680.

e) 56 520.

32. (UFPE) Um contêiner, na forma de um cilindro circular reto, tem altura igual a 3 m e área total (área da superfície lateral mais áreas da base e da tampa) igual a 20π m². Calcule, em metros, o raio da base deste contêiner.

33. (Unesp) O prefeito de uma cidade pretende colocar em frente à prefeitura um mastro com uma bandeira, que será apoiado sobre uma pirâmide de base quadrada feita de concreto maciço, como mostra a figura. Sabendo-se que a aresta da base da pirâmide terá 3 m e que a altura da pirâmide será de 4 m, o volume de concreto (em m³) necessário para a construção da pirâmide será:

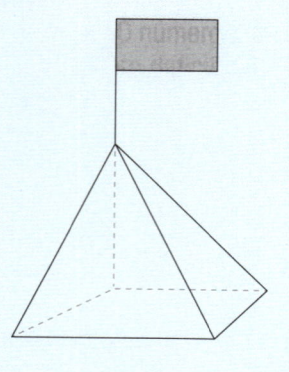

a) 36.

b) 27.

c) 18.

d) 12.

e) 4.

34. (UFSC) Em uma pirâmide quadrangular regular a aresta lateral mede 5 cm e a altura mede 4 cm. Calcule o volume, em cm³.

35. (PUC-SP) A base de uma pirâmide reta é um quadrado cujo lado mede $8\sqrt{2}$ cm. Se as arestas laterais da pirâmide medem 17 cm, o seu volume, em centímetros cúbicos, é:

a) 520.

b) 640.

c) 680.

d) 750.

e) 780.

36. (UFRGS-RS) Na figura, O é o centro do cubo. Se o volume do cubo é 1, o volume da pirâmide de base $ABCD$ e vértice O é:

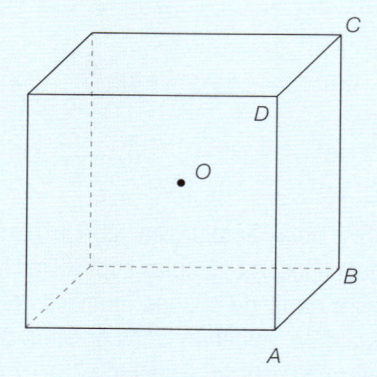

a) $\dfrac{1}{2}$.

b) $\dfrac{1}{3}$.

c) $\dfrac{1}{4}$.

d) $\dfrac{1}{6}$.

e) $\dfrac{1}{8}$.

37. (UERJ) Suponha que o volume de terra acumulada no carrinho de mão do personagem seja igual ao do sólido esquematizado na Figura 1, formado por uma pirâmide reta sobreposta a um paralelepípedo retângulo. Assim, o volume médio de terra que Hagar acumulou em cada ano de trabalho é, em dm³, igual a:

a) 12.   b) 13.   c) 14.   d) 15.

BEM, LEVEI 20 ANOS , MAS, FINALMENTE, ECONOMIZEI O BASTANTE PARA COMPRAR AQUELE PEDACINHO DE TERRA QUE QUERIA!

É PRA COLOCAR ONDE?

Figura 1

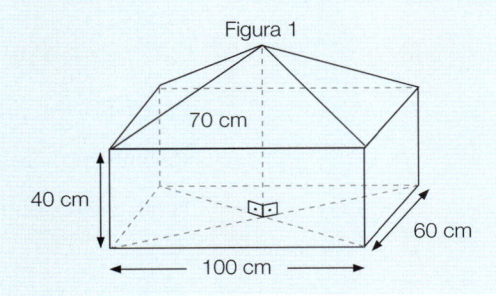

70 cm

40 cm

60 cm

100 cm

38. (UFRGS-RS) A figura abaixo representa a planificação de uma pirâmide de base quadrada com $AB = 6$ cm, sendo ADV triângulo equilátero.

O volume da pirâmide é:

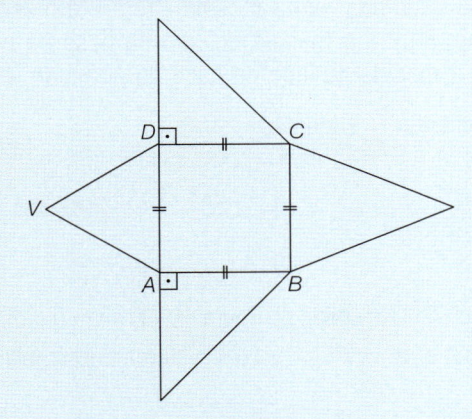

a) $12\sqrt{3}$.   c) $36\sqrt{3}$.   e) $108\sqrt{3}$.

b) $27\sqrt{3}$.   d) $72\sqrt{3}$.

39. (UFF-RJ) A grande pirâmide de Quéops, antiga construção localizada no Egito, é uma pirâmide regular de base quadrada, com 137 m de altura. Cada face dessa pirâmide é um triângulo isósceles cuja altura relativa à base mede 179 m. A área da base dessa pirâmide, em m², é:

a) 13 272.   d) 53 088.

b) 26 544.   e) 79 432.

c) 39 816.

40. (UFC-CE) Um tetraedro regular tem arestas medindo $\sqrt{6}$ cm. Então a medida de suas alturas é igual a:

a) $\dfrac{1}{2}$ cm.   d) 2 cm.

b) 1 cm.   e) $\dfrac{5}{2}$ cm.

c) $\dfrac{3}{2}$ cm.

41. (UEL-PR) Um cone circular reto tem altura de 8 cm e raio da base medindo 6 cm. Qual é, em centímetros quadrados, sua área lateral?

a) 20π d) 50π

b) 30π e) 60π

c) 40π

42. (UFMG) Um reservatório de água tem forma de um cone circular reto, de eixo vertical e vértice para baixo. Quando o nível de água atinge a metade da altura do tanque, o volume ocupado é igual a π. A capacidade do tanque é:

a) 2π.

b) $\dfrac{8\pi}{3}$.

c) 4π.

d) 6π.

e) 8π.

43. (Faap-SP) Um chapéu de papel em forma de cone tem 10 centímetros de diâmetro e 10 centímetros de profundidade. Seu vértice é empurrado para baixo e para dentro conforme a figura a seguir. Que distância sua ponta penetra no espaço interno do chapéu se o novo volume do chapéu é $\dfrac{4}{5}$ do volume original?

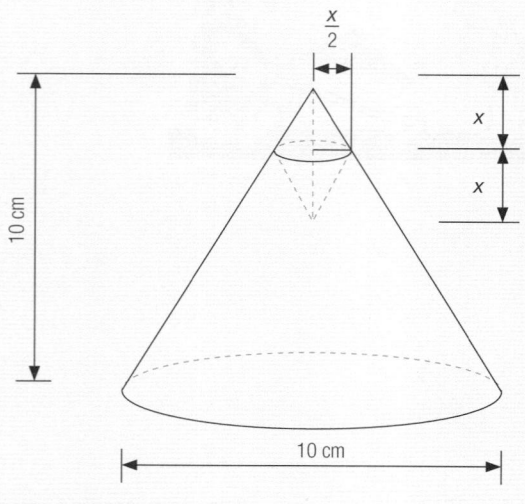

a) $x = \sqrt[3]{200}$

b) $x = \sqrt[3]{80}$

c) $x = \sqrt[3]{100}$

d) $x = \sqrt[3]{300}$

e) $x = \sqrt[3]{150}$

44. (Cesgranrio-RJ) Um copo de papel, em forma de cone, é formado enrolando-se um semicírculo que tem um raio de 12 cm. O volume do copo é de, aproximadamente:

a) 390 cm³.

b) 350 cm³.

c) 300 cm³.

d) 260 cm³.

e) 230 cm³.

45. (Mack-SP) Na figura, a base do cone reto está inscrita na face do cubo. Supondo $\pi = 3$, se a área total do cubo é 54, então o volume do cone é:

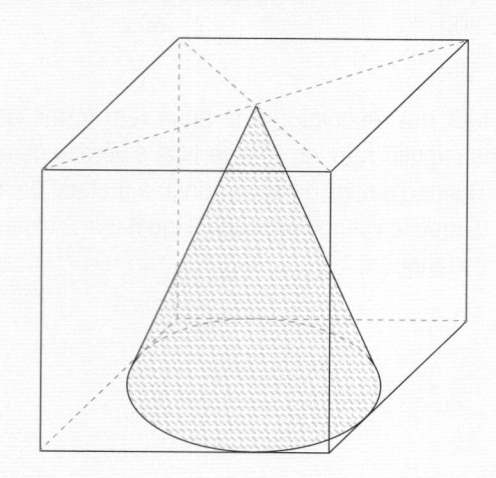

a) $\dfrac{81}{2}$.

b) $\dfrac{27}{2}$.

c) $\dfrac{9}{4}$.

d) $\dfrac{27}{4}$.

e) $\dfrac{81}{4}$.

46. (UFRJ) Um recipiente em forma de cone circular reto de altura h é colocado com vértice para baixo e com eixo na vertical, como na figura. O recipiente, quando cheio até a borda, comporta 400 mL. Determine o volume de líquido quando o nível está em $\dfrac{h}{2}$.

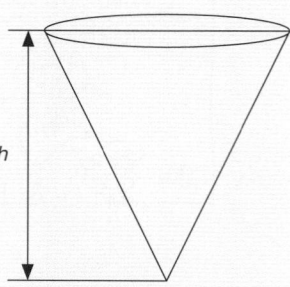

47. (Mack-SP) Um prisma e um cone retos têm bases de mesma área. Se a altura do prisma é $\dfrac{2}{3}$ da altura do cone, a razão entre o volume do prisma e o volume do cone é:

a) 2.

b) $\dfrac{3}{2}$.

c) 3.

d) $\dfrac{5}{3}$.

e) $\dfrac{5}{2}$.

48. (UFC-CE) Um cone circular reto e uma pirâmide de base quadrada têm a mesma altura e o mesmo volume. Se r é a medida do raio da base do cone, e b é a medida do lado da base da pirâmide, então o quociente $\dfrac{b}{r}$ é igual a:

a) $\dfrac{1}{3}$.

b) 1.

c) $\sqrt{\pi}$.

d) π.

e) 2π.

49. (Mack-SP) No sólido da figura, $ABCD$ é um quadrado de lado 2 e $AE = BE = \sqrt{10}$. O volume desse sólido é:

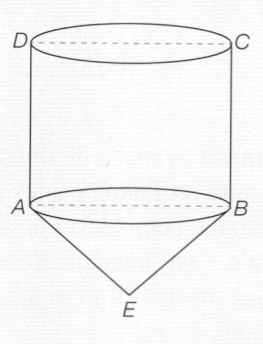

a) $\dfrac{5\pi}{2}$.

b) $\dfrac{4\pi}{3}$.

c) 4π.

d) 5π.

e) 3π.

50. (UnB-DF) Um cálice tem a forma de um cone reto de revolução, de altura igual a 100 mm e volume V_1. Esse cálice contém um líquido que ocupa um volume V_2, atingindo a altura de 25 mm, conforme mostra a figura adiante. Calcule o valor do quociente $\dfrac{V_1}{V_2}$.

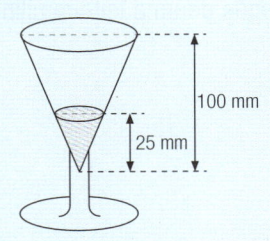

100 mm

25 mm

51. Qual é o volume de um cone equilátero de raio 2 cm?

52. (UERJ) Para revestir externamente chapéus em forma de cones com 12 cm de altura e diâmetro da base medindo 10 cm, serão utilizados cortes retangulares de tecido, cujas dimensões são 67 cm por 50 cm. Admita que todo o tecido de cada corte poderá ser aproveitado. O número mínimo dos referidos cortes necessários para forrar 50 chapéus é igual a:

a) 3. b) 4. c) 5. d) 6.

53. Determine o volume e a área de uma esfera cujo equador mede 12π cm.

54. (Fuvest-SP) Uma superfície esférica de raio 13 cm é cortada por um plano situado a uma distância de 12 cm do centro da superfície esférica, determinando uma circunferência. O raio dessa circunferência, em cm, é:

a) 1. c) 3. e) 5.

b) 2. d) 4.

55. Considerando uma esfera cuja superfície tenha área de 676π m², a que distância de seu centro se deve traçar um plano de corte para que a secção assim determinada tenha área de 25π m²?

a) 6 m c) 12 m e) 16 m

b) 9 m d) 15 m

56. (Unitau-SP) Uma esfera de raio R está inscrita em um cilindro. O volume do cilindro é igual a:

a) $\dfrac{\pi R^3}{3}$.

b) $\dfrac{2\pi R^3}{3}$.

c) πR^3.

d) $2R^3$.

e) $2\pi R^3$.

57. (PUC-MG) Uma esfera de raio $r = 3$ cm tem volume equivalente ao de um cilindro circular reto de altura $h = 12$ cm. O raio do cilindro, em cm, mede:

a) 1.

b) 2.

c) $\sqrt{3}$.

d) 3.

e) $\sqrt{13}$.

58. (UFRGS-RS) O volume de uma esfera A é $\dfrac{1}{8}$ do volume de uma esfera B. Se o raio da esfera B mede 10, então o raio da esfera A mede:

a) 5. d) 2.

b) 4. e) 1,25.

c) 2,5.

59. (FGV-SP)

a) Um cubo maciço de metal, com 5 cm de aresta, é fundido para formar uma esfera também maciça. Qual o raio da esfera?

b) Deseja-se construir um reservatório cilíndrico com tampa, para armazenar certo líquido. O volume do reservatório deve ser de 50 m³ e o raio da base do cilindro deve ser de 2 m. O material usado na construção custa R$ 100,00 por metro quadrado. Qual o custo do material utilizado?

60. (UFSM-RS) A área da superfície de uma esfera e a área total de um cone circular reto são iguais. Se o raio da base do cone mede 4 cm e o volume do cone é 16π cm³ o raio da esfera é dado por:

a) $\sqrt{3}$ cm.

b) 2 cm.

c) 3 cm.

d) 4 cm.

e) $\left(4 + \sqrt{2}\right)$ cm.

61. (Unitau-SP) Aumentando em 10% o raio de uma esfera, a sua superfície aumentará:

a) 21%.

b) 11%.

c) 31%.

d) 24%.

e) 30%.

QUESTÕES DO ENEM

RESOLUÇÕES PASSO A PASSO

1. (Enem) Dona Maria, diarista na casa da família Teixeira, precisa fazer café para servir as vinte pessoas que se encontram numa reunião na sala. Para fazer o café, Dona Maria dispõe de uma leiteira cilíndrica e copinhos plásticos, também cilíndricos.

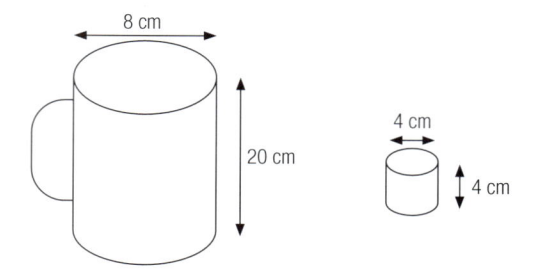

Com o objetivo de não desperdiçar café, a diarista deseja colocar a quantidade mínima de água na leiteira para encher os vinte copinhos pela metade. Para que isso ocorra, Dona Maria deverá:

a) encher a leiteira até a metade, pois ela tem um volume 20 vezes maior que o volume do copo.

b) encher a leiteira toda de água, pois ela tem um volume 20 vezes maior que o volume do copo.

c) encher a leiteira toda de água, pois ela tem um volume 10 vezes maior que o volume do copo.

d) encher duas leiteiras de água, pois ela tem um volume 10 vezes maior que o volume do copo.

e) encher cinco leiteiras de água, pois ela tem um volume 10 vezes maior que o volume do copo.

LEIA E COMPREENDA

Pelo enunciado, precisamos descobrir a quantidade mínima de água que Dona Maria deve colocar na leiteira para encher vinte copinhos pela metade.

PLANEJE A SOLUÇÃO

Devemos calcular o volume da metade de 20 copinhos. Em seguida devemos calcular que altura a água deve alcançar na leiteira para Dona Maria atingir seu propósito de encher 20 meios copinhos.

EFETUE O QUE FOI PLANEJADO

I) Volume de um copinho: $V_c = \pi 2^2 \cdot 4 = 16\pi$, então, o volume de meio copinho é 8π e o de 20 meios copinhos é 160π.

II) Altura da leiteira para um volume de 160π: $V_L = \pi 4^2 \cdot h \Rightarrow 160\pi = 16\pi h \Rightarrow h = 10$.

VERIFIQUE

Já que a altura da leiteira é 20 cm, para satisfazer o que pede a questão, devemos enchê-la até a metade ($h = 10$ cm). Esse volume corresponderia a:

$V = \pi 4^2 \cdot 10 \Rightarrow V = 160\pi$ cm³

Volume de 10 copinhos pela metade:

$V = 10\pi 2^2 \cdot 4 \Rightarrow V = 160\pi$ cm³

RESPONDA

Deverá encher a leiteira pela metade, pois ela tem volume 20 vezes maior que o volume do copo; portanto, alternativa **a**.

2. (Enem) Alguns objetos, durante a sua fabricação, necessitam passar por um processo de resfriamento. Para que isso ocorra, uma fábrica utiliza um tanque de resfriamento, como mostrado na figura.

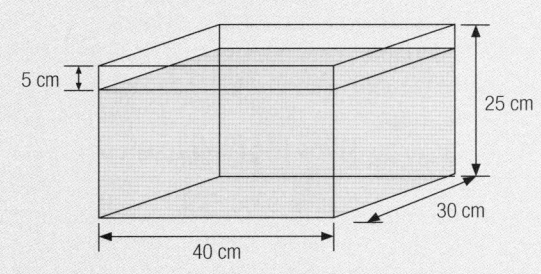

O que aconteceria com o nível da água se colocássemos no tanque um objeto cujo volume fosse de 2 400 cm³?

a) O nível subiria 0,2 cm, fazendo a água ficar com 20,2 cm de altura.

b) O nível subiria 1 cm, fazendo a água ficar com 21 cm de altura.

c) O nível subiria 2 cm, fazendo a água ficar com 22 cm de altura.

d) O nível subiria 8 cm, fazendo a água transbordar.

e) O nível subiria 20 cm, fazendo a água transbordar.

3. (Enem) A figura seguinte representa um salão de um clube onde estão destacados os pontos A e B.

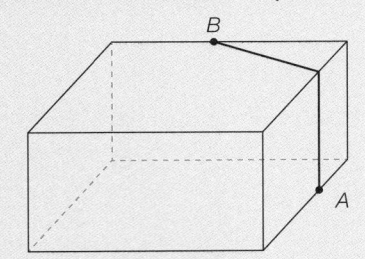

Nesse salão, o ponto em que chega o sinal da TV a cabo fica situado em A. A fim de instalar um telão para a transmissão dos jogos de futebol da Copa do Mundo, esse sinal deverá ser levado até o ponto B por meio de um cabeamento que seguirá na parte interna da parede e do teto.

O menor comprimento que esse cabo deverá ter para ligar os pontos A e B poderá ser obtido por meio da seguinte representação no plano:

a)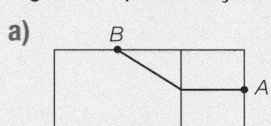

d)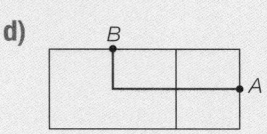

b)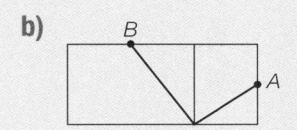

e)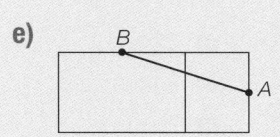

c)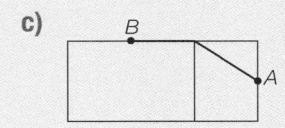

4. (Enem) Uma fábrica produz barras de chocolates no formato de paralelepípedos e de cubos, com o mesmo volume. As arestas da barra de chocolate no formato de paralelepípedo medem 3 cm de largura, 18 cm de comprimento e 4 cm de espessura.

Analisando as características das figuras geométricas descritas, a medida das arestas dos chocolates que têm o formato de cubo é igual a:

a) 5 cm.   **d)** 24 cm.

b) 6 cm.   **e)** 25 cm.

c) 12 cm.

5. (Enem) A siderúrgica "Metal Nobre" produz diversos objetos maciços utilizando o ferro. Um tipo especial de peça feita nessa companhia tem o formato de um paralelepípedo retangular, de acordo com as dimensões indicadas na figura que segue.

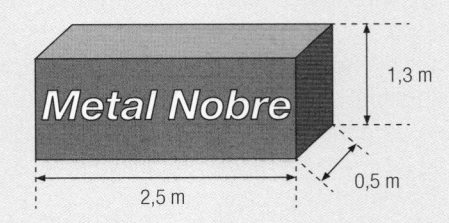

O produto das três dimensões indicadas na peça resultaria na medida da grandeza:

a) massa.

d) capacidade.

b) volume.

e) comprimento.

c) superfície.

6. (Enem) Um porta-lápis de madeira foi construído no formato cúbico, seguindo o modelo ilustrado a seguir. O cubo de dentro é vazio. A aresta do cubo maior mede 12 cm e a do cubo menor, que é interno, mede 8 cm.

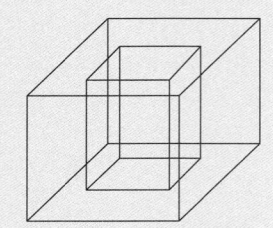

O volume de madeira utilizado na confecção desse objeto foi de:

a) 12 cm³.

d) 1 216 cm³.

b) 64 cm³.

e) 1 728 cm³.

c) 96 cm³.

7. (Enem) Considere um caminhão que tenha uma carroceria na forma de um paralelepípedo retângulo, cujas dimensões internas são 5,1 m de comprimento, 2,1 m de largura e 2,1 m de altura. Suponha que esse caminhão foi contratado para transportar 240 caixas na forma de cubo com 1 m de aresta cada uma e que essas caixas podem ser empilhadas para o transporte.

Qual é o número mínimo de viagens necessárias para realizar esse transporte?

a) 10 viagens

d) 24 viagens

b) 11 viagens

e) 27 viagens

c) 12 viagens

8. (Enem) Uma editora pretende despachar um lote de livros, agrupados em 100 pacotes de 20 cm × 20 cm × × 30 cm. A transportadora acondicionará esses pacotes em caixas com formato de bloco retangular de 40 cm × 40 cm × 60 cm. A quantidade mínima necessária de caixas para esse envio é:

a) 9.   b) 11.   c) 13.   d) 15.   e) 17.

9. (Enem) Prevenindo-se contra o período anual de seca, um agricultor pretende construir um reservatório fechado, que acumule toda a água proveniente da chuva que cair no telhado de sua casa, ao longo de um período anual chuvoso. As ilustrações a seguir apresentam as dimensões da casa, a quantidade média mensal de chuva na região, em milímetros, e a forma do reservatório a ser construído.

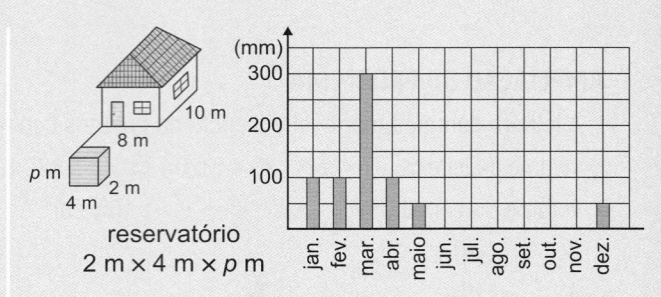

reservatório
2 m × 4 m × p m

Sabendo que 100 milímetros de chuva equivalem ao acúmulo de 100 litros de água em uma superfície plana horizontal de um metro quadrado, a profundidade (p) do reservatório deverá medir:

a) 4 m.   b) 5 m.   c) 6 m.   d) 7 m.   e) 8 m.

10. (Enem) "É possível usar água ou comida para atrair as aves e observá-las. Muitas pessoas costumam usar água com açúcar, por exemplo, para atrair beija-flores. Mas é importante saber que, na hora de fazer a mistura, você deve sempre usar uma parte de açúcar para cinco partes de água. Além disso, em dias quentes, precisa trocar a água de duas a três vezes, pois com o calor ela pode fermentar e, se for ingerida pela ave, pode deixá-la doente. O excesso de açúcar, ao cristalizar, também pode manter o bico da ave fechado, impedindo-a de se alimentar. Isso pode até matá-la."

Ciência Hoje das Crianças. FNDE; Instituto Ciência Hoje, ano 19, n. 166, mar. 1996.

Pretende-se encher completamente um copo com a mistura para atrair beija-flores. O copo tem formato cilíndrico, e suas medidas são 10 cm de altura e 4 cm de diâmetro. A quantidade de água que deve ser utilizada na mistura é cerca de (utilize $\pi = 3$):

a) 20 mL.   c) 100 mL.   e) 600 mL.

b) 24 mL.   d) 120 mL.

11. (Enem) Para construir uma manilha de esgoto, um cilindro com 2 m de diâmetro e 4 m de altura (de espessura desprezível), foi envolvido homogeneamente por uma camada de concreto, contendo 20 cm de espessura.

Supondo que cada metro cúbico de concreto custe R$ 10,00 e tomando 3,1 como valor aproximado de π, então o preço dessa manilha é igual a:

a) R$ 230,40.   d) R$ 54,56.

b) R$ 124,00.   e) R$ 49,60.

c) R$ 104,16.

12. (Enem) Em uma padaria, há dois tipos de fôrma de bolo, fôrmas 1 e 2, como mostra a figura abaixo.

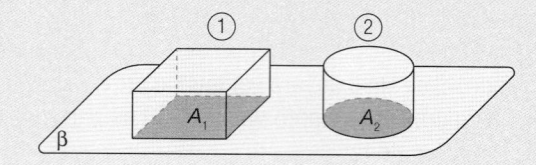

Sejam L o lado da base da fôrma quadrada, r o raio da base da fôrma redonda, A_1 e A_2 as áreas das bases das fôrmas 1 e 2, e V_1 e V_2 os seus volumes, respectivamente. Se as fôrmas têm a mesma altura h, para que estas comportem a mesma quantidade de massa de bolo, qual é a relação entre r e L?

a) $L = r$

c) $L = \pi r$

e) $L = \dfrac{\pi r^2}{2}$

b) $L = 2r$

d) $L = r\sqrt{\pi}$

13. (Enem) Em uma praça pública, há uma fonte que é formada por dois cilindros, um de raio r e altura h_1, e o outro de raio R e altura h_2. O cilindro do meio enche e, após transbordar, começa a encher o outro.

Se $R = r\sqrt{2}$ e $h_2 = \dfrac{h_1}{3}$ e, para encher o cilindro do meio, foram necessários 30 minutos, então, para se conseguir encher essa fonte e o segundo cilindro, de modo que fique completamente cheio, serão necessários:

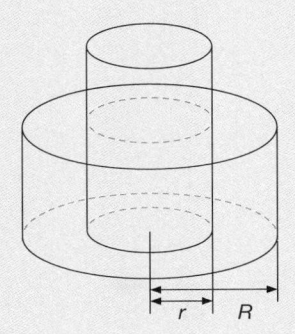

a) 20 minutos.

c) 40 minutos.

e) 60 minutos.

b) 30 minutos.

d) 50 minutos.

14. (Enem) Um fabricante de creme de leite comercializa seu produto em embalagens cilíndricas de diâmetro da base medindo 4 cm e altura 13,5 cm. O rótulo de cada uma custa R$ 0,60. Esse fabricante comercializará o referido produto em embalagens ainda cilíndricas de mesma capacidade, mas com a medida do diâmetro da base igual à da altura. Levando-se em consideração exclusivamente o gasto com o rótulo, o valor que o fabricante deverá pagar por esse rótulo é de:

a) R$ 0,20, pois haverá redução de $\dfrac{2}{3}$ na superfície da embalagem coberta pelo rótulo.

b) R$ 0,40, pois haverá redução de $\dfrac{1}{3}$ na superfície da embalagem coberta pelo rótulo.

c) R$ 0,60, pois não haverá alteração na capacidade da embalagem.

d) R$ 0,80, pois haverá um aumento de $\dfrac{1}{3}$ na superfície da embalagem coberta pelo rótulo.

e) R$ 1,00, pois haverá um aumento de $\dfrac{2}{3}$ na superfície da embalagem coberta pelo rótulo.

15. (Enem) No manejo sustentável de florestas, é preciso muitas vezes obter o volume da tora que pode ser obtida a partir de uma árvore. Para isso, existe um método prático, em que se mede a circunferência da árvore à altura do peito de um homem (1,30 m), conforme indicado na figura. A essa medida denomina-se "rodo" da árvore. O quadro a seguir indica a fórmula para se cubar, ou seja, obter o volume da tora em m^3 a partir da medida do rodo e da altura da árvore.

O volume da tora em m^3 é dado por:

$V^2_{rodo} \cdot$ **altura $\cdot$ 0,06.**

O rodo e a altura da árvore devem ser medidos em metros. O coeficiente 0,06 foi obtido experimentalmente.

Um técnico em manejo florestal recebeu a missão de cubar, abater e transportar cinco toras de madeira, de duas espécies diferentes, sendo:

- 3 toras da espécie I, com 3 m de rodo, 12 m de comprimento e densidade 0,77 toneladas/m^3;
- 2 toras da espécie II, com 4 m de rodo, 10 m de comprimento e densidade 0,78 toneladas/m^3.

Após realizar seus cálculos, o técnico solicitou que enviassem caminhões para transportar uma carga de, aproximadamente,

a) 29,9 toneladas.

d) 35,3 toneladas.

b) 31,1 toneladas.

e) 41,8 toneladas

c) 32,4 toneladas.

16. (Enem) Certa marca de suco é vendida no mercado em embalagens tradicionais de forma cilíndrica. Relançando a marca, o fabricante pôs à venda embalagens menores, reduzindo a embalagem tradicional à terça

parte de sua capacidade. Por questões operacionais, a fábrica que fornece as embalagens manteve a mesma forma, porém reduziu à metade o valor do raio da base da embalagem tradicional na construção da nova embalagem. Para atender à solicitação de redução da capacidade, após a redução no raio, foi necessário determinar a altura da nova embalagem. Que expressão relaciona a medida da altura da nova embalagem de suco (a) com a altura da embalagem tradicional (h)?

a) $a = \dfrac{h}{12}$ c) $a = \dfrac{2h}{3}$ e) $a = \dfrac{4h}{9}$

b) $a = \dfrac{h}{6}$ d) $a = \dfrac{4h}{3}$

17. (Enem) João tem uma loja onde fabrica e vende moedas de chocolate com diâmetro de 4 cm e preço de R$ 1,50 a unidade. Pedro vai a essa loja e, após comer várias moedas de chocolate, sugere ao João que ele faça moedas com 8 cm de diâmetro e mesma espessura e cobre R$ 3,00 a unidade.

Considerando que o preço da moeda depende apenas da quantidade de chocolate, João:

a) aceita a proposta de Pedro, pois, se dobra o diâmetro, o preço também deve dobrar.

b) rejeita a proposta de Pedro, pois o preço correto seria R$ 12,00.

c) rejeita a proposta de Pedro, pois o preço correto seria R$ 7,50.

d) rejeita a proposta de Pedro, pois o preço correto seria R$ 6,00.

e) rejeita a proposta de Pedro, pois o preço correto seria R$ 4,50.

18. (Enem) Uma fábrica produz velas de parafina em forma de pirâmide quadrangular regular com 19 cm de altura e 6 cm de aresta da base. Essas velas são formadas por 4 blocos da mesma altura – 3 troncos de pirâmide de bases paralelas e 1 pirâmide na parte superior –, espaçados de 1 cm entre eles, sendo que a base superior de cada bloco é igual à base inferior do bloco sobreposto, com uma haste de ferro passando pelo centro de cada bloco, unindo-os, conforme a figura.

Se o dono da fábrica resolver diversificar o modelo, retirando a pirâmide da parte superior, que tem 1,5 cm de aresta na base, mas mantendo o mesmo molde, quanto ele passará a gastar com parafina para fabricar uma vela?

a) 156 cm³

b) 189 cm³

c) 192 cm³

d) 216 cm³

e) 540 cm³

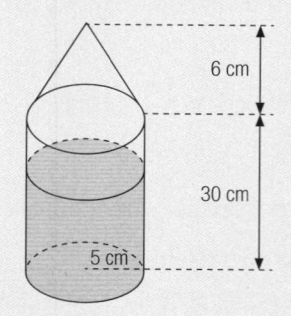

6 m

6 m

19. (Enem) A figura seguinte mostra um modelo de sombrinha muito usado em países orientais.

Esta figura é uma representação de uma superfície de revolução chamada de:

a) pirâmide.

b) semiesfera.

c) cilindro.

d) tronco de cone.

e) cone.

20. (Enem) Um arquiteto está fazendo um projeto de iluminação de ambiente e necessita saber a altura que deverá instalar a luminária ilustrada na figura. Sabendo-se que a luminária deverá iluminar uma área circular de 28,26 m², considerando $\pi \cong 3,14$, a altura h será igual a:

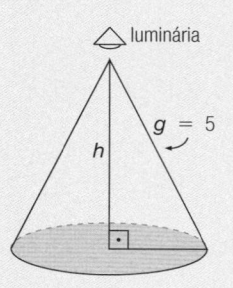

luminária

$g = 5$

h

a) 3 m.   c) 5 m.   e) 16 m.

b) 4 m.   d) 9 m.

21. (Enem) Um vasilhame na forma de um cilindro circular reto de raio da base de 5 cm e altura de 30 cm está parcialmente ocupado por 625 π cm³ de álcool. Suponha que sobre o vasilhame seja fixado um funil na forma de um cone circular reto de raio da base de 5 cm e altura de 6 cm, conforme ilustra a figura 1. O conjunto, como mostra a figura 2, é virado para baixo, sendo H a distância da superfície do álcool até o fundo do vasilhame.

Volume do cone: $V_{cone} = \dfrac{\pi r^2 h}{3}$

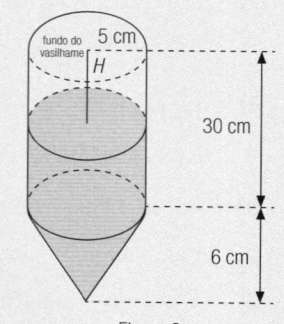

6 cm

30 cm

5 cm

fundo do vasilhame

H

5 cm

30 cm

6 cm

Figura 1   Figura 2

Considerando-se essas informações, qual é o valor da distância *H*?

a) 5 cm c) 8 cm e) 18 cm

b) 7 cm d) 12 cm

22. (Enem) Uma empresa que fabrica esferas de aço, de 6 cm de raio, utiliza caixas de madeira, na forma de um cubo, para transportá-las. Sabendo que a capacidade da caixa é de 13 824 cm³, então o número máximo de esferas que podem ser transportadas em uma caixa é igual a:

a) 4. c) 16. e) 32.

b) 8. d) 24.

23. (Enem) Uma empresa farmacêutica produz medicamentos em pílulas, cada uma na forma de um cilindro com uma semiesfera com o mesmo raio do cilindro em cada uma de suas extremidades. Essas pílulas são moldadas por uma máquina programada para que os cilindros tenham sempre 10 mm de comprimento, adequando o raio de acordo com o volume desejado.

Um medicamento é produzido em pílulas com 5 mm de raio. Para facilitar a deglutição, deseja-se produzir esse medicamento diminuindo o raio para 4 mm, e, por consequência, seu volume. Isso exige a reprogramação da máquina que produz essas pílulas. A redução do volume da pílula, em milímetros cúbicos, após a reprogramação da máquina, será igual a (use 3 como valor aproximado para π):

a) 168. c) 306. e) 514.

b) 304. d) 378.

24. (Enem) Em um casamento, os donos da festa serviam champanhe aos seus convidados em taças com formato de um hemisfério (figura 1), porém um acidente na cozinha culminou na quebra de grande parte desses recipientes. Para substituir as taças quebradas, utilizou-se um outro tipo com formato de cone (figura 2). No entanto, os noivos solicitaram que o volume de champanhe nos dois tipos de taças fosse igual.

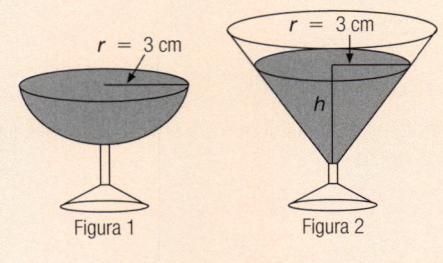

Figura 1 Figura 2

Considere: $A_{esfera} = 4\pi r^2$ e $V_{esfera} = \dfrac{4}{3}\pi r^3$

Sabendo que a taça com o formato de hemisfério é servida completamente cheia, a altura do volume de champanhe que deve ser colocado na outra taça, em centímetros, é:

a) 1,33.

b) 6,00.

c) 12,00.

d) 56,52.

e) 113,04.

25. Se pudéssemos reunir em esferas toda a água do planeta, os diâmetros delas seriam:

1385 km	Toda água do planeta: 1,39 bilhões de km³
406 km	Água doce do planeta: 35,03 milhões de km³
272 km	Água doce subterrânea: 10,53 milhões de km³
58 km	Água doce superficial: 104,59 mil km³

A razão entre o volume da esfera que corresponde à água doce superficial e o volume da esfera que corresponde à água doce do planeta é:

a) $\dfrac{1}{343}$.

b) $\dfrac{1}{49}$.

c) $\dfrac{1}{7}$.

d) $\dfrac{29}{136}$.

e) $\dfrac{136}{203}$.

RESOLUÇÕES E COMENTÁRIOS

EXERCÍCIOS

3. Como a base é um triângulo equilátero com 2 cm de lado, temos:

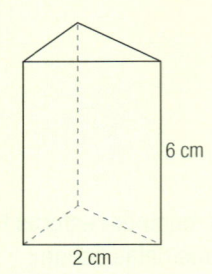

$$A_B = \frac{\ell^2\sqrt{3}}{4} = \frac{2^2\sqrt{3}}{4} = \sqrt{3} \Rightarrow A_B = \sqrt{3} \text{ cm}^2$$

$$A_F = 2 \cdot 6 \Rightarrow A_F = 12 \text{ cm}^2$$

$$A_L = 3A_F \Rightarrow A_L = 3 \cdot 12 \Rightarrow A_L = 36 \text{ cm}^2$$

$$A_T = 2A_B + A_L \Rightarrow A_T = \left(2\sqrt{3} + 36\right) \text{ cm}^2$$

$$V = A_B \cdot h = \sqrt{3} \cdot 6 \Rightarrow V = 6\sqrt{3} \text{ cm}^2$$

4. Como a base é um hexágono regular, temos:

$$A_B = \frac{6\ell^2\sqrt{3}}{4} \Rightarrow A_B = \frac{6 \cdot 3^2\sqrt{3}}{4} \Rightarrow A_B = \frac{27\sqrt{3}}{2} \text{ cm}^2$$

$$V = A_B \cdot h = \frac{27\sqrt{3}}{2} \cdot 12 \Rightarrow V = 162\sqrt{3} \text{ cm}^3$$

5. Se o prisma tem todas as arestas com mesma medida (arestas da base e laterais) suas faces são três quadrados; logo: $A_L = 3a^2 = 48 \text{ m}^2$. Então:

$$3a^2 = 48 \Rightarrow a^2 = 16 \Rightarrow a = 4$$

$$A_B = \frac{a^2\sqrt{3}}{4} = \frac{4^2\sqrt{3}}{4} \Rightarrow A_B = 4\sqrt{3}$$

$$V = A_B \cdot h = 4\sqrt{3} \cdot 4 = 16\sqrt{3} \Rightarrow V = 16\sqrt{3} \text{ m}^3$$

Alternativa **c**.

6. A figura apresentada no enunciado é a planificação de um prisma reto de base triangular.

A aresta da base mede 5 e sua altura mede $4\sqrt{3}$.

$$A_B = \frac{5^2\sqrt{3}}{4} = \frac{25\sqrt{3}}{4}$$

$$V = A_B \cdot h \Rightarrow V = \frac{25\sqrt{3}}{4} \cdot 4\sqrt{3} = 75$$

Alternativa **b**.

7. A base do prisma é um triângulo retângulo cujos catetos medem 3 m e 4 m.

A hipotenusa mede $x = 5$ m

$$A_B = \frac{1}{2} \cdot 3 \cdot 4 = 6$$

Como a altura tem medida igual à da hipotenusa:

$V = A_B \cdot h = 6 \cdot 5 = 30$ $\qquad V = 30 \text{ m}^3$

Alternativa **b**.

8. Se $\overline{DE} \perp \overline{EF} \Rightarrow DE^2 + EF^2 = DF^2 \Rightarrow 6^2 + 8^2 = EF^2 \Rightarrow EF = 10$

$$A_B = \frac{1}{2} \cdot 6 \cdot 8 = 24$$

$$V = A_B \cdot h \Rightarrow 120 = 24 \cdot h \Rightarrow h = 5$$

$$A_L = 6 \cdot 5 + 8 \cdot 5 + 10 \cdot 5 = 30 + 40 + 50 = 120$$

$A_T = 2A_B + A_L = 2 \cdot 24 + 120 = 48 + 120 = 168 \Rightarrow$
$\Rightarrow A_T = 168 \text{ cm}^2$

Alternativa **d**.

9. Pelo enunciado temos: $x^2 = \left(\frac{3}{2}\right)^2 + 1^2 \Rightarrow x^2 = \frac{13}{4} \Rightarrow$

$$\Rightarrow x = \frac{\sqrt{13}}{2}$$

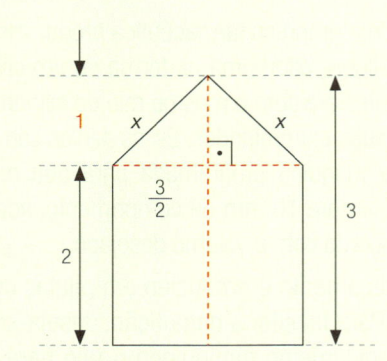

Vamos chamar a área da figura acima de A_1.

$$A_1 = \frac{1}{2} \cdot 3 \cdot 1 + 3 \cdot 2 = \frac{3}{2} + 6 = \frac{15}{2} \Rightarrow A_1 = \frac{15}{2} \text{ m}^2$$

Esse teto é composto de dois retângulos cujos lados medem

$x = \frac{\sqrt{13}}{2}$ m e 4 m. Chamaremos a área de cada retângulo de A_2.

Logo, essa área será:

$$A_2 = \frac{\sqrt{13}}{2} \cdot 4 = 2\sqrt{13} \Rightarrow A_2 = 2\sqrt{13} \text{ m}^2$$

Temos duas faces laterais que são dois retângulos cujos lados medem 4 m e 2 m. Designaremos a área de cada um desses retângulos de A_3:

$$A_3 = 2 \cdot 4 = 8 \Rightarrow A_3 = 8 \text{ m}^2$$

A área A_4 do piso será:

$$A_4 = 4 \cdot 3 \Rightarrow A_4 = 12 \text{ m}^2$$

Assim a lona deverá cobrir uma área (A_T) que será igual a:

$A_T = 2A_1 + 2A_2 + 2A_3 + A_4 = 15 + 4\sqrt{13} + 16 + 12 =$
$= 43 + 4\sqrt{13}$

$$A_T = (43 + 4\sqrt{13}) \text{ m}^2$$

Alternativa **c**.

10. A cunha mostrada na figura é um prisma cuja base é um triângulo retângulo.

$$A_B = \frac{1}{2} \cdot 15 \cdot 10 = 75 \Rightarrow A_B = 75 \text{ cm}^2$$

$$V = A_B \cdot h \Rightarrow V = 75 \cdot 10 \Rightarrow V = 750 \text{ cm}^3$$

Alternativa **c**.

11. A figura mostra um prisma reto cuja base é um trapézio isósceles.

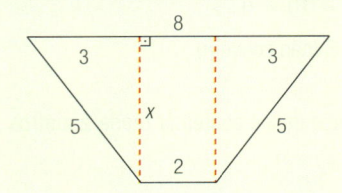

Na figura vemos que a altura x do trapézio mede 4. Como a base do prisma é limitada por esse trapézio, temos que:

$$A_B = \frac{(2+8)\cdot 4}{2} = 20 \Rightarrow A_B = 20 \text{ m}^2$$

A altura h do prisma também mede 5 m.

O volume será: $V = A_B \cdot h = 20 \cdot 5 = 100 \Rightarrow V = 100 \text{ cm}^3$

Alternativa **d.**

12. O volume da embalagem 1 (V_1), será:

$$V_1 = \frac{3(a_1)^2 \sqrt{3}}{2} \cdot h_1 = \frac{3\left(2\sqrt{3}\right)^2 \sqrt{3}}{2} \cdot 4\sqrt{3} = 216$$

O volume da embalagem 2 (V_2), será:

$$V_2 = \frac{3(a_2)^2 \sqrt{3}}{2} = \frac{3(a_2)^2 \sqrt{3}}{2} \cdot 3\sqrt{3} = \frac{27(a_2)^2}{2}$$

Se $a_2 = 4\sqrt{3} \Rightarrow V_2 = \frac{27\left(4\sqrt{3}\right)^2}{2} = 648 \Rightarrow V_2 = 3V_1$

Se $a_2 = 4 \Rightarrow V_2 = \frac{27 \cdot 4^2}{2} = 216 \Rightarrow V_2 = V_1$

Alternativa **e.**

13. A base do cubo maior é formada por 5 cubos · 3 cubos, enquanto a altura corresponde a 4 cubos. Então, serão necessários $5 \cdot 3 \cdot 4 = 60$ cubos menores para compor o cubo maior.

Alternativa **a.**

14. Supondo que a aresta do cubo meça a, teremos:

$d = a\sqrt{3} \Rightarrow a\sqrt{3} = \sqrt{6} \Rightarrow a\sqrt{3} = \sqrt{2}\sqrt{3} \Rightarrow a = \sqrt{2}$

$V = a^3 \Rightarrow V = \left(\sqrt{2}\right)^3 = 2\sqrt{2} \Rightarrow V = 2\sqrt{2} \text{ cm}$

15. Bloco 1 $\Rightarrow V_1 = 10^3 = 1\,000 \Rightarrow V_1 = 1\,000 \text{ cm}^3$

Bloco 2 $\Rightarrow V_2 = 6^3 = 216 \Rightarrow V_2 = 216 \text{ cm}^3$

O paralelepípedo terá volume igual aos volumes dos dois blocos somados.

Volume do paralelepípedo: $V = 1\,216 \text{ cm}^3$

Então: $8 \cdot 8 \cdot x = 1\,216 \Rightarrow 64x = 1\,216 \Rightarrow x = 19$

Alternativa **d.**

16. A aresta do cubo mede 1.

A menor distância entre seus vértices ocorrerá entre 2 vértices que estejam numa mesma aresta, ou seja, 1.

A segunda menor distância é aquela entre 2 vértices opostos em uma mesma face, o que vem a ser a diagonal da face, ou seja, $a\sqrt{2} = 1\sqrt{2} = \sqrt{2}$.

Em seguida, calculamos a distância entre dois vértices situados na diagonal do cubo, ou seja, $a\sqrt{3} = 1\sqrt{3} = \sqrt{3}$.

Alternativa **b.**

17. À frente temos 6 quadrados, atrás 6 também, do lado direito 4 e do esquerdo outros 4. Olhando a cruz de cima para baixo 3, e de baixo para cima mais outros 3. Um total de 26 quadrados.

Supondo que o lado do quadrado meça **a**, teremos:

$26a^2 = 416 \Rightarrow a^2 = 16 \Rightarrow a = 4$

O volume de cada cubo: $V = 4^3 \Rightarrow V = 64 \text{ cm}^3$

Alternativa **b.**

18. As dimensões da caixa em centímetros (pois 1 mL = 1 cm³) são: 3 cm, 20 mm = 2 cm e 0,07 m = 7 cm.

Então, o volume da caixa em mililitros é:

$V = 3 \cdot 2 \cdot 7 = 42 \Rightarrow V = 42 \text{ cm}^3 = 42 \text{ mL}$

Alternativa **c.**

19. A distância máxima entre dois vértices é a medida da diagonal do paralelepípedo:

$$D = \sqrt{2^2 + 3^2 + 6^2} = \sqrt{4 + 9 + 36} = \sqrt{49} = 7 \Rightarrow D = 7 \text{ cm}$$

Alternativa **a.**

20. Representando a situação:

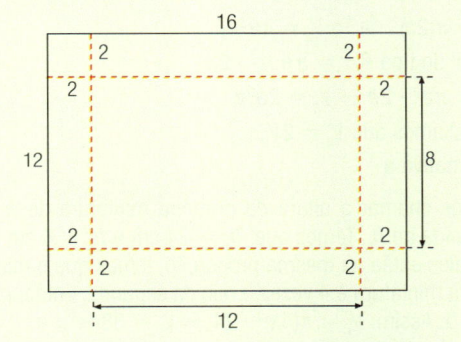

A caixa terá o formato de um paralelepípedo cujas arestas da base medirão 12 cm e 8 cm, enquanto a altura medirá 2 cm.

A terça parte do volume: $V = 12 \cdot 8 \cdot 2 = 192 \Rightarrow V = 192 \text{ cm}^3 \Rightarrow \frac{1}{3} \Rightarrow V = 64 \text{ cm}^3$

21. A caixa perderá 1 cm em suas arestas laterais e 0,5 cm na altura; assim, seu volume será:

$V = 12 \cdot 25 \cdot 50 = 15\,000 \Rightarrow V = 15\,000 \text{ cm}^3 \Rightarrow V = 0,015 \text{ m}^3$

Alternativa **a.**

22. Volume completo: $V = 30 \cdot 20 \cdot 10 = 6\,000 \Rightarrow V = 6\,000 \text{ m}^3$.

Perderam-se $1\,800 \text{ m}^3$, então: $6\,000 \text{ m}^3 - 1\,800 \text{ m}^3 = 4\,200 \text{ m}^3$.

O novo volume será dado por: $30 \cdot 20 \cdot h = 4\,200 \Rightarrow h = 7 \Rightarrow h = 7 \text{ m}$

Alternativa **c.**

23. $A_S = 64$ e $h = 2r \Rightarrow 2rh = 64 \Rightarrow 2r \cdot 2r = 64 \Rightarrow r^2 = 16 \Rightarrow r = 4 \Rightarrow h = 8$

a) $A_B = \pi r^2 = \pi 4^2 = 16\pi \Rightarrow A_B = 16\pi \text{ cm}^2$

b) $A_L = 2\pi rh = 2\pi \cdot 4 \cdot 8 = 64\pi \Rightarrow A_L = 64\pi \text{ cm}^2$

c) $A_T = 2A_B + A_L = 32\pi + 64\pi = 96\pi \Rightarrow A_T = 96\pi \text{ cm}^3$

d) $V = \pi r^2 \cdot h = \pi 4^2 \cdot 8 = 128\pi \Rightarrow V = 128\pi \text{ cm}^3$

24. Temos que $V = 36\sqrt{6}\pi$ e $h = 6\sqrt{6}$; daí:

$\pi r^2 \cdot h = 36\sqrt{6}\pi \Rightarrow \pi r^2 \cdot 6\sqrt{6}\pi = 36\sqrt{6}\pi \Rightarrow r^2 = 6 \Rightarrow$
$\Rightarrow r = \sqrt{6}$

$A_T = 2\pi r(h+r) = 2\pi\sqrt{6} \cdot \left(6\sqrt{6} + \sqrt{6}\right) = 2\pi\sqrt{6} \cdot \left(7\sqrt{6}\right) =$
$= 84\pi$

Alternativa **b**.

25. $\dfrac{20}{100}\pi 2^2 \cdot h = 24\pi \Rightarrow 0,2 \cdot 4h = 24 \Rightarrow 0,8h = 24 \Rightarrow$

$\Rightarrow h = \dfrac{24}{0,8} = \dfrac{240}{8} = 30$

Alternativa **a**.

26. Temos que: $A_B = \pi r^2$ e que $A_S = 2rh = 2r \cdot 5 = 10r$, mas,

como $A_B = A_S$, vamos ter: $\pi r^2 = 10r \Rightarrow r = \dfrac{10}{\pi}$. Logo, o

volume será:

$V = \pi r^2 \cdot h = \pi\left(\dfrac{10}{\pi}\right)^2 \cdot 5 = \dfrac{500\pi}{\pi^2} = \dfrac{500}{\pi}$

Alternativa **b**.

27. Barril do tipo A: $r = 2a$ e $h = a$
$V_A = \pi(2a)^2 \cdot a \Rightarrow V_A = 4a^3\pi$
Barril do tipo B: $r = a$ e $h = 2a$
$V_B = \pi a^2 \cdot 2a \Rightarrow V_B = 2a^3\pi$
Concluímos que $V_A = 2V_B$.
Alternativa **a**.

28. Vamos chamar a altura da primeira miniatura de h_1 e a da segunda de h_2. Temos que: $h_1 = 24$ cm e $h_2 = 6$ cm e, como os raios estão na mesma proporção, temos que o raio da primeira miniatura é 4 vezes o raio da segunda. Então: $r_1 = 4x$ e $r_2 = x$. Assim: $V_1 = \pi(4x)^2 \cdot 24 \Rightarrow V_1 = 384x^2\pi$ e
$V_2 = \pi x^2 \cdot 6 \Rightarrow V_2 = 6x^2\pi$

$\dfrac{V_1}{V_2} = 64$

Alternativa **e**.

29. Volume dos 9 cubos: $V = 9 \cdot 3^3 \Rightarrow V = 243$

Vamos calcular a altura h da água no copo sabendo que o raio é 3 cm e o volume de água é 243 cm³:

$243 = 3,14 \cdot 3^2 \cdot h \Rightarrow 243 = 28,26 \cdot h \Rightarrow h \cong 8,598$ cm

Alternativa **a**.

30. A capacidade é 16 000 L = 16 000 dm³ = 16 m³

$\pi r^2 \cdot 1,8 = 16 \Rightarrow r^2 \cdot 3,14 \cdot 1,8 = 16 \Rightarrow r^2 \cdot 5,652 = 16 \Rightarrow$
$\Rightarrow r^2 = \dfrac{16}{5,652} \Rightarrow r^2 \cong 2,83$

A alternativa que mais se aproxima é 2,8.
Alternativa **c**.

31. Vamos considerar o nível da altura da água $h = \dfrac{2}{3} \cdot 6 = 4$.

Logo:
$V = 3,14 \cdot 3^2 \cdot 4 \Rightarrow V = 113,04$ m³ $= 113\,040$ dm³ $=$
$= 113\,040$ L

Alternativa **a**.

32. $A_T = 2\pi r(h + r) \Rightarrow 20\pi = 2\pi r(3 + r) \Rightarrow 10 = r(3 + r) \Rightarrow$
$\Rightarrow r^2 + 3r - 10 = 0 \Rightarrow$

$\begin{cases} r = -5 \text{ (não convém)} \\ r = 2 \end{cases}$

O raio da base desse contêiner mede 2 metros.

33. $A_B = 3^2 \Rightarrow A_B = 9$

$V = \dfrac{1}{3} A_B \cdot h \Rightarrow V = \dfrac{1}{3} \cdot 9 \cdot 4 \Rightarrow V = 12$ cm³

Alternativa **d**.

34. Pela figura, temos que:

$n^2 + 4^2 = 5^2 \Rightarrow n = 3 \Rightarrow d = 6$ (diagonal da base)

Sendo a a aresta da base, temos:

$d = a\sqrt{2} \Rightarrow 6 = a\sqrt{2} \Rightarrow a = \dfrac{6}{\sqrt{2}}$

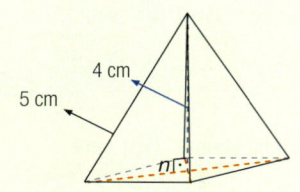

Área da base:

$A_B = a^2 \Rightarrow A_B = \left(\dfrac{6}{\sqrt{2}}\right)^2 \Rightarrow A_B = 18$

Volume:

$V = \dfrac{1}{3} \cdot A_B \cdot h = \dfrac{1}{3} \cdot 18 \cdot 4 = 24 \Rightarrow V = 24$ cm³

35. Pela figura temos que:

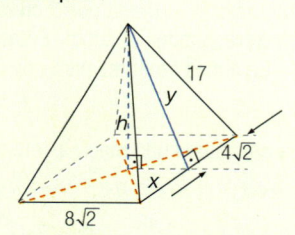

$y^2 + \left(4\sqrt{2}\right)^2 = 17^2 \Rightarrow y^2 + 32 = 289 \Rightarrow y^2 = 257 \Rightarrow$
$\Rightarrow y = \sqrt{257}$

$x = 4\sqrt{2} \Rightarrow h^2 + \left(4\sqrt{2}\right)^2 = \left(\sqrt{257}\right)^2 \Rightarrow$
$\Rightarrow h^2 + 32 = 257 \Rightarrow h^2 = 225 \Rightarrow h = 15$

$A_B = \left(8\sqrt{2}\right)^2 \Rightarrow A_B = 128$

$V = \dfrac{1}{3} A_B \cdot h \Rightarrow V = \dfrac{1}{3} \cdot 128 \cdot 15 = 640 \Rightarrow V = 640$ cm³

Alternativa **b**.

36. Supondo que cada aresta do cubo mede a, teremos:

$V = a^3 \Rightarrow a^3 = 1 \Rightarrow a = 1$

A altura da pirâmide será $h = \dfrac{1}{2}$ e a área da base será: $A_B = 1$.

O volume será: $V = \dfrac{1}{3} \cdot A_B \cdot h \Rightarrow V = \dfrac{1}{3} \cdot 1 \cdot \dfrac{1}{2} \Rightarrow V = \dfrac{1}{6}$

Alternativa **d**.

37. O volume procurado é a soma dos volumes de um paralelepípedo e de uma pirâmide.

- Volume do paralelepípedo (V_1):

$V_1 = 100 \cdot 40 \cdot 60 = 240\,000 \Rightarrow V_1 = 240\,000$ cm³

- Volume da pirâmide (V_2)

A altura dessa pirâmide será $h = 70$ cm $- 40$ cm $= 30$ cm

$A_B = 100 \cdot 60 \Rightarrow A_B = 6\,000$ cm²

$V_2 = \dfrac{1}{3} \Rightarrow A_B \cdot h = \dfrac{1}{3} \cdot 6\,000 \cdot 30 = 60\,000 \Rightarrow$

$\Rightarrow V_2 = 60\,000$ cm³

- Volume total (V_T)

$V_T = V_1 + V_2 \Rightarrow V_T = 240\,000 + 60\,000 \Rightarrow$

$\Rightarrow V_T = 300\,000$ cm³ $\Rightarrow V_T = 300$ dm³

O valor acima é o volume acumulado durante 20 anos. O volume médio acumulado por ano será:

$\dfrac{300 \text{ dm}^3}{20} = 15$ dm³

Alternativa **d**.

38. A figura que aparece planificada no enunciado é a seguinte:

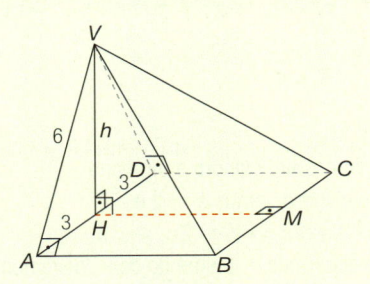

No triângulo retângulo AHV, temos:

$h^2 + 3^2 = 6^2 \Rightarrow h^2 = 27 \Rightarrow h = 3\sqrt{3}$

A base é um quadrado com 6 cm de lado; então:

$A_B = 6^2 \Rightarrow A_B = 36$

Cálculo do volume:

$V = \dfrac{1}{3} \cdot A_B \cdot h \Rightarrow V = \dfrac{1}{3} \cdot 36 \cdot 3\sqrt{3} \Rightarrow V = 36\sqrt{3}$ cm³

Alternativa **c**.

39. Façamos uma ilustração da pirâmide de Quéops com os dados fornecidos pelo enunciado.

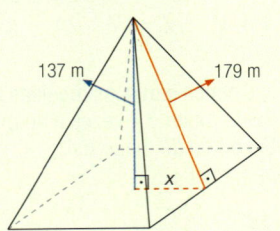

Temos que:

$x^2 + 137^2 = 179^2 \Rightarrow x^2 + 18\,769 = 32\,041 \Rightarrow$

$\Rightarrow x^2 = 13\,272 \Rightarrow x = \sqrt{13\,272}$

A base é um quadrado de lado $2x = 2\sqrt{13\,272}$

Área da base:

$A_B = (2x)^2 = \left(2\sqrt{13\,272}\right)^2 = 53\,088$

Portanto: $A_B = 53\,088$ m²

$A_B = 53\,088$ m²

Alternativa **d**.

40. Como a base é um triângulo equilátero, então o ponto P é o baricentro da base (encontro das medianas). Mas, no triângulo equilátero, as medianas também são alturas. Como o lado do triângulo mede $\sqrt{6}$ cm, essa altura mede:

$\dfrac{\ell\sqrt{3}}{2} = \dfrac{\sqrt{3} \cdot \sqrt{6}}{2} = \dfrac{3\sqrt{2}}{2}$

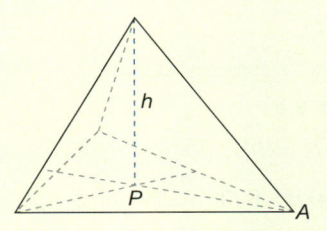

O segmento $\overline{AP}$ é $\dfrac{2}{3}$ da altura (mediana).

$\overline{AP} = \dfrac{2}{3} \cdot \dfrac{3\sqrt{2}}{2} = \sqrt{2}$. Assim:

$h^2 + \left(\sqrt{2}\right)^2 = \left(\sqrt{6}\right)^2 \Rightarrow h = 2$ cm. Alternativa **d**.

41. $g^2 = r^2 + h^2 \Rightarrow g^2 = 6^2 + 8^2 \Rightarrow g^2 = 100 \Rightarrow g = 10$

$A_L = \pi r g \Rightarrow A_L = \pi 6 \cdot 10 \Rightarrow A_L = 60\pi$ cm²

Alternativa **e**.

42. Por semelhança de triângulos, é possível concluir que o raio do cone menor é $\dfrac{r}{2}$ e, como seu volume é π, teremos:

$\pi = \dfrac{1}{3}\pi\left(\dfrac{r}{2}\right)^2 \cdot \dfrac{h}{2} \Rightarrow \pi = \dfrac{\pi r^2 \cdot h}{24} \Rightarrow r^2 \cdot h = 24$

Volume do tanque:

$V = \dfrac{1}{3}\pi r^2 \cdot h = \dfrac{1}{3}\pi \cdot 24 = 8\pi$

Alternativa **e**.

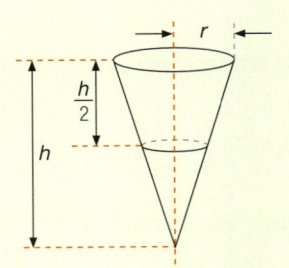

43. Devemos observar que, para obtermos o volume final do chapéu, devemos retirar duas vezes o cone menor do maior.

Volume do cone maior: $V_M = \dfrac{1}{3}\pi \cdot 5^2 \cdot 10 = \dfrac{250\pi}{3}$

Volume do cone menor: $V_m = \frac{1}{3}\pi\left(\frac{x}{2}\right)^2 \cdot x \Rightarrow V_m = \frac{\pi x^3}{12}$

Retirando-se duas vezes o cone menor do maior, vamos obter

o volume final do chapéu (V_F):

$V_F = V_M - 2V_m = \frac{250\pi}{3} - \frac{2\pi x^3}{12} = \frac{250\pi}{3} - \frac{\pi x^3}{6} =$

$= \frac{\pi(500 - x^3)}{6}$

Mas, como $V_F = \frac{4}{5}V_M \Rightarrow \frac{\pi(500 - x^3)}{6} = \frac{4}{5} \cdot \frac{250\pi}{3} \Rightarrow$

$\Rightarrow 500 - x^3 = 400 \Rightarrow x^3 = 100 \Rightarrow x = \sqrt[3]{100}$

Alternativa **c**.

44. No caso, $g = 2r$ (cone equilátero)

$g = 12 \Rightarrow r = 6$

$12 = 6^2 + h^2 \Rightarrow h^2 = 108 \Rightarrow h = 6\sqrt{3}$

$V = \frac{1}{3} \cdot 3{,}14 \cdot 6^2 \cdot 6\sqrt{3} = 3{,}14 \cdot 36 \cdot 2 \cdot 1{,}73 \cong 391{,}11 \cong 390$

Alternativa **a**.

45. Se a área total do cubo é 54, então: $6a^2 = 54 \Rightarrow a^2 = 9 \Rightarrow a =$

$= 3 \Rightarrow r = \frac{3}{2}$

Tem-se ainda que $h = a = 3$. Lembrando que devemos considerar $\pi = 3$, o volume do cone será: $V =$

$= \frac{1}{3} \cdot 3 \cdot \left(\frac{3}{2}\right)^2 \cdot 3 = \frac{27}{4}$

Alternativa **d**.

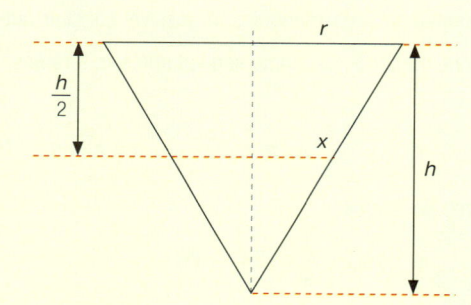

46. $\frac{1}{3}\pi r^2 \cdot h = 400$

Vejamos o que acontece com o raio quando a altura se reduz à metade:

$\frac{h}{\frac{h}{2}} = \frac{r}{x} \Rightarrow x = \frac{r}{2}$

Volume do líquido quando o nível está em $\frac{h}{2}$:

$\frac{1}{3}\pi\left(\frac{r}{2}\right)^2 \cdot \frac{h}{2} = \frac{1}{3}\frac{\pi r^2}{4} \cdot \frac{h}{2} = \frac{\frac{1}{3}\pi r^2 h}{8} = \frac{400}{8} = 50$

47. Vamos chamar as áreas das bases do prisma e do cone de k (lembrando que elas são iguais).

Chamemos a altura do cone de h e a altura do prisma de $\frac{2}{3}h$.

Volume do cone: $V_1 = \frac{1}{3}k \cdot h$

Volume do prisma: $V_2 = k\frac{2}{3}h = \frac{2kh}{3}$

Razão entre V_2 e V_1: $\dfrac{V_2}{V_1} = \dfrac{\frac{2kh}{3}}{\frac{kh}{3}} = 2$

Alternativa **a**.

48.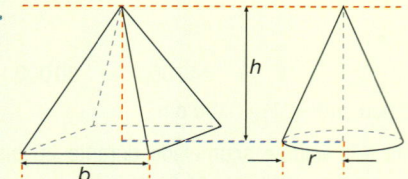

Volume da pirâmide: $V_P = \frac{1}{3}b^2 \cdot h$

Volume do cone: $V_C = \frac{1}{3}\pi r^2 h$, mas como $V_P = V_C$ teremos:

$\frac{1}{3}b^2 h = \frac{1}{3}\pi r^2 \cdot h \Rightarrow b^2 = \pi r^2 \Rightarrow \frac{b^2}{r^2} = \pi \Rightarrow \left(\frac{b}{r}\right)^2 =$

$= \pi \Rightarrow \frac{b}{r} = \sqrt{\pi}$

Alternativa **c**.

49. Na figura, temos um cilindro e um cone.

Volume do cilindro: temos $h = 2$ e $r = 1$

$V_1 = \pi 1^2 \cdot 2 = 2\pi \Rightarrow V_1 = 2\pi$

Para determinarmos o volume do cone, devemos inicialmente determinar seu raio e sua altura.

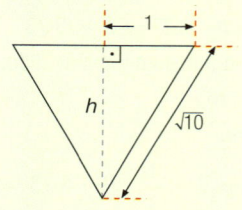

Temos que $r = 1$ e $h^2 + 1^2 = \left(\sqrt{10}\right)^2 \Rightarrow h = 3$

Volume do cone: $V_2 = \frac{1}{3}\pi 1^3 \cdot 3 \Rightarrow V_2 = \pi$

Volume total: $V = V_1 + V_2 \Rightarrow V = 2\pi + \pi \Rightarrow V = 3\pi$

Alternativa **e**.

50. Na figura, os dois cones têm suas medidas lineares proporcionais. Se a altura do maior é 4 vezes a do menor e se o raio do menor é r, então o raio do maior é $4r$.

Volume do cone menor V_2:

$V_2 = \frac{1}{3}\pi r^2 \cdot 25 = \frac{25\pi r^2}{3}$

Volume do cone maior V_1:

$V_1 = \frac{1}{3}\pi(4r)^2 \cdot 100 = \frac{1600\pi r^2}{3}$

Então, $\dfrac{V_1}{V_2} = \dfrac{1600}{25} = 64$

51. Como o cone é equilátero, se $r = 2$, então $g = 4$; logo:

$h^2 + 2^2 = 4^2 \Rightarrow h^2 = 12 \Rightarrow h = \sqrt{12} \Rightarrow h = 2\sqrt{3}$

$V = \dfrac{1}{3}\pi 2^2 \cdot 2\sqrt{3} = \dfrac{8\pi\sqrt{3}}{3}$

52. Como o chapéu tem forma cônica, vamos inicialmente calcular sua geratriz:

$g^2 = 12^2 + 5^2 \Rightarrow g^2 = 169 \Rightarrow g = 13$

Área lateral do chapéu: $A = \pi rg = \pi 5 \cdot 13 = 3{,}14 \cdot 5 \cdot 13 = 204{,}1$

Multiplicando esse valor por 50, teremos a área total a ser forrada:

$A_F = 50 \cdot 204{,}1 = 10\,205$

Área de uma peça de tecido: $A_T = 67 \cdot 50 = 3\,350$

$\dfrac{A_F}{A_T} = \dfrac{10\,250}{3\,350} = 3{,}05$

Alternativa **a**.

53. $2\pi r = 12\pi \Rightarrow r = 6$

$V = \dfrac{4}{3}\pi r^3 = \dfrac{4}{3}\pi 6^3 = 288\pi \Rightarrow V = 288\pi \text{ cm}^3$

54. $r^2 + 12^2 = 13^2 \Rightarrow r^2 + 144 = 169 \Rightarrow r^2 = 25 \Rightarrow r = 5$

Alternativa **e**.

55. Chamemos o raio da secção de r e o raio da esfera de R.

$4\pi R^2 = 676\pi \Rightarrow R^2 = \dfrac{676}{4} \Rightarrow R^2 = 169 \Rightarrow R = 13$

$\pi r^2 = 25\pi \Rightarrow r^2 = 25 \Rightarrow r = 5$

$d^2 + r^2 = R^2 \Rightarrow d^2 + 5^2 = 13^2 \Rightarrow d^2 = 144 \Rightarrow d = 12$

Alternativa **c**.

56. Ao observarmos a figura, podemos concluir que a altura do cilindro é o dobro do raio da esfera ($h = 2r$). Sabemos ainda que o cilindro e a esfera têm o mesmo raio r.

$V_{cilindro} = \pi r^2 \cdot h = \pi r^2 \cdot 2r \Rightarrow$
$\Rightarrow V_{cilindro} = 2\pi r^3$

Alternativa **e**.

57. Sendo R o raio do cilindro, teremos, então:

$V_{esfera} = V_{cilindro} \Rightarrow \dfrac{4}{3}\pi \cdot 3^3 = \pi R^2 \cdot 12 \Rightarrow \dfrac{4}{3} \cdot 27 = 12R^2 \Rightarrow$

$\Rightarrow R^2 = 3 \Rightarrow R = \sqrt{3}$

Alternativa **c**.

58. $V_A = \dfrac{1}{8}V_B \Rightarrow \dfrac{4}{3}\pi r^3 = \dfrac{1}{8} \cdot \dfrac{4}{3}\pi 10^3 \Rightarrow r^3 = \dfrac{10^3}{2^3} \Rightarrow$

$\Rightarrow r = 5$

Alternativa **a**.

59. a) $V_{esfera} = V_{cubo} \Rightarrow \dfrac{4}{3}\pi r^3 = 5^3 \Rightarrow r^3 = \dfrac{5^3 \cdot 3}{4\pi} \Rightarrow$

$\Rightarrow r = 5 \cdot \sqrt[3]{\dfrac{3}{4\pi}}$

b) $\pi 2^2 \cdot h = 50 \Rightarrow h = \dfrac{50}{4\pi} \Rightarrow h = \dfrac{25}{2\pi}$

$A_T = 2\pi r(r + h) = 2\pi^2\left(2 + \dfrac{25}{2\pi}\right) =$

$= 4\pi\left(\dfrac{4\pi + 25}{2\pi}\right) = 2(4 \cdot 3{,}14 + 25) = 75{,}12$

Multiplicamos a área total pelo custo por metro quadrado:
$75{,}12 \cdot 100{,}00 = 7\,512{,}00 \Rightarrow \text{R\$ } 7.512{,}00$

60. Área da superfície esférica: $A_1 = 4\pi r^2$

No cone temos: $r = 4$ e $V = 16\pi$

$\dfrac{1}{3}\pi \cdot 4^2 \cdot h = 16\pi \Rightarrow h = 3$

Mas $g^2 = 4^2 + 3^2 \Rightarrow g = 5$

Área total do cone: $A_2 = \pi r(g + r) = \pi 4(5 + 4) = 36\pi \Rightarrow$
$\Rightarrow A_2 = 36\pi$

Como $A_1 = A_2 \Rightarrow 4\pi r^2 = 36\pi \Rightarrow r^2 = 9 \Rightarrow r = 3$

Alternativa **c**.

61. Com 10% de acréscimo, o raio da esfera que era r passa a ser $1{,}1r$. A superfície esférica será: $A = 4\pi(1{,}1r)^2 = 1{,}21 \cdot (4\pi r^2)$. Como a área da superfície esférica ficou multiplicada por 1,21, o

acréscimo foi de $1{,}21 - 1 = 0{,}21 = \dfrac{21}{100} = 21\%$

Alternativa **a**.

QUESTÕES DO ENEM

2. O volume do objeto é $2\,400$ cm³. No tanque, corresponderia ao volume de um paralelepípedo de medidas 30 cm, 40 cm e h cm. Ou seja: $30 \cdot 40 \cdot h = 2\,400 \Rightarrow h = 2$ cm.

Como a água subiu 2 cm, seu nível ficará com uma altura de 20 cm $+ 2$ cm $= 22$ cm.

Alternativa **c**.

3. A menor distância entre 2 pontos é um segmento de reta.

Alternativa **e**.

4. Volume do paralelepípedo: $V = 3 \cdot 18 \cdot 4 = 216 \Rightarrow V = 216$ cm³. Se o cubo tiver aresta a e mesmo volume do paralelepípedo, teremos:

$V = 216 \Rightarrow a^3 = 216 \Rightarrow a = \sqrt[3]{216} \Rightarrow a = 6$

Alternativa **b**.

5. O produto das medidas das 3 arestas de um paralelepípedo fornece o volume desse sólido.

Alternativa **b**.

6. Cubo maior: $V_M = 12^3 \Rightarrow V_M = 1\,728$
Cubo menor: $V_m = 8^3 \Rightarrow V_m = 512$
Volume do porta-lápis: $V_M - V_m = 1\,728 - 512 = 1\,216$

Alternativa **d**.

7. Como as medidas da caixa são 1 m $\times$ 1 m $\times$ 1 m, no comprimento da carroceria (5,1 m) caberiam 5 caixas, na largura (2,1 m) caberiam 2 caixas, e na altura (2,1 m) caberiam também 2 caixas.

Numa viagem poderiam ser levadas $5 \cdot 2 \cdot 2 = 20$ caixas.

Como são 240 caixas, seriam necessárias $240 : 20 = 12$ viagens.

Alternativa **c**.

8. Volume de um pacote: $V = 20 \cdot 20 \cdot 30 = 12\,000 \Rightarrow$
$\Rightarrow V = 12\,000$ cm³

Volume de uma caixa: $V = 40 \cdot 40 \cdot 60 = 96\,000 \Rightarrow$
$\Rightarrow V = 96\,000$ cm³

Numa caixa cabem $96\,000 : 12\,000 = 8$ pacotes.

Para 100 pacotes são necessárias $100 : 8 = 12{,}5$ caixas.

Serão necessárias no mínimo 13 caixas.

Alternativa **c**.

9. A superfície plana a ser considerada é a superfície retangular de medidas 8 m e 10 m.

A quantidade de água que nela incide não depende da forma do telhado. Assim, temos que a área que receberá a água é a área da superfície retangular de 80 m².

Do enunciado, 80 m² equivalem a um acúmulo de 80 · 100 litros de água (8 000 litros), ou seja, 8 m³, a cada 100 mm de chuva.

Do gráfico, a quantidade anual de chuva acumulada, em milímetros, é: $100 + 100 + 300 + 100 + 50 + 50 = 700$.

Por meio de uma regra de três simples e direta:

Milímetros	Água em m³
100	8
700	x

$100x = 700 \cdot 8 \Rightarrow x = 56$

O volume do reservatório será de 56 m³.

Então, $4 \cdot 2 \cdot p = 56 \Rightarrow p = 7$.

Alternativa **d**.

10. Como devemos colocar 1 parte de açúcar e 5 partes de água (total de 6 partes), a altura com água deverá corresponder a $\dfrac{5}{6}$ da altura do recipiente. Então, o volume de água será (consideramos $\pi = 3$):

$$V = 3 \cdot 2^2 \cdot \frac{5}{6} \cdot 10 = 100 \Rightarrow V = 100 \text{ cm}^3 \Rightarrow V = 100 \text{ mL}$$

Alternativa **c**.

11. Para calcularmos o volume do concreto empregado, basta que façamos a diferença dos volumes dos dois cilindros com base na figura a seguir.

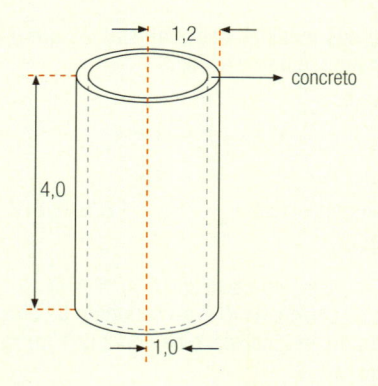

$V_M = 3{,}1 \cdot (1{,}2)^2 \cdot 4 = 17{,}856$

$V_m = 3{,}1 \cdot 1^2 \cdot 4 = 12{,}4$

$V_M - V_m = 5{,}456$

Multiplicando esse valor por R$ 10,00, teremos R$ 54,56.

Alternativa **d**.

12. $V_A = L^2 \cdot h$

$V_B = \pi r^2 \cdot h$, mas $V_A = V_B$

$V_A = V_B \Rightarrow L^2 \cdot h = \pi r^2 \cdot h \Rightarrow L^2 = \pi r^2 \Rightarrow L = r\sqrt{\pi}$

Alternativa **d**.

13. Volume da fonte mais alta: $V_1 = \pi r^2 \cdot h_1$

No cilindro que representa a fonte de menor altura, temos de excluir a parte do cilindro maior que fica dentro dela:

$$V_2 = \pi\left(r\sqrt{2}\right)^2 \cdot \frac{h_1}{3} - \frac{1}{3}\pi r^2 h_1 = \frac{2\pi r^2 h_1}{3} - \frac{\pi r^2 \cdot h_1}{3} =$$

$$= \frac{\pi r^2 h_1}{3}, \text{ o que representa a terça parte do cilindro de maior altura.}$$

Se V_1 gasta 30 minutos para encher, V_2 gastará 10 minutos. Tempo total: 40 minutos.

Alternativa **c**.

14. Primeiro modelo de embalagem:

Superfície lateral: $A_{L1} = 2\pi rh = 2\pi 2 \cdot 13{,}5 = 54\pi \Rightarrow A_{L1} = 54\pi \text{ cm}^2$

Volume: $V_1 = \pi r^2 \cdot h = \pi 2^2 \cdot 13{,}5 = 54\pi \Rightarrow V_1 = 54\pi \text{ cm}^3$

Segundo modelo de embalagem:

Seu volume V_2 será igual ao volume V_1, e sua altura h será igual ao diâmetro ($h = 2r$).

$V_2 = \pi r^2 \cdot (2r) \Rightarrow 54\pi = 2\pi r^3 \Rightarrow r^3 = 27 \Rightarrow r = 3 \Rightarrow h = 6$

Sua superfície lateral será:

$A_{L2} = 2\pi \cdot 3 \cdot 6 \Rightarrow A_{L2} = 36\pi \text{ cm}^2$

Por uma regra de três simples e direta, temos:

Superfície lateral	Custo
54π	0,60
36π	x

$$x = \frac{36\pi \cdot 0{,}60}{54\pi} \Rightarrow x = 0{,}40$$

Alternativa **b**.

15. Vamos inicialmente lembrar que densidade de um corpo é a razão entre sua massa e seu volume: $d = \dfrac{m}{v}$.

Toras da primeira espécie:

Volume: $V_1 = (\text{rodo})^2 \cdot \text{altura} \cdot 0{,}06 = 3^2 \cdot 12 \cdot 0{,}06 = 6{,}48$

$d = \dfrac{m}{v} \Rightarrow 0{,}77 = \dfrac{m}{6{,}48} \Rightarrow m = 4{,}99$

Massa de 3 toras = $3 \cdot (4{,}99) = 14{,}97$

Toras da segunda espécie:

$V_2 = (\text{rodo})^2 \cdot \text{altura} \cdot 0{,}06 = 4^2 \cdot 10 \cdot 0{,}06 = 9{,}6$

$d = \dfrac{m}{v} \Rightarrow 0{,}78 = \dfrac{m}{9{,}6} \Rightarrow m = 7{,}49$

Massa de 2 toras = $2 \cdot (7{,}49) = 14{,}98$

Massa total em toneladas: $14{,}97 + 14{,}98 = 29{,}95$

Alternativa **a**.

16. Embalagem 1: $V_1 = \pi r^2 \cdot h$

Embalagem 2: $V_2 = \pi\left(\dfrac{r}{2}\right)^2 \cdot a = \dfrac{\pi r^2 a}{4}$

Mas como $V_2 = \dfrac{V_1}{3} \Rightarrow \dfrac{\pi r^2 a}{4} = \dfrac{\pi r^2 h}{3} \Rightarrow a = \dfrac{4h}{3}$

Alternativa **d**.

17. O valor de cada moeda de chocolate deve ser: volume · preço unitário.

Volume da moeda 1: $V_1 = \pi \cdot 2^2 h = 4\pi h$

Volume da moeda 2: $V_2 = \pi \cdot 4^2 \cdot h = 16\pi h = 4 \cdot V_1$

A moeda 2 vale 4 vezes a moeda 1, ou seja: $4 \cdot 1,5 = 6,0$

Alternativa **d**.

18. Observe a figura:

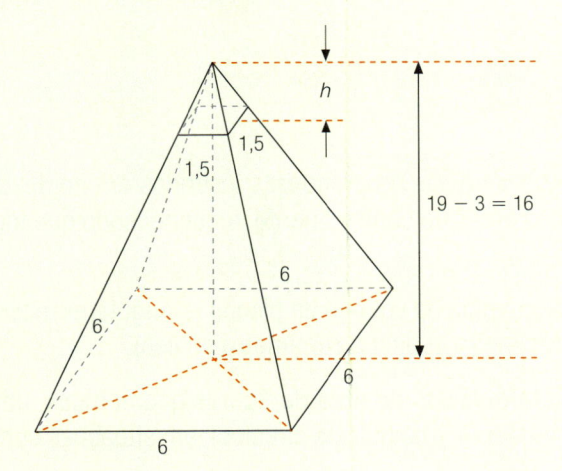

Fazendo um corte na figura e aplicando semelhança de triângulos:

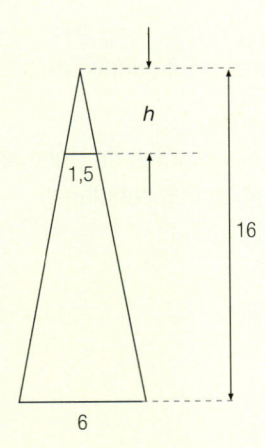

$\dfrac{h}{16} = \dfrac{1,5}{6} \Rightarrow h = 4$

O volume procurado é:

$V = \dfrac{1}{3} 6^2 \cdot 16 - \dfrac{1}{3}(1,5)^2 \cdot 4 = 189 \Rightarrow V = 189 \text{ cm}^3$

Alternativa **b**.

19. A superfície é representada pela superfície lateral de um cone.

Alternativa **e**.

20. $\pi r^2 = 28,26 \Rightarrow r^2 = \dfrac{28,26}{\pi} = \dfrac{28,26}{3,14} \Rightarrow r^2 = 9 \Rightarrow r = 3$

$3^2 + h^2 = 5^2 \Rightarrow h^2 = 16 \Rightarrow h = 4$

Alternativa **b**.

21. Da figura 1, temos:

$\pi 5^2 h = 625\pi \Rightarrow h = 25$

Da figura 2, teremos:

$V_{cone} = \dfrac{1}{3} \pi \cdot 5^2 \cdot 6 = 50\pi$

Ainda da figura 2, conclui-se que $625\pi - 50\pi = 575\pi \Rightarrow$

$\Rightarrow 575\pi = \pi 5^2 \cdot h \Rightarrow h = 23$. Então, $30 - 23 = 7$.

Alternativa **b**.

22. Vamos calcular a medida da aresta dessa caixa cúbica.

$a^3 = 13\,824 \Rightarrow a = \sqrt[3]{13\,824} \Rightarrow a = \sqrt[3]{2^9 3^3} \Rightarrow a = 24$

Como o diâmetro da esfera é 12 cm, só se podem colocar duas esferas, uma ao lado da outra. Assim, caberão $2 \cdot 2 \cdot 2 = 8$.

Alternativa **b**.

23. Cada pílula é formada por um cilindro de raio r e altura h e duas semiesferas também de raio r. Assim, seu volume será de:

$V_1 = \dfrac{4}{3}\pi r^2 + \pi r^2 h \Rightarrow \dfrac{4}{3} \cdot 3 \cdot 5^3 + \pi \cdot 5^2 \cdot 10 = 1\,250$

Reduzindo o raio para 4 mm:

$V_2 = \dfrac{4}{3} \cdot 3 \cdot 4^3 + 3 \cdot 4^2 \cdot 10 = 736$

Diferença entre os volumes: $1\,250 - 736 = 514$

$D = 514 \text{ mm}^3$

Alternativa **e**.

24. Como um hemisfério é metade de uma esfera, seu volume é dado pela expressão:

$V_{hemisfério} = \dfrac{2}{3}\pi r^3$

$V_{hemisfério} = \dfrac{2}{3}\pi r^3 = \dfrac{2}{3}\pi \cdot 3^3 = 18\pi$

Este também deve ser o volume da taça em forma de cone:

$V_{cone} = \dfrac{1}{3}\pi 3^2 \cdot h \Rightarrow 3\pi h = 18\pi \Rightarrow h = 6$

Alternativa **b**.

25. O volume e o raio da esfera com água doce superficial são, respectivamente, V_1 e r_1. O volume e o raio da esfera com água doce do planeta são, respectivamente, V_2 e r_2. A razão entre os volumes, será:

$\dfrac{V_1}{V_2} = \dfrac{\dfrac{4}{3} \cdot \pi (r_1)^3}{\dfrac{4}{3}\pi (r_2)^3} = \left(\dfrac{r_1}{r_2}\right)^3 = \left(\dfrac{29}{203}\right)^3 = \left(\dfrac{1}{7}\right)^3 = \dfrac{1}{343}$

Alternativa **a**.

COMPETÊNCIAS E HABILIDADES

ENEM

COMPETÊNCIAS DE ÁREA – MATEMÁTICA E SUAS TECNOLOGIAS

Habilidades

H6 Interpretar a localização e a movimentação de pessoas/objetos no espaço tridimensional e a sua representação no espaço bidimensional.

H7 Identificar características de figuras planas ou espaciais.

H8 Resolver situação-problema que envolva conhecimentos geométricos de espaço e forma.

H9 Utilizar conhecimentos geométricos de espaço e forma na seleção de argumentos propostos como solução de problemas do cotidiano.

BNCC

Habilidades

EF07MA29 Resolver e elaborar problemas que envolvam medidas de grandezas inseridos em contextos oriundos de situações cotidianas ou de outras áreas do conhecimento, reconhecendo que toda medida empírica é aproximada.

EF07MA30 Resolver e elaborar problemas de cálculo de medida do volume de blocos retangulares, envolvendo as unidades usuais (metro cúbico, decímetro cúbico e centímetro cúbico).

EF08MA19 Resolver e elaborar problemas que envolvam medidas de área de figuras geométricas, utilizando expressões de cálculo de área (quadriláteros, triângulos e círculos), em situações como determinar medida de terrenos.

EF08MA20 Reconhecer a relação entre um litro e um decímetro cúbico e a relação entre litro e metro cúbico, para resolver problemas de cálculo de capacidade de recipientes cujo formato é o de um bloco retangular ou de um cilindro reto.

EF09MA17 Reconhecer vistas ortogonais de figuras espaciais e aplicar esse conhecimento para desenhar objetos em perspectiva.

EF09MA19 Resolver e elaborar problemas que envolvam medidas de volumes de prismas e de cilindros retos, inclusive com uso de expressões de cálculo, em situações cotidianas.

ANÁLISE COMBINATÓRIA

CAPÍTULO 17

DEFINIÇÃO DE ANÁLISE COMBINATÓRIA

Análise combinatória é o ramo da Matemática encarregado de contar agrupamentos. Esses agrupamentos podem ser formados por pessoas, animais, letras, números ou quaisquer objetos que pretendamos agrupar. Contar a quantidade desses agrupamentos é o objeto de estudo da análise combinatória.

AGRUPAMENTOS

Exemplos

1. Quantidade das diferentes maneiras possíveis de agrupamentos para que 5 pessoas sejam organizadas em fila.

2. Quantidade das diferentes maneiras possíveis de agrupamentos de 3 pessoas em um grupo de 5, para se sentar em 3 cadeiras enfileiradas.

3. Em um conjunto $A = \{1, 2, 3, 4, 5, 6\}$, a quantidade dos possíveis subconjuntos de três elementos.

4. Quantidade de comissões de 4 alunos possíveis de se formar com uma turma de 30 alunos.

5. No sistema decimal de numeração, a quantidade de possíveis maneiras de escolher três algarismos em ordem estritamente crescente.

Tipos de agrupamento

Quando formamos agrupamentos, como nos exemplos acima, eles podem ser classificados em três tipos ou modelos.

Agrupamentos ordenados

São aqueles em que basta trocarmos de posição dois de seus elementos para se formar um novo agrupamento.

Shutterstock_An inspiration

1. Em uma fila de 5 pessoas, se duas delas trocarem de posição será formado um agrupamento diferente. Observe:

   Se a fila de pessoas é, nessa ordem, A, B, C, D, E, e as pessoas D e B trocarem de posição, a disposição da fila será diferente: A, D, C, B, E.

2. Uma maneira de 3 pessoas se sentarem em três cadeiras, lado a lado, é na sequência A, B e C. Outra maneira de as mesmas pessoas se sentarem nas cadeiras é B, A e C.

Agrupamentos não ordenados

São aqueles em que a mudança de ordem de seus elementos não acarreta a formação de outro agrupamento.

Exemplos

1. Invertendo-se a ordem dos elementos de um subconjunto, não se determina um novo conjunto:
   $\{2, 3, 4\} = \{2, 4, 3\} = \{3, 2, 4\} = \{3, 4, 2\} = \{4, 2, 3\} = \{4, 3, 2\}$.

2. Escolhidos Pedro, Alice, Gabriela e Luiz para uma comissão, ela será a mesma, independentemente da ordem em que relacionarmos seus componentes.
   Observação: se nessa comissão houvesse cargos, presidente, secretário, tesoureiro e conselheiro, o agrupamento seria ordenado.

Agrupamentos em que a ordem é imutável

São aqueles em que a mudança de ordem de seus elementos não pode ser feita, pois não acarreta outra maneira de agrupamento.

Exemplo

Com os algarismos 4 e 7, podemos formar somente um número em que eles estejam dispostos em ordem decrescente: 74. Não é possível alterar a ordem nesse agrupamento.

FATORIAL

Dado um número natural n, definimos fatorial de n (ou n fatorial) como sendo:

$$n! = \begin{cases} 1, \text{ se } n = 0 \text{ ou } n = 1 \\ n \cdot (n - 1) \cdot (n - 2) \cdot \ldots \cdot 1, \text{ se } n \geqslant 2 \end{cases}$$

Exemplos

1. $5! = 5 \cdot 4 \cdot 3 \cdot 2 \cdot 1 = 120$
2. $4! = 4 \cdot 3 \cdot 2 \cdot 1 = 24$
3. $3! = 3 \cdot 2 \cdot 1 = 6$
4. $2! = 2 \cdot 1 = 2$
5. $1! = 1$
6. $0! = 1$

Propriedade

$n! = n \cdot (n - 1)!$

CONTAGEM

Princípio fundamental da contagem (princípio multiplicativo)

Se um evento é composto por duas etapas sucessivas e independentes, em que a 1ª tem m possibilidades de ocorrer e a 2ª tem n modos diferentes de acontecer, então o número de possibilidades de esse evento ocorrer é $m \cdot n$.

Três estradas ligam a cidade A à cidade B. Por sua vez, duas estradas ligam a cidade B à cidade C. De quantos modos diferentes podemos ir da cidade A até a cidade C, passando pela cidade B?

Observe o diagrama seguir. Vamos analisar as trajetórias possíveis atendendo ao que pede o enunciado.

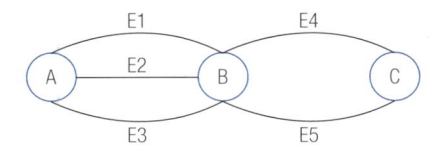

Os possíveis caminhos a serem percorridos são:

E1-E4;	E2-E4;	E3-E4;
E1-E5;	E2-E5;	E3-E5.

São seis caminhos possíveis.

Outra maneira de efetuar essa contagem é por meio da árvore de possibilidades:

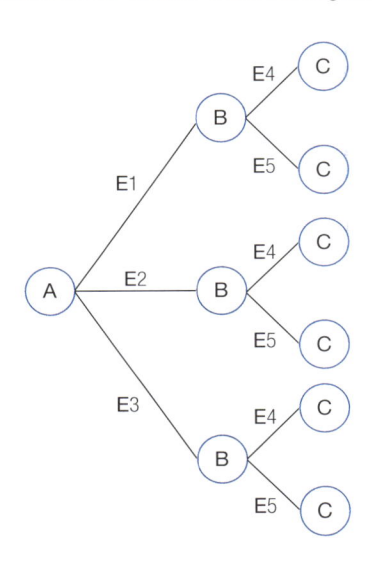

Pelo princípio fundamental da contagem, o:

1. número de possibilidades de ir da cidade A para a cidade B é: 3;

2. número de possibilidades de ir da cidade B para a cidade C é: 2;

3. número de possibilidades de ir da cidade A para a cidade B e, em seguida, da cidade B para a cidade C é:
$3 \cdot 2 = 6$.

Princípio aditivo

Se um evento A é composto de duas etapas, a primeira com m possibilidades de ocorrer e a segunda com n possibilidades, mas se a ocorrência de uma impede a outra de acontecer no mesmo evento, o número de possibilidades de ocorrer A é $m + n$.

Para uma pessoa viajar do Recife para o Rio de Janeiro, as opções são: duas empresas de transporte naval, três aéreas e quatro terrestres. Escolhendo um desses meios de transporte, de quantos modos distintos ela pode ir do Recife ao Rio de Janeiro?

Temos três possibilidades: ir de navio, de avião ou de ônibus. A ocorrência de um deles impede que qualquer um dos outros dois ocorra. Então, nessas condições, ir do Recife ao Rio de Janeiro pode ocorrer de $2 + 3 + 4 = 9$ maneiras.

Contagem de agrupamentos

Contagem de agrupamentos ordenados

Exemplos

1. Dez pessoas participam de uma corrida. De quantos modos distintos podemos compor um pódio com 3 lugares?

   1ª etapa – Verificamos quantas possibilidades temos de ocupar uma dessas posições: ⑩ ◯ ◯

   2ª etapa – Para preenchermos a segunda posição, devemos descartar uma possibilidade que já foi ocupada na primeira posição: ⑩ ⑨ ◯

   3ª etapa – Preenchemos a terceira e última posição lembrando que já utilizamos duas possibilidades para ocupar as posições anteriores. Temos: ⑩ ⑨ ⑧

   Então, pelo princípio multiplicativo: $10 \cdot 9 \cdot 8 = 720$.

2. Quantos são os anagramas da palavra ROMA?

   Quando trocamos as letras de uma palavra de posição, podemos obter outro termo, com ou sem sentido. Cada uma dessas "palavras" se chamará anagrama.

   Temos 4 letras disponíveis para ocupar 4 posições, lembrando que, à medida que ocupamos uma posição, utilizamos uma possibilidade que deverá ser descartada na próxima posição:

   1ª etapa: ④ ◯ ◯ ◯

   2ª etapa: ④ ③ ◯ ◯

   3ª etapa: ④ ③ ② ◯

   4ª etapa: ④ ③ ② ①

   Pelo princípio multiplicativo, temos: $4 \cdot 3 \cdot 2 \cdot 1 = 4! = 24$.

Coliseu, Roma, Itália.

ARRANJOS, PERMUTAÇÕES E COMBINAÇÕES

Os arranjos e as permutações são agrupamentos ordenados. Nos arranjos, há mais objetos do que posições disponíveis para colocá-los; já nas permutações, o número de objetos é igual ao número de posições. Dizemos "arranjos simples" e "permutações simples" porque nesses agrupamentos não há elementos repetidos.

No exemplo 1, cada uma das 720 maneiras que temos de dispor 3 atletas no pódio é um arranjo simples, que formamos com 10 atletas disponíveis em 3 posições. No exemplo 2, cada um dos anagramas obtidos é uma permutação simples daquelas 4 letras que formam a palavra ROMA.

Número de arranjos simples

Sejam n e k dois números naturais não nulos com $n \geqslant k$, em que n representa o número de objetos e k, o número de posições. Vamos distribuir esses n objetos nessas k posições, conforme o esquema a seguir.

Na 1ª posição, teremos n possibilidades; na 2ª, $(n-1)$, e assim por diante. Veja:

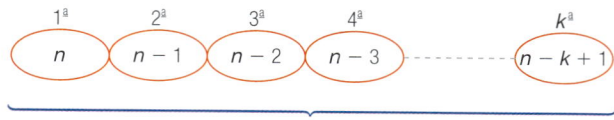

k posições

Pelo princípio fundamental da contagem, o número de maneiras diferentes que podemos distribuir n objetos distintos em k posições (chamaremos $A_{n,k}$) é:

$$A_{n \cdot k} = n(n - 1)(n - 2)(n - 3)... (n - k + 1)$$

k fatores

$A_{n \cdot k}$ lê-se arranjo de n, k a k ou arranjo de n classe k.

Exemplos

1. $A_{10,3} = 10 \cdot 9 \cdot 8 = 720$ (nesse caso, estamos distribuindo 10 objetos em 3 posições).

2. $A_{9,4} = 9 \cdot 8 \cdot 7 \cdot 6 = 3\,204$

3. $A_{5,2} = 5 \cdot 4 = 20$

4. $A_{8,1} = 8$

Para calcular o número de arranjos, pode-se também usar a fórmula: $A_{n \cdot k} = \dfrac{n!}{(n - k)!}$

Exemplo

$$A_{10,3} = \frac{10!}{(10 - 3)!} = \frac{10!}{7!} = \frac{10 \cdot 9 \cdot 8 \cdot 7!}{7!} = 10 \cdot 8 \cdot 9 = 720$$

Número de permutações simples

É dado pela fórmula:

$$P_n = n! = n \cdot (n - 1) \cdot (n - 2) \cdot (n - 3) ... \cdot 2 \cdot 1 \text{ com } n \in \mathbb{N}^*.$$

(P_n lê-se "permutação" de n.)

Exemplos

1. $P_5 = 5! = 5 \cdot 4 \cdot 3 \cdot 2 \cdot 1 = 120$

2. $P_3 = 3! = 3 \cdot 2 \cdot 1 = 6$

Observação: $P_n = A_{n,n}$

Princípio da preferência

Quando um problema apresentar alguma restrição, inicie a resolução por ela ou, quando houver mais de uma, pela mais importante.

Exemplo

Com os algarismos 1, 2, 3, 4, 5 e 7, quantos números pares de três algarismos distintos podemos formar?

Temos seis algarismos disponíveis e três posições. No caso, o problema apresenta uma restrição, ou seja, o número só pode terminar com 2 ou 4. Preenchendo inicialmente as duas posições, como no diagrama seguinte, veja o que pode ocorrer:

Nas primeiras posições, gastamos duas possibilidades quaisquer das seis apresentadas (1, 2, 3, 4, 5 ou 7). Se usássemos o 2 ou o 4, não teríamos algarismo disponível para a última posição. Então, devemos começar o problema exatamente onde está a restrição, nesse caso: terminar por algarismo par. ◯ ◯ ②

↓
preferência

Onde está a restrição, está a preferência para se iniciar a resolução. Desse ponto, vamos ocupar as posições restantes com as possibilidades que sobraram. ⑤ ④ ②

Então, pelo princípio fundamental da contagem: $5 \cdot 4 \cdot 2 = 40$

Princípio do desprezo da ordem

Num agrupamento com n elementos, sendo que, desses, k são não distintos, o número de permutações que podemos formar com esses n elementos é $\dfrac{n!}{k!}$.

Exemplos

1. Quantos são os anagramas da palavra PAREDE?

   Solução:

   No caso, a troca de posição das duas letras E não acarreta a formação de outro anagrama. Temos, então, de aplicar o princípio do desprezo da ordem.

   Temos 6 letras e, dessas, duas são iguais. Então, teremos:

   $$\dfrac{6!}{2!} = \dfrac{720}{2} = 360$$

   Pode ser indicado $P_6^2 = \dfrac{6!}{2!}$.

2. Quantos são os anagramas da palavra ARARA?

   Solução:

   $$P_5^{2,3} = \dfrac{5!}{2! \cdot 3!} = \dfrac{120}{12} = 10$$

cynoclub/Shutterstock.com

Contagem de agrupamentos não ordenados

Agrupamentos sem elementos repetidos, em que a ordem dos elementos não diferencia um agrupamento de outro, são chamados de **combinações simples**.

Exemplo

Sendo $A = \{1, 2, 3, 4, 5\}$, quantos subconjuntos de A com 3 elementos podemos formar?

Solução:

Dados 5 elementos, se quisermos selecionar 3, faríamos, em princípio, $A_{5,3} = 60$.

Agrupamento, a mudança de ordem de seus elementos não formará novo agrupamento (novo conjunto).

$\{1, 2, 3\} = \{1, 3, 2\} = \{2, 1, 3\} = \{2, 3, 1\} = \{3, 1, 2\} = \{3, 2, 1\}$

Toda vez que formarmos um conjunto, ocorrerá o desprezo da ordem. Cada grupo de 6 "conjuntos", na verdade, forma um só. Assim, é possível entender que formaremos $\dfrac{60}{6} = 10$ subconjuntos. Cada um desses 10 subconjuntos é uma combinação simples de 5 elementos tomados 3 a 3.

Intuitivamente $C_{5,3} = \dfrac{A_{5,3}}{3!}$

Para o cálculo de combinações simples, usaremos a fórmula:

$$C_{n,k} = \frac{A_{n,k}}{k!}$$

Calcule as seguintes combinações:

a) $C_{6,3} = \dfrac{A_{6,3}}{3!} = \dfrac{6 \cdot 5 \cdot 4}{3 \cdot 2 \cdot 1} = 20$

c) $C_{10,2} = \dfrac{A_{10,2}}{2!} = \dfrac{10 \cdot 9}{2 \cdot 1} = 45$

b) $C_{4,3} = \dfrac{A_{4,3}}{3!} = \dfrac{4 \cdot 3 \cdot 2}{3 \cdot 2 \cdot 1} = 4$

d) $C_{4,1} = \dfrac{A_{4,1}}{1!} = \dfrac{4}{1} = 4$

No cálculo das combinações simples, também é possível usar a fórmula:

$$C_{n,k} = \frac{n!}{(n-k)! \cdot k!}$$

Exemplo

Calcule $C_{10,2}$.

Solução:

$$C_{10,2} = \frac{10!}{(10-2)! \cdot 2!} = \frac{10!}{8! \cdot 2!} = \frac{10 \cdot 9 \cdot 8!}{8! \cdot 2} = 45$$

O conceito de combinação pode ser aplicado, por exemplo, na montagem de um sanduíche – existem várias combinações possíveis entre pão e recheio.

Observações:

I) $C_{n,k}$ também pode ser representada por $\begin{pmatrix} n \\ k \end{pmatrix}$.

II) $C_{n,k} = C_{n,n-k}$ ou $\begin{pmatrix} n \\ k \end{pmatrix} = \begin{pmatrix} n \\ n-k \end{pmatrix}$ são combinações complementares.

Exemplos

1. $C_{10,3} = C_{10,7}$

2. $\begin{pmatrix} 4 \\ 3 \end{pmatrix} = \begin{pmatrix} 4 \\ 1 \end{pmatrix}$

ATENÇÃO: sempre que for resolver um problema de análise combinatória, forme o agrupamento que o problema pediu e identifique se ele é ordenado ou não ordenado.

Exemplos

1. (Osec-SP) Quantos produtos de 3 fatores distintos podem ser obtidos com os elementos do conjunto {2, 3, 5, 7, 11, 13}

a) 20 b) 40 c) 60 d) 120 e) 720

Solução:

$2 \cdot 3 \cdot 7 = 3 \cdot 2 \cdot 7$. Estamos formando um agrupamento não ordenado. Cada agrupamento será uma combinação simples.

$C_{6,3} = \dfrac{6 \cdot 5 \cdot 4}{3 \cdot 2 \cdot 1} = 20$ Portanto, alternativa **a**.

2. (Fatec-SP) Há 12 inscritos em um campeonato de boxe. O número total de lutas que podem ser realizadas entre os inscritos é:

a) 12 **b)** 24 **c)** 33 **d)** 66 **e)** 132

Solução:

Lutar $A \cdot B$ é o mesmo que lutar $B \cdot A$. Um grupamento formado por dois lutadores é não ordenado.

$$C_{12,2} = \frac{12 \cdot 11}{2 \cdot 1} = 66$$

Portanto, alternativa **d**.

3. (UFRRJ) Em uma sala estão 6 rapazes e 5 moças. Quantas comissões podemos formar, tendo em cada comissão 3 rapazes e 2 moças?

a) 50 **b)** 100 **c)** 150 **d)** 200 **e)** 250

Solução:

As comissões serão agrupamentos não ordenados.

6 rapazes para escolher 3: $C_{6,3} = \frac{6 \cdot 5 \cdot 4}{3 \cdot 2 \cdot 1} = 20$.

Michal Sanca/Shutterstock.com

5 moças para escolher duas: $C_{5,2} = \frac{5 \cdot 4}{2 \cdot 1} = 10$.

Comissões com 3 rapazes e 2 moças: $20 \cdot 10 = 200$.

Portanto, alternativa **b**.

4. Numa empresa, trabalham 10 engenheiros. Quantas comissões podem ser formadas com um presidente, um secretário e dois conselheiros?

Solução:

Comissão com um presidente e um secretário constitui um agrupamento ordenado.

Portanto, $A_{10,2} = 10 \cdot 9 = 90$

Escolhidos o presidente e o secretário, sobraram 8 engenheiros, mas a comissão com 2 conselheiros é um agrupamento não ordenado, então,

$$C_{8,2} = \frac{8 \cdot 7}{2 \cdot 1} = 28.$$

Como vamos formar comissão com presidente e tesoureiro e dois conselheiros, teremos: $90 \cdot 28 = 2\,520$.

Contagem de agrupamentos em que a ordem é imutável

Exemplos

1. Dado o conjunto $A = \{1, 2, 3, 4, 5\}$, quantos subconjuntos de 2 elementos podemos formar?

Solução:

$$C_{5,2} = \frac{5 \cdot 4}{2 \cdot 1} = 10.$$

São eles:

$\{1,2\}, \{1,3\}, \{1,4\}, \{1,5\}, \{2,3\}, \{2,4\}, \{2,5\}, \{3,4\}, \{3,5\}, \{4,5\}$

2. Com os algarismos 1, 2, 3, 4 e 5, quantos números de 2 algarismos em ordem estritamente crescente podemos formar?

Solução:

São eles: 12, 13, 14, 15, 23, 24, 25, 34, 35, 45

Vemos, assim, que não há diferença entre contar agrupamentos não ordenados e contar agrupamentos em que não se pode mexer na ordem. Em ambos os casos, o agrupamento é chamado de combinação simples.

EXERCÍCIOS

RESOLUÇÃO PASSO A PASSO

1. O conselho administrativo de uma montadora de veículos é composto de 12 membros com direito a voto. Será realizada uma eleição para se formar uma nova diretoria constituída por membros do conselho. Essa diretoria será composta de um presidente, um secretário, um tesoureiro e dois fiscais. De quantos modos diferentes pode ser composta essa diretoria?

LEIA E COMPREENDA

Deveremos escolher 5 pessoas entre as 12 disponíveis para compor essa diretoria. Separadamente, escolheremos um grupo com presidente, secretário, tesoureiro e outro grupo com dois fiscais.

PLANEJE A SOLUÇÃO

Ao escolhermos, entre 12 pessoas, o grupo com presidente, secretário e tesoureiro, devemos entender que se trata de um agrupamento ordenado (arranjo). Depois, teremos 9 pessoas disponíveis para escolhermos dois fiscais para um grupo não ordenado (combinação).

EFETUE O QUE FOI PLANEJADO

$$A_{12,3} \cdot C_{9,2} = 12 \cdot 11 \cdot 10 \cdot \frac{9 \cdot 8}{2 \cdot 1} = 1\,320 \cdot 36 = 47\,520$$

VERIFIQUE

Escolhendo inicialmente o grupo de fiscais para só depois escolhermos presidente, secretário e tesoureiro:

$$C_{12,2} \cdot A_{10,3} \cdot \frac{12 \cdot 11}{2 \cdot 1} \cdot 10 \cdot 9 \cdot 8 = 66 \cdot 720 = 47\,520$$

RESPONDA

A diretoria poderá ser formada de 47 520 modos distintos.

AMPLIAÇÃO DO PROBLEMA

Um grupo de 10 pessoas pretende, entre eles, escolher 3 membros para uma diretoria composta de presidente, secretário e tesoureiro. Acontece que Pedro só participa da diretoria se ocupar o cargo de presidente. De quantos modos distintos podemos compor essa diretoria.

Pedro ocupa o cargo de presidente. Então, restaram 9 pessoas para dois cargos:

$$A_{9,2} = 9 \cdot 8 = 72$$

Pedro não participa. Estarão disponíveis 9 pessoas para 3 cargos:

$$A_{9,3} = 9 \cdot 8 \cdot 7 = 504$$

Total: $72 + 504 = 576$.

Nos exercícios a seguir, fica a critério do aluno resolver usando o princípio fundamental da contagem ou diretamente as fórmulas aqui apresentadas. Nas resoluções usaremos alternadamente um ou outro para que se tenha uma melhor compreensão desse assunto.

2. Simplifique as frações seguintes.

a) $\dfrac{100!}{98!}$

b) $\dfrac{10!}{11!}$

c) $\dfrac{20! - 19!}{19!}$

d) $\dfrac{(n + 1)!}{(n - 1)!}$

3. Resolva, em $\mathbb{N}$, a equação: $\dfrac{(n + 1)}{(n - 1)!} = 30$.

4. Um rapaz dispõe de 4 camisas, 3 calças, 2 pares de meia e 3 pares de sapatos. De quantos modos diferentes ele pode se vestir usando apenas uma camisa, uma calça, um par de meias e um par de sapatos?

5. Na cidade em que João mora existem 3 cinemas e 2 teatros. Quantas opções João tem para assistir a um filme ou a uma peça de teatro?

6. Em uma entrevista sobre qual cor se prefere entre vermelho, azul ou ambas, obteve-se como resposta que 20 dos entrevistados preferem o vermelho, 40 preferem o azul e 10 gostam de ambas as cores. Sabendo disso, calcule:

   a) o número total de entrevistados;

   b) o número dos que preferem apenas a cor azul.

7. Quantos são os anagramas da palavra PEDRA:

   a) que começam por P?

   b) que terminam com A?

   c) que começam por P e terminam com A?

   d) em que as letras P e A apareçam juntas nessa ordem?

   e) em que as letras P e A apareçam juntas?

   f) em que as letras P e A não apareçam juntas?

8. Quantos números de três algarismos distintos existem no sistema decimal de numeração?

9. Quantos números ímpares de três algarismos distintos existem no sistema decimal de numeração?

10. (PUC-RJ) A senha de acesso a um jogo de computador consiste em quatro caracteres alfabéticos ou numéricos, sendo o primeiro necessariamente alfabético. O número de senhas possíveis será então:

   a) 364.

   b) $10 \cdot 36^3$.

   c) $26 \cdot 36^3$.

   d) 264.

   e) $10 \cdot 264$.

11. (Ufes) Uma estante de uma biblioteca contém 5 livros: V, W, X, Y e Z, que são arrumados do jeito usual, isto é, um ao lado do outro, em pé e com a lombada visível. O número de maneiras possíveis de arrumá-los, de modo que os livros V e W fiquem sempre juntos, é:

   a) 40.

   b) 42.

   c) 44.

   d) 46.

   e) 48.

12. (Mack-SP) Cada um dos círculos da figura abaixo deverá ser pintado com uma única cor, escolhida dentre quatro disponíveis. Sabendo-se que dois círculos consecutivos nunca serão pintados com a mesma cor, então o número de formas de se pintar os círculos é:

   a) 100.

   b) 240.

   c) 729.

   d) 2 916.

   e) 5 040.

13. Em uma corrida de rua participam 4 atletas brasileiros, 2 japoneses, 1 francês, 3 argentinos e 3 russos. De quantos modos possíveis pode-se compor um pódio de 3 lugares com as seguintes condições:

   a) indistintamente;

   b) sem brasileiro algum;

   c) com pelo menos um brasileiro.

14. Com os algarismos 1, 2, 3 e 4 podemos formar 24 números de quatro algarismos distintos. Colocando-os em ordem crescente, que posição ocupará o número 3 412?

15. Com um grupo de 8 pessoas, quantas comissões de dois componentes, sendo um presidente e o outro tesoureiro, pode-se formar?

16. Com as letras A, B e C e com os algarismos 1, 2, 3, 4 e 5, pretende-se formar uma senha composta de duas letras seguidas de dois dígitos. De quantos modos diferentes isso pode ser feito?

17. (PUC-PR) Durante um exercício da Marinha de Guerra, empregaram-se sinais luminosos para transmitir o código Morse. Este código só emprega duas letras (sinais): ponto e traço. As palavras transmitidas tinham de uma a seis letras. O número de palavras que podiam ser transmitidas é:

   a) 30.

   b) 15.

   c) 64.

   d) 126.

   e) 720.

18. (UFPA) Quantos paralelogramos são determinados por um conjunto de sete retas paralelas, intersectando um outro conjunto de quatro retas paralelas?

   a) 162

   b) 126

   c) 106

   d) 84

   e) 33

19. (FCMSCSP) Quantos vocábulos diferentes podem ser formados com as letras da palavra ARAPONGA de modo que a letra P ocupe sempre o primeiro lugar?

   a) 120

   b) 240

   c) 480

   d) 840

   e) 960

20. As retas *r* e *s* são paralelas. Quantos triângulos com vértices assinalados nos pontos de ambas as retas podemos formar?

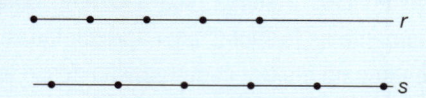

21. João tem 10 amigos e pretende convidar 5 deles para um churrasco. Mas Ricardo e Rodrigo, que são irmãos gêmeos, só irão juntos. De quantos modos diferentes João pode convidar 5 desses amigos?

22. Quantos são os anagramas da palavra MARIDOS em que as vogais não apareçam juntas, as consoantes tampouco, e as consoantes estejam em ordem alfabética?

RESOLUÇÃO PASSO A PASSO

1. (Enem) O Salão do Automóvel de São Paulo é um evento no qual vários fabricantes expõem seus modelos mais recentes de veículos, mostrando, principalmente, suas inovações em *design* e tecnologia.

Disponível em: http://g1.globo.com. Acesso em: 4 fev. 2015 (adaptado).

Uma montadora pretende participar desse evento com dois estandes, um na entrada e outro na região central do salão, expondo, em cada um deles, um carro compacto e uma camionete.

Para compor os estandes, foram disponibilizados pela montadora quatro carros compactos, de modelos distintos, e seis camionetes de diferentes cores para serem escolhidos aqueles que serão expostos. A posição dos carros dentro de cada estande é irrelevante.

Uma expressão que fornece a quantidade de maneiras diferentes que os estandes podem ser compostos é:

a) A_{10}^{4}.

c) $C_4^2 \cdot C_6^2 \cdot 2 \cdot 2$.

e) $C_4^2 \cdot C_6^2$.

b) C_{10}^{4}.

d) $A_4^2 \cdot A_6^2 \cdot 2 \cdot 2$.

LEIA E COMPREENDA

Para serem colocados em dois estandes vamos escolher 2 carros compactos diferentes entre 4 e 2 camionetes de cores diferentes entre 6. Temos de descobrir de quantos modos diferentes podemos fazer isso.

PLANEJE A SOLUÇÃO

Vamos inicialmente identificar o tipo de agrupamento. Em seguida, vamos distribuir os 4 carros compactos em 2 estandes e as 6 camionetes também em 2 estandes. Para calcular o número total devemos lembrar que estamos posicionando carros compactos e camionetes.

EFETUE O QUE FOI PLANEJADO

Como a posição dos carros em cada estande é irrelevante, trata-se de agrupamentos não ordenados; ou seja, combinações.

Distribuindo os carros compactos: $C_4^2 \cdot 2$

Distribuindo as camionetes: $C_6^2 \cdot 2$

Distribuindo carros compactos e camionetes: $C_4^2 \cdot 2 \cdot C_6^2 \cdot 2$

VERIFIQUE

Temos que: $C_4^2 \cdot 2 \cdot C_6^2 \cdot 2 = 6 \cdot 2 \cdot 15 \cdot 2 = 360$.

Vamos inicialmente verificar de quantos modos distintos podemos colocar um carro compacto e uma camionete no 1º estande sem considerar a ordem.

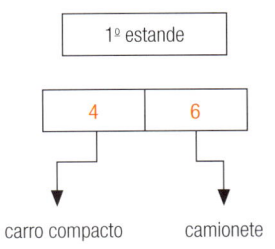

Então, é possível colocar esses veículos no 1º estande de $4 \cdot 6 = 24$ modos distintos. Note que poderíamos ter colocado inicialmente a camionete, pois a ordem não importa.

Considerando que já disponibilizamos um carro e uma camionete no 1º estande, vamos verificar de quantos modos distintos podemos colocar uma camionete e um carro no 2º estande (não importa de qual grupo escolhemos).

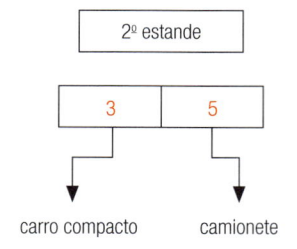

Então, no 2º estande temos $3 \cdot 5 = 15$ modos diferentes de colocarmos um carro e uma camionete.

Assim, podemos colocar os veículos no 1º e no 2º estandes de $24 \cdot 15 = 360$ modos diferentes.

RESPONDA

$C_4^2 \cdot 2 \cdot C_6^2 \cdot 2 = 360$; portanto, alternativa **c**.

AMPLIAÇÃO DO PROBLEMA

Se fôssemos colocar no 1º estande 2 carros compactos de modelos diferentes e 3 camionetes de cores diferentes de forma tal que as camionetes ficassem juntas e os carros também, de quantos modos distintos poderíamos fazer isso?

Como os carros e as camionetes são, respectivamente, diferentes entre si, estamos trabalhando com grupamentos ordenados – no caso, arranjos simples.

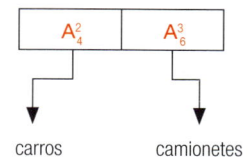

Como podemos trocar de posição os grupos dos carros e das camionetes, vamos ter: $A_4^2 \cdot A_6^3 \cdot 2!$

---

2. (Enem) Um procedimento-padrão para aumentar a capacidade do número de senhas de banco é acrescentar mais caracteres a essa senha. Essa prática, além de aumentar as possibilidades de senha, gera um aumento na segurança. Deseja-se colocar dois novos caracteres na senha de um banco, um no início e outro no final. Decidiu-se que esses novos caracteres devem ser vogais e o sistema conseguirá diferenciar maiúsculas de minúsculas.

Com essa prática, o número de senhas possíveis ficará multiplicado por:

a) 100.

b) 90.

c) 80.

d) 25.

e) 20.

3. (Enem) A bandeira de um estado é formada por cinco faixas, A, B, C, D e E, dispostas conforme a figura.

A	B
	C
D	
E	

Deseja-se pintar cada faixa com uma das cores verde, azul ou amarela, de tal forma que faixas adjacentes não sejam pintadas com a mesma cor.

O cálculo do número de possibilidades distintas de se pintar essa bandeira, com a exigência acima, é:

a) $1 \cdot 2 \cdot 1 \cdot 1 \cdot 2$.

b) $3 \cdot 2 \cdot 1 \cdot 1 \cdot 2$.

c) $3 \cdot 2 \cdot 1 \cdot 1 \cdot 3$.

d) $3 \cdot 2 \cdot 1 \cdot 2 \cdot 2$.

e) $3 \cdot 2 \cdot 2 \cdot 2 \cdot 2$.

4. (Enem) Desde 1999 houve uma significativa mudança nas placas dos carros particulares em todo o Brasil. As placas, que antes eram formadas apenas por seis caracteres alfanuméricos, foram acrescidas de uma letra, passando a ser formadas por sete caracteres, sendo que os três primeiros caracteres devem ser letras (dentre as 26 letras do alfabeto) e os quatro últimos devem ser algarismos (de 0 a 9). Essa mudança possibilitou a criação de um cadastro nacional unificado de todos os veículos licenciados e ainda aumentou significativamente a quantidade de combinações possíveis de placas. Não são utilizadas placas em que todos os algarismos sejam iguais a zero.

Disponível em: http://g1.globo.com. Acesso em: 14 jan. 2012 (adaptado).

Nessas condições, a quantidade de placas que podem ser utilizadas é igual a:

a) $26^3 + 9^4$.

b) $26^3 \cdot 9^4$.

c) $26^3 (10^4 - 1)$.

d) $(26^3 + 10^4) - 1$.

e) $(26^3 \cdot 10^4) - 1$.

5. (Enem) O comitê organizador da Copa do Mundo 2014 criou a logomarca da Copa, composta de uma figura plana e o *slogan* "Juntos num só ritmo", com mãos que se unem formando a taça Fifa. Considere que o comitê organizador resolvesse utilizar todas as cores da Bandeira Nacional (verde, amarelo, azul e branco) para colorir a logomarca, de forma que regiões vizinhas tenham cores diferentes.

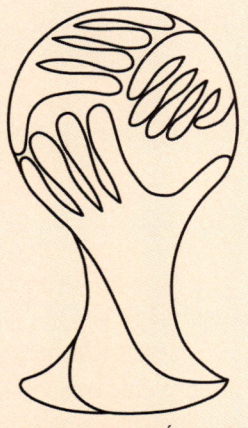

JUNTOS NUM SÓ RITMO

Disponível em: www.pt.fifa.com. Acesso em: 19 nov. 2013 (adaptado).

De quantas maneiras diferentes o comitê organizador da Copa poderia pintar a logomarca com as cores citadas?

a) 15   c) 108   e) 972

b) 30   d) 360

6. (Enem) Como não são adeptos da prática de esportes, um grupo de amigos resolveu fazer um torneio de futebol utilizando *video game*. Decidiram que cada jogador joga uma única vez com cada um dos outros jogadores. O campeão será aquele que conseguir o maior número de pontos. Observaram que o número de partidas jogadas depende do número de jogadores, como mostra o quadro:

Quantidade de jogadores	2	3	4	5	6	7
Número de partidas	1	3	6	10	15	21

Se a quantidade de jogadores for 8, quantas partidas serão realizadas?

a) 64

b) 56

c) 49

d) 36

e) 28

7. (Enem) Para estimular o raciocínio de sua filha, um pai fez o seguinte desenho e o entregou à criança juntamente com três lápis de cores diferentes. Ele deseja que a menina pinte somente os círculos, de modo que aqueles que estejam ligados por um segmento tenham cores diferentes.

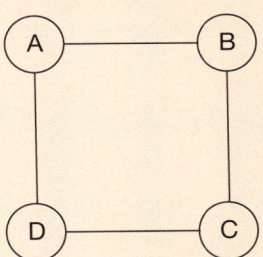

De quantas maneiras diferentes a criança pode fazer o que o pai pediu?

a) 6   c) 18   e) 72

b) 12   d) 24

8. (Enem) Para comemorar o aniversário de uma cidade, a prefeitura organiza quatro dias consecutivos de atrações culturais. A experiência de anos anteriores mostra que, de um dia para o outro, o número de visitantes no evento é triplicado. É esperada a presença de 345 visitantes para o primeiro dia do evento.

Uma representação possível do número esperado de participantes para o último dia é:

a) $3 \cdot 345$.

b) $(3 + 3 + 3) \cdot 345$.

c) $3^3 \cdot 345$.

d) $3 \cdot 4 \cdot 345$.

e) $3^4 \cdot 345$.

9. (Enem) Para cadastrar-se em um *site*, uma pessoa precisa escolher uma senha composta por quatro caracteres, sendo dois algarismos e duas letras (maiúsculas ou minúsculas). As letras e os algarismos podem estar em qualquer posição. Essa pessoa sabe que o alfabeto é composto por vinte e seis letras e que uma letra maiúscula difere da minúscula em uma senha.

Disponível em: www.infowester.com. Acesso em: 14 dez. 2012.

O número total de senhas possíveis para o cadastramento nesse *site* é dado por:

a) $10^2 \cdot 26^2$.

b) $10^2 \cdot 52^2$.

c) $10^2 \cdot 52^2 \cdot \dfrac{4!}{2!}$.

d) $10^2 \cdot 26^2 \cdot \dfrac{4!}{2! \cdot 2!}$.

e) $10^2 \cdot 52^2 \cdot \dfrac{4!}{2! \cdot 2!}$.

10. (Enem) O tênis é um esporte em que a estratégia de jogo a ser adotada depende, entre outros fatores, de o adversário ser canhoto ou destro. Um clube tem um grupo de 10 tenistas, sendo que 4 são canhotos e 6 são destros. O técnico do clube deseja realizar uma partida de exibição entre dois desses jogadores, porém, não poderão ser ambos canhotos. Qual o número de possibilidades de escolha dos tenistas para a partida de exibição?

a) $\dfrac{10!}{2! \cdot 8!} - \dfrac{4!}{2! \cdot 2!}$

b) $\dfrac{10!}{8!} - \dfrac{4!}{2!}$

c) $\dfrac{10!}{2! \cdot 8!} - 2$

d) $\dfrac{6!}{4!} + 4 \cdot 4$

e) $\dfrac{6!}{4!} - 6 \cdot 4$

11. (Enem) Uma família composta por sete pessoas adultas, após decidir o itinerário de sua viagem, consultou o *site* de uma empresa aérea e constatou que o voo para a data escolhida estava quase lotado. Na figura, disponibilizada pelo *site*, as poltronas ocupadas estão marcadas com X e as únicas poltronas disponíveis são as mostradas em branco.

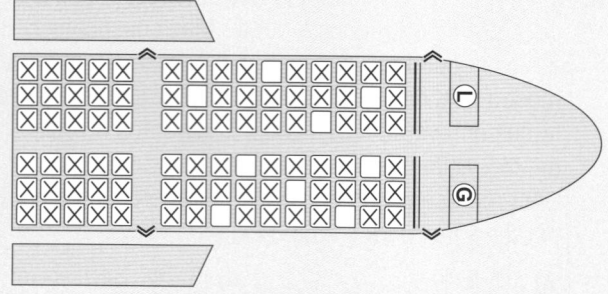

Disponível em: www.gebh.net. Acesso em: 30 out. 2013 (adaptado).

O número de formas distintas de se acomodar a família nesse voo é calculado por:

a) $\dfrac{9!}{2!}$.

b) $\dfrac{9!}{7! \cdot 2!}$.

c) $7!$.

d) $\dfrac{5!}{2!} \cdot 4!$.

e) $\dfrac{5!}{4!} \cdot \dfrac{4!}{3!}$.

12. (Enem) No contexto da matemática recreativa, utilizando diversos materiais didáticos para motivar seus alunos, uma professora organizou um jogo com um tipo de baralho modificado. No início do jogo, vira-se uma carta do baralho na mesa e cada jogador recebe em mãos nove cartas. Deseja-se formar pares de cartas, sendo a primeira carta a da mesa e a segunda, uma carta na mão do jogador, que tenha um valor equivalente àquele descrito na carta da mesa. O objetivo do jogo é verificar qual jogador consegue o maior número de pares. Iniciado o jogo, a carta virada na mesa e as cartas da mão de um jogador são como no esquema:

Carta da mesa — Cartas da mão

Segundo as regras do jogo, quantas cartas da mão desse jogador podem formar um par com a carta da mesa?

a) 9

b) 7

c) 5

d) 4

e) 3

13. (Enem) Um cliente de uma videolocadora tem o hábito de alugar dois filmes por vez. Quando os devolve, sempre pega outros dois filmes e assim sucessivamente. Ele soube que a videolocadora recebeu alguns lançamentos, sendo 8 filmes de ação, 5 de comédia e 3 de drama e, por isso, estabeleceu uma estratégia para ver todos esses 16 lançamentos. Inicialmente alugará, em cada vez, um filme de ação e um de comédia. Quando se esgotarem as possibilidades de comédia, o cliente alugará um filme de ação e um de drama, até que todos os lançamentos sejam vistos e sem que nenhum filme seja repetido.

De quantas formas distintas a estratégia desse cliente poderá ser posta em prática?

a) $20 \cdot 8! + (3!)^2$

b) $8! \cdot 5! \cdot 3!$

c) $\dfrac{8! \cdot 5! \cdot 3!}{2^8}$

d) $\dfrac{8! \cdot 5! \cdot 3!}{2^2}$

e) $\dfrac{16!}{2^8}$

14. (Enem) Um artesão de joias tem à sua disposição pedras brasileiras de três cores: vermelhas, azuis e verdes.

Ele pretende produzir joias constituídas por uma liga metálica, a partir de um molde no formato de um losango não quadrado com pedras nos seus vértices, de modo que dois vértices consecutivos tenham sempre pedras de cores diferentes.

A figura ilustra uma joia produzida por esse artesão, cujos vértices A, B, C e D correspondem às posições ocupadas pelas pedras.

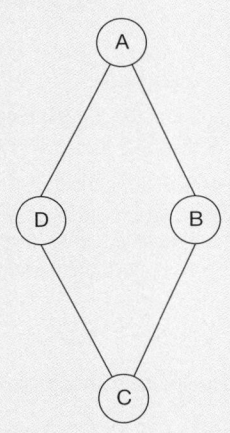

Com base nas informações fornecidas, quantas joias diferentes, nesse formato, o artesão poderá obter?

a) 6

b) 12

c) 18

d) 24

e) 36

15. (Enem) Um banco solicitou aos seus clientes a criação de uma senha pessoal de seis dígitos, formada somente por algarismos de 0 a 9, para acesso à conta-corrente pela internet.

Entretanto, um especialista em sistemas de segurança eletrônica recomendou à direção do banco recadastrar seus usuários, solicitando, para cada um deles, a criação de uma nova senha com seis dígitos, permitindo agora o uso das 26 letras do alfabeto, além dos algarismos de 0 a 9. Nesse novo sistema, cada letra maiúscula era considerada distinta de sua versão minúscula. Além disso, era proibido o uso de outros tipos de caracteres.

Uma forma de avaliar uma alteração no sistema de senhas é a verificação do coeficiente de melhora, que é a razão do novo número de possibilidades de senhas em relação ao antigo.

O coeficiente de melhora da alteração recomendada é:

a) $\dfrac{62^6}{10^6}$.

b) $\dfrac{62!}{10!}$.

c) $\dfrac{62! \ 4!}{10! \ 56!}$.

d) $62! - 10!$.

e) $62^6 - 10^6$.

16. (Enem) Doze times se inscreveram em um torneio de futebol amador. O jogo de abertura do torneio foi escolhido da seguinte forma: primeiro foram sorteados 4 times para compor o Grupo A. Em seguida, entre os times do Grupo A, foram sorteados 2 times para realizar o jogo de abertura do torneio, sendo que o primeiro deles jogaria em seu próprio campo, e o segundo seria o time visitante.

A quantidade total de escolhas possíveis para o Grupo A e a quantidade total de escolhas dos times do jogo de abertura podem ser calculadas através de:

a) uma combinação e um arranjo, respectivamente.

b) um arranjo e uma combinação, respectivamente.

c) um arranjo e uma permutação, respectivamente.

d) duas combinações.

e) dois arranjos.

17. (Enem) A escrita braile para cegos é um sistema de símbolos no qual cada caráter é um conjunto de 6 pontos dispostos em forma retangular, dos quais pelo menos um se destaca em relação aos demais.

Por exemplo, a letra A é representada por:

O número total de caracteres que podem ser representados no sistema braile é:

a) 12.

b) 31.

c) 36.

d) 63.

e) 720.

RESOLUÇÕES E COMENTÁRIOS

EXERCÍCIOS

2. a) $\dfrac{100!}{98!} = \dfrac{100 \cdot 99 \cdot 98!}{98!} = 9\,900$

b) $\dfrac{10!}{11!} = \dfrac{10!}{11 \cdot 10!} = \dfrac{1}{11}$

c) $\dfrac{20! - 19!}{19!} = \dfrac{20 \cdot 19! - 19!}{19!} = \dfrac{19!\,(20 - 1)}{19!} =$
$= 20 - 1 = 19$

d) $\dfrac{(n+1)!}{(n-1)!} = \dfrac{(n+1) \cdot n \cdot (n-1)!}{(n-1)!} = (n+1) \cdot n$

3. $\dfrac{(n+1)!}{(n-1)!} = 30 \Rightarrow \dfrac{(n+1)\,n\,(n-1)!}{(n-1)!} = 30 \Rightarrow$

$\Rightarrow (n+1) \cdot n = 30$

Nesse caso, temos o produto de 2 números consecutivos resultando em 30. Logo, o maior deles é o 6 e o menor é o 5; portanto, $n = 5$.

É possível resolver também por uma equação do 2º grau.

4. Pelo princípio fundamental da contagem: $4 \cdot 3 \cdot 2 \cdot 3 = 72$.

5. Pelo princípio aditivo: $3 + 2 = 5$.

6. a) $n(V \cup A) = n(V) + n(A) - n(A \cap V) \Rightarrow n(V \cup A) =$
$= 20 + 40 - 10 = 50$. Portanto, o total de entrevistados é 50 pessoas.

b) Usando o diagrama de Venn-Euler:

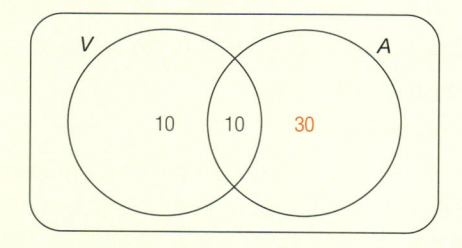

Assim, 30 pessoas preferem apenas azul.

7. a) Fixamos a letra P e permutamos as demais: **P**EDRA: $4! = 24$

b) Fixamos a letra A e permutamos as demais: PEDR**A**: $4! = 24$

c) Fixamos as letras P e A e permutamos as demais: **P**EDR**A**: $3! = 6$

d) Vamos imaginar as letras P e A dentro de uma caixinha. Assim, permutamos a caixinha (como se fosse uma letra só) mais as 3 letras lembrando que P e A não trocam de posição uma com a outra; então:

$4! = 24$

e) O procedimento é o mesmo do item anterior, só que as letras P e A mudam de posição entre si:
$4! \cdot 2! = 24 \cdot 2 = 48$

f) É o total de permutações menos aquelas em que as letras P e A ficam juntas:
$5! - (4! \cdot 2!) = 120 - 48 = 72$

8. Temos disponíveis os algarismos 0, 1, 2, 3, 4, 5, 6, 7, 8 e 9, mas o problema apresenta uma restrição: não começar por zero. Pelo princípio da preferência, temos:

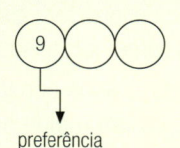

Para preenchermos a segunda casa, também temos 9 possibilidades. Agora não precisamos excluir o zero, mas já utilizamos um algarismo. Na 3ª casa temos 8 possibilidades, pois temos de excluir os dois algarismos que foram utilizados nas 2 primeiras casas.

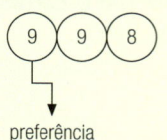

A quantidade de números de 3 algarismos distintos no sistema decimal de numeração é $9 \cdot 9 \cdot 8 = 648$.

9. Estarão disponíveis os algarismos 1, 2, 3, 4, 5, 6, 7, 8, 9, 0.
O problema apresenta duas restrições: terminar com algarismos ímpar e não começar por zero. Inicialmente, consideraremos a restrição mais importante, terminar com dígito ímpar:

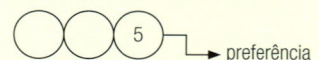

Utilizamos uma possibilidade e vamos eliminar o zero na 1ª casa:

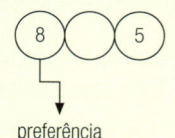

Finalmente, vamos preencher a casa central devolvendo o zero às nossas possibilidades; portanto, temos 8 alternativas.

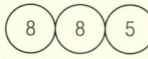

Total de números ímpares de 3 algarismos distintos:
$8 \cdot 8 \cdot 5 = 320$.

10. Se o primeiro elemento da senha tem de ser uma letra, temos 26 possibilidades.

Os outros 3 caracteres podem ser letras ou dígitos; então, temos para cada um 26 letras + 10 algarismos = 36 possibilidades.

Total: $26 \cdot 36 \cdot 36 \cdot 36 = 26 \cdot 36^3$.

Alternativa **c**.

11. Teremos XVWZY como uma disposição possível. Consideramos VW como um elemento só, como se estivessem em uma caixinha, (**VW**XZY), então estamos permutando 4 elementos e o que está dentro da caixinha: Alternativa **e**.

$4! \cdot 2! = 24 \cdot 2 = 48$.

12. No primeiro círculo teremos 4 possibilidades, e nos demais 3, pois em cada um, entre as 4 cores disponíveis, a condição é que não se utilize a cor do círculo anterior:

$4 \cdot 3 \cdot 3 \cdot 3 \cdot 3 \cdot 3 \cdot 3 = 2\,916$

Alternativa **d**.

13. a) Total de possibilidades com todos os atletas:

$A_{13,3} = 13 \cdot 12 \cdot 11 = 1\,716$

b) Sem os brasileiros: $A_{10,3} = 10 \cdot 9 \cdot 8 = 720$.

c) Com pelo menos 1 brasileiro = total menos agrupamentos onde não haja brasileiros: $1\,716 - 720 = 996$.

14. Temos de descobrir quantos dos números são menores que $3\,412$.

São menores que ele todos os que começam:

- por 1: $3! = 6$
- por 2: $3! = 6$
- por 31: $2! = 2$
- por 32: $2! = 2$

O próximo já é o $3\,412$. Temos 16 números menores que ele. Então ocupará a 17ª posição.

15. O agrupamento com cargos é ordenado: $A_{8,2} = 8 \cdot 7 = 56$.

16. Escolhendo duas letras das 3 disponíveis e 2 dígitos entre os 5 à disposição:

$A_{3,2} \cdot A_{5,2} = 3 \cdot 2 \cdot 5 \cdot 4 = 120$

17. Cada letra tem duas possibilidades: ponto e traço. Vejamos cada tipo de palavra em relação ao número de letras e as possibilidades que temos:

1 letra: 2

2 letras: $2 \cdot 2 = 4$

3 letras: $2 \cdot 2 \cdot 2 = 8$

4 letras: $2 \cdot 2 \cdot 2 \cdot 2 = 16$

5 letras: $2 \cdot 2 \cdot 2 \cdot 2 \cdot 2 = 32$

6 letras: $2 \cdot 2 \cdot 2 \cdot 2 \cdot 2 \cdot 2 = 64$

Total: $2 + 4 + 8 + 16 + 32 + 64 = 126$

Alternativa **d**.

18. Em cada feixe de retas vamos escolher duas (agrupamentos não ordenados). Vamos escolher duas retas num feixe e duas no outro:

$C_{7,2} \cdot C_{4,3} = \dfrac{7 \cdot 6}{2 \cdot 1} \cdot \dfrac{4 \cdot 3}{2 \cdot 1} = 21 \cdot 6 = 126$

Alternativa **b**.

19. Fixando a letra P na 1ª posição:

PARAONGA: $P_7^3 = \dfrac{7!}{3!} = \dfrac{7 \cdot 6 \cdot 5 \cdot 4 \cdot 3 \cdot 2 \cdot 1}{3!} = 840$

Alternativa **d**.

20. Escolhendo dois pontos na reta r:

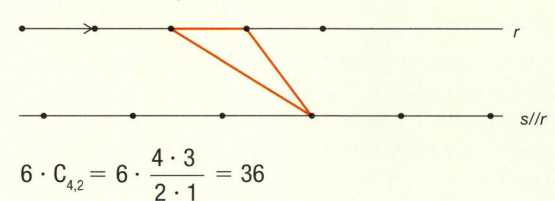

$6 \cdot C_{4,2} = 6 \cdot \dfrac{4 \cdot 3}{2 \cdot 1} = 36$

Escolhendo dois pontos na reta s:

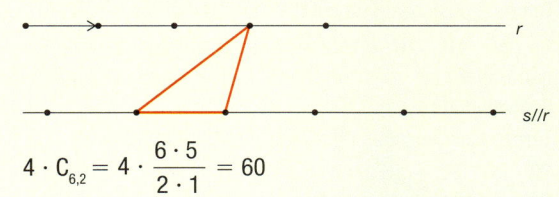

$4 \cdot C_{6,2} = 4 \cdot \dfrac{6 \cdot 5}{2 \cdot 1} = 60$

Como escolhemos 2 pontos na reta r ou 2 pontos na reta s, soma-se:

$36 + 60 = 96$

Podemos formar 96 triângulos.

21. 1ª hipótese: os gêmeos serão convidados.

Sobrarão 8 amigos e, desses, João convidará apenas 3 que faltam para completar o grupo.

$C_{8,3} = \dfrac{8 \cdot 7 \cdot 6}{3 \cdot 2 \cdot 1} = 56$

2ª hipótese: os gêmeos não serão convidados.

Também sobrarão 8 amigos, mas nesse caso João pode convidar 5 deles.

$C_{8,5} = \dfrac{8 \cdot 7 \cdot 6 \cdot 5 \cdot 4}{5 \cdot 4 \cdot 3 \cdot 2 \cdot 1} = 56$

Somando as duas hipóteses: $56 + 56 = 112$.

Note que $C_{8,3} = C_{8,5}$, pois são complementares.

22. Para que consoantes não apareçam juntas e vogais não apareçam juntas, devemos começar o anagrama por uma consoante e irmos alternando consoantes e vogais, como no exemplo a seguir:

D A M O R I S

Não devemos nos preocupar com as consoantes, pois só há uma maneira de elas aparecerem no anagrama. Só podemos permutar as vogais: $3! = 6$

QUESTÕES DO ENEM

2. Temos 10 letras disponíveis: 5 vogais minúsculas e 5 vogais maiúsculas para serem colocadas em duas posições: $10 \cdot 10 = 100$.

Alternativa **a**.

3. A faixa A pode ser pintada com 3 cores; a B apenas com duas, pois é adjacente de A; a faixa C com apenas 1, pois é adjacente de A e B; a faixa D também com apenas 1 pelo mesmo motivo; e a faixa E com 2, já que é adjacente apenas da D. Logo, $3 \cdot 2 \cdot 1 \cdot 1 \cdot 2$.

Alternativa **b**.

4. Temos 4 posições para colocarmos 10 dígitos:

$10 \cdot 10 \cdot 10 \cdot 10 - 1$. Como numa placa todos os algarismos não podem ser zero simultaneamente, então excluímos essa possibilidade.

Temos três posições para distribuir 26 letras:

$26 \cdot 26 \cdot 26 = 26^3$.

Número total de placas: $26^3 \cdot (10^4 - 1)$.

Alternativa **c**.

5. Temos 8 jogadores e para cada partida devemos escolher 2 deles (agrupamento não ordenado), então:

$$C_{8,2} = \frac{8 \cdot 7}{2 \cdot 1} = 28$$

Alternativa **e**.

6. Pelo enunciado, temos de "utilizar todas as cores da Bandeira Nacional (verde, amarelo, azul e branco) para colorir a logomarca, de forma que regiões vizinhas tenham cores diferentes".

Precisamos supor que o problema quer que sejam utilizadas cores (quaisquer das cores) da Bandeira Nacional, não exatamente todas as 4 cores.

Tomemos uma área qualquer da figura. Essa área terá 4 opções de cores; se as áreas do lado dessa área não poderão ter a mesma cor, só haverá 3 opções. As outras áreas tampouco poderão ter cores repetidas.

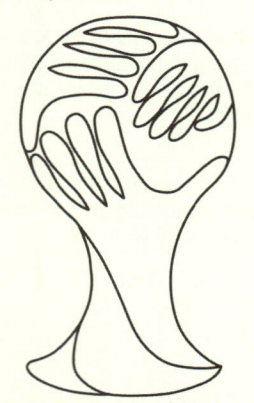

JUNTOS NUM SÓ RITMO

Portanto, com um total de 6 áreas, teremos as seguintes possibilidades:

Para a primeira área, há 4 opções de cores, e 3 opções de cores para as 5 áreas restantes: $4 \cdot 3 \cdot 3 \cdot 3 \cdot 3 \cdot 3 = 972$.

Alternativa **e**.

7. Se os círculos B e D forem pintados com a mesma cor, o número de possibilidades será $3 \cdot 1 \cdot 2 \cdot 2 = 12$.

Se os círculos B e D forem pintados com cores diferentes, o número de possibilidades será $3 \cdot 2 \cdot 1 \cdot 1 = 6$.

O número total é $12 + 6 = 18$.

Alternativa **c**.

8. 1° dia: 345 pessoas

2° dia: $3 \cdot 345$ pessoas

3° dia: $3 \cdot 3 \cdot 345$ pessoas

4° dia: $3 \cdot 3 \cdot 3 \cdot 345 = 3^3 \cdot 345$ pessoas

Alternativa **c**.

9. Temos duas letras (maiúsculas e minúsculas) e dois algarismos que podem se repetir; logo, temos $10 \cdot 10 \cdot 52 \cdot 52 = 10^2 \cdot 52^2$, mas, como essa disposição (ordem) pode ser trocada, temos de multiplicar por 4!.

Se ainda pode haver repetição (p. ex.: $aa11$), para excluir os casos repetidos devemos dividir por 2! 2!. Então, o número de possibilidades é: $10^2 \cdot 52^2 \cdot \dfrac{4!}{2! \cdot 2!}$.

Alternativa **e**.

10. Temos de obter o número total de partidas menos o número de partidas com dois canhotos:

$$C_{10,2} - C_{4,2} = \frac{10!}{2! \cdot 8!} - \frac{4!}{2! \cdot 2!}$$

Alternativa **a**.

11. São 9 pessoas que devem escolher 7 lugares. Cada uma dessas escolhas é um agrupamento ordenado, ou seja, um arranjo. Você viu duas fórmulas para calcular arranjos. Uma delas é:

$$A_{n, k} = \frac{n!}{(n - k)!}$$

Aplicando diretamente essa fórmula: $A_{9,7} = \dfrac{9!}{(9 - 7)!} = \dfrac{9!}{2!}$

Alternativa **a**.

12. Entre as cartas que estão no baralho temos de ver quantas são equivalentes a $\dfrac{6}{8}$. As únicas que correspondem a esse valor são: 75%, 0,75 e $\dfrac{3}{4}$.

Alternativa **e**.

13. Como as escolhas não serão repetidas, ele tem 8! opções de filmes de ação, 5! opções de filmes de comédia e 3! opções de filmes de drama; logo, o número total de opções será: $8! \cdot 5! \cdot 3!$.

Alternativa **b**.

14. Existem 3 situações diferentes que devem ser analisadas:

I. As pedras nos vértices A e C com a mesma cor e as pedras nos vértices B e D também com a mesma cor, porém de cor diferente das pedras A e C.

Há 3 maneiras de escolher a cor de A e C, e 2 maneiras de escolher a cor de B e D. Quantidade de maneiras: $3 \cdot 2 = 6$ possíveis joias diferentes.

II. As pedras nos vértices A e C com a mesma cor e as pedras nos vértices B e D com cores diferentes entre si e diferentes de A e C:
$\frac{3 \cdot 2}{2} = 3$ possíveis joias diferentes.

III. As pedras nos vértices A e C com cores diferentes e as pedras nos vértices B e D com cores diferentes das cores de A e C:
$\frac{3 \cdot 2}{2} = 3$ possíveis joias diferentes.

Total: $6 + 3 + 3 = 12$.

Alternativa **b**.

15. Anteriormente, havia 10 possibilidades para cada dígito (algarismos de 0 a 9). Passamos então a ter, além dessas 10 possibilidades, outras 52 possíveis, sendo as 26 letras minúsculas e as 26 maiúsculas do alfabeto. Se a senha composta de 6 dígitos pode ter repetição, pelo princípio multiplicativo havia 10^6 maneiras de criar a senha; com a nova maneira esse número passa a ser de 62^6. Portanto, a razão pedida é $\frac{62^6}{10^6}$.

Alternativa **a**.

16. Serão escolhidos 4 times entre 12 times para definir o grupo A. Como a ordem de escolha não importa, trata-se de uma combinação. Para o jogo de abertura, devem ser escolhidos 2 entre os 4 times que formam o grupo A, com o primeiro jogando no próprio campo e o segundo como visitante. Logo, a ordem de escolha importa; então, trata-se de um **arranjo**.

Alternativa **a**.

17. Há 2 possibilidades para o primeiro ponto.

Para cada possibilidade para o primeiro ponto, há 2 para o segundo. Assim, o total de possibilidades para os 2 primeiros pontos é o produto das possibilidades de cada um.

Havendo 6 pontos, há 6 elementos de 2 possibilidades a serem multiplicados.

$2 \cdot 2 \cdot 2 \cdot 2 \cdot 2 \cdot 2 = 64$

Há 64 grupos que podem ser formados com os pontos. Porém, segundo o enunciado, cada caractere deve ser formado por pelo menos 1 ponto destacado; então, elimina-se o grupo que não tem pontos destacados.

$64 - 1 = 63$

Alternativa **d**.

COMPETÊNCIAS E HABILIDADES

ENEM

COMPETÊNCIAS DE ÁREA — MATEMÁTICA E SUAS TECNOLOGIAS

Habilidades

H02 Identificar padrões numéricos ou princípios de contagem.

H03 Resolver situação-problema envolvendo conhecimentos numéricos.

H04 Avaliar a razoabilidade de um resultado numérico na construção de argumentos sobre afirmações quantitativas.

H05 Avaliar proposta de intervenção na realidade utilizando conhecimentos numéricos.

BNCC

Habilidade

EF08MA03 Resolver e elaborar problemas de contagem cuja resolução envolva a aplicação do princípio multiplicativo.

PROBABILIDADE

CONCEITOS DE PROBABILIDADE

Experimentos aleatórios

Não podemos interferir no resultado de determinados experimentos, há situações que dependem exclusivamente do acaso. Esses experimentos são chamados de aleatórios.

Exemplos

1. Lançamento de um dado honesto.
2. Retirada de uma carta específica de um baralho comum (52 cartas).
3. Sorteio de seis dezenas em um concurso da Mega-Sena.
4. Sexo de um bebê antes do nascimento.

Espaço amostral

É o conjunto de **todos os resultados** de um experimento aleatório. Representamos o espaço amostral pela letra maiúscula S. Vamos listar os elementos do espaço amostral e determinar o número deles [n (S)].

Exemplos

1. Lançamento de um dado honesto.
   $S = \{1, 2, 3, 4, 5, 6\} \Rightarrow n(S) = 6$

2. Lançamento de uma moeda.
   $S = \{\text{cara, coroa}\} \Rightarrow n(S) = 2$

3. Sexo de um bebê antes do nascimento.
   $S = \{\text{mulher, homem}\} \Rightarrow n(S) = 2$

4. Retirada de uma bola de uma urna onde se encontram 5 bolas numeradas de 1 a 5 e indistinguíveis, exceto pela numeração.
   $S = \{1, 2, 3, 4, 5\} \Rightarrow n(S) = 5$

5. Na urna do exemplo anterior, retirada simultânea de duas bolas.
   $S = \{(1 \text{ e } 2), (1 \text{ e } 3), (1 \text{ e } 4), (1 \text{ e } 5), (2 \text{ e } 3), (2 \text{ e } 4), (2 \text{ e } 5), (3 \text{ e } 4), (3 \text{ e } 5), (4 \text{ e } 5)\} \Rightarrow n(S) = 10$

Zbigniew Guzowski/Shutterstock.com

malerapaso/iStockphoto.com

Rodrigo gavini/Shutterstock.com

AidanNi/Shutterstock.com

Evento

É qualquer **subconjunto de um espaço amostral**. Vamos representar evento pela letra maiúscula A.

Exemplos

1. Lançamento de um dado honesto para obter um número composto.
$A = \{4, 6\} \Rightarrow n(A) = 2$.

2. Em uma urna com bolas numeradas de 1 a 5, retirada de duas delas, representadas por dois números primos.
$A = \{(2 \text{ e } 3), (2 \text{ e } 5), (3, 5)\} \Rightarrow n(A) = 3$

EVENTOS E PROBABILIDADES

Seja o espaço amostral S um conjunto finito e não vazio e A um evento desse espaço amostral, define-se a **probabilidade** de ocorrer o evento A [indica-se $P(A)$] ao número $\dfrac{n(A)}{n(S)}$; ou seja:

$$P(A) = \frac{n(A)}{n(S)}$$

Exemplos

1. (UFRGS-RS) Considere os números naturais de 1 até 100. Escolhido ao acaso um desses números, a probabilidade de ele ser um quadrado perfeito é

a) $\dfrac{1}{10}$ b) 4,25   c) $\dfrac{3}{10}$ d) $\dfrac{1}{2}$ e) $\dfrac{9}{10}$

Solução:

O espaço amostral tem 100 elementos: $n(S) = 100$.

O evento quadrado perfeito é: $A = \{1, 4, 9, 16, 25, 36, 49, 64, 81, 100\} \Rightarrow n(A) = 10$.

$P(A) = \dfrac{n(A)}{n(S)} = \dfrac{10}{100} \Rightarrow P(A) = \dfrac{1}{10}$

Alternativa **a**.

2. (Fuvest-SP) Escolhem-se ao acaso dois números naturais e distintos, de 1 a 20. Qual a probabilidade de que o produto dos números escolhidos seja ímpar?

a) $\dfrac{9}{38}$ b) $\dfrac{1}{2}$ c) $\dfrac{9}{20}$ d) $\dfrac{1}{4}$ e) $\dfrac{1}{4}$

Solução:

Observe que o espaço amostral é formado por todos os resultados possíveis de seu experimento aleatório, que é escolher dois números entre vinte disponíveis. De quantos modos diferentes podemos escolher dois números entre eles? Usamos a análise combinatória:

$n(S) = C_{20,2} = \dfrac{20 \cdot 19}{2 \cdot 1} = 190$

O produto de dois números só é ímpar se cada um deles for ímpar. Assim, para obter o número de elementos de nosso evento devemos descobrir de quantos modos possíveis, entre 10 números ímpares, podemos escolher dois deles.

$n(A) = C_{10,2} = \dfrac{10 \cdot 9}{2 \cdot 1} = 45$

$P(A) = \dfrac{n(A)}{n(S)} = \dfrac{45}{190} = \dfrac{9}{38}$

Alternativa **a**.

Evento complementar

O evento complementar de A (indica-se $\overline{A}$) é o conjunto $\overline{A} = S - A$.

Exemplo

No lançamento de um dado honesto, tomemos o evento "número composto" $A = \{4, 6\}$.

O seu complementar é o conjunto:

$\overline{A} = S - A = \{1, 2, 3, 4, 5, 6\} - \{4, 6\} = \{1, 2, 3, 5\}$.

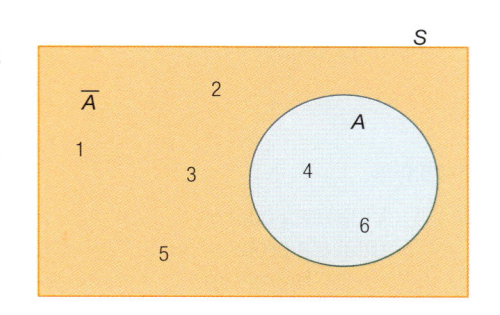

Evento certo

É o evento que certamente ocorrerá. Se A é um evento certo, então $P(A) = 1$. No caso $A = S$.

Evento impossível

É o evento que, em hipótese alguma, ocorrerá. Se A é o evento impossível, então $P(A) = 0$. No caso $A = \varnothing$.

Espaço amostral equiprovável

É o espaço amostral em que todos os eventos unitários têm a mesma chance de ocorrer. Em nosso estudo abordaremos apenas os espaços amostrais equiprováveis, finitos e não vazios.

Propriedades das probabilidades

I. $P(\varnothing) = 0$

II. $(S) = 1$

III. $0 \leqslant P(A) \leqslant 1$ ou $0\% \leqslant P(A) \leqslant 100\%$

IV. $P(\overline{A}) = 1 - P(A)$

Exemplo

A probabilidade de chover em determinado dia é $\dfrac{2}{5}$. Qual é a probabilidade de não chover?

Solução:

Chover (A) e não chover ($\overline{A}$) são dois eventos complementares, então:

$P(\overline{A}) = 1 - P(A) \Rightarrow P(\overline{A}) = 1 - \dfrac{2}{5} \Rightarrow P(\overline{A}) = \dfrac{3}{5}$

Adição de probabilidades

Para quaisquer eventos A e B de S, a probabilidade de ocorrer A ou B é dada por:

$$P(A \cup B) = P(A) + P(B) - P(A \cap B)$$

Exemplo

Em um baralho comum de 52 cartas, qual é a probabilidade de se retirar um valete ou uma carta de paus?

Solução:

Seja A o evento retirar um valete: $P(A) = \dfrac{4}{52}$ e B o evento carta de paus: $P(B) = \dfrac{13}{52}$. Então para o evento valete e carta de paus $(A \cap B)$, isto é, **valete de paus**, temos:

$P(A \cap B) = \dfrac{1}{52}$.

Assim: $P(A \cup B) = P(A) + P(B) - P(A \cap B) = \dfrac{4}{52} + \dfrac{13}{52} - \dfrac{1}{52} = \dfrac{16}{52} = \dfrac{4}{13}$.

Multiplicação de probabilidades

Para quaisquer eventos A e B de S, a probabilidade de ocorrer A **e** B é dada por:

$$P(A \cap B) = P(A) \cdot P(B)$$

Exemplos

1. Uma urna contém 3 bolas azuis e 4 bolas vermelhas, indistinguíveis, exceto pela cor. Qual é a probabilidade de se retirar uma bola azul e, em seguida, sem reposição da primeira, retirar uma bola vermelha?

   Solução:

   • Probabilidade de retirada de uma bola azul: $\dfrac{3}{7}$.

   • Probabilidade de retirada de uma bola vermelha, sem reposição da azul: $\dfrac{4}{6}$.

   Nessas condições, retirar uma bola azul e, em seguida, uma bola vermelha: $\dfrac{3}{7} \cdot \dfrac{4}{6} = \dfrac{12}{42} = \dfrac{2}{7}$.

2. Uma urna contém 5 bolas numeradas de 1 a 5, indistinguíveis exceto pela numeração. Calcule a probabilidade de:

   a) retirarmos a bola 4 na primeira tentativa;

   b) retirarmos a bola 4 só na segunda tentativa, sem reposição da primeira;

   c) retirarmos a bola 4 apenas na quinta tentativa, sem reposição das anteriores.

   Solução:

   a) Para retirarmos a bola 4 na 1ª tentativa, temos uma possibilidade em 5: $\dfrac{1}{5}$

   b) Para retirarmos a bola 4 somente na 2ª tentativa e sem reposição, é necessário que, na primeira retirada, ela NÃO tenha saído. Assim:

   • probabilidade de não retirar a bola 4 na 1ª tentativa: $\dfrac{4}{5}$;

   • probabilidade de se retirar a bola 4 na 2ª tentativa (restam 4 bolas na urna): $\dfrac{1}{4}$;

   • probabilidade de não retirar a bola 4 na 1ª tentativa e retirá-la na segunda: $\dfrac{4}{5} \cdot \dfrac{1}{4} = \dfrac{1}{5}$.

   c) Para calcular a probabilidade de retiramos a bola 4 apenas na última (5ª) tentativa e NÃO retirá-la em nenhuma das outras, temos que:

   • na 1ª tentativa, a probabilidade de não ocorrer a bola 4 é: $\dfrac{4}{5}$;

   • na 2ª tentativa, a probabilidade de não retirar a bola 4 nem na 1ª nem na 2ª tentativas é: $\dfrac{4}{5} \cdot \dfrac{3}{4}$;

   • na 3ª tentativa, a probabilidade de não retirar a bola 4 nem na 1ª, nem na 2ª, nem na 3ª tentativas é: $\dfrac{4}{5} \cdot \dfrac{3}{4} \cdot \dfrac{2}{3}$;

   • na 4ª tentativa, a probabilidade de não retirar a bola em nenhuma dessas 4 tentativas é: $\dfrac{4}{5} \cdot \dfrac{3}{4} \cdot \dfrac{2}{3} \cdot \dfrac{1}{2}$;

   • na 5ª tentativa, a probabilidade de retirar a bola 4 sem tê-la retirado em nenhuma das tentativas anteriores é: $\dfrac{4}{5} \cdot \dfrac{3}{4} \cdot \dfrac{2}{3} \cdot \dfrac{1}{2} \cdot \dfrac{1}{1} = \dfrac{1}{5}$.

   Observação: em qualquer uma das cinco tentativas, a probabilidade de se retirar a bola 4 sem tê-la retirado nas tentativas anteriores será $\dfrac{1}{5}$.

3. Uma caixa contém 3 bolas verdes e 4 bolas amarelas. Duas bolas são retiradas ao acaso e sem reposição. A probabilidade de ambas serem da mesma cor é:

a) $\dfrac{3}{14}$. b) $\dfrac{1}{18}$. c) $\dfrac{5}{7}$. d) $\dfrac{1}{7}$. e) $\dfrac{4}{7}$.

Solução:

Pode-se retirar: uma verde **e** depois outra verde **ou** uma amarela **e** depois outra amarela.

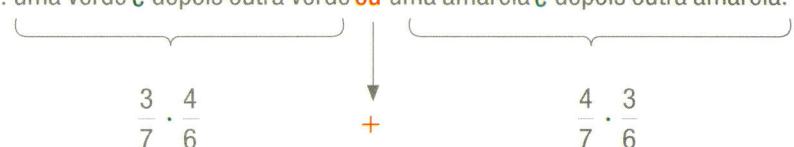

$$\frac{3}{7} \cdot \frac{4}{6} \qquad + \qquad \frac{4}{7} \cdot \frac{3}{6}$$

Então, a probabilidade de ambas serem da mesma cor é: $\dfrac{3}{7} \cdot \dfrac{4}{6} + \dfrac{4}{7} \cdot \dfrac{3}{6} = \dfrac{2}{7} \cdot \dfrac{2}{7} = \dfrac{4}{7}$.

Alternativa **e**.

Probabilidade condicional

Dados dois eventos A e B não nulos de um espaço amostral S, tem-se a probabilidade condicional de ocorrer B se e só se A já ocorreu ou certamente ocorrerá. A probabilidade condicional de B é dada por:

$$P\left(\frac{B}{A}\right) = \frac{n(A \cap B)}{n(A)} \text{ ou } P\left(\frac{A}{B}\right) = \frac{P(A \cup B)}{P(A)}$$

Exemplo

No lançamento de um dado, a face voltada para cima é um número par. Qual é a probabilidade de que ele seja primo?

Solução:

Seja B o evento número primo e A o evento número par (que já ocorreu), então:

$A \cap B$ é o evento **número par** e **primo**: $A \cap B = \{2\} \Rightarrow n(A \cap B) = 1$ e $n(A) = 3$.

Temos então que: $P\left(\dfrac{B}{A}\right) = \dfrac{n(A \cap B)}{n(A)} = \dfrac{1}{3}$.

Eventos independentes

Dois eventos A e B não nulos de um espaço amostral S são ditos **independentes**, se e somente se:

$$P\left(\frac{A}{B}\right) = P(A) \text{ ou } P\left(\frac{B}{A}\right) = P(B).$$

Exemplo

Um dado é lançado duas vezes. Se ocorreu a face 3 (A) no primeiro lançamento, qual é a probabilidade de ocorrer um número par (B) no segundo?

Solução:

Vemos que o evento B (número par) não depende do que ocorreu (evento $A = $ face 3) no primeiro lançamento:

$$P\left(\frac{B}{A}\right) = P(B) = \frac{3}{6} = \frac{1}{2}$$

No caso, os eventos face 3 e número par são **independentes**.

Observação: se dois eventos A e B são independentes, então $P(A \cap B) = P(A) \cdot P(B)$.

EXERCÍCIOS

RESOLUÇÃO PASSO A PASSO

1. (FGV-SP). Uma urna contém 6 bolas vermelhas e 4 brancas. Três bolas são sucessivamente sorteadas, sem reposição. A probabilidade de observarmos 3 bolas brancas é:

a) $\dfrac{1}{15}$. b) $\dfrac{1}{20}$. c) $\dfrac{1}{25}$. d) $\dfrac{1}{30}$. e) $\dfrac{1}{35}$.

LEIA E COMPREENDA

Vamos, em três tentativas, retirar uma bola dessa urna. Uma vez retirada uma bola, ela não será reposta, o que faz com que o espaço amostral tenha um elemento a menos em cada retirada.

PLANEJE A SOLUÇÃO

Vamos calcular a probabilidade de se retirar uma bola branca, depois outra bola branca, e finalmente, mais uma bola branca. Como os eventos ocorrem consecutivamente e são independentes, multiplicaremos essas probabilidades.

EFETUE O QUE FOI PLANEJADO

- Probabilidade de se retirar uma bola branca: $\dfrac{4}{10}$.

- Probabilidade de se retirar uma segunda bola branca sem repor a primeira: $\dfrac{3}{9}$.

- Probabilidade de se retirar a terceira bola branca sem repor a anterior: $\dfrac{2}{8}$.

- Probabilidade de se retirar 3 bolas brancas obedecendo às exigências do enunciado: $\dfrac{4}{10} \cdot \dfrac{3}{9} \cdot \dfrac{2}{8} = \dfrac{1}{30}$.

VERIFIQUE

Retirar n (n natural e $n \geqslant 2$) bolas sem reposição da anterior é o mesmo que retirar n bolas simultaneamente. Vejamos o caso deste problema:

- $n(S) = C_{10,3} = \dfrac{10 \cdot 9 \cdot 8}{3 \cdot 2 \cdot 1} = 120$ – quantidade de modos possíveis de retirarmos 3 bolas em um total de 10 bolas.

- $n(A) = C_{4,3} = \dfrac{4 \cdot 3 \cdot 2}{3 \cdot 2 \cdot 1} = 4$ – quantidade de modos possíveis de retirarmos 3 bolas brancas em um total de 4 bolas brancas.

$P(A) = \dfrac{n(A)}{n(S)} = \dfrac{4}{120} = \dfrac{1}{30}$

RESPONDA

A probabilidade procurada é $\dfrac{1}{30}$.

Alternativa **d**.

AMPLIAÇÃO DO PROBLEMA

Com os dados desse enunciado, calcular a probabilidade de retirarmos simultaneamente 3 bolas e **ao menos uma** ser branca.

Quando, no enunciado de um problema de probabilidade, aparecer a expressão **ao menos uma**, a melhor maneira de resolver a questão é observar a propriedade a seguir.

P(de ocorrer ao menos uma) $= 1 -$ P(não ocorrer)

Nesse caso, a probabilidade de **NÃO** ocorrer ao menos uma bola branca é ocorrer 3 bolas vermelhas. Então, calcule a probabilidade da ocorrência de 3 bolas vermelhas.

$$P(3V) = \frac{C_{6,3}}{C_{10,3}} = \frac{\frac{6.5.4}{3.2.1}}{\frac{10.9.8}{3.2.1}} = \frac{120}{720} = \frac{1}{6}.$$

Logo, a probabilidade de ocorrer ao menos uma bola branca é:

$$P(\text{ao menos uma bola branca}) = 1 - P(3V) = 1 - \frac{1}{6} = \frac{5}{6}.$$

2. Enumere os elementos dos espaços amostrais relativos aos experimentos aleatórios a seguir.

a) Lançamento simultâneo de duas moedas (cara: C e coroa: K).

b) Escolha dos quatro primeiros números naturais e primos.

c) Entre os quatro primeiros números naturais e primos, escolha dois deles.

d) Lançamento simultâneo de dois dados.

3. Ao se lançar duas moedas simultaneamente, qual é a probabilidade de encontrar duas faces iguais?

cesarvr/Shutterstock.com

4. No lançamento de dois dados, qual é a probabilidade de se encontrar soma par?

Eivaisla/Shutterstock.com

5. Uma urna tem bolas numeradas de 1 a 5. Retirando-se ao acaso e simultaneamente duas bolas, qual é a probabilidade de que ambos os números sejam ímpares?

6. (UERJ) Um menino vai retirar ao acaso um único cartão de um conjunto de sete cartões. Em cada um deles está escrito apenas um dia da semana, sem repetições: segunda, terça, quarta, quinta, sexta, sábado, domingo. O menino gostaria de retirar sábado ou domingo. A probabilidade de ocorrência de uma das preferências do menino é:

a) $\dfrac{1}{49}$. **b)** $\dfrac{2}{49}$. **c)** $\dfrac{1}{7}$. **d)** $\dfrac{2}{7}$.

7. (UFU-MG) As irmãs Ana e Beatriz e seus respectivos namorados vão sentar-se em um banco de jardim (figura), de modo que cada namorado fique ao lado de sua namorada. A probabilidade de as irmãs sentarem-se uma ao lado da outra é igual a:

mbtphotos/iStockphoto.com

a) 0,25. **b)** 0,33. **c)** 0,45. **d)** 0,50.

8. (Unesp) Lançando-se simultaneamente dois dados não viciados, a probabilidade de que suas faces superiores exibam soma igual a 7 ou 9 é:

a) $\dfrac{1}{6}$. **c)** $\dfrac{2}{11}$. **e)** $\dfrac{3}{7}$.

b) $\dfrac{4}{9}$. **d)** $\dfrac{5}{18}$.

9. (Mack-SP) A probabilidade de um casal ter um filho do sexo masculino é 0,25. Então a probabilidade de o casal ter dois filhos de sexos diferentes é:

a) $\dfrac{1}{16}$. **c)** $\dfrac{9}{16}$. **e)** $\dfrac{3}{4}$.

b) $\dfrac{3}{8}$. **d)** $\dfrac{3}{16}$.

10. (Unesp) Um piloto de Fórmula 1 estima que suas chances de subir ao pódio numa dada prova são de 60% se chover no dia da prova e de 20% se não chover. O Serviço de Meteorologia prevê que a probabilidade de chover durante a prova é de 75%. Nessas condições, calcule a probabilidade de que o piloto venha a subir ao pódio.

Ev. Safronov/Shutterstock.com

11. (UFF-RJ) Em uma bandeja há dez pastéis, dos quais três são de carne, três de queijo e quatro de camarão. Se Fabiana retirar, aleatoriamente e sem reposição, dois pastéis desta bandeja, a probabilidade de os dois pastéis retirados serem de camarão é:

a) $\dfrac{3}{25}$.

c) $\dfrac{2}{15}$.

e) $\dfrac{4}{5}$.

b) $\dfrac{4}{25}$.

d) $\dfrac{2}{5}$.

12. (UFRN) Em um congresso sobre Matemática participaram 120 congressistas. Desses, 100 eram licenciados e 60 eram bacharéis em Matemática. Responda, justificando:

kasto80/iStockphoto.com

a) Qual a probabilidade de, escolhendo-se ao acaso um congressista, ele ser licenciado em Matemática?

b) Quantos congressistas possuíam as duas formações acadêmicas?

c) Qual a probabilidade de, escolhendo-se ao acaso um congressista, ele possuir as duas formações acadêmicas?

13. (UFC-CE) Oito pessoas, sendo 5 homens e 3 mulheres, serão organizadas em uma fila. A probabilidade de as pessoas do mesmo sexo ficarem juntas é:

a) $\dfrac{1}{28}$.

c) $\dfrac{3}{28}$.

e) $\dfrac{1}{38}$.

b) $\dfrac{1}{18}$.

d) $\dfrac{5}{18}$.

14. (FGV-SP) Num espaço amostral, os eventos A e B não vazios são independentes. Podemos afirmar que:

a) $A \cap B = \varnothing$.

b) $P(A \cup B) = P(A) + P(B)$.

c) $P(A \cap B) = P(A) \cdot P(B)$.

d) $P(A) + P(B) < \dfrac{1}{2}$.

e) A é o complementar de B.

15. (Unesp-SP) Para uma partida de futebol, a probabilidade de o jogador R não ser escalado é 0,2 e a probabilidade de o jogador S ser escalado é 0,7. Sabendo que a escalação de um deles é independente da escalação do outro, a probabilidade de os dois jogadores serem escalados é:

Oleksandr Osipov/Shutterstock.com

a) 0,06.

c) 0,24.

e) 0,72.

b) 0,14.

d) 0,56.

16. (FGV-SP) Uma fatia de pão com manteiga pode cair no chão de duas maneiras apenas:

– com a manteiga para cima (evento A);

– com a manteiga para baixo (evento B).

Uma possível distribuição de probabilidade para esses eventos é:

Horus2017/Shutterstock.com

a) $P(A) = P(B) = \dfrac{3}{7}$

b) $P(A) = 0$ e $P(B) = \dfrac{5}{7}$

c) $P(A) = -0,3$ e $P(B) = 1,3$

d) $P(A) = 0,4$ e $P(B) = 0,6$

e) $P(A) = \dfrac{6}{7}$ e $P(B) = 0$

QUESTÕES DO ENEM

RESOLUÇÃO PASSO A PASSO

1. (Enem 2017) Um morador de uma região metropolitana tem 50% de probabilidade de atrasar-se para o trabalho quando chove na região; caso não chova, sua probabilidade de atraso é de 25%. Para um determinado dia, o serviço de meteorologia estima em 30% a probabilidade de ocorrência de chuva nessa região.

Qual a probabilidade de esse morador se atrasar para o serviço no dia para o qual foi dada a estimativa de chuva?

a) 0,075   **c)** 0,325   **e)** 0,800

b) 0,150   **d)** 0,600

LEIA E COMPREENDA

O enunciado nos fornece a probabilidade de uma pessoa se atrasar para o trabalho caso chova e caso não chova. Dá a probabilidade da ocorrência de chuva e pede, nessas condições, a probabilidade de essa pessoa se atrasar.

PLANEJE A SOLUÇÃO

Estamos trabalhando com eventos complementares. Devemos calcular a probabilidade, em um determinado dia, de uma pessoa se atrasar com chuva ou sem chuva.

EFETUE O QUE FOI PLANEJADO

- Probabilidade de chover: 30% $\Rightarrow$ probabilidade de não chover: 70%.
- Probabilidade de se atrasar com chuva: 50%.
- Probabilidade de se atrasar quando não chover: 25%.
- Probabilidade de se atrasar com chuva ou se atrasar sem chuva:

$$30\% \cdot 50\% + 70\% \cdot 25\% = \frac{30}{100} \cdot \frac{50}{100} + \frac{70}{100} \cdot \frac{25}{100} = \frac{15}{100} + \frac{17,5}{100} = 0,325.$$

VERIFIQUE

Vamos calcular a probabilidade de o morador não se atrasar com chuva:

$$30\% \cdot 50\% + 70\% \cdot 75\% = \frac{30}{100} \cdot \frac{50}{100} + \frac{70}{100} \cdot \frac{75}{100} = \frac{15}{100} + \frac{525}{1000} = 0,675.$$

Como se atrasar com chuva e não se atrasar com chuva são eventos complementares, a soma das probabilidades deve ser igual a 1 (ou 100%):

$0,325 + 0,675 = 1,000 = 100\%$, o que comprova o resultado.

RESPONDA

A probabilidade procurada é de 0,325.

Alternativa **c**.

AMPLIAÇÃO DO PROBLEMA

Considere um dado "viciado" no qual a probabilidade de sair um número par (2, 4, 6) é o dobro da probabilidade de sair um número ímpar (1, 3, 5). Qual é a probabilidade de sair o número 5?

$P(1) = P(3) = P(5) = x$

$P(2) = P(4) = P(6) = 2x$

$P(1) + P(2) + P(3) + P(4) + P(5) + P(6) = x + 2x + x + 2x + x + 2x = 1 \Rightarrow$

$\Rightarrow 9x = 1 \Rightarrow x = \dfrac{1}{9}$. Logo, $P(5) = \dfrac{1}{9}$.

2. (Enem) Em uma reserva florestal existem 263 espécies de peixes, 122 espécies de mamíferos, 93 espécies de répteis, 1132 espécies de borboletas e 656 espécies de aves.

Disponível em: www.wwf.org.br. Acesso em: 23 abr. 2010 (adaptado).

Se uma espécie animal for capturada ao acaso, qual a probabilidade de ser uma borboleta?

a) 63,31%   c) 56,52%   e) 43,27%

b) 60,18%   d) 49,96%

3. (Enem) Um protocolo tem como objetivo firmar acordos e discussões internacionais para conjuntamente estabelecer metas de redução de emissão de gases de efeito estufa na atmosfera. O quadro mostra alguns dos países que assinaram o protocolo, organizados de acordo com o continente ao qual pertencem.

Países da América do Norte	Países da Ásia
Estados Unidos da América	China
Canadá	Índia
México	Japão

Em um dos acordos firmados, ao final do ano, dois dos países relacionados serão escolhidos aleatoriamente, um após o outro, para verificar se as metas de redução do protocolo estão sendo praticadas. A probabilidade de o primeiro país escolhido pertencer à América do Norte e o segundo pertencer ao continente asiático é:

a) $\dfrac{1}{9}$.   c) $\dfrac{3}{10}$.   e) 1.

b) $\dfrac{1}{4}$.   d) $\dfrac{2}{3}$.

4. (Enem) O número de frutos de uma determinada espécie de planta se distribui de acordo com as probabilidades apresentadas no quadro.

Números de frutos	Probabilidade
0	0,65
1	0,15
2	0,13
3	0,03
4	0,03
5 ou mais	0,01

A probabilidade de que, em tal planta, existam, pelo menos, dois frutos é igual a:

a) 3%.   c) 13%.   e) 20%.

b) 7%.   d) 16%.

5. (Enem) O quadro apresenta cinco cidades de um estado, com seus respectivos números de habitantes e quantidade de pessoas infectadas com o vírus da gripe. Sabe-se que o governo desse estado destinará recursos financeiros a cada cidade, em valores proporcionais à probabilidade de uma pessoa, escolhida ao acaso na cidade, estar infectada.

Cidade	I	II	III	IV	V
Habitantes	180 000	100 000	110 000	165 000	175 000
Infectados	7 800	7 500	9 000	6 500	11 000

a) I   b) II   c) III   d) IV   e) V

6. (Enem) Uma aluna estuda numa turma de 40 alunos. Em um dia, essa turma foi dividida em três salas, A, B e C, de acordo com a capacidade das salas. Na sala A ficaram 10 alunos, na B, outros 12 alunos e, na C, 18 alunos. Será feito um sorteio no qual, primeiro, será sorteada uma sala e, posteriormente, será sorteado um aluno dessa sala.

Qual é a probabilidade de aquela aluna específica ser sorteada, sabendo que ela está na sala C?

a) $\dfrac{1}{3}$ c) $\dfrac{1}{40}$ e) $\dfrac{7}{18}$

b) $\dfrac{1}{18}$ d) $\dfrac{1}{54}$

7. (Enem) Um bairro residencial tem cinco mil moradores, dos quais mil são classificados como vegetarianos. Entre os vegetarianos, 40% são esportistas, enquanto que, entre os não vegetarianos, essa porcentagem cai para 20%. Uma pessoa desse bairro, escolhida ao acaso, é esportista. A probabilidade de ela ser vegetariana é:

a) $\dfrac{2}{25}$.   c) $\dfrac{1}{4}$.   e) $\dfrac{5}{6}$.

b) $\dfrac{1}{5}$.   d) $\dfrac{1}{3}$.

8. (Enem) A probabilidade de um empregado permanecer em uma dada empresa particular por 10 anos ou mais é de $\dfrac{1}{6}$.

Um homem e uma mulher começam a trabalhar nessa companhia no mesmo dia. Suponha que não haja nenhuma relação entre o trabalho dele e o dela, de modo que seus tempos de permanência na firma são independentes entre si.

A probabilidade de ambos, homem e mulher, permanecerem nessa empresa por menos de 10 anos é de:

a) $\dfrac{60}{36}$.

c) $\dfrac{24}{36}$.

e) $\dfrac{1}{36}$.

b) $\dfrac{25}{36}$.

d) $\dfrac{2}{36}$.

9. (Enem) Uma empresa aérea lança uma promoção de final de semana para um voo comercial. Por esse motivo, o cliente não pode fazer reservas e as poltronas serão sorteadas aleatoriamente. A figura mostra a posição dos assentos no avião:

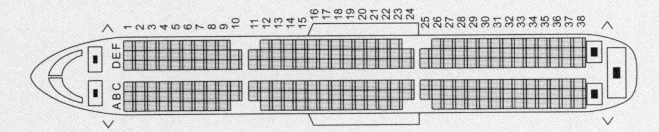

Por ter pavor de sentar entre duas pessoas, um passageiro decide que só viajará se a chance de pegar uma dessas poltronas for inferior a 30%.

Avaliando a figura, o passageiro desiste da viagem, porque a chance de ele ser sorteado com uma poltrona entre duas pessoas é mais aproximada de:

a) 31%.

c) 35%.

e) 69%.

b) 33%.

d) 68%.

10. (Enem) Uma fábrica possui duas máquinas que produzem o mesmo tipo de peça. Diariamente a máquina M produz 2 000 peças e a máquina N produz 3 000 peças. Segundo o controle de qualidade da fábrica, sabe-se que 60 peças, das 2 000 produzidas pela máquina M, apresentam algum tipo de defeito, enquanto que 120 peças, das 3 000 produzidas pela máquina N, também apresentam defeitos. Um trabalhador da fábrica escolhe ao acaso uma peça, e esta é defeituosa.

Nessas condições, qual a probabilidade de que a peça defeituosa escolhida tenha sido produzida pela máquina M?

a) $\dfrac{3}{100}$

c) $\dfrac{1}{3}$

e) $\dfrac{2}{3}$

b) $\dfrac{1}{25}$

d) $\dfrac{3}{7}$

11. (Enem) No próximo final de semana, um grupo de alunos participará de uma aula de campo. Em dias chuvosos, aulas de campo não podem ser realizadas. A ideia é que essa aula seja no sábado, mas, se estiver chovendo no sábado, a aula será adiada para o domingo. Segundo a meteorologia, a probabilidade de chover no sábado é de 30% e a de chover no domingo é de 25%. A probabilidade de que a aula de campo ocorra no domingo é de:

a) 5,0%.

d) 30,0%.

b) 7,5%.

e) 75%.

c) 22,5%.

12. (Enem) Em um campeonato de futebol, a vitória vale 3 pontos, o empate 1 ponto e a derrota zero ponto. Ganha o campeonato o time que tiver maior número de pontos. Em caso de empate no total de pontos, os times são declarados vencedores. Os times R e S são os únicos com chance de ganhar o campeonato, pois ambos possuem 68 pontos e estão muito à frente dos outros times. No entanto, R e S não se enfrentarão na rodada final. Os especialistas em futebol arriscam as seguintes probabilidades para os jogos da última rodada:

• R tem 80% de chance de ganhar e 15% de empatar;

• S tem 40% de chance de ganhar e 20% de empatar.

Segundo as informações dos especialistas em futebol, qual é a probabilidade de o time R ser o único vencedor do campeonato?

a) 32%

c) 48%

e) 57%

b) 38%

d) 54%

13. (Enem) Um programa de televisão criou um perfil em uma rede social, e a ideia era que esse perfil fosse sorteado para um dos seguidores, quando esses fossem em número de um milhão. Agora que essa quantidade de seguidores foi atingida, os organizadores perceberam que apenas 80% deles são realmente fãs do programa. Por conta disso, resolveram que todos os seguidores farão um teste, com perguntas objetivas referentes ao programa, e só poderão participar do sorteio aqueles que forem aprovados. Estatísticas revelam que, num teste dessa natureza, a taxa de aprovação é de 90% dos fãs e de 15% dos que não são fãs.

De acordo com essas informações, a razão entre a probabilidade de que um fã seja sorteado e a probabilidade de que o sorteado seja alguém que não é fã do programa é igual a:

a) 1.

c) 6.

e) 96.

b) 4.

d) 24.

14. (Enem) Numa avenida existem 10 semáforos. Por causa de uma pane no sistema, os semáforos ficaram sem controle durante uma hora, e fixaram suas luzes unicamente em verde ou vermelho. Os semáforos funcionam de forma independente; a probabilidade de acusar a cor verde é de $\dfrac{2}{3}$ e a de acusar a cor vermelha é de $\dfrac{1}{3}$. Uma pessoa percorreu a pé toda essa avenida durante o período da pane, observando a cor da luz de cada um desses semáforos. Qual a

probabilidade de que esta pessoa tenha observado exatamente um sinal na cor verde?

a) $\dfrac{10 \cdot 2}{3^{10}}$

b) $\dfrac{10 \cdot 2^9}{3^{10}}$

c) $\dfrac{2^{10}}{3^{100}}$

d) $\dfrac{2^{90}}{3^{100}}$

e) $\dfrac{2}{3^{10}}$

15. (Enem) Um casal, ambos com 30 anos de idade, pretende fazer um plano de previdência privada. A seguradora pesquisada, para definir o valor do recolhimento mensal, estima a probabilidade de que pelo menos um deles esteja vivo daqui a 50 anos, tomando por base dados da população, que indicam que 20% dos homens e 30% das mulheres de hoje alcançarão a idade de 80 anos.

Qual é essa probabilidade?

a) 50%

b) 44%

c) 38%

d) 25%

e) 6%

16. (Enem) Uma caixa contém uma cédula de R$ 5,00, uma de R$ 20,00 e duas de R$ 50,00 de modelos diferentes. Retira-se aleatoriamente uma cédula dessa caixa, anota-se o seu valor e devolve-se a cédula à caixa. Em seguida, repete-se o procedimento anterior.

A probabilidade de que a soma dos valores anotados seja pelo menos igual a R$ 55,00 é:

a) $\dfrac{1}{2}$.

b) $\dfrac{1}{4}$.

c) $\dfrac{3}{4}$.

d) $\dfrac{2}{9}$.

e) $\dfrac{5}{9}$.

17. (Enem) Uma competição esportiva envolveu 20 equipes com 10 atletas cada. Uma denúncia à organização dizia que um dos atletas havia utilizado substância proibida. Os organizadores, então, decidiram fazer um exame antidoping. Foram propostos três modos diferentes para escolher os atletas que irão realizá-lo:

Modo I: sortear três atletas dentre todos os participantes;

Modo II: sortear primeiro uma das equipes e, desta, sortear três atletas;

Modo III: sortear primeiro três equipes, e então, sortear um atleta de cada uma dessas três equipes.

Considere que todos os atletas têm igual probabilidade de serem sorteados e que P(I), P(II) e P(III) sejam as probabilidades de o atleta que utilizou a substância proibida seja um dos escolhidos para o exame no caso do sorteio ser feito pelo modo I, II ou III.

Comparando-se essas probabilidades, obtém-se:

a) P(I) < P(III) < P(II).

b) P(II) < P(I) < P(III).

c) P(I) < P(II) = P(III).

d) P(I) = P(II) < P(III).

e) P(I) = P(II) = P(II).

18. (Enem) Para analisar o desempenho de um método diagnóstico, realizam-se estudos em populações contendo pacientes sadios e doentes. Quatro situações distintas podem acontecer nesse contexto de teste:

1. Paciente TEM a doença e o resultado do teste é POSITIVO.

2. Paciente TEM a doença e o resultado do teste é NEGATIVO.

3. Paciente NÃO TEM a doença e o resultado do teste é POSITIVO.

4. Paciente NÃO TEM a doença e o resultado do teste é NEGATIVO.

Um índice de desempenho para avaliação de um teste diagnóstico é a sensibilidade, definida como a probabilidade de o resultado do teste ser POSITIVO se o paciente estiver com a doença.

O quadro refere-se a um teste diagnóstico para a doença A, aplicado em uma amostra composta de duzentos indivíduos.

Resultado do teste	Doença A	
	Presente	Ausente
Positivo	95	15
Negativo	5	85

BENSEÑOR. I. M.; LOTUFO, P. A. *Epidemiologia: abordagem prática*. São Paulo: Sarvier, 2011 (adaptado).

Conforme o quadro do teste proposto, a sensibilidade dele é de:

a) 47,5%.

b) 85,0%.

c) 86,3%.

d) 94,4%.

e) 95,0%.

19. (Enem) Numa escola com 1 200 alunos foi realizada uma pesquisa sobre o conhecimento desses em duas línguas estrangeiras, inglês e espanhol. Nessa pesquisa constatou-se que 600 alunos falam inglês, 500 falam espanhol e 300 não falam qualquer um desses idiomas.

Escolhendo-se um aluno dessa escola ao acaso e sabendo-se que ele não fala inglês, qual a probabilidade de que esse aluno fale espanhol?

a) $\dfrac{1}{2}$

b) $\dfrac{5}{8}$

c) $\dfrac{1}{4}$

d) $\dfrac{5}{6}$

e) $\dfrac{5}{14}$

RESOLUÇÕES E COMENTÁRIOS

EXERCÍCIOS

2.
a) $S = \{(C, C), (C, K), (K, C), (K, K)\}$

b) $S = \{2, 3, 5, 7\}$

c) $S = \{(2 \text{ e } 3), (2 \text{ e } 5), (2 \text{ e } 7), (3 \text{ e } 5), (3 \text{ e } 7), (5 \text{ e } 7)\}$

d)
$$S = \begin{cases} (1,1),\ (1,2),\ (1,3),\ (1,4),\ (1,5),\ (1,6) \\ (2,1),\ (2,2),\ (2,3),(2,4),(2,5),(2,6) \\ (3,1),\ (3,2),\ (3,3),(3,4),(3,5),(3,6) \\ (4,1),\ (4,2),\ (4,3),(4,4),(4,5),(4,6) \\ (5,1),\ (5,2),\ (5,3),(5,4),(5,5),(5,6) \\ (6,1),\ (6,2),\ (6,3),(6,4),(6,5),(6,6) \end{cases}$$

3. No lançamento de duas moedas o espaço amostral é:

$S = \{(C, C), (C, K), (K, C), (K, K)\} \Rightarrow n(S) = 4.$

Nosso evento A é: $A = \{(C, C), (K, K)\} \Rightarrow n(A) = 2.$

$$P(A) = \frac{n(A)}{n(S)} = \frac{2}{4} = \frac{1}{2}$$

4. Vamos destacar em nosso espaço amostral onde ocorre soma par.

$$S = \begin{cases} (1,1),\ (1,2),\ (1,3),\ (1,4),\ (1,5),\ (1,6) \\ (2,1),(2,2),(2,3),(2,4),(2,5),(2,6) \\ (3,1),(3,2),(3,3),(3,4),(3,5),(3,6) \\ (4,1),(4,2),(4,3),(4,4),(4,5),(4,6) \\ (5,1),(5,2),(5,3),(5,4),(5,5),(5,6) \\ (6,1),(6,2),(6,3),(6,4),(6,5),(6,6) \end{cases} \Rightarrow n(S) = 36$$

Ou seja, nosso evento soma par tem 18 elementos: $n(A) = 18.$

$$P(A) = \frac{n(A)}{n(S)} = \frac{18}{36} = \frac{1}{2} = 50\%$$

5. $n(S) = C_{5,2} = \dfrac{5 \cdot 4}{2 \cdot 1} = 10$ e $n(A) = C_{3,2} = \dfrac{3 \cdot 2}{2 \cdot 1} = 3$

$$P(A) = \frac{n(A)}{n(S)} = \frac{3}{10}.$$

6. $n(S) = 7$; $A = \{\text{sábado, domingo}\} \Rightarrow n(A) = 2$

$$P(A) = \frac{n(A)}{n(S)} = \frac{2}{7}.$$

Alternativa **d**.

7. Temos Ana (A), Beatriz (B) e seus respectivos namorados C e D. Vamos imaginar cada par de namorados posicionados em uma "caixinha":

Calculamos, inicialmente, quantas posições eles podem ocupar, sem separar os casais:

- no interior da 1ª caixinha: $P_2 = 2! = 2$;
- no interior da 2ª caixinha: $P_2 = 2! = 2$;
- permutando as duas caixinhas: $P_2 = 2! = 2$.

O total de permutações será: $2 \cdot 2 \cdot 2 = 8$. O total de possibilidades de essas 4 pessoas se sentarem, sem que os casais se separem, é 8. Logo, $n(S) = 8$.

Vamos verificar de quantos modos diferentes Ana e Beatriz podem ficar uma ao lado da outra:

| D | B | | A | C | ou | C | A | | B | D |

Há duas maneiras de Ana e Beatriz ficarem uma ao lado da outra. Assim: $n(A) = 2$.

$$P(A) = \frac{n(A)}{n(S)} = \frac{2}{8} = 0,25.$$

Alternativa **a**.

8. Vamos assinalar no espaço amostral onde pode ocorrer soma 7(A) ou soma 9(B).

$$S = \begin{cases} (1,1),\ (1,2),\ (1,3),\ (1,4),\ (1,5),\ (1,6) \\ (2,1),(2,2),(2,3),(2,4),(2,5),(2,6) \\ (3,1),(3,2),(3,3),(3,4),(3,5),(3,6) \\ (4,1),(4,2),(4,3),(4,4),(4,5),(4,6) \\ (5,1),(5,2),(5,3),(5,4),(5,5),(5,6) \\ (6,1),(6,2),(6,3),(6,4),(6,5),(6,6) \end{cases}$$

Temos: $n(S) = 36$, $n(A) = 6$, $n(B) = 4$ e $n(A \cap B) = 0$. Então, a probabilidade de ocorrer A ou B é dada por:

$$P(A \cup B) = P(A) + P(B) - P(A \cup B) = \frac{6}{36} + \frac{4}{36} - \frac{0}{36} =$$

$$= \frac{10}{36} = \frac{5}{18}.$$

Alternativa **d**.

9. Nascer uma criança do sexo masculino e do sexo feminino são eventos complementares, logo:

$$P(H) = 0,25 = \frac{1}{4} \Rightarrow P(M) = \frac{3}{4}.$$

Como estamos procurando a probabilidade de o casal ter filhos de sexos diferentes, pode ocorrer:

$$H \text{ e } M \text{ ou } M \text{ e } H \Rightarrow \frac{1}{4} \cdot \frac{3}{4} + \frac{3}{4} \cdot \frac{1}{4} = \frac{3}{16} + \frac{3}{16} = \frac{6}{16} =$$

$$= \frac{3}{8}.$$

Alternativa **b**.

10. Temos de calcular a probabilidade de o piloto subir ao pódio com chuva ou subir ao pódio sem chuva.

- Probabilidade de chover e ele ir ao pódio:

$$\frac{60}{100} \cdot \frac{75}{100} = \frac{45}{100}.$$

- Probabilidade de não chover e ele ir ao pódio:

$$\frac{20}{100} \cdot \frac{25}{100} = \frac{5}{100}.$$

- Probabilidade de o piloto ir ao pódio com chuva ou sem chuva: $\dfrac{45}{100} + \dfrac{5}{100} = \dfrac{50}{100} = 50\%$.

11. $\dfrac{4}{10} \cdot \dfrac{3}{9} = \dfrac{4}{30} = \dfrac{2}{15}$

Alternativa **c**.

12. $n(L) = 100$, $n(B) = 60$, $n(L \cup B) = 120$

a) $P(L) = \dfrac{100}{120} = \dfrac{5}{6}$

b) $n(L \cup B) = n(L) + n(B) - n(L \cap B) \Rightarrow 120 = 100 + 60 - n(L \cap B) \Rightarrow n(L \cap B) = 40$. Há 40 congressistas com as duas formações.

c) $P(A \cap B) = \dfrac{40}{120} = \dfrac{1}{3}$

13. O número de elementos de nosso espaço amostral é igual ao número de possibilidades de colocarmos 8 pessoas em fila; ou seja: $n(S) = P_8 = 8!$

O número de elementos de nosso evento A é igual ao número de possibilidades que temos de organizar esse grupo, em fila, de modo que pessoas do mesmo sexo fiquem juntas. Vamos organizar essas pessoas em duas caixinhas, uma ao lado da outra, a dos homens e a das mulheres.

H	H	H	H	H		M	M	M

- Permutando os homens na caixinha: 5!
- Permutando as mulheres na caixinha: 3!
- Permutando as duas caixinhas: 2!
  Total de permutações: $5! \cdot 3! \cdot 2! \Rightarrow n(A) = 5! \cdot 3! \cdot 2!$

$P(A) = \dfrac{5! \cdot 3! \cdot 2!}{8!} = \dfrac{5! \cdot 3! \cdot 2!}{8 \cdot 7 \cdot 6 \cdot 5!} = \dfrac{1}{28}$

Alternativa **a**.

14. A condição para que sejam independentes é $P(A \cap B) = P(A) \cdot P(B)$.

Alternativa **c**.

15. A probabilidade de R não ser escalado é 0,2, então a probabilidade dele ser escalado é 0,8 (eventos complementares).

A probabilidade de os dois serem escalados é $0,8 \cdot 0,7 = 0,56$.

Alternativa **d**.

16. Cair com a manteiga para baixo (evento A) ou cair com a manteiga para cima (evento B) são complementares; logo, $P(A) + P(B) = 1$.

$P(A)$ e $P(B)$ são maiores ou iguais a zero. Logo, $P(A) = 0,4$ e $P(B) = 0,6$ satisfaz essa condição.

Alternativa **d**.

QUESTÕES DO ENEM

2. Na reserva há um total de 2 266 animais $(263 + 122 + 93 + 1132 + 656 = 2266)$. 1132 são espécies de borboletas. Se uma espécie animal for capturada ao acaso, a probabilidade de ser uma borboleta é: $\dfrac{1132}{2266} \cong 0,4996$.

Alternativa **d**.

3. Aqui devemos concluir que não há reposição. Uma vez escolhido um país, ele não pode ser escolhido novamente; então, teremos:

$\dfrac{3}{6} \cdot \dfrac{3}{5} = \dfrac{9}{30} = \dfrac{3}{10}$.

Alternativa **c**.

4. Para que ocorra pelo menos 2 frutos, teremos:

$P(2) + P(3) + P(4) + P(5 \text{ ou mais}) = 0,13 + 0,03 + 0,03 + 0,01 = 0,20 = 20\%$.

Alternativa **e**.

5. Vamos calcular a probabilidade de encontrar uma pessoa infectada em cada uma das 5 cidades e assim calcularemos onde está a maior probabilidade.

I. $\dfrac{7\,800}{180\,000} = \dfrac{78}{1800} = 0,043$

II. $\dfrac{7\,500}{100\,000} = \dfrac{75}{1000} = 0,075$

III. $\dfrac{9\,000}{110\,000} = \dfrac{9}{110} = 0,081$

IV. $\dfrac{6\,500}{165\,000} = \dfrac{65}{1650} = 0,039$

V. $\dfrac{1000}{175} = \dfrac{11}{175} = 0,006$

A maior probabilidade é a da cidade III.

Alternativa **c**.

6. Probabilidade de se escolher a sala C: $\dfrac{1}{3}$.

Probabilidade de se escolher alguém da sala C: $\dfrac{1}{18}$.

Probabilidade de se escolher a sala C e um aluno da sala C:

$\dfrac{1}{3} \cdot \dfrac{1}{18} = \dfrac{1}{54}$.

Alternativa **d**.

7. Pelos dados do problema, 1 000 são vegetarianos e 4 000 não são. Vamos montar uma tabela com vegetarianos (V), não vegetarianos (NV), esportistas (E) e não esportistas (NE):

	V	NV
E	400	800
NE	600	3 200
	↓	↓
	1 000	4 000

Temos um total de 1 200 esportistas, dos quais 400 são vegetarianos; portanto, a probabilidade pedida é: $P = \dfrac{400}{1200} = \dfrac{1}{3}$.

Alternativa **d**.

8. A probabilidade de um empregado não permanecer em uma dada empresa particular por 10 anos ou mais é:

$1 - \dfrac{1}{6} = \dfrac{5}{6}$.

A questão pede a probabilidade de que o homem e a mulher não fiquem mais de 10 anos na empresa (ou seja, permaneçam menos de 10 anos).

$$P = \frac{5}{6} \cdot \frac{5}{6} = \frac{25}{36}.$$

Alternativa **b**.

9. O número total de assentos é igual a $(9 + 12 + 13) \cdot 6 + 2 \cdot 8 = 220$. Além disso, o número de assentos em que o passageiro se sente desconfortável é $(9 + 12 + 13) \cdot 2 = 68$.

Portanto, a probabilidade de o passageiro ser sorteado com uma poltrona entre duas pessoas é mais aproximada de:

$$P = \frac{68}{220} \cong 0,309 \cong 0,31 = 31\%.$$

Alternativa **a**.

10. Com as informações do enunciado podemos montar a seguinte tabela:

	Defeituosas	Não defeituosas	Total
Máquina M	60	1 940	2 000
Máquina N	120	2 880	3 000
Total	180	4 820	5 000

A probabilidade é condicional, pois, ao verificar que a peça é defeituosa, as perfeitas foram descartadas; isto é, o espaço amostral passa a ser de 180. A probabilidade será: $P = \frac{60}{180} = \frac{1}{3}$.

Alternativa **c**.

11. Vamos construir uma tabela com a probabilidade de chover ou não chover no sábado e no domingo (note que as probabilidades de chover e não chover são complementares):

	P de chover	P de não chover
Sábado	30%	70%
Domingo	25%	75%

A aula de campo será no domingo, e poderia chover no sábado e não chover no domingo:

$$P = 30\% \cdot 75\% = \frac{30}{100} \cdot \frac{75}{100} = \frac{225}{1000} = \frac{22,5}{100} = 22,5\%.$$

Alternativa **c**.

12. R será campeão se:

R ganha e S empata $P_1 = 0,80 \cdot 0,20 = 0,16$.

R ganha e S perde $P_2 = 0,80 \cdot 0,40 = 0,32$.

R empata e S perde $P_3 = 0,15 \cdot 0,40 = 0,06$.

$P = 0,16 + 0,32 + 0,06 \Rightarrow P = 0,54 \Rightarrow P = 54\%$

Alternativa **d**.

13. A probabilidade de um fã ser sorteado é:

$$P_1 = \frac{0,8 \cdot 0,9}{0,8 \cdot 0,9 + 0,2 \cdot 0,15} = 0,96.$$

A probabilidade de um não fã ser sorteado é:

$$P_2 = \frac{0,2 \cdot 0,15}{0,8 \cdot 0,9 + 0,2 \cdot 0,15} = 0,04. \text{ Então:}$$

$$\frac{P_1}{P_2} = \frac{0,96}{0,04} = 24.$$

Alternativa **d**.

14. A probabilidade de ocorrer a cor verde uma só vez é $\left(\frac{2}{3}\right)^1$.

A probabilidade de ocorrer a cor vermelha exatamente 9 vezes é: $\left(\frac{1}{3}\right)^9$.

Acontece que há 10 possibilidades de ocorrer a cor verde (no 1º semáforo, no 2º, no 3º... até o 10º). Então:

$$P = 10 \cdot \left(\frac{2}{3}\right)^1 \cdot \left(\frac{1}{3}\right)^9 = \frac{10 \cdot 2}{3^{10}}$$

Alternativa **a**.

15. A probabilidade de o homem estar vivo daqui a 50 anos é 20% e a probabilidade de ter morrido é 80%.

- A probabilidade de a mulher estar viva daqui a 50 anos é 30% e a de ter morrido é 70%.
- A probabilidade de os dois terem morrido daqui a 50 anos é $80\% \cdot 70\% = 56\%$.
- A probabilidade de pelo menos um deles estar vivo daqui a 50 anos é 1 menos a probabilidade de os dois terem morrido:
  $1 - 56\% = 100\% - 56\% = 44\%$.

  Alternativa **b**.

16. Como é com reposição, há 4 possibilidades de tirar uma cédula qualquer na primeira retirada e 4 possibilidades na segunda também. Um total de $4 \cdot 4 = 16$ possibilidades.

Vamos ver de quantas formas, retirando-se duas cédulas, há a possibilidade de a soma ser pelo menos 55.

Observação: 50 (1) é a primeira nota e 50 (2) é a segunda.

1ª retirada $\rightarrow$ 50 (1) + 5 = 55

2ª retirada $\rightarrow$ 50 (2) + 5 = 55

3ª retirada $\rightarrow$ 5 + 50 (1) = 55

4ª retirada $\rightarrow$ 5 + 50 (2) = 55

5ª retirada $\rightarrow$ 20 + 50 (1) = 70

6ª retirada $\rightarrow$ 50 (1) + 20 = 70

7ª retirada $\rightarrow$ 50 (1) + 20 = 70

8ª retirada $\rightarrow$ 20 + 50 (2) = 70

9ª retirada $\rightarrow$ 50 (1) + 50 (1) = 100

10ª retirada $\rightarrow$ 50 (2) + 50 (2) = 100

11ª retirada $\rightarrow$ 50 (1) + 50 (2) = 100

12ª retirada $\rightarrow$ 50 (2) + 50 (1) = 100

Temos 12 possibilidades em um total de 16, então:

$$P = \frac{12}{16} = \frac{3}{4}.$$

Alternativa **c**.

17. Se são 20 equipes, cada uma com 10 atletas, teremos 200 atletas no total.

Vamos calcular cada uma dessas probabilidades.

$$P(I) = 3 \cdot \frac{1}{200} \cdot \frac{199}{199} \cdot \frac{198}{198} = \frac{3}{200}.$$

$P(II) = \dfrac{1}{20} \cdot 3 \cdot \dfrac{1}{10} \cdot \dfrac{9}{9} \cdot \dfrac{8}{8} = \dfrac{3}{200}$, pois a probabilidade de a equipe do atleta ser sorteada é de $\dfrac{1}{10}$.

$P(III) = 3 \cdot \dfrac{1}{20} \cdot \dfrac{19}{19} \cdot \dfrac{18}{18} \cdot \dfrac{1}{10} \cdot \dfrac{10}{10} \cdot \dfrac{10}{10} = \dfrac{3}{200}$, pois a equipe desse atleta pode ser a primeira, a segunda ou a terceira sortea-

da, e a probabilidade de ele ser sorteado na equipe é de $\dfrac{1}{10}$.

Assim, temos $P(I) = P(II) = P(III)$.

Alternativa **e**.

18. O teste diagnóstico é a probabilidade de o resultado ser positivo. Se o paciente estiver com a doença, temos a probabilidade de $\dfrac{95}{100} = 95\%$.

Alternativa **e**.

19. Observe o diagrama de Venn-Euller:

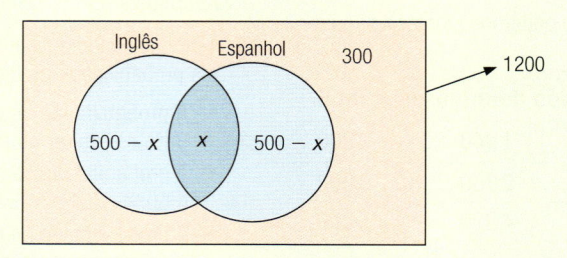

$(600 - x) + x + (500 - x) + 300 = 1\,200 \Rightarrow x = 1\,200 - 600 - 500 - 300 \Rightarrow x = 200$

Os alunos que não falam inglês somam: $300 + 300 = 600$. A probabilidade de um aluno que não fale inglês fale espanhol é: $\dfrac{300}{600} = \dfrac{1}{2}$.

Alternativa **a**.

COMPETÊNCIAS E HABILIDADES

ENEM

COMPETÊNCIAS DE ÁREA – MATEMÁTICA E SUAS TECNOLOGIAS

Habilidades

H24 Utilizar informações expressas em gráficos ou tabelas para fazer interferências.

H25 Resolver problemas com dados apresentados em tabelas ou gráficos.

H26 Analisar informações expressas em gráficos ou tabelas com recurso para a construção de argumentos.

H27 Calcular medidas de tendência central ou de dispersão de um conjunto de dados expressos em uma tabela de frequências de dados agrupados (não em classes) ou em gráficos.

H28 Resolver situação-problema que envolva conhecimento de estatística e de probabilidades.

H29 Utilizar conhecimento de estatística e probabilidade como recurso para a construção de argumentação.

H30 Avaliar proposta de intervenção na realidade utilizando conhecimento de estatística e probabilidade.

BNCC

Habilidades

EF06MA30 Calcular a probabilidade de um evento aleatório, expressando-a por número racional (forma fracionária, decimal e percentual) e comparar esse número com a probabilidade obtida por meio de experimentos sucessivos.

EF07MA34 Planejar e realizar experimentos aleatórios ou simulações que envolvem cálculo de probabilidades ou estimativas por meio de frequência de ocorrências.

EF08MA22 Calcular a probabilidade de eventos, com base na construção do espaço amostral, utilizando o princípio multiplicativo, e reconhecer que a soma das probabilidades de todos os elementos do espaço amostral é igual a 1.

EF09MA20 Reconhecer, em experimentos aleatórios, eventos independentes e dependentes e calcular a probabilidade de sua ocorrência, nos dois casos.

ESTATÍSTICA

CONCEITOS BÁSICOS

Podemos entender **estatística** como uma metodologia de estudo relativa a determinado comportamento coletivo que apresenta suas conclusões em forma de resultados numéricos.

Shutterstock_ pedrosek

Universo ou população estatística

Dependendo da finalidade, uma pesquisa pode estar relacionada a grupos de pessoas, animais, objetos etc.

O conjunto de todos os elementos que possam oferecer dados relativos à pesquisa é chamado de **universo estatístico**, **população estatística** ou, simplesmente, **população**.

Variáveis

Uma particularidade que é objeto de pesquisa em determinada população é chamada de **variável**. As variáveis podem ser **qualitativas**, quando os dados não são numéricos (gênero, cor da pele, preferência política, religião etc.), ou **quantitativas**, que apresentam dados numéricos (idade, altura, preço, gols marcados etc.).

As variáveis ainda podem ser classificadas como **discretas**, quando os dados são expressos por números inteiros (como os obtidos pela contagem, por exemplo, de eleitores de uma cidade) ou **contínuas**, quando expressas por números reais (como medidas e preços).

Amostra

Como nem sempre é possível pesquisar todos os elementos de determinada população, podem-se obter resultados satisfatórios com a pesquisa de um subconjunto desse universo, como é feito para se descobrir a preferência dos eleitores em relação a candidatos numa eleição, por exemplo. Esse grupo (subconjunto) escolhido para pesquisa é chamado de **amostra**.

Amostra casual

É a amostra cujos elementos são escolhidos aleatoriamente ou por sorteio.

Amostra estratificada

Os elementos da amostra são divididos em grupos chamados de **estratos**. O número de elementos de cada estrato é proporcional ao número de elementos da população que têm as mesmas características daquele estrato.

Rol

Depois de recolhermos os dados de uma pesquisa, é preciso organizá-los em determinada ordem. Dependendo do objeto da pesquisa, eles podem ser organizados em ordem alfabética, idade, altura, peso, preços etc. Uma vez organizados, os dados recebem o nome de **rol**.

Frequências

Frequência absoluta

É o número de vezes que determinado dado aparece em uma pesquisa.

Frequência relativa

É a razão (divisão) entre a frequência absoluta e o número de elementos da amostra. Quando a população for relativamente pequena, será a razão entre a frequência absoluta e o número de elementos da população. Esse valor é sempre convertido para porcentagem.

$$f_r = \frac{f}{N}$$

Nessa fórmula, f_r é a frequência relativa, f é a frequência absoluta e N é o número de elementos da amostra.

Exemplo

Utilizando os dados a seguir, vamos organizar o rol e montar uma tabela com as frequências absoluta e relativa.

Numa sala de aula com 20 alunos, foram obtidas as seguintes notas em Matemática:

8,0; 4,0; 5,0; 4,5; 9,0; 8,0; 7,0; 4,5; 9,5; 9,5; 6,0; 5,0; 8,0; 9,5; 6,0; 7,0; 8,0; 6,0; 7,0; 9,5

Solução:

I. Organizando o rol:

4,0; 4,5; 4,5; 5,0; 5,0; 6,0; 6,0; 6,0; 7,0; 7,0; 7,0; 8,0; 8,0; 8,0; 8,0; 9,0; 9,5; 9,5; 9,5; 9,5

II. Organizando a tabela:

Notas	Frequência absoluta (f)	Cálculo da frequência relativa	Frequência relativa
4,0	1	$f_r = \dfrac{f}{N} = \dfrac{1}{20} = 0,05 = 5\%$	5%
4,5	2	$f_r = \dfrac{f}{N} = \dfrac{2}{20} = 0,1 = 10\%$	10%
5,0	2	$f_r = \dfrac{f}{N} = \dfrac{2}{20} = 0,1 = 10\%$	10%
6,0	3	$f_r = \dfrac{f}{N} = \dfrac{3}{20} = 0,15 = 15\%$	15%
7,0	3	$f_r = \dfrac{f}{N} = \dfrac{3}{20} = 0,15 = 15\%$	15%
8,0	4	$f_r = \dfrac{f}{N} = \dfrac{4}{20} = 0,2 = 20\%$	20%
9,0	1	$f_r = \dfrac{f}{N} = \dfrac{1}{20} = 0,05 = 5\%$	5%
9,5	4	$f_r = \dfrac{f}{N} = \dfrac{4}{20} = 0,2 = 20\%$	20%

Note que a soma das frequências relativas é igual a 100%.

Frequência acumulada

É a soma das frequências (absoluta ou relativa) com as outras anteriores.

Utilizando os dados do exemplo anterior, vamos organizar uma tabela com a frequência absoluta (f), a frequência relativa (f_r), a frequência absoluta acumulada (f_a) e a frequência relativa acumulada (f_{ar}).

Notas	f	f_a	f_r	f_{ar}
4,0	1	1	5%	5%
4,5	2	3	10%	15%
5,0	2	5	10%	25%
6,0	3	8	15%	40%
7,0	3	11	15%	55%
8,0	4	15	20%	75%
9,0	1	16	5%	80%
9,5	4	20	20%	100%

GRÁFICOS

Os modelos mais usuais de gráficos são os de **barras** (que podem ser horizontais ou verticais – os de barras verticais também são chamados de gráficos de **coluna**), os de **linha** e os de **setores circulares**, mais comumente chamados de gráficos em forma de *pizza*.

Exemplos

1. Na tabela a seguir, pode-se observar o desempenho da Seleção Brasileira de Futebol Masculino nas últimas 10 Copas do Mundo em relação a gols marcados e gols sofridos. Os gols pró serão representados em um gráfico de barras verticais e os gols sofridos, em um gráfico de linha.

Ano	Gols pró	Gols sofridos
1982	15	6
1986	10	1
1990	4	2
1994	11	3
1998	14	10
2002	18	4
2006	10	2
2010	9	4
2014	11	14
2018	8	3

Fonte: Fernando H. Ahuvia. Fique por dentro de todos os números da Seleção Brasileira em Copas do Mundo. *Terra*, 15 jul. 2018. Disponível em: https://www.goal.com/br/notícias/brasil-copa-do-mundo-historico-numeros-gerais-artilheiros/dguhr9tj6w3m1ubq7fs30s3k1. Acesso em: 11 jun. 2019.

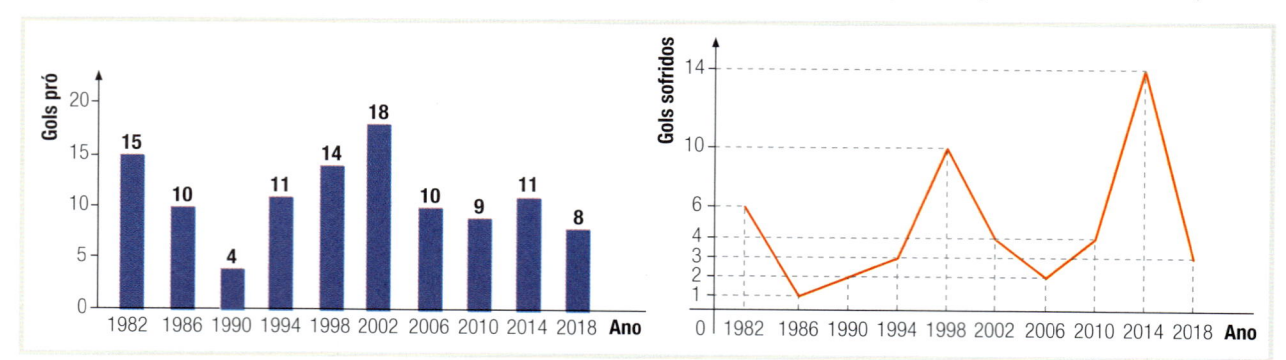

2. Em um levantamento feito com um grupo de 20 pessoas, constatou-se a preferência em relação aos times de futebol. Supondo que todas as 20 pessoas foram consultadas e responderam à indagação, vejamos o gráfico de setores construído, em função das informações obtidas:

Torcedores	Percentual
flamenguistas	30%
corintianos	15%
são-paulinos	5%
santistas	10%
vascaínos	5%
gremistas	20%
cruzeirenses	15%

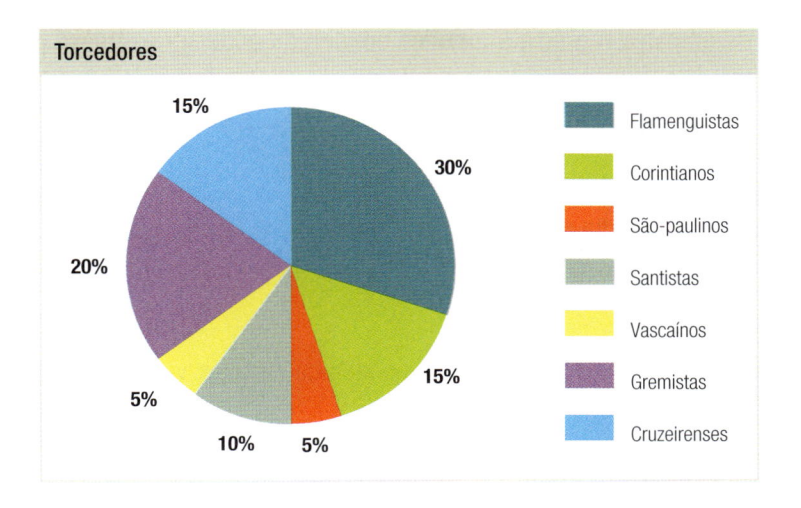

MEDIDAS DE TENDÊNCIA CENTRAL OU MEDIDAS DE CENTRALIDADE

Ao observarmos uma amostra, podemos retirar valores que representem, de algum modo, todo o conjunto. Esses valores são denominados "medidas de tendência central" ou "medidas de centralidade". Essas medidas são a **moda**, a **média aritmética** (simples e ponderada) e a **mediana**.

Moda

É o valor que mais aparece na amostra (indicado por M_0).

Exemplos

1. Na amostra 1; 2; 1; 4; 4; 4; 4; 9; 9, a moda é $M_0 = 4$.

2. Na amostra 2; 3; 4; 4; 4; 5; 5; 7; 9; 9; 9, a moda é $M_0 = 4$ e $M_0 = 9$ (a amostra é bimodal).

Média aritmética simples

É a soma dos valores da amostra dividida pela quantidade de seus elementos. Pode ser expressa pela fórmula:

$$\overline{X} = \frac{x_1 + x_2 + x_3 + x_4 + ... + x_n}{n}$$

Onde, $\overline{X}$ é a média aritmética simples; x_1, x_2, x_3, x_4 e x_n são os elementos (valores) da amostra e n é o número de elementos da amostra.

Exemplo

Na amostra 2; 2; 4; 6; 6; 8; 8; 10; 10; 12, a média é:

$$\overline{X} = \frac{2 + 2 + 4 + 6 + 6 + 8 + 8 + 10 + 10 + 12}{10} = \frac{68}{10} = 6{,}8$$

Média aritmética ponderada

Na média aritmética ponderada, cada valor é multiplicado por seu peso (que pode ser o número de vezes em que aparece na amostra); em seguida, os produtos são somados e o valor encontrado é dividido pelo número de termos da amostra. A média aritmética ponderada pode ser expressa pela fórmula:

$$\overline{X} = \frac{x_1 \cdot p_1 + x_2 \cdot p_2 + x_3 \cdot p_3 + ... + x_n \cdot p_n}{k}$$

Onde $\overline{X}$ é a média aritmética ponderada; $x_1, x_2, x_3, ..., x_n$ são os elementos (valores); $p_1, p_2, p_3, ..., p_n$ são os respectivos pesos; e k é a soma dos pesos.

Exemplo

Determine a média aritmética ponderada para os valores 2; 4; 6; 8; 10 e 12 e os respectivos pesos: 2; 1; 2; 2; 2 e 1.

$$\overline{X} = \frac{2 \cdot (2) + 4 \cdot (1) + 6 \cdot (2) + 8 \cdot (2) + 10 \cdot (2) + 12 \cdot (1)}{2 + 1 + 2 + 2 + 2 + 1} =$$

$$= \frac{4 + 4 + 12 + 16 + 20 + 12}{10} = \frac{68}{10} = 6,8$$

Mediana

Em uma amostra organizada em determinada ordem (rol), a mediana é:

I. o valor que se encontra no meio da amostra se esta tem um número ímpar de elementos;

II. a média aritmética dos dois valores centrais se a amostra tem um número par de elementos.

Indicaremos mediana por M_d.

Exemplos

1. Na amostra 1; 1; 2; 3; 3; 5; 9, temos $M_d = 3$.
2. Na amostra 1; 1; 2; 2; 5; 6; 7; 8, temos $M_d = \frac{2 + 5}{2} = 3,5$.

MEDIDAS DE DISPERSÃO

Para estudarmos esse tópico, vamos lembrar que existe um operador matemático, chamado **módulo** ou **valor absoluto**, que conserva o sinal de todo número positivo e troca o sinal de todo número negativo. Esse operador é representado por duas barras verticais.

Exemplos

1. $|-10| = -(-10) = 10$
2. $|8| = 8$
3. $|0| = 0$
4. $|2 - 5| = |-3| = -(-3) = 3$
5. $|8 - 5| = |3| = 3$

Para estudarmos as medidas de dispersão, vamos supor que dois alunos, Pedro e Luiz, obtiveram as notas de um bimestre conforme mostra a tabela a seguir.

	Pedro	Luiz
Matemática	9,0	7,0
Ciências	9,5	9,0
História	8,0	7,5
Geografia	5,0	8,5
Língua Portuguesa	7,5	8,0
Filosofia	9,0	8,0
MÉDIA	**8,0**	**8,0**

Desvio absoluto

Desvio absoluto de um elemento é o módulo da diferença entre o elemento e a média da amostra.
Assim, o desvio absoluto pode ser calculado pela fórmula:

$$D_a = \left| x_i - \overline{X} \right|$$

Nessa fórmula, D_a é o desvio absoluto, x_i é um elemento da amostra e $\overline{X}$ é a média.
Vamos montar duas tabelas para os desvios absolutos de Pedro e Luiz.
De acordo com o exemplo, as tabelas a seguir mostram os desvios absolutos das notas de Pedro e de Luiz:

Pedro		
Notas	Média	Desvio absoluto
9,0	8,0	$\left|9,0 - 8,0\right| = \left|1,0\right| = 1,0$
9,5	8,0	$\left|9,5 - 8,0\right| = \left|1,5\right| = 1,5$
8,0	8,0	$\left|8,0 - 8,0\right| = \left|0\right| = 0$
5,0	8,0	$\left|5,0 - 8,0\right| = \left|-3,0\right| = 3,0$
7,5	8,0	$\left|7,5 - 8,0\right| = \left|-0,5\right| = 0,5$
9,0	8,0	$\left|9,0 - 8,0\right| = \left|1,0\right| = 1,0$

Luiz		
Notas	Média	Desvio absoluto
7,0	8,0	$\left|7,0 - 8,0\right| = \left|-1,0\right| = 1,0$
9,0	8,0	$\left|9,0 - 8,0\right| = \left|1,0\right| = 1,0$
7,5	8,0	$\left|7,5 - 8,0\right| = \left|-0,5\right| = 0,5$
8,5	8,0	$\left|8,5 - 8,0\right| = \left|0,5\right| = 0,5$
8,0	8,0	$\left|8,0 - 8,0\right| = \left|0\right| = 0$
8,0	8,0	$\left|8,0 - 8,0\right| = \left|0\right| = 0$

Desvio absoluto médio

É a média aritmética dos desvios absolutos. Assim, pode-se calcular o desvio absoluto médio (D_{am}) usando-se a seguinte fórmula:

$$D_{am} = \frac{\left| x_i - \overline{X} \right|}{n}$$

Então, no exemplo, temos:
Desvio absoluto médio das notas de Pedro:

$$D_{am} = \frac{1,0 + 1,5 + 0 + 3,0 + 0,5 + 1,0}{6} = 1,17$$

Desvio absoluto médio das notas de Luiz:

$$D_{am} = \frac{1,0 + 1,0 + 0,5 + 0,5 + 0 + 0}{6} = 0,5$$

Variância

É a média aritmética dos quadrados dos desvios absolutos.

Vamos representar variância por σ^2 (letra grega sigma minúscula ao quadrado). Vale lembrar que a letra grega sigma maiúscula (Σ) é utilizada, usualmente, para representar a soma de valores.

A fórmula para calcular a variância é dada por:

$$\sigma^2 = \frac{\sum\left(x_i - \bar{X}\right)^2}{n}$$

Então, no exemplo, temos:

Variância das notas de Pedro:

$$\sigma^2 = \frac{1,0^2 + 1,5^2 + 0^2 + 3,0^2 + 0,5^2 + 1,0^2}{6} =$$

$$= \frac{1,0 + 2,25 + 0 + 9,0 + 0,25 + 1,0}{6} = \frac{13,5}{6} = 2,25$$

Variância das notas de Luiz:

$$\sigma^2 = \frac{1,0^2 + 1,0^2 + 0,5^2 + 0,5^2 + 0^2 + 0^2}{6} =$$

$$= \frac{1,0 + 1,0 + 0,25 + 0,25 + 0 + 0}{6} = \frac{2,5}{6} \cong 0,42$$

Desvio-padrão

É a raiz quadrada da variância. É representado pela letra grega sigma minúscula (σ). Pode ser expresso pela fórmula:

$$\sigma = \sqrt{\sigma^2}$$

Voltando ao exemplo, temos:

Desvio-padrão de Pedro: $\sigma = \sqrt{2,25} = 1,5$

Desvio-padrão de Luiz: $\sigma = \sqrt{0,42} \cong 0,65$

Importante: o desvio-padrão indica a **regularidade** em uma amostra.

Quanto **menor** o desvio-padrão, **maior** a regularidade.

O desvio-padrão é regular em uma amostra quando pertence ao intervalo compreendido entre os seguintes valores: a soma da média com o desvio-padrão e a diferença entre esses valores.

No exemplo, Pedro e Luiz obtiveram a mesma média, mas o desempenho de Luiz foi mais regular, já que seu desvio-padrão foi menor.

EXERCÍCIOS

RESOLUÇÕES PASSO A PASSO

1. (UFC-CE) A média aritmética das notas dos alunos de uma turma formada por 25 meninas e 5 meninos é igual a 7. Se a média aritmética das notas dos meninos é igual a 6, a média aritmética das notas das meninas é igual a:

a) 6,5. b) 7,2. c) 7,4. d) 7,8. e) 8,0.

LEIA E COMPREENDA

O enunciado fornece tanto a média das notas dos 30 alunos de uma sala (25 meninas e 5 meninos) quanto a média das notas dos meninos e pede a média das notas das meninas.

PLANEJE A SOLUÇÃO

Inicialmente, temos de encontrar a soma das notas de toda a turma. Em seguida, devemos obter a soma das notas dos meninos. Dessa forma, é possível encontrar a média das notas das meninas.

EFETUE O QUE FOI PLANEJADO

Soma das notas dos meninos: x

Soma das notas das meninas: y

Como sabemos a média da turma toda:

$$\frac{x + y}{5 + 25} = 7 \Rightarrow \frac{x + y}{30} = 7 \Rightarrow x + y = 210 \text{ (I)}$$

Se a média das notas dos meninos é 6, teremos:

$$\frac{x}{5} = 6 \Rightarrow x = 30 \text{ (II)}$$

Substituindo (II) em (I): $30 + y = 210 \Rightarrow y = 180$

Então, a média das notas das meninas será: $\frac{y}{25} = \frac{180}{25} = 7,2$

VERIFIQUE

Soma das notas dos meninos: 30

Soma das notas das meninas: 180

Média das notas de toda a turma: $\frac{30 + 180}{5 + 25} = \frac{210}{30} = 7$ (conforme o enunciado)

RESPONDA

A média das notas das meninas é 7,2.

Alternativa **b.**

AMPLIAÇÃO DO PROBLEMA

Agora, veja como calcular a média aritmética das alturas dos jogadores de um time de vôlei:

(FGV) A média das alturas dos 6 jogadores em quadra de um time de vôlei é 1,92 m. Após substituir 3 jogadores por outros, a média das alturas do time passou para 1,90 m. Nessas condições, a média, em metros, das alturas dos jogadores que saíram supera a dos que entraram em:

a) 0,03. b) 0,04. c) 0,06. d) 0,09. e) 0,12.

Soma das alturas dos 6 atletas: x

Então, $\frac{x}{6} = 1,92 \Rightarrow x = 11,52$

Soma das medidas das alturas dos atletas que saíram: y

$$\frac{11,52 - y}{3} = 1,90 \Rightarrow 11,52 - y = 5,70 \Rightarrow y = 5,82$$

Média das alturas dos atletas que saíram: $\frac{5,82}{3} = 1,94$

Média das alturas dos atletas que ficaram: $\frac{5,70}{3} = 1,90$

Diferença: $1,94 - 1,90 = 0,04$

Alternativa **b**.

2. (Ufscar-SP) Num curso de iniciação à informática, a distribuição das idades dos alunos, segundo o sexo, é dada pelo gráfico seguinte. Com base nos dados do gráfico, pode-se afirmar que:

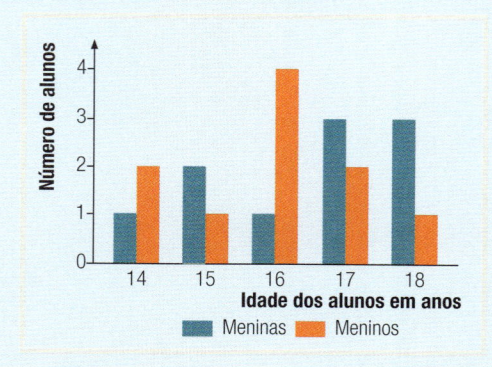

a) o número de meninas com, no máximo, 16 anos é maior que o número de meninos nesse mesmo intervalo de idades.

b) o número total de alunos é 19.

c) a média de idade das meninas é 15 anos.

d) o número de meninos é igual ao número de meninas.

e) o número de meninos com idade maior que 15 anos é menor que o número de meninas nesse mesmo intervalo de idades.

3. (Unesp) O gráfico indica o resultado de uma pesquisa sobre o número de acidentes ocorridos com 42 motoristas de táxi em uma determinada cidade, no período de um ano.

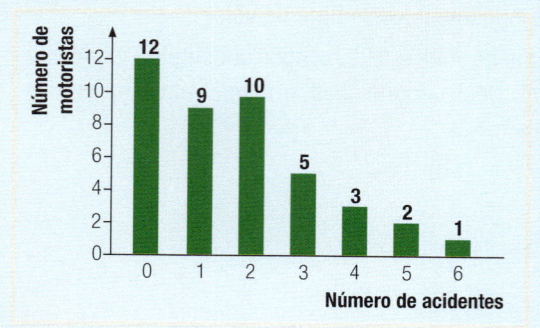

Com base nos dados apresentados no gráfico, e considerando que quaisquer dois motoristas não estão envolvidos num mesmo acidente, pode-se afirmar que:

a) cinco motoristas sofreram pelo menos quatro acidentes.

b) 30% dos motoristas sofreram exatamente dois acidentes.

c) a média de acidentes por motorista foi igual a três.

d) o número total de acidentes ocorridos foi igual a 72.

e) trinta motoristas sofreram no máximo dois acidentes.

4. (UFMG) Este gráfico representa o resultado de uma pesquisa realizada com 1 000 famílias com filhos na idade escolar:

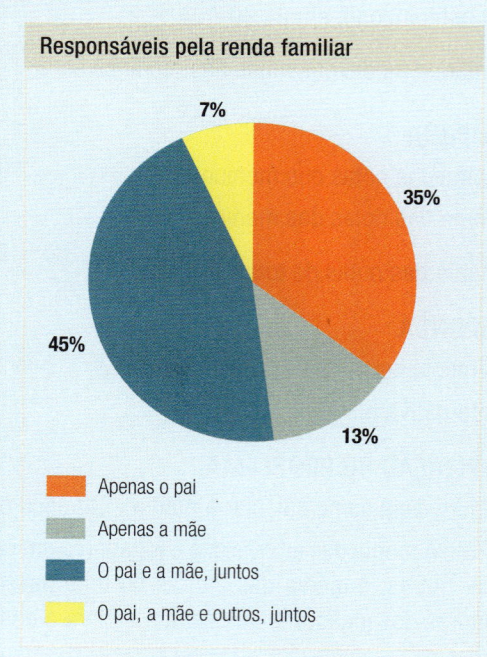

Considere estas afirmativas referentes às famílias pesquisadas:

(I) O pai participa da renda familiar em menos de 850 dessas famílias.

(II) O pai e a mãe participam, juntos, da renda familiar em mais de 500 dessas famílias.

Então é **correto** afirmar que:

a) nenhuma das afirmativas é verdadeira.

b) apenas a afirmativa (I) é verdadeira.

c) apenas a afirmativa (II) é verdadeira.

d) ambas as afirmativas são verdadeiras.

5. (Mult-Sai-RN) Os resultados de uma pesquisa de opinião foram divulgados utilizando um gráfico de setores circulares, como o representado na figura abaixo.

Ao setor **a** estão associadas 35% das respostas, ao setor **b**, 270 respostas e, aos setores **c** e **d**, um mesmo número de respostas. Qual foi o total de respostas?

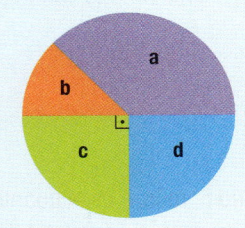

6. (UFSC) O quadro abaixo representa a distribuição de notas de uma turma de 20 alunos numa prova de Química. Determinar a média da turma.

Nota	50	40	60	80	90	100
Nº de alunos	2	4	5	3	4	2

7. (Fuvest-SP) A distribuição das idades dos alunos de uma classe é dada pelo seguinte gráfico:

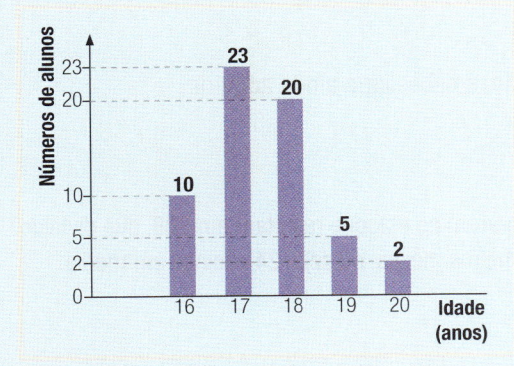

Qual das alternativas representa melhor a média de idade dos alunos?

a) 16 anos e 10 meses

b) 17 anos e 1 mês

c) 17 anos e 5 meses

d) 18 anos e 6 meses

e) 19 anos e 2 meses

8. (Mack-SP) A média das notas de todos os alunos de uma turma é 5,8. Se a média dos rapazes é 6,3 e a das moças é 4,3, a porcentagem de rapazes na turma é:

a) 60%. b) 65%. c) 70%. d) 75%. e) 80%.

9. (FGV-SP) Um conjunto de dados numéricos tem variância igual a zero. Podemos concluir que:

a) a média também vale zero.

b) a mediana também vale zero.

c) a moda também vale zero.

d) o desvio-padrão também vale zero.

e) todos os valores desse conjunto são iguais a zero.

10. (Unifesp) Para ser aprovado num curso, um estudante precisa submeter-se a três provas parciais durante o período letivo e a uma prova final, com pesos 1, 1, 2 e 3, respectivamente, e obter média no mínimo igual a 7. Se um estudante obteve nas provas parciais as notas 5, 7 e 5, respectivamente, a nota mínima que necessita obter na prova final para ser aprovado é:

a) 9. b) 8. c) 7. d) 6. e) 5.

11. (Cetro-Ministério das Cidades) Em uma distribuição cujos valores são iguais, o valor do desvio-padrão é:

a) 1. c) negativo. e) 0,25.

b) 0. d) 0,5.

12. (UEG-GO) A professora Maria Paula registrou as notas de sete alunos, obtendo os seguintes valores: 2, 7, 5, 3, 4, 7 e 8. A mediana e a moda das notas desses alunos são, respectivamente:

a) 3 e 7. b) 3 e 8. c) 5 e 7. d) 5 e 8.

13. (ESPM-SP) Considere todos os pares ordenados (x, y) do produto cartesiano $A \cdot B$ onde $A = \{1, 2, 3, 4\}$ e $B = \{1, 3, 5\}$. Tomando-se todos os 12 produtos $x \cdot y$, podemos afirmar que a média, a moda e a mediana desse conjunto são respectivamente:

a) 9,5; 7,5 e 5,5. d) 5,5; 5,5 e 5,5.

b) 7,5; 5,5 e 3,0. e) 7,5; 3,0 e 6,0.

c) 7,5; 3,0 e 5,5.

14. A tabela a seguir mostra os gols da Seleção Brasileira de Futebol nas primeiras Copas do Mundo do século XXI.

Ano	Número de gols
2002	18
2006	10
2010	09
2014	11
2018	08

Calcule o desvio-padrão para o número de gols marcados nessas competições e analise a regularidade.

Sergio Perez/Reuters/Fotoarena

QUESTÕES DO ENEM

RESOLUÇÕES PASSO A PASSO

1. (Enem) Um posto de saúde registrou a quantidade de vacinas aplicadas contra a febre amarela nos últimos cinco meses.

1º mês: 21
3º mês: 25
5º mês: 21

2º mês: 22
4º mês: 31

No início do primeiro mês, o posto de saúde tinha 228 vacinas contra a febre amarela em estoque. A política de reposição do estoque prevê a aquisição de novas vacinas no início do sexto mês, de forma tal que a quantidade inicial em estoque para os próximos meses seja igual a 12 vezes a média das quantidades mensais dessas vacinas aplicadas nos últimos cinco meses.

Para atender a essas condições, a quantidade de vacinas contra a febre amarela que o posto de saúde deve adquirir no início de sexto mês é:

a) 156.
b) 180.
c) 192.
d) 264.
e) 288.

LEIA E COMPREENDA

O enunciado pede que se descubra a quantidade de vacina a ser comprada no 6º mês, e essa quantidade deve ser igual a 12 vezes a média dos 5 meses anteriores menos o que havia sobrado do número inicial de 228 vacinas.

PLANEJE A SOLUÇÃO

Devemos calcular a média, multiplicar o valor encontrado por 12 e subtraí-lo da quantidade inicial de 12 vacinas.

EFETUE O QUE FOI PLANEJADO

O total de aplicações nos 5 últimos meses foi de $21 + 22 + 25 + 31 + 21 = 120$.

Sobraram $228 - 120 = 108$ vacinas.

$$\overline{X} = \frac{21 + 22 + 25 + 31 + 21}{5} = \frac{120}{5} = 24$$

O estoque no início do 6º mês deve ser de $24 \cdot 12 = 288$. Então, é necessário ainda adquirir $288 - 108 = 180$ vacinas.

VERIFIQUE

As 180 vacinas que foram compradas acrescidas das 108 que sobraram no estoque resultam em 288, que dividido por 12 resulta na média mensal de vacinas consumidas nos 5 primeiros meses, ou seja, 24 vacinas em média.

RESPONDA

Deverão ser adquiridas 180 vacinas.

Alternativa **b**.

AMPLIAÇÃO DO PROBLEMA

Se, em vez da média dos últimos 5 meses, fosse pedida a moda, qual seria a resposta do problema?

A moda seria $M_0 = 21$; assim, o estoque no início do 6º mês deveria ser de $21 \cdot 12 = 252$ vacinas.

Sobraram $228 - 120 = 108$ no estoque.

Deve-se comprar, ainda, $252 - 108 = 144$.

Seria necessário comprar 144 vacinas.

2. (Enem) O modelo matemático desenvolvido por Kirschner e Webb descreve a dinâmica da interação das células não infectadas do sistema imunológico humano com os vírus HIV. Os gráficos mostram a evolução no tempo da quantidade de células no sistema imunológico de cinco diferentes pacientes infectados pelo vírus HIV. Quando a população de células não infectadas de um sistema imunológico é extinta, o paciente infectado fica mais suscetível à morte, caso contraia alguma outra doença.

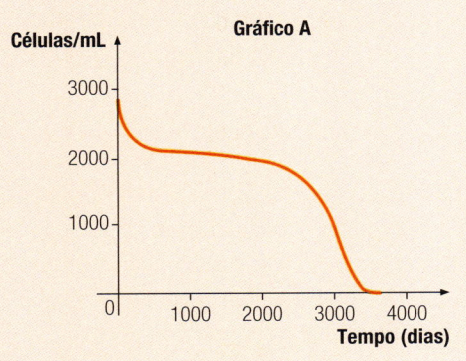

Gráfico A

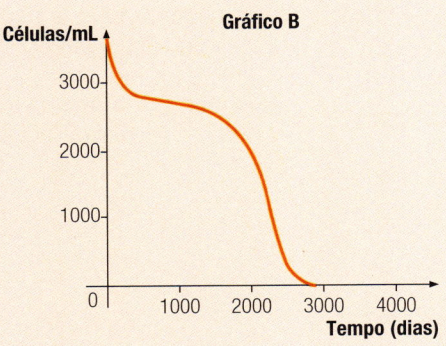

Gráfico B

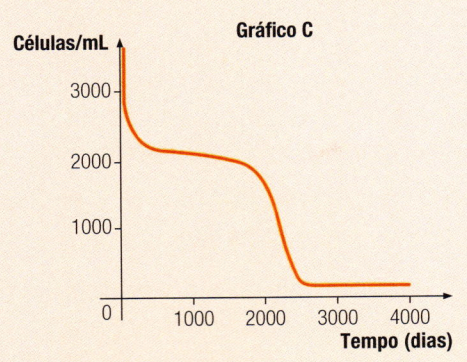

Gráfico C

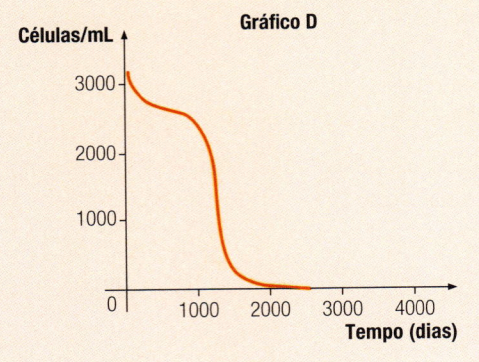

Gráfico D

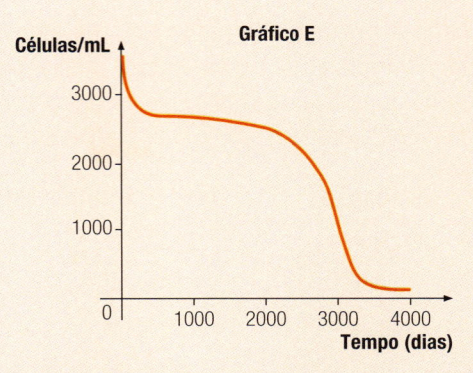

Gráfico E

KIRSCHNER, D. E.; WEBB, G. F. Resistance, Remission, and Qualitative Differences *In: HIV Chemotherapy*: Emerging Infections Diseases, v. 3, n. 3, 1997.

A partir desses dados, o sistema imunológico do paciente infectado que ficou mais rapidamente suscetível à morte está representado pelo gráfico:

a) A. **b)** B. **c)** C. **d)** D. **e)** E.

3. (Enem) Para as pessoas que não gostam de correr grandes riscos no mercado financeiro, a aplicação em caderneta de poupança é indicada, pois, conforme a tabela (período de 2005 até 2011), a rentabilidade apresentou pequena variação. Com base nos dados da tabela, a mediana dos percentuais de rentabilidade, no período observado, é igual a:

Ano	Rentabilidade (%)
2005	7,0
2006	4,9
2007	6,4
2008	6,2
2009	7,2
2010	6,8
2011	7,0

a) 6,2. **b)** 6,5. **c)** 6,6. **d)** 6,8. **e)** 7,0.

4. (Enem) A permanência de um gerente em uma empresa está condicionada à sua produção no semestre. Essa produção é avaliada pela média do lucro mensal do semestre. Se a média for, no mínimo, de 30 mil reais, o gerente permanece no cargo, caso contrário, ele será despedido. O quadro mostra o lucro mensal, em milhares de reais, dessa empresa, de janeiro a maio do ano em curso.

Janeiro	Fevereiro	Março	Abril	Maio
21	35	21	30	38

Qual deve ser o lucro mínimo da empresa no mês de junho, em milhares de reais, para o gerente continuar no cargo no próximo semestre?

a) 26 **b)** 29 **c)** 30 **d)** 31 **e)** 35

5. (Enem) A avaliação de rendimento de alunos de um curso universitário baseia-se na média ponderada das notas obtidas nas disciplinas pelos respectivos números de créditos, como mostra o quadro:

Avaliação	Média de notas (M)
excelente	$9 < M \leq 10$
bom	$7 \leq M \leq 9$
regular	$5 \leq M < 7$
ruim	$3 \leq M < 5$
péssimo	$M < 3$

Quanto melhor a avaliação de um aluno em determinado período letivo, maior sua prioridade na escolha de disciplinas para o período seguinte.

Determinado aluno soube que se obtiver avaliação "bom" ou "excelente" conseguirá matrícula nas disciplinas que deseja. Ele já realizou as provas de 4 das 5 disciplinas em que está matriculado, mas ainda não realizou a prova da disciplina I, conforme o quadro.

Disciplinas	Notas	Números de créditos
I		12
II	8,00	4
III	6,00	8
IV	5,00	8
V	7,50	10

Para que atinja seu objetivo, a nota mínima que ele deve conseguir na disciplina I é:

a) 7,00.
b) 7,38.
c) 7,50.
d) 8,25.
e) 9,00.

6. (Enem) Depois de jogar um dado em forma de cubo e de faces numeradas de 1 a 6, por 10 vezes consecutivas, e anotar o número obtido em cada jogada, construiu-se a seguinte tabela de distribuição de frequências. A média, mediana e moda dessa distribuição de frequências são respectivamente:

Número obtido	Frequência
1	4
2	1
4	2
5	2
6	1

a) 3, 2 e 1.
b) 3, 3 e 1.
c) 3, 4 e 2.
d) 5, 4 e 2.
e) 6, 2 e 4.

7. (Enem) Os sistemas de cobrança dos serviços de táxi nas cidades A e B são distintos. Uma corrida de táxi na cidade A é calculada pelo valor fixo da bandeirada, que é de R$ 3,45, mais R$ 2,05 por quilômetro rodado. Na cidade B, a corrida é calculada pelo valor fixo da bandeirada, que é de R$ 3,60, mais R$ 1,90 por quilômetro rodado. Uma pessoa utilizou o serviço de táxi nas duas cidades para percorrer a mesma distância de 6 km. Qual o valor que mais se aproxima da diferença, em reais, entre as médias do custo por quilômetro rodado ao final das duas corridas?

a) 0,75
b) 0,45
c) 0,38
d) 0,33
e) 0,13

8. (Enem) Podemos estimar o consumo de energia elétrica de uma casa considerando as principais fontes desse consumo. Pense na situação em que apenas os aparelhos que constam da tabela abaixo fossem utilizados diariamente da mesma forma.

Tabela: A tabela fornece a potência e o tempo efetivo de uso diário de cada aparelho doméstico.

Aparelho	Potência (kW)	Tempo de uso diário (horas)
ar-condicionado	1,5	8
chuveiro elétrico	3,3	1/3
freezer	0,2	10
geladeira	0,35	10
lâmpadas	0,10	6

Supondo que o mês tenha 30 dias e que o custo de 1 kWh é de R$ 0,40, o consumo de energia elétrica mensal dessa casa, é de aproximadamente:

a) R$ 135.
b) R$ 165.
c) R$ 190.
d) R$ 210.
e) R$ 230.

9. (Enem) Os salários, em reais, dos funcionários de uma empresa são distribuídos conforme o quadro:

Valor do salário (R$)	622,00	1.244,00	3.110,00	6.220,00
Número de funcionários	24	1	20	3

A mediana dos valores dos salários dessa empresa é, em reais:

a) 622,00.
b) 933,00.
c) 1.244,00.
d) 2.021,50.
e) 2.799,00.

10. (Enem) O gráfico mostra a média de produção diária de petróleo no Brasil, em milhão de barris, no período de 2004 a 2010.

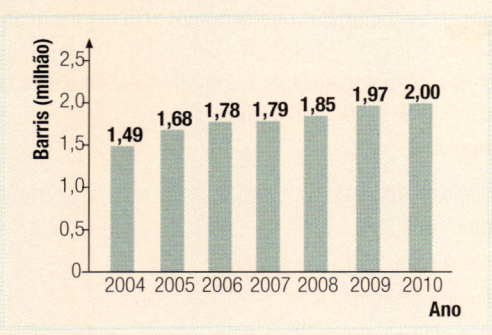

Estimativas feitas naquela época indicavam que a média de produção diária de petróleo no Brasil, em 2012, seria 10% superior à média dos três últimos anos apresentados no gráfico.

Disponível em: http://blogs.estadao.com.br. Acesso em: 2 ago. 2012.

Se essas estimativas tivessem sido confirmadas, a média de produção diária de petróleo no Brasil, em milhão de barris, em 2012, teria sido igual a:

a) 1,940. **c)** 2,167. **e)** 6,402.

b) 2,134. **d)** 2,420.

11. (Enem) Um concurso é composto por cinco etapas. Cada etapa vale 100 pontos. A pontuação final de cada candidato é a média de suas notas nas cinco etapas. A classificação obedece à ordem decrescente das pontuações finais. O critério de desempate baseia-se na maior pontuação na quinta etapa.

Candidato	Média nas quatro primeiras etapas	Pontuação na quinta etapa
A	90	60
B	85	85
C	80	95
D	60	90
E	60	100

A ordem de classificação final desse concurso é:

a) A, B, C, E, D. **d)** C, B, E, D, A.

b) B, A, C, E, D. **e)** E, C, D, B, A.

c) C, B, E, A, D.

12. (Enem) Em uma cidade, o número de casos de dengue confirmados aumentou consideravelmente nos últimos dias. A prefeitura resolveu desenvolver uma ação contratando funcionários para ajudar no combate à doença, os quais orientarão os moradores a eliminarem criadouros do mosquito *Aedes aegypti*, transmissor da dengue. A tabela apresenta o número atual de casos confirmados, por região da cidade.

Região	Casos confirmados
Oeste	237
Centro	262
Norte	158
Sul	159
Noroeste	160
Leste	278
Centro-Oeste	300
Centro-Sul	278

A prefeitura optou pela seguinte distribuição dos funcionários a serem contratados:

I. 10 funcionários para cada região da cidade cujo número de casos seja maior que a média dos casos confirmados;

II. 7 funcionários para cada região da cidade cujo número de casos seja menor ou igual à média dos casos confirmados.

Quantos funcionários a prefeitura deverá contratar para efetivar a ação?

a) 59 **c)** 68 **e)** 80

b) 65 **d)** 71

13. (Enem) Após encerrar o período de vendas de 2012, uma concessionária fez um levantamento das vendas de carros novos no último semestre desse ano. Os dados estão expressos no gráfico.

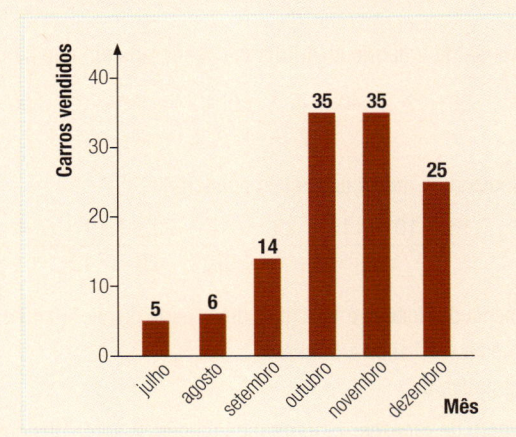

Ao fazer a apresentação dos dados aos funcionários, o gerente estipulou como meta para o mês de janeiro de 2013 um volume de vendas 20% superior à média mensal de vendas do semestre anterior. Para atingir essa meta, a quantidade mínima de carros que deveriam ser vendidos em janeiro de 2013 seria:

a) 17. **c)** 21. **e)** 30.

b) 20. **d)** 24.

RESOLUÇÕES E COMENTÁRIOS

EXERCÍCIOS

2. O gráfico nos permite organizar a seguinte tabela:

Idades	14	15	16	17	18	Total
meninos	2	1	4	2	1	10
meninas	1	2	1	3	3	10

a) O número de meninas com, no máximo, 16 anos é maior que o número de meninos nesse mesmo intervalo de idades.

(Falsa) nº de meninas com no máximo 16 anos = 4

nº de meninos com no máximo 16 anos = 7

b) O número total de alunos é 19. **(Falsa)**

O total de alunos é igual a 20.

c) A média de idade das meninas é 15 anos. **(Falsa)**

$$\frac{1 \cdot 14 + 2 \cdot 15 + 1 \cdot 16 + 3 \cdot 17 + 1 \cdot 18}{1 + 2 + 1 + 3 + 1} =$$

$$= \frac{14 + 30 + 16 + 51 + 18}{10} = \frac{129}{10} = 12,9$$

d) O número de meninos é igual ao número de meninas. **(Verdadeira)**. Nº de meninos = 10 e nº de meninas = 10.

e) O número de meninos com idade maior que 15 anos é menor que o número de meninas nesse mesmo intervalo de idades.

(Falsa) Nº de meninos maiores de 15 anos = 7.

Nº de meninas maiores de 15 anos = 5.

Alternativa **d**.

3. O número total de acidentes ocorridos é:

$12 \cdot 0 + 9 \cdot 1 + 10 \cdot 2 + 5 \cdot 3 + 3 \cdot 4 + 2 \cdot 5 + 1 \cdot 6 = 72$

O número de motoristas que sofreram pelo menos quatro acidentes é: $3 + 2 + 1 = 6 > 5$.

O número de motoristas que sofreram no máximo dois acidentes é: $12 + 9 + 10 = 31 > 30$.

Alternativa **d**.

4. Participação de:

apenas o pai: 350.

apenas a mãe: 130.

o pai e a mãe juntos: 450.

o pai, a mãe e outros: 70.

(I) O pai participa da renda familiar em **menos** de 850 dessas famílias. **(Falsa)**

Participação do pai: $350 + 450 + 70 = 870$.

(II) O pai e a mãe participam, **juntos**, da renda familiar em **mais** de 500 dessas famílias. **(Verdadeira)**

Participação do pai e da mãe juntos: $450 + 70 = 520$.

Alternativa **c**.

5. Os setores **c** e **d** somam 50% do total. Logo, o setor **b** corresponde a $100\% - (50\% + 35\%) = 15\%$. Então:

$$\frac{15\%}{270} = \frac{100\%}{x} \Rightarrow \frac{0,15}{270} = \frac{1}{x} \Rightarrow$$

$$\Rightarrow x = \frac{270}{0,15} \Rightarrow x = 1\ 800$$

O total de respostas foi de 1 800.

6. Trata-se de uma média aritmética ponderada em que o número de alunos é o peso.

$$\overline{X} = \frac{50 \cdot 2 + 40 \cdot 4 + 60 \cdot 5 + 80 \cdot 3 + 90 \cdot 4 + 100 \cdot 2}{2 + 4 + 5 + 3 + 4 + 2} = \frac{1360}{20} = 68$$

7. Calculando a média aritmética ponderada:

$$\overline{X} = \frac{16 \cdot 10 + 17 \cdot 23 + 18 \cdot 20 + 19 \cdot 5 + 20 \cdot 2}{2 + 5 + 10 + 20 + 13} = \frac{1046}{60} = 17,43$$

A média das idades é 17 e mais uma "parte de ano" (0,43 de um ano), ou seja, uma fração de 12 meses: $0,43 \cdot 12$ meses $= 5,16$ meses. A média é 17 anos e 5 meses.

Alternativa **c**.

8. Número de rapazes: x; número de moças: y; soma das notas dos rapazes: M; soma das notas das moças: N.

$$\frac{M}{x} = 6,3 \Rightarrow M = 6,3x$$

$$\frac{N}{y} = 4,3 \Rightarrow N = 4,3y$$

Somando as notas dos rapazes com as notas das moças, temos:

$M + N = 6,3x + 4,3y$

A média da sala é a razão entre a soma das notas e o número de pessoas:

$$\frac{M + N}{x + y} = 5{,}8 \Rightarrow \frac{6{,}3x + 4{,}3y}{x + y} = 5{,}8 \Rightarrow 6{,}3x + 4{,}2y = 5{,}8x + 5{,}8y \Rightarrow 0{,}5x = 1{,}5y \Rightarrow x = 3y$$

Para cada rapaz há 3 moças, ou seja, num grupo de 4 pessoas há 3 rapazes. Daí:

$$3 = 4k \Rightarrow k = \frac{3}{4} \Rightarrow k = 0{,}75 \Rightarrow k = 75\%$$

Alternativa **d**.

9. Como a variância é zero e o desvio-padrão é a raiz quadrada da variância, conclui-se que o desvio-padrão também é nulo.
Alternativa **d**.

10. $\dfrac{5 \cdot 1 + 7 \cdot 1 + 5 \cdot 2 + x \cdot 3}{1 + 1 + 2 + 3} = 7 \Rightarrow \dfrac{22 + 3x}{7} = 7 \Rightarrow 3x = 49 - 22 \Rightarrow 3x = 27 \Rightarrow x = 9$

Alternativa **a**.

11. Se os valores são todos nulos, o desvio absoluto de cada valor é nulo; logo, a variância é nula e, consequentemente, o desvio-padrão também é nulo.
Alternativa **b**.

12. Colocando os valores em ordem crescente (rol):
2, 3, 4, 5, 7, 7, 8
O valor central é a mediana: $M_d = 5$.
O valor que mais aparece é a moda, no caso: $M_0 = 7$.
Alternativa **c**.

13. $A \cdot B = \{(1, 1), (1, 3). (1, 5), (2, 1), (2, 3), (2, 5), (3, 1), (3, 3), (3, 5), (4, 1), (4, 3), (4, 5)\}$
Produtos: 1, 3, 5, 2, 6, 10, 3, 9, 15, 4, 12, 20. Colocando em ordem crescente:
Rol: 1, 2, 3, 3, 4, 5, 6, 9, 10, 12, 15, 20

Média: $\overline{X} = \dfrac{1 + 2 + 3 + 3 + 4 + 5 + 6 + 9 + 10 + 12 + 15 + 20}{12} = \dfrac{90}{12} = 7{,}5$

Moda (o valor que mais aparece): $M_0 = 3{,}0$.

Mediana (média aritmética dos termos centrais): $M_d = \dfrac{5 + 6}{2} = \dfrac{11}{2} = 5{,}5$.

Alternativa **c**.

14. Média: $\overline{X} = \dfrac{18 + 10 + 9 + 11 + 8}{5} = \dfrac{56}{5} = 11{,}2$

Variância: $\sigma^2 = \dfrac{(18 - 11{,}2)^2 + (10 - 11{,}2)^2 + (9 - 11{,}2)^2 + (11 - 11{,}2)^2 + (8 - 11{,}2)^2}{5} =$

$$= \frac{(6{,}8)^2 + (-1{,}2)^2 + (-2{,}2)^2 + (-0{,}2)^2 + (-3{,}2)^2}{5} =$$

$$= \frac{46{,}24 + 1{,}44 + 4{,}84 + 0{,}04 + 10{,}24}{5} =$$

$$= \frac{62{,}8}{5} = 12{,}56$$

Desvio-padrão:

$$\sigma = \sqrt{\sigma^2} = \sqrt{12{,}56} = 3{,}54$$

Regularidade: $\overline{X} \pm \sigma$
$11{,}2 + 3{,}54 = 14{,}74$
$11{,}2 - 3{,}54 = 7{,}66$

Quando o número de gols está entre 7,66 e 14,74, há padrão de regularidade. No caso, na Copa do Mundo de 2002, a seleção "fugiu" de sua regularidade... e foi campeã.

QUESTÕES DO ENEM

2. O óbito do paciente que sobreviveu por menos tempo ocorreu em cerca de 2 500 dias.
   Alternativa **d**.

3. Colocando os percentuais em ordem crescente (rol):
   $4,9 - 6,2 - 6,4 - 7,0 - 7,0 - 7,2 - 8,8$
   O termo central é a mediana, portanto: $M_d = 7,0$.
   Alternativa **e**.

4. $\dfrac{21 + 35 + 21 + 30 + 38 + x}{6} = 30 \Rightarrow 145 + x = 180 \Rightarrow x = 35$
   Alternativa **e**.

5. Sua média deve ser 7,0 ou superior a esse valor.
   $$\dfrac{12 \cdot x + 8 \cdot 4 + 6 \cdot 8 + 5 \cdot 8 + 7,5 \cdot 10}{12 + 4 + 8 + 8 + 10} = 7 \Rightarrow \dfrac{12x + 32 + 48 + 40 + 75}{42} = 7 \Rightarrow$$
   $$\Rightarrow 12x + 195 = 294 \Rightarrow 12x = 99 \Rightarrow x = 8,25$$
   Deve obter uma nota igual ou superior a 8,25.
   Alternativa **d**.

6. Montando um rol com os dados fornecidos (observando a frequência de cada valor):
   Rol: $1 - 1 - 1 - 1 - 2 - 4 - 4 - 5 - 5 - 6$
   Média: $\overline{X} = \dfrac{1 \cdot 4 + 2 \cdot 1 + 4 \cdot 2 + 5 \cdot 2 + 6 \cdot 1}{4 + 1 + 2 + 2 + 1} = \dfrac{4 + 2 + 8 + 10 + 6}{10} = 3$
   Mediana: é a média aritmética dos valores centrais: $M_d = \dfrac{2 + 4}{2} = 3$
   Moda: é o valor que mais aparece: $M_0 = 1$
   Alternativa **b**.

7. Médias de cada custo por quilômetro (dividindo o custo por 6):
   Custo A / km $\Rightarrow \dfrac{3,45 + 6 \cdot (2,05)}{6} = \dfrac{3,45 + 12,30}{6} = \dfrac{15,75}{6} = 2,625 \Rightarrow$ R\$ 2,63
   Custo B / km $\Rightarrow \dfrac{3,60 + 6 \cdot (1,90)}{6} = \dfrac{3,60 + 11,40}{6} = \dfrac{15,00}{6} = 2,5 \Rightarrow$ R\$ 2,50
   Diferença: R\$ 2,63 − R\$ 2,50 = R\$ 0,13
   Alternativa **e**.

8. A energia elétrica consumida é dada pelo produto da potência, em kW, e o tempo de uso, em horas. Sendo assim, temos:
   $E = P \cdot \Delta t$
   Devemos aplicar essa relação para cada um dos aparelhos indicados na tabela. O tempo de uso indicado deve ser multiplicado por 30 para que o consumo mensal seja obtido.
   Ar-condicionado: $E_1 = 1,5 \cdot 240 = 360$ kWh
   Chuveiro: $E_2 = 3,3 \cdot 10 = 33$ kWh
   Freezer. $E_3 = 0,2 \cdot 300 = 60$ kWh
   Geladeira: $E_4 = 0,35 \cdot 300 = 105$ kWh
   Lâmpadas: $E_5 = 0,10 \cdot 180 = 18$ kWh
   O consumo total de energia elétrica é dado pela soma das energias de cada equipamento:
   $E_T = 360 + 33 + 60 + 105 + 18 = 576$ kWh
   Como o preço de cada kWh é de R\$ 0,40, o valor a ser pago é de $576 \cdot 0,40 = 230,40, \Rightarrow$ R\$ 230,40.
   Alternativa **e**.

9. O número total de funcionários é: $24 + 1 + 20 + 3 = 48$.

Como a tabela apresenta um número par de elementos, os elementos centrais vão ser os de ordem: $48 : 2 = 24$ e $24 + 1 = 25$; ou seja, o 24° e o 25°, que são, respectivamente, os que têm os seguintes valores: 622 e 1 244. Portanto, a mediana será: $(622 + 1\ 244) : 2 = 933$.

Alternativa **b**.

10. Média dos três últimos levantamentos:

$$\overline{X} = \frac{1{,}85 + 1{,}97 + 2{,}00}{3} = \frac{5{,}82}{3} = 1{,}94$$

Com acréscimo de $10\% \Rightarrow 1{,}94 \cdot (1 + 10\%) = 1{,}94 \cdot 1{,}1 = 2{,}134$

Alternativa **b**.

11. Para obter a média final de cada candidato, devemos adicionar os pontos da $5^{\underline{a}}$ etapa à multiplicação da média das 4 primeiras etapas por 4. Esse resultado dividido por 5 será a média final. Observe a tabela:

Candidato	Soma dos pontos das 4 primeiras etapas	Pontos da $5^{\underline{a}}$ etapa	Média final
A	$90 \cdot 4 = 360$	60	84
B	$85 \cdot 4 = 340$	85	85
C	$80 \cdot 4 = 320$	95	83
D	$60 \cdot 4 = 240$	90	66
E	$60 \cdot 4 = 240$	100	68

Ordenando em ordem decrescente: B, A, C, E, D.

Alternativa **b**.

12. Média dos casos:

$$\overline{X} = \frac{237 + 262 + 158 + 159 + 160 + 278 + 300 + 278}{8} = \frac{1\ 832}{8} = 229$$

Menor do que a média: 3 regiões $\rightarrow 3 \cdot 7 = 21$

Maior do que a média: 5 regiões $\rightarrow 5 \cdot 10 = 50$

Total de funcionários: $21 + 50 = 71$

Alternativa **d**.

13. Média de julho a dezembro:

$$\overline{x} = \frac{5 + 6 + 14 + 35 + 35 + 25}{6} = \frac{120}{6} = 20$$

Acréscimo de 20%: $20 \cdot 1{,}2 = 24$. Deveriam ser vendidos em janeiro no mínimo 24 carros.

Alternativa **d**.

COMPETÊNCIAS E HABILIDADES

ENEM

COMPETÊNCIAS DE ÁREA — MATEMÁTICA E SUAS TECNOLOGIAS

Habilidades

H24 Utilizar informações expressas em gráficos ou tabelas para fazer interferências.

H25 Resolver problemas com dados apresentados em tabelas ou gráficos.

H26 Analisar informações expressas em gráficos ou tabelas com recurso para a construção de argumentos.

H27 Calcular medidas de tendência central ou de dispersão de um conjunto de dados expressos em uma tabela de frequências de dados agrupados (não em classes) ou em gráficos.

H28 Resolver situação-problema que envolva conhecimento de estatística e de probabilidades.

H29 Utilizar conhecimento de estatística e probabilidade como recurso para a construção de argumentação.

H30 Avaliar proposta de intervenção na realidade utilizando conhecimento de estatística e probabilidade.

BNCC

Habilidades

EF06MA31 Identificar as variáveis e suas frequências e os elementos constitutivos (título, eixos, legendas, fontes e datas) em diferentes tipos de gráfico.

EF06MA33 Planejar e coletar dados de pesquisa referente a práticas sociais escolhidas pelos alunos e fazer uso de planilhas eletrônicas para registro, representação e interpretação das informações, em tabelas, vários tipos de gráficos e texto.

EF07MA34 Planejar e realizar experimentos aleatórios ou simulações que envolvem cálculo de probabilidades ou estimativas por meio de frequência de ocorrências.

EF07MA35 Compreender, em contextos significativos, o significado de média estatística como indicador da tendência de uma pesquisa, calcular seu valor e relacioná-lo, intuitivamente, com a amplitude do conjunto de dados.

EF08MA23 Avaliar a adequação de diferentes tipos de gráficos para representar um conjunto de dados de uma pesquisa.

EF08MA24 Classificar as frequências de uma variável contínua de uma pesquisa em classes, de modo que resumam os dados de maneira adequada para a tomada de decisões.

EF08MA25 Obter os valores de medidas de tendência central de uma pesquisa estatística (média, moda e mediana) com a compreensão de seus significados e relacioná-los com a dispersão de dados indicada pela amplitude.

EF09MA21 Analisar e identificar, em gráficos divulgados pela mídia, os elementos que podem induzir, às vezes propositadamente, erros de leitura, como escalas inapropriadas, legendas não explicitadas corretamente, omissão de informações importantes (fontes e datas), entre outros.

TRIGONOMETRIA DO TRIÂNGULO RETÂNGULO

ESTUDO DO TRIÂNGULO RETÂNGULO

Considere o triângulo retângulo em A da figura a seguir.

No caso, $\overline{AB}$ e $\overline{AC}$ são os catetos e $\overline{BC}$ é a hipotenusa. A medida do cateto $\overline{AC}$ é b, a medida do cateto $\overline{AB}$ é c e a medida da hipotenusa $\overline{BC}$ é a.

Sabemos que a soma das medidas dos ângulos internos de um triângulo é 180°. No caso do triângulo retângulo, como um dos ângulos internos mede 90°, devemos concluir que os dois ângulos agudos desse triângulo são complementares. Na figura ao lado: $\alpha + \beta = 90° \Rightarrow \beta = 90° - \alpha$

Denominações dos catetos em relação aos ângulos agudos:

I. **Cateto adjacente** – é o cateto que forma o ângulo agudo com a hipotenusa.
II. **Cateto oposto** – é o cateto que não é lado do ângulo agudo; diz-se que está oposto a esse ângulo.

Na figura ao lado temos:

- Em relação ao ângulo agudo $\alpha \Rightarrow \begin{cases} \overline{AC} \text{ é o cateto oposto.} \\ \overline{AB} \text{ é o cateto adjacente.} \end{cases}$

- Em relação ao ângulo agudo $\beta = 90° - \alpha \Rightarrow \begin{cases} \overline{AC} \text{ é o cateto adjacente.} \\ \overline{AB} \text{ é o cateto oposto.} \end{cases}$

Razões trigonométricas no triângulo retângulo

Seno de um ângulo agudo

É razão entre a medida do cateto oposto e a medida da hipotenusa.

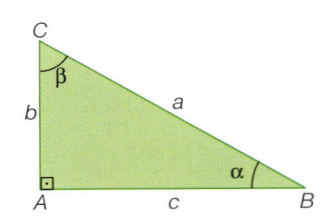

Então:

$$\operatorname{sen} \alpha = \frac{\text{medida do cateto oposto}}{\text{medida da hipotenusa}} = \frac{b}{a};$$

$$\operatorname{sen} \beta = \operatorname{sen}(90° - \alpha) = \frac{\text{medida do cateto oposto}}{\text{medida da hipotenusa}} = \frac{c}{a}.$$

Exemplo

Na figura acima temos $a = 4,5$ cm, $b = 2,2$ cm e $c = 4,0$ cm (valores aproximados).

Determine $\operatorname{sen} \alpha$ e $\operatorname{sen} \beta$.

Solução:

$$\operatorname{sen} \alpha = \frac{b}{a} = \frac{2,2}{4,5} = 0,49 \qquad\qquad \operatorname{sen} \beta = \frac{c}{a} = \frac{4,0}{4,5} = 0,89$$

341

Cosseno de um ângulo agudo

É a razão entre a medida do cateto adjacente e a medida da hipotenusa.

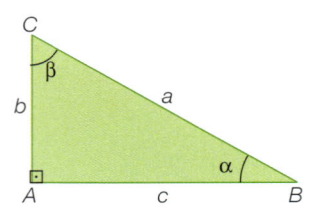

Logo:

$$\cos \alpha = \frac{\text{medida do cateto adjacente}}{\text{medida da hipotenusa}} = \frac{c}{a};$$

$$\cos \beta = \cos (90° - \alpha) = \frac{\text{medida do cateto adjacente}}{\text{medida da hipotenusa}} = \frac{b}{a}.$$

Exemplo

Com os dados do exemplo anterior, vamos calcular o valor do $\cos \alpha$ e $\cos \beta$.

Solução:

$$\cos \alpha = \frac{c}{a} = \frac{4,0}{4,5} = 0,89 \qquad\qquad \cos \beta = \frac{b}{a} = \frac{2,2}{4,5} = 0,49$$

Importante: existe uma relação muito importante, envolvendo o seno e o cosseno de ângulos complementares: $\operatorname{sen} \alpha = \cos (90° - \alpha)$ e $\cos \alpha = \operatorname{sen} (90° - \alpha)$.

Tangente de um ângulo agudo

É a razão entre a medida do cateto oposto e a medida do cateto adjacente.

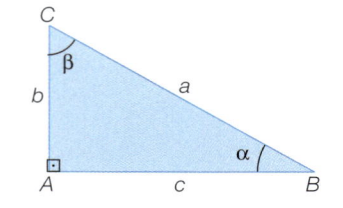

$$\operatorname{tg} \alpha = \frac{\text{medida do cateto oposto}}{\text{medida do cateto adjacente}} = \frac{b}{c}$$

$$\operatorname{tg} \beta = \operatorname{tg} (90° - \alpha) = \frac{\text{medida do cateto oposto}}{\text{medida do cateto adjacente}} = \frac{c}{b}$$

Exemplo

Ainda com os dados do primeiro exemplo, vamos calcular o valor da $\operatorname{tg} \alpha$ e $\operatorname{tg} \beta$.

Solução:

$$\operatorname{tg} \alpha = \frac{b}{c} = \frac{2,2}{4,0} = 0,55 \qquad\qquad \operatorname{tg} \beta = \frac{b}{c} = \frac{4,0}{2,2} = 1,8181818$$

Importante: se dois ângulos são complementares, a tangente de um é o inverso da tangente do outro.

$$\operatorname{tg} (90° - \alpha) = \frac{1}{\operatorname{tg} \alpha}$$

Razões trigonométricas de ângulos agudos notáveis

Seja o triângulo equilátero *ABC* da figura ao lado.

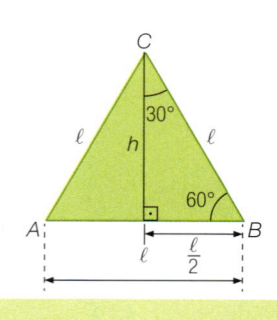

- $\operatorname{sen} 60° = \dfrac{\frac{\ell\sqrt{3}}{2}}{\ell} = \dfrac{\frac{\ell\sqrt{3}}{2}}{\frac{\ell}{1}} = \dfrac{\ell\sqrt{3}}{2} \cdot \dfrac{1}{\ell} = \dfrac{\sqrt{3}}{2} \Rightarrow \cos 30° = \dfrac{\sqrt{3}}{2}$

- $\cos 60° = \dfrac{\frac{\ell}{2}}{\ell} = \dfrac{\frac{\ell}{2}}{\frac{\ell}{1}} = \dfrac{\ell}{2} \cdot \dfrac{1}{\ell} = \dfrac{1}{2} \Rightarrow \operatorname{sen} 30° = \dfrac{1}{2}$

- $\operatorname{tg} 60° = \dfrac{\frac{\ell\sqrt{3}}{2}}{\frac{\ell}{2}} = \dfrac{\ell\sqrt{3}}{2} \cdot \dfrac{2}{\ell} = \sqrt{3} \Rightarrow \operatorname{tg} 30° = \dfrac{1}{\operatorname{tg} 60°} = \dfrac{1}{\sqrt{3}} = \dfrac{\sqrt{3}}{3}$

Lembre-se de que a altura h de um triângulo equilátero de lado ℓ pode ser expressa pela fórmula

$$h = \frac{\ell\sqrt{3}}{2}.$$

Seja o triângulo isósceles ABC e retângulo em A.

A hipotenusa desse triângulo equivale à diagonal de um quadrado de lado ℓ. Essa diagonal é dada pela fórmula: $d = \ell\sqrt{2}$.

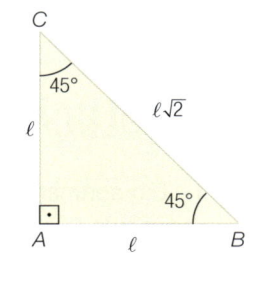

- $\text{sen } 45° = \cos 45° = \dfrac{\ell}{\ell\sqrt{2}} = \dfrac{1}{\sqrt{2}} = \dfrac{\sqrt{2}}{2}$

- $\text{tg } 45° = \dfrac{\ell}{\ell} = 1$

Temos, então:

x	30°	45°	60°
sen x	$\dfrac{1}{2}$	$\dfrac{\sqrt{2}}{2}$	$\dfrac{\sqrt{3}}{2}$
cos x	$\dfrac{\sqrt{3}}{2}$	$\dfrac{\sqrt{2}}{2}$	$\dfrac{1}{2}$
tg x	$\dfrac{\sqrt{3}}{3}$	1	$\sqrt{3}$

Relação fundamental da trigonometria

Tomemos o triângulo ABC retângulo em A da figura ao lado.

Na figura, temos: $\text{sen } \alpha = \dfrac{b}{a}$ e $\cos \alpha = \dfrac{c}{a}$.

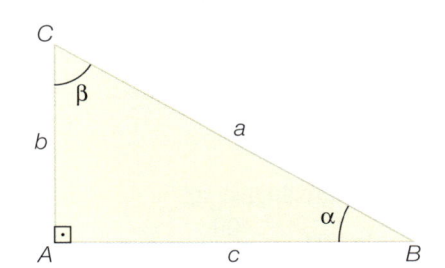

Pelo teorema de Pitágoras, temos ainda que:

$b^2 + c^2 = a^2$.

Dividindo todos os termos da igualdade por a^2, temos:

$$\frac{b^2}{a^2} + \frac{c^2}{a^2} = \frac{a^2}{a^2} \Rightarrow \left(\frac{b}{a}\right)^2 + \left(\frac{c}{a}\right)^2 = 1 \Rightarrow (\text{sen } \alpha)^2 + (\cos \alpha)^2 = 1 \Rightarrow$$

$$\Rightarrow \quad \text{sen}^2\alpha + \cos^2\alpha = 1.$$

De onde encontramos que:

$\text{sen}^2\alpha = 1 - \cos^2\alpha$ e $\cos^2\alpha = 1 - \text{sen}^2\alpha$.

Importante: $(\text{sen } \alpha)^2 = \text{sen}^2\alpha \neq \text{sen } \alpha^2$.

Observando o triângulo ABC visto anteriormente, é possível obter a relação a seguir.

$$\text{tg } \alpha = \frac{b}{c} = \frac{\dfrac{b}{a}}{\dfrac{c}{a}} = \frac{\text{sen } \alpha}{\cos \alpha} \Rightarrow \quad \text{tg } \alpha = \frac{\text{sen } \alpha}{\cos \alpha}$$

Se α é ângulo agudo de um triângulo retângulo, então: $0 < \text{sen } \alpha < 1$ e $0 < \cos \alpha < 1$.

RESOLUÇÃO PASSO A PASSO

1. Um agrimensor (A), com seu teodolito, num instante T_1, vê um barco em trajetória retilínea, formando um ângulo de visão de 40° em relação a essa trajetória. Depois de esse barco navegar 400 metros, num instante T_2, o agrimensor o vê perpendicularmente em relação à trajetória. Qual é a distância do barco em relação ao agrimensor no instante T_2?

Dados: sen 40° = 0,643; cos 40° = 0,766; tg 40° = 0,839.

LEIA E COMPREENDA

A melhor maneira de interpretarmos o enunciado é fazermos uma figura representativa dessa situação.

No caso, o que procuramos é o valor da medida d.

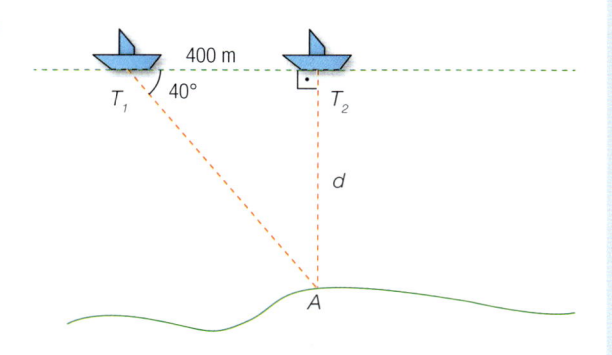

PLANEJE A SOLUÇÃO

A distância percorrida entre os tempos T_1 e T_2 é de 400 m. Em relação ao ângulo que mede 40° na figura, 400 m é a medida do cateto adjacente. Temos ainda que d é a medida do cateto oposto. A razão trigonométrica a ser empregada é a tangente.

EFETUE O QUE FOI PLANEJADO

$$\text{tg } 40° = \frac{d}{400} \Rightarrow 0,839 = \frac{d}{400} \Rightarrow d = 335,6$$

VERIFIQUE

O outro ângulo agudo da figura mede 50°. As tabelas trigonométricas informam que tg 50° = 1,192. Então:

$$\text{tg } 50° = \frac{400}{d} \Rightarrow 1,192 = \frac{400}{d} \Rightarrow d = \frac{400}{1,192} \Rightarrow d = 355,6$$

RESPONDA

A distância entre o agrimensor e o navio no instante T_2 é de 355,60 metros.

AMPLIAÇÃO DO PROBLEMA

Qual é a distância D entre o barco e o agrimensor no instante T_1?

Neste caso, a razão trigonométrica a ser empregada é cosseno, então:

$$\cos 40° = \frac{400}{D} \Rightarrow 0,766 = \frac{400}{D} \Rightarrow D = \frac{400}{0,766} \Rightarrow D = 522,2$$

A distância é 522,2 metros.

2. Determine o valor das medidas x e y nas figuras a seguir.

a)

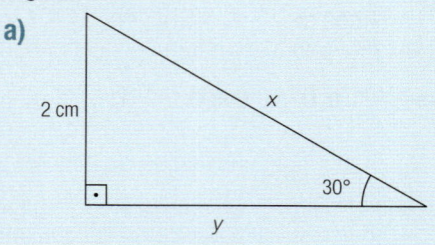

b)

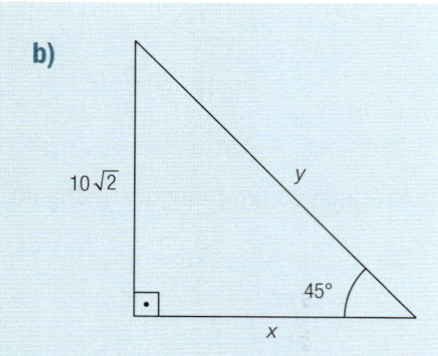

3. O ponto G é o ponto central (baricentro) do triângulo equilátero ABC e M é o ponto médio do segmento AB. Calcule as medidas dos segmentos GB e GM.

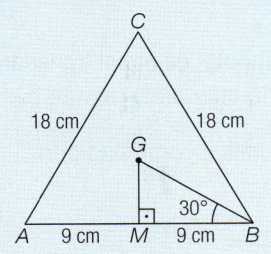

4. Um edifício projeta uma sombra de 20 m em um terreno plano quando o ângulo de elevação do sol é de 52°. Calcule a altura desse edifício.

Dados: sen 52° = 0,79, cos 52° = 0,62 e tg 52° = 1,28.

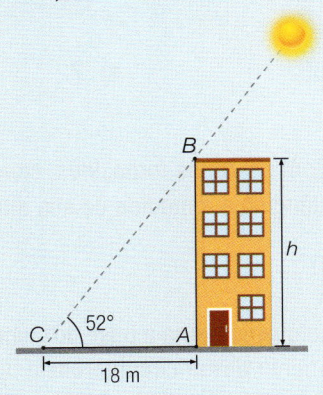

5. De uma base lança-se um foguete sob um ângulo de 30°. A que altura se encontrará esse foguete depois de percorrer 36 km em linha reta?

6. Certo alpinista deseja calcular a altura de uma escarpa que vai escalar. Ele afasta-se, horizontalmente, 100 m do pé da encosta e visualiza o topo sob um ângulo de 60° com o plano horizontal. Calcule a altura da escarpa. Considere $\sqrt{3} = 1,73$.

7. (Unicamp-SP) Uma pessoa de 1,65 m de altura observa o topo de um edifício conforme o esquema abaixo. Para sabermos a altura do prédio, devemos somar 1,65 m a:

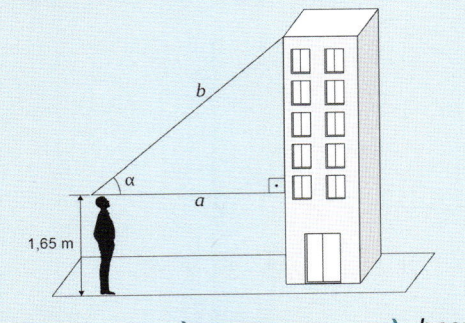

a) $b \cos \alpha$ c) a sen α e) b sen α

b) $a \cos \alpha$ d) b tg α

8. Determine o valor das medidas x e y na figura abaixo.

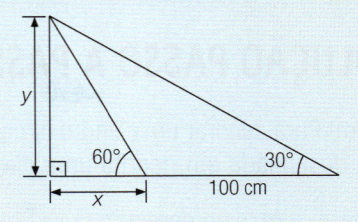

9. (UFSC) Na figura abaixo, determine o valor de x.

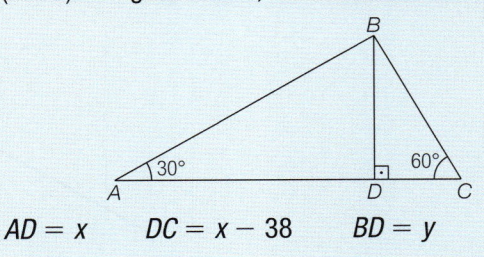

$AD = x$ $DC = x - 38$ $BD = y$

10. Se x é um ângulo agudo e sen $x = \dfrac{1}{3}$, determine cos x e tg x.

11. Determine a medida x do ângulo da figura seguinte.

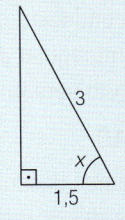

12. Determine a hipotenusa de um triângulo retângulo em que um cateto mede sen x cm e o outro mede cos x cm.

13. Se sen x + cos $x = m$, determine o valor de sen $x \cdot$ cos x.

14. Determine o ângulo α da figura a seguir, em que uma haste de 86,5 cm projeta uma sombra de 50 cm. Considere $\sqrt{3} = 1,73$.

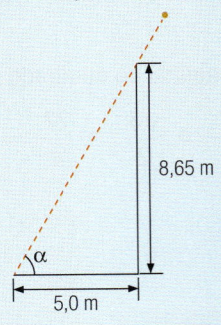

15. Sendo sen $\alpha = 2m - 6$; então m pertence ao intervalo:

a) $\left[3; \dfrac{7}{2}\right]$.   c) $]0;1[$.   e) $[1;3]$.

b) $\left]3; \dfrac{7}{2}\right[$.   d) $\left[\dfrac{3}{2};3\right[$.

RESOLUÇÃO PASSO A PASSO

1. (Enem) Para decorar um cilindro circular reto será usada uma faixa retangular de papel transparente, na qual está desenhada em negrito uma diagonal que forma 30° com a borda inferior. O raio da base do cilindro mede $\dfrac{6}{\pi}$ cm, e ao enrolar a faixa obtém-se uma linha em formato de hélice como na figura.

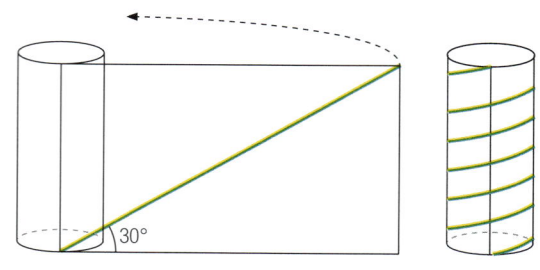

O valor da medida da altura do cilindro, em centímetros, é:

a) $36\sqrt{3}$. **b)** $24\sqrt{3}$. **c)** $4\sqrt{3}$. **d)** 36. **e)** 72.

LEIA E COMPREENDA

De acordo com o enunciado, o papel dará 6 voltas em torno do cilindro. Com os dados fornecidos, como o papel tem forma retangular, devemos descobrir a medida da base desse retângulo e a medida de sua altura. A altura do retângulo será também a altura do cilindro.

PLANEJE A SOLUÇÃO

Inicialmente, devemos descobrir a medida do comprimento da circunferência que contorna a base do cilindro. A medida da base desse retângulo é igual a 6 vezes a medida do comprimento dessa circunferência. Com base nisso, podemos achar a altura do retângulo (também altura do cilindro).

EFETUE O QUE FOI PLANEJADO

$C = 2\pi r = 2\pi \cdot \dfrac{6}{\pi} = 12 \Rightarrow C = 12$ cm

A base do retângulo será $12 \cdot 6 = 72 \Rightarrow 72$ cm.

Assim sendo, $\text{tg } 30° = \dfrac{h}{72} \Rightarrow \dfrac{\sqrt{3}}{3} = \dfrac{h}{72} \Rightarrow h = 24\sqrt{3}$.

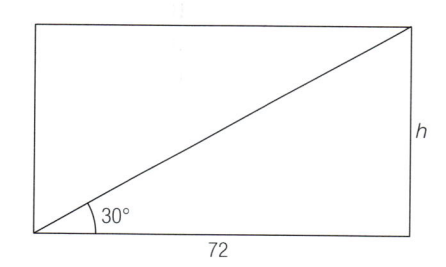

VERIFIQUE

Chamamos a diagonal do quadrado de d e temos, então:

$\cos 30° = \dfrac{72}{d} \Rightarrow \dfrac{\sqrt{3}}{2} = \dfrac{72}{d} \Rightarrow d\sqrt{3} = 144 \Rightarrow d = \dfrac{144}{\sqrt{3}} \Rightarrow d = 48\sqrt{3}$.

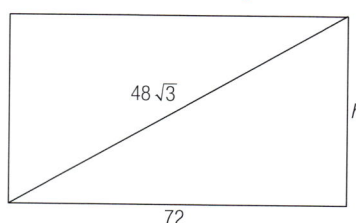

Temos que $h^2 + 72^2 = \left(48\sqrt{3}\right)^2 \Rightarrow h^2 = 6\,912 - 5\,184 \Rightarrow h^2 = 1728 \Rightarrow h = \sqrt{2^6 \cdot 3^2 \cdot 3} \Rightarrow$

$\Rightarrow h = 2^3 \cdot 3\sqrt{3} \Rightarrow h = 24\sqrt{3}$.

2. (Enem) As torres Puerta de Europa são duas torres inclinadas uma contra a outra, construídas numa avenida de Madri, na Espanha. A inclinação das torres é de 15° com a vertical e elas têm, cada uma, uma altura de 114 m (a altura é indicada na figura como o segmento *AB*). Estas torres são um bom exemplo de um prisma oblíquo de base quadrada e uma delas pode ser observada na imagem.

Utilizando 0,26 como valor aproximado para a tangente de 15° e duas casas decimais nas operações, descobre-se que a área da base desse prédio ocupa na avenida um espaço:

a) menor que 100 m².

b) entre 100 m² e 300 m².

c) entre 300 m² e 500 m².

d) entre 500 m² e 700 m².

e) maior que 700 m².

3. (Enem) Para determinar a distância de um barco até a praia, um navegante utilizou o seguinte procedimento: a partir de um ponto *A*, mediu o ângulo visual α fazendo mira em um ponto fixo *P* da praia. Mantendo o barco no mesmo sentido, ele seguiu até um ponto *B* de modo que fosse possível ver o mesmo ponto *P* da praia, no entanto sob um ângulo visual 2α. A figura ilustra essa situação:

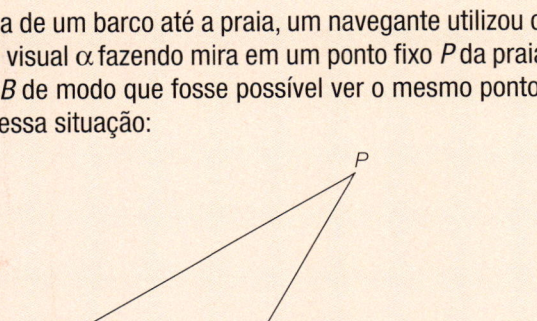

Suponha que o navegante tenha medido o ângulo $\alpha = 30°$ e, ao chegar ao ponto *B*, verificou que o barco havia percorrido a distância $AB = 2\,000$ m. Com base nesses dados e mantendo a mesma trajetória, a menor distância do barco até o ponto fixo *P* será:

a) $1\,000$ m.

b) $1\,000\,\sqrt{3}$ m.

c) $2\,000\,\dfrac{\sqrt{3}}{3}$ m.

d) $2\,000$ m.

e) $2\,000\,\sqrt{3}$ m.

4. (Enem) Um balão atmosférico, lançado em Bauru (343 quilômetros a noroeste de São Paulo), na noite do último domingo, caiu nesta segunda-feira em Cuiabá Paulista, na região de Presidente Prudente, assustando agricultores da região. O artefato faz parte do programa Projeto Hibiscus, desenvolvido por Brasil, França, Argentina, Inglaterra e Itália, para a medição do comportamento da camada de ozônio, e sua descida se deu após o cumprimento do tempo previsto de medição.

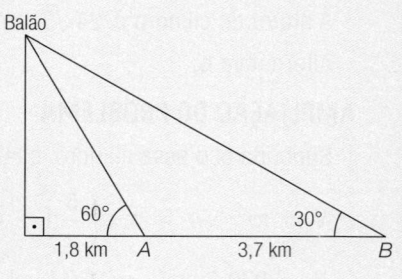

Na data do acontecido, duas pessoas avistaram o balão. Uma estava a 1,8 km da posição vertical do balão e o avistou sob um ângulo de 60°; a outra estava a 5,5 km da posição vertical do balão, alinhada com a primeira, e no mesmo sentido, conforme se vê na figura, e o avistou sob um ângulo de 30°. Qual a altura aproximada em que se encontrava o balão?

a) 1,8 km   **b)** 1,9 km   **c)** 3,1 km   **d)** 3,7 km   **e)** 5,5 km

5. (Enem) Ao morrer, o pai de João, Pedro e José deixou como herança um terreno retangular de 3 km × 2 km que contém uma área de extração de ouro delimitada por um quarto de círculo de raio 1 km a partir do canto inferior esquerdo da propriedade. Dado o maior valor da área de extração de ouro, os irmãos acordaram em repartir a propriedade de modo que cada um ficasse com a terça parte da área de extração, conforme mostra a figura

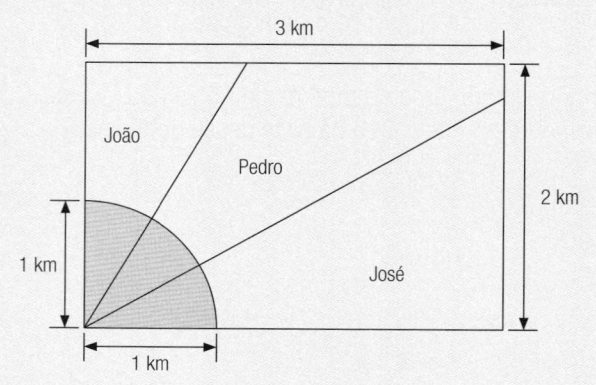

Em relação à partilha proposta, constata-se que a porcentagem da área do terreno que coube a João corresponde, aproximadamente, a (considere $\dfrac{\sqrt{3}}{3} = 0,58$):

a) 50%.   **d)** 33%.

b) 43%.   **e)** 19%.

c) 37%.

6. (Enem) Uma empresa precisa comprar uma tampa para o seu reservatório, que tem a forma de um tronco de cone circular reto, conforme mostrado na figura. Considere que a base do reservatório tenha raio $2\sqrt{3}$ m e que sua lateral faça um ângulo de 60° com o solo. Se a altura do reservatório é 12 m, a tampa a ser comprada deverá cobrir uma área de:

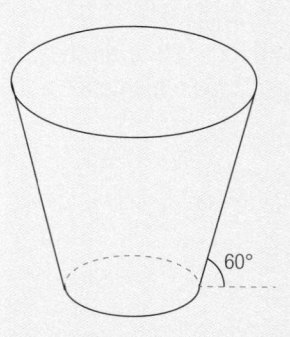

a) 12π m².   **c)** $(12 + 2\sqrt{3}) \cdot 2\pi$ m².   **e)** $(24 + 2\sqrt{3}) \cdot 2\pi$ m².

b) 108π m².   **d)** 300π m².

RESOLUÇÕES E COMENTÁRIOS

EXERCÍCIOS

2. a) $\operatorname{sen} 30° = \dfrac{2}{x} \Rightarrow \dfrac{1}{2} = \dfrac{2}{x} \Rightarrow x = 4$

$\operatorname{tg} 30° = \dfrac{2}{y} \Rightarrow \dfrac{1}{\sqrt{3}} = \dfrac{2}{y} \Rightarrow y = 2\sqrt{3}$

Observação: pode-se usar $\operatorname{tg} 30° = \dfrac{\sqrt{3}}{3}$ ou $\operatorname{tg} 30° = \dfrac{1}{\sqrt{3}}$.

b) $\operatorname{tg} 45° = \dfrac{10\sqrt{2}}{x} \Rightarrow 1 = \dfrac{10\sqrt{2}}{x} \Rightarrow x = 10\sqrt{2}$

$\operatorname{sen} 45° = \dfrac{10\sqrt{2}}{y} \Rightarrow \dfrac{\sqrt{2}}{2} = \dfrac{10\sqrt{2}}{y} \Rightarrow y = 20$

3.

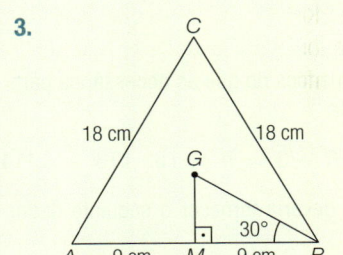

$\operatorname{tg} 30° = \dfrac{GM}{9} \Rightarrow \dfrac{\sqrt{3}}{3} = \dfrac{GM}{9} \Rightarrow GM = 3\sqrt{3}$

$\cos 30° = \dfrac{9}{GB} \Rightarrow \dfrac{\sqrt{3}}{2} = \dfrac{9}{GB} \Rightarrow GB = \dfrac{18}{\sqrt{3}} = 6\sqrt{3}$

4. Em relação ao ângulo de elevação de 52° foi dada a medida do cateto adjacente $\overline{AC}$ do triângulo ABC. Como se pede o cateto oposto $\overline{AB}$, a relação trigonométrica a ser usada é a tangente.

Então:

$\operatorname{tg} 52° = \dfrac{h}{20} \Rightarrow 1,28 = \dfrac{h}{20} \Rightarrow h = 25,60.$

A altura do prédio é 25,60 m.

5.

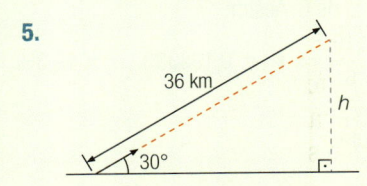

$\operatorname{sen} 30° = \dfrac{h}{36} \Rightarrow \dfrac{1}{2} = \dfrac{h}{36} \Rightarrow h = 18$

6.

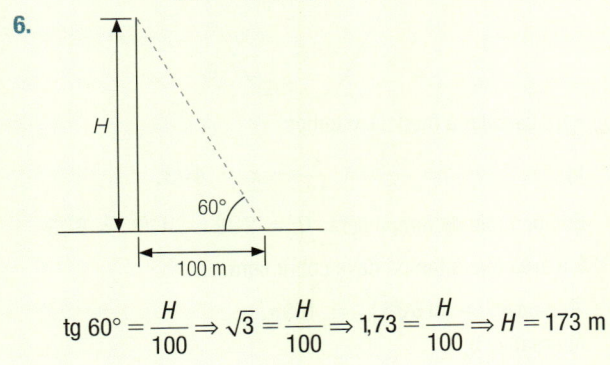

$\operatorname{tg} 60° = \dfrac{H}{100} \Rightarrow \sqrt{3} = \dfrac{H}{100} \Rightarrow 1,73 = \dfrac{H}{100} \Rightarrow H = 173 \text{ m}$

7. A altura H do prédio é $1,65 + x$, em que x é o cateto oposto.

O valor de x pode ser calculado assim:

$$\operatorname{tg} \alpha = \dfrac{x}{a} \Rightarrow x = a \operatorname{tg} \alpha$$

(mas não temos essa alternativa).

H também pode ser calculado por meio de outra razão trigonométrica, veja:

$$\operatorname{sen} \alpha = \dfrac{x}{b} \Rightarrow x = b \operatorname{sen} \alpha.$$

Alternativa **e**.

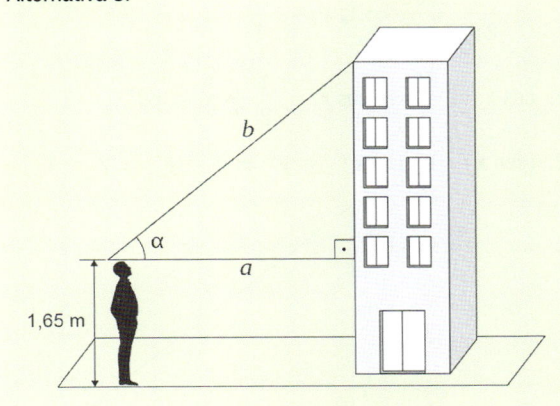

8. Lembre-se de que:

- em um triângulo a soma das medidas de 2 ângulos internos é igual à medida do ângulo externo não adjacente;
- em qualquer triângulo, se nele houver ângulos internos congruentes, a eles se opõem lados congruentes.

Assim, podemos acrescentar na figura a medida de um ângulo e a medida de um lado em um dos triângulos. Veja:

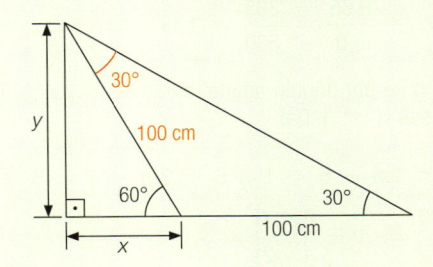

$\cos 60° = \dfrac{x}{100} \Rightarrow \dfrac{1}{2} = \dfrac{x}{100} \Rightarrow x = 50$

$\operatorname{sen} 60° = \dfrac{y}{100} \Rightarrow \dfrac{\sqrt{3}}{2} = \dfrac{y}{100} \Rightarrow y = 50\sqrt{3}$

9. $\operatorname{tg} 30° = \dfrac{y}{x} \Rightarrow y = x \cdot \operatorname{tg} 30°$

$\operatorname{tg} 60° = \dfrac{y}{38 - x} \Rightarrow y = (38 - x) \cdot \operatorname{tg} 60°.$ Daí, temos que:

$x \cdot \operatorname{tg} 30° = (38 - x) \cdot \operatorname{tg} 60° \Rightarrow x \cdot \dfrac{\sqrt{3}}{3} =$

$= (38 - x)\sqrt{3} \Rightarrow x = 3(38 - x) \Rightarrow$

$\Rightarrow x = 114 - 3x \Rightarrow 4x = 114 \Rightarrow x = 28,5.$

10. $\text{sen } x = \dfrac{1}{3} \Rightarrow \cos^2 x = 1 - \text{sen}^2 x \Rightarrow \cos^2 x =$

$= 1 - \left(\dfrac{1}{3}\right)^2 \Rightarrow \cos^2 x = 1 - \dfrac{1}{9} \Rightarrow$

$\Rightarrow \cos^2 x = \dfrac{8}{9} \Rightarrow \cos x = \sqrt{\dfrac{8}{9}} \Rightarrow \cos x = \dfrac{2\sqrt{2}}{3}$

$\text{tg } x = \dfrac{\text{sen } x}{\cos x} \Rightarrow \text{tg } x = \dfrac{\frac{1}{3}}{\frac{2\sqrt{2}}{3}} \Rightarrow \text{tg } x = \dfrac{1}{2\sqrt{2}} \Rightarrow \text{tg } x =$

$= \dfrac{1}{2\sqrt{2}} \cdot \dfrac{\sqrt{2}}{\sqrt{2}} \Rightarrow \text{tg } x = \dfrac{\sqrt{2}}{4}$

11. $\cos x = \dfrac{1{,}5}{3} \Rightarrow \cos x = \dfrac{1}{2} \Rightarrow x = 60°$

12. $(\text{sen } x)^2 + (\cos x)^2 = y^2 \Rightarrow 1 = y^2 \Rightarrow y = 1$

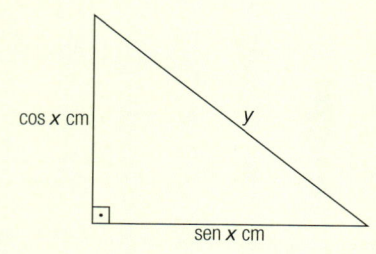

13. $\text{sen } x + \cos x = m \Rightarrow (\text{sen } x + \cos x)^2 = m^2 \Rightarrow$

$\Rightarrow \text{sen}^2 x + \cos^2 x + 2 \text{ sen } x \cdot \cos x = m^2 \Rightarrow$

$\Rightarrow 1 + 2 \text{ sen } x \cdot \cos x = m^2 \Rightarrow$

$\Rightarrow 2 \text{ sen } x \cdot \cos x = m^2 - 1 \Rightarrow \text{sen } x \cdot \cos x = \dfrac{m^2 - 1}{2}$

14. $\text{tg } \alpha = \dfrac{8{,}65}{5{,}0} = \dfrac{865}{500} = 1{,}73 = \sqrt{3} \Rightarrow \alpha = 60°$

15. Se α é um ângulo agudo, então $0° < \alpha < 90° \Rightarrow 0 < \text{sen } \alpha < 1$. Daí:

$0 < 2m - 6 < 1 \Rightarrow 6 < 2m < 7 \Rightarrow 3 < m <$

$< \dfrac{7}{2} \Rightarrow m \in \left]3; \dfrac{7}{2}\right[.$

Alternativa **b**.

QUESTÕES DO ENEM

2. Veja a representação da figura ao lado:

Nesse caso temos que $\text{tg } 15° =$

$= \dfrac{d}{114} \Rightarrow d = 114 \cdot \text{tg } 15° \Rightarrow$

$\Rightarrow d = 114 \cdot 0{,}26 \Rightarrow d = 29{,}64.$

A área da base será $d^2 = 29{,}64^2 \Rightarrow$

$\Rightarrow d^2 = 878{,}53.$

Alternativa **e**.

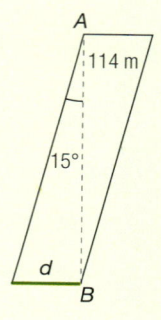

3.

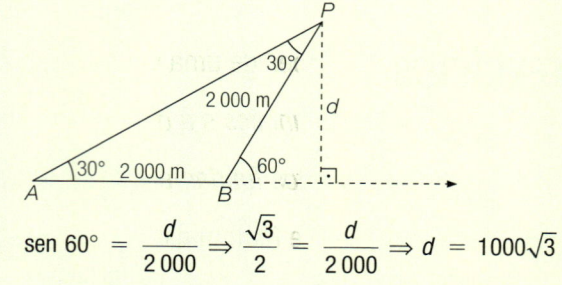

$\text{sen } 60° = \dfrac{d}{2\,000} \Rightarrow \dfrac{\sqrt{3}}{2} = \dfrac{d}{2\,000} \Rightarrow d = 1000\sqrt{3}$

Alternativa **b**.

4.

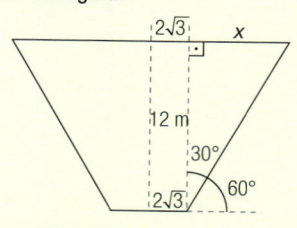

Na questão há mais informações do que as necessárias para resolvê-la, mas basta fazer:

$\text{tg } 60° = \dfrac{h}{1{,}8} \Rightarrow h = 1{,}8 \cdot \sqrt{3} \Rightarrow h = 1{,}8 \cdot 1{,}73 = 3{,}114.$

Observação: o problema deveria fornecer o seguinte dado: $\sqrt{3} = 1{,}73$.

Alternativa **c**.

5. A área que coube a João está representada na figura ao lado:

$\text{tg } 30° = \dfrac{x}{2} \Rightarrow \dfrac{\sqrt{3}}{3} = \dfrac{x}{2} \Rightarrow x = \dfrac{2\sqrt{3}}{3}$

A área que coube a João será:

$A_J = \dfrac{1}{2} \cdot \dfrac{2\sqrt{3}}{3} \cdot 2 = 0{,}58 \cdot 2 =$

$= 1{,}16 \Rightarrow A_J = 1{,}16 \text{ km}^2.$

A área total é: $A_T = 2 \cdot 3 = 6 \Rightarrow$

$\Rightarrow A_T = 6 \text{ km}^2.$

Então 1,16 representa $x\%$ de 6. Assim:

$1{,}16 = x \cdot 6 \Rightarrow x = \dfrac{1{,}16}{6} \Rightarrow x = 0{,}193333\ldots = 19{,}3\%.$

Alternativa **e**.

6. Fazendo um corte na figura:

Para calcular a medida x, temos:

$\text{tg } 30° = \dfrac{x}{12} \Rightarrow \dfrac{\sqrt{3}}{3} = \dfrac{x}{12} \Rightarrow x = 4\sqrt{3}.$

Então, o raio da tampa será: $R = 2\sqrt{3} + 4\sqrt{3} = 6\sqrt{3}.$

E a área que a tampa deve cobrir será:

$A = \pi R^2 = \pi\left(6\sqrt{3}\right)^2 = 108\pi.$

Alternativa **b**.

REFERÊNCIAS

ÁVILA, G. *Cálculo 1:* funções de uma variável. Rio de Janeiro: Livros Técnicos e Científicos,1982.

_____. *Introdução às funções e à derivada*. São Paulo: Atual,1995.

CARAÇA, B. de J. *Conceitos fundamentais de Matemática*. Lisboa: Brás Monteiro, 1951.

COLEÇÃO do Professor de Matemática. Rio de Janeiro: SBM, 1993. 14 v.

DANTE, L. R. *Formulação de resolução de problemas de Matemática:* teoria e prática. São Paulo: Ática, 2015.

KRULIK, Stephen; REYS, Robert E. (Org.). *A resolução de problemas na matemática escolar*. Tradução de Hygino H. Domingues e Olga Cobro. São Paulo: Atual, 1997.

LIMA, E. L. et al. *A Matemática do Ensino Médio*. Rio de Janeiro: SBM,1997. (Coleção do Professor de Matemática, v. 1, 2 e 3).

POLYA, G. *A arte de resolver problemas*. Rio de Janeiro: Interciência, 1986.

REVISTA DO PROFESSOR DE MATEMÁTICA. São Paulo: SBM, 1982/2018.